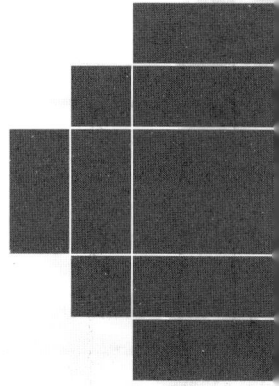

2023 年鉴 Yearbook

浙江大学党委办公室、浙江大学校长办公室　编

浙江大学

Seeking Truth Pursuing Innovation

ZHEJIANG UNIVERSITY PRESS
浙江大学出版社
·杭州·

图书在版编目（CIP）数据

浙江大学年鉴. 2023 / 浙江大学党委办公室，浙江
大学校长办公室编. －杭州：浙江大学出版社，2024.
12. －ISBN 978-7-308-25674-2

Ⅰ. G649.285.51-54

中国国家版本馆 CIP 数据核字第 2024CE5702 号

浙江大学年鉴 2023

浙江大学党委办公室、浙江大学校长办公室　编

责任编辑	杨　茜	
责任校对	曲　静	
封面设计	周　灵	
出版发行	浙江大学出版社	
	（杭州市天目山路 148 号　邮政编码 310007）	
	（网址：http://www.zjupress.com）	
排　　版	浙江大千时代文化传媒有限公司	
印　　刷	杭州宏雅印刷有限公司	
开　　本	710mm×1000mm　1/16	
印　　张	34	
插　　页	4	
字　　数	769 千	
版 印 次	2024 年 12 月第 1 版　2024 年 12 月第 1 次印刷	
书　　号	ISBN 978-7-308-25674-2	
定　　价	118.00 元	

1月3日，浙江大学发展联络大会在紫金港校区求是大讲堂召开

1月14日，浙江大学人才工作会议在紫金港校区求是大讲堂召开

1月20日，浙江大学"一带一路"国际医学院与以色列耶路撒冷希伯来大学医学院签署合作备忘录，并举行国际学术研讨会

2月21日，浙江省妇科重大疾病精准诊治研究重点实验室举办揭牌仪式

2月25日，浙江大学研究生教育研究中心揭牌仪式在研究生教育综合楼举行

3月，浙大师生共同学习习近平总书记给中国冰雪健儿重要回信精神

3月5日，"我在窗口写青春"杭州2022年亚运会和亚残运会赛会预录用志愿者通用培训启动活动暨首场专题培训会在浙江大学紫金港校区举行

3月14日，浙江大学在紫金港校区召开会议，传达全国"两会"精神，对全校学习贯彻工作作出部署

3月30日，浙江大学2022年春季研究生毕业典礼暨学位授予仪式通过线上线下相结合，并以线上直播为主的形式举行

4月19日，海洋学院"求是农场"劳育课在浙江大学舟山校区启动

4月22日，上海人工智能大讲堂暨智海科教创新论坛以现场和云端连线的形式在浙江大学紫金港校区举行

4 月 29 日，港澳台事务办公室与农业试验站合作共建"劳动实践育人基地"揭牌暨港澳台学生劳动春季班开班仪式在紫金港校区举行

4 月 29 日，省政协主席黄莉新到浙江大学专题调研重大科技创新平台载体建设情况

5 月 17 日，浙江大学通过教育部"云发布"介绍人才培养进展成效

5 月 18 日，求是墨韵——"浙大先生"书画展在浙江大学艺术与考古博物馆开展

5 月 21 日，《浙江大学史料》（第一、二卷）正式发布

5 月 27 日，教育部大学英语课程虚拟教研室启动仪式，以线上线下相结合的方式在浙江大学举行

5 月 21 日，浙江大学科技创新馆开馆

5月28日，浙江大学"中国茶文化与茶健康"课程"虚拟教研室"启用，"慕课西行"同步课堂开讲

5月31日，浙江大学第十八期"书记有约"活动在紫金港校区东教学区二楼学生文化长廊举行

6月，国际校区首届中外联培双学位博士生顺利毕业

6月6日，浙江大学动物医学中心成立揭牌仪式在紫金港校区举行，动物医学中心大楼正式启用

6月7日，白马湖实验室成立大会在杭州举行

6月22日，浙江大学优秀博士学位论文成果展在紫金港研究生教育综合楼启动

6 月 24 日, 浙江大学 2022 届国际学生毕业典礼以"线下 + 云端"的方式举行

6 月 29 日, "喜迎二十大·铸牢中华民族共同体意识"宣讲团出征仪式暨全省微党课巡回宣讲走进浙江大学活动在紫金港校区举行

6 月 30 日, 浙江大学庆祝建党 101 周年大会在紫金港剧场举行

7 月, "科学与中国"院士专家巡讲系列活动走进浙江大学

7 月, 浙江大学创新 2030 计划发布启动"问天计划"项目

7月31日至8月1日，浙江大学校长吴朝晖带队赴云南景东调研考察

8月1日，浙江大学SDG全球暑期学校开幕，元宇宙元素成亮点

8月2日，教育部学位管理与研究生教育司二级巡视员唐继卫、中国学位与研究生教育学会副秘书长赵瑜一行到工程师学院调研，实地参观工程师学院工程创新与训练中心

8月15日，诸暨市人民政府、浙江大学和浙江大学控股集团有限公司签署协议，共同建设浣江实验室

9月6日，浙江大学长三角智慧绿洲创新中心首期开园仪式举行

9月7日，《中国现代科学家（九）》纪念邮票在浙江大学紫金港校区首发

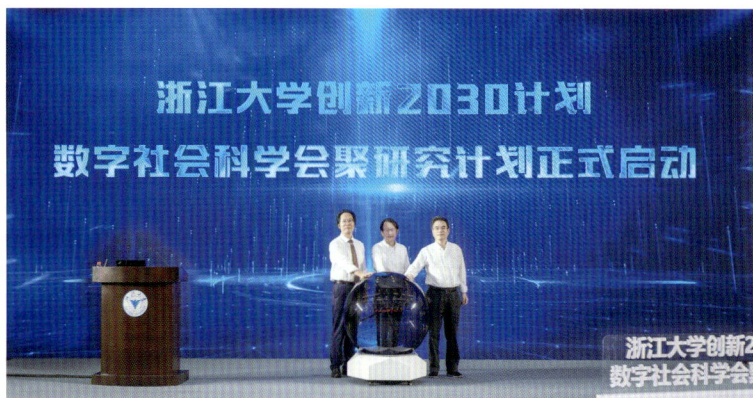

9月9日，浙江大学启动"数字社会科学会聚研究计划"

9 月 23 日，浙江大学 2022 级本科学生专业节在紫金港校区开幕

9 月 24 日，浙江大学举行新生始业教育校史大戏《求是魂》专场演出

10 月 24 日，浙江大学召开党的二十大精神传达报告会

10 月 28 日，浙江大学"雏鹰领航"活动启动仪式暨"雏鹰领航"导师聘任仪式在紫金港校区段永平教学楼举行

10 月 29 日，以"献礼二十大，勇做科技自立自强先锋"为主题的浙江大学"精材成器"新材料创新创业大赛在紫金港校区开幕

11 月 3 日，全国政协港澳台侨委员会副主任贺定一一行来浙江大学考察

11月3日，浙江大学第十一届"三育人"先进颁奖晚会在紫金港校区剧场举行

11月6日，浙江（浙江大学）国际发展与治理研究中心在紫金港校区揭牌成立

11月18日，浙江大学"一带一路"国际医学院首次开展国际学生学者"感知中国行"活动

11月20日，"缘定浙大"2022校友集体婚礼在紫金港校区举行

11月21日，发展中国家科学院第16届学术大会暨第30届院士大会以线上线下相结合的形式在浙江大学开幕，学习传达国家主席习近平向大会致贺信精神

12月15日，浙江大学第五次文科大会在紫金港校区求是大讲堂召开

12月28日，浙江大学召开全校教师干部大会，宣布中央决定：杜江峰同志任浙江大学校长（副部长级）

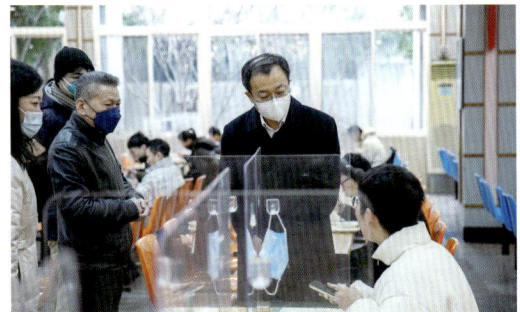

12月29、30日，校长杜江峰来到玉泉和紫金港校区，走进实验室、研究所、学生宿舍和食堂餐厅，看望一线师生员工，扎实开展调研

《浙江大学年鉴 2023》编委会

编 辑 说 明

　　《浙江大学年鉴2023》坚持以马克思列宁主义、毛泽东思想、邓小平理论、"三个代表"重要思想、科学发展观和习近平新时代中国特色社会主义思想为指导，坚持辩证唯物主义和历史唯物主义的立场、观点和方法，全面、客观、系统地记述和反映浙江大学2022年事业发展及重大活动的基本情况，包括人才培养、科学研究、社会服务、党的建设等方面的内容，着力为广大师生提供学校的基本数据、发展概况和工作经验，同时也是兄弟院校和社会各界了解浙江大学的窗口。

　　一、《浙江大学年鉴》自1998年四校合并起编，由浙江大学组织编纂，每年刊出一本，是集权威性、综合性、实用性为一体的工具书，《浙江大学年鉴2023》为第26本。

　　二、《浙江大学年鉴2023》的内容表述有特载、条目、图片、附录等几种形式，以条目为主。内容包含特载、大事记、学校概况、党建与思想政治工作、人才培养、科学研究与社会服务、规划与重点建设、学科与师资队伍建设、对外交流与合作、院系基本情况、财务与资产管理、校园文化建设、办学支撑体系建设、后勤服务与管理、校友与浙江大学教育基金会、附属医院、机构与干部、表彰与奖励、人物等栏目。

　　三、《浙江大学年鉴2023》选题基本范围为2022年1月1日至12月31日间的重大事件、重要活动及各个领域的新进展、新成果、新信息，依实际情况，部分内容时间上可有前后延伸。

　　四、《浙江大学年鉴2023》采用规范语体文记述，文字简明扼要、规范严谨，行文直叙其事、详略得当。所刊内容由各单位安排专人撰稿，并经本单位负责人审定后提交，撰稿人及审稿人在文后署名，但也存在少数以条目署名的情况。

《浙江大学年鉴》编委会

CONTENTS
目　录

特载 /1

大事记 /20

浙江大学概况 /30

党建与思想政治工作/34

人才培养 /55

研究生教育/81

继续教育/109

科学研究与社会服务 /116

院系基本情况 /221

财务与资产管理/336

校园文化建设/344

后勤服务与管理/370

校友与浙江大学教育基金会 /379

附属医院 /383

机构与干部/404

表彰与奖励/427

人物/492

特 载

浙江大学 2022 年工作要点

(2022 年 3 月 4 日)

2022 年是新时代新征程中具有重要意义的一年。学校工作的总体要求是：以习近平新时代中国特色社会主义思想为指导，深刻认识"两个确立"的决定性意义，增强"四个意识"、坚定"四个自信"、做到"两个维护"，按照"更高质量、更加卓越、更受尊敬、更有梦想"的战略导向，统筹推进"五大体系""五大布局""五大战略""五大坚持"，心怀"国之大者"，奋力"走在前列"，为高质量高水平建设中国特色世界一流大学奠定坚实的基础，以实际行动迎接党的二十大胜利召开。

一、加强党的全面领导，从百年党史和党的创新理论中汲取奋进伟力

1. 始终把党的政治建设摆在首位。坚持用习近平新时代中国特色社会主义思想举旗定向，深入学习贯彻党的十九届六中全会精神，全面做好迎接党的二十大召开和贯彻落实的各项工作，实施好师生迎接学习宣传党的二十大专项行动。学习贯彻全国教育工作会议精神，进一步落实习近平总书记关于教育的重要论述。学习贯彻浙江省第十五次党代会精神，增强高质量服务浙江建设社会主义现代化先行省和共同富裕示范区的能力。深化习近平总书记关于中国特色世界一流大学建设的重要论述及其溯源研究，组织开展学校贯彻落实习近平总书记系列重要指示精神二十周年课题研究及办学成果展。坚持和完善党委领导下的校长负责制，完善党委常委会、校务会议议题前瞻谋划机制，落实进一步加强学校领导班子自身建设的意见。

2. 巩固拓展中央巡视整改成果。坚持目标不变、责任不减、机制不改、要求不降,进一步深入推进中央巡视整改任务。完善中央巡视整改工作制度,做好集中整改与中长期整改有机衔接。聚焦"十大重点专项",压紧压实牵头单位和责任单位的整改责任。坚持"当下改"与"长久立"相结合,建立并落实好巡视整改长效机制,完善中央巡视和校内巡视上下联动工作格局,切实达到以巡促改、以巡促建、以巡促治的良好成效。

3. 凝聚"走在前列"的奋斗力量。组织召开学校第十五次党代会,选举产生中共浙江大学第十五届委员会和纪律检查委员会,为"走在前列"提供坚强的政治、思想和组织保证。各院级党组织聚焦新发展阶段使命愿景和目标任务,相应做好换届选举工作。深入实施"十四五"发展规划,确保学校、专项、专题及学院(系)规划的各项重点任务和发展指标有效分解和落实。贯彻落实《教育部财政部国家发展改革委关于深入推进世界一流大学和一流学科建设的若干意见》,组织编制新一轮"双一流"建设实施方案。推动新一轮部省共建协议签订工作,争取国家和浙江省对学校"双一流"建设给予更大的指导和支持。

4. 建立党史学习教育长效机制。持续做好党史、新中国史、改革开放史、社会主义发展史的宣传教育工作,推进党的历史和创新理论进教材、进课堂、进头脑。发挥浙江"红色根脉"资源优势,深入挖掘学校求是红色文脉,引导师生自觉传承红色基因。强化理想信念教育,落实落细进一步加强家国情怀教育的意见。实施党建馆展陈调整和升级改造,打造"现场学理论""典型在身边"情境课堂。建立健全"我为群众办实事"实践机制,继续走好新时代党的群众路线。

5. 营造使命引领的精神文化。巩固深化学校新发展阶段使命愿景大讨论成果,将使命愿景体现到新一轮"双一流"建设和"十四五"事业发展中,转化为师生员工的行动指南。进一步弘扬求是创新精神,以"文化校庆"为主线,组织开展纪念建校 125 周年各项工作。强化院系校庆工作主体责任,完善文化标识和文化载体,夯实基层文化建设,凝聚全体浙大人共创一流的奋进力量。

二、强化育人本位,打造以学生成长为中心的卓越教育体系

6. 构建高质量思想政治教育体系。推进学生思政教育培养方案试点,完善思政育人评价机制。加强以习近平新时代中国特色社会主义思想为核心内容的思政课程群建设,发挥思政课铸魂育人的主渠道作用。选树一批课程思政教学名师和团队,打造更多课程思政示范课程。完善"一学科、一特色"育人载体,创新学科思政育人模式。推进"马兰工作室""于子三基地""在鲜红的党旗下"等平台和学生思政与党建现场教学基地建设,不断提升思政教育的体验度、鲜活性和感染力。

7. 实施新一轮一流本科教育行动。围绕新工科、新医科、新农科、新文科、"六卓越一拔尖"等计划,联动学科布局新兴专业,强化交叉创新双学位与本研贯通培养。坚持"全球胜任"的理念,迭代 KAQ 2.0 培养模式,完善"通识教育＋专业教育＋跨学科教育"体系。优化专业培养方案,构建"国家级—省级—校级"一流课程体系,加强五类"金课"建设,打造一流教材工作体系和辐射海内外的线上线下融合课堂。探索基于项目的本科生研究型学习改革,重塑教与学的关系。深化拔尖创新人才培养体制机制改革,健全本科教育培养体系,完善竺可桢学院人才培养模式。推动信息技术与教育教学深度融合,建设一批交叉性、多学科和产业前沿驱动的实践创新中心和教学虚拟实验室,做实本科教育教学过程性评价和数据导向的质量评价。

8.打造卓越的研究生教育体系。推进新一轮研究生培养方案制定工作,建设研究生专业核心课程,加强研究生培养关键环节的质量监控,试点探索与本科强基计划相衔接的本硕博分段分层分流培养模式。加强多学科交叉人才培养卓越中心建设,聚焦高精尖缺,建立健全基础研究人才培养机制。贯彻落实"卓越工程师教育培养计划2.0",完善产教融合协同育人机制,深入推进工程师学院人才培养模式改革。聚焦关键技术突破和国家急需目标,启动一批对接国家和社会发展战略的卓越培养项目。建设一批工程管理实践教学品牌课程,在重要央企和行业龙头企业布局一批研究生社会实践基地。深化工程教育国际交流与合作,拓展高水平的双硕士、工程博士联合培养项目。落实导师是研究生培养第一责任人制度,持续推进求是导师学校和"五好"导学团队建设。

9."五育"并举促进学生全面发展。贯彻落实《新时代爱国主义教育实施纲要》,完善爱国主义教育工作体系。持续推动新时代教育评价改革,促进学生德智体美劳全面发展。优化浙大特色的"三全体育"生态课程体系和"一体化"四课融通的美育教学课程模式,提高体育美育教学质量。丰富"劳动育人""耕读教育"平台与载体,探索特色劳动教育模式。推进中国高校众创空间联盟平台建设,完善"全链条"双创育人体系,提升高水平双创赛事育人成效。

10.稳步提升招生就业质量。优化科学选才机制,打造"1+7+N"本科招生工作方案2.0版。深入推进"新时代人才培养战略伙伴计划",加快建设一流生源基地。健全研究生招生计划动态调整机制,扩大全日制学术学位研究生统筹招生贯通培养改革试点范围。深化硕士研究生考试招生改革,完善博士研究生"申请—考核"招生选拔机制。加快完成就业重点合作伙伴关系战略布局,打通并形成"选育送"衔接一体化路径。统筹推进就业重点引导指标任务,实现人才战略输送新突破。压实就业工作院系"一把手"主体责任,加强就业工作激励考核。

11.推进继续教育提质增量升效。深化继续教育体制机制改革,完善责权利清晰的办学体制。明晰定位管理职能,加强资源优化整合,完善院院合作机制,健全考核激励机制,打造一流特色继续教育。发挥"学科""地缘"双优势,对接国家和区域重大战略需求,统筹推进高端示范性培训项目建设。健全教育培训全过程规范管理、质量监控、风险防范、办学巡查等机制,加强对继续教育办学关键要素的监管。确保远程教育试点总结性评估顺利完成。

三、推进高原筑峰,构建一流学科体系和人才队伍

12.打造群峰竞秀的学科群。分类推进高峰学科建设支持计划、一流骨干基础学科建设支持计划和优势特色学科发展计划,全面提升学科建设水平。瞄准国家高精尖缺领域,深入实施"一流学科培优行动"。结合新一版学科专业目录和首批急需学科专业引导发展清单,

调整优化学校学科专业结构,合理布局学位授权点。围绕习近平新时代中国特色社会主义思想学术化、学理化,加强马克思主义理论学科建设。高质量推进"创新 2030 计划",建立交叉学科发展引导机制,启动实施"空天探索会聚研究计划"等,对部分专项计划实施成效开展阶段性评估。做好专业学位水平评估和第五轮学科评估后续工作,推动学科内涵式建设。争取成为首批基础学科研究中心和医药基础研究创新中心建设单位。

13.深入实施新时代人才强校核心战略。贯彻落实中央和省委人才工作会议精神,对接国家区域重大人才计划,积极融入国家"3＋N"高水平人才高地建设布局,努力争取综合改革试点任务。召开学校人才工作会议,出台加快打造国家战略人才力量的意见,制定落实关于加强和改进新时代人才工作的实施方案。深入实施"学术大师汇聚计划""高层次人才培育支持计划""新百人计划",加强战略科学家的发现、培养、引进和使用,建设若干学术领军人才团队。遴选一批具有顶尖或领军人才潜质的青年人才,健全贯通青年人才成长全周期的培养支持体系。实施文科学术骨干教师引进计划等若干人才专项,加快汇聚学科急需人才。统筹推进各类人才队伍和管理服务队伍建设,构建全面但有重点的人才队伍体系。建设"人才特区",先行先试人才引育用政策、考核评价机制。健全人才与学科、科研、教学、社会服务、国际合作等工作体系的联动机制,加强对人才的多元化资源投入。

14.打造人才生态最优大学。深化人才发展体制机制改革,建立健全人才培养、使用、评价、激励机制。完善预聘—长聘教职制度体系,出台长聘教职岗位管理试行办法,完善长聘教职聘后管理。修订完善专业技术人员任职基本条件,推进附属医院卫生技术队伍分类管理。探索多元人力资源体系,完善多形式柔性引才引智制度。深化跨学科校内兼聘,完善科技创新平台团队用人新机制。制定实施新一轮(2022—2025 年)师资队伍定编定岗实施方案。开展 2022 年校内岗位聘任工作。继续推进优秀教学岗计划和基础研究长周期考核机制,激发各类人才发展动能。深化教职工分配制度改革,科学合理做好校内各支队伍待遇保障工作。大力弘扬科学家精神,持续打造和而不同、美美与共的学术生态。压实院系人才工作主体责任,下放人才引进自主权,探索建立最优人才生态院系评选机制。

15.深化优良师德师风建设。成立党委教师工作委员会,推进教育部师德师风基地(浙江大学)建设工作,构建师德师风建设立体化工作网络。落实师德师风第一标准,发挥院级党组织师德把关作用,做好人才引进、职称评聘、评优奖励、聘期考核、项目申报等环节的师德核查。对师德失范行为依纪依规严肃查处,对问题突出的单位负责人进行问责。建立负面案例通报制度,加大师德失范警示教育力度。

四、开展引领性创新,服务国家建设世界主要科学中心和创新高地

16.加快培育国家战略科技力量。参与国家实验室建设,在国家重点实验室优化重组中取得更好成绩。组织实施"领航计划",提升国家工程研究中心等科创基地创新能级。组织实施"紫金计划",统筹推进面向国家战略需求的重大科技攻关。组织实施"启真计划",强化前沿基础和交叉研究,参与或发起国际大科学计划和大科学工程。主动承担更多"揭榜挂帅"项目,破解关键核心技术"卡脖子"问题。打造面向国防重大任务和工程的科研项目群,加快军工领域关键核心技术研发攻关。大力培育标志性成果,细化重大项目全过程管理,力争在国家重大科技奖励、授权发明专利、高水平论文等创新指标上实现新突破。打造以国家重大科技基础设施为代表的"国之重器",加快前沿科学中心、集成攻关大平台等建设培育。

17. 构建具有浙大特色的哲学社会科学。召开学校第五次文科大会。推进中国特色社会主义研究中心、习近平法治思想研究中心、浙江省习近平新时代中国特色社会主义思想研究中心浙江大学研究基地建设,聚焦重点领域打造重要科研平台和文科实验室。推进铸牢中华民族共同体意识研究基地、国家智能社会治理实验基地建设,加快新一轮省级重点研究基地谋划建设和遴选工作。大力培育国家社科基金项目、教育部高校人文社会科学研究项目和省部级人文社科成果奖,主动设计交叉类重大项目和重大文化工程项目。实施"中华优秀传统文化传承与创新重大专项",启动新一轮"双一流"高端智库建设计划项目,布局《面向 2035 哲学社会科学高质量发展行动计划》。加强国别和区域研究,启动实施"数字社科"专项计划,继续推动"亚洲文明计划"相关学科交叉会聚。扎实推进文学院、历史学院和哲学学院筹建工作。

18. 推动高水平科技成果转化。深化工业技术转化研究院体制机制改革,合力打通科技成果转化全链条。推进高校国家专业化技术转移机构建设,实施以"先投后股方式支持科技成果转化"等揭榜任务,启动"职务科技成果赋权"等试点工作。持续做好紫金科创小镇运营管理,培育打造若干具有重大影响力的科技创新和成果转化高地。深化地方研究院高质量发展,加强与中央企业、大型企业等的合作。推进"国家知识产权示范高校"建设,开展知识产权分级分类管理,探索符合科技创新规律的成果管理和评价方式。

五、坚持开放合作,构建适应新发展格局的办学体系

19. 优化面向全国的社会服务布局。主动服务长三角一体化发展、京津冀协同发展、粤港澳大湾区、"一带一路"、黄河流域生态保护等国家区域重大战略,高水平建设北京研究院、上海高等研究院。优化农业推广示范基地布局,深入推进脱贫攻坚成果同乡村振兴有效衔接。继续做好结对帮扶各项工作,持续抓好对口支援和省部合建等工作。提升校地合作平台创新能级,优化校企合作战略布局,加快推进与龙头央企、重点企业等全面战略合作。持续加强以法人研究机构为核心的校地校企平台规范治理,落实领导责任和风险管控要求。

20. 服务"重要窗口"和共同富裕示范区建设。深度参与新一轮杭州城西科创大走廊和云城发展,积极融入杭州、宁波"双城记"建设行动,深化与杭州市、宁波市的战略合作。在发挥核心作用,推动建设之江实验室、牵头建设良渚实验室的基础上,联合优势力量推动东海实验室和白马湖实验室筹建工作,加大杭州国际科创中心、宁波科创中心等的建设力度。推动优质医疗资源下沉,支持浙江省医疗卫生"山海"提升工程。加强与特色产业工程师协同创新中心合作,推进工程师学院改革创新。助力 2022 年杭州亚运会,策划若干具有浙大特色和国际影响的文化载体、品牌活动,配合亚组委做好场馆建设、志愿服务和医疗保障等各项工作。

21. 增强医疗健康服务能力。健全附属医院发展体制机制,加强优质医疗资源扩容和均衡布局。完善现代医院管理制度,探索附属医院高质量发展新模式。优化附属医院多院区发展功能布局,统筹高水平临床医学院一体化建设。推进国家医学中心、国家区域医疗中心、国家临床研究中心、公立医院高质量发展试点医院等建设,加快医学高峰建设和医药板块发展。积极推进"一带一路"国际医学院(筹)、国际健康医学研究院和附属第四医院"三位一体"建设。打造高水平的公共卫生学院,深化与卫健、医保、疾控等部门的战略合作。

22.实施"全球开放发展战略2.0"。召开国际合作与交流工作会议,持续优化全球合作布局,实施"优化全球开放发展格局"专项,迭代升级"世界顶尖大学学科合作计划",启动SDG全球合作计划,推动与国际大学联盟、政府间国际组织和非政府组织的机制性合作。深化与港澳台地区的合作交流,强化港澳台学生的培养和管理。举办可持续发展全球暑期学校、亚太碳中和国际论坛、发展中国家科学院院士大会等系列活动,开展线上交流互访、人才接引、国际会议、科研合作,充分释放混合交流模式的潜力。强化海外传播矩阵建设,多媒体融合、多形式呈现,讲好浙大故事。

23.打造"在地国际化"教育品牌。完善海宁国际校区合作整体格局,健全以我为主、中西融合的合作办学模式,打造更具示范意义的国际合作教育样板区。完善国际学生招生体系,进一步优化国际学生生源结构,持续提高生源质量。深化国际学生教育管理体制改革,完善校院两级协同工作机制。加强国际学生思想教育和文化引领,打造具有浙大特色的国际学生社会实践平台。培育一批特色鲜明、影响广泛的中外文化交流项目,促进中外学生交流和多元文化发展。

六、深化改革创新,加快推进学校治理体系和治理能力现代化建设

24.完善现代大学治理。深入推进依法治校,做好学校章程修订工作。实施2022年若干深化改革重点项目,着力破解制约学校系统内涵式发展的深层次矛盾和问题。有序推进学术委员会和学部换届,深化院系学术治理体系改革。完善校院两级教职工代表大会制度,健全青年学生参与民主治校机制。组织好新一届"双代会"委员会换届选举,加强工会组织体系建设。深化新形势下党建带团建工作,完善团的基层工作制度体系。推进学生会、研究生会、博士生会等组织改革,探索浙大特色的社团发展道路。

25.深入推进数字化改革。推进"一网通办"工程,打造以"网上浙大2.0"为代表的新型办学空间。完善"一事一表一库一平台"建设工程,推进智慧总务、智慧财务、智能办会等多跨场景的"一件事"改革任务,推动学校体制机制、方式流程、手段工具等数字化重塑。升级"学在浙大",构建全天候线上线下、同步异步相结合的混合弹性教学空间。推进"研在浙大"四梁八柱工程,加快科研创新形态转型。启动"学科发展空间""全球开放空间"建设,增强学术数据价值,拓展国际传播服务渠道。

26.提升管理服务和支撑保障水平。加强机关效能建设,完善机关部门主要负责人基层联系点制度。优化各校区发展定位,推进紫金港校区东西区一体化协调发展,提升舟山校区、海宁国际校区等异地校区的治理能力。安全有序做好紫金港西区理工组团启用及相关院系搬迁工作,深入推进杭大新村历史文化街区建设等重点任务。全面推行预算管理改革,做好增收节支工作,提升科研经费统筹能力,加强异地研究院财务与资产监管。创新审计工作体制机制,推进审计管理和业务工作制度化规范化。加快数字化分析测试中心改革,完善校内大型仪器开放共享考核机制。探索公用房配置评估论证与使用考核机制。加强基建工程项目规范化管理,稳步推进基建工程项目立项报建、验收备案工作。推进"梦想浙大"发展基金倍增计划,在筹资能力提升和基金会规模扩大等方面实现关键突破。构建多元化立体化校友工作体系,打造发展共同体。探索智慧图书馆和数字档案馆建设,完善紫金港西区主图书馆设计和资源布局,提高档案管理工作和校史研究水平。推动传统出版与新兴出版融合发展,加强高水平学术出版。深化建筑设计研究院改革,探索新阶段后勤集团可持续发展模式和路径。创新拓展"乐龄"计划,支持关工委参与铸魂育人工作,充分发挥离退休同志的优势和作用。

27.维护校园安全稳定。坚持总体国家安全观,推动构建"大安全"治理生态圈。健全学校安全稳定工作体制机制,提高防范化解重大风险能力。织密新时代高校政治安全防控体系,依法防范和抵御境外势力利用宗教进行渗透。完善保密工作体系,力争高质量通过保密资质复审。优化校院两级安全治理模式,建立健全安全工作考核机制。加强网络安全系统建设,打造闭环管理链条。深化师生心理健康教育体系,加大心理健康课程建设和知识普及力度。深化安全隐患排查,提高校园综合治理能力。慎终如始做好校园疫情防控工作,科学精准调整防控策略,扎实筑牢疫情防控屏障。

七、加强党的建设,为学校改革发展提供坚强政治保证

28.创新宣传思想工作。深入推进习近平新时代中国特色社会主义思想宣传宣讲,营造学习宣传贯彻党的二十大精神和学校第十五次党代会的思想舆论氛围。推进党委理论学习中心组学习会经常化、制度化、规范化,增强政治学习的系统性。加大"新思想在浙江的萌发与实践"系列教材的出版推广工作,推进"启真新论"理论发声平台建设,打造党的创新理论阐释发声品牌。加快推进全媒体融合,紧扣中心工作全方位、宽领域展现办学治校新实践,全面生动讲好新时代的浙大故事。全面落实意识形态工作责任制,加强宣传思想文化阵地管理,提升舆情风险防范应对能力。持续推进"中国历代绘画大系"宣传推广工作,主动对接宋韵文化传世工程、之江艺术长廊建设等,提升重大文化工程的社会影响力。丰富校园文化形式,倡导绿色文化,开展绿色学校创建宣传教育和实践活动。

29.加强中层领导班子建设和干部队伍重塑。抓好新一届中层领导班子任期目标任务书制订工作,强化中层领导干部政治和业务能力培训,优化中层领导干部考核机制,确保换届后中层领导班子高效有序运行。完善党管干部、党管人才机制,推进干部人才统筹,实施第二批"双专计划"。加强优秀年轻干部人才培养,完善源头培养、跟踪培养、全程培养体系和上下联动、各方协同的接续培养机制,制订辅导员队伍建设规划,启动优秀博士生党政管理骨干专项培养计划,加强向地方战略性输送优秀干部人才,加大对外派干部的关心培养和政策保障。有序开展内设机构负责人换届工作,引导青年管理干部多岗位递进式历练提升。推进组织干部工作数字化转型,按期保质保量完成干部人事档案专项审核工作。加强干部管理监督体系化规范化建设。

30. 推进党建工作与业务工作深度融合。深化落实《中国共产党普通高等学校基层组织工作条例》，巩固提升"全国党建示范高校"建设成效。夯实基层党组织工作基础，完善国家重点实验室和新型研发机构的党组织设置，打造上下贯通、执行有力的组织体系。落实"红色根脉强基工程"和"抓院促系、整校建强"铸魂行动，做好党建工作标杆院系、样板支部和"双带头人"工作室的培育创建工作，实施"对标争先"建设计划、基层党支部建设质量提升月等活动。选优配强用好党支部书记，持续加强对大学生和高知人才的政治引领和政治吸纳。完善院级党组织书记抓基层党建和人才工作述职评议工作机制，优化学校党内表彰体系。

31. 拓展大统战工作格局。加强党对统一战线工作的集中统一领导，深入贯彻落实《中国共产党统一战线工作条例》。加强党外知识分子思想政治引领，发挥社会主义学院统一战线人才教育培养主阵地作用。落实学校民主党派代表人士队伍建设十年规划，健全党外人士发现、培养、选拔任用和政治吸纳机制，做好新一届人大代表、政协委员推荐工作，协同做好民主党派省委会换届工作。优化党派建言、统战智库、政协委员会客厅等平台，完善党外人士建言献策和履职尽责工作体系。实施"石榴籽工程"，铸牢中华民族共同体意识。筹备成立校欧美同学会，支持港澳台地区青年交流基地建设。

32. 推动全面从严治党向纵深发展。深入学习贯彻十九届中央纪委六次全会精神和《中国共产党纪律检查委员会工作条例》，完善党委落实全面从严治党主体责任清单。深化党委听取纪委工作汇报制度，完善学校党委、纪委听取二级单位履行主体责任和监督责任情况汇报机制。深入贯彻落实《关于深化中管高校纪检监察体制改革的意见》，持续深化纪检监察体制改革。推动二级单位纪委工作制度机制系统集成，提升校院两级纪委协同联动实效。依规依纪严肃监督执纪，建立健全问责与容错协同机制。科学谋划学校巡视工作五年规划（2023—2027年），强化巡视成果运用，探索巡视监督与党建监督、干部管理监督、干部任期审计等同步推进的工作机制。保持狠抓作风建设的高压态势，巩固扩展落实中央八项规定精神成果。加大对违纪违法案件的查处和通报曝光力度，强化教育警示作用。深入挖掘求是清廉文化资源，不断涵养清廉之风。

附件:浙江大学2022年专项工作任务

附件

浙江大学 2022 年专项工作任务

任务一:组织开展贯彻落实习近平总书记系列重要指示精神二十周年课题研究及办学成果展,凝聚全体浙大人共创一流的奋进力量。

任务二:深化拔尖创新人才培养体制机制改革,健全本科教育荣誉体系,完善竺可桢学院人才培养模式。

任务三:贯彻落实"卓越工程师教育培养计划2.0",完善产教融合协同育人机制,推进工程师学院人才培养模式改革。

任务四：深入实施新时代人才强校核心战略，努力在人才工作上取得更大突破。

任务五：打造国家战略科技力量，参与国家实验室建设，在国家重点实验室优化重组中取得更好成绩。

任务六：召开浙江大学第五次文科大会，推进构建具有浙大特色的哲学社会科学。

任务七：推动高水平科技成果转化，实施"先投后股方式支持科技成果转化"等揭榜任务，启动"职务科技成果赋权"等试点工作。

任务八：积极融入杭州、宁波"双城记"建设行动，深化与杭州市、宁波市的战略合作。

任务九：实施"全球开放发展战略2.0"，持续优化全球合作布局，策划重大国际议题，组织或发起更多国际大科学计划和大科学工程。

任务十：深化纪检监察体制改革，贯彻落实《关于深化中管高校纪检监察体制改革的意见》。

浙江大学 2022 年工作总结

（2023 年 3 月 7 日）

2022 年是党的二十大胜利召开之年，也是浙江大学改革发展进程中不平常的一年。在党中央和中组部、教育部、浙江省委、省政府的正确领导下，浙江大学坚持以习近平新时代中国特色社会主义思想为指导，深入学习贯彻党的二十大精神，认真落实习近平总书记关于教育的重要论述和对浙江大学的系列重要指示精神，牢固树立"更高质量、更加卓越、更受尊敬、更有梦想"的战略导向，自觉肩负起新时代赋予高水平大学的战略使命，高质量推进"双一流"建设，多项办学指标创历史新高，各项事业持续保持蓬勃发展的强劲态势，为走向世界一流大学前列奠定了坚实基础。

一、坚持举旗定向，深入学习贯彻习近平新时代中国特色社会主义思想

1. 牢固树立新思想的指导地位。全校上下高举习近平新时代中国特色社会主义思想伟大旗帜，深刻领悟"两个确立"的决定性意义，增强"四个意识"、坚定"四个自信"、做到"两个维护"。全面贯彻落实党的教育方针，认真学习贯彻习近平总书记在省部级主要领导干部专题研讨班、庆祝中国共青团成立100周年大会、考察中国人民大学时的系列重要讲话精神，学习习近平总书记对冰雪健儿、北京科技大学老教授、南京大学留学归国青年学者等回信精神,结合学校实际研究制定贯彻落实举措,通过党委常委会、校务会议、党委理论学习中心组专题学习新思想48次。深入开展习近平总书记关于中国特色世界一流大学建设重要论述及其溯源研究,开展习近平总书记关于科技创新的重要论述研究,坚定不移地用新思想指导学校改革发展。

2.学习宣传贯彻党的二十大精神。组织党的二十大精神专题学习,深刻领会中国式现代化赋予高水平大学的使命和责任。组织制定学习贯彻工作方案,通过学习研讨、辅导报告、专题座谈、主题活动等形式推动全校上下形成学习宣传贯彻的热潮。做好中央宣讲团来校宣讲工作,组建宣讲团并做好培训,开展各级各类宣讲1700余场。开设"礼敬二十大·感悟新思想"专栏,集中开展大会报告解读,形成广泛传播效应。

3.组织筹备学校第十五次党代会。谋划高远使命引领下的大学发展战略。对学校新一届党委委员和纪委委员候选人初步人选进行"三上三下"的提名推荐、酝酿协商,指导各院级党组织选举产生出席学校第十五次党代会的300名代表。推出"奋斗新征程　建功新时代"宣传专题,组织开展心怀"国之大者"　奋力"走在前列"——迎接浙江大学第十五次党代会主题展、"红船起航"主题展,营造良好的思想舆论氛围。

4.加强党的政治建设。织密党建责任体系,健全党的建设和全面从严治党工作领导小组运行机制,制定关于加强党建统领提高党的领导力组织力的若干意见。完善党委全委会议事决策机制,加强党委常委会、校务会议议题前瞻谋划,定期开展决策执行情况专项督查,将贯彻落实学校党委行政决策部署情况作为党政领导班子年度考核、干部评优的重要依据。完善依法治校体系,形成的《浙江大学章程修正案》经校教代会审议并已报送教育部审核。落实学院(系)党委会会议、党政联席会议议事规则,完善附属医院党委领导下的院长负责制。

5.巩固拓展中央巡视整改成果。召开党委常委会专题学习贯彻中央巡视工作,定期专题研究部署持续整改重点工作。坚持目标不变、责任不减、要求不降,对集中整改期已完成的265项整改任务和10个重点整改专项进行了"回头看",研究确定需要继续深化的具体问题21项,并组建10个专项监督组开展现场监督检查。制定《关于深化中央巡视整改监督工作方案》,聚焦重点领域实施关键突破,推动形成标志性成果。学校深化中央巡视整改和监督的经验被中央纪委国家监委向各中管高校纪委推介。

二、聚焦立德树人,着力打造拔尖创新人才自主培养的卓越教育品牌

6.思想政治教育改革创新不断深入。加强以习近平新时代中国特色社会主义思想为核心内容的思政课程群建设,构建形成"思想铸魂""课程思政与学科思政育人""一体化培养""全员育人领航"四大体系和12项工程,探索以传承红色基因为内核的思政教育新模式。深化思政教育和专业教育一体化设计,全面推进本科生思想政治教育培养方案试点工作,建设14个思想政治教育特色示范基地、31个"一院一品"学生思品牌项目、12个"在鲜红的党旗下"党建教育平台,成立"以身许国"爱国主义教育基地、"艺术＋"大学生文化自信培育基地、"共同富裕"求是学子先行计划等品牌项目。优化研究生"学科思政"教育模式,全面实施

"双引双提"工程,新增 16 个学科(专业)思政特色创新项目。支持院系结合学科、专业特色新建或深化建设"公共研习空间"16 个、"导学育人空间"10 个,优化师生共同成长的德育共同体。

7.扎实推进一流本科教育。出台新一轮"双一流"拔尖创新人才培养专项实施方案,完善竺可桢学院拔尖创新人才培养机制。设立教授学术小组、"启真问学"创新平台等,激发一流人才培养本科生的积极性。建设一流本科专业集群,累计 91 个专业入选国家级一流本科专业建设点,居全国高校第二。优化本科专业布局,获批马克思主义理论专业,申报增设考古学、生物育种科学和智能体育工程新专业,加快急需关键领域的人才培养。出台加强外语人才培养实施方案,制定双学位复合型人才培养项目管理办法,在 8 个专业试点开展专业核心课程知识图谱建设,重构高水平专业核心课程群。持续推进"国家级—省级—校级"一流课程体系建设,新增 193 门课程入选省级一流本科课程,建成 39 门校内高水平国际化课程。新增 20 门通识选修课程,推进中西部高校共享优质 MOOC 教学资源。加快构建高质量教材工作体系,出台优秀教材奖评选办法并开展首届评选,启动"名师—名课—名教材"计划,推动院士、文科资深教授等编写教材 44 本。全面升级教学条件,完成 176 间智慧教室和宜学空间建设,构建高品质信息化教学环境。打造全新的浙江大学线上考试系统,保障大规模线上考试开展。

8.着力构建卓越研究生教育体系。制定新一轮研究生培养方案,试点探索与本科"强基计划"相衔接的本研分段分层分流培养模式。持续实施"多学科交叉人才培养卓越中心"建设试点工作,设立"哲学社会科学重点实验室卓越研究生培养专项"。稳步推进专业学位授权点动态调整。率先试点工程研究生培养改革专项,与 28 家头部企业围绕 13 个关键领域联合培养高层次人才。贯彻落实"卓越工程师教育培养计划 2.0",优化工程师学院专业学位人才培养体系,完善仿真环境和工程技术实践实训平台,学校入选首批国家卓越工程师学院建设试点单位、首批国家高水平公共卫生学院建设单位。加快推进奖助体系改革,建立健全差异化资助机制,大幅提高研究生资助水平,整体位居 C9 高校前列。设立"浙江大学教育基金会卓越研究生培养基金",支持基础学科拔尖人才培养及优秀博士生海外交流计划等,形成多元投入、合力支持的发展格局。

9."五育并举"取得积极成效。持续推动新时代教育评价改革,深化大学生综合素质教育平台建设,全力打造一批具有学科特色、专业特色的院系综合素质教育品牌。推进创新创业教育教学,成功入选首批国家级创新创业学院和国家级创新创业教育实践基地,作为中国高校众创空间联盟发起单位,组织实施"育苗培优"专项行动,立项大学生创业项目 20 个。110 余支学生团队问鼎国内外重大竞赛,在第十七届"挑战杯"大赛中获特等奖 2 项、一等奖 3 项,在第八届中国国际"互联网十"大赛中获金奖 13 项,金奖总数并列全国高校第一。出台加强和改进耕读教育的工作方案,丰富"劳动育人"平台与载体,探索特色劳动教育模式。

10.招生工作质量再上新台阶。深入推进"新时代人才培养战略伙伴计划",推进生源创优工程,持续优化招生结构布局。本科理科综合录取分数位于全国第四,其中 8 个省份录取线居全国第三,13 个省份居全国第四,录取线居全国第三、第四的省份数较去年增加了

31％；文科本一批生源质量稳步提升，平均录取位次在前150名。高质量完成2023届研究生推免工作，全校推免比例从31.6％提升到37.4％，创历史新高。深化硕士研究生考试招生改革，完善博士研究生"申请—考核"招生选拔机制。出台《浙江大学博士生招生指标分配与管理办法（试行稿）》，在物理学等13个基础学科相关的院系实施学术学位研究生统筹招生贯通培养改革，在工学、信息、医药等相关学科开展博士生招生指标类型改革，扩大专业学位研究生招生规模和比例。

11. 出口导向的高水平就业育人体系加快形成。落实就业"一把手"工程主体责任，形成学校主导、院系主体、协同推进、齐抓共管的就业工作机制。建设政治与公共服务能力强化班，持续引导和输送毕业生"上大舞台、入主战场、成大事业"。2022届毕业生到重要央企单位、重点科研单位、世界500强企业就业人数稳步提升；本科毕业生深造率达61.54％，其中赴世界前50名高校深造人数占境外深造人数的71.41％；推送以联合国系统国际组织为主的实习生45人，国际化就业步伐加速迈进。

三、加快高原筑峰，建设一流学科体系和高水平人才队伍

12. 学科生态体系不断完善。坚持"一流牵引、主干强身、交叉驱动、生态优化"的学科发展导向，深入实施"一流学科培优行动"，持续推动高峰学科、一流骨干基础学科、优势特色学科建设。有序推进面向2030的学科会聚研究计划，启动"空天探索会聚计划""数字社会科学会聚计划"。学校及21个学科入选第二轮"双一流"建设高校及建设学科名单，除北大、清华为自主权下放试点高校外，学校一流学科入选数和新增数（3个）均为全国高校最多。持续优化学位授权点生态体系，自主设置干部教育学等4个目录外二级学科博士、硕士学位授权点。稳步推进专业学位授权点动态调整，在电子信息专业学位类别下增列大数据技术与工程领域，获批兽医博士专业学位授权点，申请将文物与博物馆、艺术（广播电视）、艺术（美术）对应调整为博物馆、戏剧与影视、美术与书法3个硕士专业学位授权点。在全国第五轮学科评估中，A＋学科数大幅度增加且实现了各学部全覆盖，传统优势学科和基础学科均有突破。专业学位水平评估实现了A＋零的突破，圆满完成了预期评估目标。10个学科进入ESI前1‰，2个学科进入ESI前万分之一，学科竞争力保持全国高校前列。

13. 人才引育工作取得新突破。深入贯彻落实中央和省委人才工作会议精神，召开学校人才工作会议，深入实施新时代人才强校核心战略。持续推进"学术大师汇聚计划""高层次人才培育支持计划""新百人计划"等，对接浙江省"鲲鹏行动"计划，加大顶尖人才和战略科学家的引育力度。制定2022—2023年度人才工作十项重点任务，实施"人才＋"联动计划，健全贯通青年人才成长全周期的培养支持体系。出台《浙江大学博士后管理工作实施办法》及配套的博士后招聘、在站管理、薪酬福利等实施细则，进一步优化博士后资助体系。制订"浙江大学—世界顶尖大学联合招收博士后计划项目"方案，提升博士后队伍国际化水平。成立物理高等研究院等"人才特区"，加快打造具有浙大辨识度的知识创新学派。全年共引进全职两院院士2人、求是讲席教授12人。入选教育部"长江学者奖励计划"讲席教授项目和科技部"火炬计划"22人，位居全国高校第一。入选浙江省"鲲鹏行动"计划13人，入选率

显著提升。入选"四青"人才133人,其中国家优秀青年科学基金海外项目获得者89人,国家优秀青年科学基金项目获得者25人,国家"万人计划"科技创新领军人才12人,均居全国高校第一。

14. 人才发展环境不断优化。深化人才发展体制机制改革,制定《关于贯彻中央人才工作会议精神　加快打造国家战略人才力量的意见》及《深化新时代人才强校核心战略　加强和改进人才工作的实施方案》,完善预聘—长聘教职制度体系,出台长聘教职岗位管理办法,修订完善专业技术任职基本条件,推进附属医院卫生技术队伍分类管理,优化求是专项岗位设置,启动实施求是教学岗和求是实验岗。探索多元化人力资源体系,出台《浙江大学关于创新多元化用人机制服务学校高质量发展的若干意见》《浙江大学行政专员队伍建设实施办法》等文件,提升管理服务效能。实施新一轮师资队伍定编定岗。落实师德师风第一标准,深入实施师德导师制,开展"雏鹰领航"计划,开发浙江大学师德师风情境化负面清单定期自警系统。弘扬科学家精神,树立"大先生"典范,一批优秀教师荣获"全国三八红旗手标兵""探月工程嫦娥五号突出贡献个人""中国青年五四奖章"等称号,一批先进团队和单位获"全国工人先锋号""浙江省巾帼文明岗""浙江省劳模创新工作室"等荣誉。组织开展学校第十一届"三育人"先进评选,广泛宣扬入选的标兵和先进个人事迹,形成弘扬高尚师德的浓厚氛围。

四、开展引领性创新,构建服务科技高水平自立自强的战略科技力量

15. 原创性成果加快涌现。持续加大"数、理、化、天、地、生"等基础学科的支持力度,成立物理学院,实质性推进"科研特区"建设。基础研究重大任务承载力显著提升,学校获国家自然科学基金项目再创新高,获批项目数1195项,直接经费8.09亿元,其中重点项目29项、国家重大科研仪器研制项目2项、重大项目2项、联合基金重点类项目32项,参与基础科学中心项目4项。高水平原创性基础研究科研成果不断涌现,以第一作者或通讯作者在《细胞》《自然》《科学》主刊发表论文19篇,学校师生在轨开展了中国空间站工程应用系统的首个干细胞项目,在超导量子芯片上首次实现了光的量子拓扑态操控,实现了以天然光合作用系统增强细胞合成代谢的突破,发现了细菌帮助昆虫求偶的"成人之美"机理。全球ESI论文影响力提升17位,29人次入选科睿唯安全球高被引科学家。

16. 服务国家科技创新能力进一步增强。召开学校科技工作会议,持续强化有组织科研,深入实施"启真""紫金""领航"等重点科研发展计划,围绕能源、材料、人工智能、双碳、设计育种等领域,首批启动重大攻关培育项目11项,新增牵头科技创新2030-重大项目5项、国家重点研发计划85项,创历史新高,全年科研总经费达70.68亿元。获2021年度浙江省科学技术奖70项,占全省比重首次突破50%。获第二十三届中国专利金奖1项,是全国唯一连续两年作为牵头单位获奖的高校,首次获中国标准领域最高奖项——中国标准创新贡献奖一等奖1项。全力提升知识产权质量,实施"先投后股方式支持科技成果转化"等揭榜任务,推动成立学校全资持股平台,完善科技成果激励机制,完成成果转化80项,孵化企业141家。推进军民融合深度发展,新增GF科研项目685项,其中亿元级3项、千万元级31

项,合同经费首次突破15亿元,荣获GF类科技进步特等奖1项,军队科技进步二等奖1项,教育部专用项目一等奖1项。

17.重大科技平台建设加速推进。建设超重力离心模拟与实验装置国家重大科技基础设施,高水平推进全国(国家)重点实验室重组和新建,牵头新建的脑机智能、区块链与数据安全2家实验室和重组后的硅及先进半导体材料、计算机辅助设计与图形系统、流体动力基础件与机电系统、工业控制技术、极端光学技术与仪器5家实验室获批全国重点实验室。推动之江实验室进入国家实验室体系,依托启用的浙大余杭脑机交叉研究院(筹),建设临港国家实验室浙江基地,与怀柔、中关村等国家实验室签订战略合作协议,筹建相关实验室浙江基地。加快良渚实验室的建设进程,推动东海实验室和白马湖实验室筹建工作,主动谋划布局各类科研基地,首次成为国家医学攻关产教融合创新平台医工结合方向"挂帅"高校,获批集成电路(制造)人才培养和协同创新基地,建设抗肿瘤创新药物教育部工程研究中心。

五、服务建构自主知识体系,加快推动哲学社会科学繁荣发展

18.主动服务马克思主义中国化时代化。大力建设全国重点马克思主义学院,统筹推进浙江省习近平新时代中国特色社会主义思想研究中心浙江大学研究基地、浙江大学中国特色社会主义研究中心、浙江大学习近平法治思想研究中心等平台建设。组织编写"新思想在浙江的萌发与实践"系列教材,新出版《县域治理与县域发展:样本与启示》《数字中国的浙江探索》《创新强省:浙江的探索与实践》《从"健康浙江"到"健康中国"》等教材6本,启动"当代中国马克思主义的理论与实践研究"项目,打造马克思主义政治经济学、马克思主义哲学、马克思主义新闻学、马克思主义美学等学科群。

19.哲学社会科学创新能力持续提升。召开学校第五次文科大会,完成学校社会科学联合会换届,制订关于推进哲学社会科学高质量发展的实施方案。成立文学院、历史学院、哲学学院。基本完成国家级重大文化工程"中国历代绘画大系"编纂工作并获得习近平总书记批示鼓励,成果在国家博物馆等进行国内外巡展。牵头推进《敦煌残卷缀合总集》编纂、《敦煌文献分类合集》整理出版两大项目,积极参与宋韵文化传世工程。建设艺术与考古图像数据实验室等文科实验室,启动首批浙江大学哲学社会科学实验室培育工作,布局《面向2035哲学社会科学高质量发展行动计划》。持续实施"精品力作"计划,完成第三届哲学社会科学研究优秀著作奖评选。学校文科重大项目立项22项。其中研究阐释党的十九届六中全会精神国家社科基金重大项目立项5项,国家社科基金年度重大项目立项10项,均位居全国第三;教育部哲学社会科学研究重大课题攻关项目立项2项,并列全国第二。国家社科基金各类项目立项87项,创历史新高。3项成果入选《国家哲学社会科学成果文库》,入选数居全国高校第三。

20.打造高水平国家高端智库。高质量完成区域协调发展研究中心高端智库评估工作,完善"一中心、多平台"的高端智库建设体系,标志性智库成果取得新突破。承接中央交办的共同富裕、改革开放新路径、保障改善民生等重点任务,参与一系列党中央、国务院文件的起草,全年共有600余项成果获省部级以上采纳批示,得到党和国家领导人关注的重大智库成果有 71 项。进一步擦亮"求是智库"品牌,举办国家区域协调发展战略论坛、"共享与发展·浙大论坛""雄安发展论坛"等高端论坛,启真智库荣获 2021 年度民盟中央参政议政工作特别贡献奖,数字出版研究中心入选 2022 年度出版智库高质量建设计划。积极参与公共外交,主动承办金砖国家可持续发展高层论坛相关分论坛,联合主办"全球供应链外交倡议"活动,海外影响力逐步提升。

21. 独具特色的大学精神文化加快形成。巩固深化使命愿景大讨论成果,首创编制使命愿景红皮书。传承求是文脉,以"弘扬求是文化 奋力走在前列"为主题,组织开展纪念建校 125 周年系列活动。加强校史文化研究,发布《浙江大学史料》(一、二卷)。建成 1700 多平方米学生文化长廊二期,完成教学区惟学长廊、艺术长廊建设。推进院系文化建设,统筹做好紫金港西区文化项目,完善以"亮点工程"+"一院一品"的文化品牌校院二级培育模式,做好"文化搬迁"工作。出台关于推动党史学习教育常态化长效化的实施意见,持续做好党史、新中国史、改革开放史、社会主义发展史、中华民族发展史等宣传教育工作。打造"以身许国"爱国主义教育基地,成立子三工作室,设立王淦昌事迹陈列室等,不断提升师生理想信念和家国情怀。

六、立足新发展格局,打造全面开放的办学体系

22. 助力"两个先行"取得新进展。制定学习宣传贯彻浙江省第十五次党代会精神的实施文件,聚焦"互联网+"、生命健康、新材料和农业科创高地建设等,深入对接浙江经济社会发展需求和科技攻关计划。加强与杭州市、宁波市、湖州市、嘉兴市等校地战略合作,深入参与新一轮杭州城西科创大走廊和云城发展。持续加大杭州国际科创中心、衢州研究院、宁波科创中心等的建设力度,完成长三角智慧绿洲创新中心首期开园。深化附属医院高质量发展,助力打造"浙有善育"金名片。积极对接浙江省数字化改革,服务浙江推进更高水平城乡一体化建设。配合亚组委做好杭州亚运会场馆建设、志愿服务等有关筹备工作。

23. 积极服务国家战略部署。全方位融入和服务长三角一体化发展、京津冀协同发展、"一带一路"等国家区域重大战略和倡议,深化拓展与深圳等合作对接,谋划和推进南疆创新研究院,全年签署或过会校地合作协议 10 余项,合作签约经费 71.15 亿元。坚决落实中央关于巩固拓展脱贫攻坚成果同乡村振兴有效衔接的决策部署,扎实抓好对口支援,持续推进武义县安凤村、贵州台江帮扶任务,浙大帮扶景东模式入选第三届全球最佳减贫案例。落实部省合建高校对口合作,与塔里木大学、新疆农业大学签署对口支援协议,启动教育部县中托管帮扶工作。坚持"高水平、高质量"和"高端化、品牌化、全球化"发展路径,继续教育克服困难、逆势发展,全年完成培训项目 2000 余项,培训 12 万人次,办学收入超 5 亿元。

24. 服务卫生健康事业发展迈出新步伐。附属医院实力总体稳居国家队"第一方阵",在全国三级公立医院绩效考核中再创佳绩。附属第一医院、附属第二医院、附属邵逸夫医院在全国参评的三级公立综合医院中分列第 5、8、11 名,蝉联 A++等级;附属第四医院较上一年度前进 17 名,蝉联 A+等级;附属妇产科医院、附属儿童医院获评专科类最高等级 A,居全国前三;附属口腔医院位居全国第 12 名。加强优质医疗资源扩容和均衡布局,推动附属医院持续做强"单体多院区"发展模式,附属第二医院眼科院区、心脑血管病院区,附属邵逸夫医院儿科研究大楼、附属妇产科医院钱江院区一期项目相继启用;附属儿童医院滨江院区二期、滨江院区突发公共卫生中心改造项目顺利竣工并投入使用,莫干山院区主体工程结顶;附属口腔医院大运河院区顺利开诊。大力推进国家卫生健康委与浙江省人民政府共建国家公立医院高质量发展试点医院建设,持之以恒推动国家医学中心、国家区域医疗中心、国家临床医学研究中心等平台建设。扎实推进智慧医院建设,努力打造"智慧医疗、智慧管理、智慧服务"的浙江样板。7家直属附属医院全年门急诊达 3398.95 万人次,比上年增长 28.5%;实现业务总收入 328.41 亿元,比上年增长 8.21%。服务保障疫情防控工作,2022 年度先后派出 338 批、15885 人次驰援西藏、新疆、青海、内蒙古、海南、重庆、贵州、上海、河南、吉林等兄弟省区市及省内各地市区,参与核酸采样、检测和医疗救治工作。

25. 深入实施"全球开放发展战略 2.0"。召开国际合作与交流工作会议,制定发布浙江大学全球开放发展战略 2.0,实施"优化全球开放发展格局"专项,启动世界顶尖大学学科合作计划、可持续全球合作计划,举办可持续发展全球暑期学校,召开首届亚太碳中和研讨会、中德可持续发展论坛等,与剑桥大学、斯坦福大学等开展线上交流互访、人才接引、科研合作等。承办发展中国家科学院第 16 届学术大会暨第 30 届院士大会,并收到习近平主席发来的贺信,发布关于基础科学在可持续发展中发挥支撑和引领作用的《杭州宣言》。加快打造"在地国际化"教育品牌,贯彻落实国家三部委印发的《浙江大学国际联合学院(海宁)国际合作教育样板区建设方案》,高水平建设海宁国际校区,启动建设浙江大学长三角未来技术研究院,与海宁市签署新一轮市校战略合作协议,首届浙江大学爱丁堡大学联合学院中外双学位博士顺利毕业。加大"一带一路"国际医学院(筹)建设力度,加速医学教育创新发展。优化国际学生教育管理,推进特色项目和课程建设,做强留学浙大教育品牌。

七、深化改革创新,稳步提升学校治理体系和治理能力现代化水平

26. 综合改革向纵深推进。设置"重点项目＋备案项目"两类改革任务,构建全面深化改革的动态实施体系。实施年度全面深化改革重点项目 11 项,重点推进和深化了本科生荣誉培养体系与模式改革、国家重点实验室运行管理体制机制改革等,启动以"职务科技成果赋权"试点工作为重点的年度专项工作任务 10 项。深化人才评价机制改革,在评价周期、评价方法、评价反馈等方面优化调整。深入推进数字化改革,深化"一网通办"工程,推进智慧总务、智慧财务、智能办会等多跨场景的"一件事"改革任务,启动"学科发展空间""全球开放空间"建设,升级"学在浙大""研在浙大"。有序完成学术委员会和学部换届工作,健全学术委员会运行及协同机制,不断深化院系学术治理体系改革。

27. 管理服务能力不断增强。加强机关效能建设,完善机关部门主要负责人基层联系点制度。推进"我为群众办实事"实践,积极创建浙江省高校示范性党群服务中心,探索行政服务办事大厅"一窗合办"试点,进一步完善以紫金港校区为主体的"1＋N"自助服务体系,全力构建师生校内"10 分钟办事圈"。优化各校区发展定位,加速紫金港校区西区建设和投入使用,理工农组团和学生生活区组团(北)交付使用并安全有序完成师生大规模搬迁工作。

教室和教学实验室更新改造有序完成,段永平教学楼设施建设水平走在了全国前列。持续优化校园景观,顺利通过"绿色学校"三星级创建,加强节约型校园建设。加快后勤服务市场开放步伐,推进后勤服务监管体系建设,夯实后勤服务高品质支撑。智慧图书馆和数字档案馆建设初见成效,紫金港校区西区主图书馆设计和资源布局不断优化。深入实施"乐龄"计划,结对帮扶离退休老同志,发挥关工委作用,关心关爱青年成长。

28.支撑保障水平持续提高。全面推行预算管理改革,提升科研经费统筹能力,加强异地研究院财务与资产监管。学校财务总收入 177.68 亿元,比上年增长 13.92%;总支出 144.60 亿元,比上年增长 5.04%。创新审计工作体制机制,推进审计管理和业务工作制度化规范化。把握政策红利,创新工作机制,获批国家重点领域设备更新改造贷款贴息项目,聚焦高精尖缺设备更新改造,完成采购项目 730 个,完成贷款投放 17.88 亿元。不断完善校内大型仪器开放共享考核机制,试点建立常态化辅导与监管等长效机制,在科技部财政部大型科研仪器开放共享评价考核中蝉联高校第一。深化公用房管理体制改革,推进"1250 安居工程"建设配售,推进"浙大公寓"二期建设,提高腾空房利用效益。推进"梦想浙大"发展基金倍增计划,基金会全年捐赠到款 15.02 亿元,同比增长 22.31%;基金会总资产规模达 75.70 亿元,同比增长 45.47%,稳居全国前三。上线校友服务大厅,推出电子校友卡,持续提升服务和凝聚校友的能力。

29.校园安全稳定工作进一步抓实。健全学校安全稳定工作体制机制,提高防范化解重大风险能力。优化学校党委保密委员会构成和相应工作机制,高质量通过新一轮军工保密资质认定。完善师生心理健康教育体系,加大心理健康课程建设和知识普及力度。深化安全隐患排查,提高校园在政治安全、综合治理、消防安全、实验室安全、生产安全、食品安全、网络安全等方面的处理突发事件的能力。科学优化校园常态化疫情防控。建立人员网格全覆盖管理责任体系,推进疫情防控精密智控系统、涉疫问题投诉平台等建设,做好发热门诊、健康驿站、转诊绿色通道等工作。全年召开疫情防控工作专题会议 120 余次,发布《浙江大学疫情防控应急工作方案》等系列工作方案,妥善处置了系列校园疫情。面对紫金港校区 11·27 突发疫情等大战大考,第一时间启动疫情防控应急指挥体系,领导班子靠前指挥,1000 多名党员干部逆向而行、坚守一线,短时间内清除了校内风险点,营造了上下同心、执行有力、众志成城的校园稳定和谐氛围。

八、强化党建引领,为建设中国特色世界一流大学提供坚强政治保证

30.宣传思想和意识形态工作稳步推进。在全国高校率先打造官方理论发声平台"启真新论",纳入浙江省习近平新时代中国特色社会主义思想研究中心理论发声平台建设项目。紧扣中心做好重大主题宣传,刊发"浙大新印象"院系巡礼专稿 20 余篇,"浙大追梦人"人物专稿 10 余篇,专题报道基层先进个人 100 余位。成立融媒体中心,推进教育部首批融媒体试点单位、教育部政务融媒体创新创作基地建设,建强 20 余个官方新媒体平台,形成"一网一报、两微 N 端"的传播矩阵。推出"扎根大地的浙大人""求是问学""有风景的思政课"等特色传播品牌,全面生动讲好新时代的浙大故事。压实意识形态工作责任制,健全风险防范化解机制,抓好课堂教学、教材出版、学术研究等各类思想文化阵地管理,落实学校新媒体管理规定,加强校园网络文明建设,提升舆情风险防范应对能力。

31.加强领导班子建设和干部队伍重塑。完成新一届中层领导班子任期目标任务书制订工作,强化中层领导干部政治和业务能力培训,锻造具有领导世界一流大学建设能力的高素质专业化干部队伍。聚焦提高新一届中层领导干部的政治能力、战略眼光、专业水平,举办校内研修班4期、中央党校研修班2期,累计培训676人次。高起点实施第二期"双专计划",选拔118名青年学术骨干专聘到管理岗位实践锻炼。面向海内外知名高校选聘专职辅导员和党政管理选调生33人。有序开展内设机构负责人换届工作,科职干部队伍整体结构进一步优化。加强向地方战略性输送优秀干部人才,全年输送厅级干部2人、处级干部9人、科级干部3人,推荐至杭州市挂职的22人中有8人留任地方。修订《浙江大学院级党组织选举工作办法》,有序指导54个院级党组织规范高效完成换届选举工作。配齐建强中层领导班子,指导19家院级单位优化内设机构设置。

32.打造引领一流的组织体系。贯彻落实新时代党的组织路线,巩固深化"全国党建工作示范高校"建设成效,顺利完成第二批全国党建工作标杆院系和样板支部的验收工作,新增4个全国级建设单位,获批浙江省高校党建"四个融合"行动试点单位。制定出台院级党组织书记抓基层党建和人才工作述职评议考核实施细则,建立"考评党建看发展、考评全局看党建"的联动考评机制。夯实基层党组织工作基础,完善全国重点实验室和新型研发机构的党组织设置。实施党建工作标杆院系、样板支部和"双带头人"工作室的培育创建工作,开展"对标争先"建设计划、基层党支部建设质量提升月等活动,推动党支部建设成为德育共同体、学习共同体、发展共同体。突出高层次人才、优秀中青年教师和低年级本科生等重点群体,抓好党员发展和教育管理工作,全年发展党员3995人,发展党员结构进一步优化。

33.大统战工作格局不断完善。与省政协共建习近平总书记关于加强和改进人民政协工作的重要思想研究分基地,发挥党派建言、统战智库、政协委员会客厅等平台作用,强化对党外知识分子的思想政治引领。落实学校民主党派代表人士队伍建设十年规划,健全党外人士发现、培养、选拔任用和政治吸纳机制。做好新一届人大代表、政协委员推荐工作,党外代表人士担任全国政协委员7位、省人大代表9位(其中常委6位)、省政协委员28位(其中副主席1位、常委5位)。协同做好民主党派换届工作,学校民主党派成员中10位当选中央委员(其中常委1位)、68位当选省委委员(其中主委1位、副主委12位、常委27位)。拓展民族团结进步阵地,创建省级"浙里石榴红"驿站和宣讲团。

34.群团工作取得新成效。完成新一届"双代会"委员会换届工作,召开浙江大学第九届教职工代表大会、第二十三届工会会员代表大会第一次会议,针对师生关心的问题开展提案征集,高质量推进提案办理。扎实推进党建带团建工作,召开学校第二十一次团代会。推动"数智共青团"建设,进一步激发团的组织活力。组织开展"'我与党代表面对面'青春分享会"等主题教育活动,推动"青马工程"扩面提质。不断提升社会实践育人实效性,社会实践工作获得国家级荣誉3项,省部级荣誉7项,加快打造大学生志愿者"金名片"。推进学生会、研究生会、博士生会等组织改革,探索浙大特色的社团发展道路。

35.推动全面从严治党向纵深发展。完善学校党委落实全面从严治党主体责任清单,健全学校党委、纪委听取二级单位履行主体责任和监督责任情况汇报机制,建立实施校院两级党委和纪委落实全面从严治党主体责任、监督责任研商机制。聚焦"两个维护"根本任务,强化政治监督。实施学校纪检监察机构改革,制定纪委全委会、监察专员办公会议事规则,严格执行监督执纪执法制度规定,推进纪检监察工作规范化、法治化、正规化。科学谋划学校巡视工作五年规划(2023—2027年),持续加强巡视上下联动,聚焦中央巡视整改任务落实情况分2轮对19家单位开展校内巡视,在一届任期内实现巡视全覆盖的基础上持续释放巡视利剑作用。保持狠抓作风建设的高压态势,巩固拓展落实中央八项规定精神成果。组织召开全面从严治党工作会议、领导班子党风廉政建设专题分析会、清廉浙大暨清廉医院建设推进会,坚持不敢腐、不能腐、不想腐一体推进,加强重点领域监督执纪问责,查办案件16件,运用"四种形态"处理64人次。创新廉洁教育和廉洁文化建设,加强廉政理论研究与实践。

大事记

一月

1月1日　2022 大学之声·第十五届浙江大学新年音乐会在紫金港校区举行。

1月3日　浙江大学发展联络大会在紫金港校区求是大讲堂召开,启动"梦想浙大"发展基金倍增计划。

1月6日　浙江大学全流程线上科研平台"研在浙大"2.0 启动会举行。

1月7日　"浙大感谢您"浙江大学2021 年度教职工荣休典礼在紫金港校区举行。

1月12日　2021 年度浙江大学创新创业教育年终总结交流会在紫金港校区举行。

1月14日　浙江大学人才工作会议在紫金港校区求是大讲堂召开。

1月20日　浙江大学"一带一路"国际医学院与以色列耶路撒冷希伯来大学医学院签署合作备忘录,并举行国际学术研讨会。

二月

2月14日　浙江大学召开领导班子2022 年寒假战略研讨会,深入学习习近平新时代中国特色社会主义思想,围绕心怀"国之大者"、奋力"走在前列",谋划未来发展战略与策略。

2月18日　嘉兴市委书记张兵率市委、市政府代表团一行来浙江大学考察,双方就进一步深化校地合作展开座谈。

2月21日　启后斋主人李国生向浙江大学捐赠首批家藏古籍珍本及其他珍贵资料、电子古籍医书共计 13000 余册(件)。

2月22日　国家电网有限公司—浙江大学智慧电力能源研究院揭牌仪式在浙江大学举行。

2月24日　湄潭县人民政府与浙江大学共建"浙江大学湄潭茶叶研究院"签约仪式在紫金港校区举行。

2月25日　浙江大学召开 2022 年全面

从严治党工作会议。

2月25日　浙江大学召开2022年度工作会议。

2月25日　浙江大学研究生教育研究中心揭牌仪式在紫金港校区举行。

2月26日　浙江大学第十二期紫领人才培养计划结业典礼在紫金港校区举行。

三月

3月1日　在玉泉校区邵科馆开启2022实验技术尖峰创新论坛。

3月4日　湖南省委副书记、省委教育工委书记朱国贤率团来校访问。

3月5日　"我在窗口写青春"杭州2022年亚运会和亚残运会赛会预录用志愿者通用培训启动活动暨首场专题培训会在浙江大学紫金港校区举行。

3月7日　浙江大学乡村振兴定点帮扶工作领导小组会议在紫金港校区举行。

3月9日　为深入学习贯彻习近平总书记关于办好杭州亚运会的重要指示精神和浙江省委、市委专题会议精神，浙江大学召开亚运会场馆运行工作会议。

3月9日　浙江大学2022届毕业生春季综合招聘会在玉泉校区举行。

3月11日　浙江大学召开物理学院教师干部大会，宣布成立浙江大学物理学院。

3月13日　在浙江大学机械工程学院校友林俊德院士84岁诞辰的当天，一项以他的名字命名的教育基金在浙江大学紫金港校区成立。

3月14日　浙江大学在紫金港校区召开会议，传达全国"两会"精神，对全校学习

贯彻工作做出部署。

3月17日　浙江大学求是学院育人导师聘任仪式暨2021级本科学生生涯规划节开幕式在紫金港校区以线上线下相结合的方式举行。

3月23日　浙江大学亚运场馆运行工作推进会在紫金港校区举行，进一步优化工作机制，完善场馆运行。

3月24日　浙江大学召开党委理论学习中心组学习会，深入学习习近平总书记关于稳步促进全体人民共同富裕的重要论述。

3月24日　浙江大学召开新型冠状病毒感染疫情防控工作领导小组会议。

3月24日　在浙江大学紫金港校区召开中共浙江大学第十四届委员会第十二次全体（扩大）会议。

3月30日　浙江大学2022年春季研究生毕业典礼暨学位授予仪式通过线上线下相结合以线上直播为主的形式举行，又一批求是学子离开浙大，翻开人生新的篇章。

四月

4月2日　中国民主促进会浙江大学第六次代表大会在浙江大学紫金港校区召开，听取并审议民进浙江大学第五届委员会工作报告，选举产生新一届委员会。

4月2日　中国科学技术协会公布"2021—2025年度第一批全国科普教育基地"名单，由艺术与考古博物馆、科技创新馆等9个场馆组成的"浙江大学科普教育基地"成功入选。

4月8日　2022浙江大学"全球治理论坛"在紫金港校区开幕。

4月11日　浙江省委书记袁家军到浙江美术馆,参观"盛世修典——'中国历代绘画大系'成果展"预展。

4月13日　2021年浙江大学大型仪器开放共享工作总结会暨2022年大型仪器开放共享考核启动会在紫金港校区举行。

4月15日　全球浙江大学校友会会长、秘书长会议通过线上线下相结合的方式在杭州举行,来自全球90余个校友会的140余位会长、秘书长参会。

4月21日　浙江大学召开党委理论学习中心组学习会,深入学习习近平总书记关于世界一流大学建设的重要论述。

4月23日　浙江大学创新创业高峰论坛以线上线下相结合的方式举行。

4月26日　第六期启真智库论坛暨绿色低碳高质量发展专题研讨会在紫金港校区举行。

4月28日　浙江大学流体传动及控制学科40周年纪念活动暨路甬祥院士从教58周年座谈会以线上线下相结合的方式在玉泉校区举行。

4月29日　浙江省政协主席黄莉新率队来到浙江大学,围绕推进重大科技创新平台载体建设开展专题调研。

五月

5月7日　浙江大学召开本科教育发展战略研讨会,在面向新时代国家战略需要、全面培养拔尖创新人才之际,深入回顾学校本科教育的实践成效,探讨未来发展的战略路径。

5月8日　首届"共享与发展·浙大论坛"以线上线下相结合的形式举办,海内外知名专家学者围绕共同富裕基础理论、发展路径和政策措施等重大问题开展深入探讨。

5月11日　浙江大学校长吴朝晖院士与香港中文大学校长段崇智教授通过视频连线,召开两校合作指导委员会第二次会议暨数字经济联合研究中心成立仪式。

5月12日　浙江大学青年师生学习习近平总书记在庆祝中国共产主义青年团成立100周年大会上的重要讲话精神座谈会在紫金港校区举行。

5月15日　浙大电镜中心十周年纪念暨电子显微学高端论坛在玉泉校区举行,校党委书记任少波出席论坛并讲话。

5月16日　"浙江大学外国语言文化与国际交流学院"正式更名为"浙江大学外国语学院"。

5月17日　舟山市与浙江大学进一步深化战略合作,在舟山市举行联席会,并签订新一阶段战略合作框架协议。

5月17日　在习近平总书记主持召开哲学社会科学工作座谈会六周年之际,为深入学习贯彻习近平总书记在座谈会上的重要讲话精神以及在中国人民大学考察时的重要讲话精神,全面贯彻落实《国家"十四五"时期哲学社会科学发展规划》,浙江大学召开专题学习会。

5月18日　求是墨韵——"浙大先生"书画展在浙江大学艺术与考古博物馆开展。

5月22日　"求是智库"高端论坛——第四届浙江大学雄安发展论坛举行,诸多国内知名专家学者出席论坛并发表观点论见。

5月21日　浙江大学科技创新馆隆重开馆。

5月21日　浙江大学125周年校庆日当天,《浙江大学史料》(第一、二卷)首发暨浙大校史资源库发布仪式在紫金港校区举行。

5月21日　浙江大学"典学浙大"主题晚会在紫金港校区隆重举行。

5月21日　未来企业家俱乐部成立二十周年纪念活动举行。

5月24日　"刘知白作品捐赠仪式暨云山清远——刘知白艺术品鉴会"于浙江大学艺术与考古博物馆举行。

5月25日　浙江大学2022年教材工作会议暨首届全国教材建设奖表彰会举行，浙江大学党委书记任少波出席会议并为获奖代表颁奖，浙江大学校长吴朝晖出席会议并讲话。

5月27日　浙江大学教育基金会子辰先进技术基金捐赠暨启动仪式在浙江大学玉泉校区举行。

5月27日　教育部大学英语课程虚拟教研室启动仪式以线上线下相结合的方式在浙江大学举行。

5月28日　位于浙江大学紫金港校区物理学院大楼内的王淦昌事迹陈列室正式启用。

5月28日　由浙江大学农业与生物技术学院王岳飞教授主讲的"慕课西行"同步课堂在浙江大学与云南农业大学云端同窗开讲。

5月29日　浙江大学伊利诺伊大学厄巴纳香槟校区联合学院（ZJUI）2022届本科生伊利诺伊大学厄巴纳香槟校区（UIUC）学位授予仪式在浙江大学国际联合学院（海宁国际校区）学术大讲堂举行。

5月20日　浙江大学图书馆方闻馆正式开馆。

5月31日　浙江大学第十八期"书记有约"活动在紫金港校区东教学区二楼学生文化长廊举行。

六月

6月1日　浙江大学组织校院两级纪检干部、师生代表参观"清风浙大·廉动你我"廉洁动漫作品展。

6月2日　浙江大学学部换届宣布会在求是大讲堂举行。

6月6日　浙江大学动物医学中心成立揭牌仪式在紫金港校区举行，动物医学中心大楼正式启用。

6月7日　白马湖实验室成立大会在杭州举行。

6月8日　浙江大学第139期"育人强师"培训班在紫金港校区开班。

6月12日　中国共产主义青年团浙江大学第二十一次代表大会在紫金港校区召开。

6月12日　浙江大学—海宁市推进国际合作教育样板区建设战略合作会议在海宁市举行。

6月15日　浙江大学第九届教职工代表大会、第二十三届工会会员代表大会第一次会议在紫金港校区召开。

6月17日　浙江大学2022届毕业生党员教育大会在紫金港校区临水报告厅举行。

6月19日　浙江大学城市发展与低碳战略研究中心举行学术委员会成立大会暨浙江大学教育基金会公共管理学院森欣低碳基金捐赠仪式。

6月21日　浙江大学图书馆藏写本文献珍品展开幕式暨"中国写本文献数字资源库"发布会在浙江大学图书馆古籍馆举行。

6月23日　浙江大学医学院胡海岚教

授在巴黎联合国教科文组织总部获颁 2022 年度"世界杰出女科学家奖"。

6 月 24 日　浙江大学管理学院与诸暨市人民政府战略合作协议签约仪式在紫金港校区举行。

6 月 24 日　浙江大学在求是大讲堂召开 2022 年国际合作与交流工作会议。

6 月 24 日　浙江大学 2022 届国际学生毕业典礼以"线下＋云端"的方式在紫金港校区国际教育学院举行。

6 月 25 日　"浙里的科学家精神"宣讲会暨 2022 浙江大学黄土地基层实践成长计划启动仪式在紫金港校区举行。

6 月 25 日　浙江大学 2022 届本科生毕业典礼暨学位授予仪式在紫金港校区举行。

6 月 26 日　浙江大学 2022 年夏季研究生毕业典礼暨学位授予仪式在紫金港校区举行。

6 月 27 日　浙江大学"精材毓秀"创新创业系列活动启动仪式暨启真创新·"精材卓越"研究生创新论坛开幕式在浙大科技园会议中心举行。

6 月 28 日　浙江大学第 24 届研究生支教团出征仪式在紫金港校区求是大讲堂举行。

6 月 28 日　浙江省委书记袁家军在浙江大学宣讲浙江省第十五次党代会精神。

6 月 29 日　由省委宣传部、省委统战部、省民宗委主办的"喜迎二十大·铸牢中华民族共同体意识"宣讲团出征仪式暨全省微党课巡回宣讲走进浙江大学活动在紫金港校区举行。

6 月 30 日　浙江大学庆祝建党 101 周年大会在紫金港剧场举行。

七月

7 月 1 日　浙江大学与塔里木大学签署对口支援协议,开启合作的新篇章。

7 月 2 日　由教育部社会科学委员会法学学部主办的习近平法治思想高校协同研究机制启动仪式在北京举行。

7 月 2 日　"新时代中国一流大学精神建构研究"专题研讨会暨项目结题会以线上线下相结合形式召开。

7 月 2 日　第十届浙江大学金融经济学国际研讨会在浙江大学召开。

7 月 3 日　第六届浙江大学校友创业大赛总决赛暨颁奖仪式在浙江海宁举行。

7 月 5 日　湖州市—浙江大学商谈新一轮市校合作事宜座谈会在紫金港校区举行。

7 月 6 日　浙江大学召开本科生深造及就业工作座谈会。

7 月 8 日　学校召开饮食服务工作座谈会。

7 月 11 日　浙江大学校友总会 2022 年常务理事会会议通过线上线下结合的方式在杭州召开,来自国外 15 个国家及国内 30 个省级行政区的近 80 位常务理事和代表参会。

7 月 15 日　浙江省政协习近平总书记关于加强和改进人民政协工作的重要思想研究基地在浙江大学分基地揭牌成立。

7 月 23 日　教育部教师工作司副司长黄小华一行在浙大紫金港校区看望慰问"全国优秀教师"汪自强教授。

7 月 23 日　教育部第四期高校青年教

师国情教育研修班在浙江大学举行。

7月24日 浙江大学第150期"育人强师"卫生健康管理干部专题培训班在海宁国际校区举行,校党委书记任少波作浙江省第十五次党代会精神主题宣讲。

7月26日 浙江大学生物系统工程与食品科学学院、浙江大学文成大健康产业联合研究中心联合组织40多名专家教授齐赴浙江文成县,开展"科技赋能产业,引领共同发展"科技服务,并举办"浙江省山区26县实现高质量共同富裕文成方案研讨推进会"等活动。

7月28日 浙江大学与新疆农业大学签署对口支援框架协议,开启双方合作新篇章。

7月31日 浙江大学校长吴朝晖带队赴云南景东调研考察,深化乡村振兴帮扶,助力景东实现高质量绿色跨越式发展。

八月

8月2日 浙江大学校长吴朝晖率队赴贵州省调研考察,推进省校合作,深化医疗帮扶,进一步服务区域高质量发展。

8月4日 浙江大学校长吴朝晖率领学校高层次人才求是寻根团重访遵义湄潭西迁旧址,重温西迁历史中的求是情缘,汲取奋进新时代的精神力量。

8月9日 "海燕集结行动计划"第七期暨"鹰飞燕舞青年人才培养计划"第二期留学英才夏令营结业仪式在浙江大学国家级双创示范基地三墩元空间举行。

8月15日 诸暨市人民政府、浙江大学和浙江大学控股集团有限公司签署协议,

共同建设浣江实验室,深化航空航天领域合作,推动校地合作向纵深发展。

8月16日 浙江大学召开新型冠状病毒感染疫情防控工作领导小组会议,重点研判当前疫情形势,专题研究部署开学军训和师生返校有关工作。

8月17日 电气工程学院最新科研成果登上《焦耳》封面。

8月17日 航空航天学院首个航空航天领域国际学术期刊 Aerospace Research Communications 创刊,期刊由郑耀教授团队创办,由浙江大学出版社(ZUP)与开放科学出版社 Frontiers 联合出版。

8月19日 第七届全国大学生生物医学工程创新设计竞赛举行。

8月30日 浙大邵逸夫医院国内首创"平疫结合"病房正式投入使用。

九月

9月1日 浙江大学2022年暑期工作会议在紫金港校区召开。

9月4日 "浙江大学—小米青年学者"项目捐赠仪式在紫金港校区举行,小米集团党委书记、高级副总裁曾学忠,浙江大学副校长黄先海出席仪式。

9月6日 浙江大学长三角智慧绿洲创新中心"筑梦长三角 创新向未来"首期开园仪式在嘉善县祥符荡科创绿谷举行。

9月7日 《中国现代科学家(第九组)》纪念邮票在浙大紫金港校区首发。

9月7日 浙江大学校长吴朝晖院士与医药研究领域的新"百人计划"研究员座谈交流,就青年人才成长发展深入对话。

9月7日　校党委书记任少波在紫金港校区看望慰问化学工程与生物工程学院单国荣教授、计算机科学与技术学院季江民副教授等教学一线教师代表。

9月8日　浙江大学举行2022级本科生开学典礼。

9月8日　浙江大学庆祝第三十八个教师节暨先进表彰会在求是大讲堂举行。

9月8日　2022级国际学生新生到校报到，在求是园开启人生新篇章。

9月9日　浙江大学正式启动"创新2030计划"之"数字社会科学会聚研究计划"。

9月16日　浙江大学2022年新教工始业教育培训在紫金港校区开班。

9月16日　浙江大学举行2022级研究生开学典礼。

9月16日　浙江大学2022级国际学生开学典礼暨新生始业教育在浙江大学紫金港校区国际教育学院举行。

9月17日　中央组织部干部教育局副局长、一级巡视员石中和一行莅临全国干部教育培训浙江大学基地进行干部教育学学科建设座谈调研。

9月19日　国家发改委、教育部、科技部印发实施《浙江大学国际联合学院（海宁）国际合作教育样板区建设方案》，支持国际校区汇聚全球一流科教资源，打造国际合作教育新高地。

9月19日　浙江大学经济学院陈松年教授当选世界计量经济学会院士。

9月20日　第26期"校长有约"活动在紫金港校区举行。

9月21日　省委统战部副部长王利月率省委统战工作督查组来我校开展统战工作实地督查。

9月21日　浙江大学医学院附属儿童医院滨江院区二期大楼正式启用。

9月21日　浙江大学党委书记任少波走访紫金港西区图书馆、数学科学学院、机械工程学院及段永平教学楼、银泉学园、银泉餐厅等，调研紫金港西区搬迁及建设进展情况。

9月22日　浙江大学紫金港校区段永平教学楼150间智慧教室正式启用。

9月23日　浙江大学2022级本科学生专业节开幕式暨喻景权院士专题报告会于紫金港校区举行。

9月24日　由浙江大学金华研究院联合金华市科技局举办的2022双龙科创论坛活动开幕。

9月24日　浙江大学举行新生始业教育校史大戏《求是魂》专场演出。

9月25日　由浙江大学亚洲文明研究院主办，浙江大学绍兴研究院、绍兴文理学院共同承办的首届"名城绍兴与亚洲文明"国际学术研讨会在绍兴举行。

9月27日　浙江大学入选全国首批国家卓越工程师学院建设单位。

9月28日　浙江大学第十九期"书记有约"活动在紫金港校区举行。

9月29日　由中共中央宣传部、国家新闻出版署和中共浙江省委、浙江省人民政府共同主办，教育部、文化和旅游部、中国文联协办，中共浙江省委宣传部、浙江大学、中国国家博物馆承办的"盛世修典——'中国历代绘画大系'成果展"在国家博物馆开幕。

9月30日　50名师生代表在浙江大学紫金港校区子三园举行公祭活动，深刻缅怀以于子三为代表的革命先烈。

9月30日　浙江大学召开2022年科技工作会议，进一步深入学习贯彻习近平总书记关于科技创新的重要论述，回顾总结近两年学校科技工作经验，谋划未来科技创新的重点方向。

十月

10 月 6 日　"求索时空 地学之爱"浙江大学地球科学学院新大楼院史展厅启用仪式在紫金港校区海纳苑举行，开启学院高质量发展的新篇章。

10 月 8 日　浙江大学校设事业单位管理班子成员培训班在浙大紫金科创小镇举行。

10 月 9 日　浙江大学与广西壮族自治区南宁市马山县和百色市隆林各族自治县以视频的方式召开县中托管帮扶工作启动会暨赴浙大附中跟岗培训人员欢迎会，正式启动帮扶工作。

10 月 9 日　"新思想在浙江的萌发与实践"学术研讨会在浙江大学举行。

10 月 11 日　浙江大学政协委员会客厅"加快建设科技创新高地 助力'两个先行'"主题活动在紫金港校区举行，本次活动通过"现场＋云端"的方式开展交流研讨。

10 月 24 日　浙江大学召开党的二十大精神传达报告会，传达学习党的二十大精神，对全校学习宣传贯彻党的二十大精神进行部署。

10 月 26 日　绿城物业服务集团有限公司向浙江大学教育基金会德水基金捐赠仪式在浙江大学紫金港校区举行。

10 月 28 日　浙江大学光电科学与工程学院 70 周年院庆校友捐赠仪式在紫金港校区举行。

10 月 28 日　浙江大学"雏鹰领航"活动启动仪式暨"雏鹰领航"导师聘任仪式在紫金港校区段永平教学楼举行。

10 月 28 日　浙江大学学术委员会换届大会在紫金港校区举行。

10 月 29 日　以"献礼二十大，勇做科技自立自强先锋"为主题的浙江大学"精材成器"新材料创新创业大赛在紫金港校区开幕。

十一月

11 月 1 日　由浙江大学牵头，联合浙江工业大学、垃圾焚烧发电国际咨询委员会（International Consultant Committee of Waste to Energy，ICCWtE）等共同举办的第 6 届垃圾焚烧发电技术国际培训班暨第 4 届垃圾焚烧发电技术助力城市可持续发展国际论坛，在线上成功举办。

11 月 3 日　校长吴朝晖与九届一次教代会领办提案代表进行见面座谈，就领办提案"关于提升外籍教师融入度、进一步激发外籍师资活力的建议"与提案代表们进行面对面的交流。

11 月 3 日　全国政协港澳台侨委员会副主任、澳门贺田工业股份有限公司董事长贺定一一行来浙江大学考察。

11 月 3 日　浙江大学第十一届"三育人"先进颁奖晚会在紫金港校区剧场举行。

11 月 6 日　"紫金·杭开杯"浙江大学紫金港校区 20 周年羽毛球邀请赛举行。

11 月 6 日　浙江（浙江大学）国际发展与治理研究中心在紫金港校区揭牌成立，开启省校共建新型智库的新篇章。

11月7日　浙江大学—苹果公司科技创新中心第二次管理委员会会议以线上线下同步的方式举行。

11月7日　浙江大学2023届毕业生秋季综合招聘会在紫金港校区足球场举行。

11月7日　由浙江大学、温州市政府、青山控股集团主办的首届"青山论坛"在温州举行。

11月8日　在第23个记者节到来之际,浙江大学首届融媒体文化节暨记者节报告会在紫金港校区举行。

11月8日　地球科学学院杜震洪教授团队牵头研发Deep-time. org最新成果于联合国教科文组织DDE论坛发布。

11月10日　浙江大学举办党的二十大精神宣讲培训会。

11月11日　浙江大学深入学习贯彻党的二十大精神专题报告会在紫金港校区剧场召开,校党委书记任少波做报告。

11月12日　法治与改革高端论坛(2022)在杭州召开。

11月12日　教育部—浙江省省部共建社会组织与社会治理协同创新中心启动仪式暨第一次工作会议在浙江大学举行。

11月12日　由浙江大学与湖州市人民政府联合主办的2022中国名校水上运动公开赛暨吴兴区第四届水上嘉年华活动在湖州市吴兴区西山漾景区鸣锣开赛。

11月13日　浙江大学在第八届中国国际"互联网＋"大学生创新创业大赛全国决赛中共获13项金奖,创历史新高。

11月18日　浙江大学首届文军新长征重跑"西迁路"活动开始。

11月18日　浙江大学子三工作室揭牌仪式在紫金港校区举行。

11月18日　浙江大学心理与行为科学系纪念陈立先生诞辰120周年座谈会暨陈立先生学术思想研讨会以线上线下相结合的方式在紫金港校区举行。

11月18日　清廉浙大暨清廉医院建设推进会在紫金港校区召开。

11月18日　浙江大学物理学院袁辉球教授荣获叶企孙物理奖,也是我校首个中国物理学会奖项获得者。

11月18日　浙江大学"一带一路"国际医学院首次开展国际学生学者"感知中国行"活动。

11月19日　浙江大学国际学生开展杭州走读活动。

11月20日　浙江大学第十四期紫领人才培养计划启动仪式在紫金港校区举行。

11月20日　第二届国家区域协调发展战略论坛在浙江大学紫金港校区举行。

11月20日　"缘定浙大"2022校友集体婚礼在紫金港校区举行,125对新人在师长、亲友的见证下,开启人生新华章。

11月21日　发展中国家科学院第16届学术大会暨第30届院士大会以线上线下相结合的形式在浙江大学开幕。国家主席习近平向大会致贺信。

11月22日　由浙江大学控股集团有限公司、浙江国资国企创新联合会主办的浙大控股集团科创高峰论坛在紫金港校区举行。

11月22日　湖州市与浙江大学市校合作年会暨共建绿色低碳共富社会主义现代化新湖州会议在紫金港校区求是大讲堂举行。

11月23日　校党委书记任少波就其领办的九届一次教代会提案举行见面会,围绕"关于进一步推动社科学科交叉研究"与提案代表们座谈交流。

11月23日　由浙江省文化和旅游厅与浙江大学联合主办，欧盟亚洲中心协办的"笔墨著丹青·山水画诗意"中国历代绘画大系之宋画英国特展在伦敦亚洲之家开幕。

11月26日　由浙江大学主办的第三届中国数字城市品牌杭州高峰论坛在杭州开幕。

十二月

12月6日　浙大师生怀着极其沉痛的心情，收看江泽民同志追悼大会，认真学习习近平总书记在追悼大会上所致的悼词，深切缅怀江泽民同志的光辉业绩和崇高风范，寄托对江泽民同志的无尽哀思。

12月9日　浙江大学学院（系）工作交流会在紫金港校区求是大讲堂召开。

12月10日　空间结构科技创新论坛暨祝贺董石麟院士90华诞活动在杭举行，空间结构领域专家学者相聚一堂，共话空间结构设计创新实践，并为2021年度、2022年度"空间结构科技创新奖"和"空间结构专项奖学金"获奖者颁奖。

12月14日　中国高等教育学会校史研究分会第17届学术年会开幕式在浙江大学线上召开。

12月15日　浙江大学社科联换届大会暨第二次会员代表大会在求是大讲堂召开。

12月15日　浙江大学第五次文科大会在紫金港校区求是大讲堂召开。

12月15日　浙江大学文学院、历史学院、哲学学院正式成立。

12月23日　由浙江大学主办，浙江大学管理学院等承办的"数字赋能企业高质量发展"全球浙商创新创业论坛在杭州举行。

12月26日　浙江省副省长刘忻来到紫金港校区数字农业农村研究中心、农业科技创新试验中心、园艺植物光生物学实验室、玉米大豆生物育种实验室，调研学校涉农领域发展情况。

12月28日　经中央批准，杜江峰同志任浙江大学校长（副部长级）、党委副书记。浙江大学召开教师干部视频会议。

12月29日　浙江大学校长杜江峰院士来到玉泉校区和紫金港校区，走进实验室、研究所、学生宿舍和食堂餐厅，看望一线师生员工，开展调研工作。

12月30日　辞旧迎新之际，浙江大学党委书记任少波与青年学生云座谈，聚焦青春成长、畅谈未来发展。

浙江大学概况

浙江大学简介

浙江大学是一所历史悠久、声誉卓著的高等学府,坐落于中国历史文化名城、风景旅游胜地杭州。浙江大学的前身求是书院创立于1897年,为中国人自己最早创办的新式高等学校之一。1928年,定名国立浙江大学。抗战期间,浙大举校西迁,在贵州遵义、湄潭等地办学7年,1946年秋迁回杭州。1952年全国高等学校院系调整时,浙江大学部分系科转入兄弟高校和中国科学院,留在杭州的主体部分被分为多所单科性院校,后分别发展为原浙江大学、杭州大学、浙江农业大学和浙江医科大学。1998年,同根同源的四校实现合并,组建了新浙江大学,迈上了创建世界一流大学的新征程。习近平总书记在浙江工作期间,亲自联系浙江大学,18次莅临指导,对学校改革发展作出了一系列重要指示,描绘了高水平建成中国特色世界一流大学的宏伟蓝图。在126年的办学历程中,浙江大学始终秉承以"求是创新"为校训的优良传统,以天下为己任、以真理为依归,逐步形成了"勤学、修德、明辨、笃实"的浙大人共同价值观和"海纳江河、启真厚德、开物前民、树我邦国"的浙大精神。

浙江大学是一所特色鲜明、在海内外有较大影响的综合型、研究型、创新型大学,学科涵盖哲学、经济学、法学、教育学、文学、历史学、理学、工学、农学、医学、管理学、艺术学、交叉学科等13个门类,设有7个学部、39个专业学院(系)、1个工程师学院、2个中外合作办学学院、7家直属附属医院。学校现有紫金港、玉泉、西溪、华家池、之江、舟山、海宁等7个校区,占地面积达7931901平方米,图书馆总藏书量798.2万册。截至2022年底,学校有全日制学生65821人、国际学生5123人、教职工9746人,教师中有中国科学院全职院士24人、中国工程院全职院士21人、文科资深教授14人、教育部"长江学者奖励计划"特聘教授120人、国家杰出青年科学基金获得者193人。2022年,浙江大学入选第二轮"双一流"建设高校,21个学科入选一流学科建设名单,绝大多数学科在第五轮学科评估中都取得了可喜进步。

浙江大学紧紧围绕"德才兼备、全面发展"的核心要求，全面落实立德树人根本任务，加快构建以学生成长为中心的卓越教育体系，着力培养德智体美劳全面发展、具有全球竞争力的高素质创新人才和领导者。在长期的办学历程中，学校涌现出大批著名科学家、文化大师及各行各业的精英翘楚，包括1位诺贝尔奖获得者、5位国家最高科技奖得主、4位"两弹一星"功勋奖章获得者、1位"八一勋章"获得者、1位全军挂像英模、5位国家荣誉称号获得者、6位"最美奋斗者"和220余位两院院士等杰出典型，为实现中华民族伟大复兴、推进人类文明交流互鉴做出了积极贡献。

浙江大学注重精研学术和科技创新，主动服务重大战略需求，加快打造国家战略科技力量，建设了一批开放性、国际化的高端学术平台，汇聚了各学科的学者大师和高水平研究团队，产出了以国家科学技术进步奖特等奖为代表的一系列重大科技成果。哲学社会科学发展势头强劲，《中国历代绘画大系》《中华礼藏》、敦煌学等文化传承创新成果在海内外产生了广泛影响。

"国有成均，在浙之滨"。浙江大学将坚定不移以习近平新时代中国特色社会主义思想为指导，坚持"更高质量、更加卓越、更受尊敬、更有梦想"的战略导向，致力于思想引领和知识创新，培育担当民族复兴大任的时代新人，为中国式现代化和人类文明进步作出卓越贡献。

【附录】

附录1　浙江大学2022年教职工基本情况　　　　单位：人

职称级别	总计	专任教师	行政人员	教学科研支撑人员	科研机构人员	其他人员
总计	9746	4557	1449	924	1863	953
正高级	2257	2093	28	39	61	36
副高级	2128	1231	229	244	208	216
中级及以下	5361	1233	1192	641	1594	701

附录2　浙江大学2022年各类学生数　　　　单位：人

学生类别	毕业生数	招生数	在校学生数	毕业班学生数
本科生	6176 （本部5956； 海宁220）	6401	26621 （本部25295； 海宁1326）	7588 （本部7289， 其中，2019级四年制5957， 2018级五年制557， 延毕775； 海宁299）
研究生 其中：硕士研究生 博士研究生	8325 5929 2396	13297 9136 4161	43991 27098 16893	8325 5959 2396

学生类别	毕业生数	招生数	在校学生数	毕业班学生数
国际学生	545	999	5123	—
其中:攻读学位国际学生	545	630	4647	
远程教育	1073	0	659	659

注:国际学生在校学生数指 2022 年全年的国际学生数。

机构简介

【学术机构】 校学术委员会/人文学部/社会科学学部/理学部/工学部/信息学部/农业生命环境学部/医药学部

【学院(系)】 文学院/历史学院/哲学学院/外国语学院/传媒与国际文化学院/艺术与考古学院/经济学院/光华法学院/教育学院/管理学院/公共管理学院/马克思主义学院/数学科学学院/物理学院/化学系/地球科学学院/心理与行为科学系/机械工程学院/材料科学与工程学院/能源工程学院/电气工程学院/建筑工程学院/化学工程与生物工程学院/海洋学院/航空航天学院/高分子科学与工程学系/光电科学与工程学院/信息与电子工程学院/微纳电子学院(微电子学院)/控制科学与工程学院/计算机科学与技术学院/软件学院/生物医学工程与仪器科学学院/生命科学学院/生物系统工程与食品科学学院/环境与资源学院/农业与生物技术学院/动物科学学院/医学院/药学院

【学校职能部门】 党委办公室、校长办公室(含政策研究室、国内合作办公室、保密办公室、信访办公室、法律事务办公室)/纪检监察机构、党委巡视办公室(合署)/党委组织部/党委宣传部(含网络信息办公室)/党委统战部/党委教师工作部(与人力资源处合署)/党委学生工作部/党委研究生工作部/党委安全保卫部(与安全保卫处合署)/党委人民武装部(与学生工作部合署)/机关党委/工会/团委/发展规划处/学术委员会秘书处/人力资源处/人才工作办公室(与人力资源处合署)/国际合作与交流处、港澳台事务办公室/本科生院/研究生院/科学技术研究院/社会科学研究院/继续教育管理处/医院管理办公室/计划财务处(含国有资产管理办公室、采购管理办公室、采购中心)/审计处/实验室与设备管理处/总务处(含"1250 安居工程"办公室)/基本建设处/安全保卫处/离退休工作处/新闻办公室(与党委宣传部合署)/紫金港校区管理委员会/玉泉校区管理委员会/西溪校区管理委员会/华家池校区管理委员会/之江校区管理委员会

【学校直属单位】 发展联络办公室(含发展委员会办公室、校友总会秘书处、教育基金会秘书处)/就业指导与服务中心/图书馆/信息技术中心/档案馆/艺术与考古博物馆/校医院/校园卫生健康办公室/公共体育与艺术部/竺可桢学院/求是学院/国际联合学院(海宁国际校区)/浙江大学爱丁堡大学联合学院/浙江大学伊利诺伊大学厄巴纳香槟校区联合学院/浙江大学国际联合商学院/工程师学院/国际教育学院/继续教育学院/

全国干部教育培训浙江大学基地（与继续教育学院合署）/中国科教战略研究院（与政策研究室合署）/工业技术转化研究院/先进技术研究院/新农村发展研究院（含农业技术推广中心）、农业试验站/杭州国际科创中心/北京研究院/上海高等研究院/宁波科创中心/长三角智慧绿洲创新中心/杭州超重力场国家重大科技基础设施建设指挥部办公室（挂靠基本建设处）

【学校医学院附属医院】　医学院附属第一医院/医学院附属第二医院/医学院附属邵逸夫医院/医学院附属妇产科医院/医学院附属儿童医院/医学院附属口腔医院/医学院附属第四医院/"一带一路"国际医学院（筹）

【学校有关企业】　浙江大学出版社有限责任公司/浙江大学建筑设计研究院有限公司/杭州浙大同力后勤集团有限公司/浙江大学创新创业研究院有限公司

党建与思想政治工作

思想建设

【概况】 2022年,浙江大学高举习近平新时代中国特色社会主义思想伟大旗帜,深入学习宣传贯彻党的二十大精神,围绕"举旗帜、聚民心、育新人、兴文化、展形象"使命任务,为学校高质量高水平推进"双一流"建设,加快走向世界一流大学前列提供强大的思想保证、精神动力和舆论支撑。

抓好举旗定向,持续凝心铸魂。紧密围绕学习贯彻习近平新时代中国特色社会主义思想主题教育主线,深入开展党的二十大精神学习宣传贯彻,深入学习浙江省第十五次党代会精神,推动党史学习教育常态化长效化,持续深化用党的创新理论武装师生头脑。推动实施"四位一体"思政课教学改革,全面落实习近平新时代中国特色社会主义思想"三进"工作,深化新思想研究阐释,召开"新思想在浙江的萌发与实践"学术研讨会,新出版系列教材6册。总结"贯彻落实习近平总书记对浙江大学系列重要指示精

神"二十周年办学成果,完成800平方米迎接浙江大学第十五次党代会主题展、"红船起航"主题展。在全国高校率先打造官方理论发声平台"启真新论",纳入浙江省习近平新时代中国特色社会主义思想研究中心理论发声平台建设项目,发布新思想阐释文章140余篇,形成广泛的传播效应。

紧扣中心工作,做好重大主题宣传工作。《人民日报》、新华社、中央电视台等省级以上主流媒体报道200余篇。以学习贯彻党的二十大精神、迎接学校第十五次党代会为主线,推出"奋斗新征程 建功新时代"专题宣传、"浙大新印象"院系巡礼、"浙大追梦人"人物专稿、"五年变化大家谈"系列访谈等主题宣传,打造"扎根大地的浙大人""求是问学""有风景的思政课"等特色传播品牌,专题报道学校改革发展成就和重要举措,全面生动讲好新时代的浙大故事,深入报道先进基层单位20余个,先进典型人物100余位,筹办科研成果发布会10余场,有效发挥主流舆论的引导能力,主旋律报道传播量近200万人次。

建强融媒体矩阵,推动媒体融合向纵深发展。持续推进教育部首批融媒体试点单

位、教育部政务融媒体创新创作基地建设，建强20余个官方新媒体平台，形成"一网一报、两微N端"的传播矩阵，粉丝总量近千万人。2022年，求是新闻网发布报道500余条，校报出版37期，浙江大学官方微信公众号入选教育部思政宣传典型案例，浙大微博、人民号、抖音等平台影响力居全国高校前列。加强校院两级新媒体账号管理，规范线上报告会、座谈会、讲座论坛等活动申报流程，优化舆情应对工作体系。培育教育部网络教育名师1名。制作大学生网络文明慕课，纳入2022年新生始业教育，学习覆盖面达1.8万余人次。

深化校园文化建设，推进125周年"文化校庆"。以"弘扬求是文化 奋力走在前列"为主题开展校庆系列活动，建成1700多平方米的学生文化长廊二期，创新数字化展陈形式，完成教学区惟学长廊、艺术长廊建设。加强紫金港西区文化建设统筹，做好"文化搬迁"工作。推进"中国历代绘画大系"宣传推广工作，推进其在国家博物馆、浙江美术馆、嘉兴美术馆等处的全国巡展工作，联合新华社、央视等媒体报道250余篇，制作纪录片《盛世修典》，播放量超4000万次。

【深入学习贯彻党的二十大精神】 浙江大学将学习贯彻党的二十大精神作为重要政治任务，制定学习贯彻工作方案，通过学习研讨、辅导报告、专题座谈、主题活动等形式实现学习全覆盖。组建学习贯彻党的二十大精神浙江大学宣讲团，并开展宣讲培训，校院两级师生宣讲队伍开展党的二十大精神宣讲1700余场。组织宣讲大赛、理论知识网络竞答、"党的二十大精神面对面"等特色活动，迅速掀起学习贯彻热潮。建设党的二十大精神专题网站，《光明日报》整版报道浙大师生深入学习贯彻党的二十大精神的情况，形成广泛的传播效应。

【扎实开展125周年"文化校庆"】 以"弘扬求是文化 奋力走在前列"为主题开展校庆系列活动，通过"记忆—校史文化""典学—学术文化""活力—校园文化""缘定—校友文化""时代—使命愿景文化"五大版块，以"校院两级"为主、上下贯通，强化学院（系）在校庆活动中的主体作用，全面开展建校125周年校庆主题活动，营造"文化校庆"浓厚氛围。举办求是墨韵——"浙大先生"书画展，展出93位已故先生的157幅书画作品，累计接待2万余人次参观。发挥院系主体作用，深挖文化资源，建好院史馆、展示墙、事迹陈列室等。开展校庆专题报道300余条，制作校庆宣传片《选择》《传承》，播放量超1000万次。

（樊　畅撰稿　叶桂方审稿）

组织建设

【概况】 至2022年底，全校共有院级党委58个；党总支61个；党支部1766个，其中在职教职工党支部801个、离退休党支部165个、学生党支部800个。全校共有中共党员48562人（2022年发展党员3995名），其中学生党员21624人，占在校学生总数的34.8%（其中研究生党员17744人，占研究生总数的50%；本科生党员3880人，占本科生总数的14.6%）；在职教职工党员20725人，占教职工总数的46.2%（其中专任教师党员2886人，占专任教师总数的57.4%）；离退休党员4242人；因出国（境）等保留组织关系党员1971人。

全校共有中层干部580人,其中,正职212人、副职368人;女干部168人,占29%;党外干部50人,占中层行政干部总数的13%。中层干部平均年龄为47.9岁,其中正职平均年龄为52.2岁,副职平均年龄为45.4岁;45岁以下中层干部200人,占34.5%。中层干部中具有硕士、博士学位的541人(其中博士学位299人),占93.3%;具有高级职称的426人(其中正高职称297人),占73.4%。

巩固深化"全国党建工作示范高校"建设成效,学校党委入选浙江省高校党建"四个融合"行动试点单位,从目标功能、组织力量、制度机制、平台载体等方面一体化推进党的建设与事业发展深度融合。1个院级党组织、3个党支部分别入选第三批全国党建工作标杆院系和样板支部培育创建单位,1个首批全国高校"双带头人"教师党支部书记工作室、1个第二批全国党建工作标杆院系和3个样板支部通过建设验收;2个首批全省高校"双带头人"教师党支部书记工作室、1个首批全省党建工作标杆院系和4个样板支部通过建设验收。制定出台《浙江大学院级党组织书记抓基层党建和人才工作述职评议考核实施细则(试行)》,突出实绩导向,形成可操作、可执行、可检验的述职评议考核实施细则,建立"考评党建看发展、考评全局看党建"的联动考评机制。组织召开庆祝中国共产党成立101周年大会,评选表彰了优秀学生党支部、优秀学生共产党员和优秀学生党支部书记各30名,深入挖掘先进典型,在各校区组织"党建引领'双一流'建设,精准建强基层战斗堡垒"线下成果展,在"浙大组工"微信公众号上推出系列党支部工作案例。坚持把党员发展作为落实立德树人根本任务的重要抓手,突出高层次

人才、优秀中青年教师和低年级本科生等重点群体,相关典型做法被教育部《教育重点工作进展情况》《每日教育信息》单篇全文编发,青年人才中的新发展党员代表黄晓艳的事迹被新华社、共产党员网、《中国日报》等主流媒体报道。

聚焦标准内涵重塑和能力素质提升,开展更高使命下干部队伍系统性重塑的机制研究,分类抓好高水平专业化的学术、管理、党务思政、党外和医疗等五支队伍建设调研。注重战略性目标任务凝练,历时半年高标准制订全校104个中层领导班子任期目标任务书,建立高质量发展考核系统的数字化平台,高质量做好换届后的首次年度考核和干部试用期考核,强化考核结果反馈和应用。顺利推进干部工作数字化平台建设。配齐配强中层领导班子,全年新提任中层领导干部30人,新聘任6人,新调整56人。优化升级第二期"双专计划",选拔116名青年学术骨干专聘到管理岗位实践锻炼。有序开展内设机构负责人换届工作,全年提任正科职82人,副科职122人,交流轮岗437人。推进优秀博士生党政管理骨干专项培养计划,面向海内外知名高校选聘党政管理选调生和专职辅导员33人。深化战略性向外输送干部人才工作,全年输送干部人才18人,其中省部级干部1人,厅局级干部2人、县处级及以下干部15人。开展外派挂职干部人才储备推荐工作,全年新派出干部人才49人,年底在岗总数71人。研究出台《校外党政领导干部在浙江大学兼职管理办法(试行)》,开展校外党政领导干部在校兼职规范工作。扎实做好学校选人用人"一报告两评议"工作,选人用人和干部管理监督好评率分别达93.9%和94.6%。规范开展中层领导干部个人有关事项填报查核工作,

查核一致率达 97.4％。高质量完成干部人事档案专审工作,累计审核 4792 名事业编制教职工档案。

健全"统分结合、分级分类、统筹实施"教育培训工作体系,优化"党校—职能部门—院级党组织"分级培训模式,高质量实施年度教育培训计划,全年举办各类培训班 85 期,累计培训党员干部教师学生骨干 2 万余人次(其中发展对象、预备党员 9000 余人),依托"浙大党校·智慧党建"开设网络培训班 32 个、培训 6195 人次,将坚定理想信念、提高政治能力、坚守铸魂育人贯穿培训全过程。组织 11 人次、203 人次分别参加省级以上调训和网络培训。党员教育培训工作案例"浙江大学学生党员唱响新时代的'马兰谣'",入选中央组织部首批、全国高校首篇党员教育培训工作典型案例并在全国推广。加强全校党建研究力量的组织和统筹,完成中心组织成员调整,选任 6 名特聘专家,结题验收 27 项综合类课题,立项 11 个综合类课题和 7 类共 113 个专项课题,2 篇论文荣获浙江省普通高校党建研究专业委员会 2021 年度优秀论文二等奖。

【规范有序完成院级党组织集中换届选举工作】 强化使命愿景引领,修订《浙江大学院级党组织选举工作办法》,加强换届统筹部署和协调指导,制定工作任务清单、时间进度表、选举材料模板,有序指导 54 个院级党组织规范高效完成换届选举工作。按照德才兼备、以德为先和班子结构合理的原则,指导各院级党组织充分酝酿推荐两委委员候选人预备人选,高质量做好换届选举大会的各项工作。21 个院级党组织召开党员大会,33 个院级党组织召开党员代表大会,顺利选举产生新一届院级党组织党委班子和纪委班子。新当选的院级党组织两委委员

中,45 岁以下的占 57％,35 岁以下的占 11％,年龄结构得到进一步优化。

【在疫情防控大战大考中加强组织干部保障】 在紫金港校区疫情"遭遇战"中,第一时间发出发挥党组织战斗堡垒作用和党员干部先锋模范作用通知,激励党员干部在疫情防控大战大考中主动担当作为。中层领导干部带头到岗履职,主要负责人靠前指挥,织密建强了政令畅通、执行有力的疫情防控工作体系。创新建立"一楼宇一专班"工作机制,将紫金港校区内 53 幢学生宿舍楼包干给 31 家学院系和直属单位党委,通过单位包楼、加强服务、关心关爱学生,形成携手抗疫良好氛围。树牢"一名党员就是一面旗帜"意识,征调 35 名干部支援求是学院、竺可桢学院和国际教育学院,组织 49 名干部赴校外隔离酒店驻点,经组织选派、单位动员,本次疫情期间共有 1250 余名党员干部直接参与专班服务保障工作。

【培训赋能干部队伍建设】 强化干部教育培训工作顶层设计,抓实中层干部轮训、"双专计划"培训等重点班次。聚焦提升新一届中层领导干部的政治能力、战略眼光、专业水平,启动中层干部研修计划,创新"校内 7 天"和"中央党校 7 天"分段式培训方式,举办校内研修班 4 期、中央党校研修班 2 期,累计培训 676 人次。聚焦提升中青年干部的使命担当、格局视野、管理能力,定制化开展第二批"双专计划"上岗培训、西迁专题培训,累计培训 160 人次。聚焦提升各业务条线干部的政治能力、理论知识水平、专业化能力、综合素质能力,学校相关机构分工协同开展干部培训班 48 期,累计培训 5257 人次。推进培训品牌提质增效,全年共开展育人强师培训班 27 期,培训干部教师 2767 人次。

【优化升级青年学术骨干实践锻炼计划】
不断优化升级第二期"双专计划"。一是强化顶层设计,更加注重年轻化、多样化、高水平、重交叉,深化基层导向和交叉历练,专门设立学科交叉专项和党外干部专项。二是突出政治历练,加强党内政治生活训练,强化对青年人才的政治引领和政治吸纳,在18名群众中,4人新递交了入党申请书,2人正式加入了中国共产党。三是重视全程培养,完善培养方案,建立并签订四方培养协议,发挥研究专长,以小组形式撰写专题调研报告,实施期中、期满考核考察,建立后续跟踪培养机制。

【顺利完成内设机构负责人换届工作】 有序开展内设机构负责人换届工作,取得了明显成效。一是优化队伍结构,选拔了一批优秀年轻干部。科职干部队伍相比换届前平均年龄减少1.3岁,35周岁以下正科级干部增加25%,30岁以下副科级干部增加25%,有境外学习经历的增加18%,博士、硕士学位人员分别增加10%、6%。二是加强交流轮岗,推进了干部多岗位历练。全校跨单位交流的科职干部共101人,其中正科49名、副科52名,交流到机关直属单位的有66人、交流到院系的有35名。全年提任正科职82人,副科职122人,交流轮岗437人。三是做好届末考核,摸清了干部的日常表现。突出实绩导向,采取述职述廉和民主测评相结合的方式,充分听取师生员工意见建议,规定优秀、良好的比例,体现区分度。根据考核结果,总体掌握了全校科职干部的基本表现情况,摸清了有关干部在单位的日常表现及评价,为下一步加强优秀年轻干部培养奠定了基础。

（鲁 莲撰稿 刘艳辉审稿）

党风廉政建设

【概况】 2022年,浙江大学纪检监察机构以习近平新时代中国特色社会主义思想为指导,深入学习贯彻党的二十大和十九届中央纪委六次全会等会议精神,深刻领悟"两个确立"的决定性意义,增强"四个意识"、坚定"四个自信"、做到"两个维护",发扬自我革命精神,深入推进纪检监察体制改革,一体推进"不敢腐、不能腐、不想腐"的战略目标,以高质量纪检监察工作为中国特色世界一流大学建设走在前列保驾护航,在中央纪委国家监委2022年考核中获"优秀"等次。

将学习贯彻党的二十大精神作为首要任务,以具体化精准化常态化政治监督推动党中央决策部署落到实处。围绕迎接党的二十大胜利召开,开展安全稳定专项监督。加强监督检查,推动全校上下自觉把思想和行动统一到党的二十大精神上来。聚焦落实立德树人根本任务,赴相关职能部门、学院(系)、附属医院等单位进行调研监督。组建10个监督组,对深化中央巡视整改情况开展专项监督。聚焦"国之大者",加强对推进科技自立自强、乡村振兴、亚运场馆建设、"厉行节约、反对浪费"等的监督,推动学校更好地服务国家和地方发展战略。强化疫情防控监督,坚决筑牢疫情防控底线。加强选人用人和各类评审评比审核把关,严肃出具党风廉政意见和廉洁把关意见6858人次。

以"两个责任"为抓手,推动全面从严治党向纵深发展。召开浙江大学2022年全面从严治党工作会议和清廉浙大暨清廉医院建设推进会。聚焦"关键少数",加强对校院两级"一把手"和领导班子的监督。协助党委建立校院两级党委和纪委落实全面从严治党主体责任、监督责任研商机制,召开学校领导班子成员"一岗双责"落实情况汇报会、党风廉政建设专题分析会,推动"两个责任"贯通联动、一体落实。制定纪检监察工作、组织与审计工作联动协同实施办法等规定,进一步增强监督合力。聚焦中央巡视反馈的重点问题,协助党委对19家单位开展校内巡视,并持续加强巡视整改和成果运用。

2022年,共受理信访举报122件,处置问题线索26件,办理案件16件。综合运用"四种形态"批评教育帮助和处理64人次,其中,运用第一种形态批评教育、提醒谈话等48人次,运用第二种形态纪律轻处分、组织调整10人次,运用第三种形态党纪重处分、重大职务调整5人次,运用第四种形态处理1人次。狠抓作风监督,严肃查处违反中央八项规定精神问题。实名通报10个典型案例,制发纪检监察建议书4份,深化以案促改、以案促治。

围绕立德树人根本任务,组织开展以"清心正道守初心,勇担使命促发展"为主题的廉洁教育季系列活动,创新举办"清风浙大·廉动你我"廉洁动漫作品展、"求是廉洁故事"征集活动,指导推动二级单位纪委进一步巩固凝练"一院一品"廉洁文化品牌。强化年轻干部职工教育管理监督。常态化制度化开展警示教育,引导干部师生筑牢思想防线。

加强纪检监察干部队伍自身建设。对校院两级纪检监察干部开展"育人强师"全员培训,1人入选全国首批纪检监察案件审理骨干人才库。

【实施学校纪检监察机构改革,完善议事决策机制】 根据党中央关于深化中管高校纪检监察体制改革的决策部署,实施学校纪检监察机构改革。国家监委在学校设立监察专员办公室,与学校纪委合署办公,统称"学校纪检监察机构",内设纪检监察机构办公室、第一纪检监察室、第二纪检监察室、第三纪检监察室、综合业务室等5个部门。制定《中共浙江大学纪律检查委员会全体会议、国家监委驻浙江大学监察专员办公会议议事规则》,进一步健全议事决策机制,推动纪检监察工作规范化、法治化、正规化。

(杨 洋撰稿 叶晓萍审稿)

师德师风建设

2022年,学校坚持以习近平新时代中国特色社会主义思想为指导,拥护"两个确立",增强"四个意识"、坚定"四个自信"、做到"两个维护",在学校党委的领导下,聚焦立德树人根本任务,学习贯彻习近平总书记关于教育、师德师风建设的重要指示精神,学习贯彻党的二十大精神,认真落实学校第十五次党代会精神,切实落实师德师风第一标准,不断完善体制机制、加强宣传教育,压实责任,筑牢底线,持续推进师德师风建设常态化、长效化发展。同时,扎实做好教育部师德师风建设基地的各项工作。

不断完善教师思想政治和师德师风建设体制机制。制定实施《浙江大学完善教师思想政治和师德师风建设工作体制机制的实施方案》,成立党委教师工作委员会,进一步明确各职能部门教师思想政治和师德师风建设工作职能,压实院系主体责任,明确院系及二级单位教师思想政治和师德师风建设工作责任人和联络人。党委常委会定期专题研讨教师思政和师德师风建设工作，将师德师风建设工作作为院级党组织抓述职述廉工作的重要内容，在校内巡视中开展师德师风专项巡视，明确要求院级党委专题研讨师德师风建设工作，切实承担起教师思想政治和师德师风建设的主体责任，实现教师思想政治工作与业务工作双融双促。党委集中统一领导，党政齐抓共管，教师工作部门统筹协调，各部门履职尽责、协同配合的大教师工作格局基本形成，学校党委、院级党委、教师党支部三级联动的教师工作机制基本健全。

选树宣传典型，强化理想信念教育和警示教育。开展全国教书育人楷模、全国最美教师、浙江省杰出教师、浙江省有突出贡献中青年专家、宝钢优秀教师奖、浙江大学竺可桢奖、浙江大学永平奖教金、"三育人"标兵、研究生"五好"导学团队等的评选，做好全国高校黄大年式教师团队的宣传、教师节表彰等工作，编辑出版《我心中的求是大先生》选集。开展送服务到基层"师享汇"品牌活动，到校区、院系与一线教师开展面对面交流活动8次，宣讲活动23次。克服疫情影响，组织实施"追寻浙大西迁足迹""育人强师培训""新教工始业教育培训"等8个班次，近千人次参训。数字化赋能师德师风建设，研发师德师风负面清单情境化自警系统、师德问题数据管理及师德核查信息系统等，其中自警系统在全校教师、附属医院教职工中投用，覆盖近4万人次，并作为创新特色案例，被教育部纳入"高校师德师风建设优秀工作案例"。

加强师德监督和底线把控，切实落实师德第一标准。不断加强各职能部门的协同，在人才引进、评奖评优、人才推荐、职称评审、资格审核、干部选拔、考核聘任等过程中严把师德关。2022年完成师德核查177批次、10322人次；实施院系师德师风隐患排查工作半年报制度，做到早预警、早发现、早干预、早处置，尽量在萌芽状态下消除不利因素和化解矛盾。落实师德考核不合格则年度考核不合格，院级年度考核优秀以师德考核优秀为前提。在不同场合、通过不同形式公布违反教师职业行为十项准则案例，采用多种形式做到警示教育全员全覆盖。强化"严"的主基调，严肃查处出现的师德师风问题，收到师德师风问题线索中部分属实或属实的15件次（含附属医院，下同），累计处分1人次。

推进教育部师德师风基地建设，完成各项工作。完成教育部党组"高校师德师风长效机制建设"重点调研任务并撰写近10万字的报告，得到教育部领导高度认可，相关成果在2022年全国高校教师工作部部长会议上予以展示。克服疫情影响，承办有全国94所高校海外留学归国青年教师参加的教育部第四期高校青年教师国情教育研修班。

【承办教育部第四期高校青年教师国情教育研修班】 7月23—28日，第四期教育部高校青年教师国情教育研修班在浙江大学举行，来自全国94所高校的海外留学归国青年教师参加了本次研修。研修以"探寻起航之地，赓续红色血脉，见证创新发展，勇担家国责任"为主题，内容涵盖"红船起航忆初心""绿色发展新格局""传统文化铸新魂""共同富裕起示范""科技创新促发展""奋进时代新征程"等6个模块，除邀请潘云鹤院士、吴汉明院士、刘斌教授、王明华教授等做专题报告，还开展了丰富多彩的现场教学、实践教育活动，足迹遍及浙江良渚、安吉、嘉兴、余杭等地,内容跨越文化、历史、科技、经济等领域。研修班由教育部教师工作司主办,浙江大学承办,教育部教师工作司副司长黄小华、浙江大学副校长何莲珍出席了开班式。

（蔡　娥撰稿　徐　洁审稿）

机关作风建设

2022年,机关持续强化宗旨意识,践行"一线规则",以"服务院系服务基层服务师生"活动为抓手,为师生办实事,不断提升机关管理服务水平和服务效能,开展机关部门负责人基层联系点工作,推进"清廉机关"建设,推进学校治理体系和治理能力现代化。

坚持党建引领,狠抓机关作风建设,提升管理服务能力,发挥机关党支部"学习走在前,服务作表率,作风争一流"的战斗堡垒作用,在学校重点工作推进中率先垂范。

践行群众路线,强化"师生为本"理念,推进"一线规则"落实,优化机关部门负责人基层联系点制度,主动听取基层师生意见、解读学校文件政策、解决基层问题。本年度共有113位机关部门负责人对接116个基层点,收集问题350余条,并将解决方案及时反馈给基层点。

优化服务载体,迭代升级"百事通"检索平台,优化统一咨询服务热线建设。"百事通"检索服务平台运行以来已提供检索260余万次;统一咨询服务热线已覆盖全校院（系）和部处单位102个。

加强考核激励,持续优化机关部门考核工作和机关教职工年度考核工作,开展优秀部门和优秀工作者评选,加强考核结果的运用,完善机关干部奖惩激励机制。

开展廉洁教育,将案例警示教育和《作风建设手册》发放全覆盖。组织机关内设机构负责人参加"清廉浙大暨清廉医院建设推进会";组织机关科职干部参加《坚定不移全面从严治党》警示教育课;开展2022年"廉洁教育季"活动,举办"传书香墨韵,树机关清风"书法作品征集活动等。

（陈　卫撰稿　刘艳辉审稿）

统战工作

【概况】　2022年,浙江大学共有民主党派成员2504人,无党派人士199人。党外人士中,有两院院士9人,教育部"长江学者奖励计划"特聘教授29人;担任全国人大常委会委员1人,全国政协委员6人;担任浙江省人大代表3人（其中副主任1人、常委2人）;担任浙江省政协委员32人（其中副主席1人、常委11人）。民主党派中,在职人员中具有高级职称的成员占比89%,具有博士学位的成员占比51%;担任党派中央委员11人（其中常委3人）;担任民主党派上一届省委会委员68人（其中主委3人、副主委9人、常委16人）,新一届省委会委员68人（其中主委1人、副主委12人、常委14人）。

2022年,党委统战部坚持以学习宣传贯彻党的二十大精神为主线,深入贯彻落实中央统战工作会议精神,持续巩固统一战线思想共识,夯实党外代表人士队伍建设,深化党外人士作用的发挥,守牢民族宗教领域的安全防线,推动学校统一战线事业取得新成效。学校统战工作的典型经验被《中国统一战线》《情系中华》等杂志刊发推介。

加强政治引领,大团结大联合思想共识更加巩固。学习宣传贯彻党的二十大精神和中央统战工作会议精神,印发统一战线学习宣传贯彻工作方案,组织统一战线深入开展"喜迎二十大·奋进新征程"同心系列活动,联合各民主党派基层组织共同打造"求是同心"系列论坛活动。组织协调党员校领导调研走访联系的民主党派、统战团体基层组织10余场;部门领导带头深入院系基层联系点,帮助解决困难12项;部门全员担任党外人士事业之友,开展联谊交友、谈心谈话50余场;加强对华侨侨眷的关心关爱,指导各校区侨(留)联分会开展暖心活动近10场,覆盖华侨侨眷近500人次。构建网络宣传思想阵地,依托"浙大统一战线"微信平台,打造"求是同心""同心筑梦""资政观通""生活科学""人物风采"等品牌栏目,全方位展现统一战线风采,加强对党外知识分子的思想引领。加强基层组织规范化建设,探索形成秘书长"午间悦谈会"、党派和团体负责人"暑期务虚会"、学校统战工作年度研讨会及党外代表人士队伍建设专题研讨会等一系列会议制度,进一步规范党派新成员发展等工作流程,策划组织实施党派基层组织建设质量提升工程,建立党派校委会和各基层组织理论学习、组织发展、班子建设、活动开展等规范性要求。

坚持选树育用,党外代表人士队伍建设更加扎实。发挥社会主义学院作为民主党派和无党派人士联合党校的主阵地作用,精准实施年度培训工作方案,以党外中青年干部培训为重点,培训学员150余人次。选送30余名党外代表人士参加中央、省级有关培训。精准实施培养锻炼,组织开展党外干部队伍建设专题调研,系统谋划党外代表人士队伍建设;深入实施第二批"双专计划"党

外人士专项,选拔推荐16位党外青年学术骨干到学校管理岗位开展实践锻炼,实施"五个一工程",开展针对性培养,加强党外代表人士的政治历练和实践锻炼。统筹做好安排使用,协同做好党派、人大、政协换届工作,实现民主党派省委会副主委及以上重要代表人士党派全覆盖,位居全国高校前列,规模稳中有进。全年新发展党派成员66位,新认定无党派人士24位,推荐169位作为无党派人士"青苗计划"人选。

注重作用发挥,围绕中心服务大局成效更加显著。咨政建言取得新成果,编印《明道励行——党的十八大以来浙江大学政协委员提案选编》,助力新一届政协委员履职尽责;依托统战智库、党派建言、政协委员会客厅等平台围绕国家区域发展重大战略开展有组织的咨政建言,统战智库全年立项课题84项,政协委员会客厅举办"加快建设科技创新高地 助力'两个先行'"等主题活动辐射千余人次,党外人士提交的150余项建言成果获得省部级领导批示,其中25项获中央领导批示或被中央有关部门采用。社会服务打造新亮点,组织侨(留)联成员参加"浙江省高层次留学回国人才为国服务志愿团"走进金华浦江等地,为服务地方经济发展出谋划策,惠及4个地市近30家企业;启动"同心共富·山海协作"服务联盟项目,组织15位专家志愿团成员走进丽水青田,举行"同心共富·山海协作"浙江大学专家志愿团基地授牌。

强化安全底线,民族宗教工作机制格局更加完善。拓展民族团结进步创建阵地,创建浙江大学"石榴红"工作室并组建学生团队,吸纳各民族优秀学生骨干40余人,工作室顺利进驻紫金港校区东区文化长廊,重点面向少数民族学生开展理论宣讲、学业指导、

生涯规划、困难帮扶等工作；率先建立省级"浙里石榴红"驿站、"浙里石榴红"宣讲团，培育青年宣讲员27人，推出主题微课20门，宣讲覆盖6000余人次，获评中国高等教育学会统战工作研究分会、教育部高校思想政治工作创新发展中心颁发的优秀案例表彰。筑牢抵御校园宗教渗透防线，充分发挥学校民族宗教事务管理小组作用，全年召集宗教工作专题研判会4场，扎实做好省教育厅新一轮师生信教排查，防范和抵御宗教邪教向校园渗透专项行动及宗教领域的突发事件处置等工作；推动开设"马克思主义宗教学"通识课程，编写民族宗教应知应会宣传材料，设计制作MOOC视频，并在新教工入职培训及新生始业教育期间集中宣传，覆盖2万余人次，完善马克思主义宗教观教育贯穿"四课堂"格局；邀请中央社会主义学院、省民宗委的领导专家开展宗教工作培训多场，不断提升管理干部开展宗教工作的能力和水平。

【《中国统一战线》杂志发表校党委书记任少波署名文章】 由中共中央统战部主管的《中国统一战线》杂志2022年第5期，以"推动新时代高校统战工作高质量发展"为题，刊发我校党委书记任少波同志署名文章，介绍我校贯彻落实中央关于统一战线工作重大决策部署，构建大统战工作格局，加强党对统一战线工作的集中统一领导；突出政治引领，不断增进大团结大联合的思想共识；聚焦"关键少数"，加强党外代表人士队伍建设，胸怀"国之大者"，以使命愿景引领担当作为；增强底线意识，总结防范化解民族宗教领域风险的经验做法。

【协同做好党派、人大、政协换届工作】 2022年是全国人大、全国政协、各民主党派进行换届考察的一年，党委统战部加强与省委统战部、省教育厅、党派省委会沟通协调，协同做好相关工作，民主党派成员当选新一届党派中央委员会委员10人（其中常委1人）、党派省委会委员68人（其中主委1人、副主委12人、常委27人），实现副主委及以上重要代表人士党派全覆盖，位居全国高校前列；党外代表人士担任全国政协委员7人，省人大代表9人（其中常委6人）、省政协委员28人（其中副主席1人、常委5人），规模稳中有进。

【实施"双专计划"党外专项】 选拔推荐16位党外青年学术骨干到学校管理岗位开展实践锻炼，并围绕"结对一名党派导师、承担一项调研课题、参加一次党外专题培训、做一次专题报告、参与组织一次党派活动"等"五个一工程"开展针对性培养，加强党外代表人士的政治历练和实践锻炼，党外代表人士培养历练的平台载体更加丰富。

（黄昊辰撰稿 叶恭银审稿）

【附录】

附录1 2022年浙江大学民主党派组织情况

党派名称	委员会/个	总支/个	支部/个	成员数/人
中国国民党革命委员会	1		9	225
中国民主同盟	1	5	17	580
中国民主建国会	1		4	76
中国民主促进会	1		14	478

续表

党派名称	委员会/个	总支/个	支部/个	成员数/人
中国农工民主党	1		9	385
中国致公党	1		4	140
九三学社	1		17	611
台湾民主自治同盟			1	9
合计	7	5	75	2504

附录2　2022年浙江大学各民主党派和统战团体负责人

名称	姓名	职称	职务	所在单位
中国国民党革命委员会	章献民	教授	主委	信息与电子工程学院
中国民主同盟	唐睿康	教授	主委	化学系
中国民主建国会	华中生	教授	主委	管理学院
中国民主促进会	喻景权（第五届）（2017年4月—2022年4月）	中国工程院院士	主委	农业与生物技术学院
	曲绍兴（第六届）（2022年4月至今）	教授	主委	航空航天学院
中国农工民主党	欧阳宏伟	教授	主委	医学院、国际联合学院
中国致公党	裘云庆	主任医师	主委	医学院附属第一医院
九三学社	方向明	教授	主委	医学院
台湾民主自治同盟	陈艳虹	副主任医师	主委	医学院附属第一医院
归国华侨联合会、留学人员和家属联谊会	唐睿康	教授	主席、会长	化学系
党外知识分子联谊会	杨华勇	中国工程院院士	会长	机械工程学院

安全稳定

【概况】　2022年,安全保卫工作坚定不移地以习近平新时代中国特色社会主义思想为指导,学习贯彻党的二十大精神,按照"十四五"规划和"双一流"高校建设方案的要求,围绕立德树人根本任务,统筹发展和安全,主动服务以学生成长为中心的卓越教育体系构建,做实基础工作、做细日常工作、做好重要工作、探索创新工作,持续推进校园安全治理体系和治理能力现代化,荣获"浙江大学第十一届'三育人'先进集体""浙江大学网络安全工作先进单位"等荣誉称号,为学校的高质量发展保驾护航。

夯实安全网格责任。组织校内 106 家二级单位签订校园综合治理工作责任书。结合中层领导班子换届情况，及时更新各单位安全责任人、管理人、安全员信息。

坚决维护政治安全。加强重要时间节点和敏感时期校园巡查和防范力度，协助公安、安全部门完成专项工作 221 次。

精准实施疫情防控。严格落实新冠疫情常态化校园管控措施，高质量完成"11·27"疫情阻击战校园管控任务。全年查验进校车辆 211.56 万辆次，其中校外车辆预约进校 7.72 万辆次，查验进校人员 887.76 万人次。

紧抓风险排查整治。突出宿舍、食堂、实验室、体育馆、图书馆、教学楼等人员密集重点场所，安全出口、疏散通道、消防前室等关键部位，彩钢板、施工场地、电动自行车等易发事故重点领域排查整治，开展消防安全检查 718 次，督促整改隐患 1853 处，发放隐患整改通知书 24 份；完成在杭 5 个校区28.8 万平方米的建筑消控系统、电气安全检测，发现并整改问题 249 处。

推进消防设施升级。完成微型消防站配置升级，改造室外消防管网，贯通新老工控楼、低温楼、联反楼等楼宇室内外消防管网，加快烟感报警加装改造工程和气体灭火系统引接工程。优化校园通行秩序。启用紫金港校区南一门、蓝田门，精准便利师生出行，缓解周边交通压力；推进校门外卖柜建设，规范外卖配送秩序，提升周边通行效率；制订校园交通优化方案，持续推进藕舫南路机非分离式路段南延工程，完成紫金港校区东三、东四教学楼和东六教学楼庭院式停车场建设，新增停车位 62 个；开展电动车控增减存工程，完成校内非标、无牌电动车

存量摸底，规范校园电动车充电管理；增加800 辆共享单车投放，补充校园出行需求。

做好大型活动保障。做好新生报到、开学典礼、集体婚礼等大型活动安保任务，其中有活动参与人数 500 人以上的活动 16次，投入安保力量 900 余人次。

提升安保服务质量。线上线下办理户籍类事项 11060 件，交通类事项 9721 件，消防类事项 410 件，活动类事项 265 件，政审类事项 412 件，接警 15200 余次，寻回师生的非机动车 256 辆，寻回丢失物品 340 余件，处理各类案件 86 起。

强化智安校园建设。完成紫金港校区校园安防监控综合提升改造工程，改善图像清晰度和夜视效果，新增改建枪式摄像机226 个、球机 33 个，新增制高点监控 3 台；试点车辆停车引导系统，在紫金港校区东三东四停车场、东六停车场安装车辆余位检测摄像机，实时显示停车场剩余车位；实现公务接待票抵扣停车费自主退款、进出校园精准管理、闸机人脸识别精度更高，访客预约功能不断优化；逐步推动在杭 5 个校区 77 幢建筑消防设施基础信息管理系统及室外消火栓信息普查系统建设，紫金港校区 12 栋楼宇火灾报警联网集成联动视频系统，玉泉、华家池、之江校区 40 套消控系统联网集成，初步达到"灭火器材巡查巡检智能化、消防报警信号可视化、消防工作台账信息化、业务管理流程规范化"水平。

开展高保学会工作。落实浙江省高保学会理事长单位工作职责，增强理论研究和创新服务能力，提升各成员单位政治站位和治理格局，推进浙江省高校保卫工作再上新台阶。

【综合安防信息平台建设初具成效】 整合校园人员、车辆、消防、报警求助等安防基础

数据和动态数据,在E校园地图上叠加显示,采取"1+5"数据图的模式,1张总图显示5个校区安防总数据,5张分图分别显示紫金港、玉泉、西溪、华家池和之江校区的安防数据,通过可视化的地图和图表,全方位展现校园安全基础数据,实时动态展现校园安全态势,辅助科学决策,提高应急指挥效能。

【打造师生信赖的安保回声壁】 结合机关部门负责人基层联系点工作,班子成员主动走访对接院系,了解联系对象需求,及时办理或做好反馈;结合教代会、研代会提案内容,深入调研提案背景,结合学校改革发展建设和师生需求,统筹推进提案回复工作,切实把师生提案回复好、落实好。全年回复师生来信32件,教代会主办提案6件,协助办理教代会提案3件,学代会提案13件,接待师生来访64人次。

【稳步提升安全教育精准度和实效性】 前移安全教育关口,制作新生校园安全引航并随录取通知书一同发放,结合新生始业教育,开展覆盖全体新生的安全教育讲座,组织消防培训进军训连队活动,护航新生开启校园安全生活;构建"四位一体"校园防诈管理体系,协同属地派出所进院系、进课堂、进实验室,以案说法,还原案件过程,联手做好预警干预,提升师生的反诈防诈意识,全年案件数量和损失金额同比均大幅减少。

(杨越恺撰稿 蔡 荃审稿)

教代会与工会

【概况】 2022年,在学校党委的正确领导和行政的大力支持下,教代会、工会工作坚持以习近平新时代中国特色社会主义思想为指导,认真学习贯彻党的二十大精神,以高远使命愿景为引领,团结凝聚广大教职工,高质量推进"双一流"建设,努力在围绕中心服务大局上展现新担当,在团结凝聚广大教职工争当新时代奋斗者中展现新作为,为推动学校民主管理和各项事业发展做出了积极贡献。

切实落实教代会职权,进一步推动学校民主管理、科学发展。成功召开第九届教代会、第二十三届工代会第一次会议,代表们以高度的使命感和责任感,谋划新时代学校改革发展大计。会议选举产生新一届教代会执委会、工会委员会和工会经费审查委员会,为教代会、工会创新发展奠定了坚实的组织基础。

助力成长发展,团结动员教职工在推动学校事业高质量发展中建功立业。多人获评"全国三八红旗手标兵""全国巾帼建功标兵"等荣誉,多个集体获评"全国工人先锋号""全国巾帼文明岗""全国巾帼建功先进集体"等荣誉。喻景权劳模工作室获评省级劳模创新工作室。开展2022年学校青年教师教学竞赛,举办首届青年教师板书设计竞赛,促进青年教师教学技能提升。举办"师说论坛",邀请永平杰出教学贡献奖获得者吴飞、方文军围绕"如何潜心教书育人"畅谈成长经历、交流工作经验。充分发挥青年教授联谊会作用,持续开展"校长学术沙龙"活动,校长与近300位专家和青年学者聚焦学术前沿话题进行座谈沟通交流,持续构建"面向前沿主题、聚焦学科交叉、拓展课题方向、推进创新发展"的学术交流体系。女教授联谊会打造"见未来"系列学术午餐会品牌活动,围绕医药与人民生命健康、面向未来的人才与人才评价、未来社区等主题,共话学科交叉、科教融合。女工委开展第十七届"事业家庭兼顾型"先进个人评选活动,与天台县妇联完成结对签约,全力助推共同富裕。

推进维权服务,不断增强教职工的获得感、幸福感、安全感。2022年,有1万余名教职工向浙江大学爱心基金教职工专项基金捐款,71名教职工得到补助116.69万元。2.57万名教职工参加了浙江省职工大病医疗互助保障,补助357人,共计207.26万元。组织2600余名教职工参加疗休养,在浙大西迁地建立教职工疗休养基地。做好全校1.85万余名工会会员春节、端午节和中秋节慰问品及教职工生日蛋糕的遴选发放工作。大力做好用工方式多元化背景下的非事业编制职工入会工作,吸纳9000余名非事编职工入会,大大增强了非事业编人员对学校的归属感,入会工作走在全国高校工会前列。

【召开第九届教职工代表大会暨第二十三届工会会员代表大会第一次会议】 会议于6月15日在紫金港校区剧场召开,600余名"双代会"代表参加。校党委书记任少波致开幕词,校长吴朝晖作题为"求是创新追求卓越 为加快迈向世界一流大学前列而接续奋斗"的学校工作报告。浙江省总工会副主席吴海瑜出席并讲话,浙江大学发展委员会主席金德水、浙江省总工会二级巡视员、浙江省教育工会主席王玉庆出席会议。中国教科文卫体工会主席章国贤发来贺信,北京大学、清华大学等全国50多所兄弟院校发来贺电、贺信。会议听取和审议了学校工作报告,讨论了《浙江大学章程(修正草案)》等。大会投票产生了浙江大学第九届教职工代表大会执行委员会、第二十三届工会委员会和工会经费审查委员会,通过了"双代会"各专门委员会组成人员名单。

大会共收到代表以提案形式递交的有效意见、建议169件,正式立案80件,涉及学校改革发展的深层次问题和教职工普遍关心的热点问题。继续推进"校领导领办提案"工作,校领导领办了11件教职工关注度高、影响面大的重点提案。以提案工作助力学校在繁荣学科生态、优化博士生培养机制、打造高素质干部队伍、促进教职工身心健康发展、建设平安和谐校园等方面取得实效。

【组织开展浙江大学第十一届"三育人"先进评选活动】 组织开展浙江大学第十一届"三育人"先进评选活动,全校4万余名师生踊跃参与,经民主推荐、民主联评、网络投票、民主评定等程序,最终评选出10位教书育人标兵,5位管理、服务育人标兵,5个先进集体和48位先进个人。召开先进颁奖晚会,由校领导为新一届"三育人"事迹报告团授旗。制作30余期"三育人标兵故事"系列微访谈节目,在学校官方门户直播网站、校工会视频号进行持续推送,点击量达30万余次,在校园内营造了弘扬高尚师德的浓厚氛围。

(许诺晗撰稿 李 民审稿)

学生思政

【概况】2022年,在学校党委的领导下,学校坚持以习近平新时代中国特色社会主义思想为指导,深入学习贯彻党的二十大精神,紧紧围绕立德树人根本任务,聚焦"培养德智体美劳全面发展,具有全球竞争力的高素质创新人才和领导者"的人才培养目标,按照"更高质量、更加卓越、更受尊敬、更有梦想"的战略导向,落实"人格、素质、能力、知识"融合一体的 KAQ 2.0 教育理念,围绕构建以学生成长为中心的卓越教育体系,引导师生心怀"国之大者"、奋力"走在前列",着力构建高质量学生思想政治工作体系。

学习宣传贯彻党的二十大精神。制定《学习宣传贯彻党的二十大精神工作方案》,推动党的二十大精神进教材、进课堂、进头脑,全面融入形势与政策课程、学生预备党员培训、党支部骨干培训等。强化理论宣讲,开展第六届本科生党员党务知识技能大赛、第十届研究生党支部书记素能大赛、著作研读示范班、研究生党支部书记工作坊、2022 年网络教育优秀作品大赛等,指导研究生理论宣讲团、博士生报告团等围绕党的二十大、党史学习教育等打造金牌课程 100 余门,开展宣讲 200 余场。发挥学生党员骨干、辅导员队伍力量,生动讲述在党的二十大精神指引下奋进新时代、争做堪当民族复兴重任的时代新人和为学为事为人的"大先生"的决心。研究生理论宣讲团微课获"这十年·青年讲"全国高校宣讲联赛一等奖、浙江省微型党课大赛美术型微党课比赛一等奖等。依托"在鲜红的党旗下"党建教育平台,发挥"五老"队伍、关工委、求是宣讲团的优势,制定《党的二十大精神主题宣讲目录》,推出 18 部"党的二十大精神"微宣讲短视频。

学生党建业务提质增效。深入实施学生党建"双引双提"工程,首次开展本科生党建业务互融互促示范党支部创建工作,共有 30 个本科生党支部入选,在功能融合、机制融合、力量融合、载体融合上开展探索与实践。深化研究生"双组融合"组织模式,推动研究生党支部参与班团重要事项评议决策,落实研究生党建与学科专业发展、学术科研创新、学生成长发展互融互促,推动研究生党支部与校内外机关部门、高校、企事业单位党支部结对共建工作走深、走实。举办预备党员培训班 4 期、党员党建骨干培训班 2 期,覆盖党建骨干 3200 余人次、预备党员 4300 余名。强化学生党员毕业教育,举办毕业生党员教育大会。组建军训理想信念宣讲团,100 余名师生面向 28 支连队开展了 118 次宣讲。在 2022 级本科生中,超 70%的 18 岁以上的团员同学向党组织递交了入党申请书。

加强新时代大学生国防教育。推动院系、学园开展"三个一"国防教育工作,依托国庆升旗仪式、校庆活动、烈士纪念日等纪念活动举办"青春告白祖国"升国旗仪式 31 场次,覆盖 34 个机关单位和院系师生 2780 余人。推进新生始业教育、军事技能教育、爱国主义教育、国防安全教育、干部锻炼培育等"五大平台"融合,高质量组织 2022 年度本科生军事训练,开展 3 场将军报告会,将国家安全教育纳入研究生新生始业教育必修内容。发挥国旗仪仗队、退役士兵协会、国防教育协会等学生组织主体的作用,开展"退役士兵进课堂"活动,组织国防宣讲 20 场次,覆盖 1300 余名学生;成立退役士兵协会应急大队,在校区战"疫"中发挥骨干作用。用好教育部、国防部和属地部门相关政策,组织发动 18 名师生应征入伍,其中在编辅导员 1 名,在读研究生 1 名,毕业生 6 名,在校生 10 名。

一体化推进学生思政教育和专业教育。制定《浙江大学学生思想政治教育"十四五"发展专题规划》,形成"思想铸魂体系""课程思政与学科思政育人体系""一体化培养体系""全员育人领航体系"四大体系和 12 项工程。推进思政教育和专业教育的一体化

浙江大学年鉴

设计,立项第二批 15 家院级本科生思想政治教育培养方案建设试点,新立项 16 个学科(专业)思政特色创新项目,基本实现学校第二轮"双一流"建设学科"学科思政"建设全覆盖。推进学生思政品牌项目建设,完善 14 个思想政治教育特色示范基地建设、31 个"一院一品"学生思政品牌项目、12 个"在鲜红的党旗下"党建教育平台,新成立"以身许国"爱国主义教育基地、"艺术+"大学生文化自信培育基地、"共同富裕"求是学子先行计划等品牌。建立研究生党建与思政现场教学基地"线上课程库"21 门。开展第十届研究生"五好"导学团队评建,宣传推广"五好"导学团队建设经验和突出事迹,促进师生共同成长。支持院系新建或深化建设"公共研习空间"16 个、"导学育人空间"10 个,支持学术交流空间建设,优化提升研究生学习环境和条件保障。做好新生始业教育,校领导为本科生新生上"开学第一课",组织全体本科生新生参观校史馆、科技馆,举办新生班团骨干培训班;完善研究生新生"适应性教育"课程库,校院协同落实始业教育全覆盖;发挥开学典礼、毕业典礼等仪式的育人功能。做好毕业教育,全方位加强理想信念、爱国主义、诚信和廉洁、安全纪律、爱校荣校教育等工作。

建设思政课程主渠道。进一步完善"形势与政策"教育,2021—2022 学年开设 77 个教学班,配备 67 名主讲教师、89 名助教;2022—2023 学年开设 79 个教学班,配备 72 名主讲教师、111 名助教。全年共安排 10 个专题教学内容,围绕党的二十大精神设置专题教学内容,将党的二十大精神融入课程备课,纳入学生的研究性学习中。创新视频连线、实地体验、相关领域专业工作者进课堂等教学形式。校党委书记主讲"发扬光荣传统,勇担时代使命——做堪当民族复兴重任的时代新人"专题。首次开设"国之大者"专题课,邀请 13 位扎根祖国大地、服务"国之大者"的专家学者进课堂,将"国之大者"的崭新命题及其意义讲深、讲透、讲活。指导院系做好《形势与政策Ⅱ》教育教学,将党的二十大精神学习纳入必修内容。

做好网络思政育人工作。建设好官方公众号"浙大微学工",做好"微言新语""素说心语""学风建设""特色做法在基层""红色微故事网络接力""微党课"等专栏,全年推送 260 余篇,全年阅读量超 108 万次。强化面向研究生的新媒体矩阵建设,依托"浙大研究生""浙江大学研究生会""浙大博士生"等策划发布"三优秀"、优秀德育导师、"五好"导学团队、"竺奖圆桌会"、示范性"研学空间"等系列推文,大力弘扬新时代科学家精神,原创"我为祖国做科研"专栏,年度阅读点击总量突破 270 万次。精准把握工作对象,开展本研思想动态调研,2019 级、2020 级、2021 级本科生滚动思政调研、学生专题座谈等,梳理形成翔实工作报告。举办第十五届记者节、第十九届网络文化节,开展学生智慧校园应用创新大赛,邀请媒体大咖为本科生信息员队伍作专题培训,提高师生媒介素养,争做时代好网民。

以学生成长为中心,助力学生全面发展。建设 15 个大学生综合素质训练平台,编排"大思政课"《星辰·大地》舞台剧并于 2022 级新生军训期间展演。指导立项 403 项大学生综合素质训练项目。强化心理健康教育。开设 5 门心理健康教育通识课,累计 568 学时,覆盖 19 个教学班、815 名学生,完成 5 门课程思政案例编写;完成"大学生朋辈心理辅导""自我探索与心理成长"慕课拍摄;成功申报 2022 年校级第一批本科教材建设项目"大学生朋辈心理辅导理论与实务"。1门心理健康教育类微课上线教育部国家智慧教育公共服务平台。改革"心晴四季"心理健康宣传教育系列活动为年度申报,立项支持6项重点项目、80项一般项目。在线推出"研心研语"系列研究生心理健康课程,围绕心理问题识别、人际关系等建成课程11门,面向研究生推出"心理树洞"活动,培养研究生的积极心理品质。

推进创新创业教育教学。做好"创业基础"课程建设,全年开课12次,选课人数总计1400余人;出版《创业征途 浙里启程——我们交给时代的答卷(2022)》案例集;推进创新创业理论研究,紧密结合学校"十四五"规划需求,聚焦学校、院系创新创业教育发展中的重点和难点问题,立项校级创新创业课题16项。成功入选首批国家级创新创业学院和国家级创新创业教育实践基地;推进第二批12家院级创新创业教育中心建设;评选立项18家校院联合共建创新创业实验室和浙江大学启真交叉学科创新创业实验室;联合科研院开展2022年浙江大学"学生科研创业训练计划(SREP)",共计资助200万元;助力第八届中国国际"互联网+"大学生创新创业大赛获金奖13项。

突出价值导向,推进学生评价改革。2021—2022学年共评选各类学生荣誉32334人次;竺可桢奖学金24人;国家奖学金856人。评选出先进班级832个,文明寝室611个。本科生共计9586人次获奖,发放研究生单项奖学金321人,港、澳、台等奖学金20人,非全日制奖学金542人及专项奖学金663人。实施精准资助暖心举措。本科生发放新冠肺炎专项补助3.15万元、2022级新生资助对象网费补助8.84万元、

少数民族学生伙食补助13.89万元、伙食暗补74.88万元。发放国家助学贷款2031.05万元,永平自立贷学金9万元、基层就业学费补偿和国家助学贷款代偿资助239.14万元,发放应征入伍学生资助60.65万元,发放退役士兵国家助学金22.11万元;发放国家励志奖学金413万元、国家助学金1051.56万元;发放476名"绿色通道"本科新生生活费补助43.8万元、路费补助5.26万元;发放本科生临时困难补助35.49万元,学费减免175.58万元,军训补助8.52万元,年末专项补助218.1万元,除夕慰问29.1万元,校内无息借款47.6万元,爱心基金79.33万元;发放寒假、暑期家访对象补助26.91万元。发放勤工助学酬金11369.47万元。社会层面,设立校级外设助学金59项,发放助学金845.01万元。发放研究生基础助学金50665.43万元、学业奖学金11362.8万元、学业优秀奖助金8409.55万元,发放专项助学金559人,共计408.35万元。

推动智慧思政赋能。深化"最多跑一次"改革,开发建设辅导员谈心谈话和"新生之友2.0"管理模块,持续推动三全育人学生信息平台(ETA)平台迭代升级,推动"入学一件事"学生事务数字化改革,实现100%"最多跑一次"、60%"一次不用跑"、部分业务"秒批秒审"的一系列智慧化解决方案。依托"浙大钉"开启平台移动端,实现双入口并轨,进一步为学生过程性评价考核打好基础。推进"典学"App开发,开展6场面向导师和学生的专题座谈会,深入了解师生需求,打造集导学沟通互动、信息推送、资源存储、形象展示等功能于一体的线上导学空间。数字化助力精准思政。强化与学校数据中心的对接联动,实现课程教学、食堂消

费、宿舍门禁、上网连线等大数据接入与分析，形成与每日健康打卡、校园通行码审核等疫情防控系统的数据联动共享。探索构建覆盖一二三四课堂和德智体美劳发展全维度个人精准画像，运用数字化精准赋能思政工作。

探索"一站式"学生社区建设。以党建为龙头，推动精准思政和管理服务在"一站式"学生社区综合社区的深度融合，探索形成"以学生成长为中心"的学生社区"党建＋"的育人模式。推动 8 个专业院系党支部以及 12 个职能部门党支部与社区学生党支部结对；建立"网格化"寝室责任区。加大队伍进驻力度，聘任育人导师 37 人，累计开展一对一咨询 823 人次、小型沙龙 19 次共 361 人次，主题报告 22 次，覆盖学生 9891 人次。开展名师大家报告会 10 场、院系报告会近 30 场，"班主任开讲啦"6 场。举办教育部首期"一站式"学生社区综合管理模式建设试点工作经验分享会，围绕"'一站式'学生社区'党建＋'育人模式探索与实践"开展主题交流。我校一站式学生社区建设先进经验"党建引领 深度融合 深入推进'一站式'学生社区综合管理模式改革"被教育部发文介绍。

发挥专业教师德育价值。进一步落实《浙江大学本科生班主任工作规定》，选派 1009 人担任各院系班主任，完成 250 名新生班主任专题培训工作，组织 40 位班主任参加"育人强师"学习培训班，举办班主任沙龙 5 期。完成 987 名班主任的考核工作，评定 98 名优秀班主任并予以表彰。首次开展班主任班课设计工作，推出"二次幂计划"班主任班会课程指南。选聘 1394 名 2022 级"新生之友"，完善业务指导、过程管理、评优表彰等制度，评定 76 位 2021 级优秀"新生

之友"。进一步推进"新生之友"试点改革工作，设置"Office hours"，引导新生主动联系老师开展专业认知、生涯规划等方面的咨询。选聘研究生德育导师 845 人，组织第 140 期"育人强师"研究生德育导师培训班，开展 2021—2022 学年研究生德育导师考核评优工作，评选校级优秀德育导师 145 人，编制《研究生德育导师工作手册》等，不断增强研究生德育导师的育人能力。

加强辅导员素质能力培训。71 名辅导员完成新入职辅导员岗前培训，52 名辅导员参加"育人强师"新任辅导员培训班，立项新任辅导员研究启航计划 39 项。举办辅导员论坛 6 次、辅导员沙龙 16 次、研究生辅导员 Seminar 6 次、分管副书记问学沙龙 2 次，开展辅导员研究能力专题培训班，承办浙江省第九届全省高校辅导员素质能力大赛。2 人参加浙江省高校名师辅导员成长引领计划。组织开展辅导员优秀论文、优秀工作案例、网络教育优秀作品大赛、辅导员书画作品和摄影作品的申报和推荐工作。推出 9 部"新辅导员上手 100 问"微视频。申报立项省教育厅大学生思想政治教育专项课题 8 项、中国高等教育学会"高校辅导员队伍建设与发展研究"专项课题 1 项、教育部人文社会科学研究专项任务项目(高校辅导员研究)1 项，申报 2023 年度高校思想政治工作有关培育建设项目 5 项。1 人获全国高校辅导员素质能力提升骨干训练营"十佳标兵"，2 人获浙江省高校辅导员素质能力大赛一等奖、1 人获二等奖；1 人获 2022 年浙江省"高校辅导员年度人物"；3 人获浙江省"学习讲话精神 培育时代新人"主题征文二等奖、1 人获三等奖。2 人入选高校思想政治工作骨干在职攻读博士学位专项计划。评选产生 2022 年浙江大学优秀辅导员 11

人。启动专聘博士生兼职辅导员队伍建设计划，制订选聘、培养、管理一体化建设方案，依托学科专业选聘专聘博士生兼职辅导员 30 名。配齐建强兼职辅导员队伍，组织专题座谈会，深入调研兄弟高校、各院系兼职辅导员队伍情况，形成了"岗位征集—人员选聘—信息入库—课程培训"的规范管理流程，累计聘任兼职辅导员 732 名，推出慕课 9 门，全覆盖式开展培训。

发挥朋辈互促功能优势。指导浙江大学启真人才学院建设，依托教授公开课、亚运会专题采访、校外嘉宾座谈会、朋辈微党课宣讲等形式，持续提高学员政治素养和理论功底；搭建学员成长平台，通过启真分享会、省内机关单位挂职锻炼、校外导师实地调研、"国之大者"主题暑期社会实践等实习实践活动，锤炼实干能力，提升综合素质。2021 期学员中 10 人保研推免，8 人成为"2+2"模式辅导员，3 人加入"1＋2"研究生支教团，1 人获得"竺可桢奖学金"，2022 年新选录 30 位新成员。指导学生研习会以"献礼二十大，砥砺新征程"为主题，23 支团队赴新疆马兰基地、山西大同、福建龙岩、浙江缙云、杭州良渚文化村等地深入开展实践。组织开展"朋辈心理辅导之星"评选工作，评选 93 名"朋辈心理辅导之星"，举办第十八届浙江省高校学生心理论坛，全省 25 所高校的 28 个心理社团相聚云端，朋辈互助促发展。以学科为依托，实施德育助理制度，加强网络评论员、网络观察员、心理委员等队伍建设，构建研究生信息调研机制，及时高效掌握研究生思想动态，推进思政工作向微观单位延伸。

（陈翠苹　王婷婷撰稿　金芳芳　张晓洁审稿）

【本科生思想政治教育培养方案建设】 本科生思想政治教育培养方案建设坚持"以学生成长为中心"的工作理念，旨在将思想政治教育纳入学校人才培养全过程。根据学校党委工作部署，学工部于 2021 年、2022 年开展两批建设试点工作，将思想政治工作贯穿教育教学全过程，基于学科和专业特色、结合学生需求和特点，整合专业育人力量，加强对思政教育和专业教育的一体化设计，推进四个课堂在过程管理与学分管理上的衔接融汇，分年级、科学规范地开展学生思政教育，提升学生思政教育的系统性、针对性、精准性、有效性。

【成功入选首批国家级创新创业学院和创新创业教育实践基地】 2022 年 9 月，教育部办公厅印发《教育部办公厅关于公布国家级创新创业学院、国家级创新创业教育实践基地建设名单的通知》，浙江大学成功入选首批国家级创新创业学院、国家级创新创业教育实践基地建设。本次教育部共认定 100 所高校为国家级创新创业学院建设单位，100 所高校为国家级创新创业教育实践基地建设单位，包括浙江大学在内的三所高校同时获批国家级创新创业学院和国家级创新创业教育实践基地。

【组织开展第一期浙江大学"启真问学"创新平台】 围绕学术科研卓越创新人才培养目标，浙江大学党委学工部、浙江大学创新创业学院于 2022 年 11 月启动浙江大学"启真问学"创新平台。平台旨在弘扬尊德性、道问学的传统，从专业院系青年学者中选拔创新导师，从本科低年级学生中选拔学员，结合科研兴趣，师生双向选择，选定后以"问学小组"为单位开展个性化的长周期培养。首期"启真问学"创新平台从 12 个试点院系中选拔 27 位优秀青年学者作为首批创新导师，录取 85 位学员。

（陈翠苹撰稿　金芳芳审稿）

【研究生"学科思政"工作模式】 "学科思政"是高水平研究型大学根植于学科的思政育人模式,旨在深入挖掘学科蕴含的精神价值和育人资源,全面创新"三全育人"落实机制,不断提升思政工作质量,是学校思政工作体系的重要组成部分。学校于2021年正式启动实施该项工作,坚持学科建设和思想教育融合并进,将立德树人贯穿于基层党建、课堂教学、科研创新、社会实践、就业引导等各领域各环节,积极推广"课题思政"建设任务书等有效做法,引导研究生做"有使命感的研究",着力构建"学校—学院(系)—学科"联动的圈层式、一体化育人体系,培养心怀"国之大者"的高层次拔尖创新人才。

(王婷婷撰稿 张晓洁审稿)

团学工作

【概况】 2022年,共青团浙江大学委员会坚持立德树人根本任务,以学校新一轮"双一流"建设和"十四五"发展规划为指引,带领全团围绕党和学校的中心大局,扎实履职尽责,不断保持和增强政治性、先进性和群众性,彰显团的组织力、战斗力和服务力,不断提升学校共青团的大局贡献度。至2022年底,浙江大学共有基层团委60个,其中院系(学园)团组织45个,青工系统团组织15个;学生团支部1982个,学生团员54248人,青工团支部262个,青工团员6816个;共有专兼职团干部499人,其中校级专职团干部12人,挂职团干部3人,院系(学园)专职团干部156人,青工系统团干部116人,学生兼职团干部212人。

以改革创新为动力,团的组织活力进一

步被激发。扎实推进党建带团建工作,成功召开共青团浙江大学第二十一次代表大会,明确学校共青团的目标愿景、发展思路和工作部署。做好"推优入党"工作,累计推荐4800余位团员成为入党积极分子,培训学生发展对象4300余人。稳步提升基层团组织的组织力,组织开展学习"青春献礼二十大 强国有我新征程"主题团日活动、基层团组织建设月,全年验收通过校级"五四红旗团支部"105个。组织开展"学习二十大,永远跟党走、奋进新征程"专题组织生活会等活动,覆盖全校2300余个团支部。打造高素质团学骨干队伍,分层分类开展团学骨干教育培训。秉承"选优配强"的原则,分别从青年教师群体和优秀学生中选拔3位校团委挂职副书记和215位校院两级兼职团干部。

以扎根铸魂为核心,团的引领作用进一步发挥。抓住党的二十大、共青团成立100周年等重大时间节点,组织开展"青春献礼二十大 强国有我新征程""喜迎二十大 永远跟党走 奋进新征程"等主题团日活动。推动青马工程扩面提质,坚持学术大咖与青年导师深入辅导,邀请教育部"长江学者"、文科资深教授等20余位专家学者为学员授课。开展青马论坛、名师讲堂等理论学习活动37期。构建"中央部委—省直机关—基层区县"一体化政务实习平台,在浙江、云南、重庆、福建四省(直辖市)8个区县设89个政务实习岗位,共选拔35人赴基层党政机关锻炼。注重深入青年开展思想动态调研,立足青年、研究青年,组建团干部和青年学生研究员团队,完成青年亚文化、大学生就业等主题调研13项。2个项目入选团中央"青少年发展研究"课题立项。项目成果"习书记同我们聊'理想·价值·人文精神'"入选《习近平与大学生朋友们》系列报道。

巩固学生组织改革成果,进一步加强对学生会、研究生会、博士生会的指导。召开浙江大学第三十五次学生代表大会,选举产生第三十五届学生会主席团成员王梓帆、田憬源、邵贻玥(女)、唐奕滢(女)、戴肖悦(女)。召开浙江大学第三十五次学生委员会第一次全体会议,选举产生第三十五届学生会主席团成员(增补)林盟皓。召开浙江大学第三十五次研究生代表大会,选举产生第三十五届研究生会主席团成员马钿雲(女)、王耀庭、朱芷懿(女)、张昊翔、高璨(女)。召开浙江大学第二十一次博士生代表大会,选举产生第二十一届博士生会主席团成员王高昂、杨程越(女)、张世超、张瑞安、陈高鸣。

【**共青团浙江省委书记何黎斌一行赴浙江大学调研共青团工作**】 3月16日,何黎斌一行参观浙江大学紫金港校区学生服务中心空间,听取时任校团委副书记柏浩对浙大共青团工作的汇报,并与青年学生进行交流互动。团浙江省委学校部副部长陆耀庭陪同参观。何黎斌深入了解了浙江大学学生社团建设和发展情况,对学校团委为学生社团提供高质量、个性化场地表示肯定,并慰问了正在办公的专兼职团干部和学生骨干,希望大家好好努力,为学校共青团事业贡献力量。何黎斌与校青马学员交流座谈并指出,希望各位同学经过青马工程的培养,在个人理论素养、实践能力等各个方面都能得到锻炼和启发;希望浙大青马工程能秉承一直以来的好作风、好做法,在校团委的指导下越办越好。

【**浙江大学青年师生学习习近平总书记在庆祝中国共产主义青年团成立100周年大会**】上的重要讲话精神座谈会举行】 5月12日上午,浙江大学青年师生学习习近平总书记在庆祝中国共产主义青年团成立100周年大会上的重要讲话精神座谈会在紫金港校区举行,校党委书记任少波、团浙江省委副书记周苏红、校党委副书记傅强出席。会议指出,要深入学习贯彻落实习近平总书记重要讲话精神,进一步发挥共青团的主动性和创造性,更好地把青年团结起来、组织起来、动员起来,努力在实现中国梦的历史赛道上走在前列、焕发青春光彩。青年师生代表在会上作交流发言,充分表达了对共青团百年光辉历史的自豪,展现了自觉听党话、坚决跟党走的决心和勇当开路先锋、争当事业闯将的信心。

【**共青团浙江大学第二十一次代表大会召开**】 6月12日,共青团浙江大学第二十一次代表大会在紫金港校区召开。校党委书记任少波、团浙江省委书记何黎斌分别代表学校党委和团省委出席大会并致辞。校党委副书记傅强出席大会。校党委常委、统战部部长、工会主席楼成礼,清华大学团委书记余潇潇分别代表群团组织和兄弟高校团委致贺词。大会审议通过了题为"心怀'国之大者' 奋力'走在前列' 青春紧跟党走 担当时代使命 团结带领全校团员青年为浙江大学扎根中国大地迈向世界一流大学前列接续奋斗"的团工作报告。大会以无记名投票方式,差额选举产生了共青团浙江大学第二十一届委员会委员49名,当天下午召开了共青团浙江大学第二十一届委员会第一次全体会议,会议以无记名投票方式,差额选举产生了共青团浙江大学第二十一届委员会常委和书记班子成员。

(王婕姗撰稿 柏 浩审稿)

人才培养

本科生教育

【概况】 浙江大学设有本科生专业 124 个（招生专业 98 个，不含中外合作办学专业），涵盖哲学、经济学、法学、教育学、文学、历史学、理学、工学、农学、医学、管理学、艺术学等 12 大学科门类。其中，哲学类专业 1 个、经济学类专业 4 个、法学类专业 4 个、教育学类专业 4 个、文学类专业 15 个、历史学类专业 2 个、理学类专业 17 个、工学类专业 44 个、农学类专业 9 个、医学类专业 7 个、管理学类专业 10 个、艺术学类专业 7 个。

建有 20 个国家教学基地，包括 12 个国家基础学科拔尖学生培养计划 2.0 基地、4 个国家工科基础课程教学基地和 4 个国家战略产业人才培养基地，共有 14 个国家级实验教学（含虚拟仿真）示范中心和 23 个全国大学生校外实践教育基地。

2022 年，学校一流专业内涵建设成效显著，入选国家级一流本科专业建设点 91 个，占比 94.8%，总数居全国第二。获批生物育种科学、马克思主义理论、考古学、智能体育工程等国家急需专业。优化推荐免试研究生方案，高质量完成 2023 届推免工作，推免比例达 37.4%，创历史新高。系统加强本科教育的整体谋划，先后制定了拔尖人才培养"双一流"专项方案、"1+7+N"招生方案 2.0 版，出台双学士学位、外语人才培养、耕读教育等一系列文件，拟定本科教育使命愿景红皮书、一流专业建设方案和教育数字化转型行动计划。

2022 年新增省级一流本科课程 193 门，省级课程思政示范课程 35 门，目前我校共有 60 门国家级、527 门省级一流本科课程，2 门国家级、74 门省级课程思政示范课程。启动首届校优秀教材奖评选，实施"名师—名课—名教材"计划，推动院士、文科资深教授等开展教材编写 44 本；"马工程"教材课程使用率 100% 全覆盖。

2022 年，浙江大学本科生实际招收 6401 人（含国际联合学院学生）。截至 2022 年 12 月 31 日，2022 届毕业生 6176 人，授予学位（本部）6152 人，获微辅修证书 38 人，辅修证书 93 人，获第二专业证书 18 人，获辅修学士学位 94 人，结业生换发毕业证书117人。

截至2022年12月31日,2021届参加就业本科毕业生(含结业生)为6280人,其中就业人数为5665人(含国内升学3001人;海外升学864人;签订协议和合同就业1626人;其他形式就业174人),另有615人待就业,初次就业率达90.21%。

2021—2022学年,本科对外交流率达122.79%(其中线上交流率为99%),参加TOP 20和TOP 50高校交流项目的人次分别占交流总人次的36.75%和58.54%,继续保持增长。

2021—2022学年,浙江大学积极开展各级各类学科竞赛活动,取得了优异成绩。共获国际奖项22项,其中,特等奖2项、一等奖/金奖10项、二等奖/银奖3项、三等奖/铜奖7项;国家级奖项160项,其中,特等奖17项、一等奖/金奖67项、二等奖/银奖47项、三等奖/铜奖29项;在中国高教学会中国高校创新人才培养暨学科竞赛评估排行榜2012—2022年第七轮总榜中,我校位居全国高校第二。

【本科招生成绩创历史新高】 扎实推进生源创优工程,推动本科招生内涵发展。理科本一批综合位次居全国第四,其中8个省份录取线居全国第三,13个省份居全国第四,取得历史性突破;招录浙江省前300名和前600名高分生源同比分别提高了56%、45%。

【保障疫情期间全校教学活动平稳运行】全校1418门课程(3890个教学班)2小时内无扰动调整为线上教学。平稳有序做好学生临时改变学习场所、全国四六级考试等工作。牵头打造浙江大学线上考试系统,充分做好640余门课程、近10万选课人次的线上考试支撑保障,实现线上教学、线上考试的一体化闭环,全方位保障大规模线上考试的开展。

【高质量完成教学成果奖申报】 多次召开研讨会、专家指导会等,反复对申报材料进行优化,高质量完成30个项目申报国家级教学成果奖,获一等奖1项、二等奖14项,获奖数量取得较大突破,总数位列全国高校第二。获省级教学成果特等奖12项、一等奖28项,获奖数量取得历史性突破。

【构筑卓越教育质量文化】 创设"雏鹰领航"品牌活动,首次聘请28位导师对126位新教师开展"师徒"式指导。对标一流推出教育研究参考4期、教育研究建议2期,有效指导一流本科教育创新发展。启动"教授学术小组"计划,鼓励立志成为战略科学家的拔尖学生申请加入,共计20名高层次人才与56名拔尖学生确立了导学关系。

【推进本博贯通培养项目】 完善长周期培养体制机制,积极探索本博贯通的拔尖人才培养模式,聚焦基础学科和国家重点急需领域,依托浙江大学全国重点实验室及面向2030的学科会聚研究计划等,从2021级混合班、人文社科实验班、求是科学班、神农班中选拔50名优秀学生实施个性化长周期培养。

【高品质打造智慧教室样板区】 牵头协同学校10部门,利用暑期时间,高品质完成北教176间智慧教室、宜学空间建设。保障校区搬迁、秋季学期新教学大楼启用等工作的顺利进行。我校教室智能化水平居于国内外高校前列。

【持续聘请育人导师入驻一流学习型社区】加大吸引院士、文科资深等高层次人才进驻园区工作力度,累计聘任来自33个院系和单位的育人导师37名,本年度累计开展一对一咨询超800人次,开展小型沙龙、主题报告40余次,覆盖学生1万余人次。

【建成"入学—毕业—校友"全链条服务体系】 在完成"入学一件事"基础上,牵头建成"毕业一件事"服务系统,建立统一校友服务入口,实现跨系统、跨部门、跨业务管理服务协同。圆满服务 2022 级 6000 余名新生"一站式"入学、2022 届 6000 余名毕业生"便捷式"离校。

(王　璇撰稿　张光新审稿)

【附录】

附录 1　浙江大学 2022 年本科专业

学部	学院(系)	序号	专业代码	专业名称	授予学位
人文学部	文学院	1	050101	汉语言文学	文学
		2	050105	古典文献学	文学
	历史学院	3	060101	历史学	历史学
	哲学学院	4	010101	哲学	哲学
	外国语学院	5	050201	英语	文学
		6	050202	俄语	文学
		7	050203	德语	文学
		8	050204	法语	文学
		9	050205	西班牙语	文学
		10	050207	日语	文学
		11	050261	翻译	文学
	传媒与国际文化学院	12	050103	汉语国际教育	文学
		13	050301	新闻学	文学
		14	050302	广播电视学	文学
		15	050303	广告学	文学
		16	050304	传播学	文学
	艺术与考古学院	17	060104	文物与博物馆学	历史学
		18	130401	美术学	艺术学
		19	130405T	书法学	艺术学
		20	130406T	中国画	艺术学
		21	130502	视觉传达设计	艺术学
		22	130503	环境设计	艺术学
		23	130509T	艺术与科技	艺术学

学部	学院（系）	序号	专业代码	专业名称	授予学位
社会科学学部	经济学院	24	020101	经济学	经济学
		25	020201K	财政学	经济学
		26	020301K	金融学	经济学
		27	020401	国际经济与贸易	经济学
	光华法学院	28	030101K	法学	法学
	教育学院	29	040101	教育学	教育学
		30	040201	体育教育	教育学
		31	040202K	运动训练	教育学
		32	040204K	武术与民族传统体育	教育学
		33	120401	公共事业管理	管理学
	管理学院	34	120102	信息管理与信息系统	管理学
		35	120201K	工商管理	管理学
		36	120203K	会计学	管理学
	公共管理学院	37	030201	政治学与行政学	法学
		38	030301	社会学	法学
		39	120301	农林经济管理	管理学
		40	120402	行政管理	管理学
		41	120403	劳动与社会保障	管理学
		42	120404	土地资源管理	管理学
		43	120503	信息资源管理	管理学
	马克思主义学院	44	030504T	马克思主义理论	法学
理学部	数学科学学院	45	070101	数学与应用数学	理学
		46	070102	信息与计算科学	理学
		47	071201	统计学	理学
	物理学院	48	070201	物理学	理学
	化学系	49	070301	化学	理学
	地球科学学院	50	070503	人文地理与城乡规划	理学
		51	070504	地理信息科学	理学

学部	学院（系）	序号	专业代码	专业名称	授予学位
理学部	地球科学学院	52	070601	大气科学	理学
		53	070901	地质学	理学
		54	070903T	地球信息科学与技术	理学
	心理与行为科学系	55	071101	心理学	理学
		56	071102	应用心理学	理学
工学部	机械工程学院	57	080201	机械工程	工学
		58	080204	机械电子工程	工学
		59	120701	工业工程	工学
	材料科学与工程学院	60	080401	材料科学与工程	工学
	能源工程学院	61	080202	机械设计制造及其自动化	工学
		62	080206	过程装备与控制工程	工学
		63	080207	车辆工程	工学
		64	080502T	能源与环境系统工程	工学
	电气工程学院	65	080601	电气工程及其自动化	工学
		66	080701	电子信息工程	工学
		67	080801	自动化	工学
	建筑工程学院	68	081001	土木工程	工学
		69	081010T	土木、水利与交通工程	工学
		70	081101	水利水电工程	工学
		71	081802	交通工程	工学
		72	082801	建筑学	建筑学
		73	082802	城乡规划	工学
	化学工程与生物工程学院	74	081301	化学工程与工艺	工学
		75	081302	制药工程	工学
		76	083001	生物工程	工学
	海洋学院	77	070701	海洋科学	理学
		78	081902T	海洋工程与技术	工学
		79	081103	港口航道与海岸工程	工学
		80	081901	船舶与海洋工程	工学

学部	学院(系)	序号	专业代码	专业名称	授予学位
工学部	航空航天学院	81	080102	工程力学	工学
		82	082002	飞行器设计与工程	工学
	高分子科学与工程学系	83	080407	高分子材料与工程	工学
信息学部	光电科学与工程学院	84	080705	光电信息科学与工程	工学
	信息与电子工程学院	85	080702	电子科学与技术	工学
		86	080704	微电子科学与工程	工学
		87	080706	信息工程	工学
	控制科学与工程学院	67	080801	自动化	工学
		88	080803T	机器人工程	工学
	计算机科学与技术学院	89	080205	工业设计	工学
		90	080717T	人工智能	工学
		91	080901	计算机科学与技术	工学
		92	080904K	信息安全	工学
		93	080906	数字媒体技术	工学
		94	130504	产品设计	艺术学
	软件学院	95	080902	软件工程	工学
	生物医学工程与仪器科学学院	96	080301	测控技术与仪器	工学
		97	082601	生物医学工程	工学
农业生命环境部	生命科学学院	98	071001	生物科学	理学
		99	071002	生物技术	理学
		100	071003	生物信息学	理学
		101	071004	生态学	理学
	生物系统工程与食品科学学院	102	082301	农业工程	工学
		103	082701	食品科学与工程	工学
	环境与资源学院	104	082502	环境工程	工学
		105	082503	环境科学	理学
		106	082506T	资源环境科学	理学
		107	090201	农业资源与环境	农学

浙江大学年鉴

学部	学院(系)	序号	专业代码	专业名称	授予学位
农业生命环境学部	农业与生物技术学院	108	090101	农学	农学
		109	090102	园艺	农学
		110	090103	植物保护	农学
		111	090107T	茶学	农学
		112	090109T	应用生物科学	农学
		113	090502	园林	农学
	动物科学学院	114	090301	动物科学	农学
		115	090401	动物医学	农学
医药学部	医学院	116	100101K	基础医学	医学
		117	100102TK	生物医学	理学
		118	100201K	临床医学	医学
		119	100301K	口腔医学	医学
		120	100401K	预防医学	医学
	药学院	121	100701	药学	理学
		122	100702	药物制剂	理学
	国际教育学院	123	050102	汉语言	文学
	国际联合学院（海宁国际校区）	124	080909T	电子与计算机工程	工学

注:T指特设专业,K指国家控制布点专业。

附录2　浙江大学国家级一流本科专业建设点

序号	专业名称	专业代码	专业类	入选年度
1	国际经济与贸易	020401	经济与贸易类	2019
2	法学	030101K	法学类	2019
3	汉语言文学	050101	中国语言文学类	2019
4	英语	050201	外国语言文学类	2019
5	新闻学	050301	新闻传播学类	2019
6	数学与应用数学	070101	数学类	2019
7	物理学	070201	物理学类	2019

序号	专业名称	专业代码	专业类	入选年度
8	化学	070301	化学类	2019
9	生物科学	071001	生物科学类	2019
10	心理学	071101	心理学类	2019
11	工程力学	080102	力学类	2019
12	机械工程	080201	机械类	2019
13	材料科学与工程	080401	材料类	2019
14	能源与环境系统工程	080502T	能源动力类	2019
15	电气工程及其自动化	080601	电气类	2019
16	电子科学与技术	080702	电子信息类	2019
17	光电信息科学与工程	080705	电子信息类	2019
18	自动化	080801	自动化类	2019
19	计算机科学与技术	080901	计算机类	2019
20	软件工程	080902	计算机类	2019
21	土木工程	081001	土木类	2019
22	化学工程与工艺	081301	化工与制药类	2019
23	海洋工程与技术	081902T	海洋工程类	2019
24	农业工程	082301	农业工程类	2019
25	环境科学	082503	环境科学与工程类	2019
26	生物医学工程	082601	生物医学工程类	2019
27	建筑学	082801	建筑类	2019
28	农学	090101	植物生产类	2019
29	植物保护	090103	植物生产类	2019
30	农业资源与环境	090201	自然保护与环境生态类	2019
31	动物科学	090301	动物生产类	2019
32	生物医学（中外合作办学）	100102TKH	基础医学类	2019
33	临床医学	100201K	临床医学类	2019
34	药学	100701	药学类	2019
35	工商管理	120201K	工商管理类	2019

浙江大学年鉴

序号	专业名称	专业代码	专业类	入选年度
36	农林经济管理	120301	农业经济管理类	2019
37	哲学	010101	哲学类	2020
38	经济学	020101	经济学类	2020
39	金融学	020301K	金融学类	2020
40	社会学	030301	社会学类	2020
41	教育学	040101	教育学类	2020
42	运动训练	040202K	体育学类	2020
43	古典文献学	050105	中国语言文学类	2020
44	德语	050203	外国语言文学类	2020
45	翻译	050261	外国语言文学类	2020
46	传播学	050304	新闻传播学类	2020
47	历史学	060101	历史学类	2020
48	信息与计算科学	070102	数学类	2020
49	地理信息科学	070504	地理科学类	2020
50	地质学	070901	地质学类	2020
51	工业设计	080205	机械类	2020
52	过程装备与控制工程	080206	机械类	2020
53	高分子材料与工程	080407	材料类	2020
54	信息工程	080706	电子信息类	2020
55	信息安全	080904K	计算机类	2020
56	飞行器设计与工程	082002	航空航天类	2020
57	环境工程	082502	环境科学与工程类	2020
58	食品科学与工程	082701	食品科学与工程类	2020
59	园艺	090102	植物生产类	2020
60	动物医学	090401	动物医学类	2020
61	基础医学	100101K	基础医学类	2020
62	口腔医学	100301K	口腔医学类	2020
63	预防医学	100401K	公共卫生与预防医学类	2020

浙江大学年鉴

人才培养

序号	专业名称	专业代码	专业类	入选年度
64	信息管理与信息系统	120102	管理科学与工程类	2020
65	会计学	120203K	工商管理类	2020
66	行政管理	120402	公共管理类	2020
67	劳动与社会保障	120403	公共管理类	2020
68	财政学	020201K	财政学类	2021
69	政治学与行政学	030201	政治学类	2021
70	体育教育	040201	体育学类	2021
71	俄语	050202	外国语言文学类	2021
72	法语	050204	外国语言文学类	2021
73	西班牙语	050205	外国语言文学类	2021
74	日语	050207	外国语言文学类	2021
75	文物与博物馆学	060104	历史学类	2021
76	大气科学	070601	大气科学类	2021
77	海洋科学	070701	海洋科学类	2021
78	生态学	071004	生物科学类	2021
79	统计学	071201	统计学类	2021
80	车辆工程	080207	机械类	2021
81	电子信息工程	080701	电子信息类	2021
82	微电子科学与工程	080704	电子信息类	2021
83	电子与计算机工程（中外合作办学）	080909TH	计算机类	2021
84	土木、水利与交通工程	081010T	土木类	2021
85	城乡规划	082802	建筑类	2021
86	生物工程	083001	生物工程类	2021
87	茶学	090107T	植物生产类	2021
88	园林	090502	林学类	2021
89	土地资源管理	120404	公共管理类	2021
90	书法学	130405T	美术学类	2021
91	艺术与科技	130509T	设计学类	2021

基地类别	基地名称
国家基础科学研究和教学人才培养基地	中国语言文学
	历史学
	数学
	化学
	心理学
	生物学
	物理学
	基础医学
国家工科基础课程教学基地	化学
	力学
	工程图学
	物理
国家战略产业人才培养基地	生命科学与技术
	软件学院
	大规模集成电路
	动画

附录4　浙江大学国家实验教学(含虚拟仿真)示范中心

序号	中心名称	所在学院/系
1	化学国家级实验教学示范中心	化学系
2	力学国家级实验教学示范中心	航空航天学院、建筑工程学院
3	生物国家级实验教学示范中心	生命科学学院
4	电工电子国家级实验教学示范中心	电气工程学院
5	机械工程国家级实验教学示范中心	机械工程学院
6	工程训练国家级实验教学示范中心	机械工程学院、信息与电子工程学院

人才培养

续表

序号	中心名称	所在学院/系
7	农业生物学国家级实验教学示范中心	农业与生物技术学院
8	能源与动力国家级实验教学示范中心	能源工程学院
9	机电类专业国家级实验教学示范中心	电气工程学院、机械工程学院
10	计算机技术与工程国家级实验教学示范中心	计算机科学与技术学院
11	环境与资源国家级实验教学示范中心	环境与资源学院
12	化工类国家级虚拟仿真实验中心	化学工程与生物工程学院、化学系
13	医学国家级虚拟仿真实验教学中心	医学院
14	土建类国家级虚拟仿真实验教学中心	建筑工程学院

附录5 浙江大学全国大学生校外实践教育基地

序号	基地名称	所在学院/系
1	浙江大学—浙广集团新闻传播学类文科实践教育基地	传媒与国际文化学院
2	杭州矽力杰半导体技术有限公司	电气工程学院
3	杭州中粮包装有限公司	电气工程学院
4	台达能源技术(上海)有限公司	电气工程学院
5	亚德诺半导体技术(上海)有限公司	电气工程学院
6	浙江省电力公司工程实践教育中心	电气工程学院
7	浙江大学—杭州大观山种猪育种有限公司农科教合作人才培养基地	动物科学学院
8	浙江网新恒天软件有限公司	计算机科学与技术学院
9	广厦建设集团有限责任公司工程实践教育中心	建筑工程学院
10	浙江大学建筑设计研究院	建筑工程学院
11	中控科技集团有限公司工程实践教育中心	控制科学与工程学院
12	东方锅炉(集团)股份有限公司	能源工程学院
13	上海锅炉厂有限公司实践教育中心	能源工程学院
14	潍柴动力股份有限公司	能源工程学院
15	浙江盾安机电科技有限公司	能源工程学院
16	浙江银轮机械股份有限公司	能源工程学院
17	浙江大学农科教合作人才培养基地	农业与生物技术学院

序号	基地名称	所在学院/系
18	浙江大学—金华市农业科学院金华水稻农科教合作人才培养基地	农业与生物技术学院
19	浙江大学—华东地区天目山—千岛湖—朱家尖生物学野外实践教育基地	生命科学学院
20	浙江大学—中国科学院上海药物研究所药学实践教育基地	药学院
21	浙江大学临床技能综合培训中心	医学院
22	浙江大学附属口腔医院口腔医学技能培训中心	医学院
23	浙江大学—浙江省第二医院临床技能综合实践基地	医学院

附录6　浙江大学国家级一流本科课程

序号	课程名称	课程负责人	课程类型
1	博弈论基础	蒋文华	线上一流课程
2	中国近现代史纲要	段治文	线上一流课程
3	课堂问答的智慧与艺术	刘　徽	线上一流课程
4	唐诗经典	胡可先	线上一流课程
5	新媒体概论	韦　路	线上一流课程
6	概率论与数理统计	张帼奋	线上一流课程
7	程序设计入门——C语言	翁　恺	线上一流课程
8	数据结构	陈　越、何钦铭	线上一流课程
9	管理概论	邢以群	线上一流课程
10	创新管理	郑　刚	线上一流课程
11	走向深度的合作学习	刘　徽	线上一流课程
12	零基础学Java语言	翁　恺	线上一流课程
13	食品安全	郑晓冬、楼程富	线上一流课程
14	先秦诸子思想	何善蒙	线上一流课程
15	宋词经典	陶　然	线上一流课程
16	微积分	苏德矿	线上一流课程
17	天气学	舒守娟	线上一流课程

序号	课程名称	课程负责人	课程类型
18	人工智能:模型与算法	吴 飞	线上一流课程
19	中国蚕丝绸文化	杨明英、楼程富	线上一流课程
20	系统解剖学(全英文)	张晓明	线上一流课程
21	设计思维与创新设计	张克俊	线上一流课程
22	行政法	郑春燕	线下一流课程
23	当代文学前沿问题研究	吴秀明	线下一流课程
24	英语口译	梁君英	线下一流课程
25	大学英语Ⅳ	方富民	线下一流课程
26	马克思主义新闻观	吴 飞	线下一流课程
27	实验设计与心理统计	沈模卫	线下一流课程
28	力学导论	赵 沛	线下一流课程
29	工程图学	陆国栋	线下一流课程
30	用户体验与产品创新设计	罗仕鉴	线下一流课程
31	过程设备设计	郑津洋	线下一流课程
32	高分子物理	李寒莹	线下一流课程
33	工程热力学(甲)	孙志坚	线下一流课程
34	信号分析与处理	齐冬莲	线下一流课程
35	传感与检测	张宏建	线下一流课程
36	微机原理与接口技术	王晓萍	线下一流课程
37	程序设计基础	何钦铭	线下一流课程
38	计算机游戏程序设计	耿卫东	线下一流课程
39	大跨空间结构	罗尧治	线下一流课程
40	精细农业	何 勇	线下一流课程
41	环境化学(甲)	朱利中	线下一流课程
42	茶文化与茶健康	王岳飞	线下一流课程
43	传染病学	阮 冰	线下一流课程
44	公共管理学	谭 荣	线下一流课程
45	教学理论与设计	刘 徽	线上线下混合式一流课程

人才培养

浙江大学年鉴

序号	课程名称	课程负责人	课程类型
46	电路与模拟电子技术	姚缨英	线上线下混合式一流课程
47	食品安全	郑晓冬	线上线下混合式一流课程
48	管理学	邢以群	线上线下混合式一流课程
49	创新管理	郑 刚	线上线下混合式一流课程
50	博弈论基础	蒋文华	线上线下混合式一流课程
51	超低排放火力发电站虚拟仿真实验教学项目	周 昊	虚拟仿真实验教学一流课程
52	定量蛋白质组学研究虚拟仿真实验	赵鲁杭	虚拟仿真实验教学一流课程
53	产房分娩及新生儿处理虚拟仿真实验教学	张 丹	虚拟仿真实验教学一流课程
54	血管急重症的临床思维虚拟仿真教学系统	王建安	虚拟仿真实验教学一流课程
55	盾构推进液压系统虚拟仿真实验	刘振宇	虚拟仿真实验教学一流课程
56	重大时政新闻智能生产虚拟仿真实验	韦 路	虚拟仿真实验教学一流课程
57	水溶液的介观结构与形成机理虚拟仿真实验	刘迎春	虚拟仿真实验教学一流课程
58	超重力离心模拟虚拟仿真实验	朱 斌	虚拟仿真实验教学一流课程
59	模式植物拟南芥 CRISPR/Cas9 基因编辑虚拟仿真实验	吴 敏	虚拟仿真实验教学一流课程
60	基于稳定性同位素技术的生态系统氮素运转虚拟仿真实验	陈 欣	虚拟仿真实验教学一流课程

附录7　浙江大学国家级本科课程思政示范课程

序号	所在学院/系	课程名称	课程负责人
1	化学系	普通化学(H)	方文军
2	医学院	系统解剖学	张晓明

附录8 浙江大学"全国优秀教材(高等教育类)"奖励名单

序号	获奖教材	各册对应版次	主要适用范围	主要编者	国内主要编者所在单位	出版单位	主编所在学院
一等奖							
1	新编大学英语(第四版)综合教程1	第4版	本科生	主编:何莲珍 副主编:蒋景阳	浙江大学	外语教学与研究出版社	外国语学院
2	图学基础教程(第三版)	第3版	本科生	主编:谭建荣、张树有	浙江大学	高等教育出版社	机械工程学院
3	翻译概论(修订版)	第2版	研究生	许钧	浙江大学	外语教学与研究出版社	外国语学院
二等奖							
4	自动检测技术与装置(第三版)	第3版	本科生	张宏建、黄志尧、周洪亮、冀海峰	浙江大学	化学工业出版社	控制科学与工程学院
5	C语言程序设计(第4版)	第4版	本科生	主编:何钦铭、颜晖	浙江大学,浙大城市学院	高等教育出版社	计算机科学与技术学院
6	地基处理(第二版)	第2版	本科生	龚晓南、陶燕丽	浙江大学,浙江科技学院	中国建筑工业出版社	建筑工程学院
7	化工热力学(第五版)	第5版	本科生	陈新志、蔡振云、钱超、周少东	浙江大学	化学工业出版社	化学工程与生物工程学院
8	环境化学	第1版	本科生	主编:朱利中	浙江大学	高等教育出版社	环境与资源学院
9	土壤学(第四版)	第4版	本科生	主编:徐建明	浙江大学	中国农业出版社	环境与资源学院
10	传染病学(第9版)	第9版	本科生	主编:李兰娟、任红 副主编:高志良、宁琴、李用国	浙江大学,重庆医科大学,中山大学,华中科技大学,重庆医科大学	人民卫生出版社	医学院
11	概率极限理论基础(第二版)	第2版	研究生	林正炎、陆传荣、苏中根	浙江大学	高等教育出版社	数学科学学院
12	半导体薄膜技术与物理(第二版)	第2版	研究生	叶志镇、吕建国、吕斌、张银珠	浙江大学	浙江大学出版社	材料科学与工程学院
13	管理沟通:成功管理的基石(第4版)	第4版	研究生	魏江	浙江大学	机械工业出版社	管理学院

附录9 浙江大学"全国教材建设奖教材建设先进个人"奖励名单

序号	先进集体/个人	集体名称/个人姓名	个人职务
1	先进个人	王彦广	浙江大学化学系原系主任、教授
2	先进个人	李兰娟	浙江大学传染病诊治国家重点实验室主任、中国工程院院士

浙江大学年鉴

附录10 浙江大学国家级精品视频公开课

序号	所在学院/系	课程名称	主讲教师
1	哲学学院	王阳明心学	董 平
2	农业与生物技术学院	茶文化与茶健康	王岳飞、龚淑英等
3	医学院	肝移植的过去、现在和未来	郑树森
4	生物系统工程与食品科学学院	食品安全与营养	李 铎、冯凤琴
5	公共管理学院	当代中国社会建设	郁建兴
6	材料科学与工程学院	新材料与社会进步	叶志镇、赵新兵
7	艺术与考古研究中心	西方视角的中国传统艺术	孟絜予
8	高分子科学与工程学系	绚丽多彩的高分子	郑 强
9	农业与生物技术学院	转基因技术:安全、应用与管理	叶恭银
10	艺术与考古学院	江南文人士大夫文化与西泠印社	陈振濂
11	文学院	析词解句话古诗	王云路
12	数学科学学院	数学传奇	蔡天新
13	哲学学院	孔子与儒学传统	何善蒙
14	传媒与国际文化学院	数字化生存	韦 路
15	哲学学院	哲学与治疗:希腊哲学的实践智慧	章雪富
16	化学工程与生物工程学院	生物工程导论(专业导论类)	吴坚平等

附录11 浙江大学国家级精品资源共享课

序号	所在学院/系	课程名称	课程负责人
1	马克思主义学院	思想道德修养与法律基础	马建青
2	教育学院	教学理论与设计	盛群力
3	生命科学学院	植物生理学	蒋德安
4	机械工程学院	工程训练(金工)	傅建中
5	化学工程与生物工程学院	高分子化学	李伯耿
6	化学工程与生物工程学院	化工设计	吴 嘉
7	能源工程学院	热工实验	俞自涛
8	能源工程学院	工程热力学	孙志坚
9	生物系统工程与食品科学学院	3S技术与精细农业	何 勇

序号	所在学院/系	课程名称	课程负责人
10	动物科学学院	动物营养学	刘建新
11	农业与生物技术学院	植物保护学	叶恭银
12	农业与生物技术学院	遗传学	石春海
13	医学院	外科学	郑树森
14	计算机科学与技术学院	C 程序设计基础及实验	何钦铭
15	计算机科学与技术学院	计算机游戏程序设计	耿卫东
16	电气工程学院	电力电子技术	潘再平
17	光电科学与工程学院	微机原理与接口技术	王晓萍
18	外国语学院	大学英语	何莲珍
19	哲学学院	当代科技哲学	盛晓明
20	电气工程学院	电子技术基础	陈隆道
21	医学院	妇产科学	谢 幸
22	高分子科学与工程学系	高分子物理	徐君庭
23	机械工程学院	工程图学	陆国栋
24	机械工程学院	机械制图及 CAD 基础	费少梅
25	光华法学院	行政法学	章剑生
26	光华法学院	宪法学	余 军
27	农业与生物技术学院	环境生物学	陈学新
28	农业与生物技术学院	生物入侵与生物安全	叶恭银
29	环境与资源学院	环境微生物学	郑 平
30	环境与资源学院	环境化学	朱利中
31	计算机科学与技术学院	嵌入式系统	陈文智
32	计算机科学与技术学院	软件工程	陈 越
33	计算机科学与技术学院	操作系统	李善平
34	计算机科学与技术学院	用户体验与产品创新设计	罗仕鉴
35	生命科学学院	生命科学导论	吴 敏
36	生命科学学院	植物学	傅承新
37	生物系统工程与食品科学学院	生物生产机器人	应义斌

浙江大学年鉴

序号	所在学院/系	课程名称	课程负责人
38	数学科学学院	数学建模	谈之奕
39	经济学院	微观经济学	史晋川
40	物理学院	物理学与人类文明	盛正卯、叶高翔
41	电气工程学院	信号分析与处理	齐冬莲
42	药学院	药物分析	曾 苏
43	光电科学与工程学院	应用光学	岑兆丰
44	医学院	传染病学	李兰娟
45	医学院	生理科学实验	陆 源
46	公共管理学院	公共经济学	戴文标
47	电气工程学院	电力电子技术	潘再平
48	药学院	药物分析	姚彤炜
49	管理学院	网络营销	卓 骏
50	医学院	生理学	夏 强

附录 12　浙江大学 2022 年本科学生信息统计　　　　单位：人

统计项目	内容	人数/人	比例/%	统计项目	内容	人数/人	比例/%
性别	男	16018	60.17	政治面貌	中共党员	990	51.46
	女	10603	39.83		中共预备党员	934	48.54
民族	汉族	24454	91.86		团员	22203	89.90
	少数民族	2167	8.14		其他	2494	10.01

附录 13　浙江大学 2022 年本科学生数分学科门类统计　　　　单位：人

学科门类	毕业生数	在校生数	2022级	2021级	2020级	2019级	2018级 5年制	延毕
法学	206	898	227	216	234	200	0	21
工学	2958	12349	3003	2939	2915	2945	106	441
管理学	331	1512	352	386	348	373	35	18
教育学	107	504	126	119	133	115	0	11

学科门类	毕业生数	在校生数	2022 级	2021 级	2020 级	2019 级	2018 级 5 年制	延毕
经济学	253	966	218	239	257	226	0	26
理学	962	3430	854	868	807	772	0	129
历史学	72	295	84	90	70	48	0	3
农学	355	1394	356	283	347	361	0	42
文学	474	2140	519	539	507	538	0	37
医学	379	2727	572	557	582	560	411	45
艺术学	58	254	48	48	67	66	0	25
哲学	21	152	42	44	37	29	0	0
总计	6176	26621	6401	6327	6305	6233	557	798

注:不包含外国留学生。

附录 14　浙江大学 2022 年本科学生数分学院(系)统计　　　　单位:人

学院(系)名称	毕业生数	在校生数	2022 级	2021 级	2020 级	2019 级	2018 级 5 年制	延毕
材料科学与工程学院	69	359	109	98	55	82	0	15
传媒与国际文化学院	148	647	139	172	158	163	0	15
地球科学学院	70	307	75	76	74	70	0	12
电气工程学院	326	1169	255	288	277	310	0	39
动物科学学院	86	375	94	77	92	98	5	9
法学院	152	620	137	155	176	136	0	16
高分子科学与工程学系	75	266	78	63	57	63	0	5
公共管理学院	191	936	259	240	198	227	0	12
公共体育与艺术部	21	140	0	32	35	34	35	4
管理学院	152	673	144	175	173	176	0	5
光电科学与工程学院	126	399	80	95	101	114	0	9
海洋学院	187	702	189	125	182	171	0	35

学院(系)名称	毕业生数	在校生数	2022级	2021级	2020级	2019级	2018级 5年制	延毕
航空航天学院	71	379	91	112	90	76	0	10
化学工程与生物工程学院	123	520	145	119	105	134	0	17
化学系	92	429	92	133	104	88	0	12
环境与资源学院	116	454	114	94	119	112	0	15
机械工程学院	218	754	178	196	169	186	0	25
计算机科学与技术学院	487	1904	276	502	552	476	0	98
建筑工程学院	249	1156	273	239	229	260	106	49
教育学院	128	505	126	119	133	115	0	12
经济学院	253	936	188	239	257	226	0	26
控制科学与工程学院	165	588	131	121	165	158	0	13
能源工程学院	224	939	250	251	210	215	0	13
农业与生物技术学院	220	802	189	172	204	207	0	30
文学院	139	648	146	174	161	167	0	0
历史学院	40	159	35	55	44	25	0	0
哲学院	21	131	21	44	37	29	0	0
马克思主义学院	0	26	26	0	0	0	0	0
生命科学学院	126	474	49	133	143	131	0	18
生物系统工程与食品科学学院	106	409	89	89	110	104	0	17
生物医学工程与仪器科学学院	120	451	93	130	99	108	0	21
数学科学学院	206	714	109	185	180	205	0	35
外国语学院	187	803	192	193	188	208	0	22
物理学院	99	365	45	102	99	90	0	29
心理与行为科学系	75	241	42	66	65	60	0	8
信息与电子工程学院	303	1154	221	276	285	307	0	65

学院(系)名称	毕业生数	在校生数	2022 级	2021 级	2020 级	2019 级	2018 级 5 年制	延毕
药学院	135	474	116	123	112	111	0	12
医学院	379	2210	414	433	470	449	411	33
艺术与考古学院	71	322	76	82	79	66	0	19
竺可桢学院	0	755	755	0	0	0	0	0
国际联合学院(海宁国际校区)	220	1326	360	349	318	276	0	23
总计	6176	26621	6401	6327	6305	6233	557	798

注:不包含外国留学生。

附录 15　浙江大学 2022 年本科生参加国际大学生学科竞赛获奖情况　　　单位:项

竞赛名称	国际特等奖	国际一等奖	国际二等奖	国际三等奖
第三届美国 ASCE 土木工程竞赛总决赛 (Society-wide Final)		1		
第十五届 ASABE 国际大学生机器人设计竞赛		3		
第三十三届韩素音国际翻译大赛			1	7
第十九届国际基因工程机器大赛	1	1		
第三十二届国际大学生机器人设计大赛(IDC Robocon)			1	2
第三十八届美国大学生数学建模竞赛	1	4		
小计	2	10	3	7

附录 16　浙江大学本科生参加全国大学生学科竞赛获奖情况　　　单位:项

竞赛名称	国家特等奖	国家一等奖	国家二等奖	国家三等奖
第八届"外研社·国才杯"全国英语写作大赛		1		
第八届"外研社·国才杯"全国英语阅读大赛	1			
第三届美国 ASCE 中太平洋赛区土木工程竞赛		4	1	
第十五届全国大学生信息安全竞赛(创新实践能力赛)		1		

竞赛名称	国家特等奖	国家一等奖	国家二等奖	国家三等奖
第十五届全国大学生信息安全竞赛(作品赛)		1		
第二十四届"外研社·国才杯"全国大学生英语辩论赛全国决赛				1
第二十届"外研社·国才杯"全国英语演讲大赛	3			1
第四十六届 ICPC 国际大学生程序设计竞赛亚洲区域赛(上海)		1		
第七届中国大学生程序设计竞赛(广州)		2		
第四十六届国际大学生程序设计竞赛亚洲区域赛(济南)	1	3		
第四十六届国际大学生程序设计竞赛亚洲区域赛(昆明)		1	1	
第四十六届国际大学生程序设计竞赛亚洲区域赛(南京)		1	1	
第四十六届国际大学生程序设计竞赛亚洲区域赛(上海)		1	1	
第四十六届国际大学生程序设计竞赛亚洲区域赛(沈阳)			1	
第七届中国大学生程序设计竞赛(广州)		1		
第七届中国大学生程序设计竞赛(哈尔滨)			1	1
第七届中国大学生程序设计竞赛(女生专场)		3		
第七届中国大学生程序设计竞赛(威海)	1	2	1	
第八届中国大学生公共关系策划创业大赛		8	4	3
第二十一届全国大学生机器人大赛 RoboMaster 2022 机甲大师超级对抗赛		1		
第二十一届全国大学生机器人大赛 RoboMaster 2022 机甲大师高校单项赛		1		
第七届"雄鹰杯"小动物医师技能大赛	1			
第七届全国大学生生物医学工程创新设计竞赛		4	4	9
第七届全国大学生物理实验竞赛(创新赛)		3	1	1
第七届中国国际"互联网＋"大学生创新创业大赛		7	8	1
第三届国际大学生工程力学竞赛(亚洲赛区)	4	5	2	
第三届全国大学生化学实验创新设计竞赛总决赛	1			
第十届全国大学生 GIS 应用技能大赛	1			

续表

竞赛名称	国家特等奖	国家一等奖	国家二等奖	国家三等奖
第十届全国大学生光电设计竞赛		2	3	
第十届全国大学生机械创新设计大赛		1		
第十届全国大学生金相技能大赛			2	1
第十六届全国大学生化工设计竞赛	1		1	1
第十七届"挑战杯"全国大学生课外学术科技作品竞赛决赛		3		
第十七届全国大学生智能汽车竞赛			5	
第十五届全国大学生电子设计竞赛			2	1
第四届全国大学生化工实验大赛		1		
第五届全国大学生化工实验大赛		1		
第五届中国高校智能机器人创意大赛	1	1	4	2
第七届全国大学生电子设计竞赛2022年TI杯模拟电子系统设计专题邀请赛		2		
第十一届全国大学生电子设计竞赛2022年英特尔杯嵌入式系统专题邀请赛			1	1
第六届全国大学生生命科学竞赛(2022,科学探究类)		1	1	4
第三十届全国大学生数学建模竞赛		2	1	
第四届全国农林高校"光明杯"牛精英挑战赛	1			
第七届中国大学生工程实践与创新能力大赛				1
第六届中国高校计算机大赛—移动应用创新赛	1		1	1
小计	17	67	47	29

附录17 2021—2022学年本科生对外交流情况

序号	学院/系	参加交流人次	序号	学院/系	参加交流人次
1	材料科学与工程学院	133	5	动物科学学院	93
2	传媒与国际文化学院	280	6	法学院	283
3	地球科学学院	119	7	高分子科学与工程学系	65
4	电气工程学院	450	8	公共管理学院	244

序号	学院/系	参加交流人次	序号	学院/系	参加交流人次
9	管理学院	133	24	生命科学学院	213
10	光电科学与工程学院	133	25	生物系统工程与食品科学学院	111
11	海洋学院	188	26	生物医学工程与仪器科学学院	201
12	航空航天学院	60	27	数学科学学院	368
13	化学工程与生物工程学院	142	28	外国语学院	178
14	化学系	71	29	文学院	162
15	环境与资源学院	180	30	物理学院	172
16	机械工程学院	482	31	心理与行为科学系	30
17	计算机科学与技术学院	567	32	信息与电子工程学院	456
18	建筑工程学院	343	33	药学院	160
19	教育学院	113	34	医学院	519
20	经济学院	295	35	艺术与考古学院	92
21	控制科学与工程学院	202	36	哲学学院	30
22	能源工程学院	188	37	公共体育与艺术部	56
23	农业与生物技术学院	198			

注:竺可桢学院的交流人次数已分配至专业院系。

附录18 浙江大学2022届参加就业本科毕业生按单位性质流向统计

单位性质		流向占比/%
企业单位	国有企业	24.76
	三资企业	7.27
	其他企业	49.02
	小计	81.05
事业单位	高等教育单位	4.64
	医疗卫生单位	0.39
	科研设计单位	1.84
	中初教育单位	1.45
	其他事业单位	1.90
	小计	10.22

续表

单位性质	流向占比/%
党政机关	8.27
部队	0.28
城镇社区	0.18

附录 19　浙江大学 2022 届本科毕业生就业流向按地区统计

省级行政区	本科	
	人数/人	比例/%
浙江省	1175	65.86
上海市	149	8.35
广东省	143	8.02
北京市	62	3.48
江苏省	43	2.41
山东省	16	0.90
四川省	26	1.46
湖北省	16	0.90
安徽省	10	0.56
陕西省	12	0.67
福建省	10	0.56
江西省	8	0.45
湖南省	9	0.51
重庆市	7	0.39
河南省	6	0.34
河北省	13	0.73
广西壮族自治区	9	0.50
贵州省	6	0.34
新疆维吾尔自治区	14	0.78
辽宁省	5	0.28
天津市	5	0.28
吉林省	4	0.22

省级行政区	本科	
	人数/人	比例/%
云南省	3	0.17
香港特别行政区	2	0.11
黑龙江省	3	0.17
山西省	4	0.22
西藏自治区	10	0.56
海南省	2	0.11
内蒙古自治区	1	0.06
青海省	4	0.22
宁夏回族自治区	2	0.11
台湾地区	3	0.17
甘肃省	—	—
澳门特别行政区	2	0.11
总计	1784	100.00

注:另有5位同学到国外就业。

研究生教育

【概况】 截至2022年12月31日,浙江大学拥有博士学位授权一级学科62个,硕士学位授权一级学科62个,博士专业学位类别12个,硕士专业学位类别33个。学校及21个学科入选第二轮"双一流"建设高校及建设学科名单,拥有14个一级学科国家重点学科、21个二级学科国家重点学科和10个国家重点(培育)学科,7个农业农村部重点学科,50个浙江省一流学科。截至2022年12月31日,各学科申请并获得研究生招生资格的教师共有5752人,其中获博士生招生资格的教师有3769人;申请并获得专业学位硕士生招生资格的教师共4048人,其中获专业学位博士生招生资格的教师有1599人;副教授中获得博士生招生资格的有703人。

2022年,浙江大学共计招收研究生13297人,其中全日制博士生3932人(含八年制医学本博连读生51人,多学科交叉培养博士生164人,西湖大学联培生101人,港澳台博士生6人,留学博士生123人);非全日制博士生229人;全日制硕士生7353人(含医学5+3一体化培养硕士生209人,港澳台硕士生76人,留学硕士生304人);非全日制硕士生1783人。在校研究生总数43991人,其中博士研究生16893人(其中非全日制博士研究生743人)、硕士研究生27098人(其中非全日制硕士研究生6544

人）。博士研究生教育参加中期考核人数为3500人，其中不合格（含分流或退学）的有87人；未参加考核的有408人。

2022年，毕业研究生8325人，其中博士毕业生2396人，硕士毕业生5929人；结业研究生645人，其中博士研究生结业181人、硕士研究生结业464人。其中，授予博士学位2533人（含以同等学力申请博士学位120人），授予硕士学位6511人（含以同等学力申请硕士学位414人，在职攻读硕士专业学位169人）。

2022届参加就业硕士毕业生为6173人，其中就业人数为5975人（含协议和合同就业5002人；升学477人；灵活就业408人；创业88人），另有198人待就业，毕业去向落实率达到96.79%。2022届参加就业博士毕业生为2340人，其中就业人数为2218人（含协议和合同就业2138人；灵活就业69人；创业10人；升学1人），另有122人待就业，毕业去向落实率达到94.79%。

2022年共有3342人次研究生通过多种渠道参加国际合作与交流，以参加线上国际学术会议、线上研究生暑期学校和研究生国际工作坊、线上课程学习等为主要形式。积极组织学生申报国家公派研究生项目，2022年共有277人获得国家留学基金管理委员会国家建设高水平大学公派研究生项目资助，录取率突破90%，创历史新高。在完成国家建设高水平公派研究生项目联合培养博士研究生类别选派任务的基础上，继续实施学校公派项目，100名博士研究生获得2022年浙江大学博士研究生学术新星培养计划资助，60名博士研究生获得2022年浙江大学资助研究生开展国际合作研究与交流项目资助。积极推进与国际高水平大学或科研机构建立双向交流机制，推动签署31项研究生国际联合培养协议。我校航空航天学院"浙大·启航"工程硕博士国际联合培养项目、环境与资源学院"生态文明卓越环资人才培养项目"、文学院"汉语复合型研究人才国际化培养项目"三项获得2023年国家留学基金管理委员会创新型人才国际合作培养项目立项资助。

2022年全面推进"课程思政"建设，完成研究生课程大纲全面修订工作，要求课程简介、教学日历等内容有机体现育人目标，落实课程思政全覆盖；推荐立项省级研究生课程思政示范课程28项、课程思政教学示范团队5项。着力加强研究生教材建设，落实首批中国经济学教材编写工作，会同本科生院修订《浙江大学教材管理办法》，印发《浙江大学优秀教材奖评选办法（试行）》，启动首届浙江大学优秀教材奖评选工作。持续推进线上线下教学改革，推荐立项78门课程作为2022年浙江省优秀研究生课程的立项建设项目。

【组织推荐各类研究生教育教学成果】 全力做好研究生2022年高等教育（研究生）国家级教学成果奖的申报推荐工作，共推荐10项教学成果参加2022年高等教育（研究生）国家级教学成果奖的申报评选。5月15日，教育部公示该奖项拟授奖成果，我校获一等奖2项、二等奖7项，获奖数量实现了新突破，总数居全国高校第二。2022年我校获批浙江省"十四五"研究生教育改革项目45项。7项研究生教育成果获得第三届浙江省研究生教育学会教育成果奖，其中特等奖1项、一等奖5项、二等奖1项，成绩斐然。

【开展工程硕博士培养改革专项】 面向关键核心技术领域组织实施工程硕博士培养改革专项，围绕13个重点领域与28家企业开展联合培养，2022级招收工程硕博士174名。

【启动优质生源工程】 与竺可桢学院合作实施本博贯通培养项目和"强基计划"本博贯通招生培养方案；拓展招生宣传形式，拍摄制作了学校首批研究生招生宣传片，首次举办校内现场咨询会，提升本校本科生深造的积极性；推免生生源质量稳步提升，推免生招生人数比去年增长366人，增长8%，其中来自985高校的生源比例达63.8%，比上一年增长3.7百分点。

【推进新一轮培养方案制定工作】 出台《浙江大学关于修订研究生培养方案的指导意见》等新一轮研究生培养方案制定文件，指导学院(系)高质量开展培养方案制定工作。进一步完善分类培养、科教协同、产教融合、开放合作和学科交叉育人机制，将人格塑造、素质提升、能力培养、知识传授融为一体，着力培养德智体美劳全面发展、具有全球竞争力的高素质创新人才和领导者。

【举办"学位论文质量年"活动完善创新成果标准及激励机制】 举办首届"优秀博士学位论文成果展"，通过线上线下相结合的方式，提高优秀博士学位论文的影响力，对营造追求高质量学位论文的文化氛围起到了积极的推动作用。整理、分析、形成《研究生"存在问题学位论文"分析报告》及《2015—2021年博士学位论文质量监测分析报告》，点对点发送至各培养单位，督促其做好质量保障工作。

【建设一流专业学位授权点体系】 专业学位水平评估实现A＋零的突破，圆满完成了预期评估目标。2022年7月，获批兽医博士专业学位授权点并于2023年开展首次招生培养工作。2022年9月，获批国家卓越工程师学院。2022年10月，获批高水平公共卫生学院。

【创新专业学位人才培养模式】 深化项目制招生培养改革，承担8个国家急需高层次人才培养专项工作。申报的6项全国首批主题案例全部通过验收，22篇案例成果入选中国专业学位案例中心案例库。开展专业学位研究生学费调整工作，调整金融硕士等5个非全日制专业学位和教育硕士等61个全日制专业学位研究生学费标准。组织开展研究生联合培养基地授牌及校外行业导师聘任仪式，共授牌103个研究生联合培养基地和聘任103位校外行业导师。

（吴　可撰稿　夏群科审稿）

【附录】

附录1　浙江大学2022年高等教育(研究生)国家级教学成果奖获奖项目名单

序号	成果名称	完成人姓名	完成单位	等级
1	基于"工程师学院"破零散、破壁垒、破同质化的专业学位研究生培养探索实践	严建华、柯映林、韦　巍、张　泽、包　刚、薄　拯、任其龙、吴汉明、董辉跃、赵张耀、张朝阳、俞小莉、王高峰、曲巍崴、喻嘉乐	浙江大学	一等
2	打造"商学＋"教育生态系统，构建全球嵌入式商科研究生培养模式	魏　江、谢小云、窦军生、汪　蕾、吴晓波、王重鸣、朱　原、周伟华、莫申江、刘　洋、瞿海东、杨　翼、瞿文光、高　晨、李贤红	浙江大学	一等

序号	成果名称	完成人姓名	完成单位	等级
3	全员联动 全过程融通 全方位会聚——厚植家国情怀的机械工程卓越研究生培养	杨华勇、梅德庆、项淑芳、刘振宇、居冰峰、王晓莹、闫小龙、王芳官、俞 磊、叶建芳、赵 朋、金娟霞、王柏村、邱艺欣、张小平	浙江大学	二等
4	直面需求、持续迭代、产学研联动的化工人才培养四十载探索实践	王靖岱、任聪静、赵 玲、袁晴棠、任其龙、周兴贵、谢在库、阳永荣、卞凤鸣、奚桢浩、庄 毅、陈丰秋、潘鹏举、李伯耿、袁渭康	浙江大学、华东理工大学、中国石油化工股份有限公司	二等
5	紧扣国家需求、引领交叉前沿——控制学科博士生创新能力培养的探索与实践	陈积明、孙优贤、苏宏业、张宏建、贺诗波、齐冬莲、杨秦敏、史治国、程 鹏、邓瑞龙、邵雪明、孟文超、赵成成、徐巍华、陈 征	浙江大学	二等
6	基于"双循环"驱动的农业资源与环境学科研究生培养模式创新与实践	徐建明、何 艳、马 斌、林咸永、史 舟、陈丁江、刘杏梅、王 珂、包永平、陈学新、赵和平、卢玲丽、林道辉、陈映舟、武秀梅	浙江大学	二等
7	眼科专业学位研究生"Dry-to-Wet Lab"教学改革的探索与实践	姚 克、徐 雯、申屠形超、杨亚波、叶 娟、方肖云、汤霞靖、张 丽、鱼音慧、王 凯、朱亚楠、俞一波、陈佩卿、王 玮	浙江大学	二等
8	构建基于中国发展与治理的公共管理人才自主培养体系:浙大 MPA 教育 20 年	郁建兴、谭 荣、高 翔、钱文荣、徐 林、王诗宗、谭永忠、杨国富、赵志荣、冯 军、黄 萃、沈永东、吴结兵、茅 锐、岳文泽	浙江大学	二等
9	以优化学科生态为基础,构建卓越博士研究生学位质量保障体系	叶恭银、周文文、蒋笑莉、王家平、衣龙涛、林成华、郑 燊、王 征、陈 良、倪加旎、张雨迪、汪海飞、王树正、梁君英、周天华	浙江大学	二等

附录 2 浙江大学 2022 年博士、硕士学位授权学科

学科门类	学科名称	授权级别
哲学	哲学	博士学位授权一级学科
经济学	理论经济学	博士学位授权一级学科
	应用经济学	博士学位授权一级学科

学科门类	学科名称	授权级别
法学	法学	博士学位授权一级学科
	社会学	博士学位授权一级学科
	马克思主义理论	博士学位授权一级学科
教育学	教育学	博士学位授权一级学科
	心理学	博士学位授权一级学科
	体育学	博士学位授权一级学科
文学	中国语言文学	博士学位授权一级学科
	外国语言文学	博士学位授权一级学科
	新闻传播学	博士学位授权一级学科
历史学	考古学	博士学位授权一级学科
	中国史	博士学位授权一级学科
	世界史	博士学位授权一级学科
理学	数学	博士学位授权一级学科
	物理学	博士学位授权一级学科
	化学	博士学位授权一级学科
	地质学	博士学位授权一级学科
	生物学	博士学位授权一级学科
	生态学	博士学位授权一级学科
工学	力学	博士学位授权一级学科
	机械工程	博士学位授权一级学科
	光学工程	博士学位授权一级学科
	材料科学与工程	博士学位授权一级学科
	动力工程及工程热物理	博士学位授权一级学科
	电气工程	博士学位授权一级学科
	电子科学与技术	博士学位授权一级学科
	信息与通信工程	博士学位授权一级学科
	控制科学与工程	博士学位授权一级学科
	计算机科学与技术	博士学位授权一级学科

浙江大学年鉴

续表

学科门类	学科名称	授权级别
工学	建筑学	博士学位授权一级学科
	土木工程	博士学位授权一级学科
	化学工程与技术	博士学位授权一级学科
	航空宇航科学与技术	博士学位授权一级学科
	农业工程	博士学位授权一级学科
	环境科学与工程	博士学位授权一级学科
	生物医学工程	博士学位授权一级学科
	食品科学与工程	博士学位授权一级学科
	软件工程	博士学位授权一级学科
	网络空间安全	博士学位授权一级学科
农学	作物学	博士学位授权一级学科
	园艺学	博士学位授权一级学科
	农业资源与环境	博士学位授权一级学科
	植物保护	博士学位授权一级学科
	畜牧学	博士学位授权一级学科
	兽医学	博士学位授权一级学科
医学	基础医学	博士学位授权一级学科
	临床医学	博士学位授权一级学科
	口腔医学	博士学位授权一级学科
	公共卫生与预防医学	博士学位授权一级学科
	药学	博士学位授权一级学科
	护理学	博士学位授权一级学科
管理学	管理科学与工程	博士学位授权一级学科
	工商管理	博士学位授权一级学科
	农林经济管理	博士学位授权一级学科
	公共管理	博士学位授权一级学科

人才培养

浙江大学年鉴

学科门类	学科名称	授权级别
艺术学	艺术学理论	博士学位授权一级学科
	设计学	博士学位授权一级学科
交叉学科	集成电路科学与工程	博士学位授权一级学科
	人工智能	博士学位授权交叉学科
	海洋技术与工程	博士学位授权交叉学科

附录 3　浙江大学 2022 年博士、硕士专业学位授权点

序号	代码	专业学位类别名称	授权级别
1	0451	教育	博士
2	0854	电子信息	博士
3	0855	机械	博士
4	0856	材料与化工	博士
5	0857	资源与环境	博士
6	0858	能源动力	博士
7	0859	土木水利	博士
8	0860	生物与医药	博士
9	0861	交通运输	博士
10	1051	临床医学	博士
11	1052	口腔医学	博士
12	0952	兽医	博士
13	0251	金融	硕士
14	0253	税务	硕士
15	0254	国际商务	硕士
16	0351	法律	硕士
17	0352	社会工作	硕士
18	0451	教育	硕士
19	0453	汉语国际教育	硕士
20	0454	应用心理	硕士

序号	代码	专业学位类别名称	授权级别
21	0552	新闻与传播	硕士
22	0651	文物与博物馆	硕士
23	0851	建筑学	硕士
24	0853	城市规划	硕士
25	0854	电子信息	硕士
26	0855	机械	硕士
27	0856	材料与化工	硕士
28	0857	资源与环境	硕士
29	0858	能源动力	硕士
30	0859	土木水利	硕士
31	0860	生物与医药	硕士
32	0861	交通运输	硕士
33	0951	农业	硕士
34	0952	兽医	硕士
35	0953	风景园林	硕士
36	1051	临床医学	硕士
37	1052	口腔医学	硕士
38	1053	公共卫生	硕士
39	1054	护理	硕士
40	1055	药学	硕士
41	1251	工商管理	硕士
42	1252	公共管理	硕士
43	1253	会计	硕士
44	1256	工程管理	硕士
45	1351	艺术	硕士

附录 4　2022 年浙江大学在岗博士生指导教师

学科/专业名称	授权级别						
哲　学	白惠仁　曾劭恺　陈勃杭[*]　陈　强　陈亚军　陈越骅　董　平　范　昀 高　洁　何欢欢　何善蒙　胡志毅　金　立　孔令宏　李恒威　李哲罕 李忠伟　廖备水　林志猛　刘　东　刘慧梅　楼　巍　马迎辉　倪梁康 彭国翔　苏振华　孙周兴[*]　王建刚　王　杰　王　俊　王志成　肖　剑 徐慈华　徐　岱　徐向东　杨大春　张国清　章雪富 Bruno Bentzen Aguiar　　　　Davide Fassio　　　　Kristjan Laasik						
理论经济学	曹正汉　陈叶烽　董雪兵　黄先海　金雪军　柯荣住　罗德明　罗卫东 潘士远　沈满洪[*]　沈舟翔　史晋川　汪　炜　王汝渠[*]　王维安　王志坚 徐蕙兰　杨高举　叶　兵　叶建亮　张文章　张自斌　郑备军						
应用经济学	巴曙松[*]　曾　涛　陈菲琼　陈松年　陈勇民　杜立民　方红生　方　岳 高淑琴　葛　赢　龚　勋　顾国达　郭继强　洪　鑫　黄　英　蒋岳祥 李建琴　李金珊　李　培　李文健　刘晓彬　陆嘉骏　陆　菁　骆兴国 马述忠　钱　滔　任　远　宋华盛　王义中　王　宇　王志凯　邬介然 熊艳艳　许　奇　杨柳勇　姚先国　易艳萍　余林徽　俞　彬　袁　哲 张川川　张海峰　张洪胜　张俊森　张小茜　周　戈　周　康　周明海 周默涵　朱柏铭　朱希伟　朱燕建　Lee Tae-woo						
法　学	毕　莹　曹士兵　陈信勇　程　乐　范良聪　葛洪义　郭　栋　何怀文 何香柏　胡敏洁　胡　铭　黄　韬　霍海红　贾　宇[*]　焦宝乾　金彭年 金伟峰　李永明　梁治平　罗国强　钱弘道　钱　旭　苏永钦[*]　钭晓东 汪世荣　王　超　王冠玺　王贵国　王敏远　魏　斌　翁晓斌　吴佩乘 熊明辉　叶良芳　余　军　张　谷　张文显　章剑生　赵　骏　郑春燕 郑　磊　周　翠　周江洪　朱新力						
社会学	陈宗仕　戴良灏　贺巧玲　洪　泽　菅志翔　姜　山　郎友兴　李昂然 李皓玥　李林倬　郦　菁　梁永佳　梁祖荣　刘朝晖　刘　珍　刘志军 罗梦莎　马　戎[*]　毛　丹　邱　昱　任　强　沈　阳　孙艳菲　吴桐雨 尤怡文　张晓鸣　赵鼎新[*]　周陆洋　周沐君　朱天飚　Ji Zhe[*] Kurtulus Gemici　　Marie-Eve Reny　　Philipp Demgenski						
马克思主义理论	包大为　陈宝胜　成　龙　程早霞　代玉启　丁堡骏　段治文　冯　刚[*] 黄　铭　刘同舫　刘召峰　卢　江　马建青　潘恩荣　庞　虎　任少波 王永昌[*]　张　彦						
教育学	陈娟娟　陈丽翠　翟雪松　耿凤基　顾建民　韩双淼　阚　阅　黄亚婷 贾程媛　李木洲　李　艳　林　聪　刘　超　刘海峰　刘淑华　刘正伟 陆彬蔚　梅伟惠　欧阳璙　商丽浩　眭依凡　孙元涛　汪　靖　王莉华 王树涛　吴寒天　吴雪萍　徐小洲　叶映华　张应强　赵　康 Lorraine Pe Symaco						

学科/专业名称	授权级别
心理学	蔡 瑛　蔡永春　操礼遇　陈 辉　陈 骥　陈树林　陈小丽　戴俊毅 方 霞　高晓卿　高在峰　龚梦园　郭秀艳　何贵兵　何 洁　胡玉正 贾 珂　孔祥祯　李 纾*　李 峙　林 铮　刘 鹏　刘争光　卢舍那 吕 韵　马剑虹　毛 明*　聂爱情　潘亚峰　钱秀莹　沈模卫　王腾飞 王伟(医)　王英英　王治国　卫 薇　徐 杰　尤雨奇　张 萌 张 琼　张顺民　张智君　钟建安　周吉帆　周 宵 Alexander Scott English
体育学	高 莹　胡 亮　黄 聪　彭玉鑫　邱亚君　司 琦　温 煦　谢 潇 于 洁　张 辉　郑 芳　周丽君　邹 昱
中国语言文学	陈 洁　陈玉洁　池昌海　翟业军　窦怀永　冯国栋　傅 杰　关长龙 胡可先　黄华新　黄 擎　贾海生　金 进　李乃琦　李旭平　李咏吟 梁 慧　龙瑜宬　楼含松　罗天华　盘 剑　彭利贞　史文磊　苏宏斌 陶 然　汪超红　汪维辉　王 诚　王德华　王 勇　王云路　咸晓婷 徐永明　许建平　许志强　姚晓雷　余 欣　虞万里　张广海　张逸旻 张涌泉　真大成　周明初　周启超　朱首献　庄初升　邹广胜　祖 慧
外国语言文学	陈新宇　程 工　董燕萍　方 凡　高 奋　郭国良　郝田虎　何辉斌 何莲珍　胡 洁　胡文海　蒋景阳　乐 明　李雅旬　李 媛　梁君英 刘海涛　刘永强　马博森　闵尚超　邵 斌　宋晨晨　孙培健　孙艳萍 滕 琳　汪运起　王 敏　王 永　吴义诚　许 钧　阎建玮　杨革新 杨 静　于梦洋　张慧玉　张 烁　赵 佳　周 露　周 闽　庄 玮 Jarula Maria Immanouel Wegner　　Matthew Reeve Timothy John Osborne　　Will Greenshields
新闻传播学	陈宏亮　丁方舟　杜骏飞*　范志忠　方兴东　高芳芳　顾晓燕　洪 宇 胡晓云　黄 旦　黄广生　黄 清　纪盈如　金行征　李东晓　李红涛 李 杰　李思悦　林 健　林 玮　刘于思　陆建平　罗 婷　王 婧 王可欣　韦 路　吴 飞　吴红雨　吴 赟　徐群晖　张 婵　张 勇 张子柯　章 宏　赵 瑜　赵瑜佩　周睿鸣
考古学	安 婷　白谦慎　陈 虹　单霁翔*　刁常宇　傅 翼　郭 怡　胡瑜兰 李 娜　林留根　刘 斌　吴小平　项隆元　张 晖　张颖岚　郑 霞
中国史	杜正贞　冯培红　韩 琦　梁敬明　刘进宝　陆敏珍　罗 帅　马 娟 桑 兵　孙竞昊　孙英刚　吴铮强　肖如平　杨雨蕾　尤淑君　张 凯 赵晓红　周 佳
世界史	乐启良　刘国柱　刘 寅　汤晓燕　王海燕　吴 彦　张 弛　张 杨

学科/专业名称	授权级别						
数　学	包　刚　　蔡天新　　程晓良　　崔逸凡　　董　浙　　冯　涛　　高　帆　　郜传厚 郭正初　　胡贤良　　黄正达　　江文帅　　蒋杭进　　孔德兴　　赖　俊　　李　冲 李　方　　李奇睿　　李　松　　李雨文　　励建书　　林俊宏　　林　智　　蔺宏伟 刘东文　　刘　刚*　　刘康生　　刘克峰*　　刘伟华　　刘一峰　　鲁汪涛　　罗　锋* 骆　威　　庞天晓　　齐　治　　丘成栋*　　丘成桐*　　阮火军　　阮勇斌　　盛为民 苏中根　　孙斌勇　　孙文光　　谈之奕　　田旸暘　　王成波　　王　枫　　王　梦 王　伟　　王伟(理)　　王晓光　　吴庆标　　吴志祥　　武俊德　　席亚昆 徐　浩　　徐　翔　　许洪伟　　杨海涛　　叶和溪　　尹永成　　张立新　　张　朋 张庆海　　张荣茂　　张　挺　　张　奕　　郑方阳　　仲杏慧　　周　婷 Andre Python
物理学	曹　超　　曹光旱　　曹新伍　　陈飞燕　　陈庆虎　　仇志勇　　渡边元太郎 方明虎　　冯　波　　付海龙　　傅国勇　　黄凯凯　　焦　琳　　金洪英　　景　俊 康　熙　　李宏年　　李　杰　　李敬源　　李　邈　　李有泉　　林海青　　刘倍贝 刘　翔　　刘　洋　　刘　钊　　鲁定辉　　陆赟豪　　路　欣　　吕丽花　　罗孟波 马志为　　宁凡龙　　潘佰良　　阮智超　　盛正卯　　石　锐　　宋　斌　　宋　超 宋　宇　　谭明秋　　汤衍浩　　万　歆　　汪　玲　　王大伟　　王浩华　　王　凯 王立刚　　王　淼　　王晓光　　王孝群　　王业伍　　王逸璞　　王兆英　　王宗利 吴惠桢　　吴建澜　　武慧春　　肖　朦　　肖维文　　肖　湧　　谢燕武　　许祝安 颜　波　　杨李林　　杨兆举　　叶高翔*　　尹　艺　　应　磊　　游建强　　袁辉球 袁　野　　张德龙　　张　宏　　张俊香　　张　乾　　张少泓　　张　威　　章林溪 赵道木　　赵思瀚　　赵学安　　郑　波　　郑大昉　　郑　毅　　周如鸿　　朱宏博 朱华星　　朱诗尧　　Koichi Hattori　　Lim Lih King　　Michael Smidman Norimi Yokozaki　　Penkov Oleksiy*　　Renyue Cen　　Stefan Kirchner
化　学	曹　亮　　陈洪亮　　陈万芝　　陈卫祥　　陈志杰　　单　冰　　丁寒锋　　杜滨阳 范　杰　　方　群　　方文军　　冯建东　　傅春玲　　傅智盛　　高　超　　高微微 郭庆辉　　郭永胜　　洪　鑫　　侯昭胤　　胡吉明　　胡　宁*　　黄飞鹤　　黄建国 黄　晶*　　黄小军　　黄志真　　季鹏飞　　金一政　　孔学谦　　雷　鸣　　李寒莹 李　昊　　李浩然　　李　伟　　李　扬　　林贤福　　林旭锋　　凌　君　　刘　明 刘英军　　刘昭明　　刘志常*　　陆　展　　吕久安　　吕　萍　　麻生明*　　马　成 马光中　　孟祥举　　倪旭峰　　潘慧霖　　潘远江　　彭笑刚　　任广禹　　邵海波 史炳锋　　苏　彬　　汤谷平　　唐睿康　　万灵书　　王从敏　　王建辉　　王建明 王林军　　王　敏　　王　鹏　　王　齐　　王　琦　　王彦广　　王　勇　　王宇平 邬建敏　　吴传德　　吴　健　　吴　军　　吴　起　　吴庆银　　吴　韬　　伍广朋 西蒙·杜特怀勒　　徐君庭　　徐利文*　　徐旭荣　　徐志康　　许宜铭　　许　震 姚　加　　张其胜　　张兴宏　　张玉红　　张　昭　　郑　剑　　周仁贤　　朱宝库 朱海明　　朱利平　　朱龙观　　朱蔚璞　　朱　岩　　邹建卫*　　Fraser Stoddart* Kenji Mochizuki　　Shao Fangwei

学科/专业名称	授权级别
地质学	鲍学伟　毕　磊　曹　龙　陈汉林　陈宁华　陈生昌　陈云枫　程　逢 程晓敢　邓洪旦　翟明国*　丁巍伟*　杜震洪　龚俊峰　韩喜球*　贾承造 贾晓静　金平斌　李家彪*　李卫军　李正祥　励音骐　林秀斌　林　舟 刘丹彤　刘　佳　刘仁义　潘德炉*　饶　灿　阮爱国*　沈晓华　石许华 孙永革　陶春辉　王　琛　吴　磊　吴仁广　夏江海　夏群科　徐义贤 杨经绥　杨　蓉　杨树锋　杨文采　杨小平　杨　燕　俞红玉　张宝华 张德国　张　丰　张宏福　张　舟　章凤奇　章孝灿　邹乐君
生物学	包劲松　曹　劲　常　杰　陈报恩　陈才勇　陈家东　陈景华　陈　军 陈　铭　陈　薇　陈　欣　陈　新　陈　烨　丁忠杰　杜艺岭　范衡宇 方　东　方卫国　方兆元　冯明光　冯少鸿　冯新华　冯　钰　甘　霖 高海春　高　洋　戈万忠　龚　亮　古　莹　管敏鑫　管文军　郭红山 郭江涛　郭　伟　郭　行　韩　凝　韩佩东　何向伟　洪丽兰　洪　智 侯利华　华跃进　黄德力　黄金艳　黄　俊　黄力全　姬峻芳　江　辉 蒋　超　蒋　明　蒋萍萍　焦会朋　金建平　金勇丰　靳　津　赖蒽茵 李　磊　李明定　李相尧　李香花　李永泉　李月舟　梁洪青　林爱福 林盛达　林世贤　刘昊轩　刘　坚　刘建祥　刘鹏渊　刘琬璐　刘　越 卢建平　陆华松　陆新江　陆　燕　吕镇梅　马　骏　马为锐　马志鹏 毛传澡　毛旭明　毛圆辉　孟令锋　莫肖蓉　牟　颖　裴真明*　彭金荣 乔　帅　邱猛生*　邱英雄　任艾明　茹　衡　邵建忠　邵洋洋　沈　立 沈　宁　沈　啸　沈　颖　盛　欣　寿惠霞　舒小丽　宋　海　宋海卫 宋瑞生　苏文静　孙德强　田　兵　佟　超　汪方炜　汪海燕　王超尘 王立铭　王露曦　王书崎　王　伟　王　勇　王智烨　吴殿星　吴梦瑞 吴　敏　吴忠长　夏　鹏　肖　睦　熊旭深　徐　飞　徐　娟　徐俊杰* 徐　良　徐鹏飞　徐平龙　许志宏　杨　兵　杨建立　杨　隽　杨万喜 杨　巍　杨卫军　杨小杭　叶存奇　叶庆富　叶　升　易　文　应盛华 于明坚　于长明*　余　超　余路阳　余　奕　俞晓敏　岳晓敏　张国捷 张　珂　张　龙　张倩婷　张　强　张　兴　张　岩　章晓波　赵　斌 赵晓波　赵　阳　赵　烨　赵云鹏　周继勇　周　杰　周　龙　周　明 周　琦　周　青　周　艳　朱永群　祝赛勇　Chan Kuan Yoow Chew Ting Gang　Daniel Henry Scharf　James Whelan　James Whelan* Mikael Bjorklund　Sebastian Leptihn　Xin Xie
生态学	陈　军　陈伟乐　程　磊　丁　平　方盛国　葛　滢　黄建国　江　昆 蒋明凯　梁　爽
力　学	边　鑫　陈　彬　陈伟芳　陈伟球　崔佳欢　崔　涛　邓茂林　干　湧 高　琪　高　扬　郭　宇　胡国庆　宓荣华　黄永刚*　黄志龙　季葆华 贾　铮　金晗辉　金肖玲　库晓珂　李德昌　李铁风　李学进　林建忠* 罗佳奇　孟　华　潘定一　钱　劲　曲绍兴　邵雪明　宋吉舟　陶伟明 王宏涛　王惠明　王　杰　王　泉*　王　永　吴　禹　夏振华　肖　锐 熊红兵　修　鹏　徐　彦　杨　卫　叶青青　尹冰轮　应祖光　余钊圣 张春利　张凌新　赵　沛　周昊飞　朱林利　朱书泽　庄国志

学科/专业名称	授权级别						
机械工程	毕运波 程锦 龚国芳 金波 李江雄 曲巍葳 陶凯 王林翔 项荣 杨华勇 余忠华 邹俊	曹衍龙 董辉跃 韩冬 金浩然 林勇刚 阮晓东 童水光 王青 谢海波 杨将新 张军辉 Kok-Meng Lee*	曹彦鹏 董会旭 何闻 居冰峰 刘宏伟 沈洪垚 童哲铭 王庆丰 谢金 杨克己 张树有	陈剑 方强 贺永 柯映林 刘涛 宋小文 汪久根 王宣银 徐兵 杨量景 赵朋	陈文华* 冯毅雄 胡亮 雷勇 刘振宇 谭建荣 汪延成 魏建华 徐敬华 杨世锡 周华	陈远流 傅建中 胡伟飞 黎鑫 陆国栋 唐建中 王柏村 魏燕定 徐凯臣 姚斌 朱世强	陈章位 傅新 纪杨建 李德骏 梅德庆 唐任仲 王峰 邬义杰 杨灿军 伊国栋 朱伟东	陈哲 甘春标 蒋君侠 李基拓 欧阳小平 陶国良 王晗 吴世军 杨赓 尹俊 朱吴乐
光学工程	白剑 丁志华 何建军 李欢 刘承 马耀光 时尧成 魏凯 杨柳 张梦	蔡晗 方伟 何赛灵 李林军 刘崇 马云贵 舒晓武 吴波 杨青 张时远	车双良 冯华君 胡慧珠 李鹏 刘东 钱骏 斯科 吴兰 杨旸 章海军	陈杏藩 高士明 胡骏 李奇 刘柳 邱建荣 唐龙华 吴仍茂 叶辉 赵保丹	陈跃庭 郭敬书 黄腾超 李强 刘旭 佘小健 童利民 谢意维 余飞鸿 郑臻荣	程潇羽 郭敏 金毅 林斌 刘雪明 沈建其 汪凯巍 徐海松 俞泽杰 朱闻韬	戴道锌 郭欣 匡翠方 林毓 刘智毅 沈伟东 王立强 徐之海 张登伟	狄大卫 郝翔 李海峰 刘波 罗明 沈永行 王攀 许贝贝 张磊
材料科学与工程	曹庆平 崔元靖 方彦俊 郭兴忠 黄宁 金桥 刘建钊 罗仲宽* 潘新花 秦发祥 宋义虎 涂江平 王征科 吴进明 杨杭生 张浩可 赵高凌 左立见 Terence John Dennis	陈红征 戴兴良 方征平* 韩高荣 黄玉辉 李斌 刘小峰 马列 彭博宇 任科峰 孙景志 王江伟 王智宇 吴勇军 杨辉 张辉 赵新宝 左敏	陈立新 邓人仁 付晨光 韩伟强 计剑 李昌治 刘小强 马向阳 彭华新 任召辉 孙威 王文新* 王宗荣 吴子良 杨士宽 张玲洁 郑强 Bei Hongbin	陈湘明 丁青青 傅译可 韩仲康 姜银珠 李东升 刘毅 马志军 彭懋 上官勇刚 孙文平 王晓东 韦华 肖学章 杨雨 张鹏 支明佳	陈长安 杜森 高明霞 何海平 姜颖 李雷 刘永锋 毛星原 彭新生 谭德志 王新华 魏晓 谢健 叶志镇 张启龙 朱丽萍 Kemal Celebi	陈宗平 杜宁 高长有 洪樟连 蒋建中 李翔 刘涌 毛峥伟 皮孝东 唐本忠* 王秀丽 吴琛 薛晶晶 余倩 张溪文 朱铁军	程继鹏 樊先平 洪子健 金传洪 刘宾虹 吕建国 倪朕伊 钱国栋 施敏敏 田鹤 王勇 吴刚 严密 余学功 张跃飞 朱晓莉 Penkov Oleksiy	程逵 范修林 谷长栋 黄靖云 金佳莹 刘嘉斌 罗文华 潘洪革 乔旭升 石烨 仝维鋆 王幽香 吴浩斌 杨德仁 袁文涛 张泽 朱旸

学科/专业名称	授权级别							
动力工程及工程热物理	包士然	薄 拯	陈 东	陈玲红	陈 彤	陈志平	成少安	程 军
	程乐鸣	池 涌	樊建人	范利武	方梦祥	甘智华	高 翔	顾大钊*
	韩晓红	何 勇	洪伟荣	黄群星	黄钰期	江 龙	蒋旭光	金 涛
	金 滔	金志江	李道飞	李 蔚	李文英	李晓东	林青阳	刘宝庆
	刘洪来*	刘建忠	刘金龙	刘 科*	刘震涛	陆胜勇	罗 坤	骆仲泱
	马增益	欧阳晓平*		钱锦远	邱利民	施建峰	史绍平*	孙大明
	王 飞	王海阔	王海鸥	王 凯	王凯歌	王 磊	王 勤	王勤辉
	王树荣	王 涛	王伟烈	王秀瑜	王智化	吴大转	吴 锋	吴学成
	吴迎春	肖 刚	肖天存*	徐象国	许世森*	许忠斌	宣海军	严建华
	杨 健	杨卫娟	姚栋伟	姚 强*	叶笃毅	余春江	俞自涛	张 霄
	张小斌	张学军	张彦威	张玉卓*	赵 阳	赵永志	郑成航	郑传祥
	郑津洋	郑梦莲	郑 旭	周 昊	周劲松	周俊虎	周志军	
	朱祖超*	Yi Qiu						
电气工程	陈国柱	陈恒林	陈 敏	陈 敏	陈维江*	陈向荣	陈艳姣	邓 焰
	刁瑞盛	丁 一	董树锋	方攸同	福义涛	甘德强	耿光超	郭创新
	何湘宁	胡鹏飞	胡斯登	黄晓艳	黄 莹*	冀晓宇	江全元	鞠 平*
	兰东辰	李楚杉	李楚杉	李武华	李知艺	林振智	卢琴芬	罗皓泽
	马 皓	马吉恩	年 珩	邱 麟	饶 宏	邵 帅	沈建新	盛 况
	石健将	史婷娜	宋永华	孙 丹	万 灿	汪宁渤	汪 震	王慧芳
	王秋良*	王云冲	文福拴	吴 浩	吴立建	吴新科	吴 赟	夏长亮
	向 鑫	辛焕海	徐德鸿	徐 政	阎 彦	杨 欢	杨家强	杨仕友
	杨 树	杨永恒	张军明	张 欣	郑太英	钟文兴	周 浩	祝长生
电子科学与技术	曹 臻	车录锋	陈 冰	陈红胜	陈文超	程 然	程志渊	储 涛
	丁 勇	董树荣	杜 阳	高 飞	高 峰*	高 翔	何乐年	胡 欢
	皇甫江涛		黄 凯	回晓楠	吉 晨	金潮渊	金 浩	金建铭*
	金 韬	金小军	金晓峰	金仲和	李晨晖	李尔平	李军伟	李 凯
	李 鹰	李宇波	林宏焘	林时胜	林 晓	林 星	刘 峰	罗宇轩
	骆季奎	马慧莲	马建国	马 蔚	马志鹏	蒙 涛	潘 赟	彭 亮
	钱 超	钱浩亮	屈万园	冉立新	沙 威	沈会良	沈继忠	史治国
	宋 爽	谭年熊	谭述润	谭志超	汪 涛	汪小知	王爱丽	王浩刚
	王慧泉	王作佳	魏兴昌	魏 准	吴汉明	吴锡东	徐 建	徐 杨
	杨建义	杨怡豪	杨宗银	叶德信	叶 志	尹文言	尹勋钊	应迪清
	余 辉	余显斌	俞 滨	虞小鹏	詹启伟	张 鹿	张培勇	张 睿
	张运炎	章献民	赵 博	赵 亮	赵梦恋	赵昱达	郑 斌	郑史烈
	郑旭东	周成伟	朱晓雷	卓 成	Lee Choonghyun（李忠贤）		Said Mikki	
信息与通信工程	蔡云龙	陈惠芳	陈晓明	程 磊	单杭冠	龚小谨	胡 冰	胡浩基
	黄崇文	黄科杰	李春光	李建龙	李 旻	李荣鹏	李英明	廖依伊
	刘 安	刘而云	刘 鹏	刘亚波	刘 英	刘佐珠	潘 翔	沈海斌
	王 匡	王 玮	项志宇	徐 文	徐元欣	杨 浩	杨倩倩	杨照辉
	于云龙	余官定	虞 露	张朝阳	张宏纲	张 萌	张 婷	赵航芳
	赵民建	赵明敏	赵志峰*	钟财军	钟 杰	Mark David Butala		
	Pavel Loskot							

学科/专业名称	授权级别
控制科学与工程	蔡声泽　曹云琦　柴利　陈积明　陈剑　陈曦　陈征　程鹏 邓瑞龙　董山玲　冯冬芹　高飞　葛志强　贺诗波　侯迪波　胡瑞芬 黄平捷　黄志尧　姜伟　金伟　李超勇　李光　李硕　厉小润 梁军　刘妹琴　刘兴高　刘勇　卢建刚　陆豪健　毛维杰　孟文超 倪东　潘宇　彭勇刚　齐冬莲　任沁源　邵之江　沈学民*　舒元超 宋春跃　宋执环　苏宏业　孙铭阳　唐晓宇　王保良　王竟亦　王雷 王文海　王西　王越　王智　韦巍　吴俊　吴维敏　吴争光 项基　谢磊　熊蓉　徐金明　徐文渊　徐正国　徐祖华　许超 许力　颜文俊　杨春节　杨强　杨秦敏　叶琦　于森　喻洁 张光新　张宏建　张森林　张涛　张新民　张宇　张育林　赵成成 赵春晖　郑荣濠　周建光　朱强远　朱阳　Biao Huang* King Yeung Yau*
计算机科学与技术	鲍虎军　蔡登　蔡亮　蔡铭　常瑞　陈昊　陈红阳*　陈华钧 陈佳伟　陈建军　陈岭　陈璐　陈为　陈文智　陈彦光　陈焰* 陈左宁*　崔兆鹏　邓水光　董玮　冯结青　高曙明　高艺　高云君 耿卫东　韩劲松　何钦铭　何水兵　何田　何晓飞　侯启明　黄非 黄劲　黄正行　霍宇驰　纪守领　贾扬清　江大伟　金小刚(CAD) 况琨　李飞飞*　李纪为　李明　李善平　李石坚　李松　李玺 李学龙*　廖子承　林达华*　林海　林兰芬　林芘　刘海风　刘新国 刘玉生　刘哲*　卢丽强　鲁东明　陆全*　陆哲明　罗梦　苗晓晔 潘纲　潘云鹤　潘之杰　蒲宇*　钱徽　钱沄涛　乔宇*　任重 邵天甲　沈春华　沈浩颐　寿黎但　宋广华　孙建伶　孙贤和　谭平 汤斯亮　汤晓鸥　汤永川　唐华锦　童若锋　王灿　王高昂　王宏伟 王锐　王延峰*　王跃明　王跃宣　王志宇　文武　邬江兴　巫英才 吴朝晖　吴春明　吴飞　吴鸿智　吴健　伍赛　项阳*　肖俊 邢卫　许端清　许海涛　许威威　严锡峰*　杨建华　杨坤　杨洋 杨易　杨雨潇　姚林　尹建伟　应晶　俞益洲　郁发新　张聪 张东亮　张东祥　张帆　张国川　张克俊　张磊*　张三元　张寅 张岳*　章国锋　章敏　赵俊博　赵洲　郑扣根　郑能干　郑乾 郑小林　郑耀　郑友怡　周昆　周晓巍　朱建科　朱霖潮　庄越挺 邹常青　邹强
建筑学	陈淑琴　樊一帆　葛坚　贺勇　华晨　李咏华　马爽　裘知 沈国强　沈杰　谭刚　王晖　王纪武　王洁　王竹　吴越 杨建军　Genovese Paolo Vincenzo　Huang Harrison(王浩任)

学科/专业名称	授权级别
土木工程	安　妮　巴　特　白　勇　包　胜　边学成　蔡袁强*　曹志刚　曾　强 陈　驹　陈仁朋　陈水福　陈喜群　陈　勇　陈云敏　陈祖煜*　程伟平 邓　华　段元锋　付浩然　高博青　弓扶元　龚顺风　龚晓南　郭　宁 国　振　洪　义　胡安峰　黄　博　黄博滔　黄铭枫　江衍铭　姜　涛 蒋建群　金　盛　金伟良　金贤玉　柯　瀚　孔德琼　李宾宾　李德纮 李庆华　李育超　梁　腾　凌道盛　刘福深　刘国华　刘海江　刘　炜 柳景青　楼文娟　吕朝锋　吕　庆　罗　雪　罗尧治　马一祎　孟　涛 潘文豪　钱晓情　冉启华　邵　煜　舒江鹏　唐晓武　童根树　童精中 万华平　万五一　汪劲丰　汪玉冰　王殿海　王冠楠　王海龙　王　浩* 王奎华　王立忠　王乃玉　王亦兵　王振宇　吴君涛　夏唐代　肖　岩 谢海建　谢新宇　谢　旭　徐海巍　徐日庆　徐荣桥　徐世烺　徐长节 许　贤　许月萍　闫东明　杨仲轩　姚忠达*　叶　俊　叶苗苗　叶　盛 叶肖伟　俞亭超　袁行飞　詹良通　占海飞　张大伟　张　鹤　张可佳 张　磊　张　帅　张土乔　张　燕　张仪萍　张永强　赵朝发　赵唯坚 赵　阳　赵　宇　赵羽习　郑飞飞　郑　俊　郑延丰　周佳锦　周　建 周燕国　周永潮　朱　斌　朱廷举　朱　政　Chung Bang Yun（尹桢邦） Cristoforo Demartino　　　　Giorgio Monti　　　Jung-JuneRoger Cheng Simon Juan Hu（胡隽）　　　Yasutaka Narazaki
化学工程与技术	柏　浩　包永忠　鲍泽华　鲍宗必　曹　堃　陈丰秋　陈建峰*　陈圣福 陈志荣　成有为　程党国　崔希利　戴立言　单国荣　范　宏　冯连芳 傅　杰　高　翔　关怡新　何潮洪　何　奕　和庆钢　侯立安　侯　阳 黄　磊　蒋斌波　介素云　雷乐成　李承喜　李素静　李中坚　李洲鹏 连佳长　梁成都　廖祖维　林东强　林建平　凌　敏　刘平伟　刘　振 陆　俊　陆盈盈　吕秀阳　罗英武　梅乐和　孟　琴　莫一鸣　欧阳平凯* 潘鹏举　钱　超　任其龙　邵世群　申屠宝卿　申有青　施　耀 孙婧元　孙　琦　唐建斌　王宝俊　王嘉骏　王靖岱　王　立　王　亮 王　玮　王文俊　王正宝　吴坚平　吴可君　吴林波　吴素芳　吴天品 肖成梁　肖丰收　谢鹏飞　谢　涛　邢华斌　徐志南　严玉山*　阳永荣 杨　彬　杨立荣　杨启炜　杨双华　杨　轩　杨　遥　杨亦文　姚思宇 姚　臻　姚之侃　叶丽丹　尹　红　于浩然　于洪巍　俞豪杰　詹晓力 张安运　张才亮　张浩森　张　林　张其磊　张庆华　张兴旺　张治国 赵俊杰　赵　骞　郑　宁　周少东　周珠贤　Nigel K H Slater* Steven J. Severtson*
航空宇航 科学与技术	陈鸿初　崔佳欢　邓　见　金　台　黎　军　李东旭*　刘尧龙　王高峰 吴昌聚　谢芳芳　幺周石　张　帅　邹建锋
农业工程	岑海燕　成　芳　崔　笛　傅迎春　韩志英　何　勇　蒋焕煜　李冬阳 李晓丽　李正龙　林宏建　林　涛　刘德钊　刘　飞　刘湘江　刘　鹰 泮进明　平建峰　裘正军　饶秀勤　汪开英　王　俊　王一娴　王永维 韦真博　吴斌鑫　吴　坚　谢丽娟　徐惠荣　徐李舟　叶章颖　叶尊忠 应义斌　于　勇　张玺铭　周鸣川　周振江　朱松明

学科/专业名称	授权级别
环境科学与工程	陈宝梁　陈　红　褚驰恒　翟国庆　方雪坤　官宝红　胡宝兰　江桂斌[*] 赖春宇　李　伟　梁新强　林道辉　刘　璟　刘　越　楼莉萍　逯慧杰 梅清清　沈超峰　施积炎　史惠祥　童裳伦　王东升　王海强　王金南[*] 王　娟　王　玮　王志彬　文岳中　翁小乐　吴伟祥　吴轩浩　吴忠标 徐　江　徐新华　闫克平　杨方星　杨　坤　杨　武　俞萍锋　张　萌 张志剑　赵和平　赵伟荣　周文军　朱利中　朱　亮　朱小莹　庄树林
生物医学工程	白瑞良　陈　岗　陈　杭　陈梦晓　陈卫东　陈祥献　陈晓冬　陈　星 陈耀武　邓　宁　丁　萧　段会龙　高利霞　何宏建　江海腾　赖欣怡 李劲松　梁　波　林　励　林子暄　刘华锋　刘济全　刘清君　吕旭东 宁钢民　祁　玉　施钧辉　宋开臣　宋雪梅　孙　煜　田景奎　田良飞 王　镝　王宏伟　王　旻　王　平　王永成　吴　丹　夏　灵　许科帝 许迎科　叶凌云　叶学松　余　锋　余雄杰　张芬妮　张　磊　张韶岷 张孝通　张　祎　赵　立　周　凡　周　泓　Anna Wang Roe Hisashi Tanigawa　Hyeon Jeong Lee
食品科学与工程	陈启和　陈士国　陈　卫　丁　甜　郭鸣鸣　李　莉　李培武[*]　林星宇 刘东红　刘松柏　陆柏益　罗自生　任大喜　孙宝国[*]　王文骏　王　奕 鲜于运雷　　肖　航　徐恩波　阎芙洁　叶兴乾　余　挺　张　辉 章　宇　赵敏洁　朱蓓薇[*]
软件工程	卜佳俊　陈　纯　宋明黎　唐　敏　万志远　王新宇　张　微　Wu Wen
网络空间安全	巴钟杰　卜　凯　顾超杰　林　峰　刘　健　刘金飞　刘之涛　卢　立 秦　湛　任　奎　申文博　王东霞　王志波　邬江兴[*]　吴　磊　杨子祺 张秉晟　赵永望　周海峰　周亚金
作物学	蔡圣冠　曹方彬　陈进红　程方民　褚琴洁　董　杰　都　浩　樊龙江 方　磊　甘银波　关雪莹　关亚静　胡培松[*]　胡　艳　蒋立希　金晓丽 潘荣辉　钱　前[*]　秦正睿　沈秋芳　史晓雯　舒庆尧　宋士勇　万建民[*] 王汉中[*]　王一州　邹飞波　吴德志　武　亮　徐海明　徐建红　叶楚玉 张国平　张天真　周伟军　朱　杨　祝水金　Imran Haider Shamsi
园艺学	白松龄　柴明良　陈昆松　陈利萍　陈文博　楚　强　范鹏祥　方智远[*] 高中山　郭得平　何普明　胡仲远　黄　鹏　李春阳　李　鲜　刘仲华 卢　钢　陆建良　师　恺　孙崇德　滕元文　屠幼英　汪俏梅　王校常 王秀云　王岳飞　吴　迪　夏晓剑　夏宜平　徐昌杰　徐　平　杨景华 殷学仁　余小林　喻景权　张　波　张亮生　张明方　郑新强　周　杰 周艳虹　Donald Grierson　　Harry Klee　　Michael F. Thomashow Mondher Bouzayen
农业资源与环境	曾令藻　常锦峰　陈丁江　邓劲松　冯　英　谷保静　何　艳　胡凌飞 金崇伟　李保海　李廷强　李　勇　梁永超　林咸永　刘杏梅　卢玲丽 罗　煜　罗忠奎　马　斌　马奇英　倪吾钟　史　舟　孙成亮　唐先进 田生科　汪海珍　王　珂　吴良欢　徐建明　杨肖娥　张佳宝[*]　张奇春 郑绍建　朱永官[*]

续表

学科/专业名称	授权级别							
植物保护	鲍艳原	蔡新忠	陈剑平*	陈学新	陈 云	方 华	桂文君	郭逸蓉
	何祖华*	黄 佳	黄健华	蒋明星	焦 晨	李 斌	李 飞	李红叶
	李 冉	李正和	梁 岩	林福呈	刘树生	刘小红	娄永根	马忠华
	莫建初	沈星星	沈志成	时 敏	宋凤鸣	陶 增	王蒙岑	王蔷薇
	王晓伟	王政逸	吴建祥	吴孔明*	谢 艳	徐海君	叶恭银	尹燕妮
	虞云龙	章初龙	赵金浩	郑经武	周文武	周雪平	祝增荣	
畜牧学	陈玉银	单体中	杜华华	冯 杰	付爱坤	韩新燕	胡彩虹	胡福良
	黄凌霞	靳明亮	李珊珊	李卫芬	刘广绪	刘红云	刘建新	鲁兴萌
	潘玉春	邵庆均	邵勇奇	石恒波	时连根	孙会增	万 泉	汪海峰
	汪以真	王迪铭	王华兵	王佳堃	王 捷	王敏奇	王起山	王新霞
	王 振	王争光	吴小锋	吴跃明	杨明英	姚 斌*	占秀安	张才乔
	张 坤	郑火青	宗 鑫	邹晓庭				
兽医学	杜爱芳	顾金燕	何 放	胡伯里	黄耀伟	金宁一*	乐 敏	李 艳
	马光旭	米玉玲	师福山	施 回	王华南	王自力	郑肖娟	朱 书
	庄乐南							
基础医学	白 戈	包爱民	蔡志坚	曾 浔	陈宝惠	陈 迪	陈静海	陈 伟
	陈 伟	陈祥军	陈 晓	陈学群	陈莹莹	程洪强	董辰方	方马荣
	冯 晔	冯友军	冯宇雄	傅旭东	高 福	高志华	龚 薇	谷 岩
	郭国骥	韩 曙	韩晓平	洪 逸	侯 宇	胡 虎	胡 迅	黄 海
	黄雯雯	纪俊峰	蒋 磊	康利军	柯越海	来茂德	李爱玲	李慧艳*
	李 涛*	李晓明	梁 平	刘 冲	刘 楠	刘 婷	刘 伟	刘一丹
	刘云华	柳 华	鲁林荣	陆林宇	罗建红	孟卓贤	潘冬立	裴善赡
	钱鹏旭	邱 爽	曲 萌	邵吉民	邵正萍	沈承勇	沈 静	沈 逸
	生万强	史 鹏	隋梅花	孙 洁	孙启明	唐修文	汪 浩	汪 洌
	王 本	王 迪	王东睿	王海波	王恒樑*	王建莉	王 良	王琳琳
	王青青	王晓健	王绪化	王宇浩	吴博文	吴晶晶	夏大静	夏 梦
	肖 刚	徐恩萍	徐芳英	徐 晗	徐浩新	徐素宏	杨月红	姚雨石
	茵 梓	尹亚飞	袁 渊	张丹丹	张红河	张 进	张晓明	张学敏*
	张 雪	张 跃	章 京	章淑芳	赵经纬	郑莉灵	郑小凤	钟 贞
	周 俊	周 全	周 泉	周 涛*	周天华	周以侹	周煜东	朱贵欣
	卓 巍	邹 炜	Aaron Trent Irving			Dante Neculai		
	Francis Kaming Chan			James Qun Wang		Stijn van der Veen		
	Susan Welburn		Toru Takahata		Yong Kol Jia			
临床医学	白晓霞	白雪莉	蔡建庭	蔡秀军	蔡哲钧	蔡 真	曹红翠	曹利平
	曹 倩	陈丹青	陈 钢	陈 高	陈功祥	陈 健	陈江华	陈齐兴
	陈其昕	陈 盛	陈文昊	陈新忠	陈旭娇	陈 衍	陈艳杏	陈 烨
	陈益定	陈 瑜	陈志刚	陈志华	陈志敏	程晓东	崔儒涛	戴 胜
	戴雪松	单鹏飞	刁宏燕	丁 健	丁克峰	丁忠祥	董旻岳	杜立中
	杜雨梦	范顺武	方 红	方向明	方向前	冯利锋	付 勇	傅君芬
	龚方戚	龚渭华	郭万军	Lin Xia	Yang Xu(徐洋)		Yin Deling	

学科/专业名称	授权级别							
临床医学	郭晓纲	郭谊	韩春茂	韩飞	韩海杰	韩伟	洪德飞	洪远
	胡红杰	胡坚	胡少华	胡晓彤	胡新央	胡汛	胡永仙	胡振华
	胡子昂	华孝挺	黄河	黄荷凤	黄建	黄进宇	黄丽素	黄曼
	黄沛钰	黄品同	黄晓丹	黄新文	江佩芳	姜保春	姜虹	蒋晨阳
	蒋海萍	蒋猛	蒋天安	金洪传	金希	晋秀明	孔娜	赖东武
	雷鹏飞	李方财	李恭会	李红	李江涛	李君	李兰娟	李莉
	李涛	李雯	李晓	梁朝霞	梁成振	梁廷波	梁文杰	梁霄
	廖艳辉	林辉	林伟强	林小娜	凌琪	刘爱霞	刘蒋	刘炳辰
	刘鹤	刘先宝	刘小孙	刘震杰	刘志红	楼敏	卢美萍	陆远强
	闾夏轶	吕卫国	吕志民	吕中法	罗本燕	罗巍	罗依	马宏
	马建军	马坤岭	马胜林	满孝勇	毛根祥	毛建华	闵军霞	倪超
	欧阳宏伟	潘志军	彭国平	齐义营	钱建华	钱俊斌	钱文斌	
	乔国梁	乔建军	秦佳乐	裘云庆	曲凡	瞿婷婷	饶跃峰	任菁菁
	任探琛	阮冰	阮健	闪波	尚敏	邵一鸣*	申屠形超	
	沈华浩	沈建	沈炜亮	沈晔	沈哲	施继敏	施毓	石巍
	舒强	姒健敏	宋朋红	宋章法	孙斐	孙继红	孙杰	孙洁
	孙军辉	孙晓南	孙毅	谈伟强	唐宏	唐劲松	唐兰芳	唐喆
	陶青青	滕理送	田宝平	田梅	佟红艳	童璐莎	钭金法	汪辉
	王保红	王斌	王博涵	王春林	王杭祥	王建安	王建伟	王健
	王凯	王凯军	王蕾	王良静	王林	王林波	王爽	王伟斌
	王伟林	王娴	王新宇	王兴祥	王一帆	王义斌*	王勇	王跃
	卫强	魏国庆	魏启春	文甲明	吴浩波	吴宏伟	吴华香	吴佳莹
	吴健	吴俊男	吴李鸣	夏琦	吴南屏	吴瑞瑾	吴育连	吴志英
	吴仲文	伍峻松	夏杰	谢琏	项春生	项美香	肖浩文	肖乾
	肖永红	谢安勇	谢峰	谢珏	谢立平	谢鑫友	谢臻蔚	熊秀芳
	熊炎	徐承富	徐骁	徐建斌	徐键	徐靖宏	徐凯进	徐清波
	徐荣臻	徐三中	徐军	徐晓军	徐晓俊	徐雪峰	徐银川	许大千
	许国强	许鉴	许燕	许君芬	薛德挺	严锋	严静	严敏
	严慎强	颜伏归	叶娟	杨蓓蓓	杨剑	杨仕贵	杨益大	杨毅
	姚航平	姚玉峰	叶青	叶英辉	叶招明	易成刚	尤良顺	
	于晓方	余红	余日胜	俞建军	俞一波	俞云松	虞朝辉	袁瑛
	张宝荣	张诚	张丹	张根生	张宏	张洪海	张建民	张钧
	张凯	张茂	张宁	张普民	张嵘	张松英	张文斌	张信美
	张颖	张园园	张匀	张召才	章琦	章益民	赵凤朝	赵凤东
	赵鹏	赵青威	赵妍敏	赵永超	郑超	郑良荣	郑敏	郑树森
	周斌全	周华	周济春	周坚红	周建仓	周建娅	周民	朱彪
	朱海红	朱江	朱艳芬	朱依敏	朱永良	主鸿鹄	邹朝春	邹晓晖
口腔医学	陈谦明	丁佩惠	傅柏平	李晓东	林军	施洁珺	姒蜜思	王慧明
	王杉	吴梦婕	谢志坚	俞梦飞	朱慧勇			
公共卫生与预防医学	陈光弟	高向伟	何威	焦晶晶	金明娟	李鲁*	李文渊	李雪
	刘足云	倪艳	盛静浩	孙文均	唐梦龄	涂华康	王福俤	王红妹
	王建炳	吴息凤	徐小林	许正平	杨杰	杨敏	余沛霖	余运贤
	袁长征	周春	周丹	朱益民	Xiao Tan			

学科/专业名称	授权级别						
药　学	曹　戟 崔孙良 高建青 胡富强 李　丹 林能明 陆晓燕 平　渊 孙翠荣 王秀君 杨　波 俞计成 张宇琪 朱　虹	曾　苏 戴海斌 龚行楚 胡薇薇 李方园 凌代舜 罗利华 戚建华 孙莲莉 王　毅 杨　帆 俞永平 赵　璐 邹宏斌	车金鑫 丁　健* 龚哲峰 蒋华良 李洪军 刘龙孝 罗沛华 钱　景 汤慧芳 翁勤洁 杨晓春 袁　弘 郑彩虹	陈建忠 丁　玲 顾　臻 蒋惠娣 李洪林* 刘　帅 那仁满都拉 钱玲慧 唐　宇 吴希美 杨振中 张海涛 周　慧	陈枢青 董晓武 郭雨刚 蒋　晞 李　慧 刘　滔 邱利焱 滕　鹏 谢　伟 应美丹 张世红 周　展	陈文腾 杜永忠 韩　旻 蒋心驰 李　璐 刘祥瑞 潘利强 瞿海斌 王佳佳 徐腾飞 应颂敏 张添源 朱成梁	陈　忠 段树民 何俏军 康　玉 李　新 柳扶摇 潘培辰 邵雪晶 王金成 徐易尘 游　剑 张纬萍 朱丹雁	程翼宇 范骁辉 侯廷军 来利华 廖佳宇 楼　燕 彭丽华 盛　荣 王金强 徐宇虹* 余露山 张翔南 朱　峰
护理学	封秀琴 杨丽黎	冯素文 叶志弘	金静芬 余晓燕	潘红英 诸纪华	邵　静 庄一渝	王华芬	徐红贞	徐鑫芬
管理科学与工程	鲍丽娜 郭　斌 刘　渊 杨　翼	曹仔科 胡祥培 马　弘 袁　泉	陈发动 华中生 毛义华 张　宏	陈寿长 黄　灿 彭希羡 张　政	陈　熹 黄鹂强 瞿文光 章　魏	崔　政 金　珺 寿涌毅 郑　刚	杜　健 金庆伟 苏　星 周伟华	高照省 孔祥维 童　昱 徐仁军
工商管理	贲圣林 霍宝锋 莫申江 王　亮 吴　依 杨浙帅	陈　俊 雷李楠 邵　帅 王　颂 肖炜麟 应天煜	陈　凌 林珊珊 沈　睿 王文明 谢小云 张　钢	董　望 刘起贵 盛　峰 王小毅 徐维东 张惜丽	窦军生 刘　涛 施俊琦 王重鸣 徐晓燕 周　帆	房俨然 刘　洋 孙怡夏 魏　江 严　进 周宏庚	韩洪灵 吕佳颖 万　峰 邹爱其 颜士梅 周欣悦	胡琼晶 马世罕 王丽丽 吴茂英 杨　俊 邹腾剑
农林经济管理	白　岩 金少胜 史新杰 H. Holly Wang（王红）	陈　帅 金松青 汪笑溪	陈志新 梁　巧 卫龙宝 Zhigang Chen（陈志钢）	龚斌磊 林　雯 鄢　贞	郭红东 陆文聪 叶春辉	韩洪云 茅　锐 张晓波*	洪名勇* 钱文荣 周洁红	黄祖辉 阮建青
公共管理	巴德年* 方　恺 胡小君 李莹珠 沈永东 吴　超 谢倩雯 叶　民 张　炜 周旭东	曹　宇 高　翔 黄　飚 林成华 石敏俊 吴结兵 徐　林 叶艳妹 张蔚文 朱　凌	陈国权 耿　曙 黄　萃 林　卡 宋培歌 吴金群 徐　欣 余　露 张衍春 朱善宽	陈丽君 顾　昕 蒋卓人 刘　涛 谭　荣 吴　伟 徐元朔 余逊达 张　翔 邹永华	董恒进 郭苏建 靳相木 刘晓婷 谭永忠 吴宇哲 杨　超 俞晗之 张永平 Peter Ho	董照樱子 韩昊英 李　实 米　红 田传浩 吴中盛 杨　芊 郁建兴 张跃华 Song Ha Joo	 何文炯 李拓宇 苗　青 汪　晖 肖　武 杨　洋 岳文泽 赵志荣	范柏乃 胡税根 李　艳 邵　立 王诗宗 谢贵平 姚　威 张　宁 郑　盛

人才培养

浙江大学年鉴

学科/专业名称	授权级别						
艺术学理论	陈谷香　陈振濂　池长庆　黄　杰　金晓明　缪　哲　王瑞雷　谢继胜 薛龙春　余　辉*　张　晴*　张　震　赵　晶　He Huafan(何华帆)						
设计学	柴春雷　陈柳青　陈晓皎　胡小军　厉向东　罗仕鉴　孙凌云　孙守迁 王冠云　王　健　王小松　吴佳雨　谢颥丞　杨　程　姚　玲　应放天						
集成电路科学 与工程	郭芸帆　徐明生　薛国标						
人工智能	王海帅　王则可　杨小虎						
海洋技术与工程	白　雁*　白晔斐　曹安州　曾江宁*　柴　扉*　陈大可*　陈国新　陈家旺 陈建芳*　陈建裕　陈雪刚　陈　鹰　陈　正　程年生　崔祥斌*　邸雅楠 丁婉婧　樊　炜　冯雪皓　傅维琦　高金耀*　高洋洋　顾亚京　管卫兵* 何　方　何剑锋*　何贤强*　贺治国　胡春迪　胡　鹏　黄　滨　黄大吉* 黄豪彩　黄　慧　黄　伟*　冀大雄　江志兵*　蒋弘毅　焦　磊　焦鹏程 金海燕*　乐成峰　雷瑞波*　李春峰　李　莉　李培良　李　爽　厉子龙 梁楚进*　梁　旭　林颖典　林　渊　刘鹏飞　刘　倩　刘　硕　刘兴国* 刘一锋　楼章华　罗　敏　马东方　马忠俊　毛志华*　梅国雄　潘依雯 钱　鹏　瞿逢重　沈佳轶　司玉林　宋春毅　宋　丹　宋　宏　宋金宝* 苏纪兰*　孙红月　唐群署　唐　勇　唐佑民*　佟蒙蒙　王德麟　王华萍 王　奎　王　楠　王品美　王　滔　王晓萍　王　岩　王臻魁　魏茂兴 魏　艳　吴　斌　吴创周　吴嘉平　吴　涛　吴月红　吴自银*　夏小明* 肖　溪　谢晓辉*　徐金钟　徐　敬　徐志伟　许学伟　杨　捷　杨劲松* 杨续超　叶观琼　于　洋　余　星　袁野平　张朝晖　张大海　张　帆 张华国*　张继才　张治针　章春芳　赵西增　赵云鹏　郑道琼　郑　罡* 郑　豪　周　锋　朱　江　朱嵘华　朱小华*　Thomas Pahtz						
教育*	刘海峰　徐琴美　周谷平　祝怀新						
电子信息*	贝毅君　陈　刚　丁险峰*　冯毅萍　冯尊磊　高大为　华　炜*　华先胜* 黄文君　金建祥　金晓明　李　亮　李　楠　李太豪　林　峰*　刘　斌* 鲁伟明　马　德　毛玉仁　缪立军　倪　超　潘爱民　任小枫*　任祖杰* 司　罗*　宋　杰　唐志峰　王　刚*　王总辉　徐冬溶　叶树明　于　智 张宏鑫　张宁豫　张旭鸿　张　引　赵　斐　赵　毅　周　晟　朱　强 朱秋国　Guo Dongbai*　　Jingren Zhou*　　Klaus-Dieter Schewe						
机　械*	陈燕虎　方　慧　冯　雷　冷建兴　聂鹏程　阮赟杰　徐　平　张　斌						
材料与化工*	黄正梁　蒋小平						
资源与环境*	陈　奇　吴东雷						
能源动力*	顾超华　金余其　林晓青　刘少俊　邱坤赞　熊树生　张　健　章　玮 钟　崴						
土木水利*	兰吉武　沈国辉　沈雁彬　万占鸿　夏　晋　章红梅						

续表

学科/专业名称	授权级别
生物与医药*	陈　勇　程　焕　方伟杰　刘　夏*　刘雪松　田金虎　王书芳　吴绵斌 周文文　朱加进
交通运输*	梅振宇　吴　珂
临床医学*	蔡国龙　陈　峰　陈　军　陈丽英　陈　明　陈艺成　陈作兵　程　浩 程可佳　代志军　邓　伟　丁　元　董孟杰　方维佳　冯建华　冯智英 高　峰　何正富　胡晓晟　胡懿郃　黄华琼　黄　健　黄满丽　季　峰 贾长库　江米足　蒋　峻　金百冶　金科涛　金　敏　李　岚　刘　剑 刘原兴　刘　忠　吕伯东　罗　琼　马　量　毛姗姗　钱申贤　邱福铭 尚世强　盛吉芳　施培华　史燕军　宋秀祖　苏新辉　孙崇然　孙建良 孙立峰　陶惠民　万　曙　王苹莉　王仁定　吴国生　夏淑东　谢俊然 谢小洁　徐　雯　徐小微　许燕萍　薛　静　严　强　严森祥　严　盛 杨　虹　杨小锋　杨旭燕　虞　洪　虞　军　喻成波　袁坚列　詹仁雅 张鸿坤　张建锋　张　勤　赵国华　赵　兴　郑芬萍　郑祥毅(义) 周东辉　周　浩　周嘉强　周　强　朱锦辉　朱君明　祝哲诚　Lu Qin
口腔医学*	陈学鹏　陈　卓　邓淑丽　何福明　吴志芳　杨国利

注:按一级学科、专业学位(后加*)代码升序排列,导师姓名按拼音顺序排列,姓名后加*者为兼职导师。

附录5　2022年浙江大学分学位类型研究生数　　　　　　单位:人

专业名称	毕业生数	授予学位数	在校学生数				预计毕业生数
			总计	一年级	二年级	三年级及以上	
总计	8325	9044	43991	13234	12536	18221	11309
学术型学位博士生	2130	2161	14406	3345	3224	7837	2752
学术型学位硕士生	2374	2689	8542	3011	2826	2705	2622
专业学位博士生	266	372	2487	799	656	1032	529
专业学位硕士生	3555	3822	18556	6079	5830	6647	5406

附录6　2022年浙江大学分学科门类研究生数　　　　　　单位:人

学科门类	研究生	毕业生数	授予学位数	在校学生数				预计毕业生数
				总计	一年级	二年级	三年级及以上	
总计	博士生	2396	2161	16893	4144	3880	8869	3281
	硕士生	5929	2689	27098	9090	8656	9352	8028

学科门类	研究生	毕业生数	授予学位数	在校学生数				预计毕业生数
				总计	一年级	二年级	三年级及以上	
哲学	博士生	17	20	162	32	32	98	33
	硕士生	23	25	116	41	37	38	34
经济学	博士生	25	25	243	42	38	163	47
	硕士生	269	75	680	342	293	45	293
法学	博士生	50	52	400	93	97	210	67
	硕士生	279	135	837	311	325	201	300
教育学	博士生	42	33	403	92	93	218	65
	硕士生	158	77	689	292	183	214	189
文学	博士生	77	78	420	88	76	256	79
	硕士生	201	157	717	259	252	206	236
历史学	博士生	20	21	147	37	33	77	24
	硕士生	57	28	217	78	72	67	64
理学	博士生	421	422	2617	626	692	1299	492
	硕士生	391	400	1051	302	317	432	374
工学	博士生	948	909	7768	1926	1726	4116	1457
	硕士生	2577	1098	11769	3930	3711	4128	3532
农学	博士生	159	162	975	240	228	507	167
	硕士生	292	128	1457	515	473	469	429
医学	博士生	505	312	2303	645	573	1085	610
	硕士生	547	369	3211	1170	1121	920	845
管理学	博士生	100	99	926	185	158	583	142
	硕士生	1082	189	5923	1698	1737	2488	1606
艺术学	博士生	7	3	105	22	26	57	24
	硕士生	47	3	356	120	135	101	88
人工智能	博士生	0	0	22	11	9	2	2
海洋技术与工程	博士生	25	25	402	105	99	198	72
	硕士生	6	5	75	32	0	43	38

注：人工智能、海洋技术与工程为按一级学科管理的自设交叉学科。

附录7　2022年浙江大学分专业学位类别研究生数　　　　　　单位：人

专业学位类别	研究生	毕业生数	授予学位数	在校学生数				预计毕业生数
				总计	一年级	二年级	三年级及以上	
总计	博士	266	372	2487	799	656	1032	529
	硕士	3555	3822	18556	6079	5830	6647	5406
金融	硕士	170	170	372	193	167	12	167
税务	硕士	14	14	56	30	26	0	26
国际商务	硕士	38	38	108	46	39	23	39
法律	硕士	141	157	456	124	164	168	158
社会工作	硕士	27	27	74	40	34	0	34
教育	博士	9	9	117	26	25	66	19
	硕士	49	67	206	112	27	67	55
体育	硕士	12	17	6	0	0	6	5
汉语国际教育	硕士	15	15	72	28	24	20	24
应用心理	硕士	12	12	136	66	46	24	24
翻译	硕士	16	16	5	0	0	5	0
新闻与传播	硕士	34	34	76	41	34	1	34
文物与博物馆	硕士	31	31	98	36	32	30	30
建筑学	硕士	38	38	149	41	45	63	48
工程	博士	16	16	254	0	0	254	149
	硕士	1439	1528	451	0	0	451	1
城市规划	硕士	20	20	79	22	25	32	31
电子信息	博士	10	10	618	256	180	182	73
	硕士	0	0	3271	1179	1062	1030	1029
机械	博士	1	1	208	90	69	49	5
	硕士	0	0	1033	371	331	331	330
材料与化工	博士	9	9	109	40	36	33	8
	硕士	0	0	691	250	231	210	210

专业学位类别	研究生	毕业生数	授予学位数	在校学生数				预计毕业生数
				总计	一年级	二年级	三年级及以上	
资源与环境	博士	0	0	57	19	21	17	1
	硕士	0	0	279	90	95	94	94
能源动力	博士	5	5	173	80	37	56	14
	硕士	0	0	1083	350	396	337	338
土木水利	博士	2	2	71	22	24	25	3
	硕士	0	0	550	196	166	188	188
生物与医药	博士	0	0	71	41	21	9	1
	硕士	0	0	320	123	112	85	85
交通运输	博士	0	0	18	7	7	4	0
	硕士	0	0	81	34	25	22	22
农业	硕士	131	138	707	253	231	223	209
兽医	硕士	12	12	92	31	31	30	27
风景园林	硕士	23	32	77	27	25	25	25
临床医学	博士	209	314	756	203	224	329	248
	硕士	287	383	1447	483	489	475	435
口腔医学	博士	5	6	35	15	12	8	8
	硕士	46	49	205	69	67	69	65
公共卫生	硕士	9	9	259	95	88	76	63
护理	硕士	0	0	151	64	64	23	23
药学	硕士	32	32	212	82	70	60	54
工商管理	硕士	556	575	2559	799	744	1016	716
公共管理	硕士	202	207	1494	394	448	652	377
会计	硕士	28	28	94	31	32	31	31
工程管理	硕士	146	146	1356	298	357	701	349
艺术	硕士	27	27	251	81	103	67	60

附录 8　2022 年浙江大学分学院研究生数　　　　　　　　　　　　　单位：人

学院（系）名称	在校生数	博士生数	硕士生数
文学院	314	163	151
历史学院	200	99	101
哲学学院	200	105	95
外国语学院	366	122	244
传媒与国际文化学院	385	129	256
艺术与考古学院	317	86	231
经济学院	702	233	469
光华法学院	721	172	549
教育学院	646	267	379
管理学院	2776	322	2454
公共管理学院	2447	563	1884
马克思主义学院	232	119	113
数学科学学院	444	176	268
物理学院	381	311	70
化学系	543	299	244
地球科学学院	315	187	128
心理与行为科学系	329	117	212
机械工程学院	1233	582	651
材料科学与工程学院	778	408	370
能源工程学院	1071	565	506
电气工程学院	1005	442	563
建筑工程学院	1583	644	939
化学工程与生物工程学院	947	388	559
海洋学院	1057	415	642
航空航天学院	626	378	248
高分子科学与工程学系	414	227	187
光电科学与工程学院	740	351	389
信息与电子工程学院	1035	449	586
微纳电子学院	280	78	202

浙江大学年鉴

人才培养

学院(系)名称	在校生数	博士生数	硕士生数
控制科学与工程学院	791	361	430
计算机科学与技术学院	1930	898	1032
软件学院	1213	29	1184
生物医学工程与仪器科学学院	501	246	255
生命科学学院	764	606	158
生物系统工程与食品科学学院	547	283	264
环境与资源学院	902	365	537
农业与生物技术学院	1374	549	825
动物科学学院	559	184	375
医学院	5270	2496	2774
药学院	684	260	424
国际教育学院	1661	799	862
工程师学院	4363	682	3681
浙江大学—西湖大学联培项目	669	669	0
国际联合学院(海宁国际校区)	676	69	607
总计	43991	16893	27098

附录9　浙江大学2022届参加就业研究生毕业生按单位性质流向统计

单位性质	单位性质流向	硕士比例/%	博士比例/%
企业单位	国有企业	20.38	8.12
	三资企业	12.93	4.27
	其他企业	37.76	18.71
	小计	71.07	31.10
事业单位	高等教育单位	2.47	34.26
	医疗卫生单位	6.92	16.95
	科研设计单位	1.82	7.99
	中初教育单位	2.24	0.42
	其他事业单位	2.98	5.57
	小计	16.43	65.19
党政机关		12.42	12.42
部队		0.07	0.07
城镇社区		0.01	0.01

附录10　浙江大学 2022 届参加就业研究生毕业生就业流向按地区统计

省级行政区	硕士/%	博士/%
浙江省	52.74	58.56
上海市	14.34	11.78
广东省	8.79	5.29
北京市	5.64	5.10
江苏省	5.06	4.77
山东省	2.12	2.00
四川省	2.08	1.29
湖北省	1.59	1.43
安徽省	0.89	1.29
陕西省	0.65	1.48
福建省	0.77	0.86
江西省	0.75	0.81
湖南省	0.79	0.43
重庆市	0.54	0.81
河南省	0.51	0.86
河北省	0.35	0.24
广西壮族自治区	0.35	0.38
贵州省	0.30	0.29
新疆维吾尔自治区	0.12	0.14
辽宁省	0.12	0.52
天津市	0.35	0.05
吉林省	0.33	0.10
云南省	0.21	0.24
香港特别行政区	0.05	0.57
黑龙江省	0.23	0.05
山西省	0.12	0.14
西藏自治区	—	—
海南省	0.02	0.18

省级行政区	硕士/%	博士/%
内蒙古自治区	0.07	0.10
青海省	—	0.05
宁夏回族自治区	—	0.14
台湾地区	0.05	—
甘肃省	0.07	0.05
澳门特别行政区		
总　计	100	100

继续教育

【概况】 2022年，全校继续教育办学总收入5.76亿元，整体上交学校管理费1.35亿元。远程学历教育和高等教育自学考试处于平稳收尾阶段。

全年培训人数12.99万余人次，比上年减少27.43%，其中党政管理人员占48.98%，企业经管人员占22.06%，专业技术人员占24.09%，其他人员占4.87%；培训项目2036个；发放培训证书11.96万余份，其中发放高级研修班证书735份，继续教育结业证书约11.89万份。

远程学历教育学习中心数1个，为华家池校区远程教育直属学习中心。在籍学生数659人，比上年减少3615人，减少84.58%，其中本科658人（含专科起点本科558人、本科及以上层次修读本科100人）、高中起点专科1人。毕业生1073人，其中本科1023人；授予学士学位227人，学位授予率约为22.19%。

自学考试主考专业11个，其中专科起点本科9个、专科2个。主考专业毕业生539人，授予学士学位273人。

【继续教育克服困难，逆势发展】 疫情对学校继续教育工作的正常开展带来重大冲击和影响，根据党中央关于"疫情要防住、经济要稳住、发展要安全"的总体要求，坚决扛起疫情防控政治责任，坚决贯彻落实上级和学校党委决策部署，建立继续教育办学疫情防控工作专班，审时度势，迎难而上，根据办学需求和疫情防控要求，精准制订不同时间节点的办学工作方案，及时研究调整疫情防控和办学政策，制定出台《2022年暑期继续教育办学疫情防控工作指南》《关于暑期部分校区有限有序恢复校园内继续教育办学的工作方案》《关于进一步统筹抓好疫情防控和继续教育发展的工作方案》等，团结带领全校继续教育战线上的全体教职员工努力奋战，经受住了统筹做好疫情防控和继续教育高质量发展的重大考验，努力践行使命与职责担当，取得了"两手抓、两战赢"的积极成效，2022年学校继续教育办学绩效在全国C9高校中名列前茅。

【高质量实施一流特色继续教育发展计划】
学校高度重视发展继续教育事业,坚持"两高三化"(高水平、高质量,高端化、品牌化、全球化),充分发挥浙江大学一流学科、一流师资优势和浙江"三地一窗口一示范区"优势,坚持全过程自主办学规范管理,举办一流特色继续教育,主动服务国家战略发展、经济社会发展和人的全面发展。学校统筹推进育人方式、办学模式、管理体制、保障机制改革,实施一流特色继续教育发展计划,加快推进一流特色继续教育发展,把继续教育纳入新一轮"双一流"建设培养拔尖创新人才培养专项,构建一流的本科生教育、卓越的研究生教育、一流特色的继续教育,牢固确立了继续教育与本科生教育和研究生教育一起作为三大人才培养体系的重要地位,是学校服务国家战略和经济社会发展的重要途径,是学校"双一流"建设的重要助推力量。

【高质量完成教育部现代远程教育(网络教育)试点总结性评估工作】 学校高度重视,充分认识现代远程教育试点总结性评估工作的重要意义,根据《教育部办公厅关于开展现代远程教育(网络教育)试点总结性评估的通知》(教职成厅函〔2021〕22号)文件精神和评估要求,全面梳理总结学校远程教育办学状况,准确凝练成绩和经验,体现浙江大学依托一流大学办一流远程教育的办学定位,总结国家急需紧缺人才的培养情况,反映服务经济社会发展和全民终身教育的贡献,顺利通过了教育部现代远程教育(网络教育)试点总结性评估工作。

（胡平洲撰稿　卜杭斌审稿）

【附录】

附录1　2022年浙江大学教育培训情况

招生对象	班次	人次
党政管理人员	1066	63631
企业管理人员	524	28659
专业技术人员	334	31290
其他人员	112	6319
总计	2036	129899

附录2　2022年浙江大学远程教育学生情况　　　　单位:人

毕业生数				招生数		在籍学生数		
合计	本科	专科	授予学士学位数	招生数	注册数	合计	本科	专科
1073	1023	50	227	0	0	659	658	1

附录3　2022年浙江大学自学考试主考专业

层　　次	专业名称	
专升本	金融	国际贸易
	经济学	法律
	心理健康教育	汉语言文学
	新闻学	建筑工程
	英语语言文学	
专科	护理学	房屋建筑工程

国际学生教育

【概况】　2022年共有来自152个国家的4647名国际学生在校攻读学位,其中硕士生同比增长3.4%,结构进一步优化。新增建筑学等7个英文授课研究生项目,"新汉学计划""一带一路"国际医学博士项目等首次开始招生,"丝绸之路"项目被教育部国际司和国家留学基金委评为优先支持项目。

做好国际学生常态化疫情防控,打好紫金港校区疫情防控"攻坚战",保障教育教学正常秩序。面向150余个国家的4800多名学生实施网格化管理。落实教育部有关境外学生返校工作部署,依托信息化手段做好学生返校全过程管理。协同相关部门认真梳理受疫情影响延期毕业的研究生情况,持续做好线上线下同步教学。

进一步完善招生工作体系。加强招生宣传,举办线上招生说明会近30场,完成国际学生招生网站建设并上线,组建第二批国际学生招生宣传讲师团,开展国际学生招生宣传大使等活动。新增日本、韩国2个海外招生点,新增"英才计划"学校5所。编制《浙江大学2022年国际本科生招生工作手册》《浙江大学国际学生招生审核操作手册》,加强招生工作制度化和规范化建设。

深入推进国际学生国情教育和课程思政建设。组织国际学生公共汉语课程教学研讨会、全英文课程教学技能和课堂教学交流会。举行"中华优秀传统文化体验营"、"走进中国"主题活动、党的二十大专题讨论会等活动。浙江大学获批浙江省国际学生国情教育名师工作室建设单位。"汉语(甲)Ⅰ&Ⅱ"入选省一流线上线下混合式课程,"中国概况""中国文化史"等入选省级、校级课程思政建设项目。

建设一流汉语言(国际学生)本科专业。聚焦"汉语+X"通用型人才培养,增设"商务案例分析""国际学生创新创业教育与实践"等课程,优化培养方案。全年组织学术午餐会5期、学术大讲堂4期,教师获省级一流课程立项8项,校级以上科研项目立项6项。2022年6月,汉语言(国际学生)专业入选2021年度省级一流本科专业建设点。

推动校园多元文化和学生素质全面发展。2022年组织校内外国际学生活动60余场,学生获校级、省级以上荣誉50余人次。23位学生入选2022年杭州亚运会第一批志愿者名单,马来西亚本科生杨巧儿、泰国博士生庄伟获浙江大学第十四届"蒲公英"大学生创业大赛三等奖,韩国本科生宋维真获第十三届浙江省大学生职业生涯规划大赛优胜奖,"中外大学生社会实践周"赴宁波宁海暑期社会实践队获浙江大学暑期社会实践优秀团队称号。

加强国际中文推广和海外孔子学院建设。承办中外语言合作交流中心"汉语桥"在线项目,推出学术汉语四周强化项目,举办1期汉语水平考试。全年派出孔子学院中方院长1人、留任1人,派出国际中文教师和志愿者4人,组织召开孔子学院理事会,健全中外双方常态化信息沟通机制。

【浙江大学国际学生校友会成立】 2022年5月18日,浙江大学校友总会国际教育学院分会成立大会暨第一次理事会举行。海内外国际学生校友和关心国际学生教育和发展的各界人士以线上线下相结合的形式相聚。浙江大学副校长何莲珍线上致辞,浙江大学韩国校友会会长和浙江大学马来西亚校友会会长分别发言。韩国、马来西亚、澳大利亚等国和香港、江苏、四川等地的10多个校友会也发来贺信,全球各地的国际学生校友通过网络观看了成立大会的现场直播。会议审议通过了《浙江大学校友总会国际教育学院分会管理办法》和《浙江大学校友总会国际教育学院分会组织架构》,推选了国际教育学院校友分会第一届理事会成员及校友分会负责人。

【高校国际学生公共汉语课程教学研讨会顺利举行】 2022年11月11日,由浙江大学国际教育学院主办的高校国际学生公共汉语课程教学研讨会顺利举行。会议采用了线上和线下相结合的方式,与复旦大学、华东理工大学、哈尔滨工业大学等兄弟院校近40位一线教师就国际学生公共汉语课程教学模式、新形态教材及慕课一体化建设展开深入研讨。浙江大学国际教育学院沈杰院长介绍了近几年浙江大学国际学生公共课程改革的探索和实践。复旦大学、华东理工大学、浙江大学分别介绍了本校公共汉语课程发展沿革和所面临的挑战。浙江大学施虹老师以"浙江大学公共汉语课程教材及慕课一体化建设探索与实践"为主题,探讨了公共汉语课程一体化建设的目的和意义;陈敏老师、郭婵丽老师分别就浙江大学试用的新编教材编写理念、教材框架、试用的情况以及教改案例进行了汇报。

【浙江大学中外学生模拟联合国大会顺利召开】 2022年11月26日,由浙江大学国际教育学院主办、浙江大学国际学生国情教育"名师工作室"承办、浙江大学学生模拟联合国协会与浙江大学外国语学院国精班联合会协办的浙江大学中外学生模拟联合国大会在紫金港校区召开。中国共产党第二十次全国代表大会召开之际,模拟联合国大会聚焦"疫情下的就业"话题,旨在鼓励中外学生对当今世界的共同议题展开思考,践行世界公民的责任感。来自18个国家的30名参会代表同堂讨论、共话未来。在为期一天的议程中,中外学生围绕当今世界各国就业难题、中小企业的生存与发展、疫情下数字经济发展的重要性、女性劳动者的权益保护等议题展开了热烈讨论。

(徐梦娇撰稿　唐晓武审稿)

附录 1　浙江大学 2022 年国际学生数　　　　　　　　　单位：人

博士研究生	硕士研究生	本科生	高级进修生	普通进修生	语言生	短期团组	合计
857	874	2916	15	64	155	242	5123

附录 2　浙江大学 2022 年分学科门类国际学生数　　　　　　单位：人

序号	学科	博士研究生	硕士研究生	本科生	高级进修生	普通进修生	语言生	短期团组	合计
1	文学	63	290	919	2		155	242	1671
2	工学	341	167	436	1	60			1005
3	医学	52	63	665		2			782
4	经济学	10	67	465	2	2			546
5	管理学	87	206	197	1				491
6	理学	113	28	99	1				241
7	农学	138	23	29	4				194
8	法学	29	22	47	2				100
9	历史学	4	1	14	2				44
10	教育学	9	6	8					23
11	哲学	5							21
12	艺术学	6	1	37					5
共计		857	874	2916	15	64	155	242	5123

附录 3　浙江大学 2022 年分院系国际学生数　　　　　　单位：人

学院/系	博士研究生	硕士研究生	本科生	高级进修生	普通进修生	语言生	短期团组	合计
文学院	31	27	46					104
历史学院	4	4	5	1				14
哲学学院	10	2	6					18
外国语学院	3	6	148	1				158
传媒与国际文化学院	23	73	403					499
艺术与考古学院	3	5	45	1				54

学院/系	博士研究生	硕士研究生	本科生	高级进修生	普通进修生	语言生	短期团组	合计
经济学院	9	79	463	2	2			555
光华法学院	28	19	11	1				59
教育学院	12	9	10					31
管理学院	43	71	197					311
公共管理学院	42	83	62	2				189
数学科学学院	3		32					35
物理学院	6	1	2					9
化学系	9	1	5					15
地球科学学院	5	1	3					9
心理与行为科学系	8	11	25	1				45
机械工程学院	13	19	56					88
材料科学与工程学院	28	2	7					37
能源工程学院	17	6	9					32
电气工程学院	40	8	40		2			90
建筑工程学院	57	14	71					142
化学工程与生物工程学院	23	6	22	1	58			110
海洋学院	38	27	4					69
航空航天学院	17		3					20
高分子科学与工程学系	3							3
光电科学与工程学院	16		1					17
信息与电子工程学院	28	7	42					77
控制科学与工程学院	12	5	26					43
计算机科学与技术学院	22	17	55					94
软件学院		61						61
生物医学工程与仪器科学学院	7	3	7					17
生命科学学院	14	2	20					36
生物系统工程与食品科学学院	54	1	29					84

学院/系	博士研究生	硕士研究生	本科生	高级进修生	普通进修生	语言生	短期团组	合计
环境与资源学院	21	2	8					31
农业与生物技术学院	114	21	14	1				150
动物科学学院	10	2	15	3				30
医学院	58	64	663		2			787
药学院	12	2	10					24
"一带一路"国际医学院	9							9
国际联合学院（海宁国际校区）	5	213	115	1				334
国际教育学院			236			155	242	633
合计	857	874	2916	15	64	155	242	5123

附录4　浙江大学2022年分经费来源国际学生数　　单位：人

中国政府奖学金	浙江省政府奖学金	学位奖学金	企业奖学金	外国政府奖学金	自费	合计
1378	155	436	12	0	3142	5123

附录5　浙江大学2022年主要国家国际学生数　　单位：人

韩国	马来西亚	巴基斯坦	印度尼西亚	泰国	伊朗	日本	斯里兰卡	印度	意大利
1148	738	393	285	258	143	127	100	97	92

附录6　浙江大学2022年分大洲国际学生数　　单位：人

亚洲	非洲	欧洲	美洲	大洋洲	合计
3986	405	382	318	32	5123

附录7　浙江大学2022年毕业国际学生数　　单位：人

博士研究生	硕士研究生	本科生	合计
74	105	366	545

科学研究与社会服务

科学技术研究

【概况】 2022年,在学校党委及行政的正确领导和有力支持下,科研院认真学习深入贯彻党的二十大精神,扎实贯彻习近平总书记关于高等教育发展和科技创新的重要论述,秉承"学科—人才—科研"一体化发展理念,从"国之大者"出发,坚持"四个面向",加强战略谋划和前瞻布局,提升原始创新和关键核心技术攻关能力,全力打造国家战略科技力量和区域创新体系,持续发挥有组织的科研效能,全面提升科研管理服务水平,着力推进科研事业更高质量发展,为深入推进"双一流"建设、履行高水平科技自立自强使命担当做出积极贡献。

科研规模维持高位增长。2022年到款科研经费达到70.68亿元,其中纵向科研经费48.28亿元(占68.31%),横向科研经费22.40亿元(占31.69%)。

重大项目承载力全面提升。全年新增三重项目184项。新增牵头承担科技创新

2030—重大项目7项,课题14项;新增牵头承担国家重点研发计划项目85项,其中千万级项目32项,承担课题119项;新增立项国家基金重大项目2项、重点项目29项、国家重大科研仪器研制项目2项、重点国际(地区)合作研究项目1项、联合基金32项。

科研人才项目稳健发展。全年共有16人获得国家杰出青年科学基金项目资助,25人获得优秀青年科学基金项目资助。截至2022年底,浙江大学共获批国家杰出青年科学基金项目181项、国家优秀青年科学基金项目215项、国家自然科学基金创新研究群体15个、科技创新团队(先进技术)3个、农业科研杰出人才培养计划入选5人。

科研基地体系建设成效显著。紧紧围绕国家重大战略需求,组织学校优势力量融入国家实验室建设,加快推进国家重点实验室重组优化和培育筹建,支撑打造国家战略科技力量,获批10家全国重点实验室(7家牵头、3家参与)。顺利推进超重力离心模拟与实验装置国家重大科技基础设施项目建设工作;积极推进"十五五"国家重大科技基础设施培育工作;加快推进教育部×××集成攻关大平台及教育部"脑与脑机融合"

前沿科学中心建设,并以此为依托,探索建设"科研特区"。获批浙江大学国家医学攻关产教融合创新平台,农业农村部重点实验室3家,"科创中国""一带一路"国际农业科技创新院3家。持续推进医学、能源、海洋等领域浙江省实验室建设工作,获批认定浙江省工程研究中心3家、浙江省临床医学研究中心18家、浙江省国际科技合作载体5家、浙江省军民融合创新平台4个。截至2022年底,浙江大学已建有国家科创基地47家、省部级科创基地248家,其中全国(国家)重点实验室13家、国家工程技术研究中心4家、国家(地方联合)工程研究中心(实验室)12家、国家临床医学研究中心2家、国家科技资源共享服务平台1家、国家重大科技基础设施1家;自主设立校设研究院16个、研究中心53个、研究所190个,另有校地科技合作平台57个、校企联合研发机构152家,为科研发展提供了强大平台支撑。

标志性成果奖励表现突出。以第一单位在CNS主刊发表文件文章(Article)、综述(Review)两类论文13篇、子刊197篇,其中*Nature*8篇、*Science*4篇、*Cell*1篇、*Nature*子刊101篇、*Science*子刊23篇、*Cell*子刊73篇。根据中国科学技术信息研究所2022年12月发布的数据,2021年度浙江大学被科学引文索引扩展版(SCI-E)收录论文10828篇,2012—2021年论文被引用1302400次,作为第一作者国际合著论文(据SCI统计)收录论文2348篇。以第一完成单位获高等学校科学研究优秀成果奖(科学技术)一等奖10项,二等奖8项,青年科学奖1项。以第一完成单位获2021年度浙江省科学技术奖70项,其中浙江科技大奖1项(全省唯一),一等奖27项(全省占比首

次过半)。首次获中国标准领域最高奖项——中国标准创新贡献奖一等奖1项。以第一完成单位获69项社会力量设奖,其中一等奖及以上(含特等奖)16项。荣获多项国际学术组织的国际权威奖项。

先进技术创新发展取得重要突破。全年GF科研新上项目685项,实际到款经费11.36亿元,其中亿级项目3项,千万级项目31项。深度参与乾元国家实验室建设,新建"浣江实验室"(获批资金5亿元)和浙江大学海南先进技术与产业创新平台(获批资金9.01亿元),筹建东海实验室先进技术研究中心。新增军委卓越青年2人、强国青年科学家1人、军委领域/主题/专业组专家26人,引进"鲲鹏计划"1人,获批军委海创基金等人才项目5项。新获批省级军民融合创新平台4个,获GF类科技进步特等奖1项,军队科技进步二等奖1项,教育部专用项目一等奖1项。成立浙江大学教育基金子辰先进技术基金,捐赠合同额逾1800万元,股份捐赠折价2000余万元。依托军民融合产业平台,今年新孵化科技型企业30余家,新增上市企业2家。

全球开放发展战略深化落实。坚持以全球视野,持续推进以实质性合作项目和平台为牵引的国际科技合作。培育并获批省级"一带一路"联合实验室3家;在微纳光电子、可持续智慧宜居城市等领域布局浙江省国际科技合作基地2个。获批国家重点研发计划政府间国际科技创新合作重点专项项目21项,与澳门合作研究项目2项;获批各类国家自然科学基金国际合作与交流项目25项。培育共同发起深时数字地球(DDE)和地球物质重力演变(GEE)国际大科学计划,参加国际热核聚变实验堆计划(ITER)、大型强子对撞机工程(LHC)和全

球综合地球观测计划（GEOSS）的建设。

科研管理政策体系不断完善。相继出台《浙江大学知识产权基金管理办法》《浙江大学碳达峰碳中和创新行动方案》、浙江大学理工农医类非国防科研项目保密管理规定；组织编印《2022年科研政策汇编》等文件，进一步探索科研管理创新，推进科研评价体系改革。

科研服务效能持续提升。重视标志性成果全链条培育工作，组织院士、相关行业或领域专家等为项目开展"多对一"指导和咨询；加强科研信息化建设，持续优化提升科研服务系统各项功能，实现各项业务"最多跑一次"。充分利用校务服务网、科研院官方网站、"浙大科研"微信公众号、科研服务系统等平台，促进科研项目、平台、基地、成果等的全过程管理，便捷科研服务；协同推进"研在浙大"一站式科研管理服务平台建设，推动科研活动各环节的线上办理；组织开展包括国家重点研发计划申报、国家基金申报、科研经费管理培训等在内的系列培训活动，为科研人员提供政策指导和精准服务；积极发挥浙大科协作用，组织举办西湖学术论坛11期，推进浙江大学科普基地建设，以浙江大学名义发起成立浙江省高校科协联合体；完成科技创新馆改造升级，展示学校科技成果，促进交流合作。

【全国重点实验室优化重组】　2022年，科技部正式启动了国家重点实验室优化重组工作。我校始终围绕国家重大战略需求，坚持"四个面向"，全力以赴推动国重优化重组，并取得了重要进展。2022年5月，我校脑机智能全国重点实验室（新建）作为20家试点建设实验室之一获批。此后，我校又获批6家（牵头）和3家（参与）建设的全国重点实验室，走在全国高校前列。

【成果入选2022年中国科学十大进展和中国光学十大进展】　光电学院邱建荣教授团队与合作者发现了飞秒激光诱导复杂体系微纳结构形成的新机制。该成果揭示了飞秒激光诱导空间选择性介观尺度分相和离子交换的规律，开拓了飞秒激光三维极端制造新技术原理，首次在无色透明的玻璃材料内部实现了带隙可控的三维半导体纳米晶结构，这为新一代显示和存储技术提供了新的方向。成果发表在 *Science* 杂志上，并入选2022年度"中国十大科学进展"和"中国光学十大进展"。

【科技创新馆开馆】　在浙江大学建校125周年校庆日之际，浙江大学科技创新馆隆重开馆。提升改造后的科技创新馆以"科技创新之路"为主线，由前言厅、科研概况、基础研究、技术创新、交叉会聚、临展区等六部分构成，并在校庆期间同步上线了云上展厅，是学校展现高水平科技创新成果、促进科技交流合作的重要基地与窗口。

【国家电网有限公司—浙江大学智慧电力能源研究院揭牌】　2月，"国家电网有限公司—浙江大学智慧电力能源研究院"揭牌仪式在学校举行。浙江大学党委书记任少波和国家电网有限公司董事长、党组书记辛保安共同为研究院揭牌，浙江大学校长吴朝晖主持仪式。"国家电网有限公司—浙江大学智慧电力能源研究院"将聚焦新型材料与器件、先进氢能与储能、柔性电力系统、智慧电力能源系统等前沿方向，开展基础理论、关键技术、器件装备等研究，努力成为能源互联网重大原始创新策源地。

【获批全国科普教育基地】　4月，我校艺术与考古博物馆、科技创新馆、人工智能与创新馆、竺可桢纪念馆、中国人脑库、医学人体博物馆、农业试验站、农学院科普教育基地、物理演示实验室等 9 大场馆成功入选中国科协"2021—2025 年度第一批全国科普教育基地"。基地将不断提升科普公共服务能力,推进新时代科普工作模式转型升级,加强科学精神和科学方法的宣传,为全面建成社会主义现代化强国作出积极贡献。

（王凤仪撰稿　杨　波审稿）

表 1　2022 年浙江大学以第一完成单位在 *Nature*、*Science*、*Cell* 三大刊物主刊发文情况

序号	期刊名称及期次	论文名称	作者	所在单位
1	*Science*，2022(375)：307-310	Three-dimensional direct lithography of stable perovskite nanocrystals in glass	孙轲(一作)，谭德志(通讯)、邱建荣(通讯)等	光电科学与工程学院
2	*Nature*，2022(604)：643-646	Early Solar System instability triggered by dispersal of the gaseous disk	刘倍贝(一作兼通讯)等	物理学院
3	*Nature*，2022(606)：550-556	Olfactory sensory experience regulates gliomagenesis via neuronal IGF1	陈鹏祥(一作)，刘冲(通讯)等	医学院
4	*Nature*，2022(605)：761-766	Maternal inheritance of glucose intolerance via oocyte TET3 insufficiency	陈宾(一作)，黄荷凤(通讯)等	医学院附属妇产科医院
5	*Science*，2022(377)：335-339	Discrimination of xylene isomers in a stacked coordination polymer	李良英(一作)、郭立东(共同一作)，鲍宗必(通讯)等	化学工程与生物工程学院
6	*Cell*，2022(185)：2975-2987	HGT is widespread in insects and contributes to male courtship in lepidopterans	李杨(一作)、刘志国(共同一作)、刘超(共同一作)、沈星星(通讯)、黄健华(通讯)等	农业与生物技术学院
7	*Nature*，2022(607)：468-473	Digital quantum simulation of Floquet symmetry-protected topological phases	张叙(一作)、邓金凤(共同一作)，王震(通讯)等	物理学院
8	*Science*，2022(377)：406-410	Physical mixing of a catalyst and a hydrophobic polymer promotes CO hydrogenation through dehydration	方伟(一作)、王成涛(共同一作)，王亮(通讯)、肖丰收(通讯)等	化学工程与生物工程学院
9	*Nature*，2022(609)：616-621	Structures and mechanisms of the Arabidopsis auxin transporter PIN3	苏楠楠(一作)、竺爱琴(共同一作)，郭江涛(通讯)、杨帆(通讯)等	医学院

序号	期刊名称及期次	论文名称	作者	所在单位
10	*Nature*，2022 (610):768-774	HRG-9 homologues regulate haem trafficking from haem-enriched compartments	孙凤秀（一作）、赵祯祯（共同一作）、陈才勇（通讯）等	生命科学学院
11	*Nature*，2022 (611):61-67	Strain-retardant coherent perovskite phase stabilized Ni-rich cathode	王利光（一作）、陆俊（通讯）等	化学工程与生物工程学院
12	*Science*，2022 (378):966-971	Observing the quantum topology of light	邓金凤（一作）、董航（共同一作）、宋超（通讯）、王浩华（通讯）、王大伟（通讯）等	物理学院
13	*Nature*，2022 (612):546-554	A plant-derived natural photosynthetic system for improving cell anabolism	陈鹏飞（一作）、刘欣（共同一作）、顾辰辉（共同一作）、唐睿康（通讯）、林贤丰（通讯）、范顺武（通讯）等	医学院附属邵逸夫医院

【附录】

附录1　2022年浙江大学科研机构（研究所）

所属院系	序号	研究所	负责人
数学科学学院	1	高等数学研究所	李　方
	2	信息数学研究所	阮火军
	3	科学与工程计算研究所	吴庆标
	4	统计研究所	张荣茂
	5	应用数学研究所	孔德兴
	6	运筹与控制科学研究所	谈之奕
物理学院	7	光学与量子信息研究所	游建强
	8	凝聚态物理研究所	许祝安
	9	光电物理研究所	赵道木
	10	浙江近代物理中心	李政道
化学系	11	物理化学研究所	王从敏
	12	分析化学研究所	苏　彬

所属院系	序号	研究所	负责人
化学系	13	高新材料化学研究所	吴传德
	14	有机与药物化学研究所	陆 展
	15	催化研究所	王 勇
地球科学学院	16	天气气候与环境气象研究所	曹 龙
	17	地质研究所	程晓敢
	18	地球物理研究所	徐义贤
	19	地理与空间信息研究所	杜震洪
心理与行为科学系	20	应用心理学研究所	马剑虹
	21	认知与发展心理学研究所	张智君
机械工程学院	22	制造技术及装备自动化研究所	傅建中
	23	设计工程研究所	张树有
	24	航空制造工程研究所	董辉跃
	25	工业工程研究所	纪杨建
	26	机械设计研究所	童水光
	27	智能装备与机器人研究所	尹 俊
	28	精密工程与微纳技术研究所	刘 涛
	29	机电控制技术与工程研究所	刘宏伟
	30	流体动力与智能控制研究所	欧阳小平
材料科学与工程学院	31	半导体材料研究所	皮孝东
	32	金属材料研究所	吴进明
	33	无机非金属材料研究所	钱国栋
	34	材料物理研究所	吴勇军
	35	功能复合材料与结构研究所	彭华新
	36	高温合金研究所	贝红斌
能源工程学院	37	热能工程研究所	岑可法
	38	动力机械与车辆工程研究所	刘震涛
	39	制冷与低温研究所	张学军
	40	热工与动力系统研究所	盛德仁
	41	化工机械研究所	洪伟荣

所属院系	序号	研究所	负责人
电气工程学院	42	电机及其控制研究所	年 珩
	43	电力系统自动化研究所	陈向荣
	44	航天电气与微特电机研究所	卢琴芬
	45	电力能源互联网及其智能化研究所	汪 震
	46	电气自动化研究所	刘妹琴
	47	系统科学与控制研究所	厉小润
	48	电力电子技术研究所	徐德鸿
	49	电工电子新技术研究所	杨仕友
建筑工程学院	50	结构工程研究所	赵羽习
	51	岩土工程研究所	陈云敏
	52	交通工程研究所	徐荣桥
	53	智能交通研究所	陈喜群
	54	智能制造与工程管理研究所	王海龙
	55	市政工程研究所	张仪萍
	56	防灾工程研究所	吕 庆
	57	空间结构研究中心	罗尧治
	58	建筑材料研究所	闫东明
	59	高性能结构研究所	徐世烺
	60	滨海和城市岩土工程研究中心	龚晓南
	61	建筑设计及其理论研究所	贺 勇
	62	建筑技术研究所	葛 坚
	63	城市规划与设计研究所	王纪武
	64	城乡规划理论与技术研究所	韩昊英
	65	水科学与工程研究所	许月萍
化学工程与生物工程学院	66	聚合与聚合物工程研究所	刘平伟
	67	化学工程研究所	戴立言
	68	联合化学反应工程研究所	廖祖维
	69	生物工程研究所	吴坚平
	70	制药工程研究所	鲍宗必
	71	工业生态与环境研究所	肖丰收

所属院系	序号	研究所	负责人
海洋学院	72	海洋地质与资源研究所	厉子龙
	73	物理海洋与遥感研究所	李培良
	74	海洋生物与药物研究所	马忠俊
	75	海洋化学与环境研究所	潘依雯
	76	港口海岸与近海工程研究所	贺治国
	77	海洋工程与技术研究所	陈家旺
	78	海洋传感与网络研究所	瞿逢重
	79	海洋结构与船舶工程研究所	冷建兴
	80	海洋电子与智能系统研究所	徐志伟
航空航天学院	81	应用力学研究所	宋吉舟
	82	流体工程研究所	余钊圣
	83	飞行器设计与推进技术研究所	孟 华
	84	智能无人系统研究所	黎 军
	85	空天信息技术研究所	宋广华
	86	航天电子工程研究所	郁发新
	87	微小卫星研究中心	金仲和
	88	生物力学与应用研究所	季葆华
高分子科学与工程系	89	高分子科学研究所	高 超
	90	高分子复合材料研究所	陈红征
	91	生物医用大分子研究所	计 剑
光电科学与工程学院	92	光学成像与检测技术研究所	徐之海
	93	光学工程研究所	白 剑
	94	光及电磁波研究中心	何赛灵
	95	光学惯性技术工程中心	黄腾超
	96	微纳光子学研究所	邱建荣
	97	激光生物医学研究所	丁志华
	98	光电工程研究所	匡翠方
信息与电子工程学院（含微纳电子学院）	99	信息与通信网络工程研究所	虞 露
	100	智能通信网络与安全研究所	赵民建
	101	信号空间和信息系统研究所	徐 文

所属院系	序号	研究所	负责人
信息与电子工程学院（含微纳电子学院）	102	微电子集成系统研究所	储　涛
	103	超大规模集成电路设计研究所	黄　凯
	104	先进集成电路制造技术研究所	高大为
控制科学与工程学院	105	工业控制研究所	陈积明
	106	智能感知与检测研究所	黄志尧
	107	智能系统与控制研究所	苏宏业
	108	控制装备及综合安全研究所	王文海
	109	工业智能与系统工程研究所	陈　曦
计算机科学与技术学院	110	人工智能研究所	吴　飞
	111	系统结构与网络安全研究所	潘　纲
	112	计算机软件研究所	陈　刚
	113	现代工业设计研究所	孙凌云
生物医学工程与仪器科学学院	114	生物医学工程研究所	夏　灵
	115	数字技术及仪器研究所	陈耀武
	116	医疗健康信息工程技术研究所	叶学松
生命科学学院	117	植物生物学研究所	郑绍建
	118	微生物研究所	高海春
	119	生态研究所	邱英雄
	120	细胞与发育生物学研究所	陈　军
	121	生物化学研究所	易　文
	122	遗传与再生生物学研究所	严庆丰
	123	生物物理研究所	田　兵
生物系统工程与食品科学学院	124	农业生物环境工程研究所	泮进明
	125	智能农业装备研究所	王　俊
	126	农业信息技术研究所	裘正军
	127	食品生物科学技术研究所	陈　卫
	128	食品加工工程研究所	刘东红
环境与资源学院	129	环境健康研究所	刘　璟
	130	环境过程研究所	林道辉
	131	农业化学研究所	金崇伟

浙江大学年鉴

所属院系	序号	研究所	负责人
环境与资源学院	132	农业遥感与信息技术应用研究所	罗忠奎
	133	土水资源与环境研究所	何　艳
	134	环境污染防治研究所	吴伟祥
	135	环境技术研究所	吴忠标
	136	环境生态研究所	胡宝兰
农业与生物技术学院	137	生物技术研究所	蔡新忠
	138	原子核农业科学研究所	叶庆富
	139	作物科学研究所	王一州
	140	蔬菜研究所	卢　钢
	141	果树科学研究所	李　鲜
	142	园林研究所	夏宜平
	143	昆虫科学研究所	李　飞
	144	农药与环境毒理研究所	虞云龙
	145	茶叶研究所	王岳飞
	146	现代种业研究所	关雪莹
动物科学学院	147	饲料科学研究所	余东游
	148	动物预防医学研究所	周继勇
	149	奶业科学研究所	王佳堃
	150	蚕蜂研究所	胡福良
	151	动物养殖与环境工程研究所	邵庆均
	152	应用生物资源研究所	时连根
	153	动物遗传繁育研究所	彭金荣
医学院	154	传染病研究所	李兰娟
	155	血液学研究所	黄　河
	156	肿瘤研究所	于晓方
	157	儿科研究所	杜立中
	158	外科研究所	王伟林
	159	心血管病研究所	王建安
	160	脑医学研究所	张建民

所属院系	序号	研究所	负责人
医学院	161	急救医学研究所	张　茂
	162	骨科研究所	叶招明
	163	妇产科计划生育研究所	吕卫国
	164	邵逸夫临床医学研究所	俞云松
	165	眼科研究所	姚　克
	166	呼吸疾病研究所	沈华浩
	167	免疫学研究所	曹雪涛
	168	细胞生物学研究所	张咸宁
	169	病理学与法医学研究所	周　韧
	170	社会医学与全科医学研究所	李　鲁
	171	环境医学研究所	孙文均
	172	营养与食品安全研究所	王福俤
	173	神经科学研究所	段树民
	174	微创外科研究所	蔡秀军
	175	核医学与分子影像研究所	张　宏
	176	胃肠病研究所	姒健敏
	177	系统神经与认知科学研究所	王　菁
	178	器官移植研究所	郑树森
	179	口腔医学研究所	王慧明
	180	肾脏病研究所	陈江华
	181	检验医学研究所	陈　瑜
	182	运动医学研究所	欧阳宏伟
	183	遗传学研究所	管敏鑫
	184	药物生物技术研究所	李永泉
药学院	185	药物发现与设计研究所	崔孙良
	186	药物制剂研究所	高建青
	187	药物信息学研究所	瞿海斌
	188	现代中药研究所	吴永江
	189	药理毒理研究所	应美丹
	190	药物代谢和药物分析研究所	曾　苏

浙江大学年鉴

序号	校设研究院名称	批准时间	负责人
1	浙江加州国际纳米技术研究院	2005年12月	杨 辉
2	浙江大学求是高等研究院	2006年10月	徐立之
3	浙江大学生命科学研究院	2009年10月	冯新华
4	浙江大学水环境研究院	2009年12月	徐向阳
5	浙江大学可持续能源研究院	2010年1月	骆仲泱
6	浙江大学集成电路与基础软件研究院	2010年4月	严晓浪
7	浙江大学国际设计研究院	2010年9月	孙凌云
8	浙江大学转化医学研究院	2012年3月	吕志民
9	浙江大学海洋研究院	2014年5月	张海生
10	浙江大学健康医疗大数据国家研究院	2018年6月	吴息凤
11	浙江大学数学高等研究院	2019年12月	励建书
12	浙江大学癌症研究院	2020年1月	丁 健
13	浙江大学生态文明研究院	2021年10月	朱利中
14	浙江大学氢能研究院	2022年6月	郑津洋
15	浙江大学碳中和研究院	2022年8月	高 翔
16	物理高等研究院	2022年12月	林海青

附录3 2022年浙江大学共建科研机构(校地科技合作平台)

序号	校地科技合作平台	时间	负责人	平台性质
1	浙江大学台州研究院	2007年	余勇刚 (主持工作)	事业法人
2	浙江大学舟山海洋研究中心	2009年	王瑞飞	事业法人
3	浙江大学苏州工业技术研究院	2011年	叶继术	事业法人
4	浙江大学昆山创新中心	2012年	叶继术	事业法人
5	浙江大学常州工业技术研究院	2013年	吕红兵	事业法人
6	浙江大学自贡创新中心	2014年	童水光	事业法人
7	浙江大学滨海产业技术研究院	2014年	柳景青	事业法人
8	浙江大学包头工业技术研究院	2014年	吕福在	事业法人
9	浙江大学华南工业技术研究院	2014年	朱嵘华	事业法人

序号	校地科技合作平台	时间	负责人	平台性质
10	浙江大学山东工业技术研究院	2017 年	曹衍龙	事业法人
11	浙江大学温州研究院	2019 年	叶志镇	事业法人
12	浙江大学深圳研究院	2003 年	柳景青	事业法人
13	浙江大学衢州研究院	2018 年	任其龙	事业法人
14	浙江大学绍兴研究院(原浙江大学绍兴微电子研究中心)	2018 年	高长有	事业法人
15	浙江大学德清先进技术与产业研究院	2018 年	翁沈军	事业法人
16	浙江大学德清涡轮机械与推进系统研究院	2018 年	郑 耀	事业法人
17	浙江大学计算机创新技术研究院	2019 年	陈 刚	事业法人
18	浙江大学中原研究院	2019 年	叶兴乾	事业法人
19	浙江大学山东(临沂)现代农业研究院	2019 年	王 珂	事业法人
20	浙江大学智能创新药物研究院	2020 年	丁 健	事业法人
21	浙江大学海南研究院	2020 年	王立忠	事业法人
22	浙江大学国际健康医学研究院	2020 年	应颂敏	事业法人
23	浙江大学先进电气装备创新中心	2020 年	阎 彦	事业法人
24	浙江大学青山湖能源研究基地	2020 年	方梦祥	事业法人
25	浙江大学滨江研究院	2020 年	王立忠	事业法人
26	浙江大学高端装备研究院	2020 年	杨华勇	事业法人
27	浙江大学湖州研究院	2020 年	许 超	事业法人
28	浙江大学嘉兴研究院	2021 年	高 翔	事业法人
29	浙江大学金华研究院	2021 年	顾 臻	事业法人
30	江西求是高等研究院	2022 年	刘玉生	事业法人
31	浙大余杭脑机交叉研究院(筹)	2022 年	张 泽	事业法人
32	浙江大学(杭州)创新医药研究院	2016 年	杨 波	非法人
33	浙江大学机器人研究院	2017 年	陆国栋	非法人
34	浙江大学宁波研究院	2018 年	杨灿军	非法人
35	浙江大学(宁波)气动产业技术研究中心	2018 年	陶国良	非法人
36	浙江大学三门 OLED 产业研究中心	2019 年	凌 君	非法人

浙江大学年鉴

序号	校地科技合作平台	时间	负责人	平台性质
37	浙江大学龙泉创新中心	2019 年	熊树生	非法人
38	浙江大学(余杭)基础医学创新研究院	2019 年	杨 巍	非法人
39	浙江大学—重庆市住房公积金管理中心创新应用联合实验室	2020 年	尹可挺	非法人
40	浙大—榆林智能自动化和智慧能源联合研发中心	2020 年	施一明	非法人
41	浙江大学—湖州智能驱动产业研究中心	2020 年	沈建新	非法人
42	浙江大学—广西东盟创新研究中心	2020 年	杨 辉	非法人
43	浙江大学海宁生物电子国际研究中心	2020 年	骆季奎	非法人
44	浙江大学—萍乡市湘东工业园光电技术联合研究中心	2020 年	沈伟东	非法人
45	浙江大学百山祖国家公园联合研究中心	—	于明坚	非法人
46	浙江大学安庆未来产业技术研究中心	2021 年	赵和平	非法人
47	浙江大学—钱塘智慧城光电联合研究中心	2021 年	林 斌	非法人
48	浙江大学(宁海)生物质材料与碳中和建设联合研究中心	2021 年	肖 岩	非法人
49	浙江大学—海宁再生医学材料联合研究中心	2021 年	洪 逸	非法人
50	浙江大学泰和乌鸡产业技术联合研究中心	2021 年	汪以真	非法人
51	国家光学仪器工程技术研究中心余杭基地	2021 年	何赛灵	非法人
52	浙江大学(常山)现代农业发展研究中心	2022 年	吴 迪	非法人
53	浙江大学文成大健康产业联合研究中心	2022 年	刘 鹰	非法人
54	浙江大学湄潭茶叶研究院	2022 年	王岳飞	非法人
55	浙江大学长三角中心未来环境科技联合研发中心	2022 年	王东升	非法人
56	浙江大学汝南县蔬菜产业振兴联合研究中心	2022 年	喻景权	非法人
57	浙江大学—苍南县中医药联合创新中心	2022 年	刘雪松	非法人

注:非法人单位为签约时间,法人单位为注册成立时间;负责人指院长或中心主任。

序号	基地名称	批准日期	负责人	学院(系)
全国(国家)重点实验室				
1	脑机智能全国重点实验室	2022 年 5 月	吴朝晖	计算机学院
2	硅及先进半导体材料全国重点实验室	2022 年 11 月	杨德仁	材料学院
3	计算机辅助设计与图形系统全国重点实验室	2022 年 11 月	周　昆	计算机学院
4	区块链与数据安全全国重点实验室	2022 年 11 月	陈　纯	计算机学院
5	工业控制技术全国重点实验室	2022 年 11 月	金建祥	控制学院
6	极端光学技术与仪器全国重点实验室	2022 年 11 月	刘　旭	光电学院
7	流体动力基础件与机电系统全国重点实验室	2022 年 11 月	杨华勇	机械学院
8	能源清洁利用国家重点实验室	2005 年 3 月	严建华	能源学院
9	传染病诊治国家重点实验室	2007 年 10 月	李兰娟	医学院附属第一医院
10	农业装备技术全国重点实验室(参与)	2022 年 11 月	泮进明	生工食品学院
11	水稻生物育种全国重点实验室(参与)	2022 年 11 月	叶恭银	农学院
12	植物抗逆高效全国重点实验室(参与)	2022 年 11 月	郑绍建	生命科学学院
13	化工联合国家重点实验室(参与)	1987 年 6 月	李伯耿	化工学院
国家重大科技基础设施				
1	超重力离心模拟与实验装置国家重大科技基础设施	2019 年 1 月	陈云敏	建工学院
国家工程技术研究中心				
1	国家光学仪器工程技术研究中心	1994 年 3 月	何赛灵	光电学院
2	国家电液控制工程技术研究中心	2000 年 6 月	谢海波	机械学院
3	国家列车智能化工程技术研究中心	2011 年 6 月	陈　刚	计算机学院
4	国家水煤浆工程技术研究中心(参加)	1992 年 4 月	周俊虎	能源学院
国家工程研究中心(实验室)				
1	工业自动化国家工程研究中心	1992 年 9 月	孙优贤	控制学院
2	电力电子应用技术国家工程研究中心	1996 年 10 月	盛　况	电气学院
3	绿色饲料与健康养殖国家工程研究中心	2008 年 7 月	汪以真	动科学院
4	工业控制系统安全技术国家工程实验室	2013 年 11 月	孙优贤	控制学院
5	固体废物能源化清洁利用技术与装备国家工程研究中心	2016 年 10 月	严建华	能源学院

浙江大学年鉴

序号	基地名称	批准日期	负责人	学院(系)
6	微创器械创新及应用国家工程研究中心	2021 年 10 月	蔡秀军	医学院附属邵逸夫医院
国家临床医学研究中心				
1	国家感染性疾病临床医学研究中心	2019 年 5 月	李兰娟	医学院附属第一医院
2	国家儿童健康与疾病临床医学研究中心	2019 年 5 月	舒 强	医学院附属儿童医院
国家科技资源共享服务平台				
1	国家健康和疾病人脑组织资源库	2019 年 6 月	章 京	医学院脑科学与脑医学系
科技部国际科技合作基地				
1	浙江国际纳米技术研发中心	2007 年 12 月	杨 辉	纳米研究院
2	先进能源国际联合研究中心	2012 年 9 月	骆仲泱	能源学院
3	中国—葡萄牙先进材料联合创新中心	2013 年 2 月	计 剑	高分子系
4	园艺作物品质调控与应用国际联合研究中心	2015 年 10 月	陈昆松	农学院
5	海洋土木工程国际联合研究中心	2016 年 11 月	王立忠	建工学院
6	流程生产质量优化与控制国际联合研究中心	2016 年 11 月	邵之江	控制学院
7	光电技术国际联合研究中心	2016 年 11 月	邱建荣	光电学院
8	肝病和肝移植研究国际科技合作基地	2016 年 11 月	郑树森	医学院附属第一医院
9	出生缺陷诊治国际科技合作基地	2018 年 2 月	舒 强	医学院附属儿童医院
科技部"一带一路"联合实验室				
1	中国—葡萄牙先进材料"一带一路"联合实验室	2020 年 9 月	计 剑	高分子系
2	中国—新加坡传染病防治与药物研发"一带一路"联合实验室	2020 年 9 月	李兰娟	医学院附属第一医院
国家地方联合工程研究中心				
1	海洋工程装备国家地方联合工程研究中心(浙江)	2012 年 10 月	朱世强	海洋学院

浙江大学年鉴

序号	基地名称	批准日期	负责人	学院（系）
2	工业生物催化国家地方联合工程研究中心(浙江)	2013 年 10 月	杨立荣	化工学院
3	园艺产品冷链物流工艺与装备国家地方联合工程研究中心(浙江)	2015 年 3 月	孙崇德	农学院
4	药物制剂技术国家地方联合工程研究中心(浙江)	2015 年 12 月	胡富强	药学院
5	智能食品加工技术与装备国家地方联合工程研究中心(浙江)	2016 年 10 月	刘东红	生工食品学院
6	先进结构设计与建造技术国家地方联合工程研究中心(浙江)	2017 年 12 月	罗尧治	建工学院
国家 2011 协同创新中心				
1	煤炭分级转化清洁发电协同创新中心	2014 年 10 月	骆仲泱	能源学院
2	感染性疾病诊治协同创新中心	2014 年 10 月	李兰娟	医学院附属第一医院
国家产教融合创新平台				
1	国家心脑血管植入器械产教融合创新平台	2022 年 12 月	王建安	医学院附属第二医院
教育部前沿科学中心				
1	脑与脑机融合前沿科学中心	2018 年 9 月	段树民	医学院
教育部集成攻关大平台				
1	×××集成攻关大平台	2019 年 11 月	王文海	控制学院
教育部重点实验室				
1	生物医学工程教育部重点实验室	2000 年 8 月	王 平	生仪学院
2	生命系统稳态与保护教育部重点实验室	2000 年 8 月	冯新华	生科学院
3	动物分子营养学教育部重点实验室	2000 年 8 月	汪以真	动科学院
4	污染环境修复与生态健康教育部重点实验室	2003 年 11 月	梁永超	环资学院
5	高分子合成与功能构造教育部重点实验室	2005 年 12 月	李寒莹	高分子系
6	软弱土与环境土工教育部重点实验室	2007 年 2 月	詹良通	建工学院
7	恶性肿瘤预警与干预教育部重点实验室	2007 年 12 月	胡 汛	医学院附属第二医院

浙江大学年鉴

序号	基地名称	批准日期	负责人	学院(系)
8	生殖遗传教育部重点实验室	2010 年 11 月	黄荷凤	医学院附属妇产科医院
9	生物质化工教育部重点实验室	2011 年 12 月	任其龙	化工学院
10	视觉感知教育部—微软重点实验室	2005 年 2 月	杨 易	计算机学院
教育部工程研究中心				
1	膜与水处理技术教育部工程研究中心	2001 年 1 月	侯立安	高分子系
2	嵌入式系统教育部工程研究中心	2006 年 6 月	陈耀武	生仪学院
3	计算机辅助产品创新设计教育部工程研究中心	2006 年 6 月	应放天	计算机学院
4	表面与结构改性无机功能材料教育部工程研究中心	2007 年 10 月	韩高荣	材料学院
5	数字图书馆教育部工程研究中心	2009 年 1 月	庄越挺	计算机学院
6	高压过程装备与安全教育部工程研究中心	2009 年 12 月	郑津洋	能源学院
7	电子病历与智能专家系统教育部工程研究中心	2013 年 11 月	李兰娟	医学院附属第一医院
8	海洋感知技术与装备教育部工程研究中心	2019 年 10 月	王立忠	海洋学院
9	抗肿瘤创新药物教育部工程研究中心	2022 年 9 月	杨 波	药学院
教育部省部共建协同创新中心				
1	人工智能省部共建协同创新中心	2018 年 12 月	庄越挺	计算机学院
2	工业信息物理融合系统省部共建协同创新中心	2019 年 9 月	贺诗波	控制学院
教育部国际合作联合实验室				
1	光子学与技术国际合作联合实验室	2015 年 12 月	戴道锌	光电学院
教育部野外科学观测研究站				
1	浙江长兴作物有害生物教育部野外科学观测研究站	2019 年 10 月	林福呈	农学院
2	浙江舟山群岛海洋生态系统教育部野外科学观测研究站	2019 年 10 月	李春峰	海洋学院
农业农村部重点实验室				
1	农业农村部核农学重点实验室	2016 年 12 月	华跃进	农学院

序号	基地名称	批准日期	负责人	学院（系）
2	农业农村部华东动物营养与饲料重点实验室	2016 年 12 月	汪以真	动科学院
3	农业农村部设施农业装备与信息化重点实验室	2016 年 12 月	朱松明	生工食品学院
4	农业农村部园艺作物生长发育重点实验室	2016 年 12 月	喻景权	农学院
5	农业农村部动物病毒学重点实验室	2016 年 12 月	周继勇	动科学院
6	农业农村部作物病虫分子生物学重点实验室	2016 年 12 月	陈学新	农学院
7	农业农村部农产品产后处理重点实验室	2016 年 12 月	罗自生	生工食品学院
8	农业农村部农产品产地处理装备重点实验室	2016 年 12 月	应义斌	生工食品学院
9	农业农村部光谱检测重点实验室	2016 年 12 月	何 勇	生工食品学院
10	农业农村部畜禽资源（猪）评价利用重点实验室（试运行）	2022 年 1 月	潘玉春	动科学院
11	农业农村部植物工厂加代育种重点实验室（试运行）	2022 年 1 月	方 磊	农学院
12	农业农村部农产品品质评价与营养健康重点实验室（试运行）	2022 年 1 月	陆柏益	生工食品学院
卫生健康委重点实验室				
1	卫生健康委传染病重点实验室	1996 年 2 月	李兰娟	医学院附属第一医院
2	卫生健康委多器官联合移植研究重点实验室	2000 年 12 月	郑树森	医学院附属第一医院
3	卫生健康委医学神经生物学重点实验室	2007 年 4 月	罗建红	基础医学系
各部委研究中心				
1	智能科学与技术网上合作研究中心（教育部）	1999 年 12 月	潘云鹤	计算机学院
2	国家濒危野生动植物种质基因保护中心（教育部、国家林业和草原局）	2001 年 10 月	方盛国	生科学院
3	教育部含油气盆地构造研究中心	2006 年 8 月	陈汉林	地科学院
4	磁约束核聚变教育部研究中心（联合）	2008 年 2 月	盛正卯	物理学院
5	国家环境保护燃煤大气污染控制工程技术中心（原环保部）	2010 年 11 月	高 翔	能源学院
6	浙江国际纳米技术研发中心（教育部、国家外专局）	2007 年 12 月	杨 辉	纳米研究院

浙江大学年鉴

序号	基地名称	批准日期	负责人	学院（系）
7	新型飞行器联合研究中心（教育部）	2009 年 11 月	郑　耀	航空航天学院
浙江省实验室				
1	良渚实验室	2020 年 7 月	刘志红	医学院
2	东海实验室	2022 年 5 月	郑津洋	能源学院
3	白马湖实验室	2022 年 6 月	高　翔	能源学院
浙江应用数学中心				
1	浙江应用数学中心	2020 年 3 月	包　刚	数学学院
浙江省重点实验室				
1	浙江省医学分子生物学重点实验室	1991 年 12 月	丁克峰	医学院附属第二医院
2	浙江省应用化学重点实验室	1992 年 3 月	肖丰收	化学系
3	浙江省饲料与动物营养重点实验室	1992 年 5 月	汪以真	动科学院
4	浙江省资源与环境信息系统重点研究实验室	1993 年 11 月	杜震洪	地科学院
5	浙江省农业遥感与信息技术重点实验室	1993 年 11 月	史　舟	环资学院
6	浙江省细胞与基因工程重点实验室	1995 年 9 月	严庆丰	生科学院
7	浙江省核农学重点实验室	1995 年 10 月	吴殿星	农学院
8	浙江省信息处理与通信网络重点实验室	1997 年 10 月	张朝阳	信电学院
9	浙江省农业资源与环境重点实验室	1997 年 10 月	刘杏梅	环资学院
10	浙江省心脑血管检测技术与药效评价重点实验室	1997 年 10 月	陈　杭	生仪学院
11	浙江省电磁及复合暴露健康危害重点实验室	1997 年 10 月	周　舟	公共卫生系
12	浙江省先进制造技术重点实验室	1999 年 7 月	梅德庆	机械学院
13	浙江省器官移植重点实验室	2000 年 4 月	郑树森	医学院附属第一医院
14	浙江省动物预防医学重点实验室	2004 年 8 月	杜爱芳	动科学院
15	浙江省女性生殖健康研究重点实验室	2005 年 12 月	吕卫国	医学院附属妇产科医院
16	浙江省传染病重点实验室	2006 年 9 月	李兰娟	医学院附属第一医院

序号	基地名称	批准日期	负责人	学院(系)
17	浙江省医学分子影像重点实验室	2006 年 10 月	田　梅	医学院附属第二医院
18	浙江省生物治疗重点实验室	2007 年 1 月	金洪传	医学院附属邵逸夫医院
19	浙江省水体污染控制与环境安全技术重点实验室	2007 年 12 月	徐向阳	环资学院
20	浙江省新生儿疾病(诊治)重点实验室	2008 年 12 月	舒　强	医学院附属儿童医院
21	浙江省血液肿瘤(诊治)重点实验室	2008 年 12 月	金　洁	医学院附属第一医院
22	浙江省服务机器人重点实验室	2008 年 12 月	卜佳俊	计算机学院
23	浙江省微生物生化与代谢工程重点实验室	2009 年 12 月	李永泉	基础医学系
24	浙江省心血管诊治重点实验室	2009 年 12 月	王建安	医学院附属第二医院
25	浙江省疾病蛋白质组学重点实验室	2009 年 12 月	邵吉民	基础医学系
26	浙江省有机污染过程与控制重点实验室	2009 年 12 月	林道辉	环资学院
27	浙江省医学神经生物学重点实验室	2010 年 9 月	吴志英	基础医学系
28	浙江省空间结构重点实验室	2010 年 9 月	罗尧治	建工学院
29	浙江省腔镜技术研究重点实验室	2010 年 9 月	蔡秀军	医学院附属邵逸夫医院
30	浙江省光电磁传感技术研究重点实验室	2010 年 9 月	何赛灵	光电学院
31	浙江省重要致盲眼病防治技术研究重点实验室	2011 年 11 月	姚　克	医学院附属第二医院
32	浙江省肾脏疾病防治技术研究重点实验室	2011 年 11 月	陈江华	医学院附属第一医院
33	浙江省网络多媒体技术研究重点实验室	2011 年 11 月	陈耀武	生仪学院
34	浙江省组织工程与再生医学技术重点实验室	2011 年 11 月	欧阳宏伟	基础医学系
35	浙江省作物种质资源重点实验室	2011 年 11 月	舒庆尧	农学院
36	浙江省电池新材料与应用技术研究重点实验室	2012 年 9 月	涂江平	材料学院
37	浙江省海洋可再生能源电气装备与系统技术研究重点实验室	2012 年 9 月	韦　巍	电气学院

序号	基地名称	批准日期	负责人	学院（系）
38	浙江省农产品加工技术研究重点实验室	2012 年 9 月	叶兴乾	生工食品学院
39	浙江省抗肿瘤药物临床前研究重点实验室	2013 年 7 月	何俏军	药学院
40	浙江省饮用水安全与输配技术重点实验室	2013 年 7 月	张土乔	建工学院
41	浙江省三维打印工艺与装备重点实验室	2014 年 8 月	傅建中	机械学院
42	浙江省精神障碍诊疗和防治技术重点实验室	2014 年 8 月	许　毅	医学院附属第一医院
43	浙江省园艺植物整合生物学研究与应用重点实验室	2015 年 3 月	陈昆松	农学院
44	浙江省大数据智能计算重点实验室	2015 年 3 月	陈　刚	计算机学院
45	浙江省制冷与低温技术重点实验室	2015 年 3 月	邱利民	能源学院
46	浙江省新型吸附分离材料与应用技术重点实验室	2015 年 11 月	徐志康	高分子系
47	浙江省软体机器人与智能器件研究重点实验室	2015 年 11 月	钱　劲	航空航天学院
48	浙江省临床体外诊断技术研究重点实验室	2015 年 11 月	陈　瑜	医学院附属第一医院
49	浙江省海洋岩土工程与材料重点实验室	2015 年 11 月	王立忠	海洋学院
50	浙江省化工高效制造技术重点实验室	2016 年 9 月	廖祖维	化工学院
51	浙江省先进微纳电子器件智能系统及应用重点实验室	2016 年 9 月	李尔平	信电学院
52	浙江省肝胆胰肿瘤精准诊治研究重点实验室	2016 年 9 月	王伟林	医学院附属第一医院
53	浙江省胰腺病研究重点实验室	2016 年 9 月	梁廷波	医学院附属第二医院
54	浙江省口腔生物医学研究重点实验室	2016 年 9 月	王慧明	医学院附属口腔医院
55	浙江省海洋观测—成像试验区重点实验室	2016 年 9 月	赵航芳	海洋学院
56	浙江省呼吸疾病诊治及研究重点实验室	2017 年 9 月	沈华浩	基础医学系
57	浙江省生殖障碍诊治研究重点实验室	2017 年 9 月	张松英	医学院附属邵逸夫医院
58	浙江省作物病虫生物学重点实验室	2018 年 10 月	陈学新	农学院
59	浙江省量子技术与器件重点实验室	2018 年 10 月	许祝安	物理学院

序号	基地名称	批准日期	负责人	学院(系)
60	浙江省设计智能与数字创意研究重点实验室	2018 年 10 月	孙守迁	计算机学院
61	浙江省电机系统智能控制与变流技术重点实验室	2018 年 10 月	沈建新	电气学院
62	浙江省骨骼肌肉退变与再生修复转化研究重点实验室	2018 年 10 月	范顺武	医学院附属邵逸夫医院
63	浙江省药物临床研究与评价技术重点实验室	2018 年 10 月	裘云庆	医学院附属第一医院
64	浙江省肿瘤微环境与免疫治疗重点实验室	2018 年 10 月	黄 建	医学院附属第二医院
65	浙江省地学大数据与地球深部资源重点实验室	2019 年 11 月	夏群科	地科学院
66	浙江省微纳卫星研究重点实验室	2019 年 11 月	金仲和	先研院
67	浙江省免疫与炎症疾病重点实验室	2019 年 11 月	王青青	基础医学系
68	浙江省智能预防医学重点实验室	2019 年 11 月	吴息凤	公共卫生系
69	浙江省运动系统疾病研究与精准诊治重点实验室	2019 年 11 月	叶招明	医学院附属第二医院
70	浙江省增龄与理化损伤性疾病诊治研究重点实验室	2019 年 11 月	陆远强	医学院附属第一医院
71	浙江省心血管介入与再生修复研究重点实验室	2019 年 11 月	傅国胜	医学院附属邵逸夫医院
72	浙江省蚕蜂资源利用与创新研究重点实验室	2019 年 11 月	杨明英	动科学院
73	浙江省区块链与网络空间治理重点实验室	2020 年 11 月	任 奎	计算机学院
74	浙江省激发态材料合成与应用重点实验室	2020 年 11 月	彭笑刚	化学系
75	浙江省癌症分子细胞生物学重点实验室	2020 年 11 月	冯新华	生命学院
76	浙江省遗传缺陷与发育障碍研究重点实验室	2020 年 11 月	管敏鑫	医学院
77	浙江省医疗器械临床评价技术研究重点实验室	2020 年 11 月	冯靖祎	医学院附属第一医院
78	浙江省角膜病研究重点实验室	2020 年 11 月	姚玉峰	医学院附属邵逸夫医院
79	浙江省智能生物材料重点实验室	2021 年 3 月	申有青	化工学院
80	浙江省严重创伤与烧伤诊治重点实验室	2021 年 3 月	张 茂	医学院附属第二医院

浙江大学年鉴

序号	基地名称	批准日期	负责人	学院(系)
81	浙江省农业智能装备与机器人重点实验室	2021 年 12 月	蒋焕煜	生工食品学院
82	浙江省清洁能源与碳中和重点实验室	2021 年 12 月	高 翔	能源学院
83	浙江省先进递药系统重点实验室	2021 年 12 月	顾 臻	药学院
84	浙江省协同感知与自主无人系统重点实验室	2021 年 12 月	包 刚	工程师学院
85	浙江省医学精准检验与监测研究重点实验室	2021 年 12 月	张 钧	医学院附属邵逸夫医院
86	浙江省神经外科疾病精准诊治及临床转化重点实验室	2021 年 12 月	陈 高	医学院附属第二医院
87	浙江省妇科重大疾病精准诊治研究重点实验室	2021 年 12 月	汪 辉	医学院附属妇产科医院
88	浙江省新型信息材料技术研究重点实验室(参加)	2011 年 11 月	严 密	材料学院
89	浙江省微量有毒化学物健康风险评估技术研究重点实验室(参加)	2013 年 07 月	朱 岩	化学系
90	浙江省微生物技术与生物信息研究重点实验室(参加)	2016 年 09 月	俞云松	医学院附属邵逸夫医院
91	浙江省微波毫米波射频技术重点实验室(参加)	2018 年 10 月	郁发新	航空航天学院
92	浙江省无人机技术重点实验室(参加)	2019 年 11 月	郑 耀	航空航天学院
93	浙江省脉冲电场技术医学转化重点实验室(参加)	2020 年 11 月	蒋天安	医学院附属第一医院
94	浙江省宽禁带功率半导体材料与器件重点实验室(参加)	2021 年 12 月	盛 况	电气学院
95	浙江省智能运维机器人重点实验室(参加)	2021 年 12 月	杨克己	机械学院
96	浙江省汽车智能热管理科学与技术重点实验室(参加)	2021 年 12 月	俞小莉	能源学院
浙江省工程技术研究中心				
1	浙江省现代服务业电子服务工程技术研究中心	2012 年 12 月	尹建伟	计算机学院
2	浙江省认知医疗工程技术研究中心	2016 年 9 月	林 辉	医学院附属邵逸夫医院

续表

序号	基地名称	批准日期	负责人	学院(系)
3	浙江省城市地下空间开发工程技术研究中心	2017 年 9 月	徐日庆	建工学院
4	浙江省网络媒体云处理与分析工程技术研究中心(参加)	2011 年 11 月	张仲非	信电学院
浙江省临床医学研究中心				
1	浙江省心脑血管疾病临床医学研究中心	2017 年 12 月	王建安	医学院附属第二医院
2	浙江省肝胆胰疾病临床医学研究中心	2017 年 12 月	梁廷波 王伟林	医学院附属第一医院
3	浙江省腹腔脏器微创诊治临床医学研究中心	2017 年 12 月	蔡秀军	医学院附属邵逸夫医院
4	浙江省感染性疾病临床医学研究中心	2019 年 5 月	李兰娟	医学院附属第一医院
5	浙江省儿童健康与疾病临床医学研究中心	2019 年 5 月	舒 强	医学院附属儿童医院
6	浙江省肾脏与泌尿系统疾病临床医学研究中心	2020 年 12 月	陈江华	医学院附属第一医院
7	浙江省血液病临床医学研究中心	2020 年 12 月	金 洁	医学院附属第一医院
8	浙江省运动系统疾病临床医学研究中心	2020 年 12 月	叶招明	医学院附属第二医院
9	浙江省急危重症临床医学研究中心	2020 年 12 月	张 茂	医学院附属第二医院
10	浙江省神经系统疾病临床医学研究中心	2020 年 12 月	张建民	医学院附属第二医院
11	浙江省眼部疾病临床医学研究中心	2020 年 12 月	叶 娟	医学院附属第二医院
12	浙江省口腔疾病临床医学研究中心	2020 年 12 月	陈谦明	医学院附属口腔医院
13	浙江省妇产疾病临床医学研究中心	2021 年 12 月	吕卫国	医学院附属妇产科医院
14	浙江省妇产疾病临床医学研究中心	2021 年 12 月	张松英	医学院附属邵逸夫医院

続表

序号	基地名称	批准日期	负责人	学院（系）
15	浙江省儿科疾病临床医学研究中心	2021 年 12 月	张 丹	医学院附属妇产科医院
16	浙江省呼吸系统疾病临床医学研究中心	2021 年 12 月	周建娅	医学院附属第一医院
17	浙江省恶性肿瘤临床医学研究中心	2021 年 12 月	丁克峰	医学院附属第二医院
18	浙江省消化系统疾病临床医学研究中心	2021 年 12 月	虞朝辉	医学院附属第一医院
浙江省协同创新中心				
1	工业信息物理融合系统协同创新中心	2013 年 11 月	贺诗波	控制学院
2	煤炭资源化利用发电技术协同创新中心	2013 年 11 月	骆仲泱	能源学院
3	感染性疾病诊治协同创新中心	2013 年 11 月	李兰娟	医学院附属第一医院
4	作物品质与产品安全协同创新中心	2016 年 4 月	喻景权	农学院
5	智慧东海协同创新中心	2016 年 4 月	朱世强	海洋学院
6	新型飞行器关键基础与重大应用协同创新中心	2016 年 4 月	郑 耀	航空航天学院
7	数字丝绸之路协同创新中心	2016 年 4 月	马述忠	经济学院
8	大数据＋立法研究协同创新中心	2018 年 5 月	郑春燕	法学院
9	社会组织与社会治理协同创新中心	2018 年 5 月	郁建兴	公共管理学院
10	低碳城市协同创新中心	2022 年 12 月	石敏俊	公共管理学院
11	智能无人机系统协同创新中心	2019 年 10 月	邵雪明	航空航天学院
12	乡村振兴协同创新中心	2019 年 10 月	叶兴乾	生工食品学院
13	人工智能协同创新中心	2019 年 10 月	庄越挺	计算机学院
14	微小卫星与星群协同创新中心	2019 年 10 月	金仲和	航空航天学院
浙江省国际科技合作基地				
1	肝病和肝移植研究浙江国际科技合作基地	2013 年 7 月	郑树森	医学院附属第一医院
2	园艺产品品质调控技术研创与应用浙江国际科技合作基地	2015 年 1 月	陈昆松	农学院

序号	基地名称	批准日期	负责人	学院(系)
3	海洋土木工程浙江国际科技合作基地	2015 年 1 月	王立忠	建工学院
4	食品药品安全浙江省国际科技合作基地	2016 年 2 月	何俏军	药学院
5	出生缺陷诊治浙江省国际科技合作基地	2016 年 2 月	舒　强	医学院附属儿童医院
6	消化道肿瘤研究浙江国际科技合作基地	2016 年 12 月	梁廷波	医学院附属第一医院
7	微创医学国际科技合作基地	2018 年 7 月	蔡秀军	医学院附属邵逸夫医院
8	先进材料微结构与性能调控国际科技合作基地	2018 年 7 月	韩高荣	材料学院
9	心血管疾病研究国际科技合作基地	2018 年 7 月	王建安	医学院附属第二医院
10	健康食品制造与品质控制国际合作基地	2019 年 12 月	刘东红	生工食品学院
11	种质创新与分子设计育种国际科技合作基地	2019 年 12 月	张国平	农学院
12	农业智能装备与机器人国际科技合作基地	2019 年 12 月	应义斌	生工食品学院
13	生物饲料研发与安全浙江省国际科技合作基地	2019 年 12 月	刘建新	动科院
14	环境污染与生态健康国际科技合作基地	2019 年 12 月	陈宝梁	环资学院
15	化工智能制造国际科技合作基地	2019 年 12 月	张　林	化工学院
16	肿瘤免疫诊断与治疗新技术创新基地	2019 年 12 月	黄　建	医学院附属第二医院
17	高分子健康材料与应用技术国际科技合作基地	2019 年 12 月	高长有	高分子系
18	电力电子技术国际科技合作基地	2020 年 11 月	李武华	电气学院
19	生殖健康国际科技合作基地	2020 年 11 月	张　丹	医学院附属妇产科医院
20	工程生物学国际科技合作基地	2020 年 11 月	寿惠霞	生科院
21	微纳设计与制造国际科技合作基地	2020 年 11 月	王靖岱	国际科创中心
22	作物病虫害绿色防控技术国际科技合作基地	2020 年 11 月	陈学新	农学院
23	情绪和情感研究国际科技合作基地	2020 年 11 月	斯　科	医学院

序号	基地名称	批准日期	负责人	学院（系）
24	生物医学与工程转化国际科技合作基地	2020 年 11 月	鲁林荣	爱丁堡大学联合学院
25	软机器与柔性电子国际科技合作基地	2020 年 11 月	曲绍兴	航空航天学院
26	医学影像国际科技合作基地	2020 年 11 月	胡红杰	医学院附属邵逸夫医院
27	绿色建筑与低碳城市国际科技合作基地	2021 年 12 月	葛　坚	建工学院
28	肝胆胰肿瘤精准诊治国际科技合作基地	2021 年 12 月	王伟林	医学院/附属第二医院
29	恶性血液疾病研究国际科技合作基地	2021 年 12 月	金　洁	医学院/附属第一医院
30	肿瘤微环境国际科技合作基地	2021 年 12 月	冯新华	生研院
31	微纳光电子国际科技合作基地	2022 年 12 月	钱　骏	浙大国际联合创新中心
32	可持续智慧宜居城市国际科技合作基地	2022 年 12 月	李德纮	国际联合学院
浙江省工程研究中心				
1	海洋装备试验浙江省工程研究中心	2010 年 12 月	冷建兴	海洋学院
2	工业生物催化浙江省工程研究中心	2011 年 9 月	杨立荣	化工学院
3	园艺产品冷链物流工艺与装备浙江省工程研究中心	2011 年 12 月	李　鲜	农学院
4	海洋工程材料浙江省工程研究中心	2012 年 6 月	詹树林	纳米研究院
5	药物制剂浙江省工程研究中心	2012 年 6 月	胡富强	药学院
6	食品加工技术与装备浙江省工程研究中心	2013 年 11 月	叶兴乾	生工食品学院
7	微生物制药技术浙江省工程研究中心	2013 年 11 月	李永泉	药学院
8	低碳烃制备技术工程研究中心	2014 年 12 月	阳永荣	化工学院
9	移动终端安全技术工程研究中心	2014 年 12 月	赵永望	计算机学院
10	先进结构设计与建造工程研究中心	2014 年 12 月	罗尧治	建工学院
11	医学人工智能浙江省工程研究中心	2017 年 10 月	梁廷波	医学院附属第一医院
12	干细胞与细胞免疫治疗浙江省工程研究中心	2017 年 10 月	黄　河	医学院附属第一医院

续表

序号	基地名称	批准日期	负责人	学院(系)
13	水污染控制浙江省工程研究中心	2017 年 10 月	徐向阳	环资学院
14	磁性材料浙江省工程研究中心	2017 年 10 月	严 密	材料学院
15	微波毫米波射频集成电路浙江省工程研究中心	2018 年 7 月	郁发新	航空航天学院
16	高可靠高安全软件工程浙江省工程研究中心	2018 年 7 月	杨建华	先研院
17	心血管疾病浙江省工程研究中心	2018 年 7 月	王建安	医学院附属第二医院
18	微创技术与装备研发浙江省工程研究中心	2018 年 7 月	蔡秀军	医学院附属邵逸夫医院
19	土壤污染协同防治浙江省工程研究中心	2019 年 10 月	陈宝梁	环资学院
20	数字创意智能技术与装备浙江省工程研究中心	2019 年 10 月	孙守迁	计算机学院
21	数理心理健康浙江省工程研究中心	2019 年 10 月	许 毅	医学院附属第一医院
22	设计工程及数字孪生浙江省工程研究中心	2020 年 12 月	谭建荣	机械学院
23	智慧交通浙江省工程研究中心	2020 年 12 月	王殿海	建工学院
24	先进无人机技术浙江省工程研究中心	2021 年 11 月	邵雪明	航空航天学院
25	口腔生物材料与器械浙江省工程研究中心	2021 年 11 月	傅柏平	附属口腔医院
26	作物精准设计育种浙江省工程研究中心	2021 年 11 月	张天真	农学院
27	眼部疾病浙江省工程研究中心	2022 年 8 月	姚 克	浙二医院
28	智能电液浙江省工程研究中心	2022 年 8 月	姚 克	浙二医院
29	氢能装备与安全浙江省工程研究中心	2022 年 8 月	郑津洋	能源学院
浙江省科技创新服务平台				
1	浙江省汽车及零部件产业科技创新服务平台	2008 年 1 月	俞小莉	能源学院
2	浙江省工业自动化公共科技创新服务平台	2008 年 4 月	孙优贤	控制学院
3	浙江省饲料产业科技创新服务平台	2008 年 8 月	刘建新	动科学院

浙江大学年鉴

附录5　2022年浙江大学新增国家级科技计划项目情况

项目类型	类别	项目数/项	经费合计
科技创新2030—重大项目	项目	7	1.27亿元
	课题	14	
国家重点研发计划	项目#	85	13.60亿元
	课题	122	
国家自然科学基金	面上项目	481	25463万元
	青年科学基金	542	16180万元
	重点重大项目*	78	21626.53万元
	国家重大科研仪器研制项目（自由申请）	2	1705万元
	国家杰出青年科学基金	16	6280万元
	优秀青年科学基金项目	25	5000万元

注：#指不含政府间国际科技创新合作和战略性科技创新合作重点专项项目，*指含重点项目、重大项目课题、重大研究计划重点支持和集成项目、联合基金重点支持项目、重点国际（地区）合作研究项目；国家杰出青年科学基金、优秀青年科学基金项目、青年科学基金经费为总经费数，其他类别项目经费均为直接经费数。

附录6　2022年浙江大学各学院（系）、研究机构新增国家自然科学基金项目情况

单位	批准项数/项	直接经费/万元	批准率/%
哲学学院	1	45	33.33
艺术与考古学院	1	30	14.29
经济学院	8	315	29.63
教育学院	1	30	10.00
管理学院	18	1143	35.29
公共管理学院	15	528	30.00
数学科学学院	10	691	35.71
物理学院	15	1551	29.41
化学系	22	1571	36.07
地球科学学院	13	1210	25.00
心理与行为科学系	8	288	36.36

单位	批准项数/项	直接经费/万元	批准率/%
机械工程学院	22	1659	27.16
材料科学与工程学院	15	1732	22.39
能源工程学院	27	1963	28.42
电气工程学院	14	1976	21.54
建筑工程学院	34	2437	24.64
化学工程与生物工程学院	52	5342.5	34.44
海洋学院	17	1706	18.89
航空航天学院	24	2215	40.00
高分子科学与工程学系	18	1609.9	32.73
光电科学与工程学院	18	1266.94	21.95
信息与电子工程学院	12	890	20.69
微纳电子学院	3	378	13.64
控制科学与工程学院	13	1103	20.31
计算机科学与技术学院	32	3469	39.02
生物医学工程与仪器科学学院	6	693	12.77
生命科学学院	18	1602	25.00
生物系统工程与食品科学学院	23	920	24.47
环境与资源学院	29	2573	32.22
农业与生物技术学院	44	2110	26.19
动物科学学院	15	674	22.06
医学院	558	31404.59	16.76
药学院	31	2318	38.27
国际联合学院	8	269	32.00
工程师学院	1	59	16.67
先进技术研究院	4	120	66.67
新农村发展研究院	2	84	18.18
杭州国际科创中心	28	949	24.14
上海高等研究院	1	30	33.33

浙江大学年鉴

单位	批准项数/项	直接经费/万元	批准率/%
求是高等研究院	1	250	50.00
生命科学研究院	8	1361	22.22
数据科学研究中心	3	282	30.00
心理科学研究中心	1	20	50.00
平衡建筑研究中心	1	30	33.33
总计数	1195	80897.93	21.12

注:经费为国家杰出青年科学基金、优秀青年科学基金项目、青年科学基金总经费与其他类别项目直接经费的加和。

附录 7　2022 年浙江大学各学院(系)新增国际合作项目情况

学院(系)	项目数/项	学院(系)	项目数/项
化学系	0	控制学院	2
机械学院	2	生仪学院	3
材料学院	0	生科学院	1
能源学院	4	生工食品学院	0
电气学院	5	环资学院	2
建工学院	4	农学院	0
化工学院	3	动科学院	2
计算机学院	5	医学院	16
高分子系	1	药学院	2
光电学院	1	公共管理学院	0
信电学院	6	生命科学研究院	0
海洋学院	0	航空航天学院	0
地球科学学院	0	浙江加州纳米研究院	0
求是高等研究院	0	国际联合学院	2

注:数据来源为浙大科研管理系统登记的新增国际合作项目,不包括国家基金国际合作类项目(以批准时间为准)。

附录8　2022年各学院(系)科研经费到款情况　　　　　　　　　单位:万元

学院(系)	到款经费	学院(系)	到款经费
数学学院	3337	高分子系	11893
物理学院	8961	光电学院	24961
化学系	9869	信电学院	30529
地科学院	4587	控制学院	21201
心理系	384	计算机学院	49802
机械学院	46621	生仪学院	11041
材料学院	24486	生科学院	8118
能源学院	39816	生工食品学院	10913
电气学院	38535	环资学院	19981
建工学院	28651	农学院	17748
化工学院	20926	动科学院	11088
海洋学院	20702	医学院	90704
航空航天学院	23121	药学院	18864

注:数据来源为2023年6月12日科研管理系统导出的2022年到款数据。

附录9　2022年浙江大学各学院(系)获国家、省部级科技奖励情况

学院(系)	国家自然科学奖二等奖	国家技术发明奖二等奖	国家科技进步奖			高等学校科技奖		青年科学家奖	浙江科技大奖	浙江省科技奖			总计
			特等	一等	二等	一等	二等			一等	二等	三等	
数学学院											1		1
物理学院						1					1		2
地科学院												1(1)	1(3)
机械学院						2				2(1)	1(2)		5(3)
材料学院										3	(2)		3(2)
能源学院				(1)	1					(1)		1(4)	2(5)
电气学院										2(1)	(2)		2(3)
建工学院				(1)	(1)					2	1	(2)	3(2)
化工学院				1	1					1(1)	2(1)	(1)	5(3)

学院（系）	国家自然科学奖二等奖	国家技术发明奖二等奖	国家科技进步奖			高等学校科技奖		青年科学家奖	浙江科技大奖	浙江省科技奖			总计
			特等	一等	二等	一等	二等			一等	二等	三等	
心理系												1	1
航空航天学院								1			1		2
高分子系										1	(1)		1(1)
光电学院						1				1(1)			2(1)
信电学院						1					(2)	1(1)	2(3)
控制学院								1		2(1)			3(1)
计算机学院						1	1			3(1)	1(1)	(1)	6(3)
生仪学院											1		1
生科学院											2		2
生工食品学院						1	(1)			1	3	1	6
环资学院						1					2(2)	1	4(2)
农学院						1	1			1	(1)	(2)	3(3)
动科学院							1				1		2
医学院						1				6	6	7(5)	20(5)
药学院						1	1			1	(1)	1	4(2)
经济学院											(2)		(2)
管理学院												1	1
外国语学院											(1)		(1)
加州国际纳米研究院										7	1		1
数据科学研究中心							1						1
海洋研究院						(1)						1	3
工程师学院												(1)	(1)
总计						10(3)	8(2)	1	1	27(7)	24(17)	16(18)	87(47)

注：括号内奖励数为浙江大学作为非第一单位所获得的奖励数。

附录 10 2022 年科技成果获奖项目

(2022 年度国家科技奖未启动,2021 年度浙江省科学技术奖在 2022 年公布)

2022 年度高等学校科学研究优秀成果奖(科学技术)自然科学奖(8 项)

一等奖(3 项)

1. 离子功能化材料性质调控与选择性识别研究

   化学工程与生物工程学院——制药工程研究所

   邢华斌 王 涛 崔希利 张照强 杨立峰

2. 纳米材料增敏效应与农产品安全信息原位高效感知机理研究

   生物系统工程与食品科学学院——智能农业装备研究所

   应义斌 平建峰 吴坚 王一娴 刘湘江

3. 颞叶癫痫的神经环路机制及药物治疗新策略

   药学院——药理毒理研究所

   陈 忠 汪 仪 徐层林 王 爽 应晓英 许正浩

二等奖(5 项)

1. 子流形上的整体几何与几何分析

   数学科学研究中心

   许洪伟 赵恩涛 许智源 田 玲

2. 光和物质相互作用基本模型的精确解和强耦合物理

   物理学院——凝聚态物理研究所

   陈庆虎 汪克林 刘 涛 张瑜瑜 王 晨 贺 树 段立伟 谢幼飞

3. 生物质水热定向转化制取航油前驱体呋喃类平台化合物

   能源工程学院——热能工程研究所

   王树荣 邱坤赞 朱玲君 周劲松 骆仲泱

4. 基于 DNA 甲基化的果实成熟进程芳香品质形成机制及调控

   农业与生物技术学院——果树科学研究所

   张 波 陈昆松 郎墨博 张一婧 殷学仁 张圆圆 李 珊 申济源

5. 蚕丝蛋白生物材料的研发及相关基础问题研究

   动物科学学院——应用生物资源研究所

   杨明英 毛传斌 帅亚俊 王 捷 周官山

2022 年度高等学校科学研究优秀成果奖(科学技术)科学技术进步奖(10 项)

一等奖(7 项)

1. 航天航空用高性能轴向柱塞泵关键技术及应用

   机械工程学院——智能装备与机器人研究所

张　斌　张正原　邹　俊　苟小华　姚　静　万剑平　洪昊岑　权凌霄　马纪明
常真卫　刘雪波　赵春晓　李文顶　穆世俊　邓　明　唐　江　冯世波　肖文晖

2. 高端系列压力成型装备递归式创新设计方法与制造工艺及其应用

机械工程学院——设计工程研究所

谭建荣　冯毅雄　严建文　张清林　李彦波　李贵闪　王玉山　洪兆溪　胡炳涛
钱黎明　安保芹　程　锦　王　磊　梁伯科　张海杰　臧崇运　张志峰

3. 大规模图神经网络模型端云协同计算平台和应用示范

计算机科学与技术学院——人工智能研究所

吴　飞　李　玺　杨红霞　赵　洲　况　琨　杨　洋　汤斯亮　杨胜文　黄正行
吴　超　李英明　王则可　李纪为　孙常龙　吕承飞　程战战　宣晓华　汪志华
王　峰　张健伟　姚江超

4. 重金属污染稻田安全利用关键技术研发与应用

环境与资源学院——土水资源与环境研究所

徐建明　曾希柏　虞轶俊　黄道友　周奕丰　刘杏梅　施加春　唐先进　陈　謇
佘婷婷　陈慧明　王京奇

5. 柑橘贮藏物流保鲜关键技术研发与应用

农业与生物技术学院——果树科学研究所

孙崇德　张长峰　曹锦萍　周慧芬　杨　宝　朱潇婷　时　嵩　温玲蓉　孙　钧
王　岳　潘风山

6. 国产化 PET 分子影像探针制备关键技术体系创新与应用

生物医学工程与仪器科学学院——生物医学工程研究所

张　宏　潘建章　田　梅　雷　鸣　和庆钢　徐光明　周　彤　吴　爽　周　瑞
王　菁　张晓辉

7. 探月×××

光电科学与工程学院——光学成像与检测技术研究所

徐之海　黄长宁　李　奇　冯华君　胡永富　张宏伟　李晓彤　毛　磊　吴迪富
王　勤　李　希　林宏宇　边美娟　路海泉　陈跃庭　佟静波　蒋婷婷　岑兆丰
张保贵　罗　鹏　吴建福　张原野　孙玉娟　贾可辉　陈　彦　栾国晨　王　俊
童晓红　章奕清

二等奖(3项)

1. 面向火电厂水处理的先进膜材料关键技术及工程应用

化学工程与生物工程学院——生物工程研究所

张　林　俞三传　姚之侃　叶　青　丁国良　秦刚华　冯向东　周志军　徐浩然
李　强

2. 数字媒体的智能设计方法与系统

计算机科学与技术学院——现代工业设计研究所

孙凌云　杨　光　李泽健　杨昌源　张克俊　刘湘雯　尤伟涛　向　为　汤永川
张　冰

3.网络方剂学关键技术构建及示范应用

药学院——药物信息学研究所

范骁辉　陆晓燕　李　正　瞿海斌　张建兵　袁　玮　刘　雳　王书芳　王春华
廖　杰　邵　鑫

2022 年度高等学校科学研究优秀成果奖(科学技术)青年科学奖(1 项)

控制科学与工程学院——工业控制研究所

贺诗波

2021 年度浙江科技大奖(1 项)

杨　卫

航空航天学院——应用力学研究所

2021 年度浙江省自然科学奖(26 项)
一等奖(12 项)

1.肝细胞癌免疫逃逸机制

医学院——附属第一医院

梁廷波　赵　斌　章　琦　郭晓灿　黄　星

2.中国重要寄生性天敌昆虫类群的分类与进化研究

农业与生物技术学院——昆虫科学研究所

陈学新　唐　璞　魏书军　时　敏　何俊华

3.复杂数据的可视表达与交互可视分析的基础理论与方法

计算机科学与技术学院——计算机辅助设计与图形学国家重点实验室

陈　为　巫英才　屈华民　蔡　登　周　昆

4.高分子载体设计与肿瘤靶向递药机制的研究

化学工程与生物工程学院——生物工程研究所

申有青　唐建斌　周珠贤　邵世群　周　泉

5.氧化石墨烯液晶及可控宏观组装材料

高分子科学与工程学系——高分子科学研究所

高　超　许　震　刘英军　高微微　彭　蠡

6.基于蛋白质稳态的肿瘤调控新机制和新靶点研究

药学院——药理毒理研究所

杨　波　胡荣贵　何俏军　应美丹　朱　虹

7.重带热电材料的能带工程与电声协同输运机制

材料科学与工程学院——金属材料研究所

朱铁军　付晨光　赵新兵

8.人工电磁材料中逆切伦科夫辐射的发现及机理

信息与电子工程学院——信息与电子工程学院其他

陈红胜　林晓　彭亮　王作佳　Li Erping

9.微纳尺度光热调控及应用

光电科学与工程学院——微纳光子学研究所

仇旻　李强　赵鼎　阮智超

10.单目视觉鲁棒跟踪定位的理论和方法

计算机科学与技术学院——计算机辅助设计与图形学国家重点实验室

鲍虎军　章国锋　周晓巍　朱建科　石建萍

11.新冠病毒等重要疫源微生物组研究

医学院——附属第一医院

肖永红　潘冬立　张文　周凯　刘军

12.情绪和社会行为的脑机制

医学院——脑科学与脑医学系

胡海岚　杨艳　崔一卉　周亭亭　李坤

二等奖（8项）

1.驱动肿瘤转移的关键信号网络鉴定和外泌体功能的解析

生命科学研究院

张龙　吴李鸣　谢枫　张正奎　金珂

2.锌锰稳态代谢分子机制

医学院——公共卫生系

王福俤　闵军霞　景乃禾　王鑫慧　夏桔丹

3.两类硒化物超导体的发现和相关化合物磁结构的确定

物理学院——凝聚态物理研究所

方明虎　鲍威　王杭栋

4.高维时空数据的统计推断

数学科学学院——统计研究所

张荣茂　苏中根

5.钢桥疲劳性能演化的智能监测与推演模型及设计调控方法

建筑工程学院——岩土工程研究所

叶肖伟　倪一清　万华平

6.环境中抗生素抗性基因来源、传播机制及防控策略

环境与资源学院——环境技术研究所

陈红　苏建强　张志剑

7. 骨与关节疾病的基础和应用研究

　　医学院——附属邵逸夫医院

　　方向前　沈舒滢　范顺武　马建军　陈鹏飞

8. 果蔬采后冷害生物学机制与调控

　　生物系统工程与食品科学学院——食品加工工程研究所

　　罗自生　茅林春　李　栋　陈建业　杨虎清

三等奖(6项)

1. 沿海强降水产生及其致灾机理

　　地球科学学院——天气气候与环境气象研究所

　　XIAOFAN LI　舒守娟　徐慧燕　翟国庆　刘　瑞

2. 肥胖和代谢综合征的分子标记物验证及对临床诊疗的指导价值

　　医学院——附属邵逸夫医院

　　李　红　林细华　尹雪瑶　桂薇薇　张子亦

3. 重组人血清白蛋白融合蛋白药物创制

　　药学院——药物代谢和药物分析研究所

　　陈枢青　潘利强　陈　静　孙红颖　沈　其

4. 基于表观遗传学在肾癌转移进展及膀胱癌化疗耐受中的调控机制研究

　　医学院——附属第四医院

　　张　诚　张子健　于逸鹏　蔡立成　简文刚

5. 环境化学致癌物致 DNA 损伤及表观遗传调控异常的促肿瘤作用机制

　　医学院——基础医学系

　　邵吉民　齐宏妍　沈　静　相学平　秦　樾

6. 工作记忆信息整合机制

　　心理与行为科学系——心理与行为科学系其他

　　周吉帆　沈模卫

2021 年度浙江省技术发明奖(3 项)

一等奖(2项)

1. 锂离子电池新型硅基负极材料的制备、性能及应用

　　材料科学与工程学院——半导体材料研究所

　　杜　宁　任建国　杨德仁　贺雪琴　何　鹏　庞春雷

2. 可降解支架的研制与支架法空腔脏器吻合术的创建及应用

　　医学院——附属邵逸夫医院

　　蔡秀军　王一帆　黄迪宇　虞　洪　陈鸣宇　石　磊

二等奖(1项)

基于电接触元件多场耦合失效机制的新型银基触点材料研制及产业化

浙江加州国际纳米技术研究院

杨 辉 陈 晓 张玲洁 沈 涛 穆成法 吴新合

2021 年度浙江省科学技术进步奖(38 项)

一等奖(13 项)

1. 城市治理大数据智能关键技术及应用

    计算机科学与技术学院——人工智能研究所

    庄越挺 蒋 忆 汤斯亮 鲁伟明 郁 强 肖 俊 邵 健 陈 岭 李圣权
    张 寅 孙建伶 李开民

2. 高稳定性钕铁硼重稀土减量与高丰度稀土替代成套技术

    材料科学与工程学院——金属材料研究所

    严 密 金佳莹 魏中华 刘 广 陈 望 丁立军 刘国征 吴 琛 王新华
    付 松 张志恒 张玉晶 刘孝莲

3. 农用无人机及作物智慧管理技术与装备的创制和应用

    生物系统工程与食品科学学院——农业信息技术研究所

    何 勇 杨贵军 唐 宇 刘羽飞 李青绵 方 慧 梁小恩 何立文 冯旭萍
    钟永盛 袁冬梅 刘新阳 黄华盛

4. 复杂环境下物流巡检机器人感知与控制关键技术及产业化应用

    控制科学与工程学院——智能系统与控制研究所

    刘 勇 邬惠峰 张文聪 蒋云良 胡文辉 杜鑫峰 王蒙蒙 陈再兴 王文斐
    孙丹枫 陈 军 全晓臣 徐晋鸿

5. 工程机械高效高可靠电液控制系统关键技术与产业化

    机械工程学院——机械电子控制工程研究所

    徐 兵 程 敏 丁孺琦 汪立平 叶绍干 邱永宁 苏 琦 张军辉 刘红光
    吕 飞 王 峰 李松杰 张国良

6. 大容量永磁电机设计制造关键技术及应用

    电气工程学院——航天电气及微特电机研究所

    方攸同 吴立建 缪 骏 马吉恩 晏才松 邱 麟 蒋小平 李祥成 卢琴芬
    许移庆 方卫中 刘 琦 薛长志

7. 软弱地基深大基坑支护关键技术及工程应用

    建筑工程学院——滨海和城市岩土工程研究中心

    龚晓南 俞建霖 杨学林 徐日庆 严 平 袁 静 刘德欣 刘念武 刘志贺
    裘志坚 余忠祥 周佳锦 陈文祥

8. 近海风电岩土工程灾变机理、防控技术与工程应用

    建筑工程学院——滨海和城市岩土工程研究中心

    王立忠 李 炜 洪 义 朱嵘华 国 振 何 奔 李玲玲 高洋洋 李 泽

戚海峰　潘华林　刘　强　陈　奇

9. 多能源储能变换方法和调控技术及装备

电气工程学院——电力电子技术研究所

徐德鸿　陈四雄　钟文兴　胡长生　陈　敏　刘志红　杨建军　杨永恒　马　皓
苏先进　李海津　朱　楠　林　平

10. 肝衰竭精准诊治的理论创新与推广应用

医学院——附属第一医院

李　君　夏宁邵　陈　新　辛娇娇　石东燕　江　静　王晓健　程　通　周　倩
袁伦志　汪一帆　梁　茜　陈　琪

11. 生殖障碍精准诊疗、促进子代健康关键技术体系的创建与推广应用

医学院——附属妇产科医院

张　丹　黄荷凤　周　青　陈光弟　罗　琼　林　俊　朱宇宁　朱　波　马俊彦
刘益枫　黄　赟　李静怡　吴伊青

12. 特种工程聚合物高性能注射成形技术及装备

机械工程学院——制造技术及装备自动化研究所

赵　朋　周宏伟　黄志高　张利彬　颉　俊　周华民　周绍华　夏擎华　王云明
罗　杨　郑建国　王捷敏　沈海波

13. 工控系统全生命周期内生安全主动防御大平台

控制科学与工程学院——控制装备及综合安全研究所

王文海　魏　强　孙利民　刘兴高　陈文智　阮　伟　贾廷纲　石志强　谢道雄
麻荣宽　徐志明　王晓鹏　徐盛虎

二等奖(15项)

1. 复杂结构分析与高承载大容量远海风电基础装备建造关键技术

航空航天学院——应用力学研究所

陈伟球　郑传祥　朱　军　徐荣桥　罗　伟　刘嘉斌　苏小芳　邹　涛　裴立勤

2. 高性能聚氨酯新材料制备及其系列产品开发

化学工程与生物工程学院——聚合与聚合物工程研究所

王　立　俞豪杰　杨晓印　陈　斌　金美金　许一青　赵叶宝　张初银　梁红军

3. 环保型多功能氟硅防污树脂与涂层材料关键技术及其应用

化学工程与生物工程学院——联合化学反应工程研究所

张庆华　詹晓力　陈丰秋　严　杰　王琼燕　宋金星　钱　涛　胡建坤　程党国

4. 重要构件高精度磁声感测技术及产业化应用

生物医学工程与仪器科学学院——数字技术及仪器研究所

唐志峰　吕福在　张鹏飞　骆苏军　凌张伟　马君鹏　韩　烨　曹俊平　夏　立

5. 变工况透平机械精确状态监测与故障诊断关键技术及应用

机械工程学院——制造技术及装备自动化研究所

杨世锡　何　俊　张宇明　吴仕明　黄海舟　顾希雯　廖小林　柳亦兵　吴峥峰

6. 茶叶生产加工一体化信息管理与智能化装备研究

　　生物系统工程与食品科学学院——农业信息技术研究所

　　李晓丽　赵章风　董春旺　谭俊峰　苏　鸿　林　智　戴惠亮　朱雪松　徐　欢

7. 山茶油提质增效关键技术创新与高值化应用

　　生物系统工程与食品科学学院——食品生物科学技术研究所

　　张　辉　沈立荣　唐礼荣　张向杰　骆金杰　李　阳　祝洪刚　赖琼玮　蒋　晴

8. 主要粮经作物养分资源高效利用关键技术集成与应用

　　环境与资源学院——农业化学研究所

　　吴良欢　陆若辉　马庆旭　曹小闯　吴春艳　孙万春　韩科峰　孙　涛　汤　胜

9. 复杂心律失常关键技术创新及临床应用

　　医学院——附属邵逸夫医院

　　蒋晨阳　盛　夏　刘　强　蒋汝红　王云鹤　叶　炀　梁　平　孙雅逊　程　晖

10. 新生儿呼吸衰竭与肺动脉高压诊治关键技术研究与临床转化

　　医学院——附属儿童医院

　　杜立中　马晓路　徐雪峰　王陈红　许燕萍　张子明　吕　颖　陈　正　林慧佳

11. 泌尿系疾病中腔镜微创技术集成创新及应用

　　医学院——附属第一医院

　　夏　丹　王　平　孔德波　姚晓霖　叶孙益　景泰乐　朱　意　李诗琪　秦　杰

12. 浙江省生物多样性保护关键技术及应用

　　生命科学学院——生态研究所

　　于明坚　丁　平　徐爱春　张宏伟　刘菊莲　吴友贵　陈苍松　刘宝权　金孝锋

13. 老年认知障碍进展机制影像研究及预测模型构建

　　医学院——附属第二医院

　　张敏鸣　黄沛钰　罗　骁　徐晓俊　耶尔凡·加尔肯　李凯程　张睿婷　周　炯
王淑玥

14. 面向数字商务的知识图谱构建与处理技术及产业化应用

　　计算机科学与技术学院——系统结构与网络安全研究所

　　陈华钧　熊飞宇　褚崴(楚巍)　刘湘雯　余　刚　张宁豫　余　艳　张　文
陈　辉

15. 奶牛绿色健康养殖及优质乳生产关键技术与应用

　　动物科学学院——奶业科学研究所

　　刘建新　王　翀　刘红云　杨金勇　李浙烽　王迪铭　朱立科　李　鸣　王佳堃

三等奖(10项)

1. 供应链协同管理和牛鞭效应研究

　　管理学院——管理科学与信息系统研究所

周伟华　代宏砚　陈寿长

2.大吨位高速冲床及关键技术

海洋研究院

刘　硕　蔡　勇　丁　凡　陈冠宝　竺银军　沈莹杰　姜凯友

3.耕作播种关键技术装备的研发与产业化

生物系统工程与食品科学学院——智能农业装备研究所

王　俊　王永维　郑春玲　尤匡标　余文胜　肖科玲　张新华

4.耐药性癫痫诊治关键技术改进

医学院——附属第二医院

王　爽　丁　瑶　朱君明　汪　仪　郑　喆　丁美萍　胡玲利

5.面向房颤全流程管理的心血管检测检验关键技术创新与应用

信息与电子工程学院——信息与电子工程学院其他

潘　赟　赵　蕾　朱怀宇　吴　璠　朱松枫　杨炳飞　宓　城

6.腋臭微创治疗器械研发、技术创新及临床应用

医学院——附属邵逸夫医院

谈伟强　杨　虎　吴黎红　顾子春　何　星　张利云　李彩云

7.新生儿先天性心脏病数字化筛查关键技术创新及应用推广

医学院——附属儿童医院

徐玮泽　叶菁菁　俞　凯　李宇波　刘喜旺　张　民　杨莉丽

8.冷冻干燥稳定出土饱水木质文物技术研发和应用

能源工程学院——制冷与低温研究所

张绍志　刘东坡　卢　衡　郑幼明　陈光明　马　丹　王　飞

9.适地养分管理技术集成创新及其在面源污染减排中的应用

环境与资源学院——土水资源与环境研究所

张奇春　金树权　王京文　张耿苗　俞　朝　何　丹　章明奎

10.血管通路置入关键技术创新及应用

医学院——附属邵逸夫医院

赵林芳　曹秀珠　曾旭芬　王雅萍　郭　丰　金向红　陈香萍

2021 年度浙江省国际科学技术合作奖(2 项)

1. George Christakos

海洋学院——物理海洋与遥感研究所

2. Donald Grierson

农业与生物技术学院——果树科学研究所

人文社会科学研究

【概况】 2022年,全校人文社科实到科研经费3.4亿元,其中纵向经费7659.12万元,横向经费26400.10万元。

全校人文社科科研项目新立项805项,其中纵向项目373项,横向项目432项。在新立项的纵向项目中,国家社科基金各类项目共88项,其中重大项目(含专项及单列学科项目)18项、重点项目(含专项及后期资助项目)11项、一般项目(含单列学科、后期资助、优秀博士论文出版及中华学术外译项目)38项、青年项目(含单列学科项目)18项、"国家哲学社会科学成果文库"3项;教育部人文社会科学研究各类项目共28项,其中重大课题攻关项目2项、重大委托项目2项、基地重大项目12项、一般项目(含规划基金、青年基金及专项项目)12项;浙江省哲学社会科学规划各类项目101项;浙江省科技厅软科学项目17项;国家高端智库重点研究课题49项。

出版各类专著116部、编著图书和教材95本、古籍整理著作7本、译著46本。发表高水平学术论文2450篇,其中被CSSCI收录475篇,被SSCI收录1859篇、A&HCI收录116篇。

截至2022年底,全校人文社会科学教学和科研机构主要包括13个学院(系)、74个研究所、26个研究院、111个研究中心和8个联合共建研究机构,其中包含1个国家高端智库建设试点单位、3家教育部人文社科重点研究基地、1个教育部哲学社会科学实验室(培育)、1个铸牢中华民族共同体意识研究培育基地、1个省部共建协同创新中心、1个国家智能社会治理实验基地、3家浙江省哲学社会科学重点研究基地、9个浙江省新型重点专业智库、5个教育部高校国别与区域研究备案中心(详见附录)。2022年,浙江大学成立未来哲学研究院、国际发展与治理研究中心等7个研究机构。

举办第五次文科大会,研究提出《浙江大学关于推进哲学社会科学高质量发展的实施方案》,明确"明使命、聚人才、强主流、创一流、拓影响、守阵地"的方向路径。召开浙江大学社会科学联合会换届大会暨第二次会员代表大会,审议并通过《浙江大学社会科学联合会第一届理事会工作报告》,修订《浙江大学社会科学联合会章程》,选举产生浙江大学社科联第二届理事会及常务理事单位。正式成立文学院、历史学院、哲学学院,进一步激发文史哲学科高质量发展动能。

启动"文科学术骨干教师引育计划",充分利用现有的文科人才政策,通过引进和培育两条渠道,精准引进高水平中青年学术骨干,加快汇聚哲学社会科学领域的中坚力量,着力建设一支与中国特色世界一流大学发展战略目标相匹配的文科师资队伍。2022年,浙江大学新进文科教师共计69人。

统筹推进"双一流"文化传承创新版块布局和立项,持续支持中华优秀传统文化传承创新与传播重大专项。"盛世修典——'中国历代绘画大系'成果展"在中国国家博物馆开幕,相关特展在浙江美术馆、嘉兴美术馆等地举办。"中国历代绘画大系"图书还在国家版本馆中央总馆、杭州国家版本馆等地展出。积极落实中宣部敦煌文献系统性保护整理出版工程重点任务,牵头推进

《敦煌残卷缀合总集》编纂、《敦煌文献分类合集》整理出版两大项目,开设敦煌学与丝路文明系列讲座。参与宋韵文化传世工程,举办浙江省"宋学大讲堂"、首届"宋韵·思想"青年学者论坛等学术活动,出版《宋学研究》第三辑、《宋韵文化》第一辑。中华译学馆出版专(编)著、译著30部。谋划并实施钟子逸基金项目,通过打造顶尖平台推动人文学科创新发展。

持续推进学科交叉研究。实施亚洲文明学科会聚研究计划,举办2022年亚洲文明研究高端论坛并发布亚洲文明十大前沿学术问题,"中亚与丝路文明研究丛书"入选国家出版基金资助项目,《敦煌学学术史资料整理与研究》入选"十四五"国家出版规划。启动数字社会科学会聚研究计划,设立数智创新与管理、数字法学二级学科方向,"数字社会科学丛书"入选"十四五"时期国家重点出版物出版专项规划项目,出版《数字战略》《数字法治:实践与变革》《数字城市治理:科技赋能与数据驱动》《数字长三角战略2022:数字法治》,获批最高人民法院数字法治研究基地,浙江大学—香港中文大学数字经济联合研究中心正式成立。组织文科院系牵头或参与申报国家重点研发计划项目共12项,其中牵头项目获批2项,经费达4000余万元,创历史新高。支持教师开展学科交叉预研,新立项学科交叉预研专项24项,相关项目发表高水平论文57篇、出版著作1部、获得专利1项,成功培育国家社科基金项目1项、国家自科基金项目3项。

依托"文科+X"多学科交叉人才培养卓越中心持续推进科教协同育人工作。新设哲学社会科学重点实验室卓越研究生专项,以哲学社会科学实验室培育和建设为依托,以交叉方向研究生培养为抓手,加大经费支持力度,配置专项研究生名额,推进人文社科学科交叉与复合型创新人才培养。与尼山世界儒学中心共建,设立中华优秀传统文化专项研究生培养项目。

扎实推进国家高端智库建设。完成国家高端智库评估工作,以评促改、以评促建。浙江省共同富裕文化创新研究中心、浙江大学国际发展与治理研究中心入选浙江省重点专业智库。共有600余项成果获省部级以上采纳批示,在《人民日报》《光明日报》等重要媒体发表智库相关文章59篇。学校致力于进一步打造"求是智库"品牌,支持"求是智库"高端论坛、系列讲座37项,系列丛书(皮书)10项。举办第二届国家区域协调发展战略论坛、首届"共享与发展·浙大论坛"、第四届"雄安发展论坛"等高端论坛,产生了重要的学术及政策影响。

继续深化国际合作交流,提升文科学术声誉。人文社会科学领域共设立9个国际合作项目,涉及共同富裕、高等教育、公共卫生、文化交流等领域。设立"重要国家和区域研究"专项,首批支持13个重点项目和7个年度项目。优化国际学术会议资助计划,资助举办13场国际学术会议。持续开展"学术精品走出去"计划,新立项5本外译书目和2本英文学术著作出版资助项目。

持续深化新时代教育评价改革,培育重大标志性成果。完成第三届浙江大学哲学社会科学研究优秀著作奖评选工作,共评选出16项获奖成果,其中专(编)著奖一等奖4项、二等奖9项,译著奖1项,青年成果奖2项。持续实施"浙江大学文科精品力作出版资助计划",2022年度共资助18本著作。

传播学术思想,推动社科普及。"浙大东方论坛"共举办15场学术讲座,策划推出

"成均讲堂"系列讲座。清源学社组织开展青年教师座谈会、"数字社科"系列讲座、"走进"系列讲座、青年学者沙龙等共 10 场活动。智库青年联谊会共举办 14 场交流研讨活动。"浙大文科"微信公众号年度推文共计 255 条,策划"启真新论""文科巡礼"等新栏目,总阅读数达 245921 人次,新增订阅 3769 人。

【成立未来哲学研究院、考古学研究所、当代艺术设计研究所、劳动经济研究所】 7 月 20 日,学校发文成立浙江大学未来哲学研究院、考古学研究所、当代艺术设计研究所、劳动经济研究所 4 家研究机构。

【"数字社会科学会聚研究计划"正式启动】 9 月 9 日,浙江大学启动"创新 2030 计划"之"数字社会科学会聚研究计划"。该计划以经济学、管理学、公共管理学、法学、新闻传播学等哲学社会科学学科为基础,以计算机、数学等学科为支撑,旨在通过数字方法论形成数字社科新的世界观、方法论和学科语言,打造浙大数字学派。

【"盛世修典——'中国历代绘画大系'成果展"在中国国家博物馆开幕】 9 月 29 日,由中共中央宣传部、国家新闻出版署和中共浙江省委、浙江省人民政府共同主办,教育部、文化和旅游部、中国文联协办,中共浙江省委宣传部、浙江大学、中国国家博物馆承办的"盛世修典——'中国历代绘画大系'成果展"在中国国家博物馆开幕。

【浙江(浙江大学)国际发展与治理研究中心揭牌成立】 11 月 6 日,浙江(浙江大学)国际发展与治理研究中心在紫金港校区揭牌成立,开启省校共建新型智库的新篇章。

【召开第五次文科大会】 12 月 15 日,浙江大学第五次文科大会在紫金港校区求是大讲堂召开。大会主题是:胸怀"国之大者",奋力"走在前列",着力推进哲学社会科学知识体系建构和咨政服务能力提升,开启哲学社会科学高质量发展新篇章。

【召开社科联换届大会暨第二次会员代表大会】 12 月 15 日,浙江大学社会科学联合会换届大会暨第二次会员代表大会在求是大讲堂召开。会议审议并通过了《浙江大学社会科学联合会第一届理事会工作报告》《浙江大学社会科学联合会章程(修订草案)》,选举产生了浙江大学社科联第二届理事会及常务理事单位。

【文学院、历史学院、哲学学院正式成立】 12 月 15 日,浙江大学文学院、历史学院和哲学学院正式去筹成立。

（邵文韵撰稿　程　丽审稿）

【附录】

附录 1　浙江大学 2022 年人文社科承担国家社科基金项目

序号	项目名称	负责人	所属单位	项目类别
1	中国共产党百年奋斗中坚持中国道路经验研究	丁堡骏	马克思主义学院	研究阐释党的十九届六中全会精神重大项目
2	立足新发展阶段、贯彻新发展理念、构建新发展格局、推动高质量发展研究——基于超大经济体供需高水平动态平衡的视角	刘培林	区域协调发展研究中心(中国西部发展研究院)	研究阐释党的十九届六中全会精神重大项目

序号	项目名称	负责人	所属单位	项目类别
3	新时代党和国家监督体系的理论建设与制度完善研究	陈国权	公共管理学院	研究阐释党的十九届六中全会精神重大项目
4	推动共建"一带一路"高质量发展机制研究	董雪兵	区域协调发展研究中心（中国西部发展研究院）	研究阐释党的十九届六中全会精神重大项目
5	加快建立多主体供给、多渠道保障、租购并举的住房制度研究	吴宇哲	公共管理学院	研究阐释党的十九届六中全会精神重大项目
6	习近平总书记关于科技创新的重要论述研究	吴朝晖	中国科教战略研究院	年度重大项目
7	马克思主义认识论与认知科学范式的相关性研究	李恒威	哲学学院	年度重大项目
8	现象学美学与中国当代美学的理论体系建构问题研究	苏宏斌	文学院	年度重大项目
9	我国粮食产业集群发展的理论建构与政策体系研究	阮建青	公共管理学院	年度重大项目
10	数字化赋能农业全产业链融合的机制与高质量发展路径研究	卫龙宝	公共管理学院	年度重大项目
11	"双碳"目标下区域协同减排机制与调控策略研究	方　恺	公共管理学院	年度重大项目
12	面向关键战略材料突破的国家创新联合体构建与实施路径研究	黄　灿	管理学院	年度重大项目
13	普芬道夫《自然法与国际法》（八卷本）翻译与研究	罗国强	光华法学院	年度重大项目
14	敦煌吐鲁番出土汉文与民族语文数术文献综合研究	余　欣	文学院	年度重大项目
15	中国近现代话剧文献补遗与集成研究	胡志毅	传媒与国际文化学院	年度重大项目
16	新发展阶段教育促进共同富裕研究	顾建民	教育学院	教育学重大项目
17	台湾民众抗日资料整理与数据库建设	陈红民	历史学院	抗日战争研究专项

序号	项目名称	负责人	所属单位	项目类别
18	略	—	人文高等研究院	铸牢中华民族共同体意识研究专项
19	实现科技自立自强支撑国家发展战略研究	潘士远	经济学院	研究阐释党的十九届六中全会精神重点项目
20	促进全体人民共同富裕:浙江共同富裕体制机制研究	沈永东	公共管理学院	研究阐释党的十九届六中全会精神重点项目
21	中国居民家庭财富变迁的代际关联机制研究	范晓光	公共管理学院	重点项目
22	杜甫年谱长编	胡可先	文学院	重点项目
23	人工智能时代会计伦理问题研究的理论、规则与治理研究	韩洪灵	管理学院	重点项目
24	中国文学与东南亚华文文学建构研究	金 进	文学院	重点项目
25	古今之辨的启蒙政治哲学方法论及其批判	包大为	马克思主义学院	后期资助重点项目
26	作格的类型学研究	罗天华	文学院	后期资助重点项目
27	出土文献与礼乐文明研究	贾海生	文学院	冷门绝学研究专项学者个人项目
28	习近平新时代中国特色社会主义思想的核心要义研究	张 彦	马克思主义学院	马克思主义理论研究和建设工程重点委托项目
29	中国历史通俗读物·宋史卷	李华瑞	历史学院	中国历史研究院重大历史问题研究专项委托项目
30	塞拉斯哲学的康德主题研究	王 玮	哲学学院	一般项目
31	数字经济背景下文旅产业创新发展的机制和路径研究	应天煜	管理学院	一般项目
32	高排放企业数字化转型的碳减排效应及典型案例研究	杨高举	经济学院	一般项目
33	自动化行政程序的理论基础与规则构建研究	查云飞	光华法学院	一般项目
34	当今中国农业食物体系变迁与新发展的动力机制研究	李静松	社会学系	一般项目
35	近代西方对阿拉伯半岛的历史认知与话语权构建问题研究	吴 彦	历史学院	一般项目

序号	项目名称	负责人	所属单位	项目类别
36	16—20世纪法国历史书写中的起源叙事与民族意识问题研究	汤晓燕	历史学院	一般项目
37	"理论—实践"视域下的当代文学史料学研究	吴秀明	文学院	一般项目
38	敦煌讲经文与东亚讲经文献研究	计晓云	文学院	一般项目
39	中国诗学范畴观照下的弗吉尼亚·伍尔夫小说研究	高 奋	外国语学院	一般项目
40	美国二十世纪中叶"新诗"跨媒介诗学研究	张逸旻	文学院	一般项目
41	基于翻译手稿的文学翻译修改研究	冯全功	外国语学院	一般项目
42	口译中多任务协调的认知及神经机制研究	董燕萍	外国语学院	一般项目
43	人工智能和类型学视角下汉语指称系统的建构模式研究	陈玉洁	文学院	一般项目
44	类型学视角下汉藏语分类词的语义组合研究	李旭平	文学院	一般项目
45	日语类型演化计量研究	李文超	外国语学院	一般项目
46	网络社会残障群体的社会嵌入研究	李东晓	传媒与国际文化学院	一般项目
47	数据档案化治理的基础理论与实现路径研究	章燕华	公共管理学院	一般项目
48	体育活动促进动作协调障碍儿童身心健康的早期干预策略研究	于 洁	教育学院	一般项目
49	"双碳"目标下绿色金融政策对高碳企业减排的激励约束机制研究	徐维东	管理学院	一般项目
50	农村集体经济创新发展及其对乡村公共产品供给的影响研究	胡伟斌	公共管理学院	一般项目
51	高校内部治理现代化视域下研究型大学内部资源科学配置研究	许 超	教育学院	教育学一般项目

浙江大学年鉴

序号	项目名称	负责人	所属单位	项目类别
52	新时代我国博士生学术创新能力的内涵、影响因素及提升路径研究	叶映华	教育学院	教育学一般项目
53	基础教育跨国吸引力研究:基于多国 PISA 媒体报道的分析	何珊云	教育学院	教育学一般项目
54	核心素养视域下可迁移学习的理论建构及其文化实践研究	屠莉娅	教育学院	教育学一般项目
55	明代宫廷与浙派绘画文献整理与研究	赵 晶	艺术与考古学院	艺术学一般项目
56	马克思主义伦理学:论争与探索	张 彦	马克思主义学院	后期资助一般项目
57	新时代高校思想政治教育信息传播论	黄 铭	马克思主义学院	后期资助一般项目
58	数字经济促进经济高质量创新发展研究	张洪胜	经济学院	后期资助一般项目
59	冷战后国际核秩序、核危机、核战略与核治理研究	姜振飞	历史学院	后期资助一般项目
60	朝鲜事大主义与清代中朝宗藩关系的变化	尤淑君	历史学院	后期资助一般项目
61	张爱玲文学创作的回旋叙事形态及功能研究	黄 擎	文学院	后期资助一般项目
62	危机与契机:1958 年《中华人民共和国国防教育法》与冷战中的美国教育改革	王慧敏	教育学院	后期资助一般项目
63	组织与技术:20 世纪 50 年代浙江海洋渔业集体化研究	叶君剑	历史学院	优秀博士论文出版项目
64	鲁道夫·维特科尔艺术史论研究	张佳峰	传媒与国际文化学院	优秀博士论文出版项目
65	晚清民国的学人与学术	赵苓岑	外国语学院	中华学术外译项目
66	火塘·教堂·电视:一个少数民族社区的社会传播网络研究	孙 宇	传媒与国际文化学院	中华学术外译项目
67	人间词话七讲	史烨婷	外国语学院	中华学术外译项目
68	人类命运共同体的文明逻辑研究	赵永帅	马克思主义学院	青年项目

序号	项目名称	负责人	所属单位	项目类别
69	当代科学中的认知非正义问题研究	白惠仁	哲学学院	青年项目
70	儒家政治哲学视域下的封建郡县之辨研究	陈佩辉	哲学学院	青年项目
71	费希特《新方法知识学》翻译与研究	倪逸偲	哲学学院	青年项目
72	鲍姆加登拉丁语《美学》汉译与解读	陈　辰	文学院	青年项目
73	新发展格局下数字经济驱动长三角协同创新产业体系建设的机制与路径研究	薛天航	中国西部发展研究院	青年项目
74	中国传统法理的创造性转化与创新性发展研究	彭　巍	光华法学院	青年项目
75	青少年心理危机的多元家庭治疗模式研究	夏丽丽	社会学系	青年项目
76	数字社会中社会救助兜底和赋能功能的完善研究	方　珂	社会学系	青年项目
77	五代北宋河北守御问题研究	何天白	历史学院	青年项目
78	元前比丘尼碑志塔铭辑录与研究	陈瑞峰	文学院	青年项目
79	唐代鸳鸯墓志整理与研究	杨　琼	文学院	青年项目
80	文化生态视域下日本俳画诗学功能建构研究	胡文海	外国语学院	青年项目
81	东汉河洛雅音的重建与历时比较研究	边田钢	文学院	青年项目
82	跨学科科研合作模式及其对知识融合的影响研究	付慧真	公共管理学院	青年项目
83	高校教师按"知"分配的实现方式及测算模型研究	朱玉成	经济学院	教育学青年项目
84	新时代中小学青年教师教学创新影响因素及促进机制研究	陈丽翠	教育学院	教育学青年项目
85	新时期香港的国人身份认同教育研究	林　聪	教育学院	教育学青年项目

浙江大学年鉴

序号	项目名称	负责人	所属单位	项目类别
86	人类命运共同体的历史唯物主义沉思	刘同舫	马克思主义学院	《国家哲学社会科学成果文库》
87	司法制度的中国模式与实践逻辑	胡　铭	光华法学院	《国家哲学社会科学成果文库》
88	拼接丝路文明——敦煌残卷缀合研究	张涌泉	文学院	《国家哲学社会科学成果文库》

附录2　浙江大学2022年人文社科承担省部级项目

序号	项目名称	负责人	所属单位	项目类别
浙江大学2022年人文社科承担教育部人文社科研究项目				
1	马克思主义美学话语体系的历史演变和范式转换研究	王　杰	传媒与国际文化学院	重大课题攻关项目
2	我国在开放科学领域有效参与全球治理研究	阚　阅	教育学院	重大课题攻关项目
3	习近平总书记关于中国特色世界一流大学建设的重要论述及其溯源研究	任少波	中国科教战略研究院	重大委托项目
4	中国工程教育战略与改革路径研究	叶　民	中国科教战略研究院	重大委托项目
5	气候变化与低碳食物系统研究	陈　帅	中国农村发展研究院	基地重大项目
6	营养导向的食物系统转型与策略研究	陈志钢	中国农村发展研究院	基地重大项目
7	包容性食物系统的内涵、实现路径与机理研究	金松青	中国农村发展研究院	基地重大项目
8	全球价值链视角下的农业可持续贸易转型发展战略研究	茅　锐	中国农村发展研究院	基地重大项目
9	多重冲击与韧性食物系统研究	王　红	中国农村发展研究院	基地重大项目
10	基于先秦、秦、汉出土文献的汉语字词关系综合研究	田　炜	汉语史研究中心	基地重大项目
11	手写纸本文献汉字研究及数据库建设	张　磊	汉语史研究中心	基地重大项目

序号	项目名称	负责人	所属单位	项目类别
12	汉文佛经字词关系综合研究及《唐五代佛经音义用字字典》编纂	真大成	汉语史研究中心	基地重大项目
13	民营企业投资与高质量发展研究	杜立民	民营经济研究中心	基地重大项目
14	长三角一体化、双循环互动与民营经济高质量发展研究	冯 帆	民营经济研究中心	基地重大项目
15	数字经济赋能民营经济高质量发展研究	郭继强	民营经济研究中心	基地重大项目
16	产业链创新链融合推动民营经济高质量发展研究	宋华盛	民营经济研究中心	基地重大项目
17	社会经济变迁、生育政策调整与家庭生育行为研究	张川川	经济学院	规划基金项目
18	杭州都市圈土地利用变化的碳代谢响应和优化调控研究	李 艳	公共管理学院	规划基金项目
19	思维可视化工具对协作问题解决的影响及其脑认知机制研究	陈娟娟	教育学院	青年基金项目
20	人机协作中的任务互依结构及其影响机制研究：任务设计的视角	刘玉坤	管理学院	青年基金项目
21	府际关系对城市绿色创新的影响机制研究	徐元朔	公共管理学院	青年基金项目
22	风热环境视角下城市空间形态优化策略研究	国安东	公共管理学院	青年基金项目
23	数字时代留守儿童学业成就的影响机理与干预模式研究	姜 山	社会学系	青年基金项目
24	老年人接受智能科技的关键驱动因素以及促进机制研究	陈 珂	心理与行为科学系	青年基金项目
25	师生互动学习的多脑同步机制与神经反馈研究	潘亚峰	心理与行为科学系	青年基金项目
26	认知情绪整合干预对轻度认知损害的效果及机制探讨	薛 将	心理与行为科学系	青年基金项目
27	积极心理学视域下汉语二语在线写作教学的创新研究	吴 剑	国际教育学院	青年基金项目
28	基于"一站式"学生社区的基层党支部建设创新研究	郑玲玲	丹青学园	高校辅导员研究专项

浙江大学年鉴

序号	项目名称	负责人	所属单位	项目类别
浙江大学 2022 年人文社科承担浙江省哲学社会科学规划课题				
1	有利于共同富裕的税收政策体系研究	方红生	经济学院	重大课题
2	《卫匡国全集》翻译、校注	张刚峰	管理学院	重大课题
3	共富型财政政策体系研究	李 实	公共管理学院	重大课题
4	《马克斯·韦伯全集》翻译	阎克文	社会学系	重大课题
5	宋夏历书文献整理与研究	赵江红	文学院	年度课题
6	俄罗斯后现实主义小说中的"作者形象"研究	宫清清	文学院	年度课题
7	道德责任中的恰当情绪研究	安 冬	哲学学院	年度课题
8	黑格尔耶拿体系思想研究	朱渝阳	哲学学院	年度课题
9	英语文学在美国高校的发展及其借鉴意义	方 凡	外国语学院	年度课题
10	环境传播视角下公众低碳意识和低碳行为的影响因素和提升路径研究	高芳芳	传媒与国际文化学院	年度课题
11	建设"共同富裕"示范区影响第一代大学生就业质量的政策效应评估	黄亚婷	教育学院	年度课题
12	大学治理视域下研究型大学学术委员会运行机制研究	眭依凡	教育学院	年度课题
13	积极老龄化背景下老年人休闲体育行为的社会支持体系构建	邱亚君	教育学院	年度课题
14	浙江省共同富裕示范区建设中长期护理保险制度设计及全省推进路径研究	刘玉萍	公共管理学院	年度课题
15	长三角城市群区域合作：结构演化、影响机制与调控策略	张衔春	公共管理学院	年度课题
16	共同富裕战略背景下浙江省儿童主观福利研究	谢倩雯	公共管理学院	年度课题
17	人类解放进程中的技术困境及其破解研究	王晓梅	马克思主义学院	年度课题

序号	项目名称	负责人	所属单位	项目类别
18	长三角地区城市群战略与区域平衡发展的理论与实践研究	陆嘉骏	国际联合学院	年度课题
19	"健康浙江"战略下基层医疗机构治理路径优化与制度创新研究	沈丽芳	医学院	年度课题
20	非农化背景下江南水乡聚落的形态谱系建构与优化生成设计	刘翠	建筑工程学院	年度课题
21	当代食物关系	李静松	社会学系	后期资助课题
22	宋韵文化论纲	叶达	哲学学院	委托课题
23	基于学术大数据的专家库构建模式研究	黄晨	图书馆	委托课题
24	未来哲学研究	孙周兴	哲学学院	领军人才培育课题（引进人才）
25	社会认知视角下外语学习效用研究	董燕萍	外国语学院	领军人才培育课题（引进人才）
26	国际法治新思维下的新时代国际争端解决	罗国强	光华法学院	领军人才培育课题（引进人才）
27	数字化背景下老龄雇员的管理与实践	施俊琦	管理学院	领军人才培育课题（引进人才）
28	汉文佛经用字整理、汇纂及研究	真大成	文学院	领军人才培育课题（青年英才）
29	面向社群网络的数字出版版权管理平台构建研究	陈洁	文学院	领军人才培育课题（青年英才）
30	数智时代我国学生阅读素养发展机制研究	胡洁	外国语学院	领军人才培育课题（青年英才）
31	激活第三次分配创新基层社会治理	苗青	公共管理学院	领军人才培育课题（青年英才）
32	共同富裕制度体系建设研究	徐新星	光华法学院	部门合作课题人大工作研究
33	建设共同富裕示范区立法保障体系研究	范良聪	光华法学院	部门合作课题地方立法研究
34	浙江省农村集体经济组织立法的升级与完善	周淳	光华法学院	部门合作课题地方立法研究

序号	项目名称	负责人	所属单位	项目类别
35	从"我国政治体制的重要组成部分"到"具有中国特色的制度安排":关于习近平加强人民政协建设思想在浙江的萌发与实践的研究——地位作用篇	郎友兴	公共管理学院	部门合作课题政协工作研究
36	浙江省残疾人共同富裕的丰富内涵与实践路径	杨一心	公共管理学院	部门合作课题(残疾人事业研究)
37	浙江省残疾人社会保障治理现代化研究	黄 成	医学院	部门合作课题(残疾人事业研究)
38	推进共同富裕国际传播体系建设研究	林 玮	传媒与国际文化学院	部门合作课题(新时代文化浙江工程研究)
39	志愿服务社会实践激励机制研究	赵永帅	马克思主义学院	部门合作课题(新时代文化浙江工程研究)
40	建立共同富裕生产方式推动高质量发展建设共同富裕示范区的建议	潘恩荣	马克思主义学院	应用对策类课题(第一批)(共同富裕专项、"三服务"调研课题、"重要窗口"调研基地)
41	龙港市"扁平化"改革实践进展及深化建议	陈宝胜	马克思主义学院	应用对策类课题(第一批)(共同富裕专项、"三服务"调研课题、"重要窗口"调研基地)
42	推动山区县高质量发展和城乡共富的创新路径及机制研究——以仙居县为例	陈 健	中国西部发展研究院	应用对策类专项课题("社科赋能山区26县高质量发展行动")
43	习近平总书记关于中国特色世界一流大学建设的重要论述及其溯源研究	任少波	中国科教战略研究院	"习中心"常规课题
44	习近平关于文化创新的重要论述在浙江的探索与实践	林 玮	传媒与国际文化学院	"习中心"常规课题
45	习近平党内监督思想的理论逻辑和实践逻辑研究	陈晓伟	马克思主义学院	"习中心"常规课题

序号	项目名称	负责人	所属单位	项目类别
46	理解中国式现代化新道路需要把握的几对重要关系(光明日报)	刘同舫	马克思主义学院	"习中心""三报一刊"后期资助课题
47	从百年党史中把握历史规律增强历史主动	楼俊超	马克思主义学院	"习中心""三报一刊"后期资助课题
48	共同富裕·区域统筹篇	黄先海	经济学院	"习中心""共同富裕"专项委托课题
49	共同富裕·民生福祉篇	何文炯	公共管理学院	"习中心""共同富裕"专项委托课题
50	古板与时尚——宋代思想家肖像	陆敏珍	历史学院	浙江文化研究工程课题
51	凡夫与圣君——宋帝形象的构建	吴铮强	历史学院	浙江文化研究工程课题
52	宋代研究文萃:宋代科举	何忠礼	历史学院	浙江文化研究工程课题
53	宋代研究文萃:宋代科技	韩 琦	历史学院	浙江文化研究工程课题
54	"三台宋学"研究	何善蒙	哲学学院	浙江文化研究工程课题
55	寒山传	何善蒙	哲学学院	浙江文化研究工程课题
56	宋濂传	徐永明	文学院	浙江文化研究工程课题
57	章学诚传	鲍永军	历史学院	浙江文化研究工程课题
58	《干在实处,走在前列》系列研究*	代玉启	马克思主义学院	浙江文化研究工程课题
59	建设文化大省 增强文化软实力:《干在实处,走在前列》的文化意蕴	林 玮	传媒与国际文化学院	浙江文化研究工程课题
60	建设"法治浙江"发展民主政治:《干在实处,走在前列》的政治意蕴	陈晓伟	马克思主义学院	浙江文化研究工程课题
61	加强执政能力建设 保持和发展党的先进性:《干在实处,走在前列》的党建意蕴	姚明明	马克思主义学院	浙江文化研究工程课题

浙江大学年鉴

序号	项目名称	负责人	所属单位	项目类别
62	发挥特色和优势　增强综合竞争力:《干在实处,走在前列》的协调发展意蕴	张立程	马克思主义学院	浙江文化研究工程课题
63	创新工作方法　提高工作水平:《干在实处,走在前列》的方法意蕴	靳思远	马克思主义学院	浙江文化研究工程课题
64	建设"绿色浙江",发挥生态优势:《干在实处,走在前列》的生态意蕴	吴旭平	马克思主义学院	浙江文化研究工程课题
65	干在实处　走在前列——马克思主义中国化的新实践	王晓梅	马克思主义学院	浙江文化研究工程课题
66	浙江省改革开放45周年的回顾与展望 *	史晋川	经济学院	浙江文化研究工程课题
67	从"八八战略"到全面协调可持续发展:浙江改革开放以来的发展战略探索	董雪兵	中国西部发展研究院	浙江文化研究工程课题
68	从新农村建设到高水平乡村振兴:浙江改革开放以来的"三农"转型	龚斌磊	公共管理学院	浙江文化研究工程课题
69	从内源型开放到双循环枢纽:浙江改革开放以来的开放模式转型	宋学印	经济学院	浙江文化研究工程课题
70	共同富裕示范区建设背景下的高质量就业实现路径与政策研究	郑备军	经济学院	浙江文化研究工程课题
71	共同富裕示范区破解地区差距的理论与实践	罗德明	经济学院	浙江文化研究工程课题
72	"高质量发展建设共同富裕示范区"系列丛书 *	魏江	管理学院	浙江文化研究工程课题
73	创业(社会创业)促进共同富裕研究	魏江	管理学院	浙江文化研究工程课题
74	医疗健康促进共同富裕研究	谢小云	管理学院	浙江文化研究工程课题
75	创新推动共同富裕研究	黄灿	管理学院	浙江文化研究工程课题
76	数字化改革推动共同富裕示范区建设研究	刘渊	管理学院	浙江文化研究工程课题

序号	项目名称	负责人	所属单位	项目类别
77	养老产业与共同富裕研究	邢以群	管理学院	浙江文化研究工程课题
78	文旅产业推动共同富裕研究	应天煜	管理学院	浙江文化研究工程课题
79	共同富裕与企业社会责任研究	莫申江	管理学院	浙江文化研究工程课题
80	企业内部分配和激励机制改革与共同富裕研究	周帆	管理学院	浙江文化研究工程课题
81	新时代"枫桥经验"与党的群众路线	梁健	光华法学院	浙江文化研究工程课题
82	新时代"枫桥经验"与建设更高水平的法治中国	彭巍	光华法学院	浙江文化研究工程课题
83	新时代"枫桥经验"与共同富裕	吴勇敏	光华法学院	浙江文化研究工程课题
84	"浙学经典"系列丛书(第一辑)*	楼含松	文学院	浙江文化研究工程课题
85	浙学经典·孟郊卷	韩泉欣	文学院	浙江文化研究工程课题
86	山林契约和山村族谱中的图像记录	杜远东	图书馆	浙江文化研究工程课题
87	基层政策执行与社会治理中的多元协同机制研究	王诗宗	民生保障与公共治理研究中心	基地重点课题
88	浙江共同富裕示范区建设的兜底保障机制研究	方珂	民生保障与公共治理研究中心	基地重点课题
89	我国劳资关系的变迁机制与路径研究	赖普清	民生保障与公共治理研究中心	基地重点课题
90	《宋史》列传文本来源与生成过程研究	吴铮强	宋学研究中心	基地重点课题
91	南宋两浙路守御与治理问题研究	何天白	宋学研究中心	基地重点课题
92	加快浙江数字自由贸易试验区建设研究	陈航宇	区域经济开放与发展研究中心	基地重点课题

序号	项目名称	负责人	所属单位	项目类别
93	第三次分配推动共同富裕的体制机制与政策体系研究	江亚洲	民生保障与公共治理研究中心	基地一般课题
94	数字化背景下行业间收入差距研究	张家滋	民生保障与公共治理研究中心	基地一般课题
95	共同富裕视角下浙江省学龄前儿童福利政策研究	李骥	民生保障与公共治理研究中心	基地一般课题
96	宋代学田文献的整理研究	贾灿灿	宋学研究中心	基地一般课题
97	经子互动视域下南宋浙学王霸之辨研究	陈佩辉	宋学研究中心	基地一般课题
98	宋夏历书比较研究	赵江红	宋学研究中心	基地一般课题
99	宋代司法实践中的论证研究——以《名公书判清明集》为考察	汪曼	宋学研究中心	基地一般课题
100	数字经济驱动长三角产业协同创新的机理和对策研究	薛天航	区域经济开放与发展研究中心	基地一般课题
101	中小企业跨境电子商务采纳强度及对其经营绩效的影响研究	廖润东	区域经济开放与发展研究中心	基地一般课题
2022 年人文社科承担浙江省科技厅软科学研究计划项目				
1	数字科技引领"互联网＋"科创高地建设研究	吴朝晖	中国科教战略研究院	重大
2	浙江老年人健康支撑体系研究	邢以群	管理学院	重大
3	高等教育支撑浙江大都市区全球创新人才高地建设的机制研究	段世飞	教育学院	重点
4	破立并举深化科技人才评价改革的思路和对策研究	辛越优	中国西部发展研究院	重点
5	科技创新支撑引领制造业高质量发展的国内外比较研究	任晓猛	中国西部发展研究院	重点
6	加快形成创新资源国际配置能力聚力打造科技开放合作新高地	张炜	中国科教战略研究院	重点
7	深化完善省实验室协同发展机制的对策举措研究	冯雪皓	海洋学院	重点
8	智能装备(机器人)创新链技术链发展路线图绘制	陆国栋	机械工程学院	重点

浙江大学年鉴

续表

序号	项目名称	负责人	所属单位	项目类别
9	浙江省组学与精准医学创新链技术发展路线图研究	陈光弟	医学院	重点
10	浙江省新材料（电子化学材料）创新链技术发展路线图	程笛	浙江加州国际纳米技术研究院	重点
11	浙江省脑科学与脑机融合创新链技术发展路线图研究	杨雨潇	脑与脑机融合前沿科学中心	重点
12	浙江省新药创制与高端医疗器械创新链技术发展路线图研究	胡誉怀	农业与生物技术学院	重点
13	长三角重点产业创新链协同攻关机制与路径研究——以浙江省集成电路产业为例	傅方正	杭州国际科创中心	重点
14	构建"一带一路"数字贸易规则研究	王欣	光华法学院	一般
15	后疫情时代背景下浙江省学龄儿童出行活动研究:基于手机信令大数据的分析	谢倩雯	公共管理学院	一般
16	共同富裕背景下浙江省内财政转移支付最优政策研究	周闻宇	国际联合学院	一般
17	碳捕集技术与碳金融深度融合机制研究	左元慧	湖州研究院	一般

注:标 * 为总课题。

附录 3 浙江大学 2022 年人文社科经费到款情况

单位名称	项目级别				总计		
	纵向课题		横向课题		新立项数/项	总经费/万元	总经费比上年增长/%
	新立项数/项	总经费/万元	新立项数/项	总经费/万元			
文学院	22	967.00	4	49.02	26	1016.02	72.20
历史学院	11	293.00	7	66.00	18	359.00	−11.90
哲学学院	10	311.10	7	176.00	17	487.10	−19.54
外国语学院	11	171.92	6	55.32	17	227.24	−8.73
传媒与国际文化学院	9	360.75	21	404.95	30	765.70	−0.46

单位名称	项目级别				总计		
	纵向课题		横向课题		新立项数/项	总经费/万元	总经费比上年增长/%
	新立项数/项	总经费/万元	新立项数/项	总经费/万元			
艺术与考古学院	6	241.66	47	1455.76	53	1697.42	−10.72
经济学院	31	485.45	29	606.20	60	1091.65	−18.45
光华法学院	26	912.78	22	1399.10	48	2311.88	94.16
教育学院	19	288.40	24	1338.54	43	1626.94	−26.86
管理学院	29	317.10	31	943.49	60	1260.59	−28.17
公共管理学院	86	828.18	79	2961.10	165	3789.28	−27.19
马克思主义学院	14	386.24	8	104.58	22	490.82	27.06
社会学系	9	93.00	7	126.70	16	219.70	−26.93
中国西部发展研究院	18	621.00	6	116.00	24	737.00	−32.92
其他	53	1381.54	129	16597.34	182	17978.88	53.73
总计	354	7659.12	427	26400.10	781	34059.22	13.66

附录4　2022年浙江大学人文社科研究所

序号	机构名称	负责人	所属单位
1	中国古代文学与文化研究所	周明初	文学院
2	中国现当代文学与文化研究所	翟业军(常务)	
3	世界文学与比较文学研究所	吴笛	
4	汉语言研究所	方一新	
5	古籍研究所	王云路	
6	文艺学研究所	苏宏斌	
7	中国古代史研究所	刘进宝	历史学院
8	世界历史研究所	张杨	
9	日本文化研究所	王勇	
10	韩国研究所	金健人(名誉) 陈辉(主持工作)	
11	中国近现代史研究所	肖如平	

序号	机构名称	负责人	所属单位
12	科技与社会发展研究所	丛杭青	哲学学院
13	逻辑与认知研究所	廖备水	
14	中国思想文化研究所	何善蒙	
15	外国哲学研究所	王 俊	
16	宗教学研究所	王志成	
17	外国文学研究所	高 奋	外国语学院
18	外国语言学及应用语言学研究所	何莲珍	
19	德国文化研究所	李 媛	
20	跨文化与区域研究所	程 乐	
21	翻译学研究所	郭国良	
22	传播研究所	洪 宇	传媒与国际文化学院
23	新闻传媒与社会发展研究所	吴红雨（执行）	
24	国际文化和社会思想研究所	李红涛 王建刚（常务）	
25	美学与批评理论研究所	王建刚	
26	广播电影电视研究所	赵 瑜	
27	中国艺术研究所	陈振濂 池长庆（执行）	艺术与考古学院
28	文化遗产与博物馆学研究所	毛昭晰（名誉） 项隆元（主持工作）	
29	艺术史研究所	薛龙春	
30	考古学研究所*	林留根	
31	当代艺术设计研究所*	王小松	
32	经济研究所	汪淼军	经济学院
33	产业经济研究所	金祥荣 李建琴（执行）	
34	证券期货研究所	蒋岳祥	
35	金融研究所	王维安	
36	国际经济研究所	顾国达	

浙江大学年鉴

序号	机构名称	负责人	所属单位
37	国际商务研究所	马述忠 严建苗(执行)	经济学院
38	法与经济学研究所	翁国民	
39	公共经济与财政研究所	郑备军	
40	劳动经济研究所*	张俊森	
41	公法与比较法研究所	冯　洋(执行)	光华法学院
42	经济法研究所	范良聪(执行)	
43	法理与判例研究所	焦宝乾 季　涛(常务)	
44	民商法研究所	石一峰(执行)	
45	国际法研究所	马　光(执行)	
46	刑法研究所	李世阳(主持工作)	
47	教育科学与技术研究所	李　艳	教育学院
48	高等教育研究所	眭依凡	
49	中外教育现代化研究所	肖　朗	
50	运动科学与健康工程研究所	王　健	
51	旅游研究所	周玲强	管理学院
52	饭店管理研究所	王婉飞	
53	物流与决策优化研究所	杨　翼	
54	管理科学与信息系统研究所	周伟华	
55	财务与会计研究所	陈　俊	
56	企业组织与战略研究所	魏　江	
57	营销管理研究所	周欣悦	
58	管理工程研究所	汪　蕾	
59	人力资源管理研究所	周　帆	
60	企业投资研究所	邬爱其	
61	行政管理研究所	陈丽君	公共管理学院
62	信息资源管理研究所	周　萍	
63	食物经济与农商管理研究所	卫龙宝	

续表

序号	机构名称	负责人	所属单位
64	风险管理与劳动保障研究所	刘　涛	公共管理学院
65	农业与农村经济发展研究所	阮建青	
66	土地科学与不动产研究所	吴宇哲	
67	城市治理研究所	吴结兵	
68	政治学研究所	余逊达	
69	人口与发展研究所	赵鼎新	社会学系
70	社会学研究所	陈宗仕	
71	社会政策与社会工作研究所	任　强	
72	人类学研究所	梁永佳 阮云星（常务）	
73	马克思主义理论研究所	刘同舫 张　彦（常务）	马克思主义学院
74	国际政治研究所	程早霞	

注:标 * 的为 2022 年成立的研究所。

附录 5　2022 年浙江大学人文社科校设研究院/研究中心

序号	机构名称	负责人	成立时间	备　注
人文社科校设研究院				
1	中国农村发展研究院（农业现代化与农村发展研究中心）	钱文荣 陈志钢（国际） 龚斌磊（常务）	1999 年 7 月 9 日	教育部高校人文社会科学重点研究基地、浙江省新型重点专业智库
2	中国西部发展研究院	周谷平 董雪兵（常务）	2006 年 10 月 24 日	
3	社会科学研究基础平台（社会调查研究中心、政策仿真实验室、实验社会科学实验室、文科信息分析中心）	邓水光	2009 年 7 月 13 日	
4	金融研究院	史晋川 王义中（常务）	2010 年 1 月 12 日	浙江省新型重点专业智库
5	文化遗产研究院（石窟寺文物数字化保护国家文物局重点科研基地）	刘　斌 张颖岚（常务） 鲁东明（基地主任）	2010 年 3 月 12 日	国家文物局重点科研基地

序号	机构名称	负责人	成立时间	备 注
6	全球浙商研究院	魏 江	2011 年 10 月 23 日	
7	公共政策研究院	姚先国 金雪军（执行）	2012 年 7 月 13 日	浙江省新型重点专业智库
8	国际影视发展研究院	范志忠（执行）	2013 年 1 月 29 日	浙江省新型高校智库
9	土地与国家发展研究院	叶艳妹	2014 年 6 月 18 日	浙江省新型高校智库
10	人文高等研究院	罗卫东 赵鼎新 朱天飚（常务）	2014 年 12 月 19 日	铸牢中华民族共同体意识研究培育基地
11	金融科技研究院	贾圣林	2015 年 4 月 3 日	浙江省新型高校智库
12	中国数字贸易研究院	马述忠	2015 年 6 月 29 日	浙江省新型高校智库
13	旅游与休闲研究院	庞学铨	2016 年 12 月 29 日	
14	国际战略与法律研究院	王贵国 程 乐（常务）	2017 年 11 月 15 日	
15	全球农商研究院	鲁柏祥（联系人）	2017 年 11 月 18 日	
16	马一浮书院	刘梦溪（名誉） 冯国栋（执行）	2017 年 12 月 25 日	
17	立法研究院	胡 铭 郑春燕（执行） 余 军（常务）	2018 年 1 月 24 日	浙江省新型重点专业智库
18	社会治理研究院	郁建兴 王诗宗（执行）	2018 年 7 月 20 日	浙江省新型重点专业智库
19	中国书画艺术与科技鉴定研究院	陈振濂	2019 年 11 月 21 日	
20	国家制度研究院	邹大挺（执行）	2019 年 12 月 12 日	
21	亚洲文明研究院	黄华新（执行）	2020 年 12 月 25 日	教育部高校国别与区域研究备案中心
22	新时代"枫桥经验"研究院	胡 铭 汪世荣（执行）	2020 年 12 月 25 日	
23	数字法治研究院	孙笑侠 胡铭（执行）	2021 年 3 月 21 日	
24	青山商学高等研究院	吴晓波（执行）	2021 年 4 月 13 日	
25	共享与发展研究院	李 实 姚先国	2021 年 5 月 23 日	

浙江大学年鉴

序号	机构名称	负责人	成立时间	备 注
26	未来哲学研究院*	孙周兴	2022 年 7 月 20 日	
人文社科校级研究中心(馆、实验室)				
1	创新与发展研究中心	许庆瑞 魏 江(常务) 郑 刚(执行副)	1999 年 7 月 9 日	
2	敦煌学研究中心	张涌泉	1999 年 7 月 9 日	
3	汉语史研究中心	汪维辉 真大成(执行)	1999 年 10 月 30 日	教育部高校人文社会科学重点研究基地
4	健康产业创新研究中心	邢以群	1999 年 10 月 30 日	
5	人力资源与战略发展研究中心	王重鸣(名誉) 谢小云	1999 年 10 月 30 日	
6	宋学研究中心	陶 然	1999 年 11 月 3 日	浙江省哲学社会科学重点研究基地
7	妇女研究中心	张 彦	2000 年 5 月 10 日	
8	文物保护和鉴定研究中心	严建强	2000 年 5 月 10 日	
9	房地产研究中心	贾生华	2000 年 12 月 10 日	
10	马克思主义理论创新与传播研究中心	陈宝胜	2001 年 5 月 24 日	
11	信息资源分析与应用研究中心	黄 晨	2001 年 5 月 24 日	
12	资产管理研究中心	金雪军	2001 年 5 月 24 日	
13	民营经济研究中心	潘士远	2001 年 11 月 17 日	教育部高校人文社会科学重点研究基地
14	资本市场研究中心	黄 英	2001 年 11 月 17 日	
15	基础教育课程研究中心	顾建民 刘正伟(常务)	2002 年 3 月 14 日	教育部基础教育司研究中心
16	经济与文化研究中心	楼含松 何春晖(执行)	2002 年 9 月 25 日	
17	跨学科社会科学研究中心	陈叶烽(执行)	2003 年 3 月 25 日	
18	体育现代化发展研究中心	于可红	2003 年 3 月 25 日	国家体育总局重点研究基地
19	新经济产业发展研究中心	胡培战(常务)	2003 年 5 月 15 日	

序号	机构名称	负责人	成立时间	备注
20	法理研究中心		2004 年 5 月 20 日	
21	科教发展战略研究中心	叶 民 魏江(执行)	2005 年 2 月 23 日	教育部科技委战略研究基地
22	民生保障与公共治理研究中心	何文炯	2005 年 3 月 29 日	浙江省哲学社会科学重点研究基地
23	产业投资研究中心	王义中 包纯田(执行)	2005 年 4 月 5 日	
24	《浙江文献集成》编纂中心	张 曦 张涌泉(执行)	2005 年 9 月 19 日	浙江省哲学社会科学重点研究基地
25	地方政府与社会治理研究中心	陈剩勇 毛 丹	2005 年 12 月 2 日	浙江省哲学社会科学重点研究基地
26	区域经济开放与发展研究中心	黄先海	2005 年 12 月 2 日	浙江省哲学社会科学重点研究基地
27	公法研究中心	余 军	2005 年 12 月 2 日	
28	全球创业研究中心	王重鸣 威廉·巴内特	2005 年 12 月 2 日	
29	中国古代书画研究中心	金晓明(副) 楼秋华(副) 张钰霖(副)	2006 年 1 月 10 日	
30	城市发展与低碳战略研究中心	石敏俊	2006 年 3 月 20 日	
31	基督教与跨文化研究中心	王志成 陈越骅(常务)	2006 年 5 月 18 日	
32	语言与认知研究中心	黄华新	2006 年 5 月 18 日	
33	创新管理与持续竞争力研究中心	吴晓波 黄灿(常务)	2006 年 5 月 18 日	
34	传媒与文化产业研究中心	洪 宇	2006 年 9 月 1 日	
35	社会组织与社会治理研究中心	郁建兴	2006 年 9 月 1 日	
36	儒商与东亚文明研究中心	杜维明(名誉) 周生春(名誉) 蒋岳祥	2006 年 9 月 19 日	

序号	机构名称	负责人	成立时间	备 注
37	非传统安全与和平发展研究中心	王逸舟(名誉) 余潇枫	2006 年 11 月 23 日	浙江省新型高校智库
38	影视与动漫游戏研究中心	盘 剑	2007 年 1 月 18 日	
39	公共外交与战略传播研究中心	吴 飞 方兴东(执行)	2007 年 4 月 6 日	
40	语言能力发展与评估研究中心	何莲珍	2007 年 4 月 6 日	
41	非物质文化遗产研究中心	刘朝晖	2007 年 4 月 9 日	
42	神经管理学实验室	马庆国(名誉) 汪 蕾	2009 年 5 月 23 日	
43	律师实务研究中心	吴勇敏 王小军(常务)	2009 年 7 月 13 日	
44	社区建设与移民管理研究中心	毛 丹	2009 年 12 月 25 日	
45	浙江大学—杭州市服务业发展研究中心	魏 江	2009 年 12 月 29 日	
46	佛教文化研究中心	董 平 张家成(执行)	2010 年 3 月 18 日	
47	中国地方政府创新研究中心	俞可平(名誉) 陈国权	2010 年 9 月 19 日	
48	工程教育创新中心	叶 民	2010 年 11 月 10 日	
49	蒋介石与近代中国研究中心	陈红民	2011 年 1 月 5 日	
50	地方历史文书编纂与研究中心	吴铮强(常务)	2011 年 2 月 25 日	
51	不动产投资研究中心	方红生	2011 年 3 月 8 日	
52	故宫学研究中心	张 曦(名誉) 余 辉 曹锦炎	2011 年 5 月 3 日	
53	亚洲研究中心	黄华新	2011 年 6 月 15 日	
54	科斯经济研究中心	王 宁 罗卫东 曹正汉(常务)	2012 年 2 月 22 日	

浙江大学年鉴

序号	机构名称	负责人	成立时间	备注
55	廉政研究中心	叶 民 马春波（常务）	2012 年 3 月 14 日	
56	科学技术与产业文化研究中心	盛晓明	2012 年 3 月 26 日	
57	中国组织发展与绩效评估研究中心	范柏乃	2012 年 4 月 9 日	
58	学衡国际人文研究中心	杜维明（名誉） 吴 光（名誉） 彭国翔	2012 年 5 月 25 日	
59	海洋法律与治理研究中心	赵 骏	2012 年 6 月 29 日	
60	龙泉司法档案研究中心	包伟民	2012 年 8 月 13 日	
61	浙江大学—诺丁汉大学中国与全球经济政策研究中心	顾国达 Chris Milner	2012 年 10 月 12 日	
62	中华礼学研究中心	贾海生	2012 年 10 月 12 日	
63	党建研究中心	傅 强	2012 年 11 月 4 日	
64	德育与学生发展研究中心	任少波 马建青（常务）	2013 年 1 月 15 日	
65	信息技术与经济社会系统研究中心	刘 渊	2013 年 4 月 12 日	
66	中国海洋文化传播研究中心	李 杰	2013 年 5 月 14 日	
67	法律与经济研究中心	熊秉元	2013 年 7 月 9 日	
68	环境与能源政策研究中心	托马斯·海贝勒 郭苏建	2014 年 1 月 20 日	
69	质量管理研究中心	熊 伟	2014 年 1 月 20 日	
70	汉藏佛教艺术研究中心	谢继胜	2014 年 9 月 25 日	
71	外语传媒出版质量研究中心	陆建平	2014 年 10 月 28 日	
72	陈香梅资料与研究中心	陈红民	2014 年 12 月 24 日	
73	区域协调发展研究中心	任少波 黄先海（执行）	2014 年 12 月 31 日	国家高端智库建设试点单位 浙江省新型重点专业智库
74	司法文明协同创新中心	胡 铭	2015 年 1 月 4 日	

续表

序号	机构名称	负责人	成立时间	备 注
75	老龄和健康研究中心	何文炯	2015 年 2 月 12 日	
76	道教文化研究中心	孔令宏	2015 年 3 月 12 日	
77	中国地方治理与法治发展研究中心	葛洪义	2015 年 3 月 12 日	
78	公共服务与绩效评估研究中心	胡税根	2015 年 3 月 12 日	
79	服务科学研究中心	华中生	2015 年 3 月 12 日	
80	教科书研究中心	刘正伟 张文军(常务)	2015 年 3 月 12 日	
81	中国语文研究中心	王云路	2015 年 5 月 25 日	
82	公众史学研究中心	吕一民	2015 年 11 月 3 日	
83	城镇化与空间治理研究中心	吴宇哲	2015 年 11 月 3 日	
84	港航物流与自由贸易岛研究中心	Lee Tae-woo	2015 年 11 月 3 日	
85	知识产权与竞争法研究中心	李永明	2016 年 3 月 15 日	
86	佛教资源与研究中心	何欢欢	2016 年 3 月 15 日	
87	国际与比较教育研究中心	宋永华	2016 年 3 月 31 日	
88	数据分析和管理国际研究中心	周伟华 叶荫宇	2016 年 5 月 28 日	
89	艺术美学研究中心	王建刚	2016 年 12 月 29 日	
90	数字出版研究中心	金更达 陈　洁(执行)	2016 年 12 月 29 日	
91	中国特色社会主义研究中心	任少波 何莲珍(常务)	2017 年 9 月 2 日	
92	校史研究中心	田正平 马景娣(执行)	2017 年 11 月 2 日	
93	当代马克思主义美学研究中心	王　杰	2017 年 11 月 15 日	
94	中华译学馆	许　钧	2017 年 12 月 15 日	

序号	机构名称	负责人	成立时间	备　注
95	世界文学跨学科研究中心	聂珍钊	2017 年 12 月 15 日	
96	财税大数据与政策研究中心	李金珊	2018 年 5 月 15 日	
97	雄安发展中心	石敏俊	2019 年 1 月 17 日	
98	国学与近代中国研究中心	桑　兵	2019 年 5 月 20 日	
99	现象学与心性思想研究中心	倪梁康	2019 年 5 月 20 日	
100	融媒体研究中心	韦　路	2019 年 5 月 20 日	
101	长三角一体化发展研究中心	黄先海 叶建亮（常务）	2019 年 5 月 24 日	浙江省新型高校智库
102	城乡创意发展研究中心	王小松	2019 年 9 月 17 日	
103	浙江大学—蚂蚁集团金融科技研究中心	贾圣林 李振华	2019 年 10 月 29 日	
104	科举学与考试研究中心	刘海峰	2019 年 10 月 29 日	
105	中西书院	刘　东	2020 年 9 月 16 日	
106	数字沟通研究中心	黄　旦	2020 年 12 月 25 日	
107	习近平法治思想研究中心	李　林	2021 年 3 月 5 日	
108	研究生教育研究中心	严建华 包　刚（执行）	2021 年 6 月 6 日	
109	国际发展与治理研究中心*	郑永年（名誉） 贡　森 余逊达（执行）	2022 年 5 月 23 日	浙江省新型重点专业智库

人文社科联合共建研究机构

序号	机构名称	负责人	成立时间	建设期限	共建单位
1	浙江大学—国际食物政策研究所国际发展联合研究中心	陈志钢	2019 年 6 月 27 日	5 年	国际食物政策研究所
2	浙江大学—未来科技城数字经济创新创业联合研究中心	周伟华	2020 年 3 月 30 日	3 年	杭州未来科技城管理委员会
3	浙江大学中国水上运动发展中心		2020 年 10 月 19 日	5 年	国家体育总局水上运动管理中心

序号	机构名称	负责人	成立时间	建设期限	共建单位
4	浙江大学—绍兴市(新昌)"梁柏台法治精神"与基层治理联合研究中心	葛洪义	2021年6月4日	5年	绍兴市(新昌)
5	浙江大学—卢森堡大学高等智能系统与推理联合实验室	廖备水	2021年9月30日	5年	卢森堡大学
6	浙江大学—香港中文大学数字经济联合中心*	汪淼军	2022年5月11日	3年	香港中文大学经济学系
7	浙江大学—传化未来研究中心*	赵志荣	2022年6月10日	5年	传化集团
8	浙江大学—中共浙江省委宣传部浙江省共同富裕文化创新研究中心	毛 丹	2021年12月22日	—	中共浙江省委宣传部

注:标*为2022年成立的研究机构。

附录6 浙江大学人文社会科学重点研究基地

序号	机构名称	负责人	类别
1	农业现代化与农村发展研究中心(中国农村发展研究院)	钱文荣 陈志钢(国际) 龚斌磊(常务)	教育部高校人文社会科学重点研究基地
2	汉语史研究中心	汪维辉 真大成(执行)	
3	民营经济研究中心	潘士远	
4	艺术与考古图像数据实验室	刘 斌 陈 为(常务)	教育部哲学社会科学实验室
5	人文高等研究院	黄先海	铸牢中华民族共同体意识研究培育基地
6	社会组织与社会治理协同创新中心*	郁建兴	省部共建协同创新中心
7	国家智能社会治理实验基地(浙江大学)	黄 萃	国家智能社会治理实验基地
8	民生保障与公共治理研究中心	何文炯	浙江省哲学社会科学重点研究基地
9	宋学研究中心	陶 然	
10	区域经济开放与发展研究中心	黄先海	

序号	机构名称	负责人	类别
11	德国文化研究所	李　媛	教育部高校国别与区域研究备案中心
12	东北亚研究中心	王　勇	
13	中东欧研究中心	周谷平	
14	联合国教科文组织研究中心	阚　阅	
15	亚洲文明研究院	黄华新（执行）	
16	中亚与丝路文明研究中心	刘进宝	国家民委"一带一路"国别和区域研究中心
17	民政部政策理论研究基地（浙江大学）	毛　丹	民政部政策理论研究基地
18	退役军人事务研究基地（浙江大学）	毛　丹	退役军人事务部退役军人事务研究基地
19	检察基础理论研究中心	王敏远	最高人民检察院检察基础理论研究基地
20	石窟寺文物数字化保护国家文物局重点科研基地（浙江大学）	鲁东明	国家文物局重点科研基地
21	科教发展战略研究中心	叶　民 魏　江（执行）	教育部科技委战略研究基地
22	基础教育课程研究中心	顾建民 刘正伟（常务）	教育部基础教育司研究中心
23	体育现代化发展研究中心	于可红	国家体育总局重点研究基地
24	国家体育产业研究基地（浙江大学）	周丽君	国家体育产业研究基地
25	浙江省习近平新时代中国特色社会主义思想研究中心浙江大学研究基地	任少波	浙江省习近平新时代中国特色社会主义思想研究中心
26	数字丝绸之路协同创新中心	马述忠	浙江省"2011协同创新中心"
27	大数据＋立法研究协同创新中心	郑春燕	
28	社会组织与社会治理协同创新中心	郁建兴	
29	低碳城市协同创新中心*	石敏俊	
30	中国文艺评论（浙江大学）基地*	王　杰	中国文艺评论基地
31	浙江—卢森堡高等智能系统与推理联合实验室*	廖备水	省级国际联合实验室
32	中国旅游研究院融合创新研究基地	周玲强	中国旅游研究院研究基地

注：* 为2022年新获批。

序号	智库名称	负责人	评选单位
国家高端智库建设试点单位			
1	区域协调发展研究中心	任少波 黄先海（执行）	中共中央宣传部
浙江省新型重点专业智库			
1	区域协调发展研究中心	任少波 黄先海（执行）	中共浙江省委宣传部、浙江省社会科学界联合会
2	公共政策研究院	姚先国 金雪军（执行）	
3	中国农村发展研究院	钱文荣 陈志钢（国际） 龚斌磊（常务）	
4	金融研究院	史晋川 王义中（常务）	
5	社会治理研究院	郁建兴 王诗宗（执行）	
6	浙江数字化发展与治理研究中心	刘　渊	
7	立法研究院	胡　铭 郑春燕（执行） 余　军（常务）	
8	浙江省共同富裕文化创新研究中心*	毛　丹	
9	国际发展与治理研究中心*	郑永年（名誉） 贡　森 余逊达（执行）	
10	中国科教战略研究院*	叶　民 魏　江（执行）	
11	中国新型城镇化研究院*	王立忠	
浙江省新型高校智库			
1	创新管理与持续竞争力研究中心	吴晓波 黄　灿（常务）	浙江省教育厅
2	中国科教战略研究院	叶　民 魏　江（执行）	
3	土地与国家发展研究院	叶艳妹	

序号	智库名称	负责人	评选单位
4	非传统安全与和平发展研究中心	余潇枫	
5	中国新型城镇化研究院	王立忠	
6	中国数字贸易研究院	马述忠	
7	金融科技研究院	贲圣林	浙江省教育厅
8	长三角一体化发展研究中心	黄先海 叶建亮（常务）	
9	国际影视发展研究院	范志忠（执行）	

注：* 为 2022 年新获批。

社会服务

【概况】 浙江大学始终坚持"立足浙江、面向全国、走向世界"的总要求，秉承"以服务求发展、用贡献求辉煌"的理念，主动对接国家区域重大战略，不断完善优化社会服务布局和体系，努力实现社会服务的战略迭代和高质量转型，在服务和贡献中探索一条中国特色世界一流大学建设新路。

2022 年，全校共新签横向技术合同 3351 项，合同经费 37.1 亿元，到款经费 22.40 亿元。授权中国专利 4770 件，其中发明专利 3669 件，实用新型专利 1071 件，外观设计专利 30 件，发明专利授权数保持全国高校第一；授权国际专利 131 件。完成科技成果转化项目 96 项，转化科技成果数 252 项，合同金额 1.7 亿元，到款金额 6108 万元。助推浙江省山区 26 县跨越式高质量发展，面向山区 26 县免费开放许可 214 项专利。围绕各类重大问题，浙江大学专家直接承接中央决策部门智库研究选题 170 余个，多篇文章产生了重要影响力。

帮扶与对口支援工作稳步推进。全年赴景东县调研考察 51 人次，组织召开专题会议 13 次，直接投入帮扶折合资金 496.839 万元，帮助引进资金 531.778 万元，直接采购脱贫地区农产品 1012.183 万元，帮助销售农产品 1704.941 万元，培训各类人才 4651 人，挂牌设立"景东浙大求是中学"，捐赠启动"求是乡村振兴馆"建设项目，"着力科教支撑 提升内源发展：中国高校定点长期帮扶山区特困县的'浙大—景东'模式"入选"第三届全球减贫案例征集活动"最佳减贫案例。推动安凤村文旅建设，建成"求是观景台"，促进农民集体增收。与塔里木大学和新疆农业大学分别签署对口支援框架协议，定向培养博士研究生 2 人。推动相关学科、院系与贵州大学、郑州大学、山西大学和云南大学开展部省合建高校对口合作与交流，录取部省合建高校定向博士生 18 人（其中贵州大学 10 人、山西大学 5 人、郑州大学 2 人、云南大学 1 人），访问学者 4 人（其中贵州大学 1 人、山西大学 1 人、郑州大学 2 人）。启动县中托管帮扶工作，与广西壮族自治区马山县马山中学和隆林各族自治县隆林中学建立托管帮扶工作。贵州省台江县人民医院（浙大二院台江分院）重症监护室揭牌启用。

校地合作持续深化拓展。强化有组织、高质量的校地合作，突出重点区域、重点部门、重点领域，努力实现校地合作战略迭代和高质量转型。一年来，深化拓展与深圳、杭州、宁波等10余地市合作对接，推进与中华人民共和国退役军人事务部、浙江省经信厅、浙江省机关事务管理局合作，推动长三角智慧绿洲签约落地，支持南疆创新研究院谋划设计，全年学校签署或过会校地合作协议10余项，合作签约经费再创新高。持续推进校设事业单位整顿优化，推进全面从严治党向校设事业单位延伸，写好中央巡视"后半篇文章"。推动部分校设事业单位管理班子调整优化，推进校设事业单位管理班子及成员年度考核工作，召开考核工作汇报会，开展年度考核专题调研，持续优化考核工作方案，举办首期校设事业单位管理班子成员培训班。聚焦对学校贡献、对地方贡献、可持续发展三大维度，细化具体指标，全面刻画校设事业单位建设和发展情况。2家校设事业单位获批浙江省技术创新中心，4家单位获批浙江省工程研究中心，10余家获批各类省级创新平台资质；13家校设事业单位启动"平台百人"试点工作，累计引进青年人才64人；联合属地政府探索校地联合引才机制，推动"浙大南太湖学者""浙大秀水学者""浙大双龙学者"等引才计划落地；与龙头企业共建联合研究中心30余个，新建服务平台20余个，孵化或汇聚企业150余家，合力推动打造高质量服务区域经济社会发展创新策源地。

校企合作再上新台阶。推进与重点央企、大型国企、顶尖民企等重点企业建立全面战略合作关系，与中核集团、中国兵器装备集团、中广核、包钢集团、内蒙古电力5家大企业新签战略合作协议，与国家电网、南方电网、浙能集团等7家企业共建国家电网有限公司—浙江大学智慧电力能源研究院、中国南方电网有限责任公司—浙江大学数智电力联合研究院、白马湖实验室等重大合作平台。持续深化"重点企业回访计划"，维护健康合作伙伴关系，推动校领导与企业领导互访，牵头组织校内职能单位和院系加强与企业的对接交流，推动华为公司、航天科工、中国石化、东方电气、中核集团等重点企业战略合作提质升级，深化人才培养、人才引进、平台建设和科学研究等领域的合作，进一步拓展合作新需求点和增长点，强化系统规划支撑合作发展，校内相关院系及职能部门协同联动，推进"工程硕博士培养改革专项""国家关键领域急需高层次人才培养专项"等重点工作，共同推动与重点企业开展科研攻关、平台建设、成果转化、高端智库决策咨询、学生就业和继续教育培训等工作。

聚力打造生命健康科创高地，推动优质医疗资源扩容下沉。围绕关系人民健康的全局性、长期性问题，聚焦医学高峰建设，进一步发挥医教研协同、基础—临床贯通优势，打造卫生健康领域的"国之重器"。全国公立医院高质量发展试点医院建设成效得到省委、省政府的充分肯定；国家医学中心、国家区域医疗中心、国家临床医学研究中心、国家传染病医学中心、微创器械创新及应用国家工程研究中心等高能级平台建设稳步推进；获批全国首批国家紧急医学救援基地、国家级微创医学人工智能医疗器械临床试验平台等。始终坚持以人民健康为中心的办医方向，切实履行公立医院的政治责

浙江大学年鉴

任和社会责任,不断提升医疗服务水平,2022年,附属医院核定床位数、门急诊数、入院人数、住院手术数等指标的增幅分别达到11.88%、28.5%、9.78%、3.3%,平均住院日进一步缩减至4.75天。同时,积极发挥附属医院的引领优势,深化与杭州、湖州、宁波、海宁、舟山等地市的战略合作,支持国家区域医疗中心面向福建、江西、安徽、甘肃、新疆、吉林等省份的输出,聚力打造具有浙大特色的区域诊疗高地。扎实推进医疗人才"组团式"支援工作,全方位助力受援医院实现跨越式发展,组织附属医院派出援非、援疆、援青医疗专家共计27人次。参与省医疗卫生"山海"提升工程,承担了全省47%的帮扶任务。

在疫情防控中践行使命担当。始终把人民群众生命安全和身体健康放在首位,贯彻落实党中央、国务院决策部署,因时因势调整疫情防控策略,科学精准做好各项疫情防控工作。2022年,附属医院共派出338批、15885人次驰援西藏、新疆、青海、内蒙古、海南、重庆、贵州、上海、河南、吉林等兄弟省市及省内各地市区参与医疗救治、核酸检测采样服务;派出88批、1955人次医务人员支持校园疫情防控工作。2022年11月以来,各附属医院积极落实国家进一步优化疫情防控"二十条"和"新十条"措施,迅速加强医疗保障能力建设,优化就医流程和区域布局,确保疫情防控措施调整转段平稳有序。

(张云飞 刘剑蕾 邵文韵
张 莎 吴露霞撰稿
林伟连 杨 波 周江洪
顾国煜 柳景青审稿)

【聚力支撑一流涉农学科发展和高质量服务乡村振兴】 聚焦战略重点开展科技推广,进一步优化校地合作"浙大湖州模式""定点帮扶景东模式"和"1+1+N"农技推广体系,《农民日报》头版刊发长篇通讯《浙江大学农业科技推广之道》。楼兵干老师挂职新疆3年多,攻克香梨枝枯病难题并获新疆科技进步奖一等奖。世界"粮食英雄"叶明儿的先进事迹被评为第四届高等学校巩固拓展脱贫攻坚成果同乡村振兴有效衔接的典型案例。黄凌霞、聂鹏程牵头的"经济作物数字化技术研发与应用推广"获全国农牧渔业丰收奖农业技术推广成果奖一等奖。扎实推进有组织农技推广,加强2个外设研究院规范建设,深化与常山、平阳、龙泉等山区26县合作交流,成立1个校级研究中心,组织参与申报并获批浙江省"尖兵""领雁"项目1项、国家级科技小院6个。选派51人担任省科技特派员(新增8名),新建各类示范基地3.6万亩,促进当地增收超1.5亿元。优化造血型定点帮扶模式,帮助景东建立食用菌菌种实验室和示范中心、建成核桃加工生产线3条,促进景东晒红、紫金普洱等产品转型升级。结对帮扶武义县新宅镇安凤村,培育农旅融合产业,助推村集体收入达77.53万元,经营性收入实现翻两番。

(马绍利撰稿 张士良审稿)

【建筑设计研究院积极服务重大战略】 为人民设计有影响力的作品,在海南新市场承接的国际玉米技术创新与成果转化中心项目是国家(种子)实验室建设工程之一,习近平总书记年初调研考察海南时曾莅临指导。中标武汉市图书馆新馆概念方案设计项目,是国内最高等级的图书馆项目之一。助力亚运场馆建设,作为杭州第十九届亚洲运动会亚运场馆设计方的主力团队,完成以下亚运场馆的设计任务:德清地理信息小镇篮球场、杭州电子科技大学体育场、杭州电子科技大学体育馆、杭州电子科技大学体育馆副馆、杭州师范大学体育场、金华体育中心体育场、金华体育中心体育馆、临安体育文化会展中心、绍兴市奥体中心体育馆、温州医科大学茶山校区体育场、亚运会棒垒球体育文化中心、银湖体育中心、浙江大学紫金港校区体育馆、浙江大学紫金港校区体育馆副馆、浙江师范大学萧山校区手球馆、浙江师范大学萧山校区体育场。高效完成疫情期间突击任务,组织以共产党员为主要骨干力量的白马湖方舱医院设计团队,15 天完成了杭州市首个也是目前唯一的方舱医院的设计、施工配合和工程验收。

(张众伟撰稿　吕淼华审稿)

【工业技术转化研究院创新驱动发展迈出坚实步伐】 坚持"四个面向",努力促进科技成果转化,研究出台《浙江大学关于进一步促进科技成果转化的若干举措(试行)》(浙大发〔2022〕24 号)。2022 年完成科技成果转化项目 96 项,转化科技成果数 252 项,合同金额为 1.7 亿元。会同研究生院、工程师学院等单位,试点开展工程管理(技术转移方向)非全日制专业硕士培养。助推浙江省山区 26 县跨越式高质量发展,面向山区 26 县免费开放许可 214 项专利,组织"求是桥"26 县专题科技对接活动 100 场。学校科技成果转化基地—浙大紫金科创小镇成功命名为第六批浙江省省级特色小镇,在 2021 年度浙江省省级特色小镇考核中获得优秀,已落户教育部脑与脑机融合前沿科学中心、浙江大学未来食品实验室、浙江大学—浙江交工协同联合研究中心等创新平台。与上市企业共建"浙江大学景业智能核工业先进技术联合研发中心",推进与世界五百强企业德国汉高达成技术咨询服务的合作。

(吴露霞撰稿　柳景青审稿)

【创新创业研究院各项工作稳步推进】 浙江大学校友企业总部经济园建设成果显著。总部经济园一期上榜第九批浙江省小微企业园、入选余杭区第十批重点楼宇。杭州市首个楼宇商会"智源楼宇商会"在总部经济园成立。截至 2022 年底,总部经济园二期累计完成工程总量的 64%,预计 2023 年底竣工;服务地方经济高质量发展成效明显,累计为地方贡献税收超 14 亿元;已有 400余个优质项目落地,其中包含 2 家世界 500强企业、14 家上市公司及 18 家高新技术企业。特色产学研合作项目成果丰硕,2022年搭建创新创业人才项目资源库,库内待转化项目成果超 120 个,已落实产学研合作落地项目 5 项。浙江长三角飞航智能技术中心开局良好。由创新创业研究院与航天科工集团第三总体设计部、湖州莫干山高新区合作共建的浙江长三角飞航技术中心项目在 2022 年全面启动,聚焦人工智能技术在高端装备领域的应用研发。截至 2022 年底,研究中心已承接相关研发课题十余项,累计研发经费 3000 万元;产业公司打造一站式 AI 开发云平台、一体化快速组装舱、特种作业机器人等产品,销售额近 4000 万元,已拥有多件发明专利和计算机软件著作权,成为规上工业企业,荣获莫干山高新区项目双进双产金种子奖。温州国际未来科技岛项目有序推进,2022 年平台累计落地 28 个高科技项目,设立了鹿城区首支科创子基金,协同温州市鹿城区政府出台"一岛一策"。

(陈斯燕撰稿　王玲玲审稿)

【杭州国际科创中心着力建设引领高质量发展的高能级科创平台】 聚焦"推进有组织

科研、引育高水平人才、培育战略性产业"三大核心任务,积极探索新型研发机构建设发展新模式。2022年先后获批教育部与浙江省共建"集成电路(制造)人才培养和协同创新基地"、国家级博士后科研工作站、省技术创新中心、省工程研究中心、省级科技企业专业型孵化器、省级国际联合实验室,获评杭州市集成电路概念验证中心、杭州市优秀新型研发机构、杭州市侨界创新创业基地等。一是加强科研攻关,完成省集成电路创新平台搬迁入驻建设区块,实现55nm CMOS成套工艺线通线;完成极端光学技术与仪器全国重点实验室总部搬迁入驻;完成生物微纳感知创新工坊、未来科学研究院论证并启动建设。成功生长6吋、8吋碳化硅单晶;iBioFoundry、iChemFoundry两大高通量自动化科学装置建成并投入运行;发布"莫干1号""天目1号"超导量子芯片系列学术成果;依托学校,牵头/参与国家级计划、项目33项,入选省"尖兵""领雁"研发攻关计划11项,获省部级奖2项,在国际高水平期刊发表论文177篇。二是引育高端人才,全年引进各类人才285人,其中顶尖人才1人、攻坚人才1人、青年人才34人、双聘学者34人、博士后84人、工程师44人。获批浙江省中高级职称自主评聘权,成功实施第一批职称自主评审。三是支持学科建设,保障电气、材料等14个院系在中心开展科研活动,完成网络空间安全学院搬迁入驻,支持微纳电子学院、网络空间安全学院开展产教融合的研究生工程教育,保障支撑700余名研究生的教育教学活动。四是服务产业发展,与舜宇集团共建"舜宇创新研究院",新增企业联合实验室8家。挂牌成立浙江省大型科研仪器开放共享平台萧山区服务中心,300余台仪器设备向全社会开放共享。新增申请专利371件、实用新型专利27件,新增专利转化16件。支持科研人员成立科学公司25家,融资3家,孵化科技型企业41家;实质性推进浙江启真科技控股有限公司运行,组建"微纳＋"科创产业基金。五是坚持党建统领,接受学校内部巡视,制定整改任务清单,逐项逐件落实整改。完善内部治理,修订中心章程,优化党政联席会议制度,建立首席科学家办公会议,完善"研究院—创新平台—PI"三位一体管理模式,推动先进半导体研究院率先实行自主运行。优化行政部门设置,增设党群工作部,加强党建工作和群团工作,修订完善各类管理制度48项。

（金敏烨撰稿　王恩禹审稿）

【宁波科创中心着力加强有组织科研】 宁波科创中心依托浙江大学的优质办学资源,立足宁波经济社会发展需求,深化科教产教融合,努力建设成为高水平、研究型、国际化的科教产教融合示范基地。瞄准国际科技前沿和国家重大需求,加快布局建设大平台,引进大团队,2022年新建双碳研究院、科学与工程实训中心、未来材料研发仪器创新平台等重大平台,聘任邹志刚院士为双碳研究院首席科学家,聘任张泽院士为科学与工程实训中心、未来材料研发仪器创新平台首席科学家,引进院士团队高层次人才,积极打造省级及以上高水平科研基地。2022年共取得各类科研项目54项,科研经费4522万元,其中国家自然科学基金项目8项(优秀青年科学基金项目1项、面上项目2项),承担国家重点研发计划项目5项,省级计划项目3项,宁波市科技项目15项。对接区域发展需求,与杭州卡涞复合材料科技有限公司、浙江瑞堂塑料科技股份公司共建联合研究机构,与宁波惠之星新材料科技有限公司、宁波方太厨具有限公司等企业共建创新联合体 4 个，在甬孵化科技型企业 7 家。加强与学校各院系的交流合作，到校科研经费 1300 万元。

（朱凯杰撰稿　单世涛审稿）

【北京研究院全校性平台建设初具规模】
坚持以"聚焦重大问题、服务国家战略"为宗旨，做好服务全校相关工作，搭建"智库、人才、学术、宣传、联络"五大平台。继续保持与中央办公厅、国务院办公厅、中央网信办、民盟中央等智库渠道的常态化工作互动，新增中央财经委员会办公室、九三学社中央委员会、国家医疗保障局、人民日报社内参部等党和国家重要机关的直接报送机制。国家制度研究院被"中国智库索引"（CTTI）收录，并获评"浙江大学人文社会科学十佳研究机构"。启真智库荣获"民盟中央 2021 年度参政议政工作特别贡献奖"。推动形成协同研究机制，举办由教育部社会科学委员会法学学部主办的习近平法治思想高校协同研究机制启动仪式，并公布《习近平法治思想高校协同研究机制章程》，秘书处设于浙江大学北京研究院。推动找校多位教师参与中央和国家机关咨政活动，产生重要影响力。首席专家张文显教授牵头组织的"国家制度与国家治理现代化研究丛书"入选国家"十四五"重点出版项目。推动学校作为唯一高校支持单位，全程参与主场外交"金砖国家可持续发展高层论坛"，并承担《金砖主席国产业合作福州倡议书》的起草工作。

（陈泽星撰稿　袁　清审稿）

【上海高等研究院深化"计算＋"科研创新生态建设】　由陈纯院士和吴飞教授牵头的"计算＋"高性能机器学习及支撑应用系统，以及由周如鸿教授牵头的"计算＋"智能化免疫抗原肽的设计与应用两项科研重大项目列入上海人工智能实验室科研任务清单。同时，周如鸿教授的相关研究被列入"上海人工智能实验室计算生物创新中心"快速启动项目。参与的"新一代人工智能科教创新开放平台""蛋白质结构预测算法研究及蛋白质设计应用""肿瘤主动渗透型智能纳米药物的创制与临床转化"项目获科技部立项。"新型 RNA 适配体及相关药物的智能化设计与应用"入围国家级核酸药物"揭榜挂帅"项目，"基于人机物三元融合的火电机组燃烧与环保智能控制系统研究"获批工信部"揭榜挂帅"项目。获批国家自然科学基金项目 7 项，在全球顶级刊物上合计发表 CNS 及子刊论文 7 篇，"大规模图神经网络模型端云协同计算平台和应用示范"获 2022 年教育部科技进步奖一等奖。与华为、百度、海康威视、闪马、协同数据等合作成立联合创新中心或联合实验室合计 15 家；联合上海校友会成立上海校友科创中心，打造"计算＋科技文化"垂直领域创新型孵化器；双聘引进英国皇家工程院院士 1 名，全职引进平台百人 3 人。

（张　岳撰稿　吴　飞审稿）

浙江大学年鉴

规划与重点建设

学校发展规划

【概况】 2022 年共承担国家级课题 11 项,省部级课题 30 项;发表中文论文 26 篇,其中一级期刊 6 篇;出版专著 2 本,学术辑刊 1 本;在中央级媒体发表学术文章 12 篇;编发《高教信息动态》17 期、《高教信息动态专报》2 期、《科教决策参考》11 期;完成中国工程院内部资料《国际工程教育前沿与进展》四个季度和年度合辑的编印,完成《科教发展评论》第九辑出版和第十辑组稿,完成《浙江大学教育研究》电子刊物的组稿、审稿、编校等工作。

围绕学校整体发展开展战略研究。推动开展《浙江大学章程》修订工作,形成章程修正案并呈报教育部审核。组织编写《浙江大学使命愿景红皮书》,形成一本总报告和本科教育、研究生教育、科学技术研究、哲学社会科学繁荣发展、文化建设、社会服务等六本分报告。深度参与学校第十五次党代会报告撰写、材料收集等,完成一项党代会

报告调研课题,形成《世界高等教育的潮流动向及兄弟高校改革发展举措》报告。

聚焦学校"十四五"事业发展和新一轮"双一流"建设目标,构建形成新的深化改革实施体系,进一步全面提升改革成效,激发系统改革动力。2022 年,共推动实施 25 项全面深化改革项目,助推学校治理体系和治理能力现代化。

高水平智库建设成绩斐然。聚焦科技创新、科教融合、数字创新三大方向,产出众多高质量高水平智库成果。智库品牌影响力进一步提升,成功入选省级新型重点专业智库和 CTTI 2022 年度高校智库百强榜,建成"健康中国""双碳"两个重大战略研究智库团队。

【推进学校综合改革】 发布《浙江大学 2022 年度全面深化改革实施方案》,围绕高质量系统内涵式发展"一条主线",以新时代教育评价改革和一流大学治理改革为"两大抓手",聚焦立德树人、教师评价、人才发展、创新生态、数字治理等方面推进关键环节改革创新,推动实施 11 个改革重点项目和 14 个改革备案项目。持续推进院系自主权改革,组织编制航空航天学院"一院一策"改革

方案,推动院系激发办学活力、提升治理水平。推动"浙江大学研究生综合素质评价体系构建"项目成功申报浙江省深化新时代教育评价改革试点。全面总结 2018 年以来的学校改革工作,加强对重点改革项目的评估,形成《浙江大学 2018—2022 年全面深化改革总结评估报告》。牵头科技人才评价改革试点工作,协同相关部门制定《浙江大学科技人才评价改革试点实施方案》。与党办校办、信息技术中心等单位协同,完成《浙江大学数字化改革实施方案》,探索学校整体智治的改革路径。

(王颖霞撰稿　陈　婵审稿)

"双一流"建设

【迭代第二轮"双一流"建设方案与编制实施方案】　高标谋定"双一流"建设路线图。2022 年 2 月,教育部、财政部、国家发展改革委发布《关于深入推进世界一流大学和一流学科建设的若干意见》,并正式公布了第二轮"双一流"建设高校及建设学科名单。浙江大学及 21 个学科入选第二轮"双一流"建设名单。按照教育部反馈的专家评议意见,学校对整体建设方案和各学科建设方案进行修改迭代,并补充完善若干建设举措,梳理优化相关任务台账。方案于 2022 年 3 月定稿并报送教育部。

系统谋划"双一流"建设施工图。2022 年 1 月,学校根据党和国家关于第二轮"双一流"建设的战略部署,正式启动《浙江大学第二轮"双一流"建设实施方案》(以下简称实施方案)的编制工作。对照学校第二轮"双一流"学校整体建设方案确立的建设任务,按照提高政治站位、体现一流导向、坚持高标定位、加强统筹协调、明确责任要求的总体思路,明确了实施方案的整体框架。实施方案经过反复迭代、咨询论证和"双一流"建设领导小组审议,于 5 月提交学校党委常委会议审议通过后发布实施。实施方案围绕"5(重点建设任务)+5(重点改革任务)+1(一流学科建设)"的工作领域,形成了培养拔尖创新人才、建设一流师资队伍、提升科学研究水平、传承创新优秀文化、推进高质量社会服务与成果转化、推进一流学科建设、加强和改进党的全面领导、推进国家治理体系和治理能力现代化、实现关键环节改革突破、优化全球开放发展格局、完善一流特色办学体系等 11 个专项和 50 项建设任务。

【高质量谋划布局"双一流"建设资金项目】　2022 年,浙江大学紧扣新发展阶段使命愿景和第二轮"双一流"建设目标任务,突出培养一流人才、服务国家战略需求、争创世界一流的导向,系统谋划项目储备和方案完善,加大对拔尖创新人才培养、基础学科建设、聚焦"四个面向"重大任务等的支持力度,分批推进培养拔尖创新人才专项、高峰学科建设计划、优化全球开放发展格局等 21 个资金项目立项决策和启动实施,切实将"双一流"建设各项任务落地落实。启动修订学校"双一流"建设项目管理办法,持续优化"双一流"建设信息管理系统,进一步优化项目管理机制。抓细抓实项目预算申报编制,扎实开展预算执行和绩效运行"双监控",配合做好省级部门"浙江大学一流学科建设"专项绩效抽评并获满分评价,切实提高项目经费使用绩效。

(刘天英撰稿　黄云平审稿)

重点建设专项

【深入实施面向 2030 的学科会聚研究计划（创新 2030 计划）】 完善会聚型学科领域布局。面向重点领域积极谋划布局未来战略科研方向，结合学校优势学科和发展潜力，按照"成熟一个、启动一个"原则，对拟建计划的建设方案、总体目标、重点任务及需要的支持政策和资源等充分研讨论证，启动实施面向国家航天强国战略的空天探索会聚研究计划和响应新发展阶段背景下国家区域重大战略需求的数字社会科学会聚研究计划。截至 2022 年底，创新 2030 计划已启动专项计划 11 个。

有序推进专项计划顺利实施，以年度任务清单制为抓手，加强专项计划过程管理，重点做好年度重点任务的凝练设计、动态跟踪、督促检查等工作。按照《浙江大学面向 2030 的学科会聚研究计划管理办法（暂行）》要求，对立项满三年的脑科学与人工智能会聚研究计划、量子计算与感知会聚研究计划、农业设计育种会聚研究计划、生态文明与环境科技创新会聚研究计划开展阶段性评估，专家组一致同意 4 个专项计划通过评估，总体评价均为"优秀"。强化标志性成果的凝练和宣传，创新 2030 计划成果入选"迎接浙江大学第十五次党代会主题展"，及时通过专题网站、学校官方媒体平台等途径发布重要学术活动、重要学术成果等资讯，为深化学科交叉融合、树立会聚型学科建设的浙大品牌营造良好氛围。

【提升迈向世界一流大学前列的战略创新能力】 充分认识国家实施重点领域设备更新改造贷款贴息项目的战略意义，抢抓发展机遇，组织申报并成功获批国家重点领域设备更新改造贷款贴息项目，进一步拓宽融资渠道，夯实学校高质量内涵式发展基础。聚焦做尖做强、走在前列目标，学校对标新一轮"双一流"建设的目标任务，围绕拔尖创新人才培养、战略科技力量建设、关键核心技术攻关和基础研究原创引领突破等方面谋划设计储备项目，按照"成熟一个、启动一个"原则立项实施 3 批 11 个项目，有力提升办学综合支撑能力。学校发文成立由党委书记、校长共同担任组长的专项工作领导小组，启动制订专项管理暂行办法，将设备更新改造专项纳入学校"双一流"建设统筹推进，确保科学、精准、稳健、合规推进专项工作。

（刘天英撰稿　黄云平审稿）

学科与师资队伍建设

学科建设

【概况】 浙江大学是目前国内学科门类最齐全的综合性大学之一,在哲学、经济学、法学、教育学、文学、历史学、理学、工学、农学、医学、管理学、艺术学和交叉学科等 13 个学科门类授予学术性学位。截至 2022 年 12 月 31 日,浙江大学拥有博士学位授权一级学科 62 个,硕士学位授权一级学科 62 个,博士专业学位类别 12 种,硕士专业学位类别 33 种。学校及 21 个学科入选第二轮“双一流”建设高校及建设学科名单(除北大、清华为自主权下放试点高校外,学校一流学科入选数和新增数均为全国高校最多),拥有 14 个一级学科国家重点学科、21 个二级学科国家重点学科和 10 个国家重点(培育)学科,7 个农业农村部重点学科,50 个浙江省一流学科(见附录)。

截至 2022 年 12 月 31 日,各学科申请并获得研究生招生资格的教师有 5752 人,其中获博士生招生资格的教师有 3769 人;

申请并获得专业学位硕士生招生资格的教师有 4048 人,其中获专业学位博士生招生资格的教师有 1599 人;副教授中获得博士生招生资格的有 703 人。

根据《教育部办公厅关于印发〈授予博士、硕士学位和培养研究生的二级学科自主设置实施细则〉的通知》(教研厅〔2010〕1 号)及国务院学位委员会办公室《关于做好授予博士、硕士学位和培养研究生的二级学科自主设置工作的通知》(学位办〔2011〕12 号)等文件精神,学科建设处组织开展 2022 年度学位授权自主审核工作。经校学位评定委员会审议并无记名逐一投票表决,同意设置数字法学、干部教育学、工程教育学、分子与细胞医学、脑科学与脑医学 5 个目录外二级学科博士、硕士学位授权点。

【组织编制第二轮“双一流”学科建设实施方案】 按照国家关于“双一流”建设的决策部署,在学校“双一流”建设领导小组的领导下,围绕更高质量、更加卓越、更受尊敬、更有梦想的战略导向,以五大坚持为指引,聚焦立德树人根本任务,组织完成第二轮“双一流”学科建设实施方案编制和论证工作。按照 21 个“双一流”建设学科、高峰学科、理科一流骨干基础、文科一流骨干基础及马克思主义理论学科、文科优势特色学科、交叉学科等不同范围，对52个学科召开了8场专家论证会，组织学科开展学科建设实施方案编制工作，并于4月24日经学科建设领导小组办公室会议审议通过，5月5日经党委常委会议审议通过。牵头负责"推进一流学科建设"专项实施方案编制工作。精心组织完成第二轮"双一流"学科建设实施方案编制和论证工作。广泛听取学校领导、学部、校内职能部门、建设学科意见和建议，组织召开专项实施方案专家论证会，编制"推进一流学科建设"专项实施方案，并于4月24日经学科建设领导小组办公室会议审议通过，5月5日经党委常委会审议通过后发布实施。

（吴　可撰稿　夏群科审稿）

【附录】

2022年浙江大学各类重点学科分布情况

学院	一流建设学科	一级学科国家重点学科	二级学科国家重点学科	国家重点（培育）学科	浙江省一流学科	农业农村部重点学科
文学院			中国古典文献学		中国语言文学	
历史学院					中国史	
					世界史	
哲学学院				外国哲学	哲学	
外国语学院					外国语言文学	
传媒与国际文化学院					新闻传播学	
艺术与考古学院					考古学	
经济学院				政治经济学	理论经济学	
光华法学院			宪法学与行政法学		法学	
教育学院			教育史		教育学	
管理学院	管理科学与工程	管理科学与工程			管理科学与工程	
公共管理学院	农林经济管理			农业经济管理	农林经济管理	
					公共管理	

续表

学院	一流建设学科	一级学科国家重点学科	二级学科国家重点学科	国家重点（培育）学科	浙江省一流学科	农业农村部重点学科
马克思主义学院					马克思主义理论	
数学科学学院		数学			数学	
物理学院			理论物理		物理学	
			凝聚态物理			
化学系	化学	化学			化学	
地球科学学院					地质学	
心理与行为科学系			应用心理学		心理学	
电气工程学院	电气工程	电气工程			电气工程	
建筑工程学院	土木工程	土木工程			土木工程	
					建筑学	
航空航天学院			固体力学		力学	
					航空宇航科学与技术	
机械工程学院	机械工程	机械工程			机械工程	
材料科学与工程学院	材料科学与工程	材料科学与工程			材料科学与工程	
能源工程学院	动力工程及工程热物理	动力工程及工程热物理			动力工程及工程热物理	
化学工程与生物工程学院			化学工程	生物化工	化学工程与技术	
海洋学院					船舶与海洋工程	
生物医学工程与仪器科学学院		生物医学工程			生物医学工程	
计算机科学与技术学院	计算机科学与技术		计算机应用技术	计算机软件与理论	计算机科学与技术	
	软件工程				软件工程	
					设计学	

学院	一流建设学科	一级学科国家重点学科	二级学科国家重点学科	国家重点(培育)学科	浙江省一流学科	农业农村部重点学科
光电科学与工程学院	光学工程	光学工程			光学工程	
信息与电子工程学院			通信与信息系统		信息与通信工程	
控制科学与工程学院	控制科学与工程	控制科学与工程			控制科学与工程	
生命科学院	生态学		植物学		生态学	生态学
	生物学		生态学		生物学	
生物系统工程与食品科学学院	农业工程		农业机械化工程		农业工程	农业机械化工程
					食品科学与工程	食品科学
环境与资源学院	环境科学与工程	农业资源与环境	环境工程		环境科学与工程	土壤学
					农业资源与环境	
农业与生物技术学院	园艺学	园艺学	作物遗传育种		作物学	农业昆虫与害虫防治
	植物保护	植物保护			园艺学	植物病理学
			生物物理学		植物保护	
动物科学学院			特种经济动物饲养	动物营养与饲料科学	畜牧学	动物营养与饲料科学
医学院	临床医学		儿科学	病理学与病理生理学	临床医学	
	基础医学		内科学(传染病)	妇产科学	基础医学	
			外科学(普外)	眼科学	口腔医学	
			肿瘤学			
药学院	药学			药物分析学	药学	

师资队伍建设

【概况】 2022年，浙江大学继续紧密围绕新时代学校人才强校核心战略目标，坚持高质量内涵式发展，加大战略人才引育力度，完善长聘教职制度体系，实施师资队伍第三轮定编定岗，大力推进博士后队伍建设，探索多元化人力资源体系。稳步推进机制体制创新，不断提升管理服务效能，持续改善人才生态，为学校迈向世界一流大学前列奠定坚实的人力资源基础。

截至2022年底，全校教职工总数达9746人（不包括附属医院事业编制及报备员额人员），其中有女教职工3448人，约占35.38%。教职工具体分布为：专任教师4557人，科研机构人员1863人（含学科博士后1379人）、党政管理人员1449人、教学科研支撑人员924人、附设机构及其他人员953人，行政专员36人，校本部人才派遣人员3933人，附属医院在职员工31380人。

浙江大学高层次人才和优秀青年人才队伍规模居全国高校前列。现有全职两院院士44人（其中1人为两院双院士），其中，中国科学院院士24人、中国工程院院士21人（含外籍院士1人），浙江大学文科资深教授14人，求是特聘学者等高层次人才574人，各类优秀青年人才1013人。

全校共有正高级专业技术职务人员2183人（其中教师正高级职务2093人、其他专业技术正高级职务90人），副高级专业技术职务人员2090人（其中教师副高级职务1417人、其他专业技术副高级职务673人）；浙江大学"百人计划"研究员684人、特聘研究员102人、特聘副研究员170人；中级及以下专业技术职务人员2911人。

全校专任教师总数为4557人，其中：女教师1071人，占23.50%；具有正高级职称人员2093人，占45.93%；具有副高级职称人员1231人，占27.01%。专任教师的学科分布、年龄分布及学历分布情况如下。

表1 专任教师学科分布情况 单位：人

专业项目	专任教师总数	正高级	副高级	中级及未定职级
哲　学	67	27	16	24
经济学	129	52	39	38
法　学	188	64	57	67
教育学	208	51	72	85
文　学	225	82	74	69
历史学	67	30	23	14
理　学	719	364	173	182
工　学	1831	859	518	454
农　学	273	145	60	68

专业项目	专任教师总数	正高级	副高级	中级及未定职级
医　学	549	295	104	150
管理学	237	113	65	59
艺术学	64	11	30	23
总　计	4557	2093	1231	1233
总计中：女	1071	336	431	304

表2　专任教师年龄分布情况　　　　　单位：人

年龄段	总数	正高级职称人数	副高级职称人数
35岁以下	834	19	110
36～45岁	1638	630	558
46～60岁	1881	1248	562
61岁及以上	204	196	1

表3　专任教师学历分布情况　　　　　单位：人

专任教师学历	人数
博士研究生学历	4267
硕士研究生学历	206
本科学历	83
专科及以下	1

2022年，共评审通过专业技术高级职务639人，其中正高级职务212人（教学科研正高级职务85人，专职研究研究员1人，高教管理研究员4人，正高级实验师3人，正高级工程师1人，研究馆员1人，编审1人，卫生技术正高级职务116人），副高级职务427人（教学科研副高级职务50人，专职研究副研究员17人，学生思想政治教育副教授2人，高级实验师11人，高级工程师5人，副研究馆员1人，卫生技术副高级职务341人）。另外，委托浙江省会计系列高级

职务评审会评审通过正高级会计师1人，高级会计师3人；学校组织特别评审通过专业技术高级职务7人，其中正高级职务5人，副高级职务2人。

2022年，共评聘通过长聘教职人员41人，其中长聘教授8人，长聘副教授33人。另外，2位"百人计划"研究员和2位长聘副教授入选国家级人才计划，经学院审核、学校审定，评聘为长聘教授；海宁国际校区评审通过长聘副教授3人。

2022年，共评审通过五级职员5人、六

级职员 25 人、七级职员 34 人、八级职员 11 人、九级职员 1 人。

2022 年,新增事业性质教职工 878 人,其中专任教师 306 人、党政管理人员 61 人(其中专职辅导员 52 人)、研究人员 491 人(含学科博士后 482 人)、其他专技人员 20 人,离退休教职工共 292 人。

【深入贯彻落实新时代人才强校核心战略】
组织召开浙江大学人才工作会议,制定《中共浙江大学委员会 浙江大学关于贯彻中央人才工作会议精神加快打造国家战略人才力量的意见》和《中共浙江大学委员会 浙江大学关于深化新时代人才强校核心战略 加强和改进人才工作的实施方案》,以远大使命愿景谋划学校人才工作。研究形成 2022—2023 年度十大重点任务并推动实施,系统部署学校新阶段人才工作战略目标、实现路径与关键举措。

【战略人才力量引育成效显著】 高层次人才引进取得新突破,全年共引进 36 人,其中两院院士 2 人、讲席教授 12 人、求是特聘教授(含文科领军人才)22 人。2022 年各国家和省部级人才计划纷纷喜获丰收,共入选国家级高层次人才计划项目 59 人,入选国家级优秀青年人才计划项目 142 人,均稳居全国高校前列。

【优化长聘教职制度体系】 2022 年 3 月,出台《浙江大学长聘教职岗位管理试行办法》,明确了长聘教职的岗位设置、岗位职责、岗位聘用、晋升发展、薪酬待遇、学术资源等相关政策与事项。持续完善聘后管理,做好长聘教职聘后岗位管理,不断保持长聘教职的学术活力。2022 年,组织开展校级长聘教职评聘会议 10 场,评聘长聘教授 12

人、长聘副教授 33 人。

【实施师资队伍第三轮定编定岗】 2022 年 6 月,制订《浙江大学第三轮(2022—2025 年)师资队伍定编定岗实施方案》,核定各院系(单位)2022—2025 年教师编制总数和正高、副高可晋升数。进一步推动院系统筹规划编制资源,加大高层次人才引育力度,保证常规教师的发展通道及学术资源的有序使用,持续优化师资队伍结构。

【大力推进博士后队伍建设】 2022 年 12 月,出台《浙江大学博士后管理工作实施办法》(浙大发人〔2022〕62 号),进一步提高了博士后队伍建设的精准性、有效性,加大对博士后队伍中特别优秀人员的支持力度,分类调整优化学校、合作导师的出资比例,探索实施由科研经费全额承担人员经费的博士后类型,完善博士后职业发展与保障体系,协助附属医院、校地平台申请设立博士后科研工作站。

【探索多元化人力资源体系】 2022 年 3 月,出台《关于创新多元化用人机制服务学校高质量发展的若干意见》(浙大发人〔2022〕24 号),配套制定了《浙江大学行政专员建设实施办法》(浙大人发〔2022〕5 号)《浙江大学技术专员队伍建设实施办法》(浙大人发〔2022〕6 号)。将行政专员、技术专员纳入教职工培训培养体系,全面提升岗位能力、服务水平和国际化水平。构建全方位的绩效管理体系,保障与事业编制岗位同岗同酬待遇。加强职业晋升通道设计,明晰职业发展方向。截至 2022 年底,行政专员到岗 36 人。

(吴肖梦撰稿　钟鸣文审稿)

【附录】

附录1　2022年浙江大学博士后科研流动站

序号	博士后流动站	序号	博士后流动站
1	哲学	28	信息与通信工程
2	理论经济学	29	土木工程
3	应用经济学	30	农业工程
4	法学	31	食品科学与工程
5	马克思主义理论	32	环境科学与工程
6	教育学	33	生物医学工程
7	中国语言文学	34	计算机科学与技术
8	外国语言文学	35	生物工程
9	中国史	36	软件工程
10	世界史	37	农业资源与环境
11	考古学	38	植物保护
12	数学	39	作物学
13	物理学	40	园艺学
14	化学	41	畜牧学
15	心理学	42	兽医学
16	地质学	43	临床医学
17	生物学	44	基础医学
18	生态学	45	口腔医学
19	机械工程	46	药学
20	动力工程及工程热物理	47	预防医学与公共卫生
21	力学	48	管理科学与工程
22	化学工程与技术	49	农林经济管理
23	材料科学与工程	50	工商管理
24	电气工程	51	公共管理学
25	控制科学与工程	52	新闻传播学
26	光学工程	53	体育学
27	电子科学与技术	54	网络空间安全

续表

序号	博士后流动站	序号	博士后流动站
55	建筑学	59	护理学
56	社会学	60	航空宇航科学与技术
57	艺术学理论	61	海洋技术与工程(交叉)
58	设计学		

附录 2　浙江大学 2022 年评审通过正高级专业技术人员

一、具有高校教师教授职务任职资格人员名单

历史学院	吴铮强　张 弛
外国语学院	冯全功　乐 明
传媒与国际文化学院	范 昀
艺术与考古学院	张 晖
经济学院	邬介然　张小茜
光华法学院	陆 青
教育学院	刘 徽
管理学院	杜 健　莫申江
公共管理学院	张 翔
马克思主义学院	付文军
化学系	姚 加
地球科学学院	舒守娟　吴 磊
机械工程学院	裘乐淼　祝 毅
材料科学与工程学院	刘小强　吴 琛
能源工程学院	黄钰期　张绍志
电气工程学院	马吉恩　阎 彦
建筑工程学院	何国青　孟 涛　夏 晋　章红梅
化学工程与生物工程学院	李中坚
海洋学院	冯雪皓　黄 滨　马东方
航空航天学院	金小军　赵 沛
高分子科学与工程学系	朱蔚璞
信息与电子工程学院	叶德信
微纳电子学院	张培勇
计算机科学与技术学院	王 灿　赵 洲
生物医学工程与仪器科学学院	田 翔
生物系统工程与食品科学学院	王永维

环境与资源学院	沈超峰	唐先进			
农业与生物技术学院	方 磊	叶楚玉			
动物科学学院	师福山				
医学院	白瑞良	刘祥瑞	沈 逸	王 本	杨 芊
药学院	曹 戟	李 丹			

二、具有高校教师研究员职务任职资格人员名单

中国西部发展研究院	张旭亮
医学院附属邵逸夫医院	冯利锋

三、卫生技术正高级职务人员通过兼评具有高校教师教授职务任职资格人员名单

医学院附属第一医院	黄满丽	刘 犇	罗 依	乔建军	王新宇
	徐承富				
医学院附属第二医院	冯 蕾	韩 伟	王 林	王新刚	魏启春
	俞一波	朱永坚			
医学院附属邵逸夫医院	洪德飞	王林波	王 娴		
医学院附属妇产科医院	程晓东				
医学院附属儿童医院	黄新文	江佩芳	毛姗姗	唐兰芳	
医学院附属口腔医院	杨国利				

四、具有教学岗教授职务任职资格人员名单

化学系	沈 宏
电气工程学院	孙 盾

五、具有工程教育创新教授职务任职资格人员名单

电气工程学院	张 健(工号:0010863)	周 晶

六、具有专职研究研究员职务任职资格人员名单

机械工程学院	张 斌

七、具有先进技术研究员职务任职资格人员名单

先进技术研究院	方 舟

八、具有农业推广研究员职务任职资格人员名单

新农村发展研究院(含农业技术推广中心)、农业试验站	
李卫旗	宋文坚

九、具有正高级实验师职务任职资格人员名单

建筑工程学院	林伟岸
环境与资源学院	张建英
新农村发展研究院(含农业技术推广中心)、农业试验站	
齐振宇	

十、具有正高级工程师职务任职资格人员名单

建筑设计研究院	陈 瑜

十一、具有高教管理研究员职务任职资格人员名单

党委组织部	马春波
国际合作与交流处、港澳台事务办公室	李　敏
北京研究院	袁　清
医学院附属第二医院	陆　艳

十二、具有研究馆员职务任职资格人员名单

图书馆	田　稷

十三、具有编审职务任职资格人员名单

出版社	曾建林

十四、具有主任医师职务任职资格人员名单

医学院附属第一医院

包芳萍	陈春雷	戴利波	胡蓉蓉	黄　啸
贾红宇	康仙慧	李中琦	厉彩霞	梁文杰
林才照	毛祺琦	阮　健	沈　茜	石海飞
王国彬	王伟斌	王懿娜	吴李鸣	杨春梅
杨光叠	姚晓霖	余松峰	俞文桥	张　翀
张晓琛	张雪群	张志利	赵凤朝	赵晓红

李　彤(工号：1304015)

吴　健(工号：1202084)

徐　莹(工号：1308033)

医学院附属第二医院

陈彬彬	陈聪聪	丁　瑶	郭　谊	何　伟
黄晓军	霍亚楠	李长岭	刘达人	刘震杰
夏靖燕	薛德挺	叶盼盼	张启逸	张秀来

郑幼洋　陈　敏(工号：2311278)

胡海涛(工号：2303015)

刘　辉(工号：1309032)

张　丽(工号：2309007)

张　宁(工号：2509038)

张　莺(工号：2508002)

医学院附属邵逸夫医院

陈继达	陈　冉	陈淑洁	季淑娟	蒋汝红
劳伟峰	皮博睿	吴　芳	徐海珊	于　路
俞世成	章德广	周　勇	竺海燕	

陈　剑(工号：3311012)

医学院附属妇产科医院

黄　琼	刘爱霞	吕炳建	钱小伟	秦佳乐
沈源明	王　悦	温　弘		

医学院附属儿童医院

陈光杰	郭　莉	罗优优	潘佳容	吴　磊
徐雪峰	许燕萍	叶莉芬		

医学院附属口腔医院 蔡　霞　陈　卓　孙　平　吴梦婕　朱海华

十五、具有主任中医师职务任职资格人员名单

医学院附属妇产科医院 曲　凡

十六、具有主任药师职务任职资格人员名单

医学院附属第一医院 胡兴江　楼　燕

医学院附属第二医院 陈金亮

十七、具有主任技师职务任职资格人员名单

医学院附属第一医院 陈保德　鲁海峰　赵　莹

医学院附属第二医院 郑磊磊　周宏伟

医学院附属邵逸夫医院 赵　锋

医学院附属儿童医院 沈　征

十八、具有主任护师职务任职资格人员名单

医学院附属第一医院 冯洁惠　高春华　龚芝萍　顾　青　卢芳燕
王群敏　王　莺　卫建华　赵惠英

医学院附属第二医院 董佩芳　曾　妃

医学院附属邵逸夫医院 袁红娣　祝海香

医学院附属儿童医院 陈秀萍

十九、具有正高级会计师职务任职资格人员

计划财务处 石毅铭

附录3 浙江大学 2022 年评聘长聘教职人员

一、具有长聘教授任职资格人员

公共管理学院 龚斌磊　方　恺　谭　荣

电气工程学院 吴立建

环境与资源学院 谷保静

数学科学学院 冯　涛

高分子科学与工程学系 伍广朋

生物医学工程与仪器科学学院 吴　丹

农业与生物技术学院 黄健华

医学院 谷　岩　刘　冲

生命科学研究院 周　青

二、具有长聘副教授任职资格人员

文学院 金　进

历史学院 刘　寅

经济学院 许　奇

教育学院 彭玉鑫

管理学院	孙怡夏
公共管理学院	俞晗之　邹永华
社会学系	KURTULUS GEMICI
数学科学学院	仲杏慧
物理学院	GENTARO WATANABE
化学系	洪　鑫　王林军　朱海明
地球科学学院	鲍学伟
机械工程学院	杨　赓
材料科学与工程学院	孙　威　王江伟
能源工程学院	陈　东　范利武　赵　阳
建筑工程学院	巴　特　郑飞飞
海洋学院	THOMAS PAHTZ
航空航天学院	肖　锐
信息与电子工程学院	陈晓明　黄科杰
控制科学与工程学院	潘　宇
生物系统工程与食品科学学院	刘德钊　林　涛
环境与资源学院	逯慧杰　杨　武
动物科学学院	HE FANG
医学院	徐贞仲
国际联合学院(海宁国际校区)	陈文超　刁瑞盛　周　民

附录 4　2022 年包氏奖学金浙江大学派出人员情况

序号	姓名	出国时间	派遣类别	国别	留学学校	国内单位
1	黄沛钰	2022 年 8 月 14 日	高访	荷兰	乌得勒支大学医学中心	医学院
2	虞燕琴	2022 年 11 月 17 日	高访	美国	福瑞德·哈金森癌症研究中心	医学院

附录 5　2022 年包氏奖学金浙江大学回国人员情况

序号	姓名	出国时间	回国时间	国别	国内单位
1	黄沛钰	2022 年 8 月 14 日	2022 年 10 月 31 日	荷兰	医学院
2	虞燕琴	2022 年 11 月 17 日	2022 年 12 月 22 日	美国	医学院

对外交流与合作

国际合作与交流

【概况】 2022年,全校教职工因公出国共计85人次(其中:访问考察2人次、学术交流75人次、进修学习7人次、参赛1人次),参加涉国(境)外线上会议195人次。2021—2022学年全校共实施本科生线上、线下交流项目292项(其中线上交流项目253项,占比86.7%),交流人次7888人次(含线上参加7812人次,线下参加76人次)。2022年,研究生共3342人次通过多种渠道参加对外交流,以参加线上国际学术会议、线上研究生暑期学校和研究生国际工作坊、线上课程学习等为主要形式,实际出国出境441人次,其余2901人次参与线上对外交流。

2022年聘请外国专家420人,其中长期专家290人、短期专家130人;聘请客座教授15人;国家外国专家项目获批立项40个个人类项目,包括高端外国专家引进计划23个、"一带一路"创新人才交流外国专家项目(首次获批)6个、外国学者研究基金项目11个,还有10个平台类项目赓续执行,包括"111计划"7个、"111计划2.0"3个,共获批经费870万元;执行完成2021年两年期项目14个,2022年一年期项目10个,执行2022年两年期项目30个,平台类项目10个;新获批立项机电液高端装备及先进制造学科创新引智基地("111计划")1个,作物品质与安全学科创新引智基地完成五年验收;举办海外名师大讲堂9场。举办国际会议52项(线上或线上线下相结合方式,其中,人文社科类33项、自然科学类19项)。

新开拓与比利时根特大学、荷兰埃因霍芬理工大学的校级双博士项目。六大洲30个国家和地区近百个合作伙伴负责人向学校125周年校庆致贺电贺信。与国外高校、研究机构和政府组织签署47份协议,与澳大利亚国立大学、日本爱知县政府、美国西达赛奈医学中心新建立伙伴关系,与美国西北大学、日本东京大学、法国巴黎综合理工大学等重要伙伴续签协议。组织与15个国家的48场会面,含13场校领导会面、5场校级云签约。向英国帝国理工学院等重要伙伴发出贺信等信函近百封,确保交流的温度、频度和力度。

实施可持续发展行动计划(Z4G),举办系列高影响力活动。承办发展中国家科学院第16届学术大会暨第30届院士大会,保障大会线上线下圆满召开,全球75个国家800余位科学家、部长级官员、国际组织和企业代表在线参加,国家主席习近平向大会致贺信,推动大会发布《杭州宣言》。举办学校首届可持续发展全球暑期学校,开发一站式信息系统,全球81个国家和地区近千名学生参加并给予高度评价。与德国学术交流中心(DAAD)、亚琛工业大学联合举办第二届中德可持续发展论坛,邀请两国9所高校及中德科学中心、洪堡基金会等4家资助机构参与,吸引1万余人次观看直播;与悉尼大学、新加坡国立大学、印度理工学院马德拉斯分校联合举办首届亚太碳中和论坛,吸引全球400余名学者学生注册参会。

实施世界顶尖大学学科合作计划、SDGs全球合作等双一流国合专项,支持各院系96个国际合作项目。开设线上课程讲座146门次,惠及师生近30000人次;选派近20名学生赴斯坦福、剑桥等高校深造;合办会议和研讨活动100余场;争取外部经费1800余万元;从合作高校引进院士等高层次人才14人。联动科研部门首推国际大科学计划和大科学工程培育项目、国际学科联盟培育项目,支持12个项目立项。

提升国际传播效能。加强海外社媒建设,制定话题标签库并实现跨平台的统一化和规范化,年度发布量1800余条,六大平台粉丝总数年增长超30%。围绕重大主题活动开展多渠道传播,发展中国家科学院第16届学术大会暨第30届院士大会重要成果在美国广播公司、日本共同社等500余家海外主流媒体转载落地,覆盖近2亿名读者受众。围绕可持续发展全球暑期学校,制作活动视频发布英文报道、组织推文贴文170余篇/条,阅读量110余万人次。

(吴　赟撰稿　刘郑一审稿)

【附录】

附录1　2022年浙江大学各学院(系)对外合作交流情况

学院(系)名称	出国(境)及对外交流数/人次			聘请国外专家数/人		举办国际学术会议数/次
	教职工	本科生	研究生	长期	短期	
文学院	0	162	16	0	0	1
历史学院	2	4	3	3	0	2
哲学学院	3	30	12	5	0	2
外国语学院	2	178	56	16	1	5
传媒与国际文化学院	3	280	26	1	0	3
艺术与考古学院	1	92	8	2	0	2
经济学院	0	295	34	3	4	2

学院(系)名称	出国(境)及对外交流数/人次			聘请国外专家数/人		举办国际学术会议数/次
	教职工	本科生	研究生	长期	短期	
光华法学院	3	283	6	1	2	3
教育学院	1	113	108	4	0	3
管理学院	1	133	56	4	0	3
公共管理学院	7	244	87	11	0	6
社会学系	5	0	0	0	1	0
马克思主义学院	0	0	1	0	0	0
数学科学学院	3	368	11	4	0	0
物理学院	0	172	14	9	1	0
化学系	1	71	14	3	0	2
地球科学学院	4	119	35	6	0	0
心理与行为科学系	0	30	11	5	0	0
机械工程学院	0	482	85	3	1	0
材料科学与工程学院	5	133	110	5	10	0
能源工程学院	1	188	95	3	7	1
电气工程学院	4	450	111	3	3	0
建筑工程学院	1	343	76	6	16	0
化学工程与生物工程学院	1	142	181	10	0	0
航空航天学院	2	60	69	4	13	0
高分子科学与工程学系	0	65	57	5	1	1
海洋学院	15	188	71	7	0	0
光电科学与工程学院	1	133	194	10	7	3
信息与电子工程学院	1	456	105	11	4	2
控制科学与工程学院	2	202	76	1	11	0
计算机科学与技术学院	0	567	180	3	0	2
软件学院	0	0	20	0	0	0

学院(系)名称	出国(境)及对外交流数/人次			聘请国外专家数/人		举办国际学术会议数/次
	教职工	本科生	研究生	长期	短期	
生物医学工程与仪器科学学院	0	201	67	4	1	0
医学院	28	519	240	49	5	2
药学院	0	160	152	0	0	0
生命科学学院	3	213	190	4	4	1
生物系统工程与食品科学学院	5	111	114	11	4	1
环境与资源学院	1	180	424	9	1	0
农业与生物技术学院	0	198	83	18	7	0
动物科学学院	0	93	8	3	0	0
工程师学院	0	0	77	0	0	0
国际联合学院	10	0	33	39	3	2
其他	6	230	26	5	23	5
合计	122	7888	3342	290	130	52

附录2　2022年浙江大学接待国外主要来访人员

日期	来访团组名称	主要活动内容
1月21日	爱丁堡大学校长代表团(线上)	云签约
4月13日	伊利诺伊大学厄巴纳香槟校区(线上)	深化双边合作
4月27日	澳大利亚国立大学校长代表团(线上)	云签约
5月13日	新加坡科技设计大学教务长代表团(线上)	深化双边合作
6月14日	莱斯大学校长代表团(线上)	深化双边合作
6月20日	米兰理工大学副校长代表团(线上)	云签约
6月30日	爱知县政府代表团(线上)	云签约
9月2日	乌拉圭驻上海总领事馆代表团	友好交流
9月28日	根特大学校长代表团(线上)	云签约
10月14日	芝加哥大学校长代表团(线上)	深化双边合作

港澳台工作

【概况】 2022年,浙江大学与香港中文大学举办两校合作指导委员会第二次会议,成立数字经济联合研究中心,续签光子学、肝病及消化病联合研究中心协议,深化重点领域学科合作;加入"中国与葡语国家海洋研究联盟",推动与联盟成员单位在海洋科学领域深度合作;参与香港浸会大学"共融共赢 再启新程"校长论坛,探讨深化内地与香港高等教育交流;与香港浸会大学签署校际合作协议,与香港中文大学、香港城市大学续签学生交换协议;加强浙医二院浙江省对台交流基地建设,举办第十一届海峡两岸医院院长论坛。教职工因公赴港澳台共计37人次(其中访问考察5人次、学术交流32人次)。

完成2015—2021年期间教育部60余个"万人计划"项目实施效果调研,执行6个港澳与内地大中小学师生交流项目和1个对台教育交流项目,邀请288位师生参与,促进海峡两岸及港澳地区青年学子的沟通融合。派出4名学生前往香港交换,12名学生参加暑期交流项目。

做好港澳台地区师生的归口管理和服务工作,实施"浙里启航,助力成长"计划:制作《港澳台学生入学手册》,举办港澳台本科生新生训练营;加强国情教育,开设"中国国情"课程;依托云南景东"浙江大学港澳台学生国情教育基地",举办支教服务和考察调研社会实践活动;与农业试验站合作共建"港澳台学生劳动实践育人基地",开展港澳台学生劳动班;举办春节画脸谱等传统节日特色活动。

修订中国大学校长联谊会章程,筹备庆祝香港回归25周年"情归祖国"云上音乐会,联合11所成员院校开放近60个暑期课程项目,促进资源共享和师生交流。

(陈 枫撰稿 刘郑一审稿)

【附录】

浙江大学2022年香港地区主要来访团组(人员)

来访日期	来访团组名称	主要活动内容
2022年1月13日	港专学院校长代表团	网络空间安全学院与港专学院签署学科合作协议
2022年5月11日	香港中文大学校长代表团	召开合作指导委员会第二次会议
2022年9月20日	香港理工大学校长代表团	商谈深化两校合作
2022年12月15日	香港特别行政区驻上海经济贸易处	商谈推动人才交流

合作办学

【国际联合学院（海宁国际校区）】 截至 2022 年 12 月，国际校区全日制在校区学生共计 2609 人，其中本科生 1487 人，研究生 1122 人，留学生占比 13%。全年共引进专聘师资 9 人，博士后 33 人。师资队伍规模达到 69 人，其中外籍比例达 40.3%。2022 年新增外籍院士 4 名，其中英国皇家科学院、工程院院士各 1 名，与生科院合作引进澳大利亚院士 1 名，新入选新加坡院士 1 名。师资队伍中 2 人入选国家级人才，3 人入选省级人才，获批和落地省"鲲鹏行动"计划团队 2 个。

稳步推进国际合作教育样板区建设。积极推动国家发展改革委、教育部、科学技术部印发实施《浙江大学国际联合学院（海宁）国际合作教育样板区建设方案》，全方位支持国际校区汇聚全球一流科教人才资源，探索以国际合作教育联动区域高质量发展的新模式。制订《浙江省推进浙江大学国际联合学院国际合作教育样板区建设行动计划（2023—2025）》，高质量建设国际校区纳入省"中外合作办学高质量发展改革创新试验区"重点项目、省 2022 年"牵一发动全身"重大改革创新项目，样板区建设纳入学校全球开放发展战略 2.0 重点建设任务。

持续提升人才培养成效。2022 年，6 个合作办学本科专业全部入选省一流专业建设点，4 门课程入选省一流课程，获批省级课程思政教学研究项目、省级"十四五"四新重点教材建设项目各 1 项，校级本科课程思政示范课程培育项目、校级本科教材建设项

目各立项 1 项。2 名教师获校教学竞赛奖。5 个本科生主创和参与团队获"互联网＋"大赛金牌，金牌数列全校院系第一名。2022 届毕业生获名校广泛认可，首轮深造录取率达 91.4%，其中境外深造率达 66.1%，境外深造 TOP 20 名校录取率达 82.3%。总结凝练国际校区办学经验的 2 项教学成果获省教学成果特等奖 1 项，二等奖 1 项。

持续扩大办学布局和规模。浙江大学爱丁堡大学联合学院启动海外研究中心设立并签署合作备忘录，拓展 UoE 单学位培养规模；浙江大学伊利诺伊大学厄巴纳香槟校区联合学院启动与 UIUC 双学位硕士合作办学项目；国际联合商学院与欧洲高等商学院签署硕士双学位联培项目，与加拿大西蒙菲莎大学签署本硕留学生培养项目。新设人工智能数字健康专硕项目并实现顺利招生，与浙大数据科学中心合作设置数据科学与工程硕士项目并开始招生。

大力营造最优科研创新生态。启动建设浙江大学长三角未来技术研究院，探索有组织的科研创新与转化模式。推进公共技术平台提质扩容，成功申请学校贴息贷款 2188 万元建设高能级成像平台，推进校区 146 台价值 1.16 亿元的大型仪器设备共享工作。成立浙大二院转化医学研究中心，与高分子科学与工程学系联合建设"生物基运输燃料技术全国重点实验室"。获批可持续智慧宜居城市、微纳光电子 2 个浙江省国际科技合作基地。6 人获国家自然科学基金委员会面上项目，5 人获青年项目。获国家重点研发计划等国家级项目 3 项，省"领雁"研发攻关计划等省级项目 5 项。2 位主要研究者（PI）等在 *Nature* 和 *Science* 主刊发表高水平论文。

不断提升国际化办学治理能力。修订

办学单位、学术委员会章程,完善中外合作办学项目中的联合管理委员会(JMC)会议制度。召开首届工会会员大会、首届团代会,开展管理干部集中培训和聘岗,造就一支能适应发展和有力服务师生的管理干部队伍。筹集1.7亿元资金,高质量完成3号书院、4号书院、商学院大楼、综合体育馆、浙江大学爱丁堡大学联合学院教学实验室等7万平方米装修改造工程。"海纳郡"国际人才社区共440套商品住宅和452套精装修公寓高品质交付。制定实施国际校区教学科研用房管理办法,提升公用房资源使用效率,推进公共技术平台开放共享等各项工作。提升数智治理能力,升级书院、教学楼等核心区块的 Wi-Fi 6 无线网络基础设施,建成"一网通办"服务平台、重大事项意见征集平台,优化 PeopleSoft 研究生功能模块,开发人力资源管理系统,构建"云看校园"等应用场景。竺可桢老校长塑像在国际校区落成,引导师生以更宽广的视野格局投身校区建设发展。

持续加强党的建设。组织召开了国际校区首次党员大会,选举产生新一届党委、纪委班子。完成12个党支部整体换届,全年发展党员90人,发展党员数量比上年增长27%。加强对海归青年教师的政治引领和政治吸纳,本年度有4名青年教师光荣入党。2个学生党支部和1位学生党支部委员获校级表彰。选举成立校区首届纪委班子,充实纪委工作力量,率先在全校二级单位中开展内控体系建设试点工作并取得扎实成效,坚持作风建设常态化长效化机制。

认真落实安全稳定工作。调整校区安全稳定工作委员会,构建一体化、协同联动的安全稳定工作机制。梳理形成意识形态工作责任制清单,定期开展分析研判,落实

意识形态工作责任制。建设智慧消防系统、网页防篡改系统等智慧安防基础设施,提升重点领域安全防范处置能力。建立实验室安全风险分类分级管理检查机制,进一步完善异地校区值班值守、师生心理健康、安全教育培训等安全稳定工作落实机制。

【浙江大学爱丁堡大学联合学院(ZJE)办学进展】 2022年,招收国内本科生139名、国际本科生3名,招收博士研究生21名、硕士研究生21名;爱丁堡大学单学位学生规模从17人提升至31人。积极畅通"学生—导师—学院"沟通机制,推进具有中外合作办学特色的导学关系体系建设。首届浙江大学—爱丁堡大学双学位学生博士生2人顺利通过答辩。首届爱丁堡大学单学位硕士生9人顺利毕业,其中4人拿到一等荣誉学位,3人拿到二等荣誉学位,优秀率(一等)达44%,超过英国本校项目。根据战略发展需求,筹建免疫和肿瘤学、再生和干细胞治疗、亚细胞生物和信号,系统生物学和数据科学四个院级研究中心。年度发表共同作者文章97篇,第一作者单位或者通讯作者单位文章20篇,其中包括 Nature Communications、Nucleic Acid Research、Biomaterials 等知名期刊。新入职教师1人,兼聘 James Whelan 院士。持续加强博士后引进,新引进报到7位博士后,在站博士后队伍共18人。

【浙江大学伊利诺伊大学厄巴纳香槟校区联合学院(ZJUI)办学进展】 2022年度,招收国内本科生225名、国际本科生18名,招收国内硕士研究生84名、国内博士研究生32名、国际博士生2名。配合校区开设首个国际化、跨学科的专业硕士研究生培养项目"人工智能数字健康项目"。本科生发表期刊论文9篇,会议论文11篇,学科竞赛获奖

61 项、214 人次，其中国际级 27 项、国家级 4 项、赛区/省级 4 项、校级 25 项；研究生发表期刊论文 33 篇，会议论文 25 篇，申请发明技术专利 3 项。与致瞻科技（上海）有限公司等 6 家企业签约共建学生实践基地。全年共完成 134 门本科课程教学安排，比去年增加了 17 门课程。全年共完成 36 门研究生课程教学安排，新编拟出版 1 本实验教材。完成创新设计实验室改造升级，进一步推进实验项目建设，新设并完成交通通行能力分析、高级微波测试等 2 项教学实验项目。全年共引进专聘教师 4 名，学院目前共有 39 位专聘教师，外籍教师比例占 49%。

【浙江大学国际联合商学院（ZIBS）办学进展】 2022 年，与澳大利亚国立大学正式签署校级合作备忘录，确立筹办 Master of Digital Transformation and Entrepreneurship 中外合作办学项目，与法国欧洲高等商学院 ESCP 管理硕士有双向型联合培养，与加拿大西蒙佛雷泽大学计算机本科有输入型联合培养，与美国雷鸟商学院（签署中）有输出型联合培养。继工商管理硕士项目、金融硕士项目、中国学硕士项目、全球传播与管理本科项目和全球传播与商务硕士项目外，新纳入广播电视硕士项目，以及与浙大数据科学研究中心合作数据科学与工程硕士项目。各项目毕业生总计 90 人（iMBA 24 人、iMF 43 人、MCS 23 人）；其中中国学生 66 人，国际学生 24 人。成立 ZIBS 创新创业中心，服务校区师生创业/创意项目共计 28 个。现有师资队伍中，全职师资 20 人，博士后 3 人；讲座教授、实践教授等兼职师资 20 余人。

（薛　倩撰稿　吴锋滨审稿）

文学院

【概况】 文学院设有古籍研究所、汉语言研究所、文艺学研究所、中国古代文学与文化研究所、中国现当代文学与文化研究所、世界文学与比较文学研究所等6个研究所,有汉语史研究中心、《浙江文献集成》编纂中心、敦煌学研究中心、中华礼学研究中心、中国语文研究中心、经济与文化研究中心、影视与动漫游戏研究中心、马一浮书院等校设研究机构,其中汉语史研究中心为教育部人文社会科学重点研究基地。学院拥有国家文科基础学科人才培养和科学研究基地、国家基础学科拔尖人才2.0计划汉语言文学拔尖基地、国家人才培养模式创新实验区"大中文"实验区、国家语言文字推广基地。

学院建有中国语言文学博士后流动站;拥有中国语言文学1个浙江省一流学科,为一级学科博士学位授权点,中国古典文献学1个二级学科为国家重点学科;拥有中国古典文献学、中国古代文学等8个二级学科博士学位授予权和中国古代文学等9个硕士学位授予权。设汉语言文学(含影视与动漫编导、编辑出版方向)、古典文献学2个本科专业,均入选国家一流本科专业建设点。汉语言文学(古文字学方向)入选国家"强基计划"。

现有教职工72人,其中正高级职称35人(2022年新增1人)、副高级职称16人。2022年新进博士后研究人员6人,在站博士后研究人员23人,出站6人。

2022年,招收硕士研究生52人(其中港澳台地区学生1人、留学生4人)、博士研究生35人(其中港澳台地区学生1人、留学生2人),2022级本科生192人(含强基班20人、求科班10人)确认进入学院学习,毕业本科生147人、硕士研究生43人、博士研究生34人。博士研究生指导教师53人(比上年新增2人)、硕士研究生指导教师58人(比上年新增1人)。

2022年,获浙江省高等教育教学成果一等奖1项,3门课程获评浙江省一流课程(线上2门、混合式1门)。3门课程获评校级线上线下混合式课程;1门课程获评校级线上线下混合式课程培育项目;1门课程获

附表　2022 年度文学院基本情况

项目	数据	项目	数据
教职工/人	72	获国家级科技奖项目/项	0
长聘教授/人	0	获国家级教学成果奖/项	0
长聘副教授/人	1		
教授/人	34	SCI 入选论文/篇	0
副教授/人	16	EI 入选论文/篇	0
研究员/人	0	SSCI 入选论文/篇	0
副研究员/人	0	A&HCI 入选论文/篇	1
"百人计划"研究员/人	3		
特聘研究员/人	2		
特聘副研究员/人	5	权威刊物论文/篇	5
其他正高职称/人	0		
其他副高职称/人	0	出版专著/部	28
具有博士学位的专任教师比例/%	98.36		
文科资深教授/人	1	在校本科生/人	499
"国家特支计划"入选者/人	0		
教育部"长江学者奖励计划"特聘教授/人	3	在学硕士研究生/人	152
教育部"长江学者奖励计划"青年学者/人	1		
省部级高等学校教学名师奖获得者/人	0	其中:专业学位研究生/人	0
国家"百千万人才工程"入选者/人	1	在读博士研究生/人	174
国家杰出青年科学基金获得者/人	0		
教育部新(跨)世纪优秀人才培养计划入选者/人	3	其中:专业学位研究生/人	0
浙江省特级专家/人	2	在校攻读学位的国际学生/人	44
浙江大学求是特聘教授/人	15		
浙江大学文科领军人才/人	4	应届本科毕业生一次就业率/%	91.2
一级学科国家重点学科/个	0		
二级学科国家重点学科/个	1	应届本科毕业生深造率/%	46.0
教育部人文社会科学研究基地/个	1		
国家人才培养基地(含教学、教育基地)/个	1	应届毕业研究生一次就业率/%	90.6
国家精品资源共享课/门	0	教师出国交流/人次	1
国家精品视频公开课/门	1		
国家级一流本科课程/门	3	学生出国交流/人次	9
科研总经费/万元	1191.5	举办国际学术会议/次	2
其中:国家自然科学基金比重/%	25		
纵向经费比重/%	82	社会捐赠经费总额/万元	10

浙江大学年鉴

批校级本科 MOOC 建设项目。另有 1 门课程获评本校教师主导全英文课程建设项目。2022 年,成立了教育教学委员会、惟学书院、教材管理工作组和专家库、课程思政工作坊等教学机构及汉语言文学专业教学研究中心等三个基层教学组织。

2022 年,到校科研经费 1191.5 万元,比上年增长 81%。获国家社科基金重大项目 2 项,冷门绝学专项学者个人项目 1 项,年度项目和青年项目 11 项(其中重点 2 项),后期资助项目 2 项(其中重点 1 项);浙江文化研究工程重大项目、重点项目各 1 项,浙江省哲学社会科学领军人才培育专项课题 2 项,浙江省哲社科规划年度课题 2 项。1 项成果入选国家哲学社会科学成果文库。

2022 年,参加海外交流(含线上)的学生达 207 人次,其中本科生 195 人次,研究生 12 人次。共有 1 位老师、9 位研究生赴国外顶尖高校交流访问;主办国际学术会议 2 次;新增国际合作科研项目 1 项。

【科研工作成效显著】 2022 年,学院科研工作卓有成效。申报成功国家社科基金重大项目 2 项;冷门绝学专项学者个人项目 1 项;年度项目和青年项目 11 项(其中重点 2 项),创中文学科历史立项数新高,超过全校总立项数(40 项)的四分之一;后期资助项目 2 项(其中重点 1 项)。国家社科基金重大项目"明代文学智慧大数据及平台建设"(首席专家徐永明教授)顺利通过中期检查,获 60 万元滚动资助;国家社科基金重大项目"东亚笔谈文献整理与研究"(首席专家王勇教授)以优秀等级结项。张涌泉教授主持的国家社科基金重点项目"敦煌残卷缀合研究"(结项等级优秀)最终成果、冷门绝学专项学术团队项目"敦煌残卷缀合总集"中期成果《拼接丝路文明——敦煌残卷缀合研究》入选国家哲学社会科学成果文库。

【思政教育成绩喜人】 2022 年,学院思政教育再创佳绩。学生中华优秀传统文化教育项目以"优秀"等级通过学校学科思政特色创新项目验收并获批第二期立项。举办"中文演讲竞赛""诗词大会""校园文学大奖赛""迎新春送春联"等多项全校性文化品牌活动,进一步弘扬了中华优秀传统文化。与学校图书馆合作开设的"古籍保护体验"劳动教育课程入选学校劳动育人创新项目。组织开展"宋韵文化"系列宣讲,并获得《人民日报》专题报道,单篇阅读量超过 5 万人次。"探诗路文化之脉,寻乡村振兴之根"暑期社会实践团获得校十佳团队奖、最佳人气奖。2 名同学获第八届中国国际"互联网＋"大学生创新创业大赛全国总决赛金奖。获第八届浙江省国际"互联网＋"大学生创新创业大赛银奖、铜奖各 1 项。

【学科交叉会聚取得新突破】 2022 年,学院以"新文科"建设为契机,学科交叉会聚不断深入。打造观通学社"新文科"系列讲座,加强冷门绝学项目的培育和资助,打造跨学科平台和新兴学科平台,推进传统中文的"数智创新"。成立数字人文研究中心,与图书馆共建中华写本文献馆,持续建设好历代进士登科数据库、智慧古籍平台,完成中华礼学文献数据库一期建设。与出版社共建的浙江大学数字出版研究中心入选国家新闻出版署 2022 年度出版智库遴选培育机构。学院文史大数据实验室入选学校首批哲学社会科学实验室培育计划项目,并积极参与亚洲文明会聚计划、亚洲文明研究院建设。

(章君艳撰稿 冯国栋审稿)

历史学院

【概况】 历史学院于 2022 年 12 月正式去筹,现设有中国古代史研究所、中国近现代史研究所、世界历史研究所、韩国研究所、日本文化研究所等 5 个研究所,蒋介石与近代中国研究中心、国学与近代中国研究中心、地方历史文书编纂与研究中心、亚洲研究中心、公众史学研究中心、龙泉司法档案研究中心等 6 个校级研究中心,另有东北亚研究中心为教育部国别与区域备案研究中心,中亚与丝路文明研究中心为国家民委"一带一路"国别和区域研究中心。

学院拥有中国史、世界史 2 个一级学科博士学位授权点与博士后流动站,2 个学科均入选浙江省一流学科和浙江大学一流骨干基础学科计划。

学院现有教职工 61 人,其中专任教师 53 人,包括浙江大学文科资深教授 1 人、敦和讲席教授 1 人、长聘教授 1 人、正高级职称 22 人(比上年新增 3 人)、长聘副教授 1 人、副高级职称 19 人(比上年新增 1 人),博士研究生指导教师 35 人(比上年新增 4 人)、硕士研究生指导教师人数为 48 人(比上年新增 5 人);2022 年新增教育部"长江学者奖励计划"特聘教授 1 人。

历史学院坚持立德树人,强调价值引领和能力导向,致力于培养具有家国情怀与国际视野、基础扎实和思维创新的一流历史学专业人才。历史学专业 1994 年成为首批国家文科基础学科人才培养和科学研究基地,2020 年纳入教育部首批"强基计划",入选国家一流本科专业建设点,2021 年入选国家基础学科拔尖学生培养计划 2.0 基地。

2022 年招收硕士研究生 33 名、博士研究生 22 名,2022 级本科生 36 人经确认进入学院继续学习,毕业本科生 40 人、硕士研究生 24 人、博士研究生 16 人。挂牌成立学生教学社会实践基地 2 个。成立"四史宣讲团",共建挂牌"四史"宣讲基地 3 个。

学院科研规模稳步增长,国家社科基金项目数、重要期刊论文数均保持稳定发展,发表论文 50 余篇,其中 A&HCI 收录 2 篇,权威期刊论文数 2 篇。1 项国家社科基金重大项目获滚动资助,新增国家级项目 9 项,其中国家社科基金年度项目 3 项,后期资助项目 3 项;新增省部级项目 5 项;新增项目总经费 417.2 万元。学院智库研究获突破性进展,1 项智库成果获学校 A+智库成果认定,另有 2 项智库成果分别获学校 A 类和 B 类智库成果认定。

【力促传统优势学科宋史复兴】 宋史曾是浙江大学传统优势学科。本年度,学院以敦和讲席教授引进了知名宋史专家、中国宋史研究会会长李华瑞教授,作为一位能规划发展、凝聚方向、提高声誉的旗帜性学者,李华瑞的加盟为浙大重振宋史研究提供了重要契机。另外,学院从文学院古籍研究所调入宋史方向的教授 1 人(祖慧)、副教授 1 人(周佳),使宋史学科不论梯队完整性还是学术影响力,均位居全国前列,可望在未来成为具有国际影响力的学术方向。

【多举措推进高质量教育教学】 学院召开全院教师教育教学大讨论活动,明确历史学专业人才培养目标,努力完善各层次人才培养方案;成立教学指导委员会、教材管理工作小组;制订学院教育教学荣誉奖励计划,注重表彰奖励潜心教书育人的优秀教师;积极鼓励开展教学改革研究,探索教学规律,

附表 2022 年度历史学院基本情况

项目	数据	项目	数据
教职工/人	61	获国家级科技奖项目/项	0
长聘教授/人	1	获国家级教学成果奖/项	0
长聘副教授/人	1		
教授/人	22	SCI 入选论文/篇	0
副教授/人	19	EI 入选论文/篇	0
研究员/人	0	SSCI 入选论文/篇	0
副研究员/人	0		
"百人计划"研究员/人	2	A&HCI 入选论文/篇	2
特聘研究员/人	1	权威刊物论文/篇	2
特聘副研究员/人	4		
其他正高职称/人	0	出版专著/部	10
其他副高职称/人	0		
具有博士学位的专任教师比例/%	98	在校本科生/人	119
文科资深教授/人	1		
"国家特支计划"入选者/人	0	在学硕士研究生/人	100
教育部"长江学者奖励计划"特聘教授/人	2		
教育部"长江学者奖励计划"青年学者/人	2	其中:专业学位研究生/人	0
省部级高等学校教学名师奖获得者/人	1	在读博士研究生/人	100
国家"百千万人才工程"入选者/人	0		
国家杰出青年科学基金获得者/人	0	其中:专业学位研究生/人	0
教育部新(跨)世纪优秀人才培养计划入选者/人	2		
浙江省特级专家/人	0	在校攻读学位的国际学生/人	10
浙江大学求是特聘教授/人	2		
浙江大学文科领军人才/人	2	应届本科毕业生一次就业率/%	90
一级学科国家重点学科/个	0		
二级学科国家重点学科/个	0	应届本科毕业生深造率/%	40
教育部人文社会科学研究基地/个	0		
国家人才培养基地(含教学、教育基地)/个	3	应届毕业研究生一次就业率/%	73.17
国家精品资源共享课/门	0		
国家精品视频公开课/门	0	教师出国交流/人次	2
国家级一流本科课程/门	0		
科研总经费/万元	417.2	学生出国交流/人次	2
其中:国家自然科学基金比重/%	63.8		
纵向经费比重/%	76.8	举办国际学术会议/次	2

开展教材建设。一系列举措取得了阶段性成果：本年度 2 门课程入选省级一流课程；1 门课程获省级课程思政教学项目立项；1 门课程获浙江大学本科第二批线上线下混合式课程培育项目立项；1 本教材被推荐申报浙江省普通本科高校"十四五"首批新文科重点教材建设项目；2 本教材入选 2022 年度第一批校级本科教材建设项目。

【举办"科学与人文"主题文化活动】 在学校 125 周年校庆之际，学院与宣传部、图书馆等部门合作推出"科学时代的人文主义：竺可桢与浙江大学人文传统"主题展览，展现了浙江大学的人文底蕴，揭示了浙江大学之于近代学术与高等教育的典范性意义，为师生思考科学与人文的关系提供了有效的思想资源。展览吸引了校内 10 余个单位和数千名师生的参观学习，取得了广泛而良好的反响。在此基础上，学院与宣传部联合筹办"求是问学·对话：科学与人文"主题论坛，邀请中国科学院院士张泽和浙江大学文科资深教授桑兵共话科学与人文，获多家权威主流媒体的关注和报道。

（徐海波撰稿　卢军霞审稿）

哲学学院

【概况】 哲学学院于 2021 年 11 月 24 日筹建，2022 年 12 月 15 日正式去筹成立。学院拥有哲学一级学科博士学位授予权，并建有哲学博士后流动站。哲学学院对应哲学学科门类，下设 8 个二级学科：马克思主义哲学、中国哲学、外国哲学、科学技术哲学、伦理学、逻辑学、宗教学、休闲学（自设学科），其中外国哲学为教育部重点培育学科，外国哲学和科学技术哲学为浙江省重点学科。

哲学学院设有中国思想文化研究所、外国哲学研究所、科技与社会发展研究所、逻辑与认知研究所、宗教学研究所等 5 个研究所，现象学与心性思想研究中心、语言与认知研究中心等 9 个研究中心及旅游与休闲研究院、未来哲学研究院等 2 个校级研究院，建有 1 个文科交叉研究实验室——浙江大学—卢森堡大学高等智能系统与推理联合实验室，并入选首批浙江大学哲学社会科学实验室培育计划项目 A 类实验室，2022 年被浙江省科学技术厅认定为省级国际联合实验室。

哲学本科专业于 2020 年入选"强基计划"建设专业，2021 年入选国家一流本科专业。2021 年哲学拔尖学生培养基地入选教育部首批基础学科拔尖学生培养计划 2.0 基地。2022 年，招收硕士研究生 34 人、博士研究生 25 人，2022 级本科生 20 人经确认进入学院学习，毕业本科生 21 人、硕士研究生 20 人、博士研究生 15 人。

现有教职工 51 人，其中正高级职称 22 人、副高级职称 12 人（2022 年新增 2 人）、博士研究生指导教师 36 人（2022 年新增 2 人）、硕士研究生指导教师 44 人（2022 年新增 3 人）。2022 年入选浙江省高层次人才特殊支持计划青年拔尖人才 1 人、第九届浙江大学永平奖教金教学贡献提名奖 1 人、浙江大学沈善洪杰出青年学者 1 人、浙江大学仲英青年学者 1 人、2021 年度"服务国家战略"就业工作奖教金 1 人。2022 年新进博士后研究人员 14 人，在站博士后研究人员 30 人，出站 9 人，2 人获得中国博士后科学基金。

2022 年，到校科研经费 474.07 万元。获批人文社科类科研项目 46 项，其中国家

项目	数据	项目	数据
教职工/人	51	获国家级科技奖项目/项	0
教授/人	22	获国家级教学成果奖/项	0
副教授/人	12	SCI入选论文/篇	4
研究员/人	0	EI入选论文/篇	7
副研究员/人	0	SSCI入选论文/篇	2
长聘教授/人	1	A&HCI入选论文/篇	13
长聘副教授/人	0	权威刊物论文/篇	8
"百人计划"研究员/人	12	出版专著/部	14
特聘研究员/人	1		
特聘副研究员/人	3	在校本科生/人	157
具有博士学位的专任教师比例/%	98	在学硕士研究生/人	95
文科资深教授/人	1	其中:专业学位研究生/人	0
"国家特支计划"入选者/人	1	在读博士研究生/人	105
教育部"长江学者奖励计划"特聘教授/人	4	其中:专业学位研究生/人	0
教育部"长江学者奖励计划"青年学者/人	2	在校攻读学位的国际学生/人	17
省部级高等学校教学名师奖获得者/人	2	应届本科毕业生一次就业率/%	71.43
国家"百千万人才工程"入选者/人	0	应届本科毕业生深造率/%	66.66
国家杰出青年科学基金获得者/人	0	应届毕业研究生一次就业率/%	80
教育部新(跨)世纪优秀人才培养计划入选者/人	3		
浙江省特级专家/人	0	教师出国交流/人次	2
浙江大学求是特聘教授/人	6	学生出国交流/人次	4
浙江大学文科领军人才/人	2		
一、二级学科国家重点学科/个	0	举办国际学术会议/次	1
教育部人文社会科学研究基地/个	0		
国家人才培养基地(含教学、教育基地)/个	1		
国家精品资源共享课/门	0		
科研总经费/万元	474.07	社会捐赠经费总额/万元	2650
其中:国家自然科学基金比重/%	37.55		
纵向经费比重/%	64.97		

社科基金项目 5 项(含重大项目 1 项),国家自然科学基金面上项目 1 项。获浙江大学第三届哲学社会科学研究优秀著作奖 2 项,其中专(编)著奖一等奖 1 项、译著奖 1 项。

2022 年,参加海外交流(含线上)的学生 47 人次,其中本科生 40 人次,研究生 7 人次,交流地涵盖 5 个国家及地区。持续开展与国(境)外知名学者的交流,组织学术讲座 125 场,包括涉外学术讲座 15 场;与中山大学哲学系共同举办国际学术会议 1 场,国外代表 20 人次线上参会。积极开拓国际交流合作项目,与剑桥大学、哥本哈根大学、伦敦大学学院等世界顶尖大学建立合作关系,通过双博士联合培养协议与根特大学深化伙伴关系。

【召开第一次教育教学大会】 5 月 6 日下午,学院召开筹建以来第一次教育教学大会,全院师生共聚一堂,聚焦学院"十四五"时期人才培养,规划教育教学行动计划。成立学院教师发展中心,统筹推进教师教育教学发展,优化基层教学组织建设,提升教师教学技能。何善蒙老师荣获全国第二届高校教师教学创新大赛正高组三等奖;白惠仁老师荣获浙江大学青年教师教学竞赛一等奖。强化一流课程和优质教材建设,"工程伦理"获批浙江省高等学校课程思政示范课程;"逻辑学导论"等 4 门课程入选浙江省一流本科课程;《艺术哲学》等 3 本教材获批浙江省普通本科高校"十四五"首批"四新"重点教材建设项目。

【举办浙江大学 125 周年校庆系列文化活动】 2022 年 5 月,学院举办系列校庆文化活动,深入挖掘哲学学科文化内涵。主要包括:策划组织"思想与时代"浙大哲学公开课共计 9 讲;搭建以青年教师为主体的"紫金港青年哲学论坛"学术平台,举办学术活动百余场;启动《哲学学科发展史》的编纂工作;拍摄《以浙之芒·汇哲之光》学院宣传片;在学院公共空间布置院史文化墙与《浙大哲学文库》;在学院官方微信公众号推出"我与我的浙大哲学"专栏等活动。凝练哲学文化传统和学院发展的核心价值观,充分发挥哲学引导人、哲学塑造人、哲学影响人的文化影响力。

【1 个项目获得 2022 年度国家社科基金重大项目立项】 李恒威教授担任首席专家主持的"马克思主义认识论与认知科学范式的相关性研究"获批 2022 年度国家社科基金重大项目。该项目旨在推动马克思主义认识论的开放性和时代性发展及其对认知科学范式转变意义的研究,拓展马克思主义生命学说对深度技术化时代人类状况的审视和研究。同年,杨大春教授和陈亚军教授主持的国家社科基金重大项目均以优秀等级结项。目前学院教师主持在研的国家社科基金重大项目共有 6 项。

【成立浙江大学校友总会哲学学院分会】 5 月 22 日,在校庆 125 周年之际,浙江大学校友总会哲学学院分会成立。学院成立伊始,以发展联络工作为抓手,完善校友联络网络,建立巩固学院与校友之家的发展共同体,构建学院开放治理模式。学院积极筹措发展基金,打造"浙大哲学校友论坛",邀请校友共谋学院发展。同时依托社会资源和校友资源,拓展建设学生社会实践基地,开展沉浸式社会实践工作并引导学生高质量就业。2022 年,获社会捐赠签约资金 2650 万元,与政府机关、大型国企、文化单位等共建学生社会实践基地 6 个。

(张玉娟撰稿　王　俊审稿)

外国语学院

【概况】 外国语学院(2022年5月由原外国语言文化与国际交流学院更名为现院名)由英文系、语言与翻译系、亚欧语系3个学系组成,设有浙江大学外国文学研究所、浙江大学外国语言学及应用语言学研究所、浙江大学德国文化研究所、浙江大学翻译学研究所、浙江大学跨文化与区域研究所、浙江大学中华译学馆、浙江大学语言能力发展与评估研究中心、浙江大学世界文学跨学科研究中心8个校级研究所和研究中心,以及俄语语言文化研究所、法语语言文化研究所、日语语言文化研究所、德国学研究所、西班牙语语言文化研究所、语言行为模式研究中心、中世纪与文艺复兴研究中心、语言与老龄化研究中心、子衿学社、语言认知与发展实验室等13个院级研究所和科研平台。

外国语言文学为浙江省一流学科,建有外国语言文学一级学科博士后流动站,拥有外国语言文学一级学科博士学位授予权、外国语言文学一级学科硕士学位授予权以及英语、德语、日语、俄语、法语、西班牙语和翻译共7个本科专业(全部入选国家级一流本科专业建设点)。

现有教职工166人,其中正高级职称30人(2022年新增2人)、副高级职称53人(2022年新增2人)、"百人计划"研究员14人(2022年新增2人)、特聘副研究员5人(2022年新增2人)、博士研究生导师44人(2022年新增6人)、硕士研究生导师83人(2022年新增13人),全职外籍教师6人。另有学科博士后6人(其中委培2人)、外聘教师3人。

2022年,招收本科生196人(其中外语类保送生83人、高考外语大类招生113人)、硕士研究生85人、博士研究生32人。2022级本科生204人(含留学生3人)确认外国语学院主修专业,毕业本科生246人(含本科留学生35人)、硕士研究生86人、博士研究生24人。2022届本科毕业生一次就业率为90.48%,毕业研究生一次就业率为95.58%。

2022年新增科研总经费175.46万元,在研科研项目72项。新增各类科研项目共18项,其中国家哲学社会科学基金项目5项、中央部委立项项目6项。全年入选SSCI论文65篇、A&HCI论文35篇、SCI论文9篇、EI论文5篇,发表权威期刊论文4篇、一级刊物论文23篇、国际合作论文1篇。出版学术专著、译著31部,编著17部,出版教材12部。邀请国内外著名学者做学术报告100余场,主办全国性学术会议16场。

学院与英国、美国、德国、法国、日本、俄罗斯、加拿大、丹麦、意大利、西班牙等国家的高校和研究机构有着广泛的交流与合作,有寒暑假文化课程类交流项目13项、交换生项目2项、学位项目4项、框架协议6项、联合培养项目1项、实习生协议1项。2022年,本科生出国(境)交流学习178人次、研究生出国(境)交流学习56人次,主办国际学术研讨会5场。

【举办第六届中国心理语言学国际研讨会】6月10日至12日,由中国英汉语比较研究会心理语言学专业委员会主办、浙江大学外国语学院承办的第六届中国心理语言学国际研讨会在紫金港校区成功举办。来自康奈尔大学、香港中文大学、香港理工大学、澳门大学、清华大学、北京大学、浙江大学、

项目	数据	项目	数据
教职工/人	166	获国家级科技奖项目/项	0
长聘教授/人	0	获国家级教学成果奖/项	0
长聘副教授/人	0		
教授/人	29	SCI入选论文/篇	9
副教授/人	44		
研究员/人	0	EI入选论文/篇	5
副研究员/人	0		
"百人计划"研究员/人	14	SSCI入选论文/篇	65
特聘研究员/人	0	A&HCI入选论文/篇	35
特聘副研究员/人	5		
其他正高职称/人	0	权威刊物论文/篇	4
其他副高职称/人	9		
具有博士学位的专任教师比例/%	67.4	出版专著/部	15
文科资深教授/人	1	在校本科生/人	807
"国家特支计划"入选者/人	0		
教育部"长江学者奖励计划"特聘教授/人	3	在学硕士研究生/人	243
教育部"长江学者奖励计划"青年学者/人	1	其中:专业学位研究生/人	9
省部级高等学校教学名师奖获得者/人	1		
国家"百千万人才工程"入选者/人	1	在读博士研究生/人	122
国家杰出青年科学基金获得者/人	0		
教育部新(跨)世纪优秀人才培养计划入选者/人	1	其中:专业学位研究生/人	0
浙江省特级专家/人	1	在校攻读学位的国际学生/人	81
浙江大学求是特聘教授/人	4	应届本科毕业生一次就业率/%	90.48
浙江大学文科领军人才/人	1		
一级学科国家重点学科/个	0	应届本科毕业生深造率/%	62.43
二级学科国家重点学科/个	0		
教育部人文社会科学研究基地/个	0	应届毕业研究生一次就业率/%	95.58
国家人才培养基地(含教学、教育基地)/个			
国家精品资源共享课/门	0	教师出国交流/人次	4
国家精品视频公开课/门	0	学生出国交流/人次	234
国家级一流本科课程/门	2		
科研总经费/万元	175.46	举办国际学术会议/次	5
其中:国家自然科学基金比重/%	66.23		
纵向经费比重/%	80.62	社会捐赠经费总额/万元	40.87

浙江大学年鉴

复旦大学、中国人民大学、北京外国语大学、西安外国语大学、广东外语外贸大学等 90 余所高校的近 280 位嘉宾及学者参加了本次研讨会。本届会议包括会前工作坊、主旨发言、跨学科专题、专题论坛、小组报告等不同环节。会议采用线上线下相结合的形式，突破了空间限制，实现了国内外参会代表的互动交流。

【召开学院校友代表大会暨校友分会第四届理事大会】 6 月 24 日，浙江大学外国语学院 2022 年校友代表大会暨校友分会第四届理事大会在紫金港校区顺利召开。大会以线上线下相结合的方式举办，浙江大学发展联络办领导、学院领导班子成员、师生代表、校友代表共 120 余人参加了会议。大会审议通过了《外国语学院校友分会管理办法（2022 年修订稿）》，选举产生了外国语学院校友分会第四届理事会 192 名理事及 52 名常务理事，与会校友代表畅叙深情、携手并进、擘画未来。

【召开一流本科专业建设高层论坛】 11 月 18 日，外国语学院一流本科专业建设高层论坛在紫金港校区顺利举行。外国语学院 7 个本科专业全部入选国家级一流本科专业建设点。本次会议以线上线下结合方式召开，邀请教育部高等学校外国语言文学类专业教学指导委员会、浙江大学、校本科生院、人文学部领导及权威专家学者与会，旨在共同为学院一流本科专业建设把脉问诊、聚焦发展、明确方向、凝聚共识、汇聚力量，共启一流本科专业建设新征程。

（杨青青撰稿　卢玲伟审稿）

传媒与国际文化学院

【概况】 传媒与国际文化学院（以下简称传媒学院）由新闻传播学系、国际文化学系、影视艺术与新媒体学系、策略传播学系（筹）组成，设有传播研究所、广播电影电视研究所、国际文化和社会思想研究所、美学与批评理论研究所、新闻传媒与社会发展研究所等 5 个研究所，建有浙江大学国际影视发展研究院、浙江大学数字沟通研究中心、浙江大学国际传播创新中心、浙江大学当代马克思主义美学研究中心、浙江大学融媒体研究中心、浙江大学艺术美学研究中心、浙江大学传媒与文化产业研究中心、浙江大学外语传媒出版质量研究中心、浙江大学中国海洋文化传播研究中心等 9 个校级研究机构，主办 *Communication and the Public*、*China Media Research*、《中国传媒报告》和《马克思主义美学研究》四种专业性学术刊物。

学院拥有新闻传播学一级学科博士学位授权，美学二级学科博士学位授予权；新闻学、传播学、电视电影与视听传播学、美学二级学科硕士学位授予权；新闻与传播、广播电视、汉语国际教育 3 个专业学位硕士授权点及新闻学、传播学本科专业和各类继续教育专业，已形成了博士、硕士、本科和继续教育的完整教学体系。

新闻学、传播学专业均是国家级一流本科专业建设点，新闻传播学是浙江省一流建设学科。浙江大学融媒体研究中心是教育部首批教育融媒体建设试点单位，浙江大学—浙江广播电视集团新闻传播学类文科实践教育基地是教育部 部属高校国家大学

附表　2022 年度传媒与国际文化学院基本情况

项目	数据	项目	数据
教职工/人	84	获国家级科技奖项目/项	0
长聘教授/人	1	获国家级教学成果奖/项	0
长聘副教授/人	0		
教授/人	17	SCI 入选论文/篇	8
副教授/人	23	EI 入选论文/篇	7
研究员/人	0	SSCI 入选论文/篇	9
副研究员/人	1		
"百人计划"研究员/人	15	A&HCI 入选论文/篇	2
特聘研究员/人	0		
特聘副研究员/人	6	权威刊物论文/篇	4
其他正高职称/人	1		
其他副高职称/人	1	出版专著/部	10
具有博士学位的专任教师比例/%	88.06		
文科资深教授/人	2	在校本科生/人	490
"国家特支计划"入选者/人	2		
教育部"长江学者奖励计划"特聘教授/人	1	在学硕士研究生/人	253
教育部"长江学者奖励计划"青年学者/人	2	其中:专业学位研究生/人	191
省部级高等学校教学名师奖获得者/人	0		
国家"百千万人才工程"入选者/人	1	在读博士研究生/人	127
国家杰出青年科学基金获得者/人	0		
教育部新(跨)世纪优秀人才培养计划入选者/人	1	其中:专业学位研究生/人	0
浙江省特级专家/人	0	在校攻读学位的国际学生/人	276
浙江大学求是特聘教授/人	4		
浙江大学文科领军人才/人	1	应届本科毕业生一次就业率/%	92.62
一级学科国家重点学科/个	0	应届本科毕业生深造率/%	58.39
二级学科国家重点学科/个	0		
教育部人文社会科学研究基地/个	0	应届毕业研究生一次就业率/%	93.27
国家人才培养基地(含教学、教育基地)/个	0		
国家精品资源共享课/门	0	教师出国交流/人次	6
国家精品视频公开课/门	0	学生出国交流/人次	8
国家级一流本科课程/门	3		
科研总经费/万元	4764.6	举办国际学术会议/次	2
其中:国家自然科学基金比重/%	22.4		
纵向经费比重/%	35.5	社会捐赠经费总额/万元	500

生校外实践教育基地,传媒实验教学中心是浙江省重点实验室、浙江省示范实验教学中心,浙江大学国际影视发展研究院是浙江省新型高校智库。

现有教职工84人(其中2022年新增4人),其中长聘教授1人、教授17人、副教授23人、博士研究生导师39人、硕士研究生导师66人。另有专业硕士校外兼职导师27人,学科博士后4人,企业博士后1人。2022年,学院新增求是特聘教授2人,教授1人,特聘副研究员2人。

2022年,招收博士研究生26人(其中留学生3人)、硕士研究生136人(其中非全9人,留学生32人),2022级本科生141人确认主修专业进入传媒学院学习,毕业本科生148人,硕士研究生84人,博士研究生17人。2022届本科毕业生一次就业率为92.62%,毕业研究生一次就业率为93.27%。

2022年度在研项目经费为4764.6万元,入账926.96万元;在研项目208项,2022年新立项科研项目65项。出版专著编著及教材22部,发表论文162篇,其中权威刊物论文4篇、被SSCI及A&HCI收录论文11篇、被EI及SCI收录论文15篇,其他论文132篇。

2022年,由浙江大学倡议、海内外20余家单位联合发起成立了"全球数字平等"国际学科联盟;学院与美国密苏里大学签订新闻学双学士项目合作协议;与哈佛大学联合举办"社交媒体与建成环境"暑期课程项目,与北卡罗莱州立大学联合举办"美国新闻媒体:商业运作和新兴技术"暑期课程项目;与美国宾夕法尼亚州立大学合办2022年联合国互联网治理论坛(IGF)工作坊,与新加坡南洋理工大学合办主题为"全球数字平等"的线上博士生双边学术研讨会;与威斯康星大学和宾夕法尼亚大学联合主办第十四届"国际前沿传播理论与研究方法"高级研修班。

【与阜博集团签署全面合作协议】 2022年5月,在"2022新媒体西湖峰会·全球数字文化产业高峰论坛"上,阜博集团与浙江大学传媒与国际文化学院签署合作协议,未来双方将携手共建"全球数字文化产业研究中心",围绕"全球化""数字化"两大核心,在全球数字游戏、互动娱乐、影视动漫、立体影像、数字学习、数字出版、数字表演等多个领域开展深入研究,共同培养人才,联合进行技术攻关,形成全方位、宽领域、多层次的合作关系,推动各项事业高质量发展。

【成立"全球数字平等"国际学科联盟】 2022年11月,由浙江大学倡议、海内外20余家单位联合发起的"全球数字平等"国际学科联盟在乌镇正式启动,共有来自英国、美国、荷兰、澳大利亚、法国、肯尼亚、南非、突尼斯等国家和地区的知名学者参会,该联盟发布"全球数字平等倡议",号召全球各界共同努力,协调全球数字平等研究,推动中外学者在相关领域的合作。

【召开"媒介文明"学科论坛】 2022年11月,由浙江大学数字沟通研究中心、浙江大学传媒与国际文化学院、浙江大学数字社会科学会聚研究计划、复旦大学信息与传播研究中心、复旦大学古籍整理研究所主办的"数字沟通"杭州对话(2022)在杭举行,本届"杭州对话"以"媒介文明:数字时代的回顾与前瞻"为主题,邀请到多位不同学科的著名学者,围绕媒介文明的巨变,深入探讨、评估媒介文明的历史沿革、现时境况及未来趋势。

(安　婉撰稿　叶建英审稿)

艺术与考古学院

【概况】 艺术与考古学院由考古与文博系、艺术史系、美术系、设计艺术系4个系和浙江大学艺术与考古博物馆组成；设有文化遗产研究院、文物保护和鉴定研究中心、中国古代书画研究中心、故宫学研究中心、汉藏佛教艺术研究中心、城乡创意发展研究中心、文化遗产与博物馆学研究所、艺术史研究所、中国艺术研究所、考古学研究所、当代艺术设计研究所等多个校级研究平台，以及古典园林研究与设计中心、大遗址考古研究中心等院级研究平台；建有石窟寺文物数字化保护国家文物局重点科研基地、教育部哲学社会科学实验室——艺术与考古图像数据实验室。

学院拥有考古学、艺术学理论、设计学（与计算机学院共建）3个一级学科；文物与博物馆、美术2个硕士专业学位授予权；文物与博物馆学、书法学、中国画、艺术与科技4个本科专业，其中，文物与博物馆学、书法学、艺术与科技入选国家级一流本科专业建设点，中国画入选浙江省一流本科专业建设点。

2022年，招收硕士研究生82人、博士研究生22人，2022级本科生79人确认进入学院继续学习，毕业本科生71人、硕士研究生44人、博士研究生12人。立项大学生创新创业训练计划项目、科研实践项目13项；研究生科研论文被SCI录用11篇、A&HCI录用2篇、CSSCI等核心期刊录用12篇；学生在省级及以上各类竞赛中获奖42人次。申报实施"考古学国家急需高层次人才培养

专项"，与国家文物局考古研究中心、敦煌研究院、故宫博物院、中国国家博物馆、浙江省文物考古研究所、山西省考古研究院等单位签订联合培养协议。

现有教职工149人（含项目聘用人员61人、教师事务服务专员5人），其中正高级职称17人、副高级职称24人、博士研究生导师24人、硕士研究生导师45人；另有博士后10人。2名青年学术骨干教师入选学校第二期"双专计划"，1名青年骨干教师当选新一届浙江大学学术委员会委员。

科研总经费达2093.8万元（不含浙江省政府下拨的"中国历代绘画大系"宣传推广专项经费），新增项目课题66项；获国家社科基金艺术类项目1项、国家自然科学基金项目1项。据不完全统计，2022年学院教师共发表论文56篇，出版著作7部，科研成果获城市学领域最高学术奖项——第十二届"钱学森城市学（文化遗产）金奖"1项、第三届全国博物馆学优秀著作奖1项、浙江大学第三届哲学社会科学研究优秀著作奖2项。

与国内外高水平大学合作组织线上交流项目2项；8名博士生通过研究生学术新星计划、国家留基委艺术类项目分赴芝加哥大学、布朗大学、伦敦大学、东京大学、京都大学等海外知名学府交流；2名博士生受邀参加全球性学术会议；2名本科留学生通过校级交换生项目分赴韩国首尔国立大学、高丽大学交流。

2022年，艺术与考古博物馆入选全国第一批科普教育基地。全年举办特展4个，接待线下观众总数约2.2万人次，接待团队导览129场；组织策划学术、社会教育活动40余场，累计参与人数超106万人次（含线上）。完成藏品捐赠10项，共计36件（套）；

附表 2022 年度艺术与考古学院基本情况

项目	数据	项目	数据
教职工/人	149	获国家级科技奖项目/项	0
长聘教授/人	0	获国家级教学成果奖/项	0
长聘副教授/人	0		
教授/人	13	SCI 入选论文/篇	19
副教授/人	16	EI 入选论文/篇	7
研究员/人	2	SSCI 入选论文/篇	1
副研究员/人	5		
"百人计划"研究员/人	4	A&HCI 入选论文/篇	10
特聘研究员/人	0		
特聘副研究员/人	2	权威刊物论文/篇	1
其他正高职称/人	2		
其他副高职称/人	3	出版专著/部	4
具有博士学位的专任教师比例/%	70.37		
文科资深教授/人	0	在校本科生/人	243
"国家特支计划"入选者/人	0		
教育部"长江学者奖励计划"特聘教授/人	0	在学硕士研究生/人	29
教育部"长江学者奖励计划"青年学者/人	0	其中:专业学位研究生/人	165
省部级高等学校教学名师奖获得者/人	0		
国家"百千万人才工程"入选者/人	0	在读博士研究生/人	87
国家杰出青年科学基金获得者/人	0		
教育部新(跨)世纪优秀人才培养计划入选者/人	0	其中:专业学位研究生/人	0
浙江省特级专家/人	0	在校攻读学位的国际学生/人	42
浙江大学求是特聘教授/人	0		
浙江大学文科领军人才/人	4	应届本科毕业生一次就业率/%	81.16
一级学科国家重点学科/个	0		
二级学科国家重点学科/个	0	应届本科毕业生深造率/%	60.87
教育部人文社会科学研究基地/个	0		
国家人才培养基地(含教学、教育基地)/个	0	应届毕业研究生一次就业率/%	88.68
国家精品资源共享课/门	0	教师出国交流/人次	0
国家精品视频公开课/门	0	学生出国交流/人次	15
国家级一流本科课程/门	0		
科研总经费/万元	2093.8	举办国际学术会议/次	1
其中:国家自然科学基金比重/%	1		
纵向经费比重/%	11	社会捐赠经费总额/万元	81.6

面向社会购藏文物共计 16 件；校内调拨文物 1011 件(套)。

【召开中国共产党浙江大学艺术与考古学院委员会党员大会】 10 月 28 日，会议在西溪校区邵逸夫科教馆召开，浙江大学党委副书记朱慧莅临大会并发表讲话，党委组织部副部长孙棋到会指导，学院全体正式党员出席大会，非党员班子成员列席大会。学院党委书记方志伟代表上一届党委向大会做题为"心怀'国之大者' 奋力'走在前列'，为建设'中国特色、国内顶尖、国际一流'的艺术与考古学院而努力奋斗"的报告。大会表决通过了学院党委工作报告、纪委工作报告及关于党费收缴、使用和管理情况的报告，选举产生了学院新一届党委委员、纪委委员，以及学院党委出席学校第十五次党代会代表。

【"中国历代绘画大系"编纂出版及成果研究、转化、利用工作持续推进】 "大系"项目已编纂出版《先秦汉唐画全集》《宋画全集》《元画全集》《明画全集》《清画全集》共计 60 卷 226 册。围绕项目成果，持续推进"大系"全国巡展，2022 年先后在浙江美术馆、嘉兴美术馆、中国国家博物馆开展；在"学习强国"平台持续推送"每日中华名画"，截至 12 月 31 日，共计发布 851 集，累计总点击量超 2.33 亿次。加强中华优秀传统文化宣讲团建设，面向社会公众宣传讲解"大系"成果，年均宣讲场次 45 场。

【艺术与考古图像数据实验室建设取得阶段性成果】 实验室占地面积为 1744.78 平方米，实际使用面积为 3442.86 平方米，东区三层、西区二层，涵盖包括基于中国历代绘画的图像大数据研究及展示、石窟寺数字化考古、科技考古、中国古代书画修复等功能区块。2022 年，实验室在空间改造、平台建设、实验研究、协同育人等方面取得了阶段性成果。7 月 11 日，《浙江大学艺术与考古图像数据实验室建设方案》经学校党委常委会审议通过；12 月底，实验室基建改造一期工程，配套展陈设计与实施等基本完成；研制中国国画图像大数据平台，已完成平台设计、基础架构及初版研制，建设总存储容量达 500TB 的多模态数据库；深化石窟寺数字化保护工作，联合龙门石窟、大足石刻等成立工作站，参与石窟寺保护与传承省级重点实验室建设，不断拓展合作网络；系统呈现石窟寺数字化考古成果，完成 160 余个项目的全面数字化，数据总量达 300T 字节；申请学校哲学社会科学重点实验室卓越研究生交叉创新专项，增设研究生招生指标和交叉培养专业硕士项目。

（靳萌娇撰稿　方志伟审稿）

经济学院

【概况】 经济学院由经济学系、金融学系、国际经济学系、财政学系、劳动经济学系 5 个系组成，设有经济研究所、产业经济研究所、金融研究所、证券期货研究所、国际经济研究所、国际商务研究所、公共经济与财政研究所、法与经济研究所、劳动经济研究所等 9 个研究所，建有教育部人文社科重点研究基地和国家哲学社会科学创新研究基地（A 类）"浙江大学民营经济研究中心"、浙江省哲学社会科学重点研究基地"浙江大学区域经济开放与发展研究中心"、浙江省新型重点专业智库"浙江大学金融研究院"、浙江大学金融科技研究院、浙江大学中国数字贸易研究院等多个研究机构。学院实验室是

浙江大学年鉴

省级实验教学示范中心实验室,并建有数字经济实验室,拥有万得数据库、中国工业企业数据库、彭博数据库等多个国内外专业性数据库。

政治经济学、西方经济学、金融学、国际贸易学、劳动经济学5个学科为浙江省一流学科。经济学、金融学、国际经济与贸易、财政学4个本科专业均为国家级一流本科专业。

学院建有理论经济学、应用经济学2个博士后流动站,拥有理论经济学、应用经济学2个一级学科博士学位授予权和政治经济学、金融学、国际贸易学等13个二级学科博士学位授予权;具有理论经济学和应用经济学2个一级学科硕士学位授予权,金融、国际商务、税务3个专业学位硕士学位授予权;设有经济学、金融学、国际经济与贸易、财政学4个本科专业,开设经济学拔尖班、金融学试验班2个特色班级。

2022年,招收硕士研究生245人(含国际学生16人)、博士研究生45人,2022级本科生283人(含国际学生65人)确认进入学院继续学习,毕业本科生320人(含国际学生63人)、硕士研究生231人、博士研究生23人。

现有教职工129人,包括文科资深教授2人,正高级职称40人、副高级职称39人,博士研究生指导教师、硕士研究生指导教师91人;新增讲席教授1人、长聘副教授1人,浙大"百人计划"研究员6人,浙大特聘研究员1人。

2022年,1个项目获省级教学成果奖特等奖。6部教材成功入选浙江省普通本科高校"十四五"首批重点教材建设项目。2本教材入选浙江大学专业学位研究生校企共建精品教材建设计划;1门课程入选浙江大学专业学位研究生实践类特色课程建设

计划。1篇博士学位论文被评为浙江大学优秀博士学位论文、浙江省优秀博士学位论文提名论文,2篇硕士学位论文被评为浙江省优秀硕士学位论文。1名博士生获评第二十二届中国经济学年会博士毕业生"学术新星",1名博士生获竺可桢奖学金。2项案例获全国国际商务专业学位案例中心主办的首届国际商务专业学位研究生数字经济与贸易案例竞赛一等奖,3项案例获二等奖;1篇案例被评为中国金融专业学位案例中心第八届案例征集活动入库案例;4篇教学案例被评为2022年浙江省优秀研究生教学案例。

2022年,科研经费到校2344万元,新增国家重点研发项目1项、国家自然科学基金项目7项、国家社会科学基金项目4项。发表中文权威期刊论文8篇,英文A+类期刊论文8篇,被SSCI收录论文103篇。

2022年,师生出访共380人次(其中线上295人次,线下15人次),接待来访专家共70人次(其中线上55人次,线下15人次)。本科生交流率达115%,博士生交流率超100%。新增海外合作高校4所(美国明尼苏达大学、法国图卢兹经济学院、法国IESEG管理学院、瑞士洛桑大学)、中外共建联合研究中心1个(澳门大学—浙江大学金融创新联合研究中心),主办2场国际学术会议,开发3门由海外高校教授主导的全英文课程、11个线上交流项目。

【财政学专业入选2021年国家级一流本科专业建设点】 2022年6月7日,教育部发布了《教育部办公厅关于公布2021年国家级和省级一流本科专业建设点名单的通知》(教高厅函〔2022〕14号),经济学院财政学专业成功获批2021年国家级一流本科专业建设点。至此,经济学院四个专业全部获批

附表 2022 年度经济学院基本情况

项目	数据	项目	数据
教职工/人	129	获国家级科技奖项目/项	12
长聘教授/人	0	获国家级教学成果奖/项	0
长聘副教授/人	2		
教授/人	40	SCI 入选论文/篇	46
副教授/人	33	EI 入选论文/篇	0
研究员/人	0		
副研究员/人	4	SSCI 入选论文/篇	103
"百人计划"研究员/人	23	A&HCI 入选论文/篇	0
特聘研究员/人	1		
特聘副研究员/人	2	权威刊物论文/篇	8
其他正高职称/人	0		
其他副高职称/人	0	出版专著/部	7
具有博士学位的专任教师比例/%	83.63		
文科资深教授/人	2	在校本科生/人	715
"国家特支计划"入选者/人	2		
教育部"长江学者奖励计划"特聘教授/人	1	在学硕士研究生/人	469
教育部"长江学者奖励计划"青年学者/人	2	其中:专业学位研究生/人	354
省部级高等学校教学名师奖获得者/人	0		
国家"百千万人才工程"入选者/人	3	在读博士研究生/人	238
国家杰出青年科学基金获得者/人	0		
教育部新(跨)世纪优秀人才培养计划入选者/人	5	其中:专业学位研究生/人	0
浙江省特级专家/人	1	在校攻读学位的国际学生/人	445
浙江大学求是特聘教授/人	6		
浙江大学文科领军人才/人	2	应届本科毕业生一次就业率/%	81.55
一级学科国家重点学科/个	0	应届本科毕业生深造率/%	57.09
二级学科国家重点学科/个	1		
教育部人文社会科学研究基地/个	1	应届毕业研究生一次就业率/%	97.74
国家人才培养基地(含教学、教育基地)/个	1		
国家精品资源共享课/门	1	教师出国交流/人次	2
国家精品视频公开课/门	0		
国家级一流本科课程/门	0	学生出国交流/人次	15
科研总经费/万元	2344	举办国际学术会议/次	2
其中:国家自然科学基金比重/%	3.6		
纵向经费比重/%	67.5	社会捐赠经费总额/万元	1102.05

浙江大学年鉴

"国家级一流本科专业建设点"。

【有组织科研取得重大突破】 黄先海教授主持的"面向共同富裕的公共服务普惠供给技术及应用"项目获得国家重点研发计划立项资助,标志着学院在承担国家重大项目方面取得了新突破。

【科研成果品质显著提升】 全年出版重要学术专著7部,在中文权威学术期刊发表论文8篇,在TOP和A+类国际期刊发表论文8篇,有7篇学术论文被A+类国际期刊接受待刊。1项成果荣获商务部商务发展研究成果奖,2项成果荣获中国财政学会第七次全国优秀财政理论研究成果奖,1项成果荣获2022年中国信息经济学会创新成果奖,张川川研究员荣获张培刚发展经济学青年学者奖。

【人才引育构建新格局】 2022年,经济学院成功引进国际顶尖计量经济学人才陈松年教授。2022年,陈松年教授当选世界计量经济学会院士(Fellow),院长张俊森教授当选中国数量经济学会副会长,张洪胜入选浙江省"万人计划"计划青年拔尖人才,朱希伟获沈善洪基金提名奖。

【校友联络工作稳步推进】 5月29日上午,浙大经院校友论坛(2022)通过腾讯会议举行。经济学院领导、各地联谊会会长、师生和校友代表共近300人线上参加了活动。学院总签约额为1102.05万元,实际到款1362.05万元,基金总规模约1.54亿元,稳居社科学部第一,为学院高水平推进人才引育、学科建设、科研创新、教育教学等提供了有力支撑。

（应梦佳撰稿　王义中审稿）

光华法学院

【概况】 光华法学院地处全国重点文物保护单位浙江大学之江校区,占地653.85亩,现有法理与判例研究所、公法与比较法研究所、民商法研究所、国际法研究所、经济法研究所、刑法研究所、诉讼法研究中心"6+1"个校级研究所,另建有浙江大学数字法治研究院等12个校级研究机构。应用型复合型法律职业人才教育培养基地和涉外法律人才教育培养基地为国家首批"卓越法律人才教育培养"基地。法学专业为首批国家级一流本科专业建设点。

学院拥有法学一级学科博士、硕士学位授予权,另有法律硕士(JM)专业学位授权点、自主设置目录外二级学科立法学硕博学位授予点、司法文明、数字法学博士学位授予点和中国法硕博学位授予点(LL. M.和S. J. D.)。宪法学与行政法学为国家重点学科。

2022年,学院共招收全日制硕士研究生165人,博士研究生42人,2022级本科生148人确认主修专业,毕业本科生153人、硕士研究生186人、博士研究生22人。全院现有教职工156人,其中专任教师79人,正高级职称人员31人、"百人计划"研究员6人、副高级职称人员29人。2022年新增国家"万人计划"哲学社会科学领军人才1人,浙江大学文科领军人才/特聘教授2人,浙江大学求是科研岗教授2人。

为着力培养德智体美劳全面发展、具有全球竞争力的高素质法治创新人才和领导者,学院针对硕博士生课程体系和培养方案

附表 2022 年度光华法学院基本情况

项目	数据	项目	数据
教职工/人	156	获国家级科技奖项目/项	0
长聘教授/人	0	获国家级教学成果奖/项	0
长聘副教授/人	1		
教授/人	31	SCI 入选论文/篇	0
副教授/人	27	EI 入选论文/篇	0
研究员/人	0		
副研究员/人	2	SSCI 入选论文/篇	23
"百人计划"研究员/人	6	A&HCI 入选论文/篇	0
特聘研究员/人	0		
特聘副研究员/人	4	权威刊物论文/篇	1
其他正高职称/人	0		
其他副高职称/人	2	出版专著/部	8
具有博士学位的专任教师比例/%	86		
文科资深教授/人	2	在校本科生/人	493
"国家特支计划"入选者/人	4	在学硕士研究生/人	510
教育部"长江学者奖励计划"特聘教授/人	0	其中:专业学位研究生/人	457
教育部"长江学者奖励计划"青年学者/人	3		
省部级高等学校教学名师奖获得者/人	0	在读博士研究生/人	161
国家"百千万人才工程"入选者/人	0		
国家杰出青年科学基金获得者/人	0	其中:专业学位研究生/人	0
教育部新(跨)世纪优秀人才培养计划入选者/人	5		
浙江省特级专家/人	0	在校攻读学位的国际学生/人	37
浙江大学求是特聘教授/人	5		
浙江大学文科领军人才/人	2	应届本科毕业生一次就业率/%	79.61
一级学科国家重点学科/个	1	应届本科毕业生深造率/%	40.79
二级学科国家重点学科/个	1		
教育部人文社会科学研究基地/个	2	应届毕业研究生一次就业率/%	95.63
国家人才培养基地(含教学、教育基地)/个	2		
国家精品资源共享课/门	2	教师出国交流/人次	3
国家精品视频公开课/门	0		
国家级一流本科课程/门	1	学生出国交流/人次	318
科研总经费/万元	3814.1	举办国际学术会议/次	3
其中:国家自然科学基金比重/%	4.9		
纵向经费比重/%	64.07	社会捐赠经费总额/万元	2336

浙江大学年鉴

进行了高质量改革。包括重组浙江大学法律专业学位教育中心，聘请资深教授担任改革顾问委员，构建培养长效机制；积极推进价值引领的课程思政方式方法创新；着力优化硕博士生培养方案，倡导差异化开班；开拓完善授课方法，融入案例教学、实践实习等增进教学实效；持续加强师资配置，完善实务导师遴选和管理机制。新一轮研究生培养方案将面向 2023 级研究生推出。

科研经费到款 3814.1 万元。各类立项共 56 项，其中国家级项目立项 5 项（含重大项目 1 项、成果文库 1 项），省部级项目立项 17 项。发表核心及以上期刊论文 80 篇（含 SSCI 论文 23 篇）；出版专著 8 部；经学校认定的 A 类智库成果 19 件，B 类智库成果 46 件。

"海外一流伙伴提升计划"持续深化。2022 年，学院与慕尼黑大学等 3 所境外院校签订合作协议；主办承办或协办高水平国际会议 3 场，主办"第四届'一带一路'国际青年论坛"，聚焦于 CPEC 未来十年发展蓝图及给各国青年带来的可能机遇与挑战；与耶鲁大学法学院、香港城市大学中国法与比较法研究中心及法学院联合举办第十三届纽黑文学派与国际法国际会议；承办由商务部、联合国国际贸易法委员会主办的 2022 年"数字经济与国际法治"研讨会。

【中国共产党浙江大学光华法学院第三次党员代表大会胜利召开】 5 月 27 日，中国共产党浙江大学光华法学院第三次党员代表大会胜利召开，大会选举产生了新一届党委委员、新一届纪委委员。站在新的历史起点，新一届学院党委和纪委领导班子将携手全院师生，紧密团结在以习近平同志为核心的党中央周围，坚定不移地以习近平新时代中国特色社会主义思想为指导，凝心聚力，赓续奋斗，心怀"国之大者"，奋力"走在前列"，开创学院建设新局面。

【数字法治实验室获批浙江大学首批哲学社会科学实验室培育计划 A 类名单】 5 月 10 日，数字法治实验室申报获批浙江大学首批哲学社会科学实验室培育计划 A 类名单。该实验室依托由法学院与最高人民法院共同设立的数字法治研究基地，旨在积极响应数字中国战略部署，推进数字法学学科建设、数字法治人才培养。

【成立数字法治卓越班并首次招生，开创数字法治人才培养新模式】 8 月 21 日，数字法治卓越班正式启航。首届学生是浙江大学交叉人才培养的重要试点，汇聚各省份前排优秀生源，在法学专业下招收 20 名本科生，着力培养具备数字法治思维、理解数字法治理念、掌握数字法治方法，视域宽阔、格局高远、素质全面的数字法治体系建设者和数字治理变革进程的参与者、推动者和引领者。

【新时代"枫桥经验"指数成果发布】 11 月 25 日，第四届新时代"枫桥经验"高端峰会在浙江诸暨举行，会议启用了"枫桥经验"专题文献数据库，发布了新时代"枫桥经验"指数成果。新时代"枫桥经验"指数是诸暨市委、市政府与浙江大学合作共建新时代"枫桥经验"研究院的重大成果之一，其主要用于基层治理中坚持和发展新时代"枫桥经验"的量化评估，在国内尚属首创。

（陈　思撰稿　胡　铭审稿）

教育学院

【概况】 教育学院由教育学系、体育学系、课程与学习科学系、教育领导与政策研究所和军事理论教研室组成;设有教育部浙江大学基础教育课程研究中心、教育部高校国别与区域研究备案研究中心——浙江大学联合国教科文组织研究中心、国家体育总局浙江大学体育现代化发展研究中心、国家体育总局体育产业研究基地及8个校级、5个院级研究机构;建有联合国教科文组织"亚太地区教育革新为发展服务"(APEID)浙江大学联系中心、全球大学创新联盟亚太中心(GUNI-AP)秘书处及世界休闲组织浙江大学休闲卓越中心等五大国际教科研合作平台。

学院设有教育学、体育学2个博士后流动站;拥有教育学、体育学2个一级学科博士学位授予权点和9个二级学科博士学位授予权点,教育学、体育学2个一级学科硕士学位授予权点和10个二级学科硕士学位授予权点,以及教育博士、教育硕士和体育硕士等3个专业学位授权点;教育史为国家重点学科,比较教育学、体育人文社会学为浙江省重点学科。学院设有4个本科专业,其中,教育学、运动训练、体育教学等3个专业获批国家级一流本科专业建设点,武术与民族传统体育专业获批省级一流本科专业建设点。教育学为教育部高等学校本科特色专业。

2022年,招收硕士研究生175人、博士研究生59人;2022级本科生129人确认进入学院继续学习,毕业本科生133人,硕士研究生94人,博士研究生28人。

现有教职工116人。其中正高级职称人员33人(2022年新增2人)、副高级职称人员29人(2022年新增1人)。博士研究生指导教师50人(2022年新增3人)、硕士研究生指导教师70人(2022年新增3人)。

体育教育专业入选2021年度国家级一流本科专业建设点,武术与民族传统体育专业入选2021年度省级一流本科专业建设点。新增省级一流本科课程9门,获评省级课程思政示范课程2门。1部教材获省"十三五"首批新形态教材认定,3部教材获省"十四五"首批四新重点教材建设项目学校推荐,1本教材入选首批教育硕士专业学位研究生推荐教材名单;获浙江省高等教育"十四五"教学改革项目立项2项,获中国学位与研究生教育学会(教育专业学位科研)课题立项1项,获浙江省高校思政微课大赛特等奖1项。获评2021年浙江省优秀硕士学位论文1篇,获评2021年浙江大学优秀博士学位论文1篇。获2021年浙江省专业学位研究生优秀实践成果奖1项。"百校千师"赴广西社会实践队获浙江省高校暑期社会实践风采大赛百优团队。获省级及以上体育赛事排名前三名奖项34项。

科研入账经费2018.64万元;获国家高端智库重点研究课题立项4项;咨政建言成果91份;获国家级基金项目立项12项,其中国家社科基金(教育学)重大项目1项,教育部哲学社会科学重大课题攻关项目1项;获省部级项目11项,其中省尖兵项目、领雁项目1项,重点项目2项;发表高质量论文174篇,其中SSCI/SCI期刊论文79篇(Q1/Q2区论文60篇)、权威期刊论文5篇、一级期刊论文384篇、核心期刊论文42篇、三报一刊论文1篇。获发明专利1项。

全年师生开展对外交流221人次(含线上),举办国际学术会议3场,举办学生对外交流项目5个(含线上)。与伯明翰大学正式签署"1+1+1"硕士双学位项目,1名硕士生成功入选并正式赴外方学校学习。获学校顶尖大学国际合作种子基金项目立项1项。

附表　2022 年度教育学院基本情况

项目	数据	项目	数据
教职工/人	116	获国家级科技奖项目/项	0
长聘教授/人	7	获国家级教学成果奖/项	0
长聘副教授/人	3		
教授/人	33	SCI 入选论文/篇	25
副教授/人	26	EI 入选论文/篇	4
研究员/人	0		
副研究员/人	2	SSCI 入选论文/篇	54
"百人计划"研究员/人	17	A&HCI 入选论文/篇	3
特聘研究员/人	2		
特聘副研究员/人	1	权威刊物论文/篇	5
其他正高职称/人	0		
其他副高职称/人	1	出版专著/部	10
具有博士学位的专任教师比例/%	86.59		
文科资深教授/人	2	在校本科生/人	452
"国家特支计划"入选者/人	0		
教育部"长江学者奖励计划"特聘教授/人	4	在学硕士研究生/人	553
教育部"长江学者奖励计划"青年学者/人	1	其中:专业学位研究生/人	378
省部级高等学校教学名师奖获得者/人	1		
国家"百千万人才工程"入选者/人	2	在读博士研究生/人	269
国家杰出青年科学基金获得者/人	0		
教育部新(跨)世纪优秀人才培养计划入选者/人	5	其中:专业学位研究生/人	118
浙江省特级专家/人	1	在校攻读学位的国际学生/人	27
浙江大学求是特聘教授/人	4		
浙江大学文科领军人才/人	0	应届本科毕业生一次就业率/%	90.55
一级学科国家重点学科/个	0	应届本科毕业生深造率/%	45.67
二级学科国家重点学科/个	1		
教育部人文社会科学研究基地/个	0	应届毕业研究生一次就业率/%	97.5
国家人才培养基地(含教学、教育基地)/个	0		
国家精品资源共享课/门	1	教师出国交流/人次	1
国家精品视频公开课/门	0	学生出国交流/人次	220
国家级一流本科课程/门	3		
科研总经费/万元	2018.64	举办国际学术会议/次	3
其中:国家自然科学基金比重/%	11.15		
纵向经费比重/%	24.4	社会捐赠经费总额/万元	76.82

【"数字体育与健康"文科实验室入选学校首批哲社实验室培育计划】 2022年5月，浙江大学首批哲学社会科学实验室培育计划项目入选名单公布，浙江大学教育学院数字体育与健康实验室成功入选A类实验室培育项目。实验室围绕"数字体育健康"主题，设置主要包括数字全民健身实验室、数字体育产业实验室、数字化科学训练实验室、智能体育工程实验室四大实验室模块，依托体育学科及浙江大学运动科学与健康工程研究所所属的各个科研与教学实验室开展工作。实验室旨在发挥浙江大学的多学科交叉优势，聚焦健康中国建设中的体质健康促进、体育产业、数字体育经济、慢性病防控、智能训练技术等重要问题，开展体育学与计算机、医学、工学等相关学科的多学科交叉研究，以体育所承载的竞技和健康属性为内核，搭建体育数字化、智能化、产业化发展的"数字体育＋X"高水平哲学社会科学实验平台，为"体育强国"和"健康中国"等国家战略服务。

【选举产生新一届党委委员、纪委委员】 2022年5月，学院召开中国共产党浙江大学教育学院委员会党员大会，会议选举产生学院新一届党委委员7名（吴巨慧、阚阅、孙元涛、胡亮、崔倩、刘徽、邵兴江）、新一届纪委委员5名（崔倩、屠莉娅、林楠、王树涛、苏洁）。

【体育教育、武术与民族传统体育专业入选2021年度一流本科专业建设点】 2022年6月，教育部办公厅发布了2021年度国家级和省级一流本科专业建设点名单，我院"体育教育"专业成功获批2021年度国家级一流本科专业建设点，"武术与民族传统体育"专业成功获批2021年度省级一流本科专业建设点。截至目前，学院四个本科专业均获批一流本科专业建设点，其中"教育学""运动训练""体育教育"三个专业获批国家级一流本科专业建设点，"武术与民族传统体育"专业获批省级一流本科专业建设点。

（杨　娟撰稿　阚　阅审稿）

管理学院

【概况】 管理学院下设创新创业与战略学系、数据科学与管理工程学系、服务科学与运营管理学系、领导力与组织管理学系、市场营销学系、财务与会计学系、旅游与酒店管理学系7个系。拥有创新管理与持续竞争力研究中心1个国家哲学社会科学创新基地，浙江数字化发展与治理研究中心1个浙江省新型重点专业智库，浙江大学全球浙商研究院和浙江大学全球农商研究院2个校级研究院，建有浙江大学神经管理学实验室1个校级重点实验室，浙江大学—杭州市服务业发展研究中心及信息技术与新兴产业研究中心等13个校级交叉学科研究中心和管理科学与信息系统研究所等10个校级研究所。此外，学院现有1个国家自然科学基金创新研究群体和1个浙江省创新团队。

现拥有管理科学与工程1个双一流建设学科，1个浙江省一流（A类）学科。拥有管理科学与工程、工商管理2个一级学科博士学位授予点和技术与创新管理、企业管理、创业管理、会计学、旅游管理、数智创新与管理等9个二级学科博士学位授予点，工商管理硕士（含高级管理人员工商管理硕士）、会计专业硕士2个专业学位授予点，并设置信息管理与信息系统、工商管理、会计学 3 个本科专业。设有管理科学与工程、工商管理 2 个学科博士后流动站。工商管理、信息管理与信息系统、会计学三个专业均入选申报"国家级一流本科专业建设点"。

现有教师 122 人，其中教授 44 人，长聘教授 1 人，长聘副教授 4 人，副教授 37 人，副研究员 1 人，其他副高职称 2 人，"百人计划"研究员 17 人，特聘研究员 1 人，特聘副研究员 3 人，讲师及助理研究员 12 人。另有专职科研人员 3 人，博士后 29 人（学科博士后 15 人，企业博士后 14 人）。

2022 年招收博士研究生 60 人（含留学生 2 人）、硕士研究生 776 人（其中学术学位硕士研究生 31 人、MBA 599 人、EMBA 115 人、会计专业硕士 31 人）（含留学生 19 人），131 名 2022 级本科生通过主修专业确认进入管理学院学习，2022 届本科毕业生共计 194 人（其中留学生 37 人）、硕士毕业生共计 591 人（其中留学生 4 人）、博士毕业生共计 42 人（其中留学生 2 人）。

在第五轮学科评估中，管理科学与工程学科和工商管理学科双双跃上新的台阶，取得显著进步，并在泰晤士高等教育（THE）中国学科评级中均获评"A＋"。2022 年管理学院学者团队产出的 11 项成果荣获"浙江省哲学社会科学类成果最高奖"。两项成果获 2022 年文化和旅游优秀研究成果一等奖，华中生团队高质量通过科技部高技术中心验收国家重点研发计划项目综合绩效评价专家评审会议。《管理工程学报》入选中国知网 2022 年"中国最具国际影响力学术期刊"（TOP5％）。

学生培养方面，创新人才培养举措，打造"商学＋"课程体系。2022 年，学院获得一系列教学成果奖项，研究生、本科教育教学分别获得省级教学成果奖一等奖、二等

奖。"管理学课程虚拟教研室"入选全国首批虚拟教研室建设试点。课程建设成效显著，4 门课程被认定为"2022 年度省级一流本科课程"，1 门课程被认定为浙江大学高水平国际化课程，1 门课程获浙江大学 2022 年第二批本科 MOOC 建设项目立项，1 门课程入选线上线下混合式课程培育项目，1 门课程入选本校教师主导本科全英文课程建设项目。教材项目立项稳健推进，11 本教材获得推荐申报浙江省普通本科高校"十四五"首批新工科、新医科、新农科、新文科重点教材建设项目。新获得浙江省普通本科高校"十四五"教学改革项目立项 1 项，浙江省省级研究生教育教学"十四五"教改项目 4 项，浙江省教育厅一般科研项目（专业学位研究生培养模式改革专项）立项 1 项。2 篇论文获评 2021 年浙江大学优秀博士学位论文，其中 1 篇获评 2021 年浙江省优秀博士学位论文。1 篇获国家社科基金后期资助优秀博士学位论文。2 篇博士学位论文获评 2022 年创新创业优秀博士学位论文三等奖。2022 年共获 4 项浙江省专业学位研究生优秀实践成果奖。"浙江大学—新华三集团实践教育基地"被推荐为浙江省"十四五"省级大学生校外实践教育基地。

学院课程思政建设取得显著成果。完成 70 余门研究生课程教学大纲有关课程思政的修订完善工作，完成 32 门课程的近百个课程思政教学案例。2 门课程获批 2022 年省级课程思政示范课程，2 门课程入选浙江大学 2022 年度本科第一批课程思政示范课程培育项目。

2022 年，在第 13 届全国百篇优秀管理案例评选活动中，4 篇案例荣获全国百篇优秀管理案例，并继续蝉联"最佳组织奖"，实现"11 连冠"。魏江团队案例获教育部学位

附表　2022 年度管理学院基本情况

项目	数据	项目	数据
教职工/人	147	获国家级科技奖项目/项	0
长聘教授/人	1	获国家级教学成果奖/项	0
长聘副教授/人	4		
教授/人	44	SCI 入选论文/篇	80
副教授/人	37	EI 入选论文/篇	21
研究员/人	0	SSCI 入选论文/篇	23
副研究员/人	1	A&HCI 入选论文/篇	0
"百人计划"研究员/人	17		
特聘研究员/人	1	权威刊物论文/篇	4
特聘副研究员/人	3		
其他正高职称/人	0	出版专著/部	9
其他副高职称/人	2		
具有博士学位的专任教师比例/%	88.54		
两院院士	1	在校本科生/人	5059
文科资深教授/人	1		
"国家特支计划"入选者/人	1	在学硕士研究生/人	2442
教育部"长江学者奖励计划"特聘教授/人	3	其中:专业学位研究生/人	2397
教育部"长江学者奖励计划"青年学者/人	5		
省部级高等学校教学名师奖获得者/人	0	在读博士研究生/人	331
国家"百千万人才工程"入选者/人	1		
国家杰出青年科学基金获得者/人	5	其中:专业学位研究生/人	0
国家优秀青年科学基金获得者/人	4		
教育部新(跨)世纪优秀人才培养计划入选者/人	9	在校攻读学位的国际学生/人	231
浙江省特级专家/人	2		
浙江大学求是特聘教授/人	8	应届本科毕业生一次就业率/%	92.9
浙江大学文科领军人才/人	2		
一级学科国家重点学科/个	1	应届本科毕业生深造率/%	51.9
二级学科国家重点学科/个	0		
教育部人文社会科学研究基地/个	0	应届毕业研究生一次就业率/%	95.2
国家人才培养基地(含教学、教育基地)/个	0		
国家精品资源共享课/门	0	教师出国交流/人次	15
国家精品视频公开课/门	0	学生出国交流/人次	52
国家级一流本科课程/门	0	举办国际学术会议/次	3
科研总经费/万元	3170		
其中:国家自然科学基金比重/%	3.2	社会捐赠经费总额/万元	1330.74
纵向经费比重/%	68		

浙江大学年鉴

中心获"2021 年主题案例"立项,应天煜团队获第十三届"全国百篇优秀管理案例"重点项目立项。15 篇案例入选"2022 年浙江省学专业学位研究生教育优秀教学案例",22 篇案例入选"2022 年浙江大学专业学位研究生教育优秀教学案例"。

"商学＋"教育生态系统持续升级。管理学院携手诸暨市人民政府,启动"商学＋"孵化加速平台,双方在产学研转化、人才交流培养、赋能双创等方面展开深入合作。管理学院与中智科技集团签署战略合作协议。2022 年,在第八届"互联网＋"大学生创新创业大赛上斩获国家级金奖 4 项,省级金奖 3 项,银奖 2 项;在第十三届"挑战杯"大学生创业计划竞赛中获得省级金奖 1 项,银奖 4 项,铜奖 1 项。

学生部贻玥荣获竺可桢奖学金、浙江大学 2021—2022 学年"十佳大学生"。李思涵获校优秀党员,忻皓获全国基层理论宣讲先进个人。

2022 年,学院新上科研项目 104 项,其中纵向项目 50 项,横向项目 33 项。实到科研经费 3170 万元,其中纵向经费 2098 万元,横向经费 1072 万元。在 50 项新上纵向项目中,包括国家社会科学基金重大项目 1 项,重点项目 1 项,国家自然科学基金重点项目 2 项,优秀青年科学基金项目 1 项。2022 年全院共发表 SCI/SSCI 期刊论文 120 余篇,完成智库报告 60 余篇。

2022 年学院再次获得 AMBA 五年期认证资质。首次参与 FT Executive Education 排名并位列全球第 30 名,QTEM 项目参与 QS Master in Business Analytics 项目排名获得全球第 68 名。

【管理学院党委入选"全国党建工作标杆院系"培育创建单位】 管理学院党委成功入选第三批全国党建工作标杆院系培育创建单位。这是继 2019 年入选"全国党建工作样板支部"建设单位,2020 年入选"全国高校'双带头人'教师党支部书记工作室"建设单位之后,管理学院党建工作的又一个里程碑事件。此外,全国(全省)党建工作样板支部(创新系教工党支部)通过省教育工委和教育部创建验收,全国(全省)高校"双带头人"教师党支部书记工作室创建工作完成省教育工委验收。

【管理科学与工程学科入选第二轮"双一流"建设学科名单】 浙江大学管理学院管理科学与工程学科成功入围第二轮"双一流"建设学科名单。这意味着继被教育部评为浙江大学 12 个明显提升的学科之一(浙大人文社科领域唯一入选学科)后,浙大管院管理科学与工程学科再获新突破、再担更大使命。教育部有关负责人表示:"本次认定中,新增建设学科必须同时符合切合急需、水平出色、整体达标等三个要求。"并且,在第五轮学科评估中,管理科学与工程学科和工商管理学科双双跃上新的台阶,取得显著进步。

【扎实开展"学风建设年"工作】 2022 年是管理学院"学风建设年",把开展师德专题教育列入 2022 年工作要点,成立学院师德专题教育工作组,全面推进学院师德专题教育工作扎实有效开展。通过博导会客厅、"学海领航"青年教师沙龙、博士生论坛、"围炉夜话"学长学姐分享、师生羽毛球训练营冠军邀请赛、乒乓球赛、足球赛等活动,共建优良学风公约,营造优良学风、和谐导学文化。谢小云的数智组织与领导力团队获得 2022 年浙江大学研究生"五好"导学团队。

(刘文静撰稿　李文腾审稿)

公共管理学院

【概况】 公共管理学院（以下简称"公管学院"）下设政府管理系、土地管理系、城市发展与管理系、社会保障与风险管理系、信息资源管理系、政治学系、农业经济与管理系、社会学系等8个系，设有行政管理研究所、土地科学与不动产研究所等8个校级研究所，拥有教育部人文社会科学重点研究基地1个，拥有浙江大学中国农村发展研究院、浙江大学/浙江省公共政策研究院、浙江大学社会治理研究院、浙江大学科教发展战略研究中心等24个（含两个联合中心）校级研究院（中心）。

农林经济管理学科为国家"双一流"学科，农林经济管理、公共管理2个学科为浙江省一流学科。农林经济管理、行政管理、劳动与社会保障、土地资源管理、政治学与行政学、社会学6个专业获批国家级一流本科专业建设点。

拥有公共管理、农林经济管理、社会学3个一级学科博士学位授予权，涵盖了行政管理、教育经济与管理等11个二级学科博士学位授予权，公共管理硕士（MPA）、社会工作硕士（MSW）、农村发展硕士（MAE）3个专业硕士学位授予权。

2022年，招收博士生129人，硕士生574人（其中学术学位128人、专业学位446人）；2022级本科生256人经确认进入学院学习；获博士学位54人，硕士学位384人（其中学术学位145人、专业学位239人），毕业本科生197人。

现有全职在编教职工199人，其中教授64人、长聘教授2人，长聘副教授8人、副教授28人、"百人计划"研究员40人，另有博士后41人。博士研究生导师134人（含兼职），硕士研究生导师177人（含兼职）。黄祖辉被授予浙江大学教职工最高个人荣誉"竺可桢奖"。

2022年度省级各类一流本科课程申报中有9门课程获得省级认定。3篇论文获浙江大学优秀博士学位论文。7个案例入选中国专业学位案例中心案例库，其中由郁建兴教授、高翔教授和3名MPA学生完成的一项成果入选"教育部2022示范'主题案例'"。举办浙江大学MPA教育高峰论坛。"基于政策企业家精神塑造的MPA教育模式创新"获浙江省教学成果一等奖。1位学生获全国高校宣讲联赛一等奖并入选教育部"党的二十大精神师生巡讲团"，1位学生获浙江省优秀共青团员称号，吴易昺晋级美网正赛，成为中国大陆首位闯进美网男单正赛的选手。

2022年，到款科研经费5683.09万元，获批国家社科基金13项，其中重大项目5项；国家自然科学基金14项。

2022年，有23人次教职工申请因公出国（境）及参加线上国际会议，共举办7场国际会议，开展5项学生境外交流项目，接待境外高校、国际组织学会等来访15次。

【两大一级学科双双进入国内头雁方阵】在教育部第五轮学科评估中，公共管理学科与农林经济管理学科取得双丰收，双双进入国内头雁方阵。未来，学院将以"双一流"建设为契机，以国家战略为导向，以人才队伍建设为根本，以体制机制创新为动力，以学科交叉融合为途径，以重大项目为载体，面向世界、面向未来，推动农林经济管理、公共管理两大一级学科深度融合、快速发展，建成世界一流学科。

附表 2022 年度公共管理学院基本情况

项目	数据	项目	数据
教职工/人	199	获国家级科技奖项目/项	0
长聘教授/人	2	获国家级教学成果奖/项	0
长聘副教授/人	8		
教授/人	64	SCI 入选论文/篇	39
副教授/人	28	EI 入选论文/篇	3
研究员/人	1		
副研究员/人	4	SSCI 入选论文/篇	119
"百人计划"研究员/人	40	A&HCI 入选论文/篇	0
特聘研究员/人	0		
特聘副研究员/人	9	权威刊物论文/篇	15
其他正高职称/人	0		
其他副高职称/人	5	出版专著/部	15
具有博士学位的专任教师比例/%	93.3		
文科资深教授/人	2	在校本科生/人	811
"国家特支计划"入选者/人	3		
教育部"长江学者奖励计划"特聘教授/人	4	在学硕士研究生/人	2070
教育部"长江学者奖励计划"青年学者/人	5		
省部级高等学校教学名师奖获得者/人	1	其中:专业学位研究生/人	1703
国家"百千万人才工程"入选者/人	1	在读博士研究生/人	614
国家杰出青年科学基金获得者/人	0		
教育部新(跨)世纪优秀人才培养计划入选者/人	7	其中:专业学位研究生/人	0
浙江省特级专家/人	1		
浙江大学求是特聘教授/人	7	在校攻读学位的国际学生/人	156
浙江大学文科领军人才/人	3	应届本科毕业生一次就业率/%	85.92
一级学科国家重点学科/个	1		
二级学科国家重点学科/个	0	应届本科毕业生深造率/%	57.55
教育部人文社会科学研究基地/个	1		
国家人才培养基地(含教学、教育基地)/个	0	应届毕业研究生一次就业率/%	97.43
国家精品资源共享课/门	2	教师出国交流/人次	23
国家精品视频公开课/门	0		
国家级一流本科课程/门	5	学生出国交流/人次	10
科研总经费/万元	5683.09	举办国际学术会议/次	7
其中:国家自然科学基金比重/%	10.14		
纵向经费比重/%	41.68	社会捐赠经费总额/万元	1697.28

【中共浙江大学公共管理学院第五次党员代表大会隆重举行】 5月20日下午,中共浙江大学公共管理学院第五次党员代表大会在紫金港校区临水报告厅举行。党委书记杨国富代表中共浙江大学公共管理学院第四届委员会向大会做题为"勇担新使命 砥砺再出发——奋力谱写公共管理学院高质量内涵式发展新篇章"的工作报告,对第四届党代会以来学院的工作成绩做了回顾和总结。大会选举产生新一届公共管理学院党委委员9名,新一届纪委委员5名。

【智库平台建设再上新台阶】 成立浙江(浙江大学)国际发展与治理研究中心,开启省校共建新型智库新篇章。省校共建"社会组织与社会治理协同创新中心"获教育部认定。浙江省共同富裕文化创新研究中心、浙江大学国际发展与治理研究中心、浙江大学中国新型城镇化研究院、浙江省人才发展研究院4家智库新增为浙江省新型重点专业智库。2家智库入选"中国智库索引(CTTI)2022高校智库百强榜",浙江大学中国农村发展研究院入选A+榜,浙江大学社会治理研究院入选A榜。

(毛迎春撰稿　沈黎勇审稿)

马克思主义学院

【概况】 马克思主义学院设有马克思主义基本原理研究所、马克思主义中国化研究所、中共党史党建研究所、思想政治教育研究所和6个思想政治理论课教研中心,承担马克思主义理论学科建设和全校思想政治理论课教学、研究工作。

学院由中共浙江省委宣传部与浙江大学共建,是全国重点建设马克思主义学院和浙江省重点建设马克思主义学院,建有马克思主义理论、国际政治2个校级研究所,设有教育部高校思想政治工作队伍培训研修中心(浙江大学)、浙江省习近平新时代中国特色社会主义思想研究中心浙江大学研究基地、浙江省中国特色社会主义理论体系研究中心浙江大学研究基地、浙江大学马克思主义理论创新与传播研究中心(浙江省哲学社会科学重点研究基地)、浙江大学中国特色社会主义研究中心、浙江大学德育与学生发展研究中心等机构。

学院建有马克思主义理论博士后流动站,拥有马克思主义理论一级学科博士学位授予权和马克思主义基本原理、马克思主义中国化研究、思想政治教育、国外马克思主义研究、中国近现代史基本问题研究、党的建设、干部教育学等二级学科硕士学位授予权。

2022年,招收硕士研究生69人、博士研究生33人,毕业硕士研究生43人、博士研究生25人。

现有教职工85人。其中,正高级职称16人、副高级职称27人,博士研究生导师17人、硕士研究生导师34人。

2022年,学院继续深化教学改革,加强课程建设,"马克思主义基本原理"和"毛泽东思想和中国特色社会主义理论体系概论"课程获线上线下混合式培育课程项目立项,共有23个班级开展线上线下混合式教学,切实推进信息技术与教育教学深度融合。1项全国高校示范马克思主义学院和优秀教学科研团队建设项目获教育部优秀成果奖,1项教学成果被推荐申报2022年国家级教学成果奖。

附表　2022 年度马克思主义学院基本情况

项目	数据	项目	数据
教职工/人	85	获国家级科技奖项目/项	0
长聘教授/人	0	获国家级教学成果奖/项	0
长聘副教授/人	0		
教授/人	16	SCI 入选论文/篇	0
副教授/人	26		
研究员/人	0	EI 入选论文/篇	0
副研究员/人	0		
"百人计划"研究员/人	1	SSCI 入选论文/篇	3
特聘研究员/人	0		
特聘副研究/人	0	A&HCI 入选论文/篇	0
其他正高职称/人	0		
其他副高职称/人	1	权威刊物论文/篇	5
具有博士学位的专任教师比例/%	85.53	出版专著/部	17
文科资深教授/人	0	在校本科生/人	27
"国家特支计划"入选者/人	4	在学硕士研究生/人	105
教育部"长江学者奖励计划"特聘教授/人	1		
教育部"长江学者奖励计划"青年学者/人	0	其中:专业学位研究生/人	0
省部级高等学校教学名师奖获得者/人	1		
国家"百千万人才工程"入选者/人	1	在读博士研究生/人	125
国家杰出青年科学基金获得者/人	0		
教育部新(跨)世纪优秀人才培养计划入选者/人	0	其中:专业学位研究生/人	0
浙江省特级专家/人	0		
浙江大学求是特聘教授/人	4	在校攻读学位的国际学生/人	0
浙江大学文科领军人才/人	1		
一级学科国家重点学科/个	0	应届本科毕业生一次就业率/%	—
二级学科国家重点学科/个	0	应届本科毕业生深造率/%	—
教育部人文社会科学研究基地/个	0		
国家人才培养基地(含教学、教育基地)/个	0	应届毕业研究生一次就业率/%	100
国家精品资源共享课/门	1		
国家精品视频公开课/门	0	教师出国交流/人次	0
国家级一流本科课程/门	1	学生出国交流/人次	1
科研总经费/万元	470	举办国际学术会议/次	0
其中:国家自然科学基金比重/%	74		
纵向经费比重/%	26	社会捐赠经费总额/万元	1130

2022年,学院科研课题新立项经费470万元。共立项省部级以上课题34项,其中国家社科基金项目6项,国家高端智库课题4项,省部级课题24项。共发表各级各类学术论文140篇,其中权威期刊和SSCI收录论文8篇,一级期刊论文28篇。出版著作17部。被学校认定智库成果37项,其中A+和A类成果5项,3项成果得到国家级领导的批示。

【马克思主义理论本科专业首次招生】 学院提前谋划本科专业招生工作,成立招生工作小组,选拔优秀专业教师参加生源地招生宣传。2022年,首次招收本科生25名,分别来自辽宁、吉林、河南、福建、浙江、上海6个省(市),其中辽宁、吉林、河南、福建考生的省内位次为142～253名(文科),浙江、上海考生的省内位次为2234～3156名(文理不分),生源质量高。

【试点设立干部教育学二级学科】 受中组部、教育部委托,学校以马克思主义学院为主体学院,整合教育学院、公共管理学院等相关学科优势资源,依托全国干部教育培训浙江大学基地为实践教学基地,积极试点成立干部教育学二级学科学位点。2022年,率先招收20名干部教育学硕士研究生。并成立干部教育学试点工作领导小组和学科建设领导小组,建立干部教育学学科建设和人才培养的协调和信息机制,确保高质量完成试点工作任务,高水平建设干部教育学学科。

【引育结合,师资队伍建设成效明显】 加快思政课教师的引进,高质量举办春、秋两季优秀青年学者论坛。2022年,入职专任思政课教师10名,1名教授入选浙江大学求是特聘教授,1名教授入选国家“万人计划”青年拔尖人才,1名教授被聘为“求是科研岗”。2名思政课教师入选教育部高校思政课教指委委员,1名思政课教师获首届高校优秀思政课教师奖励基金一等奖(全国仅7名),1个教师团队获得浙江省第二届高校教师教学创新大赛副高组一等奖。

(李　艳撰稿　李小东审核)

数学科学学院

【概况】 数学科学学院下设数学系、信息与计算科学系、应用数学系、统计学系和高等数学研究所、科学与工程计算研究所等6个研究所和数学基础课程教学研究中心。

数学学科为一级学科国家重点学科,是“九五”“十五”“十一五”“十二五”国家“211工程”重点建设学科,学院拥有“数学科学及其应用”国家“985工程”科技创新平台。

2022年,学院招收硕士研究生91人、博士研究生45人,2022级本科生154人确认专业进入学院学习,其中:数学与应用数学47人、数学求是科学班20人、数学强基班23人、信息与计算科学32人、统计学32人。入院学生高考平均分数位居理科大类前茅。毕业本科生206人、硕士研究生78人、博士研究生33人。

现有教职工143人。其中,正高级职称人员48人、副高级职称人员38人,“百人计划”研究员10人,博士研究生导师71人(含兼职5人)、硕士研究生导师21人,另有在站博士后9人。2022年,刘一峰入选浙江省“鲲鹏行动”计划,吴磊等三位新引进人才获国家海外优青项目支持,包刚和孙斌勇受邀在2022年国际数学家大会做45分钟报告,冯涛获国家杰出青年科学基金资助。

2022年1月，刘一峰与合作者在国际数学四大顶级刊物 *Annals of Mathematics* 上发表1篇学术论文。吴庆标获中国产学研合作最高荣誉奖——中国产学研合作促进奖；张荣茂和苏中根的《高维时空数据的统计推断》获浙江省自然科学奖二等奖。苏中根荣获宝钢优秀教师奖；苏德矿荣获浙江省杰出教师；黄正达荣获浙江大学永平教学贡献提名奖、第十一届"三育人"先进个人、"教书育人"先进个人；冯涛等8位教师获兴全奖教金；郭正初荣获"仲英青年学者"；"数韵之家"教工文化提升工程入选浙江大学第四届教职工"一院一品"文化品牌建设项目；孙林法等2名离退休干部、职工中的党员获颁"光荣在党50年"纪念章；依托国家级及校级官方媒体持续开展学科文化、学院重大科研成果、特色教学成果等宣传，在《光明日报》、浙江大学人民号、著作《我心中的求是大先生》等发表学院相关文章报道30余篇；推选包刚、周婷、刘一峰等3位教师担任浙江大学欧美同学会首届理事，包刚任会长；支持1名教师确认为无党派人士，1名教师参加九三学社，1名教师参加农工党。

2022年统计学专业入选国家级一流本科专业建设点，至此学院三个本科专业全部进入一流本科专业"双万计划"行列。"概率论""常微分方程"入选省级一流课程；"常微分方程"被认定为浙江大学2022年高水平国际化课程。制定并实施《浙江大学数学科学学院专业荣誉课程建设方案》，打造有利于数学拔尖人才成长的荣誉教育体系。研究生生源质量位居学校前列，荣获研究生招生工作一等奖。与工程师学院联合申报"数据科学与工程"专业学位点并获得批准。2022年，学生思想教育以"一支部·一科学家·一初心故事"学科特色党建品牌活动为

延伸，打造"述学科初心·树报国之志"专题活动，举办"求是茶话"师生对话座谈活动、遇见大师"与杰出数学家面对面"系列活动和 Student Seminar 学生科研成果分享活动。学科故事视频《"山洞虽小，但数学的天地是广阔的"》获评中科协"风启学林"2022年度风云榜优秀传播作品，学科（专业）思政特色创新项目"创新驱动发展战略下卓越数学人才培养计划"获评重点项目、优秀项目，"一院一品"学生思政品牌项目"'弘扬科学家精神'——理学基础学科优良学风引领计划"获评思想政治教育素质培养类重点项目；盛为民几何分析导学团队获评浙江大学第十届研究生"五好"导学团队；学院学生会获评2021—2022学年十佳院系学生会。在人才培养方面，涌现出学校优秀学生共产党员、优秀学生党支部书记、毕业生"公毅"奖学金、思政微课大赛三等奖、校史演讲比赛三等奖等先进典型，学院参赛团队获校史知识竞赛一等奖、学院获校史知识竞赛优秀组织奖。毕业生毕业后赴国防军工单位、高等教育单位及科研设计单位就业人数有所提升，1名同学毕业后入选中央选调生，1名学生入选"1+2"研究生支教团赴西部支教1年，2名学生入选"2+2"模式思政辅导员，应届毕业本科生国内外深造率达到61.69%，应届毕业研究生初次就业率达94.73%。

2022年，到款科研经费为3288.7万元，其中纵向经费2571.6万元。学院本年度新增国家自然科学基金项目10项，含国家杰出青年科学基金1项、面上项目8项、数学天元基金项目1项。学院新立项2022年度浙江省自然科学基金4项，含重大项目（创新群体）1项，重大项目（青年原创）1项和杰出青年科学基金项目2项。学院首次

在国家重点研发计划"数学和应用研究"重点专项中获批 3 项项目,含一般项目 2 项和青年项目 1 项,获批经费 1464.6 万元。

全年师生出国出境交流(含线上交流)共计 335 人次。学院 2022 年度共有 7 名同学赴境外顶尖高校开展学术交流,其中 3 位研究生分别赴布朗大学、佐治亚理工学院、香港科技大学开展学术合作,4 位本科生分别赴法国巴黎综合理工学院、美国威斯康星大学麦迪逊分校统计系开展交流学习;开设 4 期本科生海外交流线上课程,分别由加拿大萨省大学刘巨鑫教授、普渡大学李培军教授、澳大利亚伍伦贡大学刘佳堃教授进行线上授课;组织开展"研究生国际暑期学校和国际工作坊——第八届浙江大学研究生国际暑期学校量子算法与编程线上课程",国际量子理论著名专家 Vyalyi M 教授、Maksim D 教授、武俊德教授等讲授量子算法和编程一系列前沿内容,约 300 人参加了该课程研习。

【包刚和孙斌勇受邀在国际数学家大会做 45 分钟报告】 2022 年,包刚和孙斌勇受邀在 2022 年国际数学家大会做 45 分钟报告,实现了数学科学学院在职教师在国际数学家大会做特邀报告零的突破。

【刘一峰在国际数学四大顶级刊物发表 1 篇科研成果】 2022 年 1 月,刘一峰与合作者在国际数学顶级期刊 *Inventiones Mathematicae* 发表学术论文"On the Beilinson-Bloch-Kato conjecture for Rankin-Selberg motives"一篇。刘一峰与合作者们主要研究了高阶自守表示的算术性质,取得了一项突破性成果:证明了著名的 Birch-Swinnerton-Dyer 猜想的高维推广,即 Beilinson-Bloch-Kato 猜想的若干重要情形,被评价为"该领域里程碑式的成果"。

【江文帅负责项目入选"浙江大学 2021 年度十大学术进展"】 江文帅负责的项目"格罗莫夫-豪斯多夫极限空间及其应用"入选"浙江大学 2021 年度十大学术进展"。在该项目中,江文帅与合作者主要研究 Gromov-Hausdorff 极限空间及应用,取得两项突破性成果:解决了"有限测度猜想",并证明了奇异集的结构性定理,被评价为"奠基性成果""重要进展"。

【冯涛获 2022 年国家杰出青年科学基金】 2022 年 8 月,冯涛获国家杰出青年科学基金资助。冯涛教授长期从事组合数学和编码理论方面的研究,综合运用代数和数论技巧,解决了设计理论、有限几何和编码理论中的多个长期未解决的公开问题。获国际组合数学及其应用学会(ICA)颁发的 2011 年度 Kirkman Medal 和 2021 年度 Hall Medal,后者在颁奖词中评价其工作"有深度,有新意,技巧性强"。曾获得国家自然科学基金优秀青年基金 1 项、面上项目 2 项,目前担任 SCI 期刊 *Journal of Combinatorial Designs*、*Designs, Codes and Cryptography* 编委。

【统计学专业入选国家级一流本科专业建设点】 2022 年 6 月,统计学专业入选国家级一流本科专业建设点。至此,学院数学与应用数学、信息与计算科学、统计学 3 个本科专业全部入选国家级一流本科专业建设点。

【党委纪委班子换届,夯实组织建设,党建业务融合建新功】 在校党委领导下顺利完成学院中层班子、党委纪委、"双代会"、党支部委员会等换届,以学习贯彻党的二十大精神为先导,建设忠诚担当、奋发有为、务实清廉、团结和谐的党政班子和上下贯通、执行有力的组织体系。100% 落实教师党支部"双带头人"工程,并充分发挥其示范引领作

院系基本情况

项目	数据	项目	数据
教职工/人	143	获国家级科技奖项目/项	0
教授/人	45	获国家级教学成果奖/项	0
副教授/人	31	授权发明专利/项	0
研究员/人	0		
副研究员/人	1		
长聘教授/人	3	SCI 入选论文/篇	128
长聘副教授/人	4	EI 入选论文/篇	73
"百人计划"研究员/人	10		
特聘研究员/人	0	MEDLINE 入选论文/篇	0
特聘副研究员/人	0		
具有博士学位的专任教师比例/%	90.6	出版专著/部	0
两院院士/人	3	在校本科生/人	637
"国家特支计划"入选者/人	0		
教育部"长江学者奖励计划"特聘教授/人	4	在学硕士研究生/人	268
教育部"长江学者奖励计划"青年学者/人	0		
省部级高等学校教学名师奖获得者/人	0	其中:专业学位研究生/人	0
"973 计划"首席科学家*/人	0	在读博士研究生/人	179
国家"百千万人才工程"入选者/人	1		
国家杰出青年科学基金获得者/人	7	其中:专业学位研究生/人	0
教育部新(跨)世纪优秀人才培养计划入选者/人	6		
浙江省特级专家/人	3	在校攻读学位的国际学生/人	3
浙江大学求是特聘教授/人	6	应届本科毕业生一次就业率/%	80.6
一级学科国家重点学科/个	1		
二级学科国家重点学科/个	5	应届本科毕业生深造率/%	61.69
国家重点(专业)实验室/个	0	应届毕业研究生一次就业率/%	94.73
国家工程(技术)研究中心/个	0		
国家人才培养基地(含教学、教育基地)/个	0	教师出国交流/人次	4
国家精品资源共享课/门	1	学生出国交流/人次	331
国家精品视频公开课/门	1		
国家级一流本科课程/门	2	举办国际学术会议/次	0
科研总经费/万元	3288.7		
其中:国家自然科学基金比重/%	21.0	社会捐赠经费总额/万元	613
纵向经费比重/%	78.2		

注:*含重大科学研究计划、ITER 计划、青年科学家专题等。

用。深化培育第二批校级党建工作样板创建支部，进一步增强党支部的引领力、凝聚力和战斗力。通过"强师树人"教工专题培训、课程思政工作坊、师德导师队伍建设、鼓励资深教授担任低年级本科生育人导师等，打造新时代"大先生"队伍，落实立德树人根本任务，为数学学科迈向"一流前列"凝聚师生奋进力量。数学系教工党支部党员苏德矿获省杰出教师荣誉称号，盛为民团队获第十届校研究生"五好"导学团队，副书记江文帅获国家重点研发计划重点专项、学术成果入选校年度十大学术进展等；应用数学系教师党支部支委冯涛获杰青项目支持；信息与计算科学系教师党支部黄正达获校永平教学贡献提名奖、"教书育人"先进个人。形成学科史专题文章十余篇，多篇被《求是大先生》《求是廉洁故事》等著作收录。2名学生分获校优秀学生党支部书记、优秀学生党员。

【以"科学家精神"为导向的基础学科一流数学人才培养取得成效】 在"一支部·一科学家·一初心故事"思政品牌项目基础上，深入开展"述学科初心·树报国之志"专题活动，形成的学科故事、育人成果在《人民日报》《中国青年报》、浙大官方微信公众号等各级媒体获得报道，《"山洞虽小，但数学的天地是广阔的"》获评中科协2022年度风云榜优秀传播作品。多渠道搭建一流数学家与学生的交流对话平台，持续开展"求是茶话"数学家座谈、"遇见大师"与杰出科学家面对面等系列活动，启动Student Seminar学生科研成果"讨论班"，学科思政特色创新项目和"一院一品"学生思政品牌项目获评学校重点项目。围绕立德树人根本任务，将"科学家精神"融入思想建设，培养具有扎实数学基础和较强创新能力的国家重大战略领域后备人才，毕业生前往国防军工重点单位、高等教育单位及科研设计单位人数有所提升，选树了一批以优秀学生共产党员、毕业生"公毅奖学金"获得者、"中央选调生"、西部地区"研究生支教团"等为代表的学生先进典型。

（陈　黎撰稿　陈　庆审稿）

物理学院

【概况】 2022年3月，学校决定撤销物理学系，建设物理学院。中国科学院院士林海青担任首任院长，颜鹏担任党委书记，王孝群担任常务副院长，邹安川担任党委副书记、纪委书记，王凯、王浩华、李敬源担任副院长。新一届领导班子紧紧围绕建设世界一流物理学科的目标团结协作，以改革的精神和务实的作风锐意进取。学院从玉泉校区搬迁至紫金港校区，成立物理学院战略发展委员会，瞄准学校2035年跻身世界一流大学前列的战略目标，建设物理高等研究院。学院党委坚持把学习贯彻党的二十大精神与谋划学科发展、推动科研创新紧密结合，凝心聚魂，顺利召开全体党员大会，选举产生学院新一届两委委员、学校第十五次党代会代表。建成"我愿以身许国"王淦昌事迹陈列室，成为学校重要的科学家精神教育基地。制定《浙江大学物理学院内设机构岗位职责》《浙江大学物理学院内设机构岗位分工简表》，完成内设机构换届工作。2022年度领导班子考核优秀。

物理学院设有浙江近代物理中心、凝聚态物理研究所、光学与量子信息研究所、聚变理论与模拟中心、光电物理研究所、关联物质研究中心、大学物理教研室、物理实验教学中心等研究所(室),建有浙江省量子技术与器件重点实验室。

理论物理、凝聚态物理是二级学科国家重点学科,物理学是浙江省一流学科。物理学院设有物理学博士后流动站,拥有物理学一级学科博士学位和硕士学位授予权,涵盖了7个二级学科。

2022年,招收硕士研究生20人、博士研究生87人,2021级本科生41人确认进入物理学院继续学习,毕业本科生80人、硕士研究生23人、博士研究生59人。结业硕士研究生2人、博士研究生2人。

现有教职工154人,其中,中国科学院院士3人,国家重大引才计划专家4人,具有正高级职称人员80人,副高级职称人员33人。博士研究生指导教师98人,硕士研究生指导教师106人。双聘院士2人。新增浙江大学"百人计划"研究员5人。另有在站博士后56人。

2022年,获批浙江省省级本科一流课程2门,浙江省第一批省级课程思政研究项目2项,浙江省普通本科高校"十四五"教学改革项目1项。获省本科教学成果奖特等奖一项,出版专业教材两本。

2022年,新立项国家级大学生科技创新训练项目1项、浙江省大学生科技创新活动项目1项。2022年中国大学生物理学术竞赛(华东赛)一等奖,国赛一等奖,全国大学生物理实验竞赛(创新)一等奖一项、二等奖两项、三等奖一项、优秀奖一项,浙江省物理实验与科技创新竞赛三等奖一项。2篇博士学位论文获"2021年浙江省优秀博士学位论文"。

2022年,顺利召开共青团浙江大学物理学院第一次研究生代表大会、第一次学生代表大会。积极组织学生参与志愿服务、社会实践等工作,1支团队获评2022年暑期社会实践大学生社会实践活动优秀团队,1篇论文获评校级暑期大学生社会实践活动优秀论文,3位学生获评先进个人,2位老师获评优秀指导教师。

2022年,学生获得校级层面的各类奖学金、荣誉称号超440人次(不含学业奖助学金),其中博士生张叙、本科生李奇修获得浙江大学最高学生荣誉奖学金竺可桢奖学金,6位博士、1位硕士和4位本科生获得国家奖学金,13位本科生获得浙江省政府奖学金。

2022年,到校总经费为6125.6万元。其中,纵向项目经费为5162.78万元、横向为440.3万元、高技总额522.527万元。2022年,物理学院作为项目承担单位获批国家级科研项目26项、横向项目5项、军工项目6项。其中国家基金重点项目1项、基金委重大研究计划重点支持项目1项、科技部重点研发计划项目4项、国家基金委优秀青年基金2项、青年拔尖人才1项、海外优青项目3项、科技部重点研发计划课题3项。获省级科研项目3项,其中重大青年原创项目1项、省杰青项目2项。

凝聚态物理研究所与莱斯大学、聚变理论与模拟中心与普林斯顿大学、关联物质中心与剑桥大学继续开展深层次的科研合作与师生交流。继续深度参与国际合作实验CMS和国际大科学工程—国际空间站上的阿尔法磁谱仪AMS国际合作组。本科生共计172人次参加线上线下交流项目,交流率为179.17%。学院积极组织和承办了三个线上对外交流项目:2021—2022学年俄罗斯圣彼得堡彼得大帝理工大学线上暑期课程项目、2022—2023学年俄罗斯圣彼得堡彼得大帝理工大学线上寒假课程项目、云

项目	数据	项目	数据
教职工/人	154	获国家级科技奖项目/项	0
教授/人	57	获国家级教学成果奖/项	0
副教授/人	20	授权发明专利/项	7
研究员/人	1		
副研究员/人	1	SCI 入选论文/篇	184
长聘教授/人	0	EI 入选论文/篇	123
长聘副教授/人	5	MEDLINE 入选论文/篇	0
"百人计划"研究员/人	27		
特聘研究员/人	7	出版专著/部	0
特聘副研究员/人	0		
具有博士学位的专任教师比例/%	81.29	出版教材/本	2
两院院士/人	3		
"国家特支计划"入选者/人	7	在校本科生/人	368
教育部"长江学者奖励计划"特聘教授/人	6	在学硕士研究生/人	71
教育部"长江学者奖励计划"青年学者/人	0		
省部级高等学校教学名师奖获得者/人	0	其中:专业学位研究生/人	0
"973 计划"首席科学家*/人	1		
国家"百千万人才工程"入选者/人	3	在读博士研究生/人	317
国家杰出青年科学基金获得者/人	13		
教育部新(跨)世纪优秀人才培养计划入选者/人	8(2)	其中:专业学位研究生/人	0
浙江省特级专家/人	1		
浙江大学求是特聘教授/人	15	在校攻读学位的国际学生/人	5
一级学科国家重点学科/个	1	应届本科毕业生一次就业率/%	79.21
二级学科国家重点学科/个	2		
国家重点(专业)实验室/个	0	应届本科毕业生深造率/%	58
国家工程(技术)研究中心/个	0		
国家人才培养基地(含教学、教育基地)/个	1	应届毕业研究生一次就业率/%	98
国家精品资源共享课/门	1		
国家精品视频公开课/门	0	教师出国交流/人次	0
国家级一流本科课程/门	0	学生出国交流/人次	184
科研总经费/万元	6125.6	举办国际学术会议/次	1
其中:国家自然科学基金比重/%	34.3		
纵向经费比重/%	84.28	社会捐赠经费总额/万元	141.66

注:* 含重大科学研究计划、ITER 计划、青年科学家专题等。

端物理：浙江大学物理学院线上海外学者系列讲座，总计开设 942 课时课程。3 位研究生获得浙江大学国家公派研究生项目，1 位研究生获得博士研究生学术新星培养计划项目。

【学术研究获重大突破】 2022 年物理学院在国际顶尖权威期刊 *Nature* 发表论文 2 篇，*Science* 发表论文 1 篇；在 *Nature Physics*、*PRL*、*Advanced Materials*、*Nature Computational Science*、*Nature Communications*、*Science Advances*、*Light Sci. Appl.* 等顶级期刊发表论文 16 篇。刘倍贝研究员与法国波尔多大学雷蒙德教授、美国密歇根州立大学雅格布森教授共同提出太阳系巨行星轨道演化的新模型，解决了在太阳系初期光致蒸发作用、巨行星轨道重塑及动力学不稳定的机理问题。该成果发表在 4 月的 *Nature* 期刊上。超导量子计算团队与清华协同攻关，在自主研发的超导量子计算芯片上首次采用全数字化量子模拟方式展示了拓扑时间晶体，解开了世界科学家都高度关注的科学问题，该成果发表在 7 月的 *Nature* 期刊上。量子光学研究团队与超导量子计算团队合作，将光的量子属性引入拓扑光子学领域，在全新设计的超导量子芯片上首次实现了光的量子拓扑态操控，展现出多个重要的拓扑物理模型。该成果发表在 12 月的 *Science* 期刊上。

【成立物理学院】 2022 年 3 月，撤系建院，聘任中国科学院院士林海青出任首任院长。

（王丹娜撰稿　颜　鹏审稿）

化学系

【概况】 化学系下设催化化学研究所、分析化学研究所、物理化学研究所、高新材料化学研究所、有机与药物化学研究所 5 个研究所，以及 1 个实验教学中心和 1 个分析测试平台，建有国家理科基础科学研究和教学人才培养基地、国家工科基础课程教学基地、国家级实验教学示范中心、浙江省应用化学重点实验室、浙江省激发态材料合成与应用重点实验室等教学和科研平台。

化学系拥有化学一级学科国家重点学科和一级学科博士点、博士后流动站，入选教育部基础学科拔尖学生培养计划 2.0 基地，是教育部"强基计划"培养单位。2017 年和 2022 年分别入选首轮和新一轮教育部"双一流"建设学科。

现有教职员工 192 人（含学科博后 33 人），其中中国科学院院士 1 人（双聘），教授职称 49 人，长聘教授 1 人，长聘副教授 3 人，校"百人计划"研究员 17 人，副教授/副研究员职称 31 人。2022 年，陈志杰、马光中入选浙江大学"百人计划"。

2021—2022 学年共开设 330 个教学班，完成 17064 个教学课时，选课人次达到 15675 人次。其中，开设全校公共课 236 个教学班，完成 11120 课时，选课人次达到 10260 人次。"普通化学（H）（荣誉班）""电化学""大学化学实验（O）""大学化学实验（A）""大学化学实验（P）""现代化学方法论"和"下厂实践"7 门课程入选 2022 年省级一流课程；"大学化学实验（O）"入选 2022 年省级课程思政示范课程；2 个项目入选浙江省高等教育"十四五"教学改革项目。另外,2022年化学系承担了3个校级课程思政建设项目和3个校级线上线下混合式课程培育项目。2022—2023学年秋冬学期有76个教学班进行线上线下混合式课程建设,占当学期教学班总数的48%;2022年出版/修订教材三本:《大学化学讲义》《中级有机化学——反应与机理》和《无机及分析化学(第三版)学习指导》。

2022年,136名2021级本科生确认进入化学系(含求是科学班化学20名学生和强基化学班22名学生)。招收学术学位博士研究生81人、学术学位硕士研究生59人和专业学位硕士研究生17人,毕业学术学位博士研究生67人、学术学位硕士研究生55人。

拔尖人才培养质量卓著,本科生徐欣然、张箫扬、廖育城获第三届全国大学生化学实验创新设计大赛特等奖,孙逊、谢日新、张元昕、罗龙涛、戚铁昕获2022年全国仿真创新应用大赛一等奖,另有23人次本科生获省级及以上竞赛奖。2022年本科生发表论文成果丰硕,3名18级本科生以第一作者在 *ACS Catalysis* 期刊发表论文,1名18级本科生以第一作者在 *Synthesis* 期刊发表论文。3名博士生获得"2022年浙江大学争创优秀博士学位论文资助"。1篇论文获"浙江省优秀博士学位论文"、1篇论文获"浙江省优秀博士学位论文提名"、1篇论文获"浙江省优秀硕士学位论文"、3篇论文获"浙江大学优秀博士学位论文"、1篇论文获2022年首届"中国腐蚀与防护学会优秀博士学位论文"。

2022年,科研到款总经费为10259万元,其中纵向经费7186万元,横向经费2851万元,军工项目经费222万元。获批国家级科研项目33项。其中,国家自然科学基金重点项目1项(280万)、联合基金1项(255万),科技部重点研发计划课题5项(含千万级课题1项),科技部重点研发青年科学家项目1项,海外优青项目2项。获批省级科研项目6项,其中浙江省科技厅尖兵项目1项、重大青年原创项目1项、浙江省杰出青年项目1项、浙江省重点项目1项等。王勇教授团队的1项专利以1亿元的价格"独占许可"给了新和成股份有限公司,首笔转让费200万元已到款。以共同第一作者在 *Science* 期刊发表论文1篇,以通讯作者在 *Nature* 期刊发表论文2篇,以第一作者单位发表影响因子10以上的高影响力论文95篇。彭笑刚教授当选2021年度中国化学会会士,胡吉明教授当选为中国腐蚀与防护学会(国家一级学会)副理事长,黄飞鹤教授、朱海明研究员入选科睿唯安全球高被引科学家榜单,王从敏、王鹏、王勇、史炳锋、吴传德、张玉红、金一政、侯昭胤、黄飞鹤、彭笑刚10位教授入选2021年爱思唯尔中国高被引学者榜单,陈志杰研究员入选2022年《麻省理工科技评论》"35岁以下科技创新35人"(亚太区),朱海明研究员荣获 The 2022 Robin Hochstrasser Young Investigator Award 和 2022 JCP-DCP Future of Chemical Physics Lectureship,冯建东研究员获中国化学会青年化学奖,洪鑫研究员荣获首届"浙江省青年科技英才奖"。

【课程入选2022年省级一流课程、2022年省级课程思政示范课程】　11月,"普通化学(H)(荣誉班)""电化学""大学化学实验(O)""大学化学实验(A)""大学化学实验(P)""现代化学方法论"和"下厂实践"等7门课程入选2022年省级一流课程;"大学化学实验(O)"入选2022年省级课程思政示范课程。课程是人才培养的核心要素,课程质量直接决定人才培养质量。截至2022年,

项目	数据	项目	数据
教职工/人	192	获国家级科技奖项目/项	0
教授/人	49	获国家级教学成果奖/项	0
副教授/人	28	授权发明专利/项	21
研究员/人	0		
副研究员/人	3		
长聘教授/人	1	SCI 入选论文/篇	274
长聘副教授/人	3	EI 入选论文/篇	7
"百人计划"研究员/人	17	MEDLINE 入选论文/篇	0
特聘研究员/人	0		
特聘副研究员/人	0		
具有博士学位的专任教师比例/%	98	出版专著/部	0
两院院士/人	1	在校本科生/人	477
"国家特支计划"入选者/人	3		
教育部"长江学者奖励计划"特聘教授/人	2	在学硕士研究生/人	246
教育部"长江学者奖励计划"青年学者/人	1	其中:专业学位研究生/人	26
省部级高等学校教学名师奖获得者/人	1		
"973 计划"首席科学家*/人	0	在读博士研究生/人	302
国家"百千万人才工程"入选者/人	1		
国家杰出青年科学基金获得者/人	11	其中:专业学位研究生/人	0
教育部新(跨)世纪优秀人才培养计划入选者/人	8		
浙江省特级专家/人	1	在校攻读学位的国际学生/人	14
浙江大学求是特聘教授/人	14	应届本科毕业生一次就业率/%	94
一级学科国家重点学科/个	1		
二级学科国家重点学科/个	0	应届本科毕业生深造率/%	67
国家重点(专业)实验室/个	0	应届毕业研究生一次就业率/%	96.5
国家工程(技术)研究中心/个	0		
国家人才培养基地(含教学、教育基地)/个	0	教师出国交流/人次	0
国家精品资源共享课/门	0	学生出国交流/人次	2
国家精品视频公开课/门	0		
国家级一流本科课程/门	0	举办国际学术会议/次	0
科研总经费/万元	10259		
其中:国家自然科学基金比重/%	34	社会捐赠经费总额/万元	1325
纵向经费比重/%	72.2		

注:*含重大科学研究计划、ITER 计划、青年科学家专题等。

化学系拥有省级一流本科课程 14 门，3 门省级课程思政课程。化学系将持续推进一流课程建设，积极打造"金课"，引导教师开展课程教学模式和教学方法手段的改革与创新，加强课程过程管理，全面提升课程建设水平与人才培养质量。

【化学系 2019 级本科生柯亦婷同学荣获浙江大学"十佳大学生"荣誉称号】 12 月 21 日，第十三届浙江大学"十佳大学生"公开评选会举行。经各学院（系）推荐、评审委员会初步评审、公开评选会风采展示及评审委员会投票等环节，最终评选产生 10 位第十三届浙江大学"十佳大学生"，化学系 2019 级本科生柯亦婷同学位列其中。柯亦婷同学现任化学系本科生第二党支部副书记、化学1902 班长，曾获浙江大学优秀学生共产党员、优秀团干部、优秀学生、"丹青之星"等荣誉。

【拔尖人才培养效果显著】 本科生徐欣然、张萧扬、廖育城获第三届全国大学生化学实验创新设计大赛特等奖，孙逊、谢日新、张元昕、罗龙涛、戚铁昕获 2022 年全国仿真创新应用大赛一等奖。2022 年本科生发表论文成果丰硕，3 名 18 级本科生以第一作者在 *ACS Catalysis* 发表论文，1 名 18 级本科生以第一作者在 *Synthesis* 期刊发表论文。

（张维娅撰稿　丁立仲审稿）

地球科学学院

【概况】 地球科学学院下设地质学系、地理科学系和大气科学系 3 个系，设有地质研究所、地球物理研究所、地理与空间信息研究所、天气气候与环境气象研究所 4 个研究所和教育部含油气盆地构造研究中心、浙江省资源与环境信息系统重点实验室、浙江省地学大数据与地球深部资源重点实验室。

地质学为浙江省一流学科。

学院建有地质学博士后流动站，拥有地质学一级学科博士学位授予权，设有 8 个二级学科博士学位授予权，同时拥有资源与环境专业学位授予权。建有地质学、地理信息科学、大气科学 3 个本科专业，均入选国家级一流本科专业建设点。

2022 年，招收硕士研究生 36 人、博士研究生 52 人，2022 级本科生 75 人经专业确认，进入学院继续学习，毕业本科生 71 人、硕士研究生 47 人、博士研究生 26 人。

现有在职教职工 143 人，中国科学院全职院士 3 人、双聘院士 3 人。在职教职工中，正高级职称人员 30 人（2022 年新增 2人），副高级职称人员 34 人（2022 年新增 1人），博士研究生导师 43 人（2022 年新增 2人），硕士研究生导师 35 人（2022 年新增 3人），在站博士后 29 人。

2022 年，学院到款科研经费 4415 万元。在研国家级科研项目 91 项，经费 2400万元。新获批国家自然科学基金项目 14项，其中杰出青年科学基金项目 1 项、重点项目 1 项、面上项目 9 项、青年科学基金项目 3 项。2022 年以学院第一署名单位发表学术论文 154 篇，其中自然指数（Nature Index）期刊论文 25 篇。

组织开展暑期线上海外知名学者大讲堂，邀请牛津大学 Richard Walker 教授等10 位地球科学领域的海外知名学者，围绕地球系统科学主讲了 10 场讲座，内容覆盖学院所有学科和专业。2021—2022 学年，本科生共计 119 人次参加海外交流（含线上），本科生海外交流率为 154.55%，同比

浙江大学年鉴

项目	数据	项目	数据
教职工/人	143	获国家级科技奖项目/项	0
教授/人	29	获国家级教学成果奖/项	0
副教授/人	34	授权发明专利/项	2
研究员/人	1	SCI 入选论文/篇	128
副研究员/人	0	EI 入选论文/篇	0
长聘教授/人	0	MEDLINE 入选论文/篇	0
长聘副教授/人	2	出版专著/部	0
两院院士/人	3	在校本科生/人	221
"国家特支计划"入选者/人	0	在学硕士研究生/人	128
教育部"长江学者奖励计划"特聘教授/人	0	其中:专业学位研究生/人	30
教育部"长江学者奖励计划"青年学者/人	1	在读博士研究生/人	187
省部级高等学校教学名师奖获得者/人	0	其中:专业学位研究生/人	1
"973 计划"首席科学家*/人	1	在校攻读学位的国际学生/人	2
国家"百千万人才工程"入选者/人	0	应届本科毕业生一次就业率/%	90.14
国家杰出青年科学基金获得者/人	3	应届本科毕业生考研录取(出国)率/%	71.83
教育部新(跨)世纪优秀人才培养计划入选者/人	1	应届毕业研究生一次就业率/%	94.80
浙江省特级专家/人	1		
浙江大学求是特聘教授/人	5	教师出国交流/人次	29
一、二级学科国家重点学科/个	0	学生出国交流/人次	152
浙江省重点实验室/个	2	举办国际学术会议/次	0
教育部研究中心/个	1		
国家精品资源共享课、视频公开课/门	6	社会捐赠经费总额/万元	160.93
科研总经费/万元	4415		
其中:国家自然科学基金比重/%	41.72		
纵向经费比重/%	58.05		

注:* 含重大科学研究计划、ITER 计划、青年科学家专题等。

增长 39.27%。研究生共计 33 人次参加海外交流(含线上),其中 15 人次参加美国地球物理年会等高水平国际学术会议。国家公派博士联培实现 100% 全员入选,联培高校包括英国牛津大学、法国里尔大学、德国慕尼黑大学、法国洛林大学、意大利米兰比可卡大学等世界名校。并有研究生 1 人赴北极执行科考任务。

【大气科学专业入选国家级一流本科专业建设点】 6月,教育部办公厅公布了2021年度国家级和省级一流本科专业建设点名单,学院大气科学专业入选国家级一流本科专业建设点。至此,学院三个本科专业全部入选国家级一流本科专业建设点。

【召开党员大会选举新一届党委和新一届纪委】 6月6日,中国共产党浙江大学地球科学学院委员会党员大会在玉泉校区永谦剧场一楼报告厅隆重举行。学院全体师生党员200余人参加大会。大会选举产生学院新一届党委和新一届纪委。6月6日,新一届党委和新一届纪委分别召开第一次全体会议,选举产生学院党委书记、副书记,纪委书记。

【浙江大学地球科学学院新大楼院史展厅正式启用】 10月6日,"求索时空 地学之爱"浙江大学地球科学学院新大楼院史展厅启用仪式在紫金港校区海纳苑1幢举行。全国人大常委会副委员长、浙江大学地球科学学院1982届地球化学专业校友丁仲礼宣布展厅启用,校党委书记任少波致辞,校长吴朝晖向学院1982届校友代表赠送毕业四十周年纪念册。1982届地球化学专业校友、师生代表参加启用仪式。

【杜震洪教授团队牵头研发 Deep-time.org 最新成果于联合国教科文组织 DDE 论坛发布】 11月8日,由学院杜震洪教授团队牵头研制的 Deep-time.org 1.0 Alpha 版本,由 Deep-time Digital Earth(简称DDE)管理委员会主席 Jennifer McKinley 教授宣布并正式在全球发布。近50名 DDE 理事会(GC)和科学委员会(SC)与会者出席了在巴黎教科文组织总部举行的发布会议。DDE是 IUSG 认可的第一项国际大科学计划,也是 UNESCO 开放科学倡议的先锋实践,以

整合全球地学数据、共享全球地学知识为使命,以推动地球科学范式变革为愿景。

(谭　超撰稿　王　苑审稿)

心理与行为科学系

【概况】 心理与行为科学系(简称心理学系)是我国最早设立的心理学系之一。心理学系以建设国际一流心理学科、培养一流心理学人才为目标,围绕重大科学问题和现实问题,开展国际前沿的理论和应用研究;按照"德才兼备、全面发展"要求,培养具有全球竞争力的高素质创新人才。心理学系以"基础应用并重、强化特色优势、培养新兴交叉"为基本思路,以"对接国家战略、瞄准国际前沿、结合高新技术、应用前景可期"为基本原则,形成"认知与脑科学""工业心理学2.0""发展与健康心理学"三大研究方向。下设应用心理学、认知与发展心理学2个研究所。

工业心理学国家专业实验室为国内心理学领域第一个国家级实验室,心理实验教学中心是浙江省实验教学示范中心。心理学系拥有应用心理学国家重点学科和心理学国家理科人才培养基地。

心理学系建有心理学博士后流动站,拥有心理学一级学科博士学位授予权,涵盖基础心理学、发展与教育心理学、应用心理学3个二级博士学位授予权;拥有心理学一级学科硕士学位授予权,涵盖基础心理学、发展与教育心理学、应用心理学3个二级硕士学位授予权,另设有应用心理学专业硕士学位授权点及心理学本科专业。

现有在职教职员工66人,其中教授10

浙江大学年鉴

人,副教授 10 人,长聘教授 1 人,长聘副教授 1 人,"百人计划"研究员 12 人,特聘研究员系列 7 人,含"长江学者奖励计划"特聘教授 1 人,国家级青年人才 5 人。博士研究生指导教师 40 人,硕士研究生指导教师 41 人。

2022 年,招收硕士研究生 86 人(含专业学位硕士 62 人)、博士研究生 32 人,本科生共 55 人确认主修心理学专业,心理学(求是科学班)2022 级招收 10 人,通过三位一体综合评价招生招收 2022 级本科生 19 人;毕业本科生 78 人,硕士研究生 39 人(含专业学位硕士 11 人)、博士研究生 13 人。

2022 年,科研经费到款 607.49 万元。主持科技部科技创新 2030"脑科学与类脑研究"重大项目青年科学家项目 2 项,课题 1 项(共 1800 万元)。获批国家自然科学基金项目 8 项,批准自然科学基金直接经费共计 288 万元;获批教育部人文社会科学研究项目 3 项,参与国家重点研发计划 1 项。发表在 SCI、SSCI 及权威期刊学术论文 143 篇,其中高水平论文(SCI IE≥5.0 或 SSCI IF≥3.0)98 篇。

2022 年,研究生出国出境交流 11 人次,本科生出国出境交流(含线上)70 人次。

【搬迁至紫金港校区】 10 月,心理学系从西溪校区五号教学楼搬迁至紫金港校区海纳苑 3 幢,更新、丰富了教学及科研等硬件设备,建设了多功能智慧教室、心理测评平台以及各类实验室,进一步提升了教学效果与科研水平。

【举办纪念陈立先生诞辰 120 周年座谈会暨陈立先生学术思想研讨会】 11 月 18 日上午,浙江大学心理与行为科学系纪念陈立先生诞辰 120 周年座谈会暨陈立先生学术思想研讨会在浙江大学紫金港校区隆重举行。陈立先生是中国著名心理学家、教育家,曾

任中央研究院和清华大学工业心理研究员、浙江大学心理学教授、浙江大学文学院院长、浙江师范学院院长、杭州大学校长、杭州大学名誉校长,先后被授予中国心理学会终身成就奖、中国人类工效学学会终身成就奖、英国伦敦大学学院荣誉学者(the Fellowship of University College London)称号,为国家发展和教育事业做出了重大贡献。浙江大学校领导、九三学社领导、省科协领导、陈立先生长女、国内兄弟高校心理学院系领导、中国心理学界专家学者、浙江大学各部门和兄弟院系领导、海外校友代表、校内部分系友、心理系全体班子成员及部分师生代表等 80 余人以线上线下的方式出席了座谈会和研讨会,共同缅怀陈立先生对我国心理学发展和教育事业的卓越贡献,传承弘扬陈立先生爱党爱国、求是创新、坚持真理、育人不辍的精神。座谈会上举行了陈立先生塑像揭幕仪式。

【设立心理学系卓越行为研究中心】 11 月 18 日,杭州希格斯投资管理有限公司股东、董事长谈效俊先生向心理学系捐赠 2000 万元,设立"卓越行为发展基金",用于建设心理学系卓越行为研究中心。

【举办 2022 浙江大学"脑机智能与心理学"全国博士生学术论坛】 11 月 19 日,由浙江大学研究生院、脑机智能全国重点实验室联合主办,浙江大学心理与行为科学系、人工智能省部共建协同创新中心(浙江大学)、浙江大学脑与脑机融合前沿科学中心承办的浙江大学"脑机智能与心理学"全国博士生学术论坛在浙大紫金港校区(线下线上相结合)成功举办,吸引了全国高校、科研机构的博士生和青年学者共 100 余人报名参加。来自全国各地的博士生及青年学者在"脑机智能与意识""人类认知的神经基础""人工

附表　2022 年度心理与行为科学系基本情况

项目	数据	项目	数据
教职工/人	66	获国家级科技奖项目/项	0
教授/人	10	获国家级教学成果奖/项	0
副教授/人	10	授权发明专利/项	0
研究员/人	0		
副研究员/人	0	SCI 入选论文/篇	45
长聘教授/人	1	EI 入选论文/篇	3
长聘副教授/人	1	SSCI 入选论文/篇	74
"百人计划"研究员/人	12		
特聘研究员/人	5	MEDLINE 入选论文/篇	0
特聘副研究员/人	2	出版专著/部	0
具有博士学位的专任教师比例/%	100		
两院院士/人	0	在校本科生/人	286
"国家特支计划"入选者/人	0	在学硕士研究生/人	214
教育部"长江学者奖励计划"特聘教授/人	1		
教育部"长江学者奖励计划"青年学者/人	3	其中:专业学位研究生/人	131
省部级高等学校教学名师奖获得者/人	0		
"973 计划"首席科学家*/人	0	在读博士研究生/人	128
国家"百千万人才工程"入选者/人	0		
国家杰出青年科学基金获得者/人	0	其中:专业学位研究生/人	0
教育部新(跨)世纪优秀人才培养计划入选者/人	1		
浙江省特级专家/人	0	在校攻读学位的国际学生/人	15
浙江大学求是特聘教授/人	0		
一级学科国家重点学科/个	0	应届本科毕业生一次就业率/%	87.14
二级学科国家重点学科/个	1		
国家重点(专业)实验室/个	0	应届本科毕业生深造率/%	45.74
国家工程(技术)研究中心/个	0		
国家人才培养基地(含教学、教育基地)/个	1	应届毕业研究生一次就业率/%	94.34
国家精品资源共享课/门	0	教师出国交流/人次	0
国家精品视频公开课/门	0		
国家级一流本科课程/门	0	学生出国交流/人次	81
科研总经费/万元	607.49	举办国际学术会议/次	0
其中:国家自然科学基金比重/%	47.41		
纵向经费比重/%	68.78	社会捐赠经费总额/万元	1060

注:* 含重大科学研究计划、ITER 计划、青年科学家专题等。

智能与心理学""脑机交互认知与协同决策"4个分论坛做了 67 场学术报告,最终评选产生 14 个优秀报告奖。

【举办第二届"长三角 MAP 实践技能大赛"】 11 月 19—20 日,由全国应用心理专业学位研究生教育指导委员会、上海市应用心理专业学位研究生教育指导委员会指导,浙江大学研究生院主办,浙江大学心理与行为科学系、华东师范大学心理与认知科学学院、南京师范大学心理学院共同承办,浙江工业大学教育科学与技术学院心理学系、浙江工商大学工商管理学院、浙江理工大学理学院心理学系、杭州师范大学经亨颐教育学院心理学系共同协办的第二届"长三角 MAP 实践技能大赛"在浙大紫金港校区(线下线上相结合)成功举办。大赛分设"心理咨询面谈技能""应用心理教学案例"和"应用心理教学技能"3 大比赛项目,由来自 16 所高校 23 名心理学领域的专家担任赛事评委,共收到来自全国 29 所学校的 153 个参赛作品,其中 54 个作品入围决赛,最终 3 项比赛各产生 2 个一等奖、4 个二等奖、6 个三等奖、5～6 个优秀奖。一、二、三等奖获得者的指导教师获优秀指导教师奖。

【青年人才培养取得新进展】 2022 年度,心理学系深入实施新时代人才强系核心战略,顶层谋划人才引育工作,青年人才培养取得新进展。胡玉正研究员入选国家高层次人才特殊支持计划青年拔尖人才;操礼遇研究员入选海外优秀青年科学基金项目;孔祥祯研究员获评美国心理科学学会(Association for Psychological Science, APS)2022 年度"学术新星"(APS Rising Star)。

(周　蔚撰稿　何贵兵审稿)

机械工程学院

【概况】 机械工程学院(简称机械学院)设有机械电子工程系、制造工程及自动化系、设计工程及自动化系、工业与系统工程系 4 个系和机电控制技术与工程研究所、制造技术及装备自动化研究所等 9 个研究所,以及 1 个工程训练(金工)中心和 1 个实验教学中心。建有流体动力与机电系统国家重点实验室、计算机辅助设计与图形学国家重点实验室(共建)2 个国家重点实验室,国家电液控制工程技术研究中心、机械工程实验教学示范中心、工程训练实验教学示范中心、机电类实验教学示范中心、工科基础课程工程制图教学基地、高端制造装备协同创新中心 6 个国家级教学科研实验平台和 3 个省部级重点实验室、1 个省部级工程研究中心、1 个正在重点培育的省部级重点实验室(智能装备应急管理部重点实验室)。

机械学院拥有机械工程 1 个一级学科,为国家首批"双一流"重点建设学科,下设 5 个二级学科博士学位授予点和 7 个硕士学位授予点,以及机械工程一个本科专业(含机械工程及自动化、机械电子工程、工业工程三个方向)。2022 年,招收全日制硕士生 209 人、博士生 120 人(含全日制工程博士 17 人、交叉培养博士 4 人)、学位留学硕士生 7 人、博士生 3 人,2022 级本科生 183 人(含学位留学生 4 人)完成机械工程主修专业确认。

机械学院现有全职在岗教职工 278 人(含学科博士后 20 人),其中专任教师 116 人。教职工中有两院院士 1 人、中国工程院院士 2 人，长聘副教授 4 人（2022 年新增 1 人），正高级职称人员 66 人（2022 年新增 3 人），副高级职称人员 42 人（2022 年新增 2 人），博士研究生指导教师 84 人、硕士研究生指导教师 136 人。杨华勇院士荣获 2021 年度"最美浙江人·浙江骄傲"人物，徐兵教授带领的工程机械液压元件与电液控制系统创新团队入选机械工业优秀创新团队，赵朋教授领衔荣获"中国产学研合作创新与促进奖产学研合作创新成果奖一等奖"，邹俊教授领衔荣获"中国机器人科学引领奖"，谢海波教授、张军辉研究员入选机械工业科技创新领军人才。

教育教学方面，学院流体传动及控制学科 40 周年纪念活动暨路甬祥院士从教 58 周年座谈会以线上线下结合的方式在玉泉校区邵科馆举行，成功举办"青蓝计划"启动仪式暨基层教学组织交流研讨会、本科毕业设计展、全国优秀大学生暑期学术夏令营，在 2022 年 7 月公布的 2020 年度学院（系）年度本科教育教学工作评价数据中，排名全校第三，工科第二，评价等级为 A。杨华勇院士负责的"高端装备智能制造典型案例"入选 2021 年教育部学位中心主题案例，"盾构掘进装备的自主设计制造及智能化"案例入选 2022 年教育部学位中心"精品案例课堂"品牌专栏项目。1 篇博士学位论文被评为"2021 年浙江省优秀博士学位论文"、2 篇硕士学位论文被评为"2021 年浙江省优秀硕士学位论文"、2 篇博士论文被评为"2021 年浙江大学优秀博士学位论文"。在第五届中国机械行业卓越工程师教育联盟本科毕业设计大赛中获一等奖 2 项（其中：团队金奖 1 项、个人银奖 1 项）、二等奖 4 项、三等奖 4 项和最具商业价值奖 3 项。学生荣获第 48 届日内瓦发明展金奖 2 项、银奖 2 项，

第八届全国互联网＋大学生创新创业大赛金奖 2 项，以及各类省级及以上奖项 60 项。本科生朱博医获 2021—2022 学年竺可桢奖学金，博士生唐威的作品《为机器人定制可自愈的柔性电液泵》、硕士生唐道梵的作品《受折纸启发的磁控柔性驱动器》获"启真杯"浙江大学 2022 年度学生十大学术新成果奖。

科学研究方面，科研经费到款 4.6621 亿元，19 篇学术论文影响因子超过 10，其中发表 Nature 子刊 1 篇。新增国家重点研发计划工业软件项目 1 项、"政府间国际科技创新合作"重点专项 2 项；973 项目 1 项；国家自然科学基金重点项目 1 项、联合基金项目 1 项、优秀青年科学基金项目 1 项、国际（地区）合作与交流项目 1 项；浙江省"尖兵""领雁"项目 3 项。徐兵教授领衔的"工程机械高效高可靠电液控制系统关键技术与产业化"项目、赵朋教授领衔的"特种工程聚合物高性能注射成形技术及装备"项目获浙江省科学技术进步奖一等奖，张斌教授领衔的"面向航空装备的高性能液压泵关键技术及应用"项目获贵州省科学技术进步奖一等奖，童水光教授领衔的"高参数齿轮传动装置系列化设计制造技术研究及应用"项目获机械工业科学技术奖科技进步奖一等奖。新获批智能电液浙江省工程研究中心（牵头单位）、浙江省智能运维机器人重点实验室（参与单位）、浙江省高档数控机床技术创新中心（参与单位）；浙江大学高端装备研究院成功获批创建"杭州市浙大高研院机电系统概念验证中心"（杭州市于 2022 年首批创建的 15 家概念验证中心之一）。杨华勇院士主导创刊的《生物设计与制造（英文）》（BDM），获评"2022 中国最具国际影响力学术期刊""2022 年度中国高校科技期刊建设

示范案例库百佳科技期刊”，2022 年生物打印产业咨文报告评价为“浙江大学在生物3D 打印领域发文位列全球第五”（援引自意大利 Bianca M. Colosimo 教授的综述论文）。《海流能发电技术与装备》荣获“海洋优秀科技图书奖”，贺永教授、谢明君博士、史洋博士在 *Nature* 子刊 *Nature Communications* 发文。

在党建与思政方面，学院党委顺利通过全国党建工作标杆院系和浙江省首批党建工作标杆院系验收，总结凝练出一批典型经验和做法。学院团委获 2022 年浙江省五四红旗团委奖，浙江大学基层团组织建设先进单位奖、就业工作先进集体一等奖、暑期大学生社会实践活动优秀组织奖。中国共产党浙江大学机械工程学院第五次党员代表大会胜利召开，选举产生了学院新一届党委委员和纪委委员；组织全体党员领导干部、党委委员及学生代表共同观看了中国共产党第二十次全国代表大会开幕会直播；师生同心抗疫，针对突如其来的疫情，学院党委迅速行动，充分发挥党支部的战斗堡垒作用和党员的先锋模范作用，共同筑牢疫情防控的坚固防线；浙江大学马兰精神展厅正式启用并对外开放。谭建荣院士团队获评浙江大学第十届研究生“五好”导学团队，金娟霞、王芳官老师荣获 2021 年度全国高校思想政治工作优秀案例一等奖，金娟霞老师荣获第十七届“挑战杯”全国大学生课外学术科技作品竞赛优秀指导教师，陈熠钧老师荣获浙江大学优秀辅导员，学院赴辽宁、北京、湖南、湖北等地开展“海陆空天地筑强国梦，一百一十年育栋梁材”暑期社会实践团荣获浙江大学暑期大学生社会实践活动十佳团队。

2022 年，国际化工作开展线上交流项目 7 项，学生共计 567 人次参与线上交流项目，本科生 482 人次，交流率达 247.81%。M. E Global 云端系列讲座邀请了来自哈佛大学、剑桥大学、多伦多大学等境外知名高校 25 名教师线上开讲。发展联络工作方面，成立杭州浙江大学校友会机械工程学院分会、宁波浙江大学校友会机械分会，设立浙江大学教育基金会林俊德教育基金，校友来建良任董事长的杭州景业智能科技股份有限公司在上海证券交易所科创板正式挂牌上市。学院荣获浙江大学 2021 年度发展联络工作先进集体、梅德庆教授荣获 2021 年度发展联络先进个人贡献奖荣誉称号。群团工作方面，成功举办 7 期“青年教师论坛”交流活动，学院工会获 2018—2021 浙江大学工会工作先进集体荣誉，闫小龙老师荣获 2018—2021 浙江大学工会工作先进工作者，浙江大学第十一届“三育人”管理、服务育人先进个人，顾大强和谭泽宇老师荣获浙江大学 2022 年度校级先进工作者。

【杨华勇院士荣获 2021 年度“最美浙江人·浙江骄傲”人物】 1 月 25 日，由省委宣传部、浙江广播电视集团主办的 2021 年度“最美浙江人·浙江骄傲”人物评选结果揭晓。中国工程院院士、浙江大学机械工程学院院长杨华勇荣获 2021 年度“最美浙江人·浙江骄傲”人物。2021 年度“浙江骄傲”自 2020 年 11 月中旬启动后，组委会共收到推荐信息近 9000 条，有效推荐 1000 余人。经筛选、审核最终产生了 98 名候选人（团体）。历时 3 个月的官方和民间推荐、全民投票和点赞、视频展播和专家评选等流程，最终评选出 10 个年度“浙江骄傲”人物和 1 个群体。

【机电液重大装备教师团队荣获 2022 年“全国工人先锋号”】 4 月 28 日，中华全国总工会召开大会表彰 2022 年全国五一劳动奖

附表　2022 年度机械工程学院基本情况

项目	数据	项目	数据
教职工/人	278	获国家级科技奖项目/项	0
教授/人	65	获国家级教学成果奖/项	0
副教授/人	35	授权发明专利/项	209
研究员/人	1		
副研究员/人	4	SCI 入选论文/篇	242
长聘教授/人	0	EI 入选论文/篇	225
长聘副教授/人	4	MEDLINE 入选论文/篇	0
"百人计划"研究员/人	14		
特聘研究员/人	2	出版专著/部	3
特聘副研究员/人	4		
具有博士学位的专任教师比例/%	98.3	在校本科生/人	800
两院院士/人	3	在学硕士研究生/人	657
"国家特支计划"入选者/人	0	其中:专业学位研究生/人	295
教育部"长江学者奖励计划"特聘教授/人	4	在读博士研究生/人	595
教育部"长江学者奖励计划"青年学者/人	8	其中:专业学位研究生/人	44
省部级高等学校教学名师奖获得者/人	2	在校攻读学位的国际学生/人	75
"973 计划"首席科学家[*]/人	2	应届本科毕业生一次就业率/%	92.37
国家"百千万人才工程"入选者/人	3		
国家杰出青年科学基金获得者/人	3	应届本科毕业生深造率/%	58.74
教育部新(跨)世纪优秀人才培养计划入选者/人	11	应届毕业研究生一次就业率/%	97.2
浙江省特级专家/人	3		
浙江大学求是特聘教授/人	14	教师出国交流/人次	0
一级学科国家重点学科/个	1		
二级学科国家重点学科/个	5	学生出国交流/人次	8
国家重点(专业)实验室/个	2		
国家工程(技术)研究中心/个	1	举办国际学术会议/次	1
国家人才培养基地(含教学、教育基地)/个	5		
国家精品资源共享课/门	3		
国家精品视频公开课/门	0		
国家级一流本科课程/门	2		
科研总经费/万元	46621		
其中:国家自然科学基金比重/%	5.47	社会捐赠经费总额/万元	358.75
纵向经费比重/%	25.77		

注:[*] 含重大科学研究计划、ITER 计划、青年科学家专题等。

和全国工人先锋号获得者。浙江大学机械工程学院院长杨华勇院士带领的机电液重大装备教师团队荣获 2022 年"全国工人先锋号"。浙江大学机电液重大装备教师团队经过二十多年的产学研联合攻关,攻克了盾构设计制造关键技术,实现了盾构中国设计、中国制造、中国品牌,打破了"洋盾构"技术与产品的垄断。团队提供技术支撑的两家央企从无到有,已成长为全球盾构设计制造排名前二的企业,盾构与硬岩掘进机系列产品占领了全球市场的 60%～80% 份额,成功应用于国内外超千个重大隧道工程,出口到四大洲 30 多个国家,产品销售额超 2 千亿元,带动相关工程投入超 3 万亿元,支撑了中国在盾构领域的"跟跑""并跑"到"领跑"的跃变,推动我国"掘进装备跻身世界前列"。团队牵头或参与获得国家技术发明奖和国家科技进步奖共 11 项(一等奖 1 项)、国家教学成果奖 9 项(一等奖 2 项),荣获黄大年式教师团队、教育部创新团队、基金委创新群体、浙江省重点科技创新团队等多项荣誉。团队负责人杨华勇荣获"最美浙江人·浙江骄傲"、英国机械工程师学会授予的约瑟夫·布拉马奖章(首位华人科学家)、美国机械工程师学会罗伯特·E.柯斯基终身成就奖(第二位获奖的中国人)、首届全国创新争先奖等荣誉。

【浙江大学机械工程学院 110 周年庆祝大会隆重举行】 12 月 18 日,浙江大学机械工程学院 110 周年庆祝大会隆重举行。浙江大学党委书记任少波致辞,上海交通大学校长、中国机械工程学会理事长林忠钦院士,华中科技大学李培根院士、西安交通大学卢秉恒院士、浙江大学谭建荣院士、西安交通大学蒋庄德院士、中国科协副主席陈学东院士、太原理工大学黄庆学院士、中国商飞吴

光辉院士,哈尔滨工业大学刘宏院士,航天科技集团王国庆院士,浙江大学郑津洋院士,加拿大工程院院士顾佩华,新加坡工程院院士洪明辉等,兄弟高校院系领导、学科负责人,合作单位代表,学校有关部门、院系领导、全球校友代表等出席了大会。大会主题为"凝心聚力,共创一流",分共襄盛举、同心聚力、携手奋进和百十颂歌四个篇章,发布浙江大学机械工程学院 110 周年院庆视频《百十机械育栋梁,开物前民启新篇》,该片由传承、笃行、坚守、奋楫四个主题组成,展示学院一百一十年来的风华,学院党委书记项淑芳主持,常务副院长居冰峰以"百十机械赓续辉煌 走在前列再谱华章"为题介绍了学院整体发展概况。

(闫小龙撰稿 项淑芳审稿)

材料科学与工程学院

【概况】 材料科学与工程学院(以下简称材料学院)设有金属材料、无机非金属材料、半导体材料、材料物理、高温合金、功能复合材料与结构 6 个研究所和浙江大学电子显微镜中心,建有硅及先进半导体材料全国重点实验室、表面与结构改性无机功能材料教育部工程研究中心、材料微结构与性能调控学科创新引智基地、电池新材料与应用技术研究浙江省重点实验室、新型信息材料技术研究浙江省重点实验室、磁性材料浙江省工程实验室以及浙江省电子显微镜中心、浙江省材料科学实验教学示范中心、浙江省先进材料微结构与性能调控国际科技合作基地,并拥有 1 个国家自然科学基金委创新群体和 2 个教育部创新研究团队。

学院拥有材料科学与工程国家重点一级学科，以材料科学与工程专业招收本科生，设有材料科学与工程及材料与化工2个博士学位授权点和2个硕士学位授权点，并建有材料科学与工程博士后流动站。2022年浙江大学材料科学与工程学科再次入选"双一流"建设学科名单。

现有教职工149人。其中，中国科学院院士3人，具有正高级职称人员和"百人计划"研究员81人（2022年新引进5人，晋升2人，退休2人，调出1人），副高级职称人员47人（2022年新引进1人，晋升1人，调出1人，离职1人），博士研究生指导教师98人，硕士研究生指导教师107人。另有在站学科博士后工作人员39人，企业博士后85人。2022年，学院教师入选国家"万人计划"领军人才1人、浙江大学求是特聘教授2人、国家优秀青年基金获得者3人（其中海外2人）、国家"万人计划"青年拔尖人才1人、中国青年科技奖1人、中国青年女科学家奖1人、《麻省理工科技评论》"35岁以下科技创新35人"亚太区入选者1人、中国科协青年人才托举工程1人、引进新"百人计划"研究员5人、特聘副研究员1人、评聘长聘副教授2人。

2022年，招收博士研究生98人、硕士研究生127人、本科生107人，毕业博士研究生67人、硕士研究生95人、本科生69人。1篇博士论文获2021年浙江省优秀博士学位论文。1名硕士生获浙江大学竺可桢奖学金。1支本科生团队获第八届浙江省国际"互联网＋"大学生创新创业大赛金奖、第八届中国国际"互联网＋"大学生创新创业大赛银奖，第十三届"挑战杯"全国大学生创业计划竞赛省赛银奖。1支本科生团队获浙江省第十三届"挑战杯"全国大学生

创业计划三等奖。1名辅导员作为浙江省首位参军入伍的高校辅导员受到表彰。获评校级研究生联合培养基地1个；浙江大学—浙江英洛华磁业有限公司研究生联合培养基地。2022年学院教改成果显著，获评认定省级一流线下课程1门、省级一流线上线下课程1门、省级一流本科国际化课程1门、首批省级劳动教育一流本科课程1门；《半导体材料》《材料物理基础》入选浙江省普通本科高校"十四五"首批新工科、新医科、新农科、新文科重点教材建设项目；获浙江省普通本科高校"十四五"教学改革项目立项1项；新增校内建设的高水平国际化课程1门；认定线上线下混合式课程3门；海外教师主导全英文课程1门，校级本科课程思政示范课程培育项目4门；浙江大学MOOC建设项目1门。

2022年，学院到款科研总经费达23726.89万元，比上年增加19.66％。其中纵向项目经费总额10584.16万元，占总经费的41.90％。获批国家自然科学基金项目15项，直接经费为1732万元，其中国家基金区域联合基金3项、国家自然科学基金重大研究计划项目2项、国家自然科学基金优秀青年科学基金1项、国家自然科学基金面上基金6项、国家自然科学基金青年基金2项、专项项目1项。获批国家重点研发计划青年科学家项目2项。新增1000万元以上项目6项。新增联合研发中心/研究院3个。全年发表SCI收录论文468篇（第一单位340篇）。获授权发明专利115项。获浙江大学2022年大型仪器开放共享考核评价优秀。学院教师牵头获得2021年浙江省科学技术奖7项，其中一等奖3项。

2022年，学院积极推进国际交流与合作，保证交流的频次和深度。邀请剑桥大学

浙江大学年鉴

项目	数据	项目	数据
教职工/人	149	获国家级科技奖项目/项	0
教授/人	54	获国家级教学成果奖/项	0
副教授/人	25	授权发明专利/项	115
研究员/人	4		
副研究员/人	7		
长聘教授/人	2	SCI 入选论文/篇	427
长聘副教授/人	3	EI 入选论文/篇	378
"百人计划"研究员/人	18	MEDLINE 入选论文/篇	0
特聘研究员/人	0		
特聘副研究员/人	5	出版专著/部	5
具有博士学位的专任教师比例/%	99		
两院院士/人	3	在校本科生/人	329
"国家特支计划"入选者/人	6	在学硕士研究生/人	374
教育部"长江学者奖励计划"特聘教授/人	4	其中:专业学位研究生/人	191
教育部"长江学者奖励计划"青年学者/人	2		
省部级高等学校教学名师奖获得者/人	0	在读博士研究生/人	388
"973 计划"首席科学家*/人	5		
国家"百千万人才工程"入选者/人	3	其中:专业学位研究生/人	19
国家杰出青年科学基金获得者/人	10		
教育部新(跨)世纪优秀人才培养计划入选者/人	9	在校攻读学位的国际学生/人	33
浙江省特级专家/人	6		
浙江大学求是特聘教授/人	15	应届本科毕业生一次就业率/%	92.75
一级学科国家重点学科/个	1	应届本科毕业生深造率/%	62.32
二级学科国家重点学科/个	2		
国家重点(专业)实验室/个	1	应届毕业研究生一次就业率/%	98.29
国家工程(技术)研究中心/个	0		
国家人才培养基地(含教学、教育基地)/个	0	教师出国交流/人次	0
国家精品资源共享课/门	0		
国家精品视频公开课/门	1	学生出国交流/人次	9
国家级一流本科课程/门	0		
科研总经费/万元	23726.89	举办国际学术会议/次	0
其中:国家自然科学基金比重/%	7.30	社会捐赠经费总额/万元	384.60
纵向经费比重/%	44.61		

注: * 含重大科学研究计划、ITER 计划、青年科学家专题等。

材料科学与冶金系、南洋理工大学、卢森堡科学技术研究院教授为本科生带来精彩的全英文课程,本科生参与线上项目交流率居全校第二位。促进学科国际化交叉融合,联合光电学院、信电学院举办 Global Talk 海外学术大师系列讲座。依托第七届浙江大学研究生国际工作坊成功举办"电磁复合材料暑期学校",国内多所高校 300 余名研究生参加。联合布里斯托大学、诺丁汉大学举办先进复合材料与结构论坛,海内外 200 余位复合材料专家学者参加。获批入选校级博士研究生国际卓越培养项目、国际学科联盟培育项目、浙大—多伦多大学、浙大—悉尼大学等战略合作项目。5 名博士生入选国家留学基金委资助联培项目,4 名博士生入选校级新星培养计划,2 名博士生入选卓越培养项目。

【硅及先进半导体材料全国重点实验室重组成功】 2022 年底,硅及先进半导体材料全国重点实验室正式获科技部批准为全国重点实验室。实验室以硅及先进半导体材料为核心,微纳结构原位表征与调控为重要创新手段,立足国际前沿,围绕制约超大规模/极大规模 IC 等信息领域发展的核心材料的"卡脖子"问题,重点系统解决硅及先进半导体材料重大前沿基础理论及核心技术难题,努力成为国际上具有重要影响力集"基础研究—核心技术攻关—成果转化"一体化的半导体材料领域技术自主创新研究、高端人才培养与社会服务的国家级基地,全力打造硅及先进半导体材料领域的国家战略科技力量。

【获得 2021 年浙江省科学技术奖 7 项(其中一等奖 3 项)】 学院教师牵头获得 2021 年浙江省自然科学奖一等奖、技术发明奖一等奖和科学技术进步奖一等奖各 1 项,牵头获得 2021 年浙江省技术发明奖二等奖 1 项,参与获得 2021 年浙江省技术发明奖二等奖 1 项、科学技术进步奖二等奖 2 项。"重带热电材料的能带工程与电声协同输运机制"成果获得浙江省自然科学奖一等奖。"锂离子电池新型硅基负极材料的制备、性能及应用"成果获得浙江省技术发明奖一等奖。"高稳定性钕铁硼重稀土减量与高丰度稀土替代成套技术"成果获得浙江省科学技术进步奖一等奖。

【成立浙江大学—白云鄂博稀土联合研究院】 浙江大学—白云鄂博稀土联合研究院由浙江大学与中国北方稀土(集团)高科技股份有限公司共建,依托浙江大学材料科学与工程学院并基于白云鄂博稀土资源的特点,开展稀土新材料研究。通过材料、物理、化学等多学科交叉研发高性能稀土新材料及其关键制备技术,主要包括稀土磁性材料、稀土储氢材料及固态储氢装置、稀土催化材料、稀土发光材料等。通过构建产学研一体化平台,实现稀土新材料重要突破,在满足信息、能源、交通、军工等关键领域重大需求的同时,推动我国稀土资源的平衡化、高值化利用。

(姚旭霞撰稿　王晓燕审稿)

能源工程学院

【概况】 能源工程学院前身是热物理工程学系,成立于 1978 年 5 月,是我国高校最早成立的热物理工程学系,也是我国首批工程热物理博士点单位之一。1989 年 9 月,热物理工程学系更名为能源工程学系。1999 年 9 月,能源工程学系与机械工程学系、工程力学系组成了机械与能源工程学院。2009年1月，能源工程学系在一级学科基础上再次实体独立运转，并于2014年更名为能源工程学院。2016年9月，化工机械研究所整体并入能源工程学院。

能源工程学院下设热能工程、化工机械、制冷与低温、动力机械及车辆工程和热工与动力系统等5个研究所，拥有一级学科国家重点学科1个，一级学科博士点1个，一级学科博士后流动站1个，2011协同创新中心1个，全国重点实验室1个，国家工程研究（技术）中心4个，国家级研发（实验）中心1个，国家级实验教学示范中心1个。

动力工程及工程热物理学科于2007年被认定为一级国家重点学科，2021年入选"双一流"建设学科点，2022年在第五轮学科评估中取得重大突破。现下设工程热物理、热能工程、化工机械、制冷与低温工程、动力机械及工程、流体机械及工程、能源环境工程、新能源科学与工程和储能科学与工程等9个博士、硕士学位授予点。另有车辆工程和供热、供燃气、通风及空调工程等2个跨学科的博士、硕士授予点。设有能源与环境系统工程（含能源与环境工程及自动化、制冷与人工环境及自动化、新能源与能源利用新技术、智慧能源方向）、车辆工程和过程装备与控制工程等3个本科专业，均入选国家一流本科专业建设，形成了包括本科、硕士、博士和继续教育等在内的完整的教学体系。

2022年，招收全日制博士研究生134人（含专业学位27人）、全日制硕士研究生169人（含专业学位69人）、全日制项目制硕士生53人、非全日制硕士生24人、非全日制博士生18人、留学生6人，252名2022级本科生通过主修专业确认进入能源工程学院学习。2022届本科毕业生225人，硕士毕业生147人，博士毕业生90人，2022届本硕博毕业生初次就业率分别为98.71%、100%和98.04%。

现有教职工153人，其中专任教师121人，专任教师中有中国工程院院士3人，正高级职称66人，副高级职称31人，长聘副教授3人，"百人计划"研究员12人。博士研究生导师87人、硕士研究生导师128人。2022年，入选国家高层次人才特殊支持计划青年拔尖人才项目1人，入选海外优青计划项目2人，引进"百人计划"研究员3人、特聘副研究员4人、专职研究员4人、实验技术人员2人。1位博士后获全国博管会"博士后创新人才支持计划"资助。学院于2022年荣获浙江大学第七届引才育才组织突出贡献奖。

2022年科研经费到款总额4.03亿元，其中纵向经费占40.86%。新增"三重"项目10项，其中牵头国家重点研发计划项目5项。国家自然科学基金获批27项，其中重点项目3项，国际合作项目1项。牵头浙江省"尖兵""领雁"项目6项。荣获第二十三届中国专利金奖，中国仪器仪表学会科技进步奖一等奖，浙江省科学技术进步奖一等奖1项、二等奖2项等。重组建立能源高效清洁利用全国重点实验室，成立获批白马湖实验室、氢能装备与安全浙江省工程中心、浙江省清洁能源与碳中和重点实验室、浙江省汽车智能热管理科学与技术重点实验室4个省级科研平台。新增浙江大学氢能研究院、浙江大学碳中和研究院2个校设研究机构，形成更加立体化、多层次的科研平台体系，为开展科技攻关、学科会聚、服务地方发展提供重要支撑。

结合学科平台优势，深入开展国家"111创新引智基地"、先进能源国际联合研究中

院系基本情况

附表　2022 年度能源工程学院基本情况

项目	数据	项目	数据
教职工/人	153	获国家级科技奖项目/项	0
教授/人	62	获国家级教学成果奖/项	0
副教授/人	26	授权发明专利/项	115
研究员/人	5		
副研究员/人	8	SCI 入选论文/篇	336
长聘教授/人	0	EI 入选论文/篇	309
长聘副教授/人	3		
"百人计划"研究员/人	12	MEDLINE 入选论文/篇	0
特聘研究员/人	0		
特聘副研究员/人	8	出版专著/部	1
具有博士学位的专任教师比例/%	100		
两院院士/人	3	在校本科生/人	677
"国家特支计划"入选者/人	10	在学硕士研究生/人	455
教育部"长江学者奖励计划"特聘教授/人	9	其中:专业学位研究生/人	182
教育部"长江学者奖励计划"青年学者/人	5		
省部级高等学校教学名师奖获得者/人	0	在读博士研究生/人	576
"973 计划"首席科学家*/人	4	其中:专业学位研究生/人	68
国家"百千万人才工程"入选者/人	8		
国家杰出青年科学基金获得者/人	10	在校攻读学位的国际学生/人	24
教育部新(跨)世纪优秀人才培养计划入选者/人	14		
浙江省特级专家/人	5	应届本科毕业生一次就业率/%	98.71
浙江大学求是特聘教授/人	5	应届本科毕业生深造率/%	63.94
一级学科国家重点学科/个	1	应届毕业研究生一次就业率/%	98.97
二级学科国家重点学科/个	3		
国家重点(专业)实验室/个	1	在校攻读学位的国际学生/人	
国家工程(技术)研究中心/个	4		
国家人才培养基地(含教学、教育基地)/个	5	教师出国交流/人次	1
国家精品资源共享课/门	2	学生出国交流/人次	12
国家精品视频公开课/门	0		
国家级一流本科课程/门	2	举办国际学术会议/次	3
科研总经费/万元	40346		
其中:国家自然科学基金比重/%	5.5	社会捐赠经费总额/万元	103.25
纵向经费比重/%	40.86		

注:* 含重大科学研究计划、ITER 计划、青年科学家专题等。

心等建设,推动国际科研合作。扎实推进与哈佛大学、京都大学等顶尖大学的合作项目。深化"国际能源前沿"工作坊、"SEEEP中欧夏令营""中日韩研讨会""俄罗斯SPbPU在线课程"等品牌项目,成功举办第六届垃圾焚烧发电技术国际培训班、首届北非废弃物能源化培训班,打造"一带一路"合作智库和策源地,为"一带一路"国家持续培养专业化人才。承办由科技部外专司发起的"2021—2022中日高层次科学家研讨交流活动(能源转型)",参加人员超7700人次,并以"元宇宙"沉浸式虚拟会议形式举办了低温领域最具影响力的第28届国际低温工程大会,学院、学科的国际影响和声誉持续提升。

【学科建设取得新突破】 坚持以服务国家战略为己任,紧密围绕"双碳"目标,凝练碳中和、氢能等学科方向,担当新时代能源学科的历史使命。以高能级平台推动学科建设高质量发展,重组建立能源高效清洁利用全国重点实验室,重点建设白马湖实验室,浙江大学碳中和研究院、氢能研究院、嘉兴研究院等。以3位院士为代表,培育形成以创新研究群体、创新团队和教学团队为核心的高水平学科队伍。2022年度,动力工程及工程热物理学科在第五轮学科评估中取得重大突破。

【构建有学科特色的思想政治教育体系】
强化思想引领,发挥浙大嘉兴研究院等校外科研平台的资源优势,首创VR"践行'红船精神'学习及实践成果数字展馆",围绕"推进双碳科技创新""争做新时代好青年"开展学习贯彻党的二十大精神主题党日。多名学生获中国大学生自强之星,竺可桢奖学金、校优秀学生共产党员等荣誉。培育思政品牌,深耕"能源先锋大讲堂"党建品牌,累计超万人次师生参与。围绕"双碳"目标开展学科思政探索,创设励志工作室、"双碳C+"未来科学家创新策源计划等原创性思政品牌。服务国家战略,引领学生把服务国家作为最高追求,毕业生重点单位就业率名列全校前茅。

(张小晟撰稿 高 翔审稿)

电气工程学院

【概况】 电气工程学院(简称电气学院)由电机工程学系、系统科学与工程学系、应用电子学系和电工电子基础教学中心组成,设有8个研究所。学院建有电力电子应用技术国家工程研究中心、电力电子技术国家专业实验室、浙江省海洋可再生能源电气装备与系统技术研究重点实验室、浙江省电机系统智能控制与变流技术重点实验室及联合成立的国家列车智能化工程技术研究中心、浙江省宽禁带功率半导体材料与器件重点实验室和参与共建的国家精密微特电机工程技术研究中心,建有国家级电工电子实验教学示范中心、国家级机电类专业实验教学示范中心、电气工程拔尖人才——"爱迪生班"国家级人才培养模式创新实验区、国家大学生校外实践教育基地及5个国家级工程实践教育中心。

电气工程为一级学科国家重点学科、国家"双一流"建设学科;电力系统及其自动化、电力电子与电力传动、电机与电器、控制理论与控制工程(与控制学院共享)4个学科为二级学科国家重点学科。

建有电气工程、控制科学与工程(与控制学院共享)等2个博士后流动站;拥有电气工程一级学科博士学位授予权,7 个二级学科博士学位授予权及 7 个二级学科硕士学位授予权,电气工程及其自动化、电子信息工程、自动化均为国家级一流本科专业建设点。现有国家级一流本科课程 2 门,浙江省一流本科课程 14 门。2022 年,新入选浙江省一流本科课程 4 门,新入选教育部高教司产学合作协同育人项目 3 项。

2022 年,招收硕士研究生数 200 人、博士研究生 104 人,2022 级本科生 263 人确认进入学院继续学习,毕业本科生 326 人、硕士研究生 170 人、博士研究生 62 人。

截至 2022 年底,学院在职教职员工共计 213 人,其中教师 133 人、党政管理、实验技术人员、学科博士后等 80 人。

2022 年引进教师 6 人,含求是讲席教授 1 人,求是特聘教授 1 人,特聘系列研究员 3 人,外籍教师 1 人。评聘长聘教授 1 人,评聘教授 5 人、高级实验师 1 人,新进学科博士后研究人员 8 人。2022 年新增国家杰出青年科学基金获得者 1 人,教育部"长江学者奖励计划"讲席学者 1 人,国家"万人计划"领军人才 1 人,国家优秀青年科学基金获得者 1 人,省顶尖人才计划支持 1 人,中国科协青年托举计划支持 2 人。

2022 年,学院新增科研项目 381 项,新增项目经费总额 36677.08 万元,其中横向项目(含国际合作项目)283 项、纵向项目 53 项、重点领域项目 37 项、校内立项 8 项。获浙江省科学技术进步奖一等奖 3 项、二等奖 1 项,中国电工技术学会科技进步奖一等奖 1 项、二等奖 3 项、三等奖 2 项,中国电力科学技术奖二等奖 1 项,第十八届中国青年女科学家奖 1 项,达摩院青橙奖 1 项,入选 2022 年《麻省理工科技评论》"35 岁以下科技创新 35 人"亚太区名单 1 人。学院有 342

篇论文确认收入 SCI 论文检索系统,442 篇论文收入 EI 检索系统,102 项发明专利进入授权发明专利目录。

2022 年,教师出国(境)交流(含线上)14 人次;本科生共出国(境)交流(含线上)450 人次;研究生出国(境)交流(含线上)111 人次,组织开展学生国家高水平大学建设项目、校派、学术新星推荐工作,录取了 23 名研究生。举办国际学术会议 1 次;获批国家外国专家项目 4 项。

2022 年,共签约 34 个捐赠项目,年度签约金额 661.31 万元,年度实际到款金额总计 903.05 万元。院设奖(助)学金项目 35 项,受益学生 347 人,4 个团队获桢生学生优秀团队奖,8 个团队获桢生学生先进集体奖。院设奖教金 11 项,受益教师 25 人,共计发放奖励金额 196 万元。

【中共浙江大学电气工程学院第五次党员代表大会召开】 2022 年 7 月 4 日,中国共产党浙江大学电气工程学院第五次党员代表大会召开。大会听取并审查通过了党委报告,书面审查通过了纪委工作报告和党费收缴、使用和管理情况报告,选举产生学院新一届党委会和纪委会成员。学院电力系统及其自动化研究所博士生党支部顺利通过全国第二批"党建工作样板支部"培育创建验收和全省首批"党建工作样板支部"培育创建考核验收。

【电子信息工程专业新入选国家级一流本科专业建设点】 在浙江大学电气工程学院电力电子学科创建 50 周年之际,教育部公布了 2021 年度国家级和省级一流本科专业建设点名单,学院电子信息工程专业新入选国家级一流本科专业建设点。至此,学院 3 个本科专业——电气工程及其自动化、自动化、电子信息工程均入选国家级一流本科专业建设点。

附表　2022 年度电气工程学院基本情况

项目	数据	项目	数据
教职工/人	213	获国家级科技奖项目/项	0
教授/人	57	获国家级教学成果奖/项	0
副教授/人	42		
研究员/人	0	授权发明专利/项	102
副研究员/人	0		
长聘教授/人	2	SCI 入选论文/篇	342
长聘副教授/人	2		
"百人计划"研究员/人	10	EI 入选论文/篇	442
特聘研究员/人	13		
特聘副研究员/人	0	MEDLINE 入选论文/篇	0
具有博士学位的专任教师比例/%	93.75	出版专著/部	0
两院院士/人	1		
"国家特支计划"入选者/人	3	在校本科生/人	1200
教育部"长江学者奖励计划"特聘教授/人	2		
教育部"长江学者奖励计划"讲席学者/人	2	在学硕士研究生/人	563
教育部"长江学者奖励计划"青年学者/人	0		
省部级高等学校教学名师奖获得者/人	2	其中:专业学位研究生/人	245
"973 计划"首席科学家*/人	1		
国家"百千万人才工程"入选者/人	1	在读博士研究生/人	457
国家杰出青年科学基金获得者/人	5		
国家优秀青年基金获得者/人	7	其中:专业学位研究生/人	55
国家优秀青年基金(海外)获得者/人	3		
教育部新(跨)世纪优秀人才培养计划入选者/人	7	在校攻读学位的国际学生/人	75
浙江省特级专家/人	1	应届本科毕业生一次就业率/%	97.55
浙江大学求是特聘教授/人	16		
一级学科国家重点学科/个	1	应届本科毕业生深造率/%	56.13
二级学科国家重点学科/个	4		
国家重点(专业)实验室/个	0	应届毕业研究生一次就业率/%	99.15
国家工程(技术)研究中心/个	1		
国家人才培养基地(含教学、教育基地)/个	3	教师出国交流/人次	14
国家精品资源共享课/门	4	学生出国交流/人次	561
国家精品视频公开课/门	0		
国家级一流本科课程/门	2	举办国际学术会议/次	1
科研总经费/万元	36677.08		
其中:国家自然科学基金比重/%	8.4	社会捐赠经费总额/万元	903.05
纵向经费比重/%	18.3		

注:* 含重大科学研究计划、ITER 计划、青年科学家专题等。

【与国家电网、南方电网、内蒙古电力联合成立科研平台】 学院主动谋划校企联合科研平台建设并取得成效,2022年2月,国家电网—浙江大学智慧电力能源研究院揭牌成立;2022年7月,南方电网—浙江大学数智电力联合研究院成立;2022年8月,浙江大学—内蒙古电力集团可再生能源电力系统联合研发中心揭牌成立。至此,学校完成了与三大电网公司有组织合作全覆盖,"名校+名企"的战略合作模式持续深化,助推新时代能源电力事业创新发展,为国家深入实施创新驱动发展和新时代人才强国战略做出积极贡献。

(林文飞撰稿 汤海旸审稿)

建筑工程学院

【概况】 建筑工程学院(简称建工学院)由土木工程学系、建筑学系、区域与城市规划系和水利工程学系组成,现有19个校级研究所(中心)。

土木工程(全国首批)为国家重点一级学科,结构工程、岩土工程为国家重点二级学科。学院拥有土木工程(全国首批)和建筑学2个一级学科博士学位授予点,涵盖14个二级学科博士学位授予点,以及土木水利和交通运输2个博士专业学位授予点;拥有1个一级学科硕士学位授予点,涵盖11个二级学科硕士学位授权点,以及建筑学、城市规划、土木水利、交通运输、工程管理5个专业硕士学位授予点。设有土木、水利与交通工程,建筑学和城乡规划3个本科专业。

2022年,招收硕士研究生312人、博士研究生160人(含留学生10人),2022级本科生282人确认进入学院主修专业,毕业本科生259人(含留学生4人)、硕士研究生249人、博士研究生92人。

现有教职工321人,其中,中国科学院院士2人,中国工程院院士3人(含双聘),国际院士4人;正高级职称96人(比上年新增4人),副高级职称114人(比上年新增2人),博士研究生指导教师155人(比上年新增18人),硕士研究生指导教师240人(比上年新增7人),另有博士后162人。2022年,新增国家杰青1人,"四青"人才4人,聘任求是讲座教授1人。新引进国家特聘专家1人,"百人计划"研究员6人,特聘研究员(副研究员)3人。

2022年,土木工程新增为双一流建设学科,第五轮学科评估取得突破性成绩,软科中国最好学科排名第2。土木、水利与交通工程、城乡规划专业入选国家一流本科专业,城市规划专业顺利通过国家专业教育评估。10部教材获批中国高等教育学会工程教育专业委员会新工科教材,14部教材获批住房和城乡建设部住房和城乡建设领域学科专业"十四五"规划教材,3部教材获批申报国家林业和草原局"十四五"(第二批)规划教材。"结构设计竞赛20年促进大学生创意创新创造能力培养的改革和实践"项目获批申报国家级教学成果一等奖。陈云敏院士团队荣获2022年度"最美浙江人·浙江骄傲"提名人物奖。学生在2022年美国ASCE中太平洋赛区土木工程竞赛中获总分第一、3项冠军、1项全球季军。1篇博士学位论文获中国岩石力学与工程学会"优秀博士学位论文",获浙江省级专业学位研究生优秀实践成果1项。

2022年,入账科研经费总额约为2.76亿元。在研项目1510项,合同经费10.11亿元。

项目	数据	项目	数据
教职工/人	321	获国家级科技奖项目/项	0
教授/人	89	获国家级教学成果奖/项	0
副教授/人	88	授权发明专利/项	70
研究员/人	1		
副研究员/人	9	SCI 入选论文/篇	305
长聘教授/人	1		
长聘副教授/人	2	EI 入选论文/篇	254
"百人计划"研究员/人	29		
特聘研究员/人	5	MEDLINE 入选论文/篇	0
特聘副研究员/人	7		
具有博士学位的专任教师比例/%	85	出版专著/部	1
两院院士/人	5	在校本科生/人	854
"国家特支计划"入选者/人	2		
教育部"长江学者奖励计划"特聘教授/人	4	在学硕士研究生/人	974
教育部"长江学者奖励计划"青年学者/人	4		
省部级高等学校教学名师奖获得者/人	0	其中:专业学位研究生/人	628
"973 计划"首席科学家*/人	1		
国家"百千万人才工程"入选者/人	2	在读博士研究生/人	680
国家杰出青年科学基金获得者/人	9		
教育部新(跨)世纪优秀人才培养计划入选者/人	4	其中:专业学位研究生/人	44
浙江省特级专家/人	3		
浙江大学求是特聘教授/人	15	在校攻读学位的国际学生/人	61
一级学科国家重点学科/个	1	应届本科毕业生一次就业率/%	87.65
二级学科国家重点学科/个	2	应届本科毕业生深造率/%	51
国家重点(专业)实验室/个	0	应届毕业研究生一次就业率/%	95.28
国家工程(技术)研究中心/个	2		
国家人才培养基地(含教学、教育基地)/个	7	教师出国交流/人次	1
国家精品资源共享课/门	0	学生出国交流/人次	76
国家精品视频公开课/门	0		
国家级一流本科课程/门	2	举办国际学术会议/次	2
科研总经费/万元	27595.56		
其中:国家自然科学基金比重/%	4.9	社会捐赠经费总额/万元	1940.99
纵向经费比重/%	26.9		

注:* 含重大科学研究计划、ITER 计划、青年科学家专题等。

浙江大学年鉴

新上项目 543 项,合同金额为 3.4 亿元。其中纵向科研项目 105 项,合同经费 1.25 亿元。获批国家自然科学基金 33 项,其中重点项目 2 项,杰出青年项目 1 项;获批浙江省重点研发计划项目 3 项;获批浙江省自然科学基金杰出青年基金项目 4 项。2022 年度获浙江省科技进步奖一等奖 2 项,浙江省自然科学二等奖 1 项,全国发明展览会金奖 1 项,中国岩石力学与工程学会科学技术奖"钱七虎奖"1 项,中国震动工程学会科学技术奖一等奖 1 项。

国际期刊 *Journal of Infrastructure Intelligence and Resilience*(*JIIR*)正式在线发布首期论文。国家公派留学等项目派出研究生 13 人,3 名硕士生获国家公派攻读博士生项目资助,11 人获国家公派联合培养博士项目资助。

【土木工程学科新增为"双一流"建设学科】
2022 年 2 月,经专家委员会认定,教育部等三部委研究并报国务院批准,第二轮"双一流"建设高校及建设学科名单公布,新一轮建设正式启动。土木工程学科入选第二轮"双一流"建设学科(全校新增三个学科之一)。

【2 个专业入选 2021 年度国家级一流本科专业建设点】 2022 年 6 月,教育部公布了 2021 年度国家级一流本科专业建设点认定名单,土木、水利与交通工程和城乡规划 2 个专业均获批认定。截至 2022 年底,学院 3 个本科专业均已获批国家级一流本科专业建设点。

【获浙江省教学成果一等奖】 2022 年 2 月,浙江省教育厅公布了 2021 年省教学成果奖名单,"结构设计竞赛 20 年促进大学生创意创新创造能力培养的改革和实践"项目获浙江省教学成果一等奖。

(吴盈颖撰稿　成光林审稿)

化学工程与生物工程学院

【概况】 化学工程与生物工程学院(简称化工学院)设有化学工程、联合化学反应工程、聚合与聚合物工程、生物工程、制药工程、工业生态与环境 6 个研究所,建有化学工程联合国家重点实验室、生物质化工教育部重点实验室等多个国家级和省部级重点实验室。

学院拥有化学工程与技术、生物工程 2 个一级学科博士后流动站,拥有化学工程与技术一级学科博士学位授予权,设有化学工程与工艺、生物工程、制药工程 3 个本科专业。在 2022 年软科排名中,化学工程学科位列全球第 7、国内第 4,生物工程学科位列全球第 8、国内第 2。在 QS 排名中,化学工程学科位列全球第 46 名。

学院现有在职教职工 163 人。其中,教授 63 人、副教授 25 人,博士研究生导师 102 人、硕士研究生导师 116 人。在站学科博士后研究人员 41 人。陈丰秋获浙江大学"三育人标兵"荣誉称号。肖丰收当选 2021 年度中国化学会会士。新增国家级高层次人才 4 人,新增国家级优秀青年人才 3 人,新增省鲲鹏计划人才 3 人。邢华斌获 2021 年度首届"青山科技奖",侯阳荣获 2022 年度"卢嘉锡优秀导师奖"。肖成梁获第十四届"侯德榜化工科学技术奖青年奖";王亮获 2021 年度中国化学会青年化学奖。马婕获第九届浙江省高校辅导员素质能力大赛二等奖。侯阳入选科睿唯安 2022 年度"全球高被引科学家"。

2022 年,学院招收硕士研究生 179 人、

浙江大学年鉴

博士研究生 96 人；2021 级本科生 130 人、2022 级本科生 139 人确认化工学院主修专业；毕业博士研究生 51 人、硕士研究生 174 人、本科生 124 人。生物工程专业入选国家级一流本科专业建设点。获批省级一流课程 1 门、省级本科课程思政示范课程 1 门、省级教改项目 4 项。获第十六届全国大学生化工设计竞赛特等奖、第五届全国大学生实验大赛一等奖、浙江省"挑战杯"大学生创业计划竞赛金奖、第十六届浙江省大学生化工设计竞赛特等奖、国际 IGEM 基因工程机械大赛金奖等。本科生陈欣宇荣获竺可桢奖学金。

科研经费到款 2.4 亿元。获批国家基金 52 项，新增科技三重项目 11 项，获批国家重点研发计划项目 3 项。新增千万级横向项目 4 项。新增省部级一等奖 8 项，其中申有青团队获浙江省自然科学一等奖 1 项，邢华斌团队获教育部自然科学一等奖 1 项，陈志荣等人获浙江省技术发明一等奖。王亮、鲍宗必以浙江大学第一单位在 *Science* 上各发表论文 1 篇，吴天品以浙江大学第一单位在 *Nature* 上发表论文 1 篇。浙江大学衢州研究院获批浙江省高端化学品技术创新中心和高端医用聚合物材料浙江省工程研究中心。浙大杭州国际科创中心生物与分子智造研究院获批化工功能材料智能设计与制造浙江省工程研究中心成功举办了第一届自动化智能分子制造会议。浙大恒逸全球未来先进技术研究院、浙大宁波科创中心化工学院等建设稳步推进。

党建和思想政治工作扎实有效开展。学院成功召开学院第四次党代会，选举产生了新一届党委和纪委。制药所教工党支部入选浙江省第二批全省高校"双带头人"教师党支部书记工作室建设单位。聚合所研究生第三党支部荣获"浙江大学优秀学生党支部"称号，陈新宇获评"浙江大学优秀学生共产党员"，陈露瑶获评"浙江大学优秀学生党支部书记"。召开学院第二届校友代表大会，选举产生新一届校友理事会。

【召开学院第四次党代会】 5 月 31 日，中国共产党浙江大学化学工程与生物工程学院第四次代表大会召开。大会总结了过去五年化工学院各项事业和党的建设所取得的突出成绩，阐释了新时代新征程化工学院的使命与愿景，提出了未来五年的目标和任务，强调要力争进入下一轮"双一流"行列，学科建设要再上新台阶。大会选举产生了新一届学院党委会和纪委会。

【学院整体搬迁至紫金港校区永谦大楼】理工组团向紫金港西区搬迁工作中，化工学院一马当先，周密部署，精心组织，从 8 月下旬开始制订了详细的搬迁计划和日程安排。广大师生克服高温和疫情等不利因素，众志成城、齐心协力，安全、有序、高效地做好搬迁工作。至 9 月初，整体搬迁任务基本完成，学院成为理工组团搬迁的"排头兵"。永谦大楼地上建筑面积为 32576 平方米，主要分布于和同苑 1 至 5 幢，是集科学研究、教学实验、仪器平台服务、办公和文化服务等功能于一体的现代化教学科研大楼。为服务教学科研和广大师生，学院还在大楼内建立了院史馆、教师运动健身中心、师生交流吧和校友、企业冠名报告厅、会议室等。

【承担国家科研项目创历史新高】 2022 年，化工学院获批国家基金 52 项，到账科研经费约为 2.4 亿元，其中参与基础科学中心 2 项，主持重大项目 1 项，主持重点项目（含联合基金）6 项，主持重大仪器项目 1 项，上述各项指标均为历史新高或首次。新增国家杰出青年项目 1 项，国家优秀青年项目 1 项。

项目	数据	项目	数据
教职工/人	163	获国家级科技奖项目/项	0
教授/人	63	获国家级教学成果奖/项	1
副教授/人	25	授权发明专利/项	196
研究员/人	1		
副研究员/人	0		
长聘教授/人	2	SCI 入选论文/篇	520
长聘副教授/人	3	EI 入选论文/篇	489
"百人计划"研究员/人	20	MEDLINE 入选论文/篇	0
特聘研究员/人	2	出版专著/部	0
特聘副研究员/人	2		
具有博士学位的专任教师比例/%	99.15		
两院院士/人	2	在校本科生/人	520
"国家特支计划"入选者/人	2	在学硕士研究生/人	519
教育部"长江学者奖励计划"特聘教授/人	4	其中:专业学位研究生/人	285
教育部"长江学者奖励计划"青年学者/人	3		
省部级高等学校教学名师奖获得者/人	1	在读博士研究生/人	403
"973 计划"首席科学家*/人	2		
国家"百千万人才工程"入选者/人	2	其中:专业学位研究生/人	46
国家杰出青年科学基金获得者/人	8		
教育部新(跨)世纪优秀人才培养计划入选者/人	8		
浙江省特级专家/人	1	在校攻读学位的国际学生/人	23
浙江大学求是特聘教授/人	17	应届本科毕业生一次就业率/%	93.94
一级学科国家重点学科/个	0	应届本科毕业生深造率/%	53.79
二级学科国家重点学科/个	1		
国家重点(专业)实验室/个	2	应届毕业研究生一次就业率/%	97.47
国家工程(技术)研究中心/个	1		
国家人才培养基地(含教学、教育基地)/个	0	教师出国交流/人次	2
国家精品资源共享课/门	2	学生出国交流/人次	325
国家精品视频公开课/门	1		
国家级一流本科课程/门	0	举办国际学术会议/次	0
科研总经费/万元	24064		
其中:国家自然科学基金比重/%	13.97	社会捐赠经费总额/万元	253.4
纵向经费比重/%	43.28		

注:* 含重大科学研究计划、ITER 计划、青年科学家专题等。

此外,新增国家重点研发计划项目3项,千万级横向项目4项。

【生物工程本科专业通过中国工程教育专业认证】 继2022年初入选国家级一流本科专业建设点后,5月30—31日,学院生物工程本科专业又接受了中国工程教育专业认证协会化工与制药类专业认证委员会现场考查并通过工程教育专业认证。生物工程本科专业首次参加该项认证并获通过,表明该专业人才培养质量达到国内一流。

(李志荣撰稿　沈文华审稿)

海洋学院

【概况】 海洋学院设有海洋科学系、海洋工程学系、海洋信息学系等3个学系和港航物流与自由贸易岛研究中心,以及海洋地质与资源、海洋化学与环境、海洋生物与药物、物理海洋与遥感、海洋工程与技术、港口海岸与近海工程、海洋结构物与船舶工程、海洋传感与网络、海洋电子与智能系统9个研究所。建有海洋工程装备国家地方联合工程研究中心(浙江)、海洋感知技术与装备教育部工程研究中心、浙江舟山群岛海洋生态系统教育部野外科学观测研究站、海洋牧场水下在线监测科技团队全国工作站、浙江省海洋岩土工程与材料重点实验室、浙江省海洋观测—成像试验区重点实验室、海洋装备试验浙江省工程研究中心、海洋工程材料浙江省工程研究中心、海上试验浙江省科技创新服务平台、浙江省"智慧东海"协同创新中心、浙江省大湾区(智慧海洋)创新发展中心和山东省海洋牧场观测网数据中心、中国(浙江)自由贸易试验区研究院、舟山海洋电子信息产业创新服务综合体等科研平台。共建有浙江大学海洋研究院、浙江大学舟山海洋研究中心、浙江大学摘箬山海洋科技示范岛、浙江大学先进技术研究院舟山海洋分院、浙江大学海南研究院、智慧海洋浙江省实验室(东海实验室)等。

拥有海洋技术与工程博士学位授权点,下设应用海洋科学、海洋技术和海洋工程3个学科领域方向;并在资源与环境、土木水利、机械、电子信息4个领域培养专业学位工程博士,在生物与医药、资源与环境、土木水利、机械、电子信息5个领域培养专业学位工程硕士。设有海洋科学、海洋工程与技术2个本科专业。2022年,海洋科学专业入选国家级一流本科专业建设点。至此,包括2019年入选的海洋工程与技术专业,海洋学院2个本科专业都入选国家级一流本科专业建设点。

2022年,招收硕士研究生209人、博士研究生112人;2022级本科生154人确认进入学院继续学习;毕业本科生201人、硕士研究生203人、博士研究生43人。

现有专任教师137人,其中正高级职称人员49人(比上年新增3人)、副高级职称人员75人(比上年新增0人),博士研究生指导教师64人(比上年新增6人)、硕士研究生指导教师114人(比上年新增20人);2022年引进长江奖励计划特聘教授1人,申报成功"长江学者"讲席教授1人、"火炬计划"1人、国家杰出青年科学基金1人、国家特支计划科技创新领军人才1人、国家优秀青年科学基金(海外)2人、国家特支计划青年拔尖人才1人、浙江省特支计划杰出人才1人、浙江省特支计划科技创新领军人才1人、浙江省特支计划青年拔尖人才2人、浙江省海外引才计划青年项目2人、"百人计划"

项目	数据	项目	数据
教职工/人	235	获国家级科技奖项目/项	0
教授/人	48	获国家级教学成果奖/项	0
副教授/人	59	授权发明专利/项	89
研究员/人	1		
副研究员/人	3	SCI 入选论文/篇	316
长聘教授/人	0		
长聘副教授/人	2	EI 入选论文/篇	221
"百人计划"研究员/人	11	MEDLINE 入选论文/篇	0
特聘研究员/人	1		
特聘副研究员/人	8		
具有博士学位的专任教师比例/%	100	出版专著/部	9
两院院士/人	0	在校本科生/人	703
"国家特支计划"入选者/人	2		
教育部"长江学者奖励计划"特聘教授/人	2	在学硕士研究生/人	649
教育部"长江学者奖励计划"青年学者/人	1	其中:专业学位研究生/人	476
省部级高等学校教学名师奖获得者/人	0		
"973 计划"首席科学家*/人	0	在读博士研究生/人	421
国家"百千万人才工程"入选者/人	3		
国家杰出青年科学基金获得者/人	3	其中:专业学位研究生/人	20
教育部新(跨)世纪优秀人才培养计划入选者/人	3		
浙江省特级专家/人	1	在校攻读学位的国际学生/人	50
浙江大学求是特聘教授/人	7	应届本科毕业生一次就业率/%	84.2
一级学科国家重点学科/个	0	应届本科毕业生深造率/%	62.6
二级学科国家重点学科/个	0		
国家重点(专业)实验室/个	0	应届毕业研究生一次就业率/%	94
国家工程(技术)研究中心/个	0		
国家人才培养基地(含教学、教育基地)/个	0	教师出国交流/人次	7
国家精品资源共享课/门	0		
国家精品视频公开课/门	0	学生出国交流/人次	250
国家级一流本科课程/门	1	举办国际学术会议/次	0
科研总经费/万元	22341		
其中:国家自然科学基金比重/%	7.4	社会捐赠经费总额/万元	240
纵向经费比重/%	33.3		

注: * 含重大科学研究计划、ITER 计划、青年科学家专题等。

研究员 3 人。

2022 年获浙江省高等学校教学成果奖一等奖 1 项，立项省级"十四五"研究生教育改革项目 1 项；入选省级一流课程 3 门、校级全英文课程建设项目 2 门、校级高水平国际化课程 2 门；立项省级"课程思政"建设项目 2 门、校级本科生"课程思政"建设项目 8 门、校级中国大学 MOOC 课程 1 门；出版国家级规划教材《微机原理与接口技术（第二版）》、省级立项教材《海洋天然产物化学》和研究生教材《边坡工程》，2 本教材立项校级教材建设项目；1 项国创项目被推荐为 2022 年国家级大学生创新创业训练计划重点支持领域推荐项目；获评浙江省优秀硕士学位论文 1 篇，浙江大学优秀博士学位论文 2 篇，优秀博士学位论文资助 1 人。

2022 年科研到款约为 2.23 亿元；新增获批立项科研项目 294 项，合同总经费 1.7 亿元，比上年增加 55%。在研项目 753 项，总经费 7.1 亿元。获批国家自然科学基金项目 21 项，其中国家杰出青年基金项目 1 项，优秀青年科学基金项目（海外）2 项、重点项目 3 项、仪器重大专项项目 1 项（课题）、原创探索计划项目 1 项等。获批国家重点研发计划"深海和极地关键技术与装备"重点专项项目 1 项，JKW 特区深远海领域重点项目 1 项，浙江省"尖兵""领雁"研发攻关计划项目 2 项，浙江省自然科学基金杰出青年项目 1 项、重点项目 3 项等。获省部级科技奖励 7 项，其中省级科技进步奖一等奖 3 项，教育部高等学校科学研究优秀成果科技进步奖一等奖 1 项，获 B 类智库成果奖 2 项、浙江大学 2021 年度十大学术进展提名奖 1 项。"水声通信机"项目成果入选 2021 年中国十大海洋科技进展。13 名学者进入 2021 全球前 2% 科学家年度影响力榜单，4 名入选 2021 全球前 2% 科学家职业生涯影响力榜单，2 名学者入选 SCOPUS 中国高被引学者榜单。

14 名学生公派赴剑桥大学、麻省理工学院等大学联合培养，与英国南安普顿大学正式启动海洋科学专业双本科学位联合培养项目，与香港理工大学重启航运与物流管理领域的合作办学项目和学生联合培养项目。加入由澳门大学发起的"中国与葡语国家海洋研究联盟"。发表国际合作论文 101 篇，参加国际会议 4 次，邀请国际学者开展线上学术报告 10 次。

【浙江大学与舟山市启动新一轮战略合作】
5 月 17 日下午，舟山市—浙江大学联席会议在舟山新城召开。市校签署新一轮全面合作框架协议，启动"1651"行动计划，继续以浙江大学舟山校区（浙江大学海洋学院）为合作总平台，进一步加强全方位、多维度、深层次战略合作。

【东海实验室获批智慧海洋浙江省实验室】
5 月，东海实验室经浙江省人民政府批复成立智慧海洋浙江省实验室。实验室由舟山市政府牵头，联合浙江大学、自然资源部第二海洋研究所三方共建共管。

【浙江大学（海南）先进技术与产业创新平台启动建设】 浙江大学（海南）先进技术与产业创新平台项目于 1 月 6 日开工建设，于 12 月 13 日实现主体结构封顶。项目总投资达 9.01 亿元。

（王　越撰稿　董小军审稿）

航空航天学院

【概况】 航空航天学院（以下简称航院）由航空航天系和工程力学系组成，下设应用力学、流体工程等8个研究所（中心），拥有国家工科基础课程力学教学基地、国家级力学实验教学示范中心、软物质力学学科创新引智基地3个国家级平台，教育部航空航天数值模拟与验证重点实验室、教育部新型飞行器联合研究中心、微小卫星与星群教育部军民融合协同创新中心（培育）3个教育部平台，软体机器人与智能器件、微纳卫星、无人机技术、微波毫米波射频技术4个浙江省重点实验室，新型飞行器关键基础与重大应用、智能无人机系统、微小卫星与星群3个浙江省协同创新中心，微波毫米波射频集成电路浙江省工程实验室、浙江省软机器与柔性电子国际科技合作基地、先进无人机技术浙江省工程研究中心等教学科研平台。参与流体动力基础件与机电系统全国重点实验室建设，并设有3个校级研究中心。

航院建有力学、航空宇航科学与技术2个博士后流动工作站，拥有力学、航空宇航科学与技术、电子科学与技术（共建）3个一级学科博士授予权和机械、电子信息2个大类专业学位博士授予权；固体力学为二级学科国家重点学科，力学、航空宇航科学与技术2个学科为浙江省一流学科。

学院设有工程力学、飞行器设计与工程2个本科专业，均入选国家级一流本科专业建设点，其中工程力学入选"强基计划"招生专业、教育部基础学科拔尖学生培养计划2.0基地，并建有国家级一流本科课程"力学导论"。

2022年，招收全日制硕士研究生104人、博士研究生104人，2022级本科生91人主修专业确认到学院。工程力学强基计划2022级招生20人。毕业本科生71人、硕士研究生62人、博士研究生32人。

学院现有教职工131人。其中，正高级职称人员59人（2022年新增4人，调出1人）、副高级职称人员54人（2022年新增1人）、博士研究生指导教师74人（2022年新增3人）、硕士研究生指导教师97人（2022年新增5人）。在站博士后37人。2022年新增全职国家重大引才计划入选者、国家杰青、卓青、优青、"百人计划"研究员各1人。获第26届中国青年五四奖章、2022年力学学科"最美科技工作者"、全国宝钢优秀教师奖、国华杰出学者奖、华为启真杰出学者、浙江省第十一届教书育人标兵、校优秀辅导员各1人，浙江大学第十届"五好"导学团队1个。6位教师入选2021爱思唯尔"中国高被引学者"榜单。

获第十三届"挑战杯"中国大学生创业计划竞赛省赛金奖1项，第八届浙江省国际"互联网＋"大学生创新创业大赛省赛金奖1项，2人获第四届"航空强国中国心"教育基金创新奖。获评2021年度中国力学学会优秀博士论文、浙江省优秀博士学位论文和浙江省优秀硕士学位论文各1篇。

2022年，科研经费到款为25595.9万元。其中，获批国家自然科学基金项目24项，获准率40％，资助直接经费共2215万元。立项国家杰出青年科学基金和国防科技卓越青年科学基金项目各1项、国家优秀青年科学基金2项、军事科技领域青年人才托举工程项目1项。获浙江省科技大奖1项，中国航空学会科学技术奖一等奖1项，浙江省科学技术进步奖二等奖1项、军事科学技术进步奖二等奖（参与）1项、第二十五届全国发明展览会金奖1项。以第一单位发表三大检索收录论文174篇。启动实施浙江大学"创新2030计划"项目的空天探索会聚研究计划（简称"问天计划"），由杨卫院士担任首席科学家。

院系基本情况

附表　2022 年度航空航天学院基本情况

项目	数据	项目	数据
教职工/人	131	获国家级科技奖项目/项	0
教授/人	41	获国家级教学成果奖/项	0
副教授/人	42	授权发明专利/项	28
研究员/人	1		
副研究员/人	4		
长聘教授/人	0	SCI 入选论文/篇	222
长聘副教授/人	5	EI 入选论文/篇	198
"百人计划"研究员/人	12		
特聘研究员/人	0	MEDLINE 入选论文/篇	0
特聘副研究员/人	6		
具有博士学位的专任教师比例/%	100	出版专著/部	1
两院院士/人	4	在校本科生/人	269
"国家特支计划"入选者/人	2		
教育部"长江学者奖励计划"特聘教授/人	4	在学硕士研究生/人	250
教育部"长江学者奖励计划"青年学者/人	0		
省部级高等学校教学名师奖获得者/人	0	其中:专业学位研究生/人	114
"973 计划"首席科学家*/人	0		
国家"百千万人才工程"入选者/人	2	在读博士研究生/人	385
国家杰出青年科学基金获得者/人	13		
教育部新(跨)世纪优秀人才培养计划入选者/人	9	其中:专业学位研究生/人	91
浙江省特级专家/人	0		
浙江大学求是特聘教授/人	18	在校攻读学位的国际学生/人	17
一级学科国家重点学科/个	0	应届本科毕业生一次就业率/%	95.83
二级学科国家重点学科/个	1	应届本科毕业生深造率/%	62.3
国家重点(专业)实验室/个	0		
国家工程(技术)研究中心/个	0	应届毕业研究生一次就业率/%	100
国家人才培养基地(含教学、教育基地)/个	2	教师出国交流/人次	1
国家精品资源共享课/门	0		
国家精品视频公开课/门	0	学生出国交流/人次	57
国家级一流本科课程/门	1	举办国际学术会议/次	2
科研总经费/万元	25595.9		
其中:国家自然科学基金比重/%	10.37	社会捐赠经费总额/万元	195.7
纵向经费比重/%	15.77		

注:* 含重大科学研究计划、ITER 计划、青年科学家专题等。

继续推进"浙江大学—莫斯科航空学院工程博士联合培养项目",本年度招收联培学生 30 人。举办"第五届非线性力学新进展国际会议",承办"航空人才培养国际论坛"。

【李铁风教授获中国青年五四奖章】 5 月 3 日,航院李铁风教授获得第 26 届中国青年五四奖章。中国青年五四奖章是共青团中央、全国青联授予中国优秀青年的最高荣誉。李铁风是 2022 年 7 月正式启动的"问天计划"的主要方向负责人之一,致力于研究软物质力学与智能机器人,成功实现软体机器人在马里亚纳海沟万米海底操控实验,成果发表在 Nature 主刊并作为封面论文,入选 2021 年"中国科学十大进展"。该研究为极端环境下特种机器人与智能装备发展提供了理论方法和技术支撑。李铁风曾获 2019 年"科学探索奖"、中国科协青年人才托举工程、麻省理工科技评论科技创新 35 人(MIT TR35-China)等荣誉,并分别于 2018 年和 2021 年获得国家基金委优青和杰青项目资助。

【成立浣江实验室】 8 月 15 日,浙江大学与诸暨市人民政府、浙江大学控股集团签署协议合作建设浣江实验室。该实验室聚焦航空航天领域基础研究和产业应用,致力于打造集科学研究、成果转化、人才引育、产业孵化于一体的高能级创新平台,加快浙江大学优秀学科建设,推动欧美同学会海归小镇(诸暨·空天装备)和诸暨智能视觉"万亩千亿"新产业平台发展,并助力诸暨成为全国航空航天领域具有重要影响力的研发创新高地、人才引育高地和高新技术产业高地。

【创办国际学术期刊 *Aerospace Research Communications*】 学院首个航空航天领域国际学术期刊 *Aerospace Research Communications* 于 2022 年 8 月正式创刊。该刊由郑耀教授团队创办,由浙江大学出版社(ZUP)与开放科学出版社 Frontiers 联合出版。该刊是目前国内唯一明确讨论整个航空与航天研究领域关键热点问题的英文学术期刊。期刊目前已聘请 21 位顾问、2 位主编、17 位副主编,其中有 12 位院士、13 位国际编委、4 位校内编委。

(朱燕君撰稿　刘玉玲审稿)

高分子科学与工程学系

【概况】 高分子科学与工程学系(简称高分子系)由高分子科学、高分子复合材料、生物医用大分子材料 3 个研究所组成,建有高分子合成与功能构造教育部重点实验室、膜与水处理技术教育部工程研究中心、中国—葡萄牙先进材料联合创新中心及新型吸附分离材料与应用技术浙江省重点实验室,并作为牵头单位组建了浙江大学国际校区高分子新物质创新国际研究中心及浙江大学绍兴研究院。

高分子系拥有高分子化学与物理、高分子材料 2 个二级学科,均设有博士后流动站,博士学位和硕士学位授予点,同时单独设立高分子材料与工程本科专业。

2022 年招收硕士研究生 64 人、博士研究生 52 人,2021 级本科生 80 人专业确认至高分子系相关专业学习。毕业本科生 75 人。毕业硕士研究生 40 人、博士研究生 41 人。

高分子系现有教职工 74 人。其中,正高级职称人员 30 人,副高级职称人员 11

人,博士研究生导师 53 人,硕士研究生导师 55 人。新增国家级杰出人才 2 名,国家级青年人才 3 人。

党建先锋引领发展。顺利召开中国共产党浙江大学高分子科学与工程学系委员会党员大会,并选举产生了新一届党委委员和纪委委员。发展教职工党员 1 名。1 团支部获五四红旗团支部,1 班级获"周恩来班"荣誉称号,1 党支部获评浙江大学优秀学生党支部,2 人获评浙江大学优秀学生共产党员。1 人获"守初心、担使命、跟党走"党团知识竞赛一等奖。1 人获浙江大学校史演讲比赛三等奖。面对复杂严峻的疫情防控形势,领导班子成员带头坚持深入一线、值班值守。党员、党支部冲在前面,争做志愿者和服务团队,教师党员捐赠防疫物资。

师德师风建设成效显著。徐志康教授获浙江大学第十一届"三育人"教书育人标兵,李寒莹教授获浙江大学永平教学贡献奖,刘建钊长聘教授获浙江大学2022 年青年教师教学竞赛二等奖。徐志康教授团队入选浙江大学第十届"五好"导学团队。

教育教学持续发力。"高分子化学(甲)"成功入选省级一流本科课程。"高分子物理"荣获省级课程思政示范课堂。"科教深度融合的'高分子材料设计与实践'课程的改革探索"(仝维鋆主持)入选浙江省"十四五"教改项目。浙江省普通高校"十三五"新形态教材《计算高分子科学》(凌君主编)顺利出版。《高分子材料概论》(高长有主编)获中国石油和化学工业优秀出版物奖、教材奖一等奖。

学生培养成果丰硕。1 名博士毕业生畅丹入选中国科协评选的 2021 年度未来女科学家计划,3 人获评校优博论文,1 人获优博论文资助,2 人获竺可桢奖学金。获浙江省党团知识竞赛特等奖 1 项,浙江大学2021 年度"启真杯"学生十大学术创新成果1 项。

重点就业率创新高。年度毕业生就业率达 95.7%,深造率达 58.1%,其中 18 人赴重点国防军工领域就业,6 人赴西部地区就业,9 人确认基层选调工作,17 人前往世界五百强企业就业。杜滨阳教授获 2021 年度"服务国家战略"就业工作奖教金。

科学研究稳量提质。2022 年度科研经费到款总计 11892 万元,其中纵向经费 6152万元,占 51.7%。获批国家基金委重大项目课题 1 项、区域创新发展联合基金重点支持项目 1 项、杰出青年科学基金项目 1 项。获批国家重点研发计划项目/青年科学家项目 2 项、浙江省工业领域领雁项目 1 项。成立"浙江大学—星庐科技高端聚烯烃联合研发中心"校企共建研发中心。学系新获国家授权发明专利 63 项,其中美国专利 7 项,日本专利 3 项。发表高水平学术论文 226 篇。获浙江省自然科学奖一等奖 1 项。

海外交流攻坚克难。2022 年度国外来访并做学术报告 12 人次(线上)。2021—2022 学年学生出国交流共计 122 人次,其中本科生交流 64 人次,海外交流率为100%,2022 年博士生交流 47 人次,交流率达 111%。举办夏令营 1 项,国际会议1 次。

支撑保障有力增强。2022 年,高分子系迁入紫金港西区和同苑新大楼,标志着高分子系进入新起点新征程,新大楼空间设计以学生成长为中心,为全系师生提供了良好的科研、教学环境及活动设施。2022 年共计争取到捐赠金额 110 万元,较去年同期

附表　2022 年度高分子科学与工程学系基本情况

项目	数据	项目	数据
教职工/人	74	科研总经费/万元	11892
教授/人	27	其中:国家自然科学基金比重/%	20.7
副教授/人	10	纵向经费比重/%	51.7
研究员/人	0	获国家级科技奖项目/项	0
副研究员/人	0	获国家级教学成果奖/项	0
长聘教授/人	3	授权发明专利/项	63
长聘副教授/人	1		
"百人计划"研究员/人	9	SCI 入选论文/篇	226
特聘研究员/人	1	EI 入选论文/篇	187
特聘副研究员/人	3	MEDLINE 入选论文/篇	0
具有博士学位的专任教师比例/%	100	出版专著/部	1
两院院士/人	0	在校本科生/人	186
"国家特支计划"入选者/人	0	在学硕士研究生/人	187
教育部"长江学者奖励计划"特聘教授/人	3	其中:专业学位研究生/人	18
教育部"长江学者奖励计划"青年学者/人	1	在读博士研究生/人	227
国家"万人计划"领军人才/人	1	其中:专业学位研究生/人	15
国家"万人计划"青年拔尖人才/人	1	在校攻读学位的国际学生/人	3
省部级高等学校教学名师奖获得者/人	0	应届本科毕业生一次就业率/%	91.9
"973 计划"首席科学家*/人	0	应届本科毕业生深造率/%	58.1
国家"百千万人才工程"入选者/人	1	应届毕业研究生一次就业率/%	98.9
国家杰出青年科学基金获得者/人	9		
教育部新(跨)世纪优秀人才培养计划入选者/人	7	教师出国交流/人次	0
浙江省特级专家/人	0	学生出国交流/人次	122
浙江大学求是特聘教授/人	9	举办国际学术会议/次	1
一级学科国家重点学科/个	0	社会捐赠经费总额/万元	110
二级学科国家重点学科/个	1		
国家重点(专业)实验室/个	1		
国家工程(技术)研究中心/个	0		
国家人才培养基地(含教学、教育基地)/个	0		
国家精品资源共享课/门	1		
国家精品视频公开课/门	1		
国家级一流本科课程/门	1		

注: * 含重大科学研究计划、ITER 计划、青年科学家专题等。

上升了 235%，有力地支撑了学系发展。

【高分子系迁入紫金港校区和同苑新址，开启历史新征程】 2022 年 11 月起，高分子系全面从玉泉校区迁入紫金港校区和同苑，迈入新征程。师生办公、科研环境得到改善，设立聚议堂、合学屋、阅读空间、健身空间等专用活动场地，打造以学生成长为中心的研学空间和文化建设；以建系三十周年为契机，通过高分子博物馆、校友墙、国际交流空间等文化园地布置，做好学系历史文化资料收集、整理、展示及保存工作。

【联合共建省级大学生校外共建实践教育基地】 基于我系傅智盛老师的科研合作基础，高分子系与陕西煤业化工集团联合申报省级大学生校外实践教育基地，已于2022 年底成功获批建设。双方将共同承担社会责任，建设强大的专兼结合指导教师队伍，努力探索企业深度参与人才培养过程的教学模式，最大地发挥校外实践教育基地的功能，深化产教融合，助推专业发展与内涵提升，提高大学生的实践能力、创新能力和岗位适应能力，培育社会型优秀人才，致力于培养堪当民族复兴大任的时代新人。

（任意然撰稿　楼仁功审稿）

光电科学与工程学院

【概况】 光电科学与工程学院(简称"光电学院")设有光学工程研究所、光电工程研究所、光学成像与检测技术研究所、微纳光子学研究所、激光生物医学研究所、光及电磁波研究中心、光学惯性技术工程中心共 7 个研究所(中心)，另设有浙江省实验教学示范中心光电信息工程实验教学中心，建有极端光学技术与仪器全国重点实验室、国家光学仪器工程技术研究中心、科技部光电技术国际联合研究中心 3 个国家级研究基地和国防重点学科实验室、浙江省光电磁传感技术重点实验室、教育部光子学与技术国际合作联合实验室、浙江省微纳光电子国际科技合作基地等 4 个省部级研究基地。

学院建有光学工程博士后流动站，拥有光学工程一级学科博士、硕士学位授予权，设有光通信技术、信息传感及仪器 2 个二级学科学位授权点。光学工程学科为国家重点学科、新一轮"双一流"建设学科。设有光电信息科学与工程 1 个本科专业，为首批国家级一流本科专业建设点。

学院现有教职工 124 人。其中有正高级职称人员 58 人，副高级职称人员 35 人，博士研究生指导教师 70 人，硕士研究生指导教师 25 人。在站学科博后 52 人。2022年，学院新增国家卓越青年基金获得者 1 人，国家优秀青年基金获得者 1 人，国家"万人计划"青年拔尖人才 1 人；浙江大学"百人计划"研究员入选者 4 人。5 人次入选爱思唯尔"中国高被引学者榜单"。

2022 年，学院招收博士研究生 100 人，硕士研究生 138 人，2022 级本科生 85 人确认进入光电信息科学与工程专业。毕业本科生 125 人，硕士研究生 134 人，博士研究生 57 人。获批省级课程思政示范课程 2门，省级劳动教育一流本科课程 1 门、线上一流课程 2 门、线下一流课程 1 门、线上线下混合式一流课程 1 门；获得浙江省高校课程思政优秀教学案例一等奖 1 项，全国高校光电信息科学与工程专业优秀课程思政教学案例特等奖 3 项、一等奖 2 项；光电信息科学与工程专业课程群虚拟教研室获批教育部第二批虚拟教研室建设试点,获批省级课程思政教学研究项目1项;获得浙江省教学成果奖一等奖1项。在学生培养方面,本科生以第一作者发表高水平论文6篇,获国家级学科竞赛一等奖2项、二等奖3项;2篇博士论文获2021年浙江省优秀博士学位论文,1篇硕士论文获浙江省优秀硕士学位论文。1篇博士学位论文获2022年中国光学学会郭光灿光学优秀博士学位论文,1人获首届"华为终端Camera学术之星"大赛一等奖、第十八届王大珩光学奖学生奖,2人获浙江大学竺可桢奖学金。光电学院学生团队获得全国"互联网+"国际赛道金奖1项、浙江省"互联网+"银奖2项、全国大学生光电设计竞赛国家级一等奖2项、国家级二等奖3项。

学院科研经费年度到款总额为2.51亿元(比上年增加9.6%)。获批国家自然科学基金项目18项,其中国家重大项目课题1项、优秀杰出青年科学基金项目1项;获批国家重点研发计划项目3项;在 Science 期刊发表论文1篇(第一单位),获2021年浙江省自然科学奖一等奖1项。据不完全统计,以第一单位发表 SCI 收录论文共241篇。

2022年,建立长期博士生学位项目"浙江大学—荷兰埃因霍温理工大学博士双学位项目"。本科生境外交流率为116.7%,研究生境外交流共计193人次,开展40余场次线上外专讲座,其中含 Global Talk 海外学术大师系列讲座8场次。召开2022年西湖光电子国际论坛(国内场、国际场)、"一带一路与金砖五国"先进光子学国际研讨会、"求是之光"海外青年学者论坛、首届国际研究生光子学论坛、浙江大学与香港中文大学合作指导委员会第二次会议等。

【入选科技部"2022年度中国科学十大进展"】 邱建荣教授团队与合作者发现了飞秒激光诱导复杂体系微纳结构形成的新机制,入选科技部"2022年度中国科学十大进展"。以含氯溴碘离子的氧化物玻璃体系为例,实现了玻璃中具有成分和带隙可控发光可调的钙钛矿纳米晶3D直接光刻,呈现红橙黄绿蓝等不同颜色的发光。形成的纳米晶在紫外线辐照、有机溶液浸泡和250℃高温环境中表现出显著的稳定性。他们进一步演示了这种3D微纳结构在超大容量长寿命信息存储、高稳定的最小像素尺寸微米级的 Micro-LED 列阵,实现了1080p级别动态立体彩色全息显示。

【获2021年浙江省自然科学奖一等奖】 2022年7月11日,仇旻、李强、赵鼎、阮智超等主导的"微纳尺度光热调控及应用"项目荣获浙江省自然科学奖一等奖。团队针对光热吸收效率—带宽—尺寸相互制约难题,提出利用微纳金属结构模式耦合,实现大面积超薄超宽/窄带高效光热吸收设计新思想并实现相关器件;针对热辐射动态调谐难题,提出将光子结构与相变材料相结合实现热辐射动态调控的新思想,并基于此实现超斯特藩—玻尔兹曼定律动态调谐热辐射;基于微纳尺度光热吸收和热辐射调控,提出变温背景红外隐身技术、光热等离激元空间微分技术和非液体环境光热纳米驱动技术,为微纳光热应用拓展提供新思路。创建的微纳结构调控光热能量转化新机制和新技术被国内外同行高度肯定和广泛引用,对微纳光热领域的发展起到重要推动和引领作用。

【童利民获"2022年浙江省有突出贡献中青年专家"称号】 因对浙江省科技创新和经

附表　2022 年度光电科学与工程学院基本情况

项目	数据	项目	数据
教职工/人	124	获国家级科技奖项目/项	0
教授/人	42	获国家级教学成果奖/项	0
副教授/人	26	授权发明专利/项	124
研究员/人	2		
副研究员/人	2	SCI 入选论文/篇	241
长聘教授/人	2	EI 入选论文/篇	208
长聘副教授/人	0	MEDLINE 入选论文/篇	0
"百人计划"研究员/人	16		
特聘研究员/人	2	出版专著/部	0
特聘副研究员/人	1		
具有博士学位的专任教师比例/%	97.73	在校本科生/人	334
两院院士/人	0	在学硕士研究生/人	380
"国家特支计划"入选者/人	3		
教育部"长江学者奖励计划"特聘教授/人	5	其中:专业学位研究生/人	161
教育部"长江学者奖励计划"青年学者/人	3	在读博士研究生/人	372
省部级高等学校教学名师奖获得者/人	1		
"973 计划"首席科学家*/人	0	其中:专业学位研究生/人	48
国家"百千万人才工程"入选者/人	0	在校攻读学位的国际学生/人	12
国家杰出青年科学基金获得者/人	7		
教育部新(跨)世纪优秀人才培养计划入选者/人	0	应届本科毕业生一次就业率/%	93.5
浙江省特级专家/人	1	应届本科毕业生深造率/%	66.1
浙江大学求是特聘教授/人	4		
一级学科国家重点学科/个	1	应届毕业研究生一次就业率/%	100
二级学科国家重点学科/个	0		
国家重点(专业)实验室/个	1	教师出国交流/人次	20
国家工程(技术)研究中心/个	1	学生出国交流/人次	330
国家人才培养基地(含教学、教育基地)/个	0		
国家精品资源共享课/门	2	举办国际学术会议/次	4
国家精品视频公开课/门	0		
国家级一流本科课程/门	1		
科研总经费/万元	25100		
其中:国家自然科学基金比重/%	10.6	社会捐赠经费总额/万元	11002.37
纵向经费比重/%	61.2		

注:*含重大科学研究计划、ITER 计划、青年科学家专题等。

济社会高质量发展做出突出贡献,童利民教授获"2022年浙江省有突出贡献中青年专家"称号。童利民教授是国家杰出青年科学基金获得者、教育部"长江学者奖励计划"特聘教授、国家"万人计划"科技创新领军人才、美国光学学会会士(Optica Fellow),其致力于研究把一束光约束到一个原子的大小,在极微世界中进行原子分子的精确操控,从而揭示光与物质相互作用及光本身尚无人知晓的奥秘。同时,童利民教授获得由中国科学技术协会指导的首期"新基石研究员项目"资助,成功入选首批新基石研究员。

(祝宇慧撰稿　毕建权审稿)

信息与电子工程学院

【概况】　信息与电子工程学院(简称信电学院)由信息与通信工程系、电子工程系组成,下设信息与通信网络工程研究所、智能通信网络与安全研究所、信号空间和信息系统研究所、智能系统与芯片研究所、集成电路先导技术研究所、射频与光子信息处理研究所、电磁信息与电子集成创新研究所、计算智能与信号处理研究所、智能电子信息系统研究所、微电子集成系统研究所、多源感知与机器智能研究所、智能传感与微纳集成研究所,建有浙江省信息处理与通信网络重点实验室、浙江省先进微纳电子器件智能系统及应用重点实验室等研究机构和首批国家集成电路人才培养基地。信息与电子工程实验教学中心和浙江大学工程电子设计基地为国家实验教学示范中心"浙江大学工程训练中心"的组成部分。

信电学院建有电子科学与技术、信息与通信工程2个博士后流动站,拥有电子科学与技术、信息与通信工程等2个一级学科博士学位授予权,覆盖物理电子学、电路与系统、微电子学与固体电子学、电磁场与微波技术、通信与信息系统、信号与信息处理6个二级学科,其中通信与信息系统为二级学科国家重点学科,信息与通信工程入选浙江省一流学科(B类)建设名单。学院设有电子科学与技术、微电子科学与工程、信息工程三个本科专业,均获批国家级一流本科专业建设点。

学院现有教职工252人(其中教学与科研并重岗教师117人)。正高级职称人员69人、副高级职称人员36人,博士研究生导师100人(2022年新增5人)、硕士研究生导师121人(2022年新增3人),博士后23人。2022年新增国家高层次人才计划青年项目4人。

2022年,信电学院招收硕士研究生202人、博士研究生110人,2022级本科生243人确认主修专业进入信电学院学习,毕业本科生304人、毕业硕士研究生202人、毕业博士研究生67人。

到校科研总经费28454.6万元(含外拨4507.7万元);在研的国家基金项目111项,在研的科技部项目83项,在研的其他纵向科研项目112项。

信电学院重视国际交流与合作,全年共有646人次的师生参加以线上为主的学术会议、合作研究和交流学习等。

【段永平校友向信电学院捐赠1亿元人民币】　2022年,信电学院杰出校友段永平与浙江大学教育基金会签署捐赠协议,捐赠1亿元人民币专项资金支持信电学院新大楼建设。新大楼规划为集教学、科研、科技成

附表 2022 年度信息与电子工程学院基本情况

项目	数据	项目	数据
教职工/人	252	获国家级科技奖项目/项	0
教授/人	40	获国家级教学成果奖/项	0
副教授/人	36	授权发明专利/项	123
研究员/人	0		
副研究员/人	0	SCI 入选论文/篇	192
长聘教授/人	1		
长聘副教授/人	2	EI 入选论文/篇	230
"百人计划"研究员/人	26		
特聘研究员/人	8	MEDLINE 入选论文/篇	0
特聘副研究员/人	1		
具有博士学位的专任教师比例/%	100	出版专著/部	0
两院院士/人	1		
"国家特支计划"入选者/人	0	在校本科生/人	950
教育部"长江学者奖励计划"特聘教授/人	1	在学硕士研究生/人	592
教育部"长江学者奖励计划"青年学者/人	0		
省部级高等学校教学名师奖获得者/人	0	其中:专业学位研究生/人	242
"973 计划"首席科学家*/人	0		
国家"百千万人才工程"入选者/人	0	在读博士研究生/人	464
国家杰出青年科学基金获得者/人	2	其中:专业学位研究生/人	52
教育部新(跨)世纪优秀人才培养计划入选者/人	7		
浙江省特级专家/人	0	在校攻读学位的国际学生/人	38
浙江大学求是特聘教授/人	4	应届本科毕业生一次就业率/%	98.01
一级学科国家重点学科/个	0		
二级学科国家重点学科/个	1	应届本科毕业生深造率/%	63.5
国家重点(专业)实验室/个	0		
国家工程(技术)研究中心/个	0	应届毕业研究生一次就业率/%	99.45
国家人才培养基地(含教学、教育基地)/个	7		
国家精品资源共享课/门	0	教师出国交流/人次	80
国家精品视频公开课/门	0	学生出国交流/人次	566
国家级一流本科课程/门	0	举办国际学术会议/次	2
科研总经费/万元	28454.6		
其中:国家自然科学基金比重/%	8.71	社会捐赠经费总额/万元	5139.5
纵向经费比重/%	42.92		

注:* 含重大科学研究计划、ITER 计划、青年科学家专题等。

果转化、会议中心等为一体的高科技大楼，将更好地支持信电学院开展人才培养、科学研究、高层次人才引育和学科交叉研究等，助力学院打开发展新局面。

【学科竞赛获 8 项全国一等奖（金奖）】
2022 年，本科生团队在第八届中国国际"互联网＋"大学生创新创业大赛全国总决赛中获得主赛道和国际赛道两块金牌；在第十七届"挑战杯"全国大学生课外学术科技作品竞赛中获全国特等奖；在全国大学生电子设计竞赛及信息安全竞赛中获 2 项全国一等奖；在第二十一届全国大学生机器人大赛 ROBOMASTER 2022 机甲大师超级对抗赛中荣获全国赛一等奖、二等奖、三等奖各 1 项。研究生团队在中国研究生电子设计竞赛中获一等奖；在中国研究生创"芯"大赛中获一等奖 1 项、二等奖 2 项。

【科研成果奖励多点开花】 2022 年度，学院荣获浙江省自然科学一等奖 1 项，科学技术进步二等奖 3 项、三等奖 3 项，首届浙江省青年科技英才奖 1 项；获得弗里德里希·威廉·贝塞尔奖、国际应用计算电磁学会技术成就奖等国际奖项；获得中国发明协会、中国科技产业化促进会、中国电子学会等协（学）会一等奖奖项 4 项；在央企和头部企业奖项方面，参与获得中国船舶集团技术发明一等奖 1 项，获华为火花价值奖 5 项，鼓励奖 2 项。

（王军霞撰稿　钟蓉戎审稿）

控制科学与工程学院

【概况】 控制科学与工程学院（简称控制学院），下设工业控制、智能系统与控制、智能感知与检测、工业智能与系统工程、控制装备及综合安全 5 个研究所、NGICS 大平台以及自动化实验教学中心和分析仪器研究中心，拥有国家重点实验室（2022 年已完成重组）、工业自动化国家工程研究中心、工业控制系统安全技术国家工程实验室、流程生产质量优化与控制国际联合研究中心 4 个国家级平台，建有教育部引智基地，是多个国家基金创新群体的依托单位。

学院拥有控制科学与工程、网络空间安全（共建）一级学科博士、硕士学位授予权，控制工程专业硕士学位授予权，设自动化、机器人工程 2 个本科专业。控制科学与工程是一级学科国家重点学科、"双一流"建设学科、教育部学科评估"A＋"学科。

现有教职工 160 人，其中中国工程院院士 1 人，正高级职称人员 56 人、副高级职称人员 33 人，博士研究生导师 78 人、硕士研究生导师 97 人。2022 年，入选国家级高层次人才项目 2 人，国家级青年人才项目 4 人，省级青年人才项目 1 人。1 人当选 IET Fellow，1 人获第十七届中国青年科技奖，1 人获第九届陈翰馥奖，1 人入选中国自动化学会青年科学家奖，1 人获教育部高等学校科学研究优秀成果奖青年科学奖，1 人获浙江大学第十一届"三育人"教书育人标兵，1 人作为全校唯一女性科技工作者受邀参加全国首届大国工匠巾帼论坛。2 人入选 2022 年科睿唯安"全球高被引科学家"，3 人入选 2021 年爱思唯尔"中国高被引学者"，11 人入选全球前 2％顶尖科学家榜单"终身科学影响力排行榜"，11 人入选全球前 2％顶尖科学家榜单"2022 年度科学影响力排行榜"。

2022 年，招收硕士研究生 140 人，超

85%生源来自 985 高校,招收博士研究生 92 人,超 60%生源来自 985 高校,非全日制博士研究生 5 人。2022 级本科生 150 人确认进入学院继续学习,毕业本科生 165 人、硕士研究生 114 人、博士研究生 52 人。

学院获批省级线上一流本科课程 2 门、线下本科课程 1 门、线上线下混合式一流本科课程 1 门、课程思政示范课程 1 门,省级课程思政教学研究项目 1 项。获浙江省教学成果奖一、二等奖,中国自动化学会高等教育教学成果奖一等奖,浙江省自动化学会高等学校教育教学特等奖;浙江省普通本科高校"十四五"教学改革研究项目 1 项,浙江省"十四五"研究所教学改革项目 2 项;浙江省"十四五"首批新功课重点教材建设项目 5 项,新出版教材 2 本;1 篇硕士学位论文获浙江省优秀硕士学位论文,1 篇硕士学位论文获中国电子学会优秀硕士学位论文,1 篇博士学位论文获中国电子学会优秀博士学位论文,1 篇博士学位论文获中国自动化学会优秀博士学位论文;获浙江大学就业先进工作集体二等奖、西湖博物馆总馆"优秀志愿团队";获浙江大学竺可桢奖学金 1 人。

举办首届浙江大学"中电海康杯"硬科技创新创业大赛、浙江大学第十七届"中控杯"大学生机器人竞赛、第四届"双创杯"学生科技创新竞赛暨优秀成果展示会等活动。学生荣获 IDC Robocon 国际机器人设计大赛冠、亚、季军,ICRA RoboMaster 高校人工智能挑战赛国际一等奖,ECCV2022 位姿估计挑战赛两项赛事冠军,无人飞行器智能感知技术竞赛线上仿真赛两项赛事冠军、第五届高校智能机器人创意大赛专项二等奖,浙江省第六届大学生机器人竞赛小型足球机器人团队对抗赛一等奖。

科研经费到款 19200.7 万元,其中纵向经费 8544 万元。新增科研项目 158 项,其中国家级重点项目(课题)5 项、千万级项目 2 项;在研项目 497 项,其中国家级重点项目(课题)46 项、千万级项目 22 项。建立 4 个院企联合实验室。成功获批工业控制技术全国重点实验室。获得省部级奖项 6 项。授权发明专利 61 项,其中日本发明专利 1 项,美国发明专利 4 项。新增高科技项目 26 项,横向项目 55 项。获中国标准创新贡献奖一等奖、浙江省技术发明一等奖、浙江省科学技术进步一等奖 2 项,中国自动化学会技术发明一等奖、科技进步奖一等奖、自然科学奖二等奖,军事科学进步奖一等奖,中国发明协会发明创业二等奖,中国石油和化学工业联合会科技进步三等奖。

举办美国佐治亚理工学院在线课程项目 ASP(Atlanta Summer Program)和新加坡国立大学线上课程项目。2021—2022 学年,本科生海外交流人数 202 人次,交流率为 119.53%。举办第八届浙江大学研究生国际暑期学校"网络化智能无人系统"、第七届浙江大学研究生国际工作坊——Cyber+科创营,吸引了超过 300 名来自国内外 30 多所高校的研究生参加。接待国(境)外专家、学者来访 56 人次(含线上)。

浙江大学湖州研究院参与国家级科研项目 5 项,获批省级新型研发机构、智能移动无人系统技术浙江省工程研究中心、"中国自动化学会科普教育基地"。荣获湖州市"人才科技工作先进集体""实干争先贡献者"奖,与湖州市共同设立"浙江大学南太湖学者"。入选 2022 年省级产业数字化服务商,中标浙江省"数字经济标准化试点重大项目"。

项目	数据	项目	数据
教职工/人	160	获国家级科技奖项目/项	0
教授/人	39	获国家级教学成果奖/项	0
副教授/人	21	授权发明专利/项	67
研究员/人	1		
副研究员/人	0	SCI 入选论文/篇	184
长聘教授/人	2	EI 入选论文/篇	193
长聘副教授/人	2	MEDLINE 入选论文/篇	0
"百人计划"研究员/人	14		
特聘研究员/人	3	出版专著/部	2
特聘副研究员/人	8		
具有博士学位的专任教师比例/%	100	在校本科生/人	508
两院院士/人	1	在学硕士研究生/人	566
"国家特支计划"入选者/人	5	其中:专业学位研究生/人	272
教育部"长江学者奖励计划"特聘教授/人	3	在读博士研究生/人	419
教育部"长江学者奖励计划"青年学者/人	1	其中:专业学位研究生/人	91
省部级高等学校教学名师奖获得者/人	0		
"973 计划"首席科学家*/人	0	在校攻读学位的国际学生/人	16
国家"百千万人才工程"入选者/人	5		
国家杰出青年科学基金获得者/人	3	应届本科毕业生一次就业率/%	91.03
教育部新(跨)世纪优秀人才培养计划入选者/人	6	应届本科毕业生深造率/%	67.59
浙江省特级专家/人	3	应届毕业研究生一次就业率/%	98.25
浙江大学求是特聘教授/人	9		
一级学科国家重点学科/个	1	教师出国交流/人次	2
二级学科国家重点学科/个	0	学生出国交流/人次	25
国家重点(专业)实验室/个	1		
国家工程(技术)研究中心/个	1	举办国际学术会议/次	0
国家人才培养基地(含教学、教育基地)/个	1		
国家精品资源共享课/门	0		
国家精品视频公开课/门	0		
国家级一流本科课程/门	1		
科研总经费/万元	19200.7	社会捐赠经费总额/万元	2615.88
其中:国家自然科学基金比重/%	8.28		
纵向经费比重/%	44.5		

注:* 含重大科学研究计划、ITER 计划、青年科学家专题等。

石虎山机器人创新基地成功引入 12 个创新工坊及 26 家机器人相关高科技项目团队，开设多门本科生实践类课程，成功获批"浙江省产教融合示范基地""中国自动化学会科普教育基地""杭州市级专业化科技企业孵化器""杭州市青少年科普教育基地""教育部—阿里云产学合作协同育人实践基地"。

2022 年新增上市校友企业 1 家，1 位校友荣登 2022 福布斯中国 30 岁以下精英榜，1 位校友荣获第二十届浙江省优秀企业家。成立"王骥程教育基金""吴兴高晟科学基金""钱积新教育基金"，"孙优贤人才教育基金"再获捐赠，获捐赠总额超过 2600 万元。

【成果刊登于《科学·机器人》(*Science Robotics*)并被选为封面论文】　在未知复杂环境中的成群结队飞行，一直被看作机器人与人工智能领域的一大技术瓶颈。控制学院许超、高飞团队通过两年多的研究解决了未知复杂环境下机器人单机与群体的智能导航与快速避障方法等一系列核心技术，研发的新型机器人在仅使用机载视觉、机载计算资源的情况下，实现了在野外树林复杂环境下感知周围障碍物、定位自身位置及生成飞行路径及多智能体通信等多项关键技术突破。在火灾等搜救场景中，小型集群机器人能够更好地实现搜救目标，减少搜救人员风险；在地形勘探中，也可以快速对人员无法到达的区域进行建模。这项成果于 5 月 5 日刊登在机器人领域权威期刊《科学·机器人》(*Science Robotics*)，并被选为期刊封面论文。同年 10 月，该成果代表浙江省亮相"奋进新时代"主题成就展。

【荣获中国标准创新贡献奖一等奖】　苏宏业教授主导制定的 ISO 15746《自动化系统与集成制造系统先进控制与优化软件集成》系列国际标准，原创提出 APC-O 模块化架构集成等 4 项自主核心技术，首次提出 6 大类 46 项集成验证指标，首次规范并最大化地实现了智能制造 APC-O 系统全生命周期集成与协同，对提升我国智能制造国际竞争力、保障国家产业安全等具有重大意义。该系列标准已被英国、俄罗斯等 12 个国家等同采用，被 ISO/IEC 30146 等国际标准引用，得到美国 NIST 专家等的高度肯定，在先进控制与优化系列国际标准领域闯出了"源于中国、适用世界"的中国标准国际化道路，对提升我国智能制造国际竞争力、保障国家产业安全等具有重大意义。该成果获中国标准创新贡献奖一等奖。

【承办第十五届中国智能机器人大会】　2022 年 12 月 3—4 日，由中国人工智能学会主办，浙江大学、杭州市西湖区人民政府承办，浙江大学控制科学与工程学院、军事科学院国防科技创新研究院、工业控制技术国家重点实验室、CAAI 智能机器人专业委员会、浙江省自动化学会联合协办的"2022 第十五届中国智能机器人大会"在线上圆满召开。大会邀请了孙优贤院士、戴琼海院士、丁汉院士、王耀南院士、谭建荣院士、杨广中院士等著名专家学者与会，围绕"共融机器人、移动作业机器人、医疗机器人、中国机器人发展机遇与挑战"等主题作大会报告，并设有 10 个分论坛，共 60 余位专家学者做了专题报告。大会围绕工业机器人应用等 18 个方向共接收会议论文近 200 篇，通过线上海报展示的形式进行汇报交流。超过 5 万人次观看了大会直播。

（邵丹蕾撰稿　杨　倩审稿）

计算机科学与技术学院

【概况】 计算机科学与技术学院(简称计算机学院)由计算机科学与工程学系、数字媒体与网络技术系、工业设计系、软件工程系(与软件学院共建)、信息安全系、人工智能系6个学系组成。学院设有人工智能研究所、计算机软件研究所、计算机系统结构与网络安全研究所、现代工业设计研究所4个研究所,计算机基础教学和继续教育中心、计算机应用工程中心、计算机学院实验中心3个中心。拥有脑机智能全国重点实验室、计算机辅助设计与图形系统全国重点实验室、区块链与数据安全全国重点实验室和国家列车智能化工程技术研究中心4个国家级重大科研平台,以及人工智能省部共建协同创新中心、视觉感知教育部—微软重点实验室等14个省部级科研平台。

学院拥有计算机科学与技术、软件工程、网络空间安全、设计学4个一级学科及与一级学科体量相当的人工智能交叉学科。其中计算机科学与技术和软件工程均为国家"双一流"建设学科;计算机科学与技术、软件工程、设计学3个学科为浙江省一流学科。在教育部第四轮学科评估中,计算机科学与技术与软件工程均被评为A+,并在第五轮学科评估中保持优势;设计学在第四轮学科评估被评为A—,并在第五轮学科评估中取得了更加优异成绩。

2022年,招收博士研究生237人、硕士研究生349人。2022级本科生513人(含竺院233人)确认主修专业到学院学习。毕业博士研究生82人、硕士研究生276人、本科生505人。

至2022年底,学院现有教职工273人,其中具有正高职称人员82人、副高职称人员85人,"百人计划"研究员37人,2022年学院引进求是工程岗1人,新"百人计划"入选者7人,新增浙江省鲲鹏计划者1人,入选国家"万人计划"科技创新领军人才1人,国家杰出青年基金获得者1人,国家"万人计划"青年拔尖人才1人,国家优秀青年科学基金获得者1人,优秀青年科学基金(海外)获得者5人,浙江大学启真人才基金项目资助(优秀青年学者)获得者8人。学院在站博士后研究人员共有129人。

2022年,科研经费到款共计50999万元,其中纵向项目经费30666万元、横向经费为16200万元、军工项目经费4133万元。新增"三重"科技项目15项,获批国家重点研发计划项目7项,科技创新2030—重大项目2项,国家自然科学基金项目32项。获得2022年度高等学校科学研究优秀成果奖(科学技术)科技进步一等奖1项,获得2021年度浙江省自然科学奖一等奖2项,浙江省科学技术进步奖一等奖1项,获得2022年度中国电子学会科技进步奖一等奖2项。计算机辅助设计与图形系统全国重点实验室顺利通过重组,新建区块链与数据安全、脑机智能全国重点实验室。

2022年孙凌云牵头的"以创新能力为导向的科技设计人才培养模式与生态建设"项目获浙江省教学成果一等奖。吴飞获2022年浙江大学永平杰出教学贡献奖;何钦铭、吴飞、张克俊等负责的4个虚拟教研室入选全国虚拟教研室建设名单。2门课程入选浙江省一流本科课程。在校学生获"大学生程序设计竞赛""大学生信息安全竞赛"

附表 2022 年度计算机科学与技术学院基本情况

项目	数据	项目	数据
教职工/人	273	获国家级科技奖项目/项	0
教授/人	73	获国家级教学成果奖/项	0
副教授/人	66	授权发明专利/项	184
研究员/人	6		
副研究员/人	8	SCI 入选论文/篇	252
长聘教授/人	2	EI 入选论文/篇	588
长聘副教授/人	0		
"百人计划"研究员/人	37	MEDLINE 入选论文/篇	0
特聘研究员/人	9		
特聘副研究员/人	1	出版专著/部	7
具有博士学位的专任教师比例/%	84.23		
两院院士/人	4	在校本科生/人	1655
"国家特支计划"入选者/人	16	在学硕士研究生/人	1036
教育部"长江学者奖励计划"特聘教授/人	4		
教育部"长江学者奖励计划"青年学者/人	2	其中:专业学位研究生/人	484
省部级高等学校教学名师奖获得者/人	1	在读博士研究生/人	916
"973 计划"首席科学家*/人	0		
国家"百千万人才工程"入选者/人	4	其中:专业学位研究生/人	173
国家杰出青年科学基金获得者/人	11		
教育部新(跨)世纪优秀人才培养计划入选者/人	13	在校攻读学位的国际学生/人	52
浙江省特级专家/人	3	应届本科毕业生一次就业率/%	93.77
浙江大学求是特聘教授/人	10		
一级学科国家重点学科/个	0	应届本科毕业生深造率/%	54.86
二级学科国家重点学科/个	1		
国家重点(专业)实验室/个	3	应届毕业研究生一次就业率/%	99.75
国家工程(技术)研究中心/个	1		
国家人才培养基地(含教学、教育基地)/个	0	教师出国交流/人次	50(线上)
国家精品资源共享课/门	0	学生出国交流/人次	695(含线上)
国家精品视频公开课/门	0		
国家级一流本科课程/门	10	举办国际学术会议/次	2(线上)
科研总经费/万元	50999		
其中:国家自然科学基金比重/%	5.46	社会捐赠经费总额/万元	479.19
纵向经费比重/%	60.13		

注:* 含重大科学研究计划、ITER 计划、青年科学家专题等。

"DEFCON CTF""大学生系统能力培养大赛(龙芯杯)""互联网＋""挑战杯"等国内外高水平竞赛奖20余项。2022年共出版《边缘计算安全》等3本教材。

2021—2022学年,本科生参加线上国际交流567人次,本科生交流率达110.74％,研究生线上参加国际会议125人次,32名研究生入选国家公派、校派交流项目,开设10项院级本科生线上交流项目,获批5项浙江大学教育基金会校级外设海外交流基金,举办了5场国际暑期学校和2场国际会议。与埃及Blue Shift Smart Learning公司签署合作备忘录,共建埃及下一代研究院(Next Generation Institute, NGI)。

【在教育部第五轮学科评估工作中取得佳绩】 计算机科学与技术和软件工程两个一级学科持续保持优势,设计学一级学科取得了可喜进步。

【全国重点实验室建设取得重大突破】面向国家重大发展战略,学院系统谋划、全力攻坚全国重点实验室重组和新建工作。2022年5月,脑机智能全国重点实验室获批建设;2022年12月,计算机辅助设计与图形系统全国重点实验室顺利通过重组,区块链与数据安全全国重点实验室获批建设,全国重点实验室建设工作取得重大突破。下一步,学院将继续围绕强化自主创新,依托全国重点实验室等高能级创新平台,集聚优势力量开展原创性引领性科技攻关,打造国家战略科技力量,赋能数字经济高质量发展,促进国家治理体系和治理能力现代化建设。

(吕正则撰稿　吴　飞审稿)

软件学院

【概况】　2022年招收电子信息(软件工程、人工智能领域)、机械(工业设计工程领域)两个类别的专业学位硕士研究生389人,招收电子信息专业学位全日制博士研究生14人。2022届毕业研究生96人,就业率达96％,进入世界500强、央企国企及行业头部企业等重点单位人数占62％,考取公务员1人,赴西部、艰苦边远地区和基层一线就业4人(其中新疆生产建设兵团西部计划志愿者1人)。现有研究生1212人。

2022年,新引进宁波事业编制教师10人,其中7人入选学院平台"百人计划"研究员,3人入选学院特聘研究员、特聘副研究员;1人入选国家级人才计划,1人入选省级人才计划,5人入选宁波市甬江引才工程青年项目,9人入选宁波市领军和拔尖人才培养工程。

新建"浙江大学—北控集团城市可持续发展关键技术联合研究中心""浙江大学—恒生电子金融科技联合研发中心""浙江大学—智赢科技烟草数字化技术联合研发中心""浙江大学—中望工业软件联合研发中心"4个千万级的校(院)企联合研发中心,形成了产学研深度合作新局面。2022年,新增主持和参与国家重点研发计划项目6项,国家自然科学基金项目4项,浙江省自然科学基金公益项目3项,主持和参与浙江省重点研发计划"尖兵""领雁"等项目6项、杭州市重点研发计划项目1项,宁波市自然科学基金项目3项,宁波市公益项目1项,发表高水平论文42篇。2022年共实现到款经费3694.2万元,同比增长45%。学院教师团队主导的首个互联网医疗健康服务ISO国际标准获批立项,"跨界服务网络架构及核心设备"项目获第49届日内瓦国际发明展金奖。

"基于产教融合新模式的引领式软件工程技术人才培养体系构建"获得浙江省教学成果一等奖。主题案例"'天眼'助力生态文明建设:卫星遥感技术在生态文明建设中的案例研究"获国家级专业学位主题案例立项,获评省级优秀教学案例1个、省级课程思政示范课程1门、省优秀研究生课程1门、省"十四五"教改项目1个、校级优秀教学案例3个、专业学位研究生校企共建精品课程1门,形成了"人才链""树人链""创新链""产业链"四链深度融合的育人新模式。学院学子获数据挖掘领域国际竞赛KDD Cup 2022风电预测(Wind Power Forecast)赛道世界冠军1项、德国IF设计奖1项、美国IDEA设计大奖1项,并在第四届中国研究生人工智能创新大赛、第十九届中国研究生数学建模竞赛等15项赛事中斩获多项奖励。

【荣获浙江省教学成果一等奖】 1月29日,浙江省教育厅发文公布了2021年省教学成果奖名单,学院申报的"基于产教融合新模式的引领式软件工程技术人才培养体系构建"荣获浙江省教学成果一等奖。近年来,学院加大了在基础性、战略性、前瞻性重大关键核心软件领域的人才培养力度,着力培养创新型软件人才,提出了"引领式"人才培养模式,构建了以"新定位、新模式、新生态、新机制"为主要特征的引领式软件工程技术人才培养体系。

【"跨界服务网络架构及核心设备"项目获日内瓦国际发明展金奖】 3月16日,第49届日内瓦国际发明展举行。学院常务副院长尹建伟教授率领团队完成的"跨界服务网络架构及核心设备"项目获得金奖,该成果是在国家重点研发计划项目支持下取得的重要科研进展,可为大规模复杂服务网络的构建提供核心技术支撑,是实现多跨场景融合的高效工具,具有广泛的应用前景。

【与恒生电子签署共建研发中心协议】 11月3日,学院常务副院长尹建伟与恒生电子高级副总裁方晓明签署了共建"浙江大学—恒生电子金融科技联合研发中心"协议,建立人才培养专班,开展高水平金融核心软件人才培养。宁波市经信局副局长王川、软件与信息服务业处副处长宋帆,宁波市软件协会秘书长金励君,宁波市教育局二级调研员陈伟,恒生电子首席科学家白硕、首席架构师章乐焱出席了签约仪式。

(方红光撰稿 胡高权审稿)

生物医学工程与仪器科学学院

【概况】 生物医学工程与仪器科学学院(简称生仪学院)下设生物医学工程学系,包括生物医学工程研究所、数字技术及仪器研究所、医疗健康信息工程技术研究所和生物医学影像研究所四个研究所,建有浙江大学生物医学工程教育部重点实验室、浙江大学嵌入式系统教育部工程研究中心、医疗大数据应用技术国家工程研究中心(共建单位)、微创器械创新及应用国家工程研究中心(共建)、浙江大学生物传感器技术国家专业实验室、浙江省心脑血管检测技术与药效评价重点实验室、浙江大学浙江省网络多媒体技术研究重点实验室、浙江大学生物医学工程技术评估研究中心、浙江大学临床医学工程研究中心、浙江大学脑影像科学技术中心、浙江大学滨江研究院智能医疗技术与装备研究中心、浙江大学—雄凯集团医疗器械联合研发中心、浙江大学—博日科技联合研究中心、浙江大学—臻和科技 TumorX 联合实验室。

生仪学院拥有生物医学工程一级学科，是浙江大学 14 个国家一级重点学科之一，建有生物医学工程博士后流动站，设有生物医学工程一级学科博士学位授权点和硕士学位授权点，自主设置电子信息技术及仪器二级学科博士学位授权点和硕士学位授权点，拥有电子信息大类生物医学工程领域、仪器仪表工程领域专业博士学位和专业硕士学位授予权。

2022 年，招收博士研究生 54 人，招收硕士研究生 84 人，确认主修专业进入生仪学院 2022 级本科生 97 人，均为生物医学工程专业。毕业博士研究生 52 人、毕业硕士研究生 77 人、毕业本科生 122 人。2022 届毕业研究生一次就业率达 100％，本科生一次就业率达 90.2％，本科生深造率达 56.56％。

学院现有教职工 147 人，其中正高级职称人员 30 人、副高级职称人员 30 人、博士研究生指导教师 34 人、硕士研究生指导教师 22 人，学院博士后流动站在站人员 31 人（其中委培 1 人、企业博士后 18 人）。吴丹入选"万人计划"科技创新领军人才，实现学院零的突破，丁琲入选国家自然科学基金优秀青年，林励入选国家重点研发计划青年科学家，孙煜入选省自然科学基金杰出青年，李炫祯荣获 2022 年国际光学大使。

生物医学工程专业是国家一流本科专业建设点，正在进行一流本科教育建设，

2022 年获省级一流本科课程 3 门，校级一流课程 2 门、校级课程思政 7 门、校级线上线下课程 2 门；获教育部产学协同项目 2 项、省级教学改革项目 2 项、省级产学协同育人项目 1 项；获"十四五"省级新工科重点教材 1 项，获科学出版社规划教材 2 项，新增校外实习实践基地 3 个，入选"十四五"省级大学生校外实践教育基地 1 项。继续建设"吕维雪实验班"，组织开设学术讲座，强化学科学术前沿认识，着力培养实践动手能力强、学科交叉视野广的复合型拔尖创新人才；系统组织各类各级教学竞赛，青年教师全员参加学院初赛，推选优秀教师参加学校决赛，田雨获 2022 年浙江大学青年教师教学竞赛三等奖，郑婧获 2022 年浙江大学第三届高校教师教学创新大赛、浙江大学思政微课大赛二等奖，学院连续三年获青年教师教学竞赛优秀组织奖；学院主办首届中国智能医疗器械创新大赛、承办第七届全国生物医学工程创新设计竞赛，学生创新创业取得丰硕成果，获包括第八届中国国际"互联网＋"大学生创新创业大赛金奖等国家级学科竞赛一等奖（金奖）10 项、二等奖 5 项、三等奖 5 项；学院获 2021 年浙江大学本科生招生工作一等奖、浙江大学就业先进集体一等奖。

生仪学院 2022 年科研规模为 1.2 亿元，全年获批国家级科研项目 10 项，其中国家重点研发计划项目 2 项、课题 1 项，国家科技创新 2030—重大项目课题 2 项；作为牵头单位分别获批"十四五"国家重点研发计划干细胞专项项目和智能传感器专项项目，国家重点研发计划"主动健康与老龄化科技应对"重点专项课题 1 项，获批科技创新 2030—"脑科学与类脑研究"重大项目课题和"新一代人工智能"重大项目课题各 1 项；省

附表　2022年度生物医学工程与仪器科学学院基本情况

项目	数据	项目	数据
教职工/人	147	获国家级科技奖项目/项	0
教授/人	16	获国家级教学成果奖/项	0
副教授/人	19	授权发明专利/项	41
研究员/人	1		
副研究员/人	0		
长聘教授/人	1	SCI 入选论文/篇	128
长聘副教授/人	1	EI 入选论文/篇	—
"百人计划"研究员/人	13	MEDLINE 入选论文/篇	—
特聘研究员/人	1		
特聘副研究员/人	4	出版专著/部	0
具有博士学位的专任教师比例/%	98.7		
两院院士/人	0		
"国家特支计划"入选者/人	0	在校本科生/人	470
教育部"长江学者奖励计划"特聘教授/人	0	在学硕士研究生/人	258
教育部"长江学者奖励计划"青年学者/人	0	其中:专业学位研究生/人	104
省部级高等学校教学名师奖获得者/人	0		
"973计划"首席科学家*/人	1	在读博士研究生/人	257
国家"百千万人才工程"入选者/人	1	其中:专业学位研究生/人	13
国家杰出青年科学基金获得者/人	2		
教育部新(跨)世纪优秀人才培养计划入选者/人	2	在校攻读学位的国际学生/人	9
浙江省特级专家/人	1	应届本科毕业生一次就业率/%	90.2
浙江大学求是特聘教授/人	2		
一级学科国家重点学科/个	1	应届本科毕业生深造率/%	56.56
二级学科国家重点学科/个	0	应届毕业研究生一次就业率/%	100
国家重点(专业)实验室/个	1		
国家工程(技术)研究中心/个	1		
国家人才培养基地(含教学、教育基地)/个	0	教师出国交流/人次	0
国家精品资源共享课/门	0	学生出国交流/人次	234
国家精品视频公开课/门	0		
国家级一流本科课程/门	0	举办国际学术会议/次	0
科研总经费/万元	12005.76		
其中:国家自然科学基金比重/%	22.3	社会捐赠经费总额/万元	230
纵向经费比重/%	31.2		

注:* 含重大科学研究计划、ITER计划、青年科学家专题等。

级科研项目 8 项,其中"尖兵""领雁"研发攻关项目 1 项。作为牵头单位荣获教育部科技进步奖一等奖 1 项、浙江省科技进步二等奖 1 项,作为参与单位获得工信部特等奖 1 项(第 6 单位)、全军科技进步奖一等奖 1 项(第 2 单位);发表 SCI 论文 128 篇,其中学院第一单位 IF 10 以上 11 篇,获得 Elsevier 2021"中国高被引学者"1 人;授权各类专利 42 项,包括发明专利 40 项(美国专利 2 项,PCT 专利 1 项)。

2022 年,生仪学院新增国际合作项目 2 项;选派 6 名优秀大三本科生赴新加坡国立大学开展"3+1+1"的本硕学位联合培养项目,持续推动与 NUS 近 10 年的紧密合作;积极开展院级学生国际交流项目,主动对接外国高水平大学教授,引进高质量在线课程资源,2021—2022 学年共开展 6 项对外交流项目,共有 201 位学生参加,本科生交流率达 181%,学院线上交流率全校排名第五;研究生国际学术交流 67 人次;成功举办第二期 BME Global 国际工作坊,对接美国弗吉尼亚大学、密西西比州立大学、英国伦敦帝国理工学院、澳大利亚墨尔本大学等多所高校,举办 16 场主题青年学术沙龙,进一步拓宽研究生国际视野。

(刘玉娥撰稿　项品辉审稿)

生命科学学院

【概况】　生命科学学院(简称生科学院)现有生物科学、生物技术、生物信息和生态学 4 个系,植物生物学、微生物学等 7 个校级研究所;参与共建植物抗逆高效全国重点实验室和水稻生物育种全国重点实验室,建有国家濒危野生动植物种质基因保护中心、教育部生命系统稳态与保护重点实验室、浙江省细胞与基因工程重点实验室等国家与省部级重点实验室。

生物学、生态学再次入选国家一流学科建设名单,生态学、植物学、生物物理学 3 个二级学科为国家重点学科,药用植物资源学为浙江省中医药重点学科。

学院建有生物学、生态学博士后流动站;拥有生物学、生态学 2 个一级学科博士学位授予权,涵盖了 12 个二级博士学位授予权;2022 年本科招生专业为生物科学、生态学。

2022 年,招收硕士研究生 41 人、博士研究生 85 人,2022 级本科生 90 人确认进入学院继续学习。毕业本科生 126 人、硕士研究生 65 人、博士研究生 79 人。

现有教职工 130 人,其中正高级职称人员 55 人、副高级职称人员 28 人;博士研究生指导教师 59 人、硕士研究生指导教师 82 人;2022 年全职引进澳大利亚院士 James Whelan,新增教育部"长江学者特聘计划"讲席学者 2 人,浙大求是讲席教授 1 人、求是特聘教授 1 人,国家杰出青年科学基金获得者 1 人、国家青年人才项目 3 人;新入职"百人计划"研究员 1 人、特聘副研究员 1 人。选派青年教师吴世华副教授赴藏支援西藏大学学科建设。

建有国家生物学理科基础科学研究和教学人才培养基地、国家生命科学与技术人才培养基地和国家级生物学实验教学示范中心,有教育部高等学校教学名师 1 名,浙江省教学团队 1 个。生物科学专业被列入国家一类特色专业建设、国家级一流本科专业建设点和国家"基础学科拔尖人才培养计划"。生态学专业新入选国家级一流本科专

附表　2022 年度生命科学学院基本情况

项目	数据	项目	数据
教职工/人	130	获国家级科技奖项目/项	0
教授/人	44	获国家级教学成果奖/项	0
副教授/人	17	授权发明专利/项	8
研究员/人	0		
副研究员/人	0	SCI 入选论文/篇	174
长聘教授/人	1	EI 入选论文/篇	11
长聘副教授/人	0	MEDLINE 入选论文/篇	0
"百人计划"研究员/人	10		
特聘研究员/人	9	出版专著/部	0
特聘副研究员/人	2		
具有博士学位的专任教师比例/%	91	在校本科生/人	594
两院院士/人	0	在学硕士研究生/人	161
"国家特支计划"入选者/人	4		
教育部"长江学者奖励计划"特聘教授/人	5	其中:专业学位研究生/人	0
教育部"长江学者奖励计划"青年学者/人	2		
省部级高等学校教学名师奖获得者/人	1	在读博士研究生/人	614
"973 计划"首席科学家*/人	2		
国家"百千万人才工程"入选者/人	10	其中:专业学位研究生/人	0
国家杰出青年科学基金获得者/人	8		
教育部新(跨)世纪优秀人才培养计划入选者/人	0	在校攻读学位的国际学生/人	10
浙江省特级专家/人	2		
浙江大学求是特聘教授/人	15	应届本科毕业生一次就业率/%	96
一级学科国家重点学科/个	2	应届本科毕业生深造率/%	74
二级学科国家重点学科/个	3		
国家重点(专业)实验室/个	2(参与)	应届毕业研究生一次就业率/%	91
国家工程(技术)研究中心/个	0		
国家人才培养基地(含教学、教育基地)/个	2	教师出国交流/人次	3
国家精品资源共享课/门	3	学生出国交流/人次	11
国家精品视频公开课/门	0		
国家级一流本科课程/门	2	举办国际学术会议/次	1
科研总经费/万元	8117	社会捐赠经费总额/万元	305
其中:国家自然科学基金比重/%	17		
纵向经费比重/%	83		

注:*含重大科学研究计划、ITER 计划、青年科学家专题等。

业建设点。生物科学和生态学专业均入选教育部"强基计划"。建有"植物生理学""生命科学导论"等3门国家精品资源共享课程,"生物化学""分子生物学"等3门国家"双语"示范教学课程,2门国家一流本科课程;2022年新增5门省一流本科课程,1门省级课程思政示范课程。

全年到款科研经费8117万元,其中纵向科研经费6775万元;批准国家自然科学基金项目17项,其中杰出青年基金项目1项,优秀青年资助项目2项,区域创新联合基金1项,国际(地区)合作与交流项目1项、面上项目7项、青年科学基金项目6项;获资助直接经费1359万元。稻渔共生系统科研团队受农业农村部、中国农学会委托牵头打造"科创中国"稻渔生态种养产业服务团;首次建立大熊猫圈养种群全部个体的全基因组大数据库,研发了具有自主知识产权的大熊猫谱系管理系统。学院微重力环境下成骨分化项目入选中国空间站工程应用系统首个干细胞项目。

2022年,学院与英国爱丁堡大学、澳大利亚拉筹伯大学开展研究生联合培养项目,学生赴世界顶尖大学交流5人次(其中研究生长期交流1人,本科生短期科研实习4人次),国家公派联培博士或攻博5人次。针对研究生开展"生命科学海外研习工作坊之海外大师云讲座"活动。依托浙江大学—爱丁堡大学工程生物学联合研究中心的海外院士工作站绩效考核优秀。

【在《自然》期刊发表研究论文】 10月19日,陈才勇团队在国际著名期刊《自然》在线发表题为"HRG-9 homologues regulate haem trafficking from haem-enriched compartments"(HRG-9同源基因调控血红素富集细胞器的血红素转运)的研究论文,论文首次发现细胞内血红素分子伴侣HRG-9和TANGO 2,并揭示血红素在细胞内运输和利用的一个重要机制;同时阐明了TANGO 2在血红素代谢中的生物学功能,为探究TANGO 2疾病的病理学机制提供了基础。

【学科建设取得优异成绩】 2022年生物学、生态学均被教育部再次纳入国家"双一流"建设学科,成为浙大入选"双一流"建设的21个学科中的2个。2022年浙江大学生物学QS排名第81名,生态学QS排名第40名,在ESI学科排名中,植物与动物学排在第60名(提升9位)、生物学与生物化学排在第589名(提升14位)、微生物学排在第100名(提升14位)、分子生物学与遗传学排在第123名(提升40位)、环境与生态学排在第66名(提升19位),5个研究领域均稳居全球前百分之一,其中植物与动物学、生物与生物化学、环境与生态学稳居全球前千分之一,学科声誉显著提升。

【本科教育教学再创佳绩】 2022年6月,浙江大学生态学专业入选新一轮国家一流本科专业建设名单。目前,学院生物科学与生态学专业均入选国家"一流本科专业"及教育部"强基计划"首批招生专业。2022年,学院的"生物化学实验""大学生物学"等5门课程入选浙江省一流本科课程。目前学院已建成国家级一流课程2门,省级一流课程15门。姜维梅荣获2022年浙江省第二届高校教师教学创新大赛"课程思政"微课专项赛一等奖。学院TruSense团队获得第八届"互联网+"大赛国际赛道金奖,组织ZJU-China团队第十次夺得国际基因工程机械大赛(iGEM)金牌。

(吕　琴撰稿　诸葛洋审稿)

生物系统工程与食品科学学院

【概况】 生物系统工程与食品科学学院(简称生工食品学院)设有生物系统工程、食品科学与营养2个系和1个实验中心,建有智能农业装备、农业信息技术、农业生物环境工程、食品加工工程、食品生物科学技术等5个研究所,拥有智能食品加工技术与装备国家地方联合工程实验室、农业生产机械装备国家工程研究中心(参与)、农业装备技术全国重点实验室(参与)、生物基运输燃料技术全国重点实验室(参与)、农业农村部农业环境工程与智能化设备重点开放实验室、农业农村部农产品产后处理重点实验室、农业农村部农产品产地处理装备重点实验室、农业农村部光谱检测重点实验室、农业农村部农产品贮藏保鲜质量安全风险评估实验室、浙江省农产品加工技术研究重点实验室和浙江省食品加工技术与装备工程实验室。

农业机械化工程学科为二级学科国家重点学科,农业工程一级学科是国家"双一流"建设学科、浙江大学高峰建设学科,食品科学与工程一级学科是浙江大学优势特色建设学科。

学院建有农业工程、食品科学与工程2个博士后流动站,拥有农业工程、食品科学与工程2个一级学科博士学位授予权,农业机械化工程等10个二级学科硕士学位授权点以及农业工程、食品科学与工程2个本科专业,两个本科专业均入选国家一流本科专业建设点,食品科学与工程专业通过 IFT 国际认证。

2022年,招收本科生102人(其中留学生5人)、全日制硕士生86人(其中学术型硕士44人、专业型硕士42人)、全日制博士研究生81人、博士留学生2人、非全日制工程博士研究生3人、同等学力博士研究生4人,2021级本科生88人确认进入学院继续学习,毕业本科生109人、硕士研究生68人(其中学术学位30人、专业学位38人)、博士研究生50人(其中留学生4人),授予硕士学位68人(其中学术学位30人、专业学位38人)、博士学位51人(其中留学生4人、同等学力博士1人、全日制工程博士1人、非全日制工程博士1人)。

现有教职工186人,其中教授38人(2022年新增1人)、副教授(含思政)22人(2022年新增1人)、副研究员(含高教)2人、高级实验师2人、长聘教授2人、长聘副教授2人、"百人计划"研究员10人、特聘研究员2人、特聘副研究员11人;研究生导师82人(2022年新增11人),其中博士研究生导师68人(2022年新增14人)。

2022年入选国家高层次人才特殊支持计划领军人才1人,国家高层次人才特殊支持计划青年拔尖人才1人、农业农村部神农青年英才1人、浙江省鲲鹏计划1人、浙江省海外引才计划长期项目1人,引进求是讲席教授1人、新"百人计划"研究员1人、特聘研究员1人;3位教授入选科睿唯安2022年全球高被引科学家,4位教授入选爱思唯尔2021年中国高被引学者。

2022年,获浙江省一流本科课程3门、浙江省课程思政教改项目2项、浙江省"十四五"思政示范课程1项、浙江大学课程思政示范课程培育项目5项、线上线下混合教学培育项目1项、MOOC建设项目2项,出版农业农村部"十三五"规划教材1本,新增

3 个浙江省研究生联合培养基地;2 篇博士学位论文获浙江省优秀博士学位论文、1 篇硕士学位论文获浙江省优秀硕士学位论文;1 人获浙江大学青年教师教学竞赛三等奖。

2022 年,到校科研经费 1.16 亿元,新增主持国家重点研发计划 3 项、国家自然科学基金 23 项、浙江省"尖兵""领雁"研发攻关计划项目 5 项、浙江省自然科学基金 13 项;全年发表 SCI 收录论文 269 篇,其中五年平均影响因子在 10 以上的论文 64 篇;获授权发明专利 92 件,其中国际专利 26 件。

全年共有 220 余位学生通过线上、线下形式参与国际交流活动,建立以"智慧农业学术大讲堂""数字农业与未来食品"为主题的暑期线上国际交流项目,邀请国外一流高校专家为学生开设 32 学时的线上交流讲座,聘请国外高校教授开设 2 门线上全英文课程,以线上线下结合的方式主办了"第六届医药与食品中的植物化学物质国际会议"。

【获批省部重点实验室 2 个】 浙江省农业智能装备与机器人重点实验室于 2022 年由浙江省科技厅批准建设。实验室设立了建设管理委员会、工作委员会和学术委员会,实验室主要职能是聚集培养一支具有国际影响的队伍,开展农业信息智能感知、作物收获移栽智能装备、动物饲喂智能装备、农产品产后处理智能装备等方向研究,建设成具有重要国际影响的一流科研和学术交流平台。实验室承担了国家重点研发计划项目(课题)等科研项目,获授权发明专利 49 件,美国 PCT 专利 2 件,创制了四大系列果蔬品质智能分选装备,在四川、云南、广西等水果主产区推广应用。农业农村部农产品品质评价与营养健康重点实验室于 2022 年由农业农村部批准建设。实验室实行技术

委员会指导下的主任负责制。实验室针对农产品品质评价与营养健康领域的科学问题与技术难题,依托浙江大学科研与人才优势,以大宗农产品与地方特色农产品为研究对象,开展特征性品质营养挖掘评价与构成机制分析、多维品质营养时空评价模型及其数字化表征、品质营养(成分)全产业链集成利用等领域攻关,建设成为具有国际先进水平的农产品品质评价机构、高层次人才培养基地和国际学术交流中心,通过科技合作服务特色农产品优势产区的共享体系与生态。

【入选科睿唯安全球高被引科学家 3 人】 11 月 15 日,科睿唯安(Clarivate Analytics)公布了 2022 年度全球"高被引科学家"名单,全球来自 22 个自然科学与社会科学领域的 6938 位学者入选。该名单基于 Web of Science 的数据,通过对 2011 年 1 月至 2021 年 12 月的 11 年期间的引文数据的分析,遴选出全球各领域中高被引论文数量最多,即受到全球同行集体认可的最具引文影响力的科研人员,入选"高被引科学家"名单的科学家论文被引频次在 Web of Science 中位于同学科、同发表年份的前 1%。2022 年,中国内地共有 1169 人次入选,占比 16.2%,排名第二。浙江大学共有 28 人(29 人次)入选,学院有 3 位教授入选,占全校 28 人的 10.71%。

【获浙江省优秀博士论文 2 篇和优秀硕士论文 1 篇】 12 月,浙江省研究生教育学会公布了 2021 年浙江省优秀博、硕士学位论文评选结果。应义斌、平建峰教授指导的博士学位论文《植物水分信息原位无损感知方法及其自供电柔性可穿戴器件研究》荣获浙江省优秀博士学位论文,该论文构建了自供电柔性可穿戴原位无损感知系统,验证了其用于植物水分信息原位无损感知的可行性,为

浙江大学年鉴

附表　2022 年度生物系统工程与食品科学学院基本情况

项目	数据	项目	数据
教职工/人	186	获国家级科技奖项目/项	0
教授/人	38	获国家级教学成果奖/项	0
副教授/人	22	授权发明专利/项	92
研究员/人	0		
副研究员/人	2	SCI 入选论文/篇	269
长聘教授/人	2	EI 入选论文/篇	7
长聘副教授/人	2	MEDLINE 入选论文/篇	0
"百人计划"研究员/人	10		
特聘研究员/人	2	出版专著/部	3
特聘副研究员/人	11		
具有博士学位的专任教师比例/%	100	在校本科生/人	340
两院院士/人	0	在学硕士研究生/人	272
"国家特支计划"入选者/人	5		
教育部"长江学者奖励计划"特聘教授/人	2	其中:专业学位研究生/人	141
教育部"长江学者奖励计划"青年学者/人	3	在读博士研究生/人	295
省部级高等学校教学名师奖获得者/人	2		
"973 计划"首席科学家*/人	0	其中:专业学位研究生/人	42
国家"百千万人才工程"入选者/人	2	在校攻读学位的国际学生/人	71
国家杰出青年科学基金获得者/人	1		
教育部新(跨)世纪优秀人才培养计划入选者/人	6	应届本科毕业生一次就业率/%	88.57
浙江省特级专家/人	1	应届本科毕业生深造率/%	52.38
浙江大学求是特聘教授/人	7		
一级学科国家重点学科/个	0	应届毕业研究生一次就业率/%	98.28
二级学科国家重点学科/个	1		
国家重点(专业)实验室/个	0	教师出国交流/人次	17
国家工程(技术)研究中心/个	0		
国家人才培养基地(含教学、教育基地)/个	0	学生出国交流/人次	222
国家精品资源共享课/门	2		
国家精品视频公开课/门	1	举办国际学术会议/次	1
国家级一流本科课程/门	2		
科研总经费/万元	11600	社会捐赠经费总额/万元	165.8
其中:国家自然科学基金比重/%	9.03		
纵向经费比重/%	58.5		

注:* 含重大科学研究计划、ITER 计划、青年科学家专题等。

实现植物水分信息的原位无损感知提供了理论基础与方法依据。丁甜教授指导的博士学位论文《低温等离子体诱导活的不可培养（VBNC）状态金黄色葡萄球菌的机制研究》荣获浙江省优秀博士学位论文,该论文从抗性和毒力特性角度,报道了 VBNC 状态金黄色葡萄球菌对常见食品加工胁迫的交叉适应性和侵染宿主细胞的潜在风险,为优化低温等离子体杀菌工艺、避免 VBNC 状态细菌的形成奠定理论基础,为低温等离子体加工食品的安全性提供了有力的技术保障。张玺铭研究员指导的硕士学位论文荣获浙江省优秀硕士学位论文,该论文揭示了纤维素在甲酸处理过程中的分子演化规律及其甲酰化修饰与分子链自聚集的关系,建立了甲酰化纤维素定向制备 HMF 的催化反应体系,阐明了纤维素甲酰化修饰与二甲基亚砜溶剂的作用机理,为甲酰化纤维素于二甲基亚砜—水共溶剂体系中定向催化制备 HMF 提供理论指导。

（唐月明撰稿　李金林审稿）

环境与资源学院

【概况】　环境与资源学院（简称"环资学院"）设有环境科学、环境工程、资源科学 3 个系,环境健康、环境过程、环境污染防治、环境技术、环境生态、土水资源与环境、农业化学、农业遥感与信息技术应用 8 个研究所。拥有 1 个环境与资源国家级实验教学示范中心,"污染环境修复与生态健康"1 个教育部重点实验室,"流域面源污染防控与水生态健康"1 个水利部重点实验室,"农业资源与环境""农业遥感与信息技术""水体

污染控制与环境安全技术""有机污染过程与控制"4 个浙江省重点实验室,"水污染控制""土壤污染协同防治"2 个浙江省工程实验室/研究中心,"环境污染与生态健康"1 个浙江省国际科技合作基地。

拥有环境科学与工程国家"双一流"建设学科,农业资源与环境一级国家重点学科。拥有环境科学与工程、农业资源与环境 2 个一级博士学位授权点,资源与环境类别环境工程领域专业博士学位授权点;环境科学、环境工程、土壤学、植物营养学、农业遥感与信息技术、水资源利用与保护 6 个学术学位硕士授予点,资源与环境类别环境工程、资源利用与植物保护、农业工程与信息技术 3 个专业学位硕士授予点;设有环境科学、环境工程、农业资源与环境、资源环境科学(2019 级起并入农业资源与环境)4 个本科专业。

现有教职工 131 人,专任教师 95 人。教师中有中国工程院院士 1 人,教授 51 人(新晋 2 人),研究员 3 人,副教授 21 人,副研究员 5 人,长聘教授 1 人,长聘副教授 3 人,"百人计划"研究员 16 人,特聘研究员 1 人,特聘副研究员 2 人;博士生指导教师 86 人,硕士生指导教师 102 人,另有在站博士后 116 人(学科博士后 67 人)。2022 年,1 人入选欧洲科学院院士,新增国家杰出青年科学基金获得者 2 人(引进 1 人),1 人入选神农领军英才,新增求是特聘教授 3 人,3 人入选国家级重大青年人才计划(1 人待引进),1 人入选国家"万人计划"青年拔尖人才,2 人获得国家优秀青年基金资助,1 人入选神农青年英才,新入职"百人计划"研究员 3 人,特聘研究员 1 人。

2022 年,招收硕士研究生 190 人、博士研究生 93 人(含非全日制 5 人)。2022 级有

122名本科生确认主修专业进入环资学院；毕业本科生119人、硕士研究生129人、博士研究生89人。获批浙江省一流本科课程5门，浙江省普通本科高校"十四五"教学改革项目2项，"十四五"浙江省大学生校外实践教育基地1个。王玮、罗煜分别获浙江大学青年教师教学竞赛一、二等奖；汪海珍获第二届教师教学创新大赛"课程思政"微课专项赛二等奖，梁新强获浙江省高校课程思政教师征文本科组二等奖。1门课程获浙江大学MOOC课程立项，1门由海外教师主导的全英文课程通过验收。新增浙江大学本科教材建设项目2项；出版教材3本；申报浙江省普通本科高校"十四五"首批新工科、新医科、新农科、新文科重点教材建设项目10本；入选农业农村部"十四五"规划教材3本，国家林业和草原局"十四五"规划教材1本。学院荣获浙江大学青年教师教学竞赛优秀组织奖。获省级教学成果一等奖1项，省级专业学位研究生优秀实践成果3项，1篇博士学位论文获省级优秀博士学位论文，1篇博士学位论文获省级优秀博士学位论文提名。获评浙江大学研究生招生工作先进集体二等奖。在社会实践、志愿服务和党团建设类活动中，获全国"大学生在行动"优秀小分队等国家级、省级奖项共8项，指导学生参与第八届全国"互联网＋"大学生创新创业大赛等双创赛事与学术竞赛并获国家级、省级奖项共14项，举办浙江大学第十三届环境文化节等校园文化活动。

2022年，新立科研项目206项，到款科研经费约2.05亿元。获批国家自然科学基金项目30项，国家重点研发计划项目4项、政府间重点专项项目1项、青年科学家项目1项，浙江省重点研发计划项目3项，浙江省自然科学基金杰青项目2项、重点项目2项。作为第一单位获得2022年度浙江省自然科学奖二等奖1项，浙江省科学技术进步奖二等奖1项，浙江省科学技术进步奖三等奖1项，作为参与单位获得浙江省科学技术进步奖二等奖2项。浙江大学环境/生态学科连续十六年进入ESI世界十年引文次数前1‰，排名66位。4位老师入选科睿唯安"高被引科学家"，15位老师入选爱思唯尔"中国高被引学者"。

2022年，学院创办国际学术期刊 *Soil & Environmental Health*，组织首届浙江大学SDG全球暑期学校碳中和课程，建立NEST全球学者对话平台，筹建土壤健康与可持续发展学科联盟。与伊利诺伊大学香槟分校、剑桥大学、德国水技术中心等6所顶尖高校和科研机构开展博士联合培养，获批留学基金委创新型人才国际合作培养项目。2021—2022学年本科生海外交流率达153.85％。

【学院第五次党代会、第六届双代会召开】
5月27日，浙江大学环境与资源学院第五次党员代表大会在紫金港校区农生环组团B112报告厅召开。环境与资源学院党委书记兼副院长陈丁江代表学院第四届党委向大会做题为"凝聚发展力量 奋力走在前列——为建设中国特色世界一流的环境与资源学院而努力奋斗"的报告。大会表决通过了中共浙江大学环境与资源学院第四届委员会工作报告，书面审查了中共浙江大学环境与资源学院第四届纪律委员会工作报告和《关于党费收缴、使用和管理情况报告》，采用差额选举的办法和无记名投票的方式产生了中共浙江大学环境与资源学院第五届委员会、中共浙江大学环境与资源学院第五届纪律委员会。2022年3月4日，环境与资源学院第六届教职工、工会会员代表

项目	数据	项目	数据
教职工/人	131	获国家级科技奖项目/项	0
教授/人	51	获国家级教学成果奖/项	0
副教授/人	21	授权发明专利/项	39
研究员/人	3		
副研究员/人	5		
长聘教授/人	1	SCI 入选论文/篇	380
长聘副教授/人	3	EI 入选论文/篇	57
"百人计划"研究员/人	16	MEDLINE 入选论文/篇	0
特聘研究员/人	1		
特聘副研究员/人	2	出版专著/部	2
具有博士学位的专任教师比例/%	98.95		
两院院士/人	1	在校本科生/人	340
"国家特支计划"入选者/人	7	在学硕士研究生/人	538
教育部"长江学者奖励计划"特聘教授/人	5	其中:专业学位研究生/人	280
教育部"长江学者奖励计划"青年学者/人	2		
省部级高等学校教学名师奖获得者/人	1	在读博士研究生/人	364
"973 计划"首席科学家*/人	0		
国家"百千万人才工程"入选者/人	4	其中:专业学位研究生/人	28
国家杰出青年科学基金获得者/人	8		
教育部新(跨)世纪优秀人才培养计划入选者/人	4	在校攻读学位的国际学生/人	29
浙江省特级专家/人	2	应届本科毕业生一次就业率/%	88.3
浙江大学求是特聘教授/人	13(含讲席 1)		
一级学科国家重点学科/个	1	应届本科毕业生深造率/%	71.6
二级学科国家重点学科/个	3		
国家重点(专业)实验室/个	0	应届毕业研究生一次就业率/%	92.6
国家工程(技术)研究中心/个	0		
国家人才培养基地(含教学、教育基地)/个	34	教师出国交流/人次	0
国家精品资源共享课/门	2	学生出国交流/人次	10
国家精品视频公开课/门	0		
国家级一流本科课程/门	1	举办国际学术会议/次	0
科研总经费/万元	20506.34		
其中:国家自然科学基金比重/%	17.10	社会捐赠经费总额/万元	115
纵向经费比重/%	58.60		

注:* 含重大科学研究计划、ITER 计划、青年科学家专题等。

大会在紫金港校区农生环组团 B112 报告厅召开。院长、党委副书记陈宝梁做了题为"同心携手　笃行不怠　踔厉奋发向未来"的报告,党委副书记、纪委书记、工会主席吴卫华做了题为"凝心聚力育人成才,齐心向上共建一流"的学院第五届"双代会"和工会工作总结。大会表决通过了学院工作报告和学院工会工作报告,采用无记名投票方式选举产生新一届工会委员会委员、工会经审委员和参加学校"双代会"代表。

【创办学院首本全英文国际学术期刊】　学院与 Elsevier 合作创办首本全英文国际学术期刊 *Soil & Environmental Health*,由中国工程院院士朱利中和中国科学院院士、发展中国家科学院院士朱永官共同担任主编,浙江大学求是讲席教授马奇英和美国加州大学戴维斯分校杰出教授 Randy A. Dahlgren 担任执行主编。期刊面向土壤与环境相关的全球和区域可持续发展议题,旨在发表土壤与环境健康领域的突破性创新成果,推动土壤与环境健康科学研究、实践创新和政策执行。2022 年 12 月 2 日,期刊官网上线;2022 年 12 月 16 日,期刊投审稿系统正式开放。

【学生社会实践活动、创新创业大赛获国家级奖项】　学院围绕以培养美丽中国建设青年先锋为目标,搭建"红色＋绿色"育人舞台,组织 13 位专业教师带领 300 余名学生赴全国 6 省 23 地开展社会实践,活动获国家级社会实践奖 2 项,省级社会实践奖 6 项,受到《人民日报》、CCTV-17 等国家级媒体报道。学院团委获浙江大学 2022 年度基层团组织建设先进单位。在创新创业类赛事中获国家级奖项 6 项,省级奖项 8 项。其中学院指导的"昆虫工场——助力碳中和:

面向未来的循环经济示范园"项目获得第八届中国国际"互联网＋"创新创业大赛国家级金奖。

【入选 2021 年度"中国生态环境十大科技进展"】　学院谷保静研究员课题组与中国科学院遗传与发育生物学研究所农业资源研究中心、中国科学院生态环境研究中心、中国科学院南京土壤研究所、中国农业科学院农业环境与可持续发展研究所、中国农业大学等共同完成的"农畜牧业氨排放污染高效控制技术"入选由中国科协生态环境产学联合体组织评选的 2021 年度"中国生态环境十大科技进展"。我国农畜牧业氨排放量大,是导致雾霾的重要前体物排放源之一。该项研究针对农畜牧业氨减排的技术与模式瓶颈,编制了我国高精度动态氨排放清单,建立了氨排放评估与预警平台;提出了"减、抑、控、固"氨减排理论框架;创新了普适和前瞻多层次氨减排技术,实现了密闭堆肥反应器等设备的产业化;创建了以目标为导向的分步式氨减排模式。集成了全国可复制的县域畜牧业全链条氨减排"射阳模式"和农牧双循环氨减排"南小吾模式"。为我国氨减排提供了可创新的技术路径、可落地的技术方案和可复制的运行模式。项目成果得到人民日报、央视等 10 余家媒体的广泛报道。

（邢沁青撰稿　陈丁江审稿）

农业与生物技术学院

【概况】　农业与生物技术学院(简称农学院)由农学、园艺、植物保护、茶学、应用生物科学等 5 个系组成,设有作物科学研究所、现代种业研究所（新建）等 10 个研究所。学院与中国水稻研究所共建水稻生物学全国重点实验室，建有园艺产品冷链物流工艺与装备国家地方联合工程实验室，园艺植物生长发育与品质调控、核农学、作物病虫分子生物学、植物工厂加代育种重点实验室（新建）4 个农业农村部重点实验室，核农学、作物种质资源、园艺植物整合生物学研究与应用、作物病虫生物学 4 个浙江省重点实验室，园艺产品冷链物流工艺与装备浙江省工程实验室，作物精准设计育种浙江省工程研究中心，园艺作物品质调控与应用科技部国际联合研究中心，园艺产品品质调控技术研创与应用、种质创新与分子设计育种、作物病虫害绿色防控技术 3 个浙江国际合作基地，浙江长兴作物有害生物教育部野外科学观测研究站、长兴作物有害生物浙江省野外科学观测研究站，"科创中国""一带一路"国际特色果品产业科技创新院，"科创中国"中国—巴基斯坦作物基因资源专业科技创新院，以及浙江大学—IBM 生物计算实验室、浙江大学中美分子良种联合实验室和国际原子能机构—浙江大学植物诱变种质创新与研发合作中心。

园艺学、植物保护为一级学科国家重点学科，作物遗传育种、生物物理学为二级学科国家重点学科；农业昆虫与害虫防治、植物病理学为农业农村部重点学科；作物学、园艺学、植物保护为浙江省一流学科。园艺学、植物保护学科入选第二轮国家"双一流"建设学科。农业生物学实验教学中心为国家级实验教学示范中心。

学院建有作物学、园艺学、植物保护等 4 个博士后流动站；拥有作物学、园艺学、植物保护、生物学（共建）等 4 个一级学科博士学位授予权，作物遗传育种、生物物理学等 14 个二级学科博士学位授予权，作物遗传育种、生物物理学等 14 个二级学科硕士学位授予权，以及农业和风景园林硕士专业学位的授予权，设有农学、园艺、植物保护、茶学、园林、应用生物学等 6 个本科专业，农学、植物保护、园艺、茶学（新增）、园林（新增）专业入选国家级一流本科专业建设点。

2022 年，招收硕士研究生 303 人（国际生 8 人）、博士研究生 168 人（国际生 24人），2022 级本科生 214 人确认进入学院继续学习，毕业本科生 218 人、硕士研究生 175人（国际生 3 人）、博士研究生 86 人（国际生4 人）。继续开展应用生物科学（农学试验班）招生，招收学生 30 人。

现有教职工 398 人，其中有中国工程院院士 3 名（包括 1 名外籍院士），正高级职称人员 112 人（新增 4 人）、副高级职称人员 46人（新增 1 人）；博士研究生指导教师 135 人（新增 10 人）、硕士研究生指导教师 180 人（新增 10 人）。另有在站博士后工作人员133 人、项目聘用人员 41 人，全职兼职教授1 人。2022 年新增国家优秀青年基金获得者 1 人（海外优秀青年基金获得者 1 人）、国家"万人计划"青年拔尖人才 1 人、农业农村部神农青年英才 1 人、浙江省"最美教师"1人、浙江省"万人计划"杰出人才 1 人、浙江省"万人计划"青年拔尖人才 1 人、浙江省高层次人才特殊支持计划青年人才 1 人、中国科协青年人才托举工程项目获得者 1 人、浙江大学求是特聘学者 4 人、求是特聘技术创新岗 1 人、求是讲座教授 1 人、客座教授 1人、包玉刚讲座教授 1 人、浙江大学"三育人"标兵 1 人。

现有国家自然科学基金委员会创新研究群体 1 个、教育部"创新团队发展计划"创新团队 3 个、科技部重点领域创新团队 1

个、农业农村部"农业科研杰出人才及其创新团队"5个、浙江省重点创新团队5个、浙江省领军型创新创业团队1个、浙江省2011协同创新中心1个,牵头组建"科创中国"果蔬贮藏物流产业服务团(新增)、东南沿海特色油菜高产高质产业服务团(新增)。

学院学生获第七届中国"互联网+"大学生创新创业大赛全国总决赛银奖、铜奖各1项,第七届浙江省"互联网+"大学生创新创业大赛金奖2项,"乡村振兴"实践队伍获评2021年全国大中专学生志愿者暑期"三下乡"社会实践活动优秀团队、浙江省十佳团队。于子三爱国主义教育基地入选首批"浙江省英烈文化思政课教学实践基地"。学院学生获iGEM国际基因工程机器大赛金奖、第九届"创青春"中国青年创新创业大赛铜奖、浙江省"挑战杯"三等奖等省级及以上双创赛事奖项6项。"乡村振兴"主题社会实践获评2022年暑期社会实践活动浙江大学优秀组织奖、浙江大学十佳实践团队。

2022年,实到科研经费18372万元,其中纵向项目经费14526万元,横向项目经费3846万元。新增科技三重项目5项;44项国家基金项目获得资助,其中区创基金重点支持项目1项;主持立项国家重点研发计划项目3项(含青年科学家项目1项),浙江省"尖兵""领雁"计划项目5项,浙江省基金重点项目8项、杰青项目2项。以第一完成单位获得浙江省自然科学奖一等奖1项,教育部科技进步奖一等奖1项、自然科学奖二等奖1项,全国农牧渔业丰收奖一等奖1项;以第一单位发表国际高影响学术成果76篇;以第一申请单位获国家主要农作物审定品种4个,国家非主要农作物登记品种1个,浙江省主要农作物审定品种6个,获授权发明专利71个。全院共有12名国家现代农业产业技术体系岗位科学家和11名浙江省科技特派员活跃在农业生产和科技推广第一线。

2022年,7名博士研究生赴国外参加国家公派联培博士项目,2名本科生赴国外参加毕业设计项目。

【茶学、园林专业入选国家级一流本科专业建设点】 茶学、园林本科专业入选2021年度国家级一流本科专业建设点。茶学专业创建于1952年,围绕新时代生态文明建设、乡村振兴战略、"健康中国"等国家战略和"一带一路"倡议,瞄准国家和茶产业对综合型专业人才的迫切需求,培养具有远大抱负和国际视野,知识、能力、素质、人格并重,能推动现代茶产业可持续发展,具有全球竞争力的高素质创新人才和领导者。通过开展专业建设系列活动,已在教育教学、人才培养方面形成了特色优势:(1)专业底蕴深厚,培养了我国茶学首位硕士、首位博士和首批留学生。(2)综合性培养,"三茶"融合竞争优势凸显。以"通、专、跨、国际化"体系培养新农科茶学高水平人才,茶文化产业科技融合发展凸显了复合型人才优势。(3)围绕全产业链,"产学研用"协同成效显著。实现了以"产学研用"协同助力乡村振兴战略,以全产业链人才培养提升茶产业转型升级,以茶学科技文化创新助推健康中国、茶文化大国、茶产业强国发展。

园林专业教育始于1927年,1983—1998年按风景园林专业招生培养,1999年至今按园林专业招生,园林专业教育在继承优秀传统的基础上,结合浙江大学一流本科"知识—能力—素质—人格"四位一体的教育体系,形成了特色优势:(1)国际视野的教学体系:构建前沿教学、联合工作坊、交流项目、科研训练等多维度的国际化教学体系;(2)本土行动的专业教育:响应国家重大战

附表 2022 年度农业与生物技术学院基本情况

项目	数据	项目	数据
教职工/人	398	获国家级科技奖项目/项	0
教授/人	86	获国家级教学成果奖/项	0
副教授/人	35	授权发明专利/项	71
研究员/人	20		
副研究员/人	2	SCI 入选论文/篇	436
长聘教授/人	3	EI 入选论文/篇	1
长聘副教授/人	1	MEDLINE 入选论文/篇	0
"百人计划"研究员/人	19		
特聘研究员/人	8	出版专著/部	3
特聘副研究员/人	17		
具有博士学位的专任教师比例/%	100	在校本科生/人	824
两院院士/人	3	在学硕士研究生/人	1031
"国家特支计划"入选者/人	6	其中:专业学位研究生/人	652
教育部"长江学者奖励计划"特聘教授/人	3	在读博士研究生/人	573
教育部"长江学者奖励计划"青年学者/人	3	其中:专业学位研究生/人	0
省部级高等学校教学名师奖获得者/人	3	在校攻读学位的国际学生/人	142(本7)
"973 计划"首席科学家*/人	4		
国家"百千万人才工程"入选者/人	6	应届本科毕业生一次就业率/%	83.63
国家杰出青年科学基金获得者/人	10	应届本科毕业生深造率/%	62.83
教育部新(跨)世纪优秀人才培养计划入选者/人	22	应届毕业研究生一次就业率/%	91.97
浙江省特级专家/人	4		
浙江大学求是特聘教授/人	23	教师出国交流/人次	0
一级学科国家重点学科/个	2	学生出国交流/人次	9
二级学科国家重点学科/个	2		
国家重点(专业)实验室/个	1	举办国际学术会议/次	0
国家工程(技术)研究中心/个	1		
国家人才培养基地(含教学、教育基地)/个	2		
国家精品资源共享课/门	10		
国家精品视频公开课/门	2		
国家级一流本科课程/门	3		
科研总经费/万元	18372		
其中:国家自然科学基金比重/%	21.87	社会捐赠经费总额/万元	381
纵向经费比重/%	79.06		

注:* 含重大科学研究计划、ITER 计划、青年科学家专题等。

略需求,融通一、二、三、四课堂,建立服务乡村振兴等本土需求的专业教育模式;(3)多元发展的教学支撑:教师背景多元化、课程选择多元化、教学模式多元化、教学空间多元化联动的教学支撑体系。

【荣获国家级教学成果二等奖】 陈学新教授领衔的《"四课融通、六措并举"农科实践实训教学体系的构建与成效》荣获国家级高等教育(本科)教学成果奖二等奖。成果瞄准新时代我国农业高等教育发展的前沿方向,基于学院多年来在本科教育教学实践中的丰厚积累,就"如何通过实践实训教学的改革,推动高等教育转型升级,培养现代农业亟需的新型拔尖人才"这一新农科教育面临的迫切任务,形成了"四课融通,六措并举"的实践实训新体系。该成果提出了"志存高远、求是创新、强农兴农"的农科耕读教育新理念,全面激发"教"与"学"的积极性与主动性,有效提升了农科拔尖人才的服务"三农"情怀和创新实践能力;构建了"多元协同、内外联动"的实践实训教学新范式,形成了可复制可推广的新农科实践实训教学的全链条;创建了"资源汇聚,全程保障"的实践实训教学支撑新机制,形成了校内外资源整合、上下游产业联动的开放融合新生态。该成果的应用推广取得显著成效,引领了新农科实践育人教学改革。

【在 CELL 期刊上发表研究论文】 7月18日,浙江大学农业与生物技术学院联合范德堡大学在 Cell 期刊在线发表题为"HGT is widespread in insects and contributes to male courtship in lepidopterans"的研究论文。该研究系统性地解析了昆虫纲水平转移基因的分布、命运和功能,研究结果有助于深入理解昆虫生物多样性的产生模式,为昆虫提供了高质量的 HGT 基因资源库,这些资源将有助于其他研究者开展昆虫水平转移基因的生物学功能研究。此外,本研究发现的 HGT 基因演化模式也为昆虫生物科学、农业害虫防治,以及昆虫生物多样性提供了重要的新视角。该研究受国家自然科学基金委面上项目和国际合作重点项目、中央高校基本科研业务费专项等经费支持。学院研究生李杨、刘志国、刘超为共同第一作者,学院"百人计划"研究员沈星星、"百人计划"研究员黄健华、范德堡大学 Antonis Rokas 教授为共同通讯作者。浙江大学陈云教授、潘荣辉研究员、周文武研究员等也参与了研究,陈学新教授给予了大力支持和帮助。

(袁熙贤撰稿　吕黎江审稿)

动物科学学院

【概况】 动物科学学院(简称动科学院)设有动物科技系、动物医学系、特种经济动物科学系等 3 个系;饲料科学研究所、动物预防医学研究所、奶业科学研究所、蚕蜂研究所、动物养殖与环境工程研究所、应用生物资源研究所、动物遗传繁育研究所等 7 个研究所。设有浙江大学动物医学中心、附属教学动物医院。

学院现有绿色饲料与健康养殖国家工程研究中心、动物分子营养学教育部重点实验室、农业农村部华东动物营养与饲料重点实验室、农业农村部动物病毒学重点开放实验室、农业农村部畜禽资源(猪)评价利用重点实验室、浙江省饲料与动物营养重点实验室、浙江省动物预防医学重点实验室、浙江省蚕蜂资源利用与创新研究重点实验室、生物饲料研发与安全浙江省国际科技合作基地、浙江省饲料产业科技创新服务平台、杭州蜂业科技创新服务平台等。学院现为农业农村部中国蚕业信息网的挂靠单位。

学院现有 2 个一级学科:畜牧学(包含动物遗传育种与繁殖、动物营养与饲料科学、特种经济动物饲养等 3 个二级学科),兽医学(包含基础兽医学、预防兽医学、临床兽医学等 3 个二级学科),其中特种经济动物饲养(含蚕、蜂等)学科为国家级重点学科,动物营养与饲料科学学科为国家重点(培育)学科、农业农村部和浙江省重点学科,预防兽医学和动物遗传育种与繁殖学科为浙江省重点学科。

学院拥有畜牧、兽医学 2 个一级学科博士学术学位授权点和兽医学博士专业学位授权点;动物遗传育种与繁殖、动物营养与饲料科学、特种经济动物饲养、基础兽医学、预防兽医学、临床兽医学、食品科学等 7 个二级学科硕士学术学位授权点;农业硕士(畜牧领域)、兽医硕士 2 个专业学位授权点。

2022 年,学院招收博士研究生 49 人、硕士研究生 125 人,2022 级本科生 98 人确认进入学院主修专业。毕业博士研究生 37 人、硕士研究生 99 人、本科生 105 人。

学院现有在编教职工 107 人,其中,正高级职称人员 42 人(2022 年新增 2 人)、"百人计划"研究员 10 人,副高级职称人员 28 人(2022 年新增 1 人),特聘研究员 3 人,特聘副研究员 11 人。博士研究生指导教师 64 人(2022 年新增 9 人),硕士研究生指导教师 39 人(2022 年新增 4 人)。另有在站博士后 63 人。2022 年,学院新增神农领军英才 1 人,农业农村部岗位科学家 1 人,浙江省"万人计划"科技创新领军人才 1 人,浙江

大学"仲英青年学者"1 人。

2022 年,新增教育部兽医博士专业学位授权点,入选省级一流课程 9 门,获批省级课程思政示范课程 1 门,获批省级高校课程思政教学研究项目 1 项,获批浙江省普通本科高校"十四五"首批新农科重点教材建设项目 1 项;获浙江省第二届高校教师教学创新大赛优胜奖 1 人。

2022 年,学院实到科研经费 11207.73 万元;新增科研项目 154 项,立项总经费为 20366.23 万元;获国家自然科学基金立项资助 15 项,其中,面上项目 9 项、青年基金 5 项、外国学者研究基金 1 项。获国家重点研发计划青年科学家项目 2 项、政府间国际科技创新合作专项 1 项、课题 4 项;国家科技重大专项(转基因专项)课题 2 项、子课题 4 项;浙江省重点研发计划竞争性项目 2 项、浙江省农业新品种选育重大科技专项课题 4 项;浙江省杰出青年项目 1 项,重点项目 1 项。浙江大学作为第一完成单位获全国农牧渔业丰收奖(农业技术推广成果奖)一等奖 1 项。

2022 年,学院参加线上国际交流本科生共 93 人次,参加线上国际交流教师共 9 人次,与国外机构的教学科研合作 3 项,举办线上国际会议 5 次。

【浙江大学动物医学中心揭牌运行】 6 月 6 日,浙江大学动物医学中心正式揭牌运行。浙江大学校长、中国科学院院士吴朝晖,副校长王立忠,农生环学部常务副主任、中国工程院院士喻景权,浙江省科技厅、农业农村厅、农科院等相关部门负责人共同为中心揭牌。浙江大学相关单位负责人、动物科学学院领导班子、企业代表、捐赠合作方代表、师生代表等 150 余人共同见证,仪式由王立忠主持。动物医学中心根植学科交叉,站在

附表　2022 年度动物科学学院基本情况

项目	数据	项目	数据
教职工/人	107	获国家级科技奖项目/项	0
教授/人	27	获国家级教学成果奖/项	0
副教授/人	16	授权发明专利/项	35
研究员/人	2		
副研究员/人	6	SCI 入选论文/篇	236
长聘教授/人	2	EI 入选论文/篇	/
长聘副教授/人	3	MEDLINE 入选论文/篇	/
"百人计划"研究员/人	10		
特聘研究员/人	3	出版专著/部	2
特聘副研究员/人	11		
具有博士学位的专任教师比例/%	100		
两院院士/人	0	在校本科生/人	374
"国家特支计划"入选者/人	0	在学硕士研究生/人	415
教育部"长江学者奖励计划"特聘教授/人	2	其中:专业学位研究生/人	256
教育部"长江学者奖励计划"青年学者/人	0		
省部级高等学校教学名师奖获得者/人	0	在读博士研究生/人	193
"973 计划"首席科学家*/人	1	其中:专业学位研究生/人	0
国家"百千万人才工程"入选者/人	1		
国家杰出青年科学基金获得者/人	4	在校攻读学位的国际学生/人	17
教育部新(跨)世纪优秀人才培养计划入选者/人	8		
浙江省特级专家/人	0	应届本科毕业生一次就业率/%	83.39
浙江大学求是特聘教授/人	5	应届本科毕业生深造率/%	57.30
一、二级学科国家重点学科/个	1	应届毕业研究生一次就业率/%	96.85
国家重点(专业)实验室/个	0		
国家工程(技术)研究中心/个	1	教师出国交流/人次	9
国家人才培养基地(含教学、教育基地)/个	1		
国家精品资源共享课/门	1	学生出国交流/人次	93
国家精品视频公开课/门	0		
国家级一流本科课程/门	1	举办国际学术会议/次	5(线上)
科研总经费/万元	11207.73		
其中:国家自然科学基金比重/%	17.9	社会捐赠经费总额/万元	740.6
纵向经费比重/%	79.3		

注:＊含重大科学研究计划、ITER 计划、青年科学家专题等。

科技发展与时代前沿,创新探索"医—教—研—社会服务"四位一体有机融合,构建了"理论创新—前沿科技—未来产业""三位一体"引领支撑国家战略需求的动物传染病精准防控研究平台、"疫病预警防控—动物食品安全—公共卫生"交叉汇聚支撑畜牧业发展的检验检测与流行病学研究平台、实践型"人才培养—社会服务"有机融合支撑人类康养事业的动物医疗平台、"服务教学—支撑创新—保障产业"支撑产品与技术研发的GCP动物实验平台、"执业教育—临床训练—创新创业"链条贯通支撑终身学习的技能培训平台。

【新增教育部兽医博士专业学位授权点】 7月,教育部公布了《2021年学位授权自主审核单位撤销和增列的学位授权点名单》,其中,学院增列兽医专业博士学位授权点。学院以兽医学一级学科为主,与畜牧学、生命科学、药学类和医学类学科等相关学科交叉,突出现代生物技术和信息技术与传统兽医学科融合,面向整个兽医行业,培养德智体美劳全面发展,能独立担负动物疫病防控与检疫、动物源食品安全、兽医公共卫生、动物疾病诊疗和兽药创制等工作的具有国际视野的高层次应用型、创新型兽医人才。

【实到科研经费首次破亿元,新增千万级项目6项】 2022年,学院实到科研经费11207.73万元,科研经费首次破亿元,其中,纵向科研项目实到经费为8883.34万元,横向科研项目实到经费为2324.39万元,教师人均科研经费为147万元。新增千万级科研项目6项,立项经费为10450万元,其中,国家重点研发计划课题2项,立项经费分别为1300万元和1350万元;国家科技重大专项(转基因专项)课题2项,立项经费分别为3000万元和2000万元;横向科研

项目2项,立项经费分别为1500万元和1350万元。

(周钗美撰稿　楼建悦审稿)

医学院

【概况】 医学院下设基础医学系、脑科学与脑医学系、公共卫生学院、第一临床医学院、第二临床医学院、第三临床医学院、妇产科学院、儿科学院、口腔医学院、第四临床医学院、护理系11个(院)系,设有31个校级研究所,拥有附属第一医院、第二医院、邵逸夫医院、妇产科医院、儿童医院、口腔医院、第四医院等7家直属附属医院;统筹原附属杭州市第一人民医院、附属杭州市皮肤病医院、附属杭州市肿瘤医院、附属杭州市胸科医院、附属杭州市西溪医院统一挂牌浙江大学医学院附属杭州市第一人民医院集团(2022年),集团与附属浙江医院、附属精神卫生中心、附属金华医院、附属湖州医院共同组成5家非直属附属医院。浙江大学医学中心、转化医学研究院归口医学院管理;浙江大学实验动物中心、冷冻电镜中心、司法鉴定中心依托医学院运行管理。同时,也是中国医学科学院浙江分院所在地。

学院建有传染病重症诊治全国重点实验室、脑机智能全国重点实验室(共建,2022年新增)、微创器械创新及应用国家工程研究中心,感染性疾病、儿童健康与疾病2个国家临床医学研究中心,国家健康和疾病人脑组织资源库,肝病和肝移植研究、出生缺陷诊治2个科技部国际科技合作基地,中国—新加坡传染病防治与药物研发"一带一路"联合实验室,感染性疾病诊治协同创新

中心,国家心脑血管植入器械产教融合创新平台(2022 年新增);设有教育部脑与脑机融合前沿科学中心,恶性肿瘤预警与干预、生殖遗传 2 个教育部重点实验室,电子病历与智能专家系统教育部工程研究中心,细胞微环境互作教育部创新引智基地,传染病、多器官联合移植研究、医学神经生物学 3 个卫生健康委重点实验室,国家中医药管理局免疫(肾病)、中药药理(心血管、血液病)、病理生理(胃肠病)4 个三级实验室,国家药品监督管理局药品评价中心/浙江呼吸药物研究重点实验室;拥有良渚实验室,42 个浙江省重点实验室(省工程技术研究中心)、眼部疾病浙江省工程研究中心(2022 年新增)、膀胱肿瘤创新诊治浙江省工程研究中心(2022 年新增)等 10 个浙江省工程研究中心(省工程实验室),20 个浙江省临床医学研究中心,17 个浙江省国际科技合作载体(省国际科技合作基地)。此外,学院还拥有基础医学国家基础科学研究和教学人才培养基地、医学国家级虚拟仿真实验教学中心等。

内科学(传染病)、外科学(普外)、肿瘤学、儿科学为二级学科国家重点学科,病理学与病理生理学、眼科学、妇产科学为国家重点(培育)学科,基础医学、临床医学为国家"双一流"建设学科。学院建有临床医学、基础医学、口腔医学、公共卫生与预防医学、护理学 5 个博士后流动站;拥有基础医学、临床医学、口腔医学、公共卫生与预防医学、护理学 5 个一级学科博士学位授予权,和兄弟学院共建生物学、药学、公共管理 3 个一级学科博士学位授权点,设有人体解剖与组织胚胎学、内科学等 41 个二级学科博士学位授权点。

设有临床医学专业(8 年制、"5＋3"一体化培养、5 年制)、临床医学专业儿科方向、神经精神医学方向("5＋3"一体化培养)、口腔医学专业("5＋3"一体化培养、5 年制)、预防医学专业(5 年制)、基础医学专业(求是科学班、强基计划班)和本科临床医学留学生项目(6 年制)。临床医学、基础医学、预防医学、口腔医学 4 个专业均为国家级一流本科专业建设点。

2022 年,招收本科生 507 人,其中临床医学 8 年制(本博连读)69 人,临床医学(含儿科方向)、口腔医学"5＋3"一体化培养 224 人,医学试验班类 120 人,预防医学 74 人,基础医学(强基计划)20 人;招收临床医学(留学生)80 人;2022 级本科生 421 人确认主修医学类专业;招收硕士研究生 915 人,博士研究生 658 人;毕业本科生 412 人、临床医学(留学生)64 人、硕士研究生 539 人、博士研究生 524 人。

现有教职工 1188 人,另有附属医院职工 19714 人。其中,中国科学院院士 1 人,中国工程院院士 2 人,具有正高级职称人员 390 人(2022 年新增教授 5 人),副高级职称人员 162 人(2022 年新增副教授 2 人),博士研究生导师 748 人(2022 年新增 33 人)、硕士研究生导师 636 人。2022 年新增教育部"长江学者奖励计划"讲席学者 2 人、特聘教授 1 人、青年学者 1 人,国家高层次人才特殊支持计划领军人才 2 人、青年拔尖人才 3 人。

2022 年,临床医学专业学生在全国水平测试中获第二;首批选拔 20 名临床医学专业("5＋3"一体化培养)学生就读神经精神方向,成班建制推动创新型高素质神经医学人才培养。获批省级课程 27 门;获省级教学成果特等奖 2 项、一等奖 4 项;主编出版国家级/省部级本科教材 6 本;成立首批 24 个学科研究生教育教学委员会;获批国

项目	数据	项目	数据
教职工★/人	1188	获国家级科技奖项目/项	0
教授/人	229	获国家级教学成果奖/项	0
副教授/人	80	授权发明专利/项	133
研究员/人	14	SCI入选论文/篇	3698
副研究员/人	20	EI入选论文/篇	未统计
长聘教授/人	2	MEDLINE入选论文/篇	未统计
长聘副教授/人	9	出版专著/部	3
"百人计划"研究员/人	127		
特聘研究员/人	7	在校本科生/人	2480
特聘副研究员/人	3	在学硕士研究生/人	2774
具有博士学位的专任教师比例/%	95.7	其中:专业学位研究生/人	2002
两院院士/人	3	在读博士研究生/人	2496
"国家特支计划"入选者/人	26	其中:专业学位研究生/人	768
教育部"长江学者奖励计划"特聘教授/人	22	在校攻读学位的国际学生/人	614
教育部"长江学者奖励计划"青年学者/人	6		
省部级高等学校教学名师奖获得者/人	10	应届本科毕业生一次就业率/%	89.32
"973计划"首席科学家*/人	10	应届本科毕业生深造率/%	83.85
国家"百千万人才工程"入选者/人	6	应届毕业研究生一次就业率/%	94.91
国家杰出青年科学基金获得者/人	26		
教育部新(跨)世纪优秀人才培养计划入选者/人	22		
浙江省特级专家/人	10		
浙江大学求是特聘教授/人	93	教师出国交流/人次	58(含线上56)
一级学科国家重点学科/个	0		
二级学科国家重点学科/个	4		
国家重点(专业)实验室/个	1	学生出国交流/人次	655(含线上622)
国家工程(技术)研究中心/个	1		
国家人才培养基地(含教学、教育基地)/个	4		
国家级一流本科课程/门	5	举办国际学术会议/次	2
科研总经费/万元	83487		
其中:国家自然科学基金比重/%	35.95	社会捐赠经费总额/万元	69403
纵向经费比重/%	81.17		

注:★不含附属医院职工数。

*含重大科学研究计划、ITER计划、青年科学家专题等。

家留基委创新型人才国际合作培养项目 1 项。获批 1 个教育部"大思政课"实践教学基地;学生获挑战杯特等奖 1 项、"互联网＋"大学生创新创业大赛金奖 2 项。生源质量取得显著提升,医药代码在有完整数据的 19 省(市)中有 10 省医学提档线居全国前三,3 省居前二,国际留学生生源国达 24 个,居全国院校和本校各专业前列;应届本科毕业生一次就业率为 89.32％,应届毕业研究生一次就业率为 94.91％。

2022 年,学院到位科研总经费为 8.3487 亿元,在研国家级科研项目 1777 项,经费为 4.3153 亿元。获批国家自然科学基金项目 558 项,批准直接经费 3.1405 亿元,其中包括重大项目 1 项、重大研究计划—集成项目 1 项、重大研究计划—重点支持项目 2 项、国家杰出青年科学基金项目 4 项、优秀青年科学基金项目 4 项、重点项目 10 项、联合基金项目 13 项、专项项目(三重类)1 项。获批浙江省基础公益研究计划项目 257 项,批准经费 4327 万元。获批省"尖兵领雁"项目 49 项,批准经费 1.2355 亿元。获 2021 年度浙江省科学技术奖一等奖 6 项。2022 年以第一单位在 CNS 主刊发表高水平论文 4 篇。

继续深化与哈佛大学、牛津大学和斯坦福大学等顶尖大学的机制性、多维度合作,积极主导国际大科学计划与大科学工程,获批国家自然科学基金外国学者项目 3 项、科技部政府间国际科技创新合作项目 6 项。持续推进与牛津大学、新加坡国立大学开展的"4＋1"本硕联合培养项目,打造基础医学人才高地。首届浙江大学与西澳大学联合医学双学士学位项目学生毕业。与新加坡国立大学医学院签署学生交流协议。与美国耶鲁大学、香港大学开展暑期本科生全英

文线上交流项目,本科生对外交流率首次破百(116.89％)。

7 家直属附属医院共有开放床位 16447 张,2022 年门诊、急诊人数达 3398.95 万人次,住院治疗人数达 111.55 万人次,医院业务总收入 328 亿元。5 月 7 日,附属第二医院与安徽省共建浙江大学医学院附属第二医院安徽医院(肿瘤区域医疗中心)建设项目获批;6 月,南昌大学第二附属医院综合类国家区域医疗中心项目(附属第一医院江西医院)获批;6 月 26 日,附属二院博奥院区(心脑血管病院区)启航;8 月,附属邵逸夫医院五期大楼投入使用;9 月 21 日,附属儿童医院滨江院区扩建工程启用;9 月 30 日,2022 年度浙江大学医德医风奖评选揭晓,附属口腔医院王慧明等 8 人获"浙江大学好医生奖";附属妇产科医院王虹等 8 人获"浙江大学好护士奖"。附属医院在疫情防控中彰显担当,齐心协力打好疫情防控阻击战,积极组织参与省内外核酸采样、检测和医疗救治工作。

【高质量举行 110 周年院庆系列活动】 5 月 27 日晚,医学院举行"医心与共,传承卓越"主题晚会;5 月 28 日上午,建院 110 周年纪念大会在紫金港校区举行。下午,"求是筑梦"全球校友论坛、"创新筑峰"医学科研论坛、"卓越树人"医学教育论坛举行,五大活动成功举办。全国人大常委会副委员长陈竺、教育部原副部长林蕙青、浙江大学党委书记任少波、医学院院长刘志红为纪念大会致辞,21 位院士参与院庆系列讲座、论坛或现场活动。五大活动在直播平台线上观看超过 37 万人次,线上参与(含晚会转播平台)人次近百万次。

院庆收到国内医学院校贺信 47 封,国外战略合作伙伴祝福视频或贺信 27 条,在

各级媒体发表推文、新闻报道等200余篇，全网阅读量突破300万次，高质量制作了《传承 创新 梦想 奋进》三维短片，编写了《医脉相承——口述历史访谈录》，开发了校友"时光影像馆"，举办了"浙医筑峰"学术报告13场，开展了"好医生好护士"事迹展和110周年教学、科研大事记展，组织了"医路同行、健康悦跑"和"浙大医学人点亮全球"等活动，形成了音诗画《烽火中的微光》、情景对话《白衣渡青春》、情景朗诵《我和我的浙大医学》及一系列院庆标识、口号、吉祥物等文化作品，得到校内外领导、师生、校友的好评，在凝聚人心、凝练文化、提升声誉等方面取得了显著成效。

【高能级平台建设取得重要进展】 全力创建高能级科研创新平台，加快推进全国（国家）重点实验室重组和新建，5月获批脑机智能全国重点实验室（共建）；10月获批国家医学攻关产教融合创新平台。

【获批国家高水平公共卫生学院建设单位】 10月11日，公共卫生学院获批国家高水平公共卫生学院建设单位，将依托浙江大学多学科综合交叉优势，以数字公共卫生为特色，打造新型高水平公共卫生学院。

（施杭珏撰稿　李晓明审稿）

药学院

【概况】 药学院下设药学系、中药科学与工程学系2个系和药学实验教学中心，设有药物发现与设计研究所、药物制剂研究所、药物信息学研究所、现代中药研究所、药理毒理研究所、药物代谢和药物分析研究所6个研究所，以及药物安全评价研究中心、临床药学研究中心和药品数字监管研究中心。建有药物制剂技术国家地方联合工程实验室、中—印尼生物技术国家联合实验室、抗肿瘤创新药物教育部工程研究中心、浙江省药物制剂工程实验室、浙江省抗肿瘤药物临床前研究重点实验室、浙江省先进递药系统重点实验室、全军特种损伤防治药物重点实验室、智能创新药物浙江省工程研究中心、食品药品安全浙江省国际科技合作基地、浙江省"一带一路"国际联合实验室，拥有科技部创新人才推进计划重点领域创新团队和浙江省小分子药物研发关键技术科技创新团队。

药学为国家"双一流"建设学科，药物分析学为国家重点（培育）学科，中药分析学和生药学（协建）2个学科为国家中医药重点学科；"药物分析学"为国家精品课程、网络教育国家精品课程，"药物分析学""药理学"为浙江省精品课程；药学实验教学中心为浙江省教学示范实验中心。

学院设有药学一级学科博士后科研流动站，拥有药学一级学科博士学位授权点、药学专业硕士学位授权点、生物与医药类别专业博士学位授权点以及药学本科专业。2022年，招收硕士研究生189人、博士研究生91人，2022级本科生130人确认进入学院继续学习。毕业本科生135人、硕士研究生57人、博士研究生55人。

现有教职工295人，其中教授33人，副教授27人，研究员3人；长聘教授1人，长聘副教授1人，"百人计划"研究员11人，特聘研究员17人。博士研究生指导教师、硕士研究生指导教师89人。2022年学院引进求是工程岗教授1人，浙江大学"百人计划"研究员3人，特聘研究员7人，入选长江讲席教授1人，入选国家优秀青年科学基金

1 人,优秀青年(海外)项目 4 人,"万人计划"青年拔尖项目 2 人,MIT 亚太地区"35 岁以下科技创新 35 人"1 人,浙江省有突出贡献中青年专家 1 人。

启动教育部拔尖计划 2.0。4 位教师首次入选"明德优秀教师计划",以点带面推进学院本科教育。新增教育部产学协同育人实践基地 1 个、省级一流课程 6 门、省级课程思政示范课程 1 门,3 部教材获省"四新"教材建设推荐,实现课程思政全覆盖。启动学术学位研究生"2+3"统筹招生贯通培养改革,为学校改革提供样板。率先落实并推进 4 个专硕项目制改革,积极推进卓越项目、精品课程、实践基地、特色教材和教学案例建设。立项省级课程思政示范课 2 门、教学示范团队 1 个。立项省级研究生教改项目 1 项,认定省级专业学位联合培养基地 1 个,高水平推进课程思政。发挥学科力量,打造三全育人药学新模式,本科生思想政治教育培养方案入选学校试点,立项学校第二轮学科思政特色创新重点项目,创建特色鲜明的学科思政。获"互联网+"国赛银奖 1 项,省赛银奖 3 项,"挑战杯"省赛金奖 2 项、银奖 2 项,创新创业取得新成效。建设神农百草园劳动育人基地,开设黄鸣龙/黄鸣驹论坛,拍摄《药劲》宣传片讲好药学故事,用科学家精神引领青年学生成长。

2022 年年度到位科研经费约 2.03 亿元,连续第七年突破亿元。获第一单位省部级一等奖 2 项;获科技部国家重点研发计划课题 3 项;获国家自然科学基金 30 项,集中申报资助率为 41.4%,其中重点项目 1 项、区域创新发展联合基金重点项目 1 项、原创探索类专项 1 项、国际合作与交流项目 1 项、优青项目 1 项、面上项目 16 项、青年科学基金项目 10 项;获浙江省重点研发计划

项目 2 项;获浙江省自然科学基础公益计划项目 15 项(批准率 39.5%),包括创新群体项目 1 项、杰青 3 项、重大项目 3 项、重点项目 3 项,探索类 5 项。

推出"在地国际化"系列措施,开展线上工作会议 12 次、海外深造指导系列讲座 3 次,组织明德弘药学术系列讲座、本科生和博士研究生线上国际交流和课程 6 项、第三届"启真湖"国际青年药学人论坛。申报立项学校研究生院博士研究生国际卓越培养项目;本科生国际交流(含线上)180 人次、深造率 70%,研究生国际交流(含线上)158 人次,赴美国哈佛医学院、新加坡国立大学开展联合培养 5 人次。通过邀请科睿唯安对学院国际声誉和学科综合实力进行评估和分析,参评学校国际化评估工作,邀请国际顾问委员会委员加入药学学科全球评估专家库等,开展数字化智能监测国际化建设工作。

【高质量党建引领高质量发展】 打造忠诚、干净、担当的干部队伍。召开学院第一次党员代表大会,选举产生新一届学院两委委员。新设 2 名院长助理,新增 2 位"双专"干部,落实领导班子分工。充分发挥党组织和党员战斗堡垒和先锋模范作用,教师党员"冒雪逆行"组建抗疫志愿者先锋队,万众一心守护校园。积极推进以课程思政、专业思政、学科思政应用为基础的党建业务深度融合。药理毒理研究所教工党支部通过全省党建工作样板支部验收。

【科研创新平台建设取得突破性进展】 积极参与构建国家战略科技力量,加快建设高能级科研平台,增强科技创新策源力。2022 年获批"抗肿瘤创新药物教育部工程研究中心",积极推进"先进药物递释系统全国重点实验室""现代中药创制全国重点实验室"重

项目	数据	项目	数据
教职工/人	295	获国家级科技奖项目/项	0
教授/人	33	获国家级教学成果奖/项	0
副教授/人	27	授权发明专利/项	22
研究员/人	3		
副研究员/人	0	SCI 入选论文/篇	271
长聘教授/人	1	EI 入选论文/篇	65
长聘副教授/人	1	MEDLINE 入选论文/篇	260
"百人计划"研究员/人	11		
特聘研究员/人	17	出版专著/部	1
特聘副研究员/人	0		
具有博士学位的专任教师比例/%	100	在校本科生/人	470
两院院士/人	0	在学硕士研究生/人	408
"国家特支计划"入选者/人	5	其中:专业学位研究生/人	208
教育部"长江学者奖励计划"特聘教授/人	2		
教育部"长江学者奖励计划"青年学者/人	3	在读博士研究生/人	280
省部级高等学校教学名师奖获得者/人	0		
"973 计划"首席科学家*/人	1	其中:专业学位研究生/人	18
国家"百千万人才工程"入选者/人	2	在校攻读学位的国际学生/人	14
国家杰出青年科学基金获得者/人	3		
教育部新(跨)世纪优秀人才培养计划入选者/人	6	应届本科毕业生一次就业率/%	95.1
浙江省特级专家/人	0	应届本科毕业生深造率/%	70
浙江大学求是特聘教授/人	9	应届毕业研究生一次就业率/%	95.6
一级学科国家重点学科/个	0		
二级学科国家重点学科/个	0	教师出国交流/人次	28(含线上)
国家重点(专业)实验室/个	0		
国家工程(技术)研究中心/个	0	学生出国交流/人次	338(含线上)
国家人才培养基地(含教学、教育基地)/个	2		
国家精品资源共享课/门	0	举办国际学术会议/次	2
国家精品视频公开课/门	0		
国家级一流本科课程/门	0		
科研总经费/万元	20251	社会捐赠经费总额/万元	370(到款)
其中:国家自然科学基金比重/%	8.45		
纵向经费比重/%	30.40		

注:* 含重大科学研究计划、ITER 计划、青年科学家专题等。

组共建。牵头成立浙江大学药品数字监管研究中心。

（张莹莹供稿　胡富强审核）

工程师学院

【概况】 浙江大学工程师学院（浙江工程师学院）是浙江大学直属单位，旨在推进工程类专业学位研究生教育教学改革，培养面向产业的高端工程科技领军人才和卓越工程师。2022年9月，浙江大学入选全国首批国家卓越工程师学院建设单位，将在现有的浙江大学工程师学院的基础上建设国家卓越工程师学院。

学院内设7个办公室，下设工程创新与训练中心、工程管理中心和高级培训中心，拥有浙江省协同感知与自主无人系统重点实验室，另设有数字金融分院、宁波分院、衢州分院等办学机构。

2022年，在工程八大类别和工程管理专业学位类别录取研究生1167人，含第五届工程博士169人。全年毕业研究生670人，一次就业率达98.4%，居全校前列。截至2022年年底，学院在校研究生4564人，师生党支部34个。

现有教职工79人。其中，正高级职称人员10人（2022年新增2名），副高级职称人员16人（2022年新增1名）。已聘20名工程教育创新岗教师，17名行业和企业专家为兼职兼任教师。另有包括17名院士在内的校内导师队伍919人，院聘1626位企业专家为校外合作导师。

完成工程硕博士培养改革专项2022级招生选拔。开展卓越培养项目考核与调整，

2022级设立19个项目。工程管理招生领域增设"技术转移"方向，并首次招收全日制工业工程与管理研究生10人。新增内蒙古电力（集团）和江南造船（集团）2个定向联合培养教学班。

新建"工程创新技术前沿""产业技术发展前沿""高阶工程认知与实践"等跨类别通识性课程，获评教育部学位中心主题案例1项，省级优秀教学案例5项，校级硕士特色课程12项，1本教材入选校精品教材。整合提升现有实训平台，新增设备334台；新建虚拟训练中心，初步实现多基地远程实景接入。在企业新建22个研究生联合培养基地，总数达60个，新增入选省级联合培养基地2个。878名研究生到企业参加专业实践，申请和授权专利383项，获省级专业实践优秀成果奖6项，占全校获奖比例的23.1%。

与巴黎综合理工学院等三校续签创新创业管理及清洁能源双硕士合作协议；19名研究生圆满完成为期4个月的中法项目海外学习；100余名研究生参加各类线上国际会议及学术交流活动。新建校级内蒙古电力可再生能源电力系统联合研发中心；新建院级大华股份元宇宙联合创新中心和浙江省震灾防御技术研究中心；全年签约合作经费5500万元。全年开设高端工程技术和工程管理培训项目近50个。衢州分院常山港院区正式启用。师生积极参与浙江山区海岛县揭榜挂帅、技术服务和社会实践活动，服务共同富裕。

新增81名优秀毕业生获得工程师职称证书，新增55名研究生获得IPMP国际项目经理资质认证。1位研究生获竺可桢奖学金和校"十佳大学生"。赴云南昆明、景东社会实践队获2022年全国大学生暑期

实践展示活动全国百强实践项目和校2022年大学生寒暑期社会实践活动"十佳团队"。学生获中国研究生机器人创新设计大赛全国总决赛一等奖2项、中国研究生智慧城市技术与创意设计大赛二等奖1项。学院申报的"直面产业复合交叉工程类专业学位硕士研究生培养模式系统性改革方案"获2021年浙江省教学成果奖特等奖。

【浙江省协同感知与自主无人系统重点实验室获浙江省科学技术厅认定】 1月5日,浙江省协同感知与自主无人系统重点实验室获浙江省科学技术厅认定。该实验室依托工程师学院工程创新与实训平台建设,汇聚信电、控制、数学等多个学科优质资源,由浙江省特级专家、工程师学院院长包刚教授担任主任,将重点开展智能感知系统与芯片、智能协同感知与处理技术、智能无人系统集成与应用等关键核心技术研发和高端工程创新人才培养。

【中国共产党浙江大学工程师学院召开第一次党员代表大会】 6月1日,中国共产党浙江大学工程师学院第一次党员代表大会在工程师学院工教五多功能报告厅召开,顺利选举产生了学院新一届党的委员会和纪律检查委员会。

【统筹全校工程硕博士培养改革专项】 顺利完成工程硕博士培养改革专项2022级招生选拔。自2023级起由工程师学院统筹全校专项任务,协同各相关学院(系)以及合作企业完成国家关键领域工程硕博士研究生招生和培养,专项研究生学籍全部纳入工程师学院。

【与内蒙古电力集团签订战略合作协议】 8月2日,浙江大学与内蒙古电力集团新一轮战略合作协议签约仪式在工程师学院举行,校企双方共建"浙江大学—内蒙古电力集团可再生能源电力系统联合研发中心"和"浙江大学—内蒙古电力集团研究生联合培养基地"。已成功推进两项省部联动国家重点研发计划项目指南申报,累计开设3期电气工程领域"订单式"联合培养班。

【入选全国首批国家卓越工程师学院】 9月27日,浙江大学入选全国首批国家卓越工程师学院建设单位,将在已建成的浙江大学工程师学院基础上,建设国家卓越工程师学院,紧密围绕国家重大战略和行业企业重大需求培养具有国际竞争力的卓越工程师。

(陈诗诗撰稿 薄　拯审稿)

微纳电子学院

【概况】 微纳电子学院(微电子学院)是教育部、发改委、科技部、工信部、财政部和外专局联合发文批准的第一批"国家示范性微电子学院",2020年9月12日搬迁入驻浙江大学杭州国际科创中心。学院聚焦支撑我国经济发展和国家安全的战略性、基础性和先导性集成电路产业技术,以产教融合、科教协同、开放办学为原则,积极探索面向产业需求的新型教育科研体系和体制创新,努力形成一批具有自主知识产权的重大技术成果,培养一批具有前瞻性、能够引领未来发展的科技创新领军人才和复合型、工程型人才,成为产教融合与新工科建设的先行者。

学院下设先进集成电路制造技术研究所、超大规模集成电路设计研究所、微纳电子前沿技术研究所3个研究所和浙江省集

项目	数据	项目	数据
教职工/人	35	获国家级科技奖项目/项	0
教授/人	17	获国家级教学成果奖/项	0
副教授/人	5	授权发明专利/项	44
研究员/人	2		
副研究员/人	0	SCI 入选论文/篇	57
长聘教授/人	0	EI 入选论文/篇	2
长聘副教授/人	0	MEDLINE 入选论文/篇	0
"百人计划"研究员/人	8		
特聘研究员/人	3	出版专著/部	0
特聘副研究员/人	0		
具有博士学位的专任教师比例/%	97.1	在校本科生/人	0
两院院士/人	1	在学硕士研究生/人	222
"国家特支计划"入选者/人	0		
教育部"长江学者奖励计划"特聘教授/人	0	其中:专业学位研究生/人	146
教育部"长江学者奖励计划"青年学者/人	0		
省部级高等学校教学名师奖获得者/人	0	在读博士研究生/人	102
"973 计划"首席科学家*/人	0		
国家"百千万人才工程"入选者/人	0	其中:专业学位研究生/人	37
国家杰出青年科学基金获得者/人	0		
教育部新(跨)世纪优秀人才培养计划入选者/人	1	在校攻读学位的国际学生/人	2
浙江省特级专家/人	0	应届本科毕业生一次就业率/%	无
浙江大学求是特聘教授/人	1		
一级学科国家重点学科/个	0	应届本科毕业生深造率/%	无
二级学科国家重点学科/个	0		
国家重点(专业)实验室/个	0	应届毕业研究生一次就业率/%	无
国家工程(技术)研究中心/个	0		
国家人才培养基地(含教学、教育基地)/个	0	教师出国交流/人次	16
国家精品资源共享课/门	0	学生出国交流/人次	18
国家精品视频公开课/门	0		
国家级一流本科课程/门	0	举办国际学术会议/次	0
科研总经费/万元	7214.33		
其中:国家自然科学基金比重/%	4.39	社会捐赠经费总额/万元	47
纵向经费比重/%	44.46		

注:* 含重大科学研究计划、ITER 计划、青年科学家专题等。

成电路创新平台。浙江省集成电路创新平台于 2022 年获批浙江省 CMOS 集成电路成套工艺与设计技术创新中心，并作为核心骨干单位获批省部共建集成电路(制造)人才培养和协同创新基地。学院拥有电子科学与技术、电子信息、集成电路科学与工程 3 个一级博士学位授予权，涵盖 2 个二级博士学位授予权。

2022 年，招收硕士研究生数 87 人、博士研究生 39 人。在校研究生共 324 人，其中博士研究生 102 人，硕士研究生 222 人。

截至 2022 年 12 月 31 日，学院共有教学科研人员 35 人，其中中国工程院院士 1 人，国家级高层次人才 4 人，国家级青年人才 3 人，省级人才 5 人；2022 年，推荐入选长江讲席教授 1 人，"万人计划"科技创新领军人才 1 人，"火炬计划"1 人，国家自然科学基金优秀青年科学基金(海外)项目 3 人，"启明计划"1 人，启真优秀青年学者 1 人。

学院成立集成电路学科委员会，建立研究生培养工作委员会制度，以学术导师＋企业导师的"双导师制"为核心构建产学研协同育人机制。学院教师荣获电子信息类专业授课竞赛(国赛)华东赛区一等奖 1 项，"集成电路产业技术讲座"入选浙江省"十四五"研究生教改项目课程思政示范课程。学院作为学校主要建设单位获批国家级"双师型"教师培训基地(集成电路类)。

2022 年，学院新增科研项目 29 个，牵头获批科技部重点研发计划项目 1 项、国家自然科学基金委员会重大研究计划项目 1 项、区域联合基金项目 1 项，牵头获批浙江省"尖兵""领雁"研发攻关计划项目 1 项，重大横向项目 1 项，承担科技创新 2030—重大项目子课题 1 项；申请专利 52 项，其中授权专利 44 项；发表 SCI 等论文 90 余篇，其中顶会论文 5 篇；科研经费到款共 7214.33 万元(较 2021 年增长 57.52％)，其中横向经费 4007.16 万元，纵向经费 3207.17 万元。

学院作为主办方之一组织了 IEEE 纳米技术委员会浙江分会 2022 年度学术研讨会；学院教师当选 IEEE 国际生物医疗电路与系统技术委员会下任主席，担任 IEEE *Nanotechnology Magazine*, *Associate Editor* 和 *Nanotechnology Advisory Panel Member* (顾问团成员)等。1 名博士研究生获批 2022 年度国家公派研究生项目。

【获批浙江省技术创新中心】 2022 年，平台正式获批"浙江省 CMOS 集成电路成套工艺与设计技术创新中心"(浙江省科技厅)。中心由中国工程院吴汉明院士牵头谋划，聚焦集成电路"缺芯少核"的技术难题，集聚政府、高校、产业各方力量，主攻成套工艺基础技术、BCD 技术、混合信号芯片技术、12 吋生产线良率提升及先进芯片设计等 5 大方向，拟计划取得专业技术领域多项标志性成果，建设 12 吋 CMOS 集成电路成套工艺与设计技术创新平台。

【第五届中国研究生创"芯"大赛举行】 8 月 2—4 日，由浙江大学杭州国际科创中心、浙江大学微纳电子学院承办的"华为杯"第五届中国研究生创"芯"大赛顺利举行，来自全国 48 所高校的 154 支队伍经过层层选拔，从 503 支队伍中脱颖而出，冲进决赛。全国各大高校、企业、科研机构的集成电路行业专家、优秀青年学子共同见证了创"芯"之星诞生。中国研究生创"芯"大赛是中国研究生创新实践系列赛事之一，是一项面向全国高等院校和科研院所在读研究生的团体性集成电路设计创意实践活动，大赛宗旨为"创芯、选星、育芯"，旨在服务国家集成电路产业发展战略，促进集成电路领域优秀人才的培养。

【获批国家级职业教育"双师型"教师培训基地(2023－2025 年)(集成电路类)】 12 月,教育部办公厅发布《教育部办公厅关于公布国家级职业教育"双师型"教师培训基地(2023－2025 年)的通知》(教师厅函〔2022〕28 号),浙江大学获批国家级职业教育"双师型"教师培训基地(集成电路类)。国家级职业教育"双师型"教师培训基地,是教育部为深入贯彻党的二十大精神,落实中共中央办公厅、国务院办公厅印发的《关于推动现代职业教育高质量发展的意见》要求,优化职业学校"双师型"教师培训基地布局,推进职普融通、产教融合、科教融汇而确定建设的一批教师培训基地。基地主要承担职业学校教师素质提高计划、"职教国培"示范项目、名师(名匠)名校长培养计划等国家级培训任务。微纳电子学院是基地的主要建设单位。

(周　莹撰稿　余飞波审稿)

财务与资产管理

财务工作

【概况】 浙江大学 2022 年总预算收入 1776822.73 万元,总预算支出 1445985.56 万元。

预算收入情况 2022 年,浙江大学总预算收入比上年增加 217123.00 万元,增长 13.92%。其中:财政拨款预算收入占总收入的 23.47%,事业预算收入占总收入的 49.45%,附属单位上缴预算收入、非同级财政拨款预算收入、投资预算收益及其他预算收入占总预算收入的 27.08%(详见表1)。

表 1 浙江大学 2021—2022 年预算收入变动分析

项目	2022 年预算收入数	增减额/万元(与 2021 年比)	增长率/%(与 2021 年比)
一、财政拨款预算收入	417053.03	59736.64	16.72
1.教育拨款预算收入	359891.53	32739.29	10.01
2.科研拨款预算收入	16380.58	−294.25	−1.76
3.其他拨款预算收入	40780.92	27291.60	202.32
二、事业收入	878671.06	−9242.84	−1.04
1.教育事业预算收入	188245.23	−15138.60	−7.44
2.科研事业预算收入	690425.82	5895.74	0.86
2.1 非同级财政拨款	467612.87	14511.66	3.20
2.2 其他科研事业预算收入	222812.96	−8615.91	−3.72
三、上级补助预算收入	—	—	—
四、附属单位上缴预算收入	1562.50	−183.56	−10.51
五、非同级财政拨款预算收入	184579.71	11170.88	6.44

项目	2022 年 预算收入数	增减额/万元 (与 2021 年比)	增长率/% (与 2021 年比)
1. 中央拨款	6476.74	646.02	11.08
2. 地方拨款	178102.96	10524.86	6.28
六、投资预算收益	2462.50	−6561.21	−72.71
七、其他预算收入	113701.47	−16589.37	−12.73
合　计	1776822.73	217123.00	13.92

预算支出情况　2022 年,浙江大学总预算支出比上年增加 69321.65 万元,增长 5.04%。其中,工资福利支出占总支出的 31.15%;商品和服务支出占总支出的 43.04%;对个人和家庭补助支出占总支出的 10.79%;基本建设和其他资本性支出占总支出的 15.01%(详见表 2)。

表 2　浙江大学 2021—2022 年预算支出变动分析

项目	2022 年 预算支出数/万元	增减额/万元 (与 2021 年比)	增长率/% (与 2021 年比)
一、工资福利支出	450458.78	8571.84	1.94
二、商品和服务支出	622371.44	−6855.99	−1.09
三、对个人和家庭的补助	156018.06	16673.61	11.97
四、基本建设支出	42904.68	30110.06	235.33
五、其他资本性支出	174207.32	20796.85	13.56
合　计	1445985.56	69321.65	5.04

资产情况　截至 2022 年末,学校资产总值为 4775510.00 万元,比上年增加 466001.20 万元,增长 10.81%。各类资产的构成如图 1。

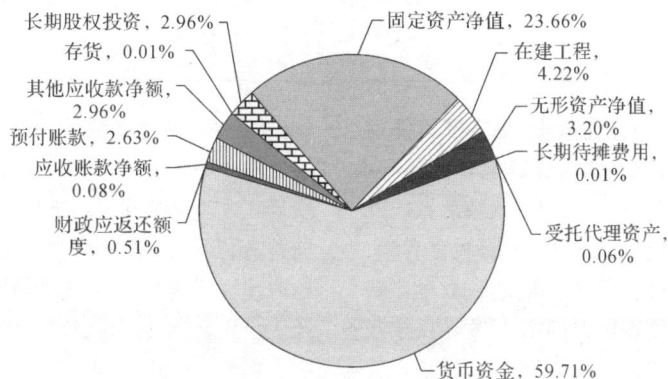

图 1　浙江大学各类资产构成

负债情况 截至 2022 年末,浙江大学负债总额为 1426129.14 万元,比上年增加 397994.85 万元,增长 38.71%。各类负债的构成见图 2。

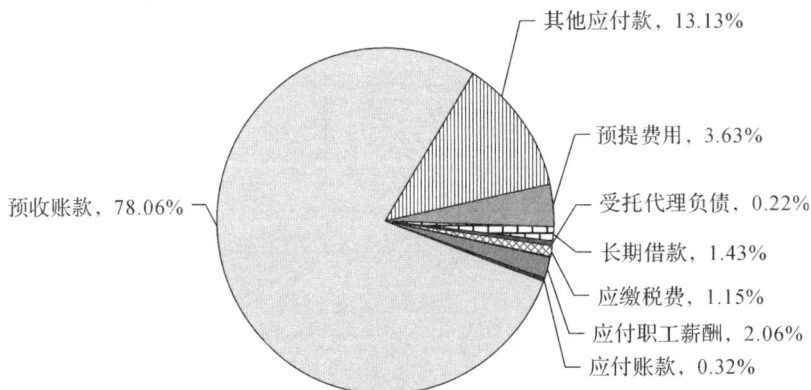

图 2　浙江大学各类负债构成

净资产情况 2022 年末,浙江大学净资产总额为 3349380.86 万元,比上年增加 68006.35 万元,增长 2.07%。其中,累计盈余 3307520.56 万元,占净资产 98.75%;专用基金 41860.30 万元,占净资产的 1.25%(见表 3)。

表 3　浙江大学 2021—2022 年末净资产变动情况分析

项目	2022 年末/万元	增减额/万元 (与 2021 年末比)	增长率/% (与 2021 年末比)
一、累计盈余	3307520.56	64220.04	1.98
二、专用基金	41860.30	3786.30	9.94
1.职工福利基金	17622.85	1679.28	10.53
2.其他专用基金	24237.45	2107.02	9.52
三、权益法调整	0	0	0.00
合　计	3349380.86	68006.35	2.07

【扎实推进预算一体化建设,提升预算管理水平】 继续在院系实施预算管理改革,兑现创收增量奖励等改革红利,激励院系向外拓展资源。优化资源配置,保障教育教学、人才队伍和学科建设等重点投入,教学经费连年递增。严格按照时间节点做好系统测试、数据迁移,集中完成省国库凭证转录工作,在全省高校系统完成预算一体化数据报送工作中率先垂范,受到省财政厅表扬。高质量完成基础数据更新维护,提前谋划项目储备,做实做细中央部门"一上"预算。优化校内预算编报流程,开通新增资产配置预算线上申报,将校内审批流程和主管部门要求嵌入系统,努力降低预算核减率。开展中央

财务与资产管理

改善基本办学条件专项项目校内预评审,完善项目跨年滚动管理,优化项目分类排序,保障项目后续实施。深化预算绩效管理,修订院系整体绩效目标参考模板,协助院系科学合理设定绩效目标。

【全力整合资源攻坚克难,做好设备专项贷款工作】 坚决落实国务院关于设备更新改造的决策部署,抓住专项贷款贴息优惠窗口期,整合协调各方资源,克服时间紧、任务重、要求高的困难,与银行开展多轮谈判,做优贷款和还款方案,以最低利率签订贷款合同,用足政策红利。动用各方力量,加强与财政部、教育部、海关等政府部门的沟通,快速完成新增资产、政府采购预算调整和采购方式变更审批。最大限度地优化采购流程,把握关键节点,加快采购进度。在风险可控的情况下,优化设备款支付流程,开辟绿色通道,开设报销专窗,加快支付进度,确保足额享受贴息政策。

(梁衣文撰稿　胡素英审稿)

审计工作

【概况】 2022 年,组织实施各类审计共1555 项,审计总金额为 207.27 亿元,提出审计意见和建议 254 条;通过优化完善业务流程整改问题 15 个,修订完善制度或新修订制度 15 项;工程结算审计核减直接节约建设资金 10943 万元。

组织实施对政策研究室等 32 个单位负责人的经济责任审计,其中期末届满换届干部审计 17 项,任中审计 15 项;认真落实中央巡视反馈意见,继续做好经济责任审计项目后续跟踪工作,督促被审单位整改落实审计问题和审计意见;梳理审计结果,出具经济责任审计结果公告,发挥审计成果教育警示作用;创新建立了"评估三大风险,揭示三大问题,发现三大线索,提出三大建议"的经济责任审计"四三法则",作为审计行动重点指南和关键目标,努力打造经济责任审计的浙大样板。

根据学校科研经费管理领导小组部署和要求,继续实施科研经费使用和管理情况自查自纠工作,组织科研项目经费使用和管理情况专项审计;对"双一流"建设资金项目中的"双一流师资'百人计划'项目""一流荣誉学院建设计划"进行专项审计;对学校本级单位层面和业务层面开展专项内部控制评价,并对收支业务和采购业务内部控制开展重点评价;完成 2021 年遗留的劳务费专项审计项目、科研自查自纠审计项目及版面费专项审计项目,在版面费专项审计中退回重复报销事项金额 9.34 万元,在科研自查自纠审计中退款 27.79 万元。

开展紫金港西区基建工程建设资金专项审计调查;选取 4 个重大基建工程开展内部控制审计;继续做好超重力离心模拟与实验装置国家重大科技基础设施与紫金港校区西区建设等 13 个项目的全过程审计,做好招标文件、工程量清单及招标控制价、合同、20 万元及以上变更洽商费用、施工阶段过程的审计工作;完成各类基建工程共 100 个项目的竣工结算审计;完成各类修缮工程共 57 个项目的竣工结算审计;完成紫金西苑供水、海兴雅苑市政景观 2 个项目的结算审计;完成 50 万元以下修缮工程共 1194 个项目的竣工结算抽样审计;参与 41 个修缮招标项目的竣工验收。

创新提出"以监督守底线、以协同促发展、以服务创一流"浙大"三位一体"内部审计新模式;高度重视科技强审,推进完善校园一体化智能化公共数据平台建设,成立审计处信息化建设领导小组,全面启动浙江大学智慧审计项目建设;积极探索基建工程结算审计流程的优化创新,建立结算审计项目的整改机制,实现发现问题的整改闭环;创新审计结论性文书形式,针对基建项目建安工程投资可能超概算问题,发出专项风险提示,引起建设单位对投资控制的高度重视;深入开展"浙江大学内部审计工作优化服务年"活动,主动服务走访8家被审计单位,编撰内审宣传手册1份;探索建立覆盖全校各部门单位的内审联络员制度,实现以常态化服务以帮促建的目的;充分发挥审计协同作用,参与制定与纪检监察机构、党委组织部联动制度,加强与学校各部门的常态化沟通协同;积极探索开展研究型审计,编写完成"网上浙大"信息系统绩效审计案例,获浙江省2022年内部审计案例比赛二等奖。

(高莫愁撰稿　匡亚萍审稿)

国有资产管理

【概况】 截至 2022 年 12 月 31 日,按浙江大学 2022 年度财务决算口径,国有资产总额为 477.55 亿元,比上年增长 10.81%,其中流动资产 314.70 亿元,对外投资 14.13 亿元,固定资产净值 113.00 亿元,在建工程 20.13 亿元,无形资产净值达 15.26 亿元,详见附录 1;国有资产净额为 334.94 亿元,比上年增长 2.07%,详见附录 2。

截至 2022 年 12 月 31 日,浙江大学所属校办企业资产总额为 28.03 亿元,所有者权益总额为 13.42 亿元,归属于学校所有者权益合计 13.38 亿元;2022 年营业收入总额 42.76 亿元,净利润 2.01 亿元,其中归属于学校的净利润为 2.00 亿元,净资产收益率为 15.93%,详见附录 3。

2022 年,浙江大学深入学习贯彻党的二十大报告和会议精神及习近平总书记谈治国理政重要论述,坚决贯彻落实党中央、国务院决策部署,不断健全国有资产管理制度体系,强化基础管理、落实重点任务,维护国有资产安全完整,确保国有资产保值增值。

持续优化管理机制,不断提升国资治理效能。以制度建设为抓手,建立管理长效机制,新修订出台《浙江大学企业国有资产管理办法》《浙江大学无形资产管理办法》等管理制度 5 项。完善工作机制,梳理涵盖 12 类国资管理事项的报批报备清单,更新 14 项资产管理工作流程,面向社会公开征集选聘第二期企业国有资产评估项目评审专家。开展异地研究机构实地调研和资产管理情况专项检查工作,针对调研和检查发现的问题,下发书面整改要求,指导异地研究机构完善国资管理体系。规范异地研究机构国资管理,协调解决异地研究机构资产信息与上报学校的资产信息不一致,以及历年已达年限且应报废资产无法报废而额外增加存放成本的问题。进一步夯实国有资产,组织协调资产归口管理部门解决 1959—2009 期间学校 202 套已处置房屋的资产账未同步核销,以及白蚁损坏图书资产核销等历史遗留问题。履行国有资产监督管理职责,全年完成房屋出租出借报批报备事项 3 批,涉及租金收入 0.45 亿元;固定资产报废处置 9 批共计 53845 台件,账面原值 2.61 亿元;对 134 件学校商标进行续展,妥善处理 2 家校外企业违规使用学校商标的侵权行为,规范学校相关单位使用学校商标的权利边界,监测到校外单位或个人违规使用"浙大"字样申请注册商标 15 件,其中提出异议申请 6 件,经交涉申请单位主动撤回 9 件,对 3 家与学校无关联企业使用校名注册的 4 件商标提出无效宣告申请。完成企业产权注销登记、清产核资、学校对外投资等资产处置事项的审核及报批 9 项,组织企业向财政部申报 2022 年国有资本收益 2157.10 万元。

深化企业收入分配制度改革,建立职工工资与企业营业收入和利润总额同向联动机制,通过实行工资总额清算专项审计,规范企业职工工资收入分配秩序,避免超额发放问题发生。落实学校关于继续深化后勤企业改革工作要求,推动后勤企业加快市场化改革,完成杭州浙大同力后勤集团有限公司下属三家子公司改制所涉及的清产核资"二报二批"和资产评估备案,推进三家子公司股权公开挂牌转让工作。

【提高科技成果转化质量】 全力支持学校"高水平科技成果转化体系改革"重点项目建设,完善科技成果评估备案审核方式,引入专家评审机制,提高评估工作质量和备案效率,评估金额增长 160%;完成科技成果评估备案 46 项,合计 1.22 亿元;完善科技成果赋权试点改革操作方案、协议文本和作价投资的决策路径,推进科技成果转化改革试点工作落地见效。

【巩固深化校企改革成果】 以学校深化中央巡视整改反馈的"校办企业等非主业领域腐败风险仍需深入治理"为工作重心,提出整改举措 15 项,形成标志性成果 15 项并持续巩固,建立了解决痛点难点的长效机制。做好教育部关于校企改革落实情况"回头看"自查自纠及发现问题整改工作,每月更新上报整改台账,截至 2022 年底,所涉 4 项整改问题已基本完成整改。

(杨雯雯 葛 颂撰稿 娄 青审稿)

【附录】

附录 1 浙江大学 2022 年国有资产总额构成情况 单位:万元

项目	金额	备注
一、流动资产	3146958.87	
二、对外投资	141284.48	
三、固定资产净值	1129970.54	
固定资产原价	2198306.94	
减:累计折旧	1068336.40	
1.房屋及构筑物(原值)	1026423.14	校舍面积 406.88 万平方米。
2.专用设备(原值)	190989.78	
3.通用设备(原值)	849202.63	
4.文物和陈列品	66.58	截至 2022 年末,学校实有可移动文物藏品 19307 件/套

续表

项目	金额	备注
5.图书(原值)	56921.76	截至2022年末,学校实有纸质图书 6910467 册、电子图书 2446464 册;2022 年新增纸质图书 135555 册、电子图书 28718 册
6.家具、用具、装具及动植物(原值)	74703.06	
四、在建工程	201326.85	
五、无形资产净值	152585.77	
无形资产原价	152599.91	
减:累计摊销	14.14	
1.土地使用权	152562.53	学校占地面积 818.11 万平方米
2.浙大校名商标	0	
3.专利权	0.33	截至2022年末,学校实有授权专利数为 23024 件;2022 年新增专利授权数为 3669 件
4.计算机软件	37.05	
5.著作权	0	
六、长期待摊费用	669.08	
七、受托代理资产	2714.41	
资产总额	4775510.00	

注:表中资产总额包含浙江大学苏州工业技术研究院、浙江大学昆山创新中心、浙江大学包头工业技术研究院、浙江大学山东工业技术研究院和浙江大学德清先进技术与产业研究院等 5 家校设事业单位资产,备注列中校本级资产数据由各资产归口管理部门提供。

附录 2　浙江大学 2022 年净资产构成情况　　　　　　单位:万元

项目	金额
一、累计盈余	3307520.55
二、专用基金:	41860.30
1.职工福利基金	17622.85
2.学生奖助基金	0
3.其他专用基金	24237.45
三、权益法调整	0
国有资产净额	3349380.86

附录 3　浙江大学 2022 年校办企业财务状况　　　　　　单位:万元

序号	项目	金额
1	资产总额	280325.56
2	所有者权益总额	134210.01
3	归属于学校所有者权益合计	133758.45
4	营业收入	427644.41
5	利润总额	22438.59
6	净利润	20058.25
7	归属于学校净利润	20046.40
8	净资产收益率/%	15.93

注:以上表内数据来自浙江大学 2022 年度企业财务会计决算报表。

校园文化建设

校园文化

【概况】 浙江大学秉承"求是传承,文化先行",丰富高质量校园文化活动供给,培育求是创新文化基因。打造校园特色品牌活动,营造浓厚学术文化氛围。举办浙江大学第九届学生节,结合疫情防控常态化背景,采用线上、线下相结合的方式开展;举办校内首届网络新年晚会,以直播的形式展现学校"大事记"、校园生活和青春风采。

举办浙江大学第十届艺术季,打造新年音乐会、校庆系列演出、中秋音乐会、艺术小旅行、艺术大讲堂、毕业大戏等亮点品牌,举办艺术类活动70余次,启动"音乐会客厅"9场活动,举办浙江大学建校125周年系列演出,提升"大学之声"品牌建设,拓展新媒体展播新兴版块等,大力提升校园艺术文化氛围。发挥高水准艺术活动的美育优势,成功举办"典学浙大"主题晚会,活动内容精彩纷呈,显示出了浙江大学深厚的文化积淀、广博的人才资源和雄厚的综合实力。舞台剧《求是魂》《星辰大地》被列为新生始业教育项目,充分发挥育人作用。

首次推出寒暑假读书清单征集活动,为提升学生人文综合素养,增强文化自觉及文化自信不断倾注活力;举办"我的学科有故事"学科文化展,展出实验仪器、标本、报刊书籍等70余个展品,以学科"传家宝"为媒介,向青年学生讲述学科历史、学科文化,得到中国科协学风建设立项支持;推动最美学习笔记大赛、作息表征集活动等项目品牌化、长效化。编印《博雅集》,遴选出70篇学生的读书笔记,分为"古与今""规范与批判""审美与哲学""人文与科学""科幻原创"五个篇章进行汇编;校学术委员会开展年度十大学术进展评选、编印《学术年报》,发布浙大高水平学术进展等工作,营造了浓郁的校园学术氛围。

(王婕姗　黄　洁撰稿

柏　浩　周怡如审稿)

【组织实施浙江大学 2021 年度十大学术进展评选活动】 2021年度浙江大学十大学术进展评选活动共收到参评项目46项。经过校学术委员会委员、特邀评委评审和微信点赞等评选环节,遴选出"浙江大学2021年度突出学术贡献奖""浙江大学 2021 年度十大学术进展"项目及"浙江大学 2021 年度十大学术进展提名"项目。其中,"冰单晶微纳光纤"和"自供电深海软机器人"获得"突出学术贡献奖"。获得"十大学术进展"的项目包括《明代登科总录》、"不完备信息下宏观经济理论:建模与计算""单分子电致化学发光显微镜""格罗莫夫—豪斯多夫极限空间及其应用""高性能第四代镍基单晶高温合金""钽酸钾界面超导及电场调控""细菌鞭毛马达结构、组装与扭矩传输机制""快лар神经递质受体的结构药理学研究""全球氮素减排驱动的 PM 2.5 治理新机制"和"哺乳动物控制愤怒情绪与行为的神经环路"。

（王婕姗撰稿　柏　浩审稿）

【举办高雅艺术进校园系列活动】 11 月 14 日晚,"高雅艺术进校园"浙江交响乐团专场音乐会在紫金港小剧场举行。本次音乐会以"由古至今·诗画浙江"为主题,倾情演绎《光辉历程》《潮向未来》等紧扣中国时代脉搏的本土作品,也奏响了《第一交响曲》等耳熟能详的西方经典。12 月 7 日晚,"高雅艺术进校园"浙江话剧团有限公司话剧《燃烧的梵高》专场演出活动以线上直播的形式举行,主演将梵高的热烈、孤独、敏感和脆弱通过每一句对白、每一次嘶喊传递到观众的内心,其振聋发聩的台词独白启发了人们对于艺术与现实的思考。12 月 14 日晚,"高雅艺术进校园"浙江交响乐团线上音乐会在浙江音乐学院音乐厅精彩开启,并通过现场录制＋线上直播的方式,让浙大的师生们在屏幕前感受到交响乐的非凡魅力。

（王婕姗撰稿　柏　浩审稿）

【获浙江省大学生艺术节 4 个一等奖、十佳歌手称号】 2022 年浙江省大学生艺术节于 11 月 7 日至 11 日在温州大学举行。浙江大学文琴舞蹈团线下首秀 *Recovery*、黑白剧社《不要温和地走进那个良夜》《冲锋号》《等你再来的夏天》三个原创剧目均获一等奖的好成绩。文琴合唱团詹子毅、孙浩添、刘昊宇三人组合凭借歌曲《没离开过》获十佳歌手称号,郑莞尔凭借歌曲《吻》获优秀歌手称号。三人凭借出色表现,将"省十佳歌手"称号也收入囊中。

（黄　洁撰稿　周怡如审稿）

【创办"音乐会客厅""我们的十年"等文化活动新品牌】 举办"我和我的祖国""春天不会缺席""在毕业季化茧成蝶""好曲知时节——清明节特辑""当青花瓷遇到檐头雨"等主题音乐会客厅活动 9 期,以交响乐、民乐等乐器演奏等形式,利用课余时间在图书馆、文化广场、学院大厅向全校师生近距离地传播蓬勃朝气的艺术之美。在学校成立公共体育与艺术部十周年之际,文琴艺术总团以交响乐、民乐、舞蹈、合唱、话剧等多种艺术形式录制主题视频,联动校内多个微信公众号平台,推出"我们的十年"系列视频,在浙江大学官方视频号、校友会视频号等平台展播,累计播放量逾 15 万次。

（黄　洁撰稿　周怡如审稿）

【凝练品牌深化研究生美育】 紧密结合党的二十大召开重要历史契机,推进"艺彩四季"系列活动,献礼党的二十大。为庆祝浙江大学建校 125 周年,举办"求是诵,诵浙里"主题朗诵活动、"丝意弦心,乐伴风华"民族管弦乐音乐会;围绕"以美育人、以文化人"主线并通过快闪活动、社团文化节及艺术赏析会等扩大研究生美育育人影响力。推进"美育课堂"建设,开设 7 门美育课程,内容涵盖乐理、艺术赏析、舞蹈基础训练、乐器演奏、礼仪与主持技巧等,覆盖 30 余个院系,启智润心。发挥开学典礼、毕业典礼等仪式的育人功能,把党史、校史校情教育等融入 2022 年春季、夏季研究生毕业典礼,2022 级研究生新生开学典礼中,以社会主义核心价值观引领学校精神文化建设,全面提升师生文化品位和精神风貌。

(卢 俏撰稿 张荣祥审稿)

【以校企合作提升研究生双创育人实效】牵头打造服务研究生创新创业教育的多功能、多要素空间,重点瞄准科技前沿和关键领域,营造可持续发展创新创业生态的平台,努力形成师生和谐共创、政产学研用融通互促的桥梁。与浙大科技园签署校企合作协议,深度推进"六个一"发展模式,共同选拔首期入驻项目 6 个,积极促进研究生在国家亟需学科专业领域基于创新的创业。作为秘书处单位,指导举办"华为杯"第四届中国研究生人工智能创新大赛,共有 212 所研究生培养单位的 1217 支队伍报名参赛,参赛学生人数达 3797 人,"双一流"高校覆盖率达 90.48%。面向国家亟需紧缺领域和新型战略领域,强化校内研究生创新实践系列赛事基地建设,予以专项经费支持达 70.2 万元,以激发研究生的创新实践活力。指导机械学院和微纳电子学院承办中国研究生机器人创新设计大赛和创"芯"大赛两场全国赛事。在中国研究生创新实践系列赛事中共获得特等奖 1 项、亚军 1 项、一等奖 7 项、二等奖 7 项、三等奖 16 项。

(卢 俏撰稿 张荣祥审稿)

【以高品质系列活动引领教职工文化生活】精心打造工会教职工美育中心,以"工会大学堂""艺术大课堂""健康大讲堂"三堂汇聚为抓手,全方位提升教职工艺术涵养、美育素质和健康意识。推进"工会大学堂"培训课程体系化建设,在不同校区开设的 55 个班次课程惠及 1500 余名教职工,进一步丰富了教职工的业余文化生活。"健康大讲堂"和"你好,医生"两大健康系列节目通过智云学堂、钉钉群和工会视频号直播,惠及 86 万多名受众。"艺术大讲堂"推出"文化雅集"系列,组织"走进中国历代绘画大系""良渚考古与中华文明"等高品质讲座。

(许诺晗撰稿 李 民审稿)

体育活动

【概况】 以"人人关注、人人参与、人人受益"的校园体育文化理念,持续开展 2022 年"三好杯"系列比赛共计 22 场,辐射师生32000 人;30 个体育社团开展学生活动 278场,共计辐射 17500 人次。其中浙江大学2022 年运动会开幕式打破常规,举行了"献礼二十大"全校师生操舞比赛,联动院系,打造"以人为本、健康育人、求是创新、追求卓越"的校园氛围。

圆满完成学生体质健康测试工作,本年度全校学生(1—4 年级)实测人数为 18209人,其中优秀率为 3.64%,良好率为28.09%,合格率为 95.04%。高质量完成浙江省体质健康状况抽测工作,随机抽测的200 名大三学生测试合格率为 100%,优良率为 64%,优秀率为 8%,在浙江省非警类本科院校高校学生体质健康状况抽测中位列第一名。

2022 年,浙江大学运动队充分发挥竞技体育的育人引领功能,高水平运动队共获得奖牌 35 枚,其中金牌 18 枚。自主培养的运动员曹松成为学校首位入选 CBA 的学生。普通生运动队共获得奖牌 59 枚,其中金牌 31 枚。

浙江大学年鉴

积极开展系列体育赛事活动，营造浓厚的群众体育赛事氛围。持续推进"全民健身月"等影响力较大的品牌，组织了环紫金港师生接力赛、线上运动会、羽毛球团体赛、围棋比赛等多场高质量比赛，吸引1.5万余人次参与。荣获"喜迎二十大　逐梦亚运会"2022年浙江省"建行钟声杯"乒乓球比赛混合团体第一名，为学校赢得声誉。各校区举办健步走、登山等趣味运动项目，参加人数达15000余人次。梳理社团协会机制，规范管理，制定《浙江大学教职工社团管理办法》，促进教职工社团协会健康发展。院级工会体育活动踊跃，院系协会俱乐部发展迅速，全民健身蔚然成风。

【获浙江省第十六届大学生运动会排球比赛双冠王】　7月8日，浙江大学男排、女排运动队在浙江省第十六届大学生运动会排球项目比赛中以全胜战绩共登顶峰，斩获双冠。浙大女排面对老牌强校浙江工商大学，以总比分2：0未失一局的战绩蝉联冠军，并荣获体育道德风尚奖。浙大男排总决赛面对浙江大学城市学院，以2：0的成绩战胜对手，经过五天七赛的鏖战终赢得本届赛事冠军。

【获全国田径大奖赛1金1银1铜】　10月28—29日，2022年全国田径大奖赛在衢州市体育中心体育场举行，浙江大学派出5名运动员参赛，其中夏煜琳获得女子跳高第一名、于昊洋获得男子三级跳远第二名、廉子涵获得男子跳高第三名、陈丹妮获得女子跳远第四名、徐英琪获得男子铁饼第六名的好成绩。2022年全国田径大奖赛是由中国田径协会、浙江省体育局和衢州市政府共同主办，市体育局、省体育竞赛中心、省田径协会共同承办的国家级田径赛事，也是本年度国内田径界等级较高、规模较大的赛事。

【获浙江省第十六届大学生运动会足球比赛（丙丁组）冠军】　11月，在桐庐举办的浙江省第十六届大学生运动会足球比赛（丙丁组）中，浙江大学高水平女子足球队（后简称浙大女足队）斩获女子丁组第一名，这也是女足姑娘们继在2020、2021年浙江省青少年校园足球联赛大学女子高水平组（超级组）夺冠后，拿到的第三个冠军。在比赛中浙大女足队取得了3战3胜的佳绩，3位队员分别荣获"最佳球员""最佳射手"和"最佳守门员"称号，教练柳志鹏获"优秀教练员"称号。

【召开中国大学生体育协会赛艇与龙舟分会换届大会】　12月14日，中国大学生体育协会赛艇与龙舟分会换届大会在浙江大学召开，会上宣读了《中国大学生体育协会关于赛艇与龙舟分会换届的决定》，公告中国大学生体育协会赛艇与龙舟分会新的挂靠单位为浙江大学。

【获第十七届中国大学生跆拳道锦标赛2金1银】　12月，第17届中国大学生跆拳道锦标赛的品势项目在线上展开，浙江大学跆拳道队共有9名同学参加品势项目，经过激烈角逐，从1286个参赛视频中脱颖而出，斩获2金1银的好成绩。在团体项目中，徐朝阳同学和刘雅茹同学组合的甲组品势混双金刚以断层的好成绩名列第一。个人项目中，徐朝阳同学在甲组品势男子个人太极五章中斩获冠军，黄雪欣同学在女子个人太白项目中荣获亚军。

（黄　洁　许诺晗撰稿
傅旭波　李　民审稿）

2022 年浙江大学运动队竞赛成绩

项目	赛事名称	比赛成绩	时间/地点	队别
田径	2022 年浙江省大学生田径锦标赛	15 金 6 银 9 铜（含甲组）	7 月 浙江杭州	A 类队
田径	2022 年全国田径大奖赛	1 金 1 银 1 铜	10 月 浙江衢州	A 类队
女足	浙江省大学生运动会女子足球(丁组)	1 金	11 月 浙江桐庐	A 类队
男篮	浙江省大学生运动会男子篮球(丁组)	1 金	11 月 浙江三门	A 类队
武术	浙江省大学生武术锦标赛	男子甲组团体第一、女子甲组团体第二、单项 3 金 4 银 3 铜	5 月 线上	B 类队
游泳	浙江省大学生游泳锦标赛	女子甲组团体冠军、单项 7 金 2 银 4 铜	6 月 浙江杭州	B 类队
乒乓球	浙江省第 16 届大学生运动会	团体总分冠军、单项 3 银 2 铜	6 月 浙江德清	B 类队
网球	浙江省第 16 届大学生运动会	男子团体冠军；单项 1 金 1 铜	7 月 浙江湖州	B 类队
排球	浙江省第 16 届大学生运动会	男子甲组冠军、女子甲组冠军	7 月 浙江德清	B 类队
篮球	浙江省第 16 届大学生运动会	男子甲组冠军、女子甲组季军	11 月 浙江慈溪/永康	B 类队
健美操	浙江省大学生健美操锦标赛	女子甲组单人项目冠军	11 月 浙江杭州	B 类队
龙舟	2022 中国名校水上运动公开赛暨吴兴区第四届水上嘉年华活动	高校 A 组 12 人小龙舟 200 米直道竞速一等奖、水陆越野挑战赛第一名	11 月 浙江湖州	B 类队
足球	浙江省第 16 届大学生运动会	男子甲组冠军	12 月 浙江横店	B 类队

项目	赛事名称	比赛成绩	时间/地点	队别
桥牌	2022 年中国大学生桥牌线上赛	女子团体冠军	7 月 线上	C 类队
皮划艇	2022 中国名校水上运动公开赛暨吴兴区第四届水上嘉年华活动	皮划艇高校 A 组男子组冠军、女子组冠军	11 月 浙江湖州	C 类队
跆拳道	中国大学生跆拳道锦标赛	品势混双金刚金牌、男子品势个人太极五章金牌、品势女子个人太白银牌	11 月 线上	C 类队
象棋	第二届浙江省智力运动会	大学组团体冠军	6 月 浙江嘉兴	D 类队
围棋	浙江省大学生围棋锦标赛	1 金 1 银 1 铜	6 月 浙江横店	D 类队
太极拳	2022 年首届浙江省高校健身气功·八段锦邀请赛	太极拳集体三等奖、个人八段锦一等奖	11 月 浙江衢州	D 类队
象棋	杭州市第一届智力运动会象棋比赛	男子个人冠军、女子个人季军、团体亚军	11 月 浙江杭州	D 类队
围棋	杭州市第一届智力运动会围棋比赛	男子个人冠、亚军;女子个人冠、亚军;团体冠军	11 月 浙江杭州	D 类队
围棋	第九届"云林杯"浙江省大学生围棋锦标赛	团体冠、亚军、男子组冠军、女子组冠、亚军	12 月 浙江横店	D 类队

学生社团活动

【概况】 2022 年,全校共有校级注册学生社团 225 个,共开设 100 门学生社团精品课程,开课时长达 1000 余课时,参与学生达 4000 余人次;全年累计开展学生社团活动 1000 余项,参与学生达 60000 余人次。其中,31 个体育社团开展学生活动 278 场,共计辐射 17500 人次,首创浙江大学夜跑等相关活动,丰富了校园体育文化氛围,在校园体育文化建设中形成了一道亮丽的风景线。

在学校学生社团建设评议委员会的指导下,全面深化学生社团改革,深化"思政引领、学生骨干、朋辈课堂、校园文化、国际视野"的"五位一体"社团思政育人体系。

充分围绕"德才兼备、全面发展"的核心要求,发挥学生社团作为第二课堂重要组成部分的"自我教育、自我服务、自我管理、自我监督"功能,推进"朋辈课堂"建设,学生社团精品课程拓展了全校学生在语言、文学、美术、音乐、操舞、体育等方面的知识与技能,培养学生在科学与科技、思想与政治、商业与职业、公共问题与人道援助等方面的观点与素养。

继续推进学生社团改革工作,浙江大学学生社团建设管理评议委员会运行发挥功效,推动完善浙江大学学生社团管理相关细则及配套制度,构建更为完备的学生社团制度体系;开展"恩来荣誉学生社团"等活动,推动思政引领与社团活动的有机结合,让社团活动站位更高,让思政教育更接地气;将社团文化与科学技术、传统文化及亚运主题相结合,推动社团文化节、社团建设月、社团体验日等活动转型升级;加大学生社团专项发展基金、青苗计划、恒星计划等基金扶持力度,坚持社团拟任负责人培训班、学生社团骨干英才班等社团骨干培养模式,打造社团阶梯育人平台。

(王婕姗 黄 洁撰稿
柏 浩 周怡如审稿)

【举办未来企业家俱乐部二十周年纪念活动及首届全球可持续发展青年创新创业论坛】5月21日,未来企业家俱乐部二十周年纪念活动及首届全球可持续发展青年创新创业论坛举行,来自全球的创业校友代表和未来企业家俱乐部创业者会员等近20万人次通过线上线下结合的方式参加了纪念活动,为如何发挥青年力量献计献策。

(卢 俏撰稿 叶 松审稿)

【举办研究生艺术团校庆系列活动】 在浙江大学建校125周年之际,研究生艺术团举办"丝意弦心,乐伴风华"第三届民族管弦乐音乐会暨浙江大学125周年校庆专场演出,以民族管弦乐带大家领略中国传统音乐的别样魅力,在丝竹之韵中见证浙江大学125年的砥砺奋进,参演人员覆盖18个院系,总观看人数达2600余人次。研究生艺术团举办"求是诵·诵浙里"朗诵大赛,以朗诵形式讲述浙大故事,18位选手经过层层筛选进入决赛,观众有近700人。

(卢 俏撰稿 叶 松审稿)

【举行浙江大学"周恩来班""恩来荣誉学生社团"表彰大会】 11月25日,浙江大学第二届"周恩来班""恩来荣誉学生社团"表彰大会在浙江大学紫金港校区举行。浙江大学党委副书记朱慧、北京大鸾翔宇慈善基金会执行副秘书长梁洁、浙江大学党委学工部、团委、教育基金会相关负责人及各获奖班级和获奖社团代表出席了本次活动。会上为获奖的班级和社团颁奖,获奖学生代表汇报近一年来在争创活动中的经验及心得体会。会议肯定了"周恩来班"和"恩来荣誉学生社团"的建设成效。会议指出,要通过争创、评选"周恩来班""恩来荣誉学生社团"教育引导青年学生在习近平新时代中国特色社会主义思想指引下,将"为中华之崛起而读书"的责任感、使命感与浙大"勤学、修德、明辨、笃实"的核心价值观有机融合,助力培养学子们的家国情怀和社会责任感,成为具有全球竞争力的高素质创新人才和领导者,学有所成,回报社会。

(王婕姗撰稿 柏 浩审稿)

【召开浙江大学学生社团建设管理评议委员会第三次正式会议】 11月25日,浙江大学学生社团建设管理评议委员会会议在紫金港校区尧坤楼召开,校党委副书记朱慧出席会议,学生社团建设管理评议委员会成员单位负责人及部分指导单位代表、指导教师代表参会。会议审议并通过了全体学生社团的年度注册报告。会议指出,过去一年,学生社团改革稳步推进、学生社团活动空间不断拓展,深化落实了"政治引领、骨干培养、朋辈课堂、校园文化、全球视野"的"五位一体"社团思政体系。会议强调,学生社团工作要紧扣学校发展大局和工作主线,坚持正确的政治导向,以制度体系筑牢工作根基,以使命愿景凝聚青年力量,促进学生社团专业化发展,走出浙大特色的学生社团发展之路。

（王婕姗撰稿　柏　浩审稿）

【举办高校学生书画篆刻作品联展】 一年一度的高校学生书画篆刻作品联展是浙江大学与兄弟院校的传统展览项目,自 2013年开办以来,已连续八年为浙大校园增添翰墨雅韵。2022 年,浙江大学书画社以树立文化自信,推动校际间书画艺术的繁荣发展为要旨,征集到北京师范大学、首都师范大学、中国科学院大学、武汉大学、华中科技大学等高校学生的约 40 幅书画创作,共同弘扬中华优秀传统文化。

（黄　洁撰稿　周怡如审稿）

【"学长带你玩艺术"系列课程持续开放】 2022 年开设的春夏学期校内舞蹈培训班、秋冬学期校内舞蹈培训班、钢琴零基础体验班,全学年民族乐器零基础培训班依旧面向全校零基础学员开放,在满足广大艺术爱好者的学习需求的同时,也加强了校园艺术审美建设。

（黄　洁撰稿　周怡如审稿）

青年志愿者活动

【概况】 2022 年,浙江大学新增星级志愿者 4498 人,全年志愿服务总时长超过 18 万小时。选派 29 名学生参与研究生支教团开展西部支教和扶贫工作。选派多名优秀志愿者参与世界互联网大会·乌镇峰会等大型志愿服务,彰显浙大学子的青春风貌。落实亚运会、亚残运会赛会志愿者招募工作,启动志愿者通用培训,组织志愿者开展丰富多彩的素质提升活动。2022 年底,浙江大学紫金港校区面临疫情防控严峻考验,青年志愿者积极发挥带头作用,成立了防疫志愿工作专班,开展人员招募、协调、统筹等各项工作,900 余名学生志愿者参与送餐、物资分发、信息录入等志愿服务,共计服务时长超过 3000 小时,为打赢疫情防控遭遇战贡献志愿力量。

（王婕姗撰稿　柏　浩审稿）

【举行杭州 2022 年亚运会和亚残运会赛会志愿者通用培训启动仪式】 3 月 5 日,杭州 2022 年亚运会和亚残运会赛会预录用志愿者通用培训启动活动暨首场专题培训会在浙江大学紫金港校区举行,省亚运会和亚残会工作领导小组综合办督查专员徐定安、时任团浙江省委副书记盛乐、杭州市政府副秘书长毛洪根、时任浙江大学党委副书记邬小撑等出席,领队教师代表、培训师代表与赛会预录用志愿者代表以诗朗诵形式,表达对亚运会的期待和对志愿服务的热爱。志愿者们充分认识了参与亚运志愿服务的重要意义,积极提升参与亚运的责任使命,朝着综合素质过硬、服务水平专业的目标努力,合力唱响"我在窗口写青春 争做最美小青荷"的奋进旋律,为举办精彩、成功、圆满的杭州亚运会和亚残运会增添光彩。

（王婕姗撰稿　柏　浩审稿）

【志愿者助力学校打赢疫情防控遭遇战】
11月至12月,浙江大学紫金港校区面临了一场疫情防控的大战大考,在紫金港校区发现疫情病例后的第一时间,机关党委、校团委、紫金港校区管委会第一时间展开志愿服务工作,各机关单位和各院系600余名教职工闻令而动,研究生支教团、学生会、青马学院、退役士兵协会、青志、青素、社团指导中心等学生组织和社团及校团委兼职团干同学积极发挥带头作用,在做好自身防护的前提下有序上岗、筑牢疫情防控防线,作为自己所在楼幢的志愿工作负责人,开展人员招募、协调、统筹等各项工作,形成网格化的自我管理志愿服务机制。近千名学生志愿者参与送餐、物资分发、信息录入等志愿服务,共计服务时长超过3000小时,为打赢疫情防控遭遇战贡献了重要力量。

（王婕姗撰稿　柏　浩审稿）

【研究生理论宣讲团、博士生报告团系列宣讲】　2022年,研究生理论宣讲团、博士生报告团围绕党的二十大、党史学习教育等组织专题备课会,推进学习宣传贯彻党的二十大精神与党史学习教育常态化长效化紧密结合。研究生理论宣讲团上线5个专题104门党课,面向校内外累计开展宣讲92场,覆盖近15.5万人次;博士生报告团组织带动百余名博士生走访全国各地多个基层单位,累计开展100余场专题报告,有效促进校地、校企产学研深度融合。

（卢　俏撰稿　叶　松审稿）

社会实践活动

【概况】　为深入学习宣传贯彻党的二十大精神,浙江大学以习近平新时代中国特色社会主义思想为指导,坚持完善"实践育人"工作体系,深化构建"课堂融通、多方协同、资源汇聚"的扎根铸魂实践育人共同体,在2022年组织开展以"砥砺奋进心向党·青春献礼二十大"和"赓续百年辉煌·勇担时代使命"为主题的大学生社会实践活动,共计910支团队、12529名求是学子利用寒暑假时间奔赴祖国各地,在实践中扎根基层、服务人民、奉献社会。以"认知与实践"课程为载体,进一步探索社会实践课程体系建设,努力构建一三课堂互融的实践育人体系,推动"校内理论学习"与"校外实践锻炼"有机衔接、融通互促。

开展"青春献礼二十大"专项实践行动,团结引领广大青年坚定不移跟党走、建功立业新时代,以昂扬的奋斗姿态迎接党的二十大胜利召开。实践活动被人民网、中国青年网、"学习强国"、浙江卫视、《浙江日报》、浙江新闻等省级以上媒体平台报道,受到社会各界的广泛关注和高度评价。

浙江大学国际联合学院(海宁国际校区)团委获评全国"三下乡"暑期大学生社会实践活动优秀单位奖,1支团队获评国家级优秀实践团队,1位老师获得国家级社会实践方面个人荣誉。此外,1支团队入选第八届全国大学生暑期实践展示活动 TOP 100 团队,1个项目获得全国大学生暑期实践项目 TOP 100 荣誉。

（王婕姗撰稿　柏　浩审稿）

浙江大学年鉴

【开展浙江大学"砥砺奋进心向党·青春献礼二十大"暑期大学生社会实践活动】 7月至9月，浙江大学"砥砺奋进心向党·青春献礼二十大"暑期大学生社会实践活动开展。实践活动团结引领广大青年坚定不移跟党走、建功立业新时代，在实践中服务人民、奉献社会、报效祖国，以昂扬的奋斗姿态迎接党的二十大胜利召开。本次实践活动以"砥砺奋进心向党·青春献礼二十大"为主题，围绕"青春献礼二十大，盛世奋进正当时""聚焦重要窗口，助推共同富裕""弘扬西迁精神，传承浙大文脉""强化专业引领，履行社会责任""深入基层一线，服务社会治理""发扬志愿精神，传递公益力量"六大社会实践专项行动，特别开展"青春献礼二十大""一起云支教·携手创未来"专项活动，共计 526 支团队、7927 名学生奔赴全国各地开展社会实践活动，实践成果被人民网、中国青年网、"学习强国"、浙江卫视、《浙江日报》、浙江新闻等媒体平台报道。

（王婕姗撰稿 柏 浩审稿）

【以服务国家战略为导向，面向国家重大需求、急需领域、战略性区域开展研究生社会实践系列计划】 以各基地的岗位及课题为依托，围绕"筑梦卓越心向党，建功献礼二十大"主题，结合党的二十大召开、浙江大学建校 125 周年等重要历史契机，选派 1139 名研究生（其中博士生 793 名，占比 70%）前往"马兰"基地、航天科工、中建、中电等覆盖全国 23 个省、自治区、直辖市的 94 家重点单位开展 4—6 周的实践服务，完成调研报告 1040 篇，申请专利 11 项，技改项目 32 项，开发产品 47 项，开展专题报告 422 场，成功介绍合作项目 106 项。推进"凌云"研究生赴重点单位社会实践行动计划，建立"凌云"研究生社会实践基地 22 个。获《人民日报》、新华网、《中国青年报》等主流媒体及各级媒体新闻报道 1900 余次。

（卢 俏撰稿 张荣祥审稿）

创新创业教育与活动

【概况】 2022 年，浙江大学深入贯彻党的二十大精神，以习近平新时代中国特色社会主义思想为指导，全面贯彻党的教育方针，落实立德树人根本任务。围绕拔尖创新人才培养，坚持"基于创新的创业"教育理念，探索"面向卓越的创新"教育路径，推动构建以学生成长为中心的卓越教育体系，深入推进创新创业教育改革提质升级，持续提升学生创新创造能力、创业精神和家国情怀，努力培养担当民族复兴大任、扎根中国大地的时代新人。做好"创业基础"课程建设，推动课程组建设，2022 年度开课教师有 4 人，开课 12 次，选课人数总计 1400 余人。组织编写出版《创业征途 浙里启程》案例集。立项校级创新创业课题 16 项。持续开展"校企行"专项行动，积极对接国家电网、航天科工、新希望集团等 20 余家国家级企业双创示范基地。成功入选首批国家级创新创业学院和国家级创新创业教育实践基地，持续推进国家双创示范基地建设。组织开展"启真问学创新平台"，选拔 27 位优秀青年学者作为首批创新导师，录取 85 位学员。立项 18 家校院联合共建创新创业实验室和浙江大学启真交叉学科创新创业实验室，成立 9 家浙江大学院级创新创业教育中心（第三批）。加强紫金创业元空间入驻团队管理、推进国家双创示范基地三墩元空间的建设。与校友企业总部经济园合作共建创新创业人才培养实践基地。开辟余杭区仓前街道梦想小镇、西湖区古荡街道等校外创新创业实践基地。联合科研院，开展2022年浙江大学"学生科研创业训练计划（SREP）"，无偿资助35个学生科研创业项目，共计200万元。在第十七届"挑战杯"全国大学生课外学术科技作品竞赛中获特等奖2项、一等奖3项、二等奖1项，捧得"优胜杯"并获优秀组织奖，团体总分位列全国第二。在第八届中国国际"互联网＋"大学生创新创业大赛全国总决赛中获13金，金奖总数位列全国高校第一，创历史新高。持续开展求是强鹰实践成长计划、科技创业训练营、紫金创享·创业大讲堂、"互联网＋"创新创业大讲堂、黄土地计划创新创业调研实践等双创品牌活动。联合杭州市人才管理服务中心，开展2022年杭州大学生创业训练营（浙大站）；联合浙江省科协，开展浙江省"双创"报告团巡讲活动；联合浙江省侨联，推进"鹰飞燕舞青年人才培养计划"，开展"海燕集结行动计划"第七期留学英才夏令营。成功举办"蒲公英"创业大赛、第二届"链坊杯"区块链数字经济商业分析大赛、第三届"青山杯"大学生创业方案大赛、首届"中电海康杯"硬科技创新创业大赛、浙江大学"精材成器"新材料创新创业大赛、"江芷杯"现代生物与制药技术创新创业大赛、浙江大学创新创业教育先进个人评比等双创活动。王振阳、陈天润、钱文鑫等3位学生获评"2022年浙江大学学生创新创业先锋"。继续加强与杭州市、湖州市及秀洲区、嘉善县、象山县、三门县等区县市开展校地合作。不断推进中国高校众创空间联盟建设，助力高校双创工作数字化升级。

【**浙江大学在第十七届"挑战杯"全国大学生课外学术科技作品竞赛终审决赛中再创新高**】 3月26—28日，第十七届"挑战杯"全国大学生课外学术科技作品竞赛终审决赛以线上形式举行。本届"挑战杯"以"科创先行，强国有我"为主题推动青年学子不断向科学技术广度和深度进军。我校入围决赛的六个项目荣获特等奖2项、一等奖3项、二等奖1项。学校团体总分位列全国第二。

（周鑫鹏撰稿　陶　甄审稿）

【**浙江大学在第八届"互联网＋"大学生创新创业大赛再创佳绩**】 11月10日至13日，第八届中国国际"互联网＋"大学生创新创业大赛全国总决赛在线上举行。浙江大学各参赛团队发挥出色，共获13金，金奖总数位列全国高校第一，创历史新高。其中，高教主赛道2项金奖均为小组第1名，"青年红色筑梦之旅"赛道获金奖3项，产业命题赛道获金奖2项，主赛道国际推荐项目获金奖6项。

（周鑫鹏撰稿　陶　甄审稿）

【**获多项中国研究生创新实践系列大赛"优秀组织奖"**】 2022年获得中国研究生数学建模竞赛、机器人创新设计大赛、能源装备创新设计大赛、电子设计竞赛、创"芯"大赛、智慧城市技术与创意设计大赛、人工智能创新大赛等7项赛事"优秀组织奖"。2022年承办"申昊杯"第四届中国研究生机器人创新设计大赛和"华为杯"第五届中国研究生创"芯"大赛两项国家级赛事。

（滕如萍撰稿　刘　波审稿）

【**培育研究生参加中国研究生创新实践系列大赛**】 加强校内8个研究生创新实践系列赛事基地建设，培育优秀队伍选送参赛，浙江大学研究生在中国研究生创新实践系列大赛中共获得特等奖2项、一等奖13项、二等奖20项、三等奖30项。

（滕如萍撰稿　刘　波审稿）

办学支撑体系建设

图书情报工作

【概况】 浙江大学图书馆共有 10 座馆舍，总建筑面积达 11.2 万平方米。截至 2022 年 12 月 31 日，全年采购纸本中外文图书 7.9 万册，实体馆藏总量 798.2 万册（含线装古籍 18.7 万余册），订购各类文献数据库（含子库）779 个，中外文电子图书 244.6 万册，中外文电子期刊 425.7 万册，中外文学位论文 1491.6 万册。全年图书流通量 127.3 万册，进馆人数约 219 万人次。全年接收科技查新项目 197 项，处理文献传递申请 11557 次。图书馆微信公众号关注人数达 9.4 万人，全年发布推文 335 篇。举办面向全校师生的讲座、展览等各类文化活动共计 101 场次，其中线上活动 54 场、线下活动 47 场。

强化文献资源保障。探索构建长效、多元的文献资源绩效评估策略和评价指标体系，对浙江大学人文、社科、理、工、农、医、信息七大学科版块开展学科资源保障分析，为资源采购提供事实数据和决策依据。完成

浙江大学抗疫特色数据库一期建设，以保存浙江大学广大师生员工积极响应党中央号召、投身抗疫一线的原始资料。完成新书通报网站一期建设，拓展新书信息获取通道，优化集成电子书平台，提升阅读体验。推进亚洲文明专题特藏建设，对参与学者研究主题进行聚类分析，制定《亚洲文明建设支持计划——文献资源建设支持方案》。推进数字虚拟馆藏建设，探索面向学科开展教材教参、核心经典及学术专著等数字虚拟馆藏建设，从核心通识课程着手试点先行开展数字化。

打造学科资源新基建。探索学科专题文献整合揭示及知识聚类，深化与学科系所资源共建，打造古希腊哲学术语数据库、台湾民众抗日资料专题特藏、当代人类学专题特藏资料库等专题库。推进亚洲文明专题特藏建设，专题制订文献资源建设支持方案。建设"中国写本文献数字资源库"，已完成 3000 件地方文书的修复及数字化，为文学、历史学相关领域研究提供有力的资源保障和交流平台。探索数字资源典藏和服务新模式，深化学科资源服务，推出数字资源"学科和专题资源"导航栏目。

助力学校新一轮"双一流"建设。对接"双一流"重大需求，深度参与编制《重大领域交叉前沿方向 2022》《探索元宇宙》等前瞻性科技咨询报告，重点编制《浙江大学与国内外一流大学比较分析报告 2022》《浙江大学与世界一流前列与顶尖大学对标分析报告》，在战略决策咨询和学科情报服务上积极创新。服务政府机构与地方企业，开展知识产权分析评议，"信息支撑首创，服务数字浙江"案例成功入选全国知识产权信息服务优秀案例，并获 2022 年高校知识产权信息服务中心联盟成果奖（优秀案例）一等奖。

践行服务育人重要使命。发挥"牢记嘱托　科教报国"党员教育培训基地的育人功能，全年接待参观 109 批次共计 1895 人次。践行为师生办实事，基础馆全年无休，推出"我导你游""浙大图书馆萌新指南"、考研短期存包等定制服务。图书馆玉泉分馆六楼、七楼改造增设学习空间，新增座位百余个。中国教育和科研计算机网联邦认证与资源共享基础设施（CARSI）全年访问量 276.1 万次，同比增长 45.39%，保障读者在校外访问图书馆数字资源。全年策划组织线上、线下荐读书架 17 期，推荐书目 1306 本，纸质荐读图书借阅率为 71.5%。

构建全素养教育体系。强化"求真一小时"品牌，推出 32 讲常规讲座，服务师生近 1.6 万人次。加强面向本科生的信息素养教育，开展定制化系列技能培训、信息素养讲座 15 讲。面向研究生新生及访问学者开展始业教育宣讲 25 场，覆盖 24 个院系。服务院系及职能部门开展定制讲座 25 讲。推出"洞察"系列之情报素养 2.0 课程，助推学校创新型人才成长。开展"求真·知产季""纯音撷英""音乐会客厅""数据悦读"学术训练营等活动，提升师生的知识产权、音乐及数据素养。

【浙江大学图书馆方闻馆正式开馆】　5 月 20 日，方闻图书馆正式开馆，浙大城市学院校长罗卫东、中国美术学院人文学院院长杨振宇、浙江大学艺术与考古学院院长白谦慎、图书馆馆长楼含松、艺术与考古博物馆馆长刘斌、院系专家缪哲、沈坚、赵鼎新，宣传部副部长陈虹、发展联络办公室副主任翁亮、艺术与考古博物馆常务副馆长马景娣、图书馆副馆长胡义镰、馆长助理瞿晶、图书馆古籍碑帖研究与保护中心主任黄晨参加了开馆仪式暨方闻馆建设座谈会。方闻图书馆是隶属于浙江大学图书馆的艺术与考古专业分馆，以著名的中国艺术史、中国文化史专家方闻先生命名。方闻先生一生致力于中国艺术史的研究，为中国艺术史在西方世界建立起话语体系做出了巨大的贡献。为让中国艺术史这门学科在国内生根，进一步推广中国艺术与文化的价值，方闻先生力促筹建考古与艺术博物馆与专题图书馆，最终得以实现。方闻图书馆以艺术考古相关文献资源为收藏主旨，脉络遍及全球，涵盖中国、东亚、中西亚、近东与西方等全球重要区域。本馆设计容量约 20 万册图书，现有馆藏约 9 万册，其中珍本约 2000 册；馆内设座位 150 席，可作研究、讲座、沙龙之用，是面向我校师生和专业研究人员的重要学术空间。

【浙江大学文献资源建设委员会成立】　为加强全学科资源新基建的顶层设计，健全校级文献资源建设体制机制保障，进一步强化支撑学校学科发展的校级文献资源保障体系，充分发挥学科专家对文献资源建设工作的指导作用，11 月 22 日，学校下发《浙江大学关于成立浙江大学文献资源建设委员会的通知》。浙江大学文献资源建设委员会是学校文献资源建设工作的决策咨询和协调机构,负责对全校文献资源保障体系建设及发展战略提出建设性意见;指导图书馆做好文献资源建设各项工作;协调图书馆与各部门在文献资源建设与服务工作中需要协作的问题,反映各学科师生对文献资源的需求及对图书馆管理、服务工作的意见、建议。

【浙江大学图书馆学术委员会成立】 10月9日,浙江大学图书馆下发《关于成立浙江大学图书馆学术委员会的通知》,制订《浙大图书馆学术委员会章程》。10月10日,举行浙江大学图书馆学术委员会成立会议,宣布成立浙大图书馆学术委员会并颁发聘书,全面促进图书馆服务工作的创新,推动我馆各层次人才的培养,进一步拓展浙江大学图书馆的科研合作领域、提升浙江大学图书馆的学术研究水平。

(张 祎撰稿 吴 晨审稿)

【附录】

附录1　浙江大学2022年图书经费情况　　　　　单位:万元

经费类型	金　额
中文图书	640.33
外文图书	644.63
中文报刊	811.90
外文报刊	120.59
数字资源	4926.79
特种文献	226.27
购置业务费	181.43
总　计	7551.94

附录2　浙江大学2022年图书馆藏及流通情况

文献种类		数量
图书	中文	456.13万册
	外文	88.32万册
期刊	中文	66.68万册
	外文	47.03万册
报纸		8.00万份
特种文献	古籍	18.71万册
	拓片	1.21万件
	手稿	0.06万件
	民间文书	0.96万件
缩微、音像资料		7.20万件

文献种类	数量
院系资料室(含附属医院)	108.22 万册
其他(含悦空间、资料等)	2.20 万册
订购数据库	779 个
馆藏总量	798.2 万册
图书流通量	127.3 万册

实验室建设与设备管理

【概况】 截至 2022 年 12 月 31 日,全校仪器设备资产总台件数 388631 台套,总额 1051658.66 万元。全校新增仪器设备共计 40001 台套,总值为 84560.47 万元。全校减少仪器设备共计 14610 台套,原值 25328.78 万元;全年处置报废仪器设备竞标 16 批次,残值收入为 160.12 万元。

2022 年,学校积极推进先进公共技术平台建设,布局打造 6+X 顶尖技术集群;推动实验技术队伍建设,启动"求是实验岗"海外高端实验人才引进工作,开展实验技术新教工始业教育培训,修订《浙江大学实验技术高级职务任职基本条件》;加强实验技术研究项目内涵建设,启动实验技术"揭榜挂帅"(共计立项 26 项,经费 253 万元),完成仪器设备自研自制成果认定 10 项(其中优秀成果 3 项);投入大型仪器维修基金 121.71 万元保障公共技术服务平台及大型仪器开放共享运行。学校在浙江省大型科研仪器开放共享评价中获全省第一名,在科技部、财政部大型仪器开放共享评价考核中获评优秀,位列全国高校第一名。

2022 年,学校启动危化品安全风险数智管控体系建设;实行实验室安全分级分类管理,完成 5042 间实验室的风险等级评定;修订出台《浙江大学实验室安全工作奖励与责任追究办法》,评选先进集体 5 个和先进个人 15 名,追究实验室安全事故责任 6 起;组织各类校级检查 60 余次,专项督查 7 期,发现隐患 1800 余处,签发《实验室安全隐患整改通知书》47 份;开展"难处置"实验废弃物清运专项行动,处理长期积存的放射线废弃物 46 千克、废旧气体钢瓶 471 个和废旧剧毒品 12.8 千克;顺利通过 2022 年教育部实验室安全现场检查。同时,大力营造实验室安全氛围,开设"实验室安全与防护"本科生通识课 2 期,共有 230 人次选修;举办第四届实验室安全文化月系列活动,五大主题活动辐射 6 个校区的 30 余个院系师生;印发《实验室安全手册》中英文版 21500 册。

2022 年,学校强化校内实验耗材采购管理,组织开展供应商商品品牌代理级别认定工作,完善供应商进退机制。截至 2022 年 12 月 31 日,平台入驻供应商 473 家,结算订单 230810 单(同比增长 15.05%),结算金额 1.73 亿元(同比增长 35.14%)。

（全　茹撰稿　唐睿康审稿）

2022 年浙江大学教学科研仪器设备情况

单位名称		合计		其中:10 万元以上		其中:200 万元以上	
		台件数/件	金额/万元	台件数/件	金额/万元	台件数/件	金额/万元
院系	人文学院	1424	1025.20	2	57.89	0	0.00
	外国语学院	2718	1880.25	6	345.51	0	0.00
	传媒与国际文化学院	1120	1921.47	26	738.35	0	0.00
	艺术与考古学院	1034	1609.72	16	443.50	0	0.00
	文学院	47	24.68	0	0.00	0	0.00
	经济学院	809	636.40	1	34.50	0	0.00
	光华法学院	676	643.61	3	119.35	0	0.00
	教育学院	1243	1692.81	26	744.10	0	0.00
	管理学院	4498	4793.68	43	1106.87	0	0.00
	公共管理学院	2473	2620.87	19	296.21	0	0.00
	马克思主义学院	264	183.55	0	0.00	0	0.00
	数学科学学院	1331	1434.64	4	51.83	0	0.00
	物理学院	8827	35713.87	331	23716.05	32	12641.54
	化学系	8581	26905.75	320	17647.80	19	6586.74
	地球科学学院	3164	10233.53	148	5959.38	3	915.14
	心理与行为科学系	1378	3368.84	56	2072.69	0	0.00
	机械工程学院	10798	36740.96	444	22277.63	9	3155.96
	材料科学与工程学院	6261	44468.12	374	35644.58	33	18448.82
	能源工程学院	10097	46287.37	545	31374.65	23	7650.22
	电气工程学院	12094	25080.20	382	13253.57	6	1923.08
	建筑工程学院	10867	29407.36	253	16474.84	14	6984.10
	化学工程与生物工程学院	8716	25706.50	350	14837.87	6	2275.04
	海洋学院	9166	43800.65	469	32954.06	19	15084.85
	航空航天学院	6795	30618.53	352	19684.07	14	4795.51
	高分子科学与工程学系	4283	12498.22	171	7312.38	1	236.95

单位名称		合计		其中:10万元以上		其中:200万元以上	
		台件数/件	金额/万元	台件数/件	金额/万元	台件数/件	金额/万元
院系	光电科学与工程学院	9187	40273.05	573	25729.79	15	5360.95
	信息与电子工程学院	9206	28721.69	354	18651.81	14	6727.61
	控制科学与工程学院	8739	26180.36	337	13905.01	3	676.05
	计算机科学与技术学院	16669	36496.47	368	13388.31	4	1703.58
	软件学院	42	50.68	0	0.00	0	0.00
	生物医学工程与仪器科学学院	3453	12383.57	186	7284.90	1	1781.00
	微纳电子学院	278	1024.47	14	477.68	0	0.00
	生命科学学院	10561	21392.46	264	10732.09	5	1860.64
	生物系统工程与食品科学学院	5026	17974.55	267	11072.64	4	1003.14
	环境与资源学院	8113	23166.33	328	13344.22	5	1243.42
	农业与生物技术学院	14626	36310.86	478	18306.10	4	2481.45
	动物科学学院	6367	13731.51	205	6071.49	1	278.71
	医学院	25637	70596.38	783	37620.36	13	10269.03
	药学院	5801	19024.02	288	12113.65	7	1922.62
直属单位	建筑设计研究院	66	50.27	0	0.00	0	0.00
	海宁国际校区	10510	25418.69	311	15332.26	10	3997.29
	工程师学院	3624	33716.14	466	29339.70	19	8398.09
	医学中心	1155	12446.18	157	10848.07	13	4217.63
	竺可桢学院	51	90.62	0	0.00	0	0.00
	继续教育学院	3619	3267.91	30	1085.13	0	0.00
	国际教育学院	200	274.68	2	45.59	0	0.00
	图书馆	836	4747.52	52	3020.14	2	644.44
	公共体育与艺术部	3874	4900.77	29	1495.43	2	598.59
	信息技术中心	11365	18653.93	275	9115.53	0	0.00
	工业技术转化研究院	1703	4932.29	39	2477.22	1	293.00

浙江大学年鉴

单位名称		合计		其中：10万元以上		其中：200万元以上	
		台件数/件	金额/万元	台件数/件	金额/万元	台件数/件	金额/万元
校设科研机构及公共平台	中国西部发展研究院	424	646.29	11	316.70	0	0.00
	浙江加州国际纳米技术研究院	633	4245.24	53	3570.61	4	1759.64
	求是高等研究院	289	965.78	13	362.07	0	0.00
	生命科学研究院	5905	18808.38	155	12627.02	19	7147.67
	数学科学研究中心	266	171.44	0	0.00	0	0.00
	社会科学研究基础平台	404	714.67	7	441.30	0	0.00
	水环境研究院	226	854.52	14	497.48	0	0.00
	转化医学研究院	1758	3895.84	54	1698.63	0	0.00
	农生环测试中心	378	5112.18	52	4705.13	7	2087.15
附属医院	附属第一医院	6989	28847.77	236	18316.26	20	8078.22
	附属第二医院	3011	10977.01	96	7409.15	7	3639.10
	附属邵逸夫医院	1306	1998.03	19	628.60	0	0.00
	附属妇产科医院	438	1215.30	20	544.51	0	0.00
	附属儿童医院	707	1693.08	21	906.92	0	0.00
	附属口腔医院	41	1534.01	5	1482.19	2	1363.00
其 他		2860	13627.14	192	9326.68	8	2830.12
合 计		305007	940428.87	11095	571438.08	369	161060.07

校园信息化建设

【概况】 聚焦学校"十四五"事业发展和新一轮"双一流"建设，坚定"以师生为本的数字化的必由之路，以校园场景和应用为抓手"，围绕学校铸魂育人中心工作，以更加现代化、数字化、生态化的"网上浙大"空间布局为基础，在教育数字化进程中不断助力学校高水平教育教学事业发展、高效能校务体制机制建设，为促进新形势下教育教学和校务综合治理模式的变革提供巨大动能，不断推进学校基础性、全局性的发展，助力学校为实现第二个百年奋斗目标贡献浙大教育信息化力量。

以信息化支持教育教学。围绕立德树人，完善教学全过程支撑体系和线上教育闭环支撑环境，常态化支持跨全过程超大规模的线上线下实质等效的教学创新体系的构建。迭代升级"学在浙大",进一步挖掘学科发展的需求,结合教学实际,发挥数据在课堂上的价值,深度连通线上教学平台,保证学习和教学行为的流畅感,实现"智云课堂"讲义等资料回传至"学在浙大"平台。智云课堂迭代升级,根据师生使用习惯与建议,进一步优化使用体验,系统稳定性趋于成熟;连接线下780余间智慧教室,实现"智云课堂"实时线上线下音视频互动;持续建设教学资源流线闭环,提供整体化的线上教学知识沉淀。完成紫金港西区段永平教学楼150间智慧教室建设,形成智慧教室3.0建设标准,部署无影云电脑,引入新型讲台,打造课情数据实时反馈系统。2022年,"学在浙大"承载在线课程3.9万余门次,总用户数达到16.1万人,年访问人次达6371.3万次;"智云课堂"日均直播课程2000余学时,累计开放课程2万余门次,日访问量达4.4万次,100%覆盖全校800间教室。

以信息化推进综合治理。在数字化改革成果上推进学校整体智治,按照"总体目标—可感知图景—标志性成果—突破性抓手—数字化支撑"的系统架构,打造具有浙大辨识度的多跨场景样板,包括全球暑期学校、研究生入学一件事、"本科生毕业一件事、办事大厅2.0、智慧总务、智慧财务、导学关系、校园数字化医疗服务等多个场景。整合应用入口,电脑端持续优化浙大服务平台"一站式"办理,形成浙大服务平台办事中心版块,申请、审批、服务统一访问入口;移动端持续建设浙大钉工作台,移动端消息提醒与事项办理的"一站式"服务,方便师生在手机端随时随地处理事项。构建网站群2.0的信息发布平台,持续建设安全稳定的校园资讯信息发布平台。继续实施"最多跑一次"工程,加速推进流程应用与服务建设。推进校院两级协同办公系统建设。2022年,电脑端共接入办事事项623项,网上办事事项358项,应用中心共接入应用60项。"浙大钉"使用激活人数11.35万人,日使用9.75万人次,上架应用79个。"最多跑一次"流程服务总次数为241.45万条,全年共受理师生各类事项825.82万次。协同办公系统登录52万人次,总计发起流程2.6万次。

以信息化推进科研创新。继续深化"研在浙大",持续围绕"一门户四模块八台柱"构架体系,连通学校多项科研办理服务流程,集合论文助手、专利助手和填表助手等数据学术科研工具,提供免费云主机和云计算支持,为师生线上科研提供数字化资源保障,推进科研攻关更加协同紧密、科研事务更加便捷高效。累计为17个院系单位、27个科研团队提供37台计算服务器。筹建校级高性能计算平台,支持浙江大学计算机辅助设计与图形学国家重点实验室建立浙大云—图形计算平台,服务全校12个院系单位及科研团队,开通36台计算服务器。

以信息化加速新基建。持续推进新一代校园网建设,2022年校园网连接7个校区,7个附属医院,拥有96公里自建环网城区光缆,480多公里校区光缆,校园网出口总带宽达101G。构建数据安全体系、公共数据目录,提升数据共享率、使用效率,充实学校的数据资源,为学校综合治理体系和教育教学体系奠定数据基础。以机房建设和云资源赋能新基建,浙大云计算平台继续支持教学科研,新增对"学在浙江"、虚拟教研室等项目的支撑,承载云主机581台;IDC (Internet Data Center)公服平台继续升级扩容,新增刀片服务器45台,扩容后IDC

(Internet Data Center)公服平台扩充至 95 台物理机,2022 年已承载 1322 台虚拟服务器业务。

信息化服务不断升级。服务渠道不断拓展,开展多个浙大钉答疑群,为办公室主任、辅导员第一时间提供信息化解决问题方案。搭建智能机器人,向师生提供智能化、多样化的信息化咨询服务,实现全渠道智能化运维。服务事项不断延伸,在原有的网络服务、信息化、邮箱等方面,拓展了视频会议、"智云课堂""浙大钉"等内容。服务质量不断提升,回访率继续保持 100%,用户满意度达 99%。2022 年,VPN(Virtual Private Network)上网认证账号达 9.59 万余个,校园卡持卡用户 45.7 万个。利用视频交互平台全年共服务支撑教育部系列会议、校重大活动、校行政办公会等视频会议 780 余场。

严守网络安全红线。强化网络与信息安全领导小组的统筹领导,完善网络安全相关制度规范,修订《浙江大学网络安全事件应急预案》,制定《浙江大学校园网络行为负面清单(试行)》;指导全校各单位成立本单位网络安全工作小组,制定网络安全事件应急预案。开展攻防演练、安全培训、网络安全宣传周,强化全校网络安全意识。完成重要时期安全保障工作,共计 11 次累计 153 天。对标等级保护 2.0 标准,落实国家等级保护制度,我校已定级系统均已完成等保备案、评测和整改工作。通过网络安全保障服务、网络安全检测服务、反爬虫机器防御服务、网络安全等级保护评测服务、信息系统出口安全设备扩容、IDC(Internet Data Center)机房出口边界隔离工程建设等,多举措构建我校网络安全防御体系。2022 年全年无重大网络安全事件发生,实现零报告目标。

【推进整体智治,打造具有浙大辨识度的多跨场景样板】 在数字化改革成果上推进学校整体智治,按照"总体目标—可感知图景—标志性成果—突破性抓手—数字化支撑"的系统架构,成立 8 支专班建设队伍,打造具有浙大辨识度的多跨场景样板,深入贯彻开放发展战略,依托数智驱动多跨融合的教育教学创新体系打造"全球暑期学校";研究生入学一件事实现"一张表填报""零距离"服务;本科生毕业一件事兼顾"速度感"和"仪式感";办事大厅 2.0 持续推进"一网通办、一窗合办、一号咨询";智慧总务、智慧财务、导学关系、校园数字化医疗服务等场景持续迭代,进一步落实以师生为本的理念。

【完成紫金港校区永平教学楼智慧教室建设】 立足教学需求,践行学生成长中心理念,完成紫金港西区段永平教学楼 150 间智慧教室建设。9 月正式授课应用以来,广受师生好评,获得社会广泛关注,成为我校智慧教室与开环教育的"新名片""新展厅"。拓展新兴元素,形成智慧教室 3.0 建设标准。部署无影云电脑,构建跨域交互同步课堂;引入新型讲台,打造课情数据实时反馈系统;部署"一起看浙大"视频盒子,投放具有求是价值观的教室屏媒等举措,实现教室智慧的无感知体验和教室数据的全过程沉淀。

【启动紫金港东区校级大型机房建设】 参照国家 A 级机房标准,启动紫金港蒙民伟楼的校级大型 IDC(Internet Data Center)机房建设相关工作,2022 年顺利完成了新 IDC 机房建筑加固相关的设计、施工及验收工作,为下一步新 IDC 机房的建设奠定了扎实的基础。开展中国教育和科研计算机网浙江主节点未来网络机房改造工作,结合浙江省节点未来网络,改造玉泉校区图书馆机房,提供至少 6 个网络机柜,满足未来网络一期、二期设备使用需求。

【浙江大学入选国家智能社会治理实验基地(教育)】 为深入开展人工智能社会实验工作,超前探索智能社会的运行模式、法律法规、标准规范、政策体系、体制机制等,中央网信办等 8 部委组织开展国家智能社会治理实验基地建设,浙江大学成功入选教育特色基地。我校基地从不同学科角度出发,共同探讨教育数字化发展中的跨学科主题,通过充分挖掘本校资源,联通清华大学、北京师范大学、上海交通大学、复旦大学等知名学者及不同院校的师生,共同探讨智能社会治理的未来。2022 年开展学术研讨和直播讲座 20 余场,观看人数超 5 万人。

【扎实做好党的二十大等重要时期网络安全保障】 开展重要时期安全保障工作 11 次,累计 153 天。在党的二十大期间,为做好重要时期网络安全保障工作,学校在建立领导架构、部署重保工作方案、自查各单位加固情况、推进等保工作、开展攻防演练、夯实网络安全感知和溯源体系、增加网络安全防护措施、加强网络安全宣传教育和值班值守等方面加强部署,全力护航党的二十大胜利召开。

【跨域全过程超大规模线上线下实质等效的教学创新体系被评为浙江省教学成果奖一等奖】 该成果经 4 年实践检验,师生数字素养能力显著提升,师生总访问量超 2.5 亿次,日均访问量 22 万余次;全校活跃学生占比 100%,教师使用普及率达 100%;资源汇聚国际领先,承载课程 5 万余门次,直播/研讨 100 余万场,覆盖 149 个国家和地区;教研成果丰硕,制定国家标准 3 项、获教学荣誉 15 项、出版专著 15 本、申请专利 2 项,发表 SSCI 等论文 100 余篇;模式引领示范,全国 160 余所院校观摩学习,并推广到 30 余所高校;成果影响广泛,被《人民日报》《光明日报》等主流媒体报道 50 余次,教育部在 2021 世界慕课大会上向全球推介、推荐申报联合国教科文组织“哈马德国王奖”。该成果被评为浙江省教学成果奖一等奖,已被推荐参选国家教学成果奖。

(陈蓉蓉撰稿　陈文智审稿)

出版工作

【概况】 2022 年,浙江大学出版社(简称出版社)全年出版新书品种 1120 种;重印图书 1659 种,图书总生产码洋为 6.49 亿元(含“中国历代绘画大系”2.57 亿元);总收入规模为 3.76 亿元,利润为 3546 万元。

年度新增 55 项省部级及以上出版基金项目,其中入选年度国家出版基金资助项目 3 项,入选中华民族音乐传承出版工程 1 项,入选 2021—2035 年国家古籍工作规划 2 项,入选国家哲学社会科学成果文库 1 项,入选教育部主管出版单位主题出版选题 1 项,入选国家社科基金后期资助项目 30 项,入选浙江文化艺术发展基金资助项目 4 项,入选“经典中国国际出版工程”“丝路书香工程”等“走出去”项目 13 项。

出版品牌效益持续提升。出版社获得“2022 中国图书海外馆藏影响力出版 100 强”。29 种出版物获得省部级以上奖项:《一个人最后的旅程》获得第十七届文津奖,《赢得未来:高水平开放的中国与世界》等 7 种出版物获得第三十一届浙江树人出版奖,

《创新力：中国媒体人的文化实践》等3种出版物获得浙江省第十五届精神文明建设"五个一工程"奖，"中国历代丝绸艺术丛书"等18种出版物获得第三十八届浙江优秀出版物编辑奖。

图书品牌能力持续提升。2022年度共计有160余种图书入选300多项榜单，如《儒法国家：中国历史新论》入选光明日报好书榜、中华读书报好书榜；《丰子恺译文集》入选钱江晚报春风悦读好书榜；《朱彝尊全集》《经典释文》入选古工委季度书单；《敦煌石窟艺术》等20多种图书入选浙版好书月榜；《酷的起源》等近10种图书入选商报·影响力图书；《但丁传》等入选《三联生活周刊》行读图书奖。

期刊声誉和质量稳步提升。学报九刊的学术影响力保持稳定，部分刊物有所突破：英文版B辑从SCI-Q3区升至Q1区，位居全国大学学报英文版首位；医学版在CSCD、WJCI等多个数据库中提升至Q2分区；《信息与电子工程前沿（英文）》2022年度被中国计算机学会列入T1级别目录、推荐国际学术会议和期刊目录C类。中文版科技类五刊均被列为年度"中国高校科技期刊建设示范案例库百佳科技期刊"案例库。新刊建设进一步拓展，顺利完成年度浙江大学高水平学术期刊建设项目的论证评审；《世界儿科杂志（英文）》影响因子突破9，进入Q1区，同时获得第三十一届浙江树人出版奖（期刊奖）；《废弃物处置与可持续能源（英文）》被EI收录，《区块链研究（英文）》被ESCI收录。

【"盛世修典——'中国历代绘画大系'成果展"在中国国家博物馆开幕】 9月29日，由中共中央宣传部、国家新闻出版署和中共浙江省委、浙江省人民政府共同主办的"盛世修典——'中国历代绘画大系'成果展"在中国国家博物馆开幕。中宣部分管日常工作副部长、中央文明办主任李书磊宣布开幕。中宣部副部长、文化和旅游部部长胡和平出席，浙江省委书记袁家军、中宣部副部长张建春致辞，中央有关部委和相关单位领导李群、诸迪、王旭东、王春法，浙江省及浙江大学领导陈奕君、王纲、任少波、吴朝晖、张曦出席。本次展览包含"薪火相传　代代守护""千古丹青　寰宇共宝""创新转化　无界之境"三大版块，以图像、文字、视频、新媒体等多元展示手法，呈现中国古代绘画的宏富成就。

【浙江大学数字出版研究中心入选第一批国家出版智库高质量建设计划】 2022年，国家新闻出版署公布第一批出版智库高质量建设计划，浙江大学数字出版研究中心入选。国家第一批出版智库高质量建设计划共有16家机构入选，按照方向明确、实力雄厚、成果丰富、贡献突出的标准，从157家申报机构中综合选出。浙江大学数字出版研究中心于2016年12月由浙江大学出版社、文学院、计算机技术与科学学院联合组建，致力于启发引导出版前沿领域，为产业前沿发展提供更科学有效的启发性建议。

（秦婧雅撰稿　褚超孚审稿）

档案工作

【概况】 截至2022年12月31日，校档案馆本年度收集常规档案4119卷，176583件（卷件不重复）；提供档案利用8410人次，复制21774页（件）。馆藏档案案卷级目录228277条，文件级目录5649332条，电子文件 2922267 个。2022 年度完成档案数字化扫描 172 万页、录入条目 35.5 万条，基本实现应数字化存量档案的数字化。持续完善学校档案管理制度体系，制定《浙江大学涉密档案管理细则》，修订《浙江大学立卷部门档案归档范围和保管期限规定》，举办"2022 年新兼职档案员培训会"，有效提升学校的档案治理能力。1 名工作人员入选全国青年档案业务骨干。被浙江省高校档案学会授予"浙江省高校档案工作先进集体奖"。

新数字档案管理系统顺利通过验收，新版门户网站及校史馆、文物系统网、支部网等二级网站正式上线运行，全面提升档案管理和支撑服务能力。完成在信息技术中心大机房的全部数字档案资源数据的动态搬移汇总工作，强化安全性保障。召开档案"溯源工程"（第一期）启动会，从源头上规范档案收集工作。加强重大活动、重大事件档案采集，收集"党史学习教育"专题档案纸质材料 259 件。

优化学籍档案远程查阅利用服务，持续为校友提供学籍档案快递"一次都不用跑"服务。2022 年度远程查档服务占比达 80%。启动研究生毕业离校前标准学位服照片采集审核归档系统并嵌入离校系统。全力协助学校干部人事档案专项审核工作，上半年抽调 1 位副馆长和 4 位科室业务骨干全职参与学校干部人事档案专项审核工作。联合学生学籍管理部门召开学历学位认证工作协调会，加强对学历认证工作的档案支撑。组织召开 2022 年浙江大学可移动文物工作座谈会，协同学校相关文物收藏、使用、管理单位落实可移动文物清点盘查工作。与艺术与考古学院、图书馆、艺术与考古博物馆联合制定《文物或艺术类藏品集中保管工作办法》。

加强特色档案资源征集与建设。浙江大学西迁办学实物、名师备课手稿及国家级荣誉证书等大量传承优良学风教风、涵养师生家国情怀的特色档案实物、影像等 4000 余件征集入馆。完成《竺可桢日记》等精品档案的高清数字化工作，《竺可桢日记》手稿由浙江省推荐申报《中国档案文献遗产名录》。探索开展《李辅耀日记》等珍贵馆藏档案抢救性修复工作。

持续开展档案编研、校史传播工作。刊印、分发《浙江大学馆藏档案》（2022）和《浙江大学校史研究》（2022）。运维"浙江大学档案馆"微信公众号。继续开办《浙江大学学报·校史研究》《浙江大学校报·浙江大学校史通讯》专栏。支持竺可桢故居（研究会）、马寅初研究院和遵义湄潭浙大西迁陈列馆等与学校历史相关的展览场馆建设工作，积极发挥学校档案文化服务社会的作用。

稳步推进《浙江大学史》编纂与研究工作。《浙江大学史料》第一、二卷出版，并于学校 125 周年校庆日举行首发仪式。《浙江大学史料》第三、四、五、六卷初稿基本完成。"浙大记忆——浙江大学校史信息资源库"正式上线，完成近 17 万条数据的采集、整理与著录，集中呈现了浙江大学各个历史时期的办学资料和校史研究成果。《国立浙江大学天目山分校史料》获浙江省优秀档案编研成果二等奖。

不断提升校史馆和竺可桢纪念馆的管理与服务水平。校史馆接待参观者达 2.6 万余人次，充分发挥了爱国主义教育基地作用。竺可桢纪念馆入选首批浙江省科学家精神教育基地，充分发挥了传承和弘扬竺可桢名人风范和浙大求是精神的作用。开展校史馆新馆的功能规划调研工作。

【举办"为国铸盾 强我中华——浙江大学老一辈师生校友参与和传承'两弹一星'事业成就展"】 为弘扬"两弹一星"精神,庆祝学校建校125周年,"为国铸盾 强我中华——浙江大学老一辈师生校友参与和传承'两弹一星'事业成就展"于5月21日在浙江大学紫金港校区基础图书馆一楼开展,激励广大师生继承优良传统,赓续红色血脉,有效发挥档案文化资政育人的作用。

【承办中国高等教育学会校史研究分会第17届学术年会】 12月14日至16日,中国高等教育学会校史研究分会第17届学术年会在浙江大学线上召开,来自北京大学、清华大学、复旦大学、上海交通大学等高校的200余名校史专家学者参加了会议,扩大了浙江大学校史研究工作在全国高校的影响力。

(刘 新撰稿 蓝 蕾审稿)

【附录】

附录1 浙江大学2022年档案进馆情况

类目	数量	类目	数量
党政	20755件	设备	93件,798卷
教学	35861件,1716卷	外事	4143件
科技	6804件,541卷	财会	85122件
出版	191件	涉密档案	492件,13卷
基建	298件,630卷	声像	15480件,178卷
人物	99卷	实物	26卷
资料	7344件,118卷		
合计	176583件,4119卷		

附录2 浙江大学2022年馆藏档案情况

全宗	类别	卷	件
浙江大学全宗	党群(DQ)	665	58806
	行政(XZ)	9543	145022
	教学(JX)	63391	251322
	科研(KY)	31432	130935
	产品(CP)	116	2314
	基建(JJ)	11728	37097
	设备(SB)	4945	8051

续表

全宗	类别	卷	件
浙江大学全宗	出版(CB)	2583	3704
	外事(WS)	1470	106753
	财会(CK)	24394	249592
	声像(SX)	3300	146695
	人物(RW)	6554	2408
	实物(SW)	4175	118
	资料(ZL)	3452	59372
	保密档案	1371	12281
	沈德绪个人档案	1940	
	其他	1309	
杭州大学全宗	各类	19527	5622
浙江农业大学	各类	19189	4496
浙江医科人学	各类	14398	4849
之江大学	各类	12	
国立英士大学	各类	65	
杭州工学院	各类	1941	
浙江省农干院	各类	754	
合　　计	228277卷,1213779件(卷、件不重复)		

采购工作

【概况】 2022年,全校通过加强采购管理,发挥集中采购优势,全年完成货物、服务和工程(基建工程除外)采购2763单,共完成采购预算总金额358793.85万元,成交金额342249.51万元,共计节约经费16544.34万元。其中:

政府集中采购项目全年预算金额3969.72万元,成交金额3954.83万元,节约经费14.89万元。

通过招标、磋商、单一来源等采购方式的项目,全年预算金额317164.44万元,成交金额301817.53万元,节约经费15346.91万元。

通过网上比选采购方式的项目,全年预算金额 34072.53 万元,成交金额 33011.76 万元,节约经费 1060.77 万元。

通过询价(科教服务中心)采购方式的项目,全年预算金额 3587.16 万元,成交金额 3465.39 万元,节约经费 121.77 万元。

合理利用国家对科教仪器的免税政策,全年办理减免税 517 笔,享受免税金额 5512 万元。

(王婉萍撰稿　胡　放审稿)

后勤服务与管理

基本建设

【概况】 2022年，完成基建工程投资 8.3 亿元，紫金港校区竣工移交项目建筑面积 22.6 万平方米，分别为学生生活区组团（北）与图书馆档案馆项目。在建项目建筑面积 10.6 万平方米（除市政景观项目）。其中，教工宿舍（后勤保障用房）项目、农业科技创新试验中心（农田工程）基本完工。超重力离心模拟与实验装置国家重大科技基础设施项目建安工程一标段深基坑区域模型机、高速机区块完成正负零施工，浅基坑区域基本封顶；超重力 110 千伏变电站项目完成桩基工程；生命科学研究交叉中心项目完成正负零结构施工；化学试剂仓库及附属用房项目完成中间结构验收及外墙粉刷；机械系大楼西侧绿地景观工程项目已完成堆坡。

紫金港校区拟建项目建筑面积为 24.8 万平方米。大健康综合交叉组团项目取得工程规划许可证；综合训练馆及运动场地和设施已取得用地规划许可证；理工创新研究院大楼、学科交叉创新大楼、重大前沿研究大楼项目已取得可行性研究报告的批复，基本完成设计需求对接。

市政配套项目有序展开。竣工交付 3 个市政项目，分别为宜山环路、美川路（六号路—宜山环路）、俞家河（万安路—中心湖）、华家池路、七号路市政工程，东西区融合工程（建工学院南侧慢行道），主干道路及桥梁工程（二期）南校门桥梁道路。

2022年，接收各类结算 135 项，合计送审造价 11.1 亿元，完成初步审核 82 项，核减额 0.12 亿元。

（黄禾青撰稿　林忠元审稿）

浙江大学 2022 年在建工程进展情况

名称	面积/平方米	进展状态	计划竣工时间
教工宿舍(后勤保障用房)	21900	基本完工	2023 年 8 月
农业科技创新试验中心(农田工程)		基本完工	2023 年 6 月
超重力离心模拟与实验装置国家重大科技基础设施项目	34560	一标深基坑区域模型机、高速机区块完成正负零施工,浅基坑区域基本封顶	2024 年 8 月
超重力 110KV 变电站		完成桩基工程,进入基础及电缆层施工阶段	2023 年 8 月
生命科学研究交叉中心	46801	完成正负零结构施工,进入地上主体结构施工阶段	2024 年 8 月
化学试剂仓库及附属用房	831	完成中间结构验收及外墙粉刷	2023 年 6 月
机械系大楼西侧绿地景观工程		完成堆坡	2025 年

房地产管理

【概况】 统筹推进空间保障服务与使用绩效提升。服务学校高层次引进人才和院系发展,完成各类公用房调整分配累计建筑面积达 26214.02 平方米,收回腾空用房 3614.06 平方米;有效落实用房有偿使用收费调节机制,2022 年核算各类公用房有偿使用费共计 1.10 亿元,收取各类住房使用费 5392.73 万元;落实疫情期间房租减免有关文件精神,对承租学校营业用房的中小微企业和个体工商户减免租金 967.70 万元。完成对紫金港校区"惟学长廊"二期(新增 3 个空间,增加自习座位 102 个)、"学生文化长廊"二期(新增 10 个空间,增加自习座位

280 个)和玉泉图书馆自习室(新增 5 间自习室,增加自习座位 118 个)的建设。

完成教师公寓品质提升系列改造工程,共推出 45 期教师公寓排队轮候选房,办理教师公寓入住近 800 人次;开展线上内部单位借房四批次,新借房源 100 余套,续约 300 余套;办理高层次人才专用房申购 15 人次,销售港湾家园专用房地下车位使用权 16 个。完成杭大新村危旧房整治与修缮工程一期和景芳二区公建配套项目建设,配合启动物业维修基金 33 例。出台《浙江大学支持配合老旧小区住宅加装电梯工作实施意见》,签约加装电梯项目 12 个。完成景芳二区 39 幢、40 幢住户办证工作及套购的 4 户住户审批办证工作,完成黄姑山路教师公寓和嘉绿景苑 45 套安置房的办证工作。

配售西湖区块人才房、余杭区块商品房共 43 套。西湖区块人才房办理购房手续

11户,不动产证14户,交付入住11户;余杭区块商品房网签合同27户,办理不动产证29户,交付入住23户。共审核建设资金1.42亿元。西湖区块人才房累计核拨工程款(含土地款)34.59亿元(其中2022年核拨695万元),回笼资金34.83亿元;余杭区块商品房累计核拨工程款(含土地款)20.91亿元(其中2022年核拨1.3亿元),回笼资金20.73亿元。收取西湖区块人才房房款0.06亿元,余杭区块商品房房款1.57亿元。

审批发放一次性住房补贴76.23亿元;缴交1351位教职工的公积金补贴,缴交金额为961万元,完成102位教职工公积金补贴建账发放工作,补缴金额为112.38万元;办理52位教职工一次性补贴和公积金补贴支取,金额为149.92万元。累计缴交全校9491位教职工公积金4.74亿元,新增缴交746人,停缴872人,补缴952人;为295名教职工支取公积金,金额为8827万元,公积金信息核对修改23人。

新增房屋及构筑物固定资产卡片5张,增加房屋建筑面积12242.51平方米、价值1.25亿元;本年度无核减资产。新增家具固定资产8.78万件,金额为1.32亿元;核销家具固定资产3.92万台/件,金额为805.16万元;调剂家具2.5万件,金额为1974.42万元。

完成历史文物建筑管理使用流程标准化建设,通过华家池土壤馆修缮、玉泉"四有"记录档案、之江数字化档案文物专项验收,完成30余处历史文物建筑相关工程的保养维护报备,2022年度申请获批省、市文物专项补助资金66万元。推进"文旅浙大"平台及配套文物建筑二维码导视牌安装。

【完成理工农组团主体搬迁】 根据学校党委常委会要求和分管校领导指示,坚持"安全稳妥、服务大局、集约高效、院系统筹"原则,成立校院两级搬迁领导小组与工作小组,建立搬迁工作服务群和多个专班,组织召开6次搬迁工作会议和1次搬迁安全专题会议。处置废旧气体钢瓶471个,分批次清运处置剧毒品30.8千克,搬迁剧毒品12千克;开设化学废弃物清运处置"绿色通道",处理21批次共80余吨化学废弃物;完成搬迁院系能源设施设备移交、问题查验及整改修复,协调解决搬迁过程中的电力增容和中央空调维修维保;完成理工农组团主体搬迁,收回腾退用房1786间、使用面积为62974.56平方米。

【推动"智慧总务"信息化建设】 围绕学校数字化改革目标,构建智慧总务建设体系架构,组建"一件事"改革工作专班,推进实施智慧总务大屏、校园E达通、自习一件事、公共场馆预约四个项目;"浙大生活"公众号开设办实事、游在浙大、征集令、小课堂等系列专栏,全年发布资讯类推文107篇;开发建设房地产管理系统住房模块、浙大公寓二期、智慧能源物联网中台、维修管理信息化系统、文旅浙大二期、家具资产清查盘点模块。

(蒋　葵撰稿　朱佐想审稿)

附录1　2022年浙江大学土地资源情况

单位：亩

校 区	教育用地（有证）	教育用地（未办证）	总土地面积
玉　泉	1235.86	0	1235.86
西　溪	500.23	0	500.23
华家池	968.38	30.04	998.42
之　江	653.83	0	653.83
紫金港	1797.17	3365.85	5163.02
舟　山	499.37	0	499.37
海　宁	2.12	0	2.12
其　他	282.09	0.23	282.32
总　计	5939.04	3396.12	9335.16

附录2　2022年浙江大学校舍情况

单位：平方米

指标名称	学校产权校舍建筑面积				正在施工校舍建筑面积	非学校产权校舍建筑面积	共同使用	独立使用
	上学年校舍建筑面积	增加面积	减少面积	本学年校舍建筑面积				
总计	4021479	309220	101400	4229299	130998	616382	607432	8950
♯C级危房	0	0	0	0	0	0	0	0
♯D级危房	0	0	0	0	0	0	0	0
一、教学及辅助用房	1693036	139659	89190	1743505	86962	297713	297713	0
教室	195428	100000	0	295428	0	40044	40044	0
♯艺术院校专业课教室	0	0	0	0	0	0	0	0
实验实习用房	500392	0	0	500392	0	48359	48359	0
专职科研机构办公及研究用房	753426	0	89190	664236	45351	157312	157312	0
图书馆	98885	0	0	98885	41611	11142	11142	0
室内体育用房	59423	32249	0	91672	0	15187	15187	0

指标名称	学校产权校舍建筑面积				正在施工校舍建筑面积	非学校产权校舍建筑面积	共同使用	独立使用
	上学年校舍建筑面积	增加面积	减少面积	本学年校舍建筑面积				
师生活动用房	6816	7410	0	14226	0	2095	2095	0
会堂	42662	0	0	42662	0	19114	19114	0
继续教育用房	36004	0	0	36004	0	4460	4460	0
二、行政办公用房	186888	1399	0	188287	5078	18189	18189	0
校行政办公用房	17013	1399	0	18412	5078	570	570	0
院系及教师办公用房	169875	0	0	169875	0	17619	17619	0
三、生活用房	1224501	136182	12210	1348473	20342	218653	212703	5950
学生宿舍（公寓）	776189	122847	0	899036	0	131541	131541	0
食堂	93707	13335	0	107042	1450	15075	12075	3000
单身教师宿舍（公寓）	95707	0	0	95707	18992	18512	18512	0
后勤及辅助用房	258898	0	12210	246688	0	53525	50575	2950
四、教职工住宅	592313	0	0	592313	0	0	0	0
五、其他用房	324741	31980	0	356721	18616	81827	78827	3000
#被外单位租（借）用	34113	12210	0	46323	0	0	0	0

注：校舍建筑面积统计口径包括7个校区与6家异地研究机构。

学生宿舍建设与管理

【概况】 2022年浙江大学学生宿舍管理服务工作以党的二十大精神为指引，以师生需求为导向，夯实物业服务基础，全力以赴推进学生宿舍文化建设工作，全力配合学校协同育人。疫情防控工作时刻不松懈，各校区宿管办严格按照学校疫情防控工作领导小组要求落实相关责任，有序开展疫情防控工作，把保障学生的生命健康作为首要任务，坚持快速响应、从严要求，齐心协力打赢疫情攻坚战。

完善制度规范，管理服务有据可依。2022年初，在总务处的召集下，向学校各部门征集修改意见，对《浙江大学学生宿舍管理办法》进行修订。

落实主体责任，抓实抓细安全管理。各校区宿管办组织开展高频率安全自查，加强对学生寝室不安全用电行为的检查，每周对

浙江大学年鉴

20000 间左右学生寝室进行安全检查,每季度联合学校相关部门进行夜间安全专项检查,营造时时查安全、重安全的氛围。紧抓日常安全宣传不放松,线上线下并进,结合社会时事热点,面向在住学生做好消防安全宣传工作。开展"119"消防月系列宣传活动,举办专题宣传教育活动。各校区积极开展消防安全演练,开展消防安全内训 39 次,共计参与达 1000 多人次;开展消防演练 330 次,共计参与达 2958 人次。

做好常态化学生宿舍疫情防控工作,学生每日进出宿舍楼时要求刷脸测温,进行健康监测。每日 2 次对宿舍楼内公共区域进行环境消杀,各校区成立消杀小组,随时准备响应各类突发应急情况。设立防疫物资仓库,确保物资储备到位。制定各项疫情防控指导手册及应急预案,实行疫情防控网格化管理,以校区为单位,将学生宿舍划分为四级管理网格,建立校区—楼宇—楼层—寝室四级管理体系,深度落实学生宿舍的安全管理要求。

勇担重任,同心抗疫。2022 年 11 月 27 日,紫金港校区在常态化核酸检测中发现多例混管阳性,收到学校疫情管控通知后,宿管中心立即启动应急预案,工作人员快速到达相应宿舍楼,协助保安人员对上述宿舍楼实施临时管控,通过多种方式通知提醒楼内同学扫描寝室内场所码,快速统计在楼人员名单和人数。在白沙综合楼 207 成立临时指挥总部及保障专项小组,统筹总体调度指挥和各项支撑工作。校园封控期间,各校区宿管办管理人员与一线员工均坚守校园,转运密接人员并对风险楼宇进行全面消杀和清理,发放一日三餐,配送防疫物资及生活保障物资,组织学生有序核酸检测,根据学校要求联系商贸超市开设线上保供渠道,在

宿舍楼门厅设立货架等,多方面满足在住同学的生活需求和防疫要求。

合理规划学生宿舍住宿资源,修订优化单双人间遴选规则,向学生提供公平公正的住宿调整方案。2022 年公寓服务大厅线上线下累计接待师生达 18000 余人次,跨校区调整调入紫金港 187 人次,单人间调整住宿 231 人次,双人间调整住宿 658 人次。精心准备、周密部署,保障多批次大规模搬迁工作顺利完成。2022 年各校区内集中调整住宿 5000 余人,紫金港跨校区搬迁至其他校区 2500 余人。紫金港校区新建银泉学生公寓启用后,玉泉、西溪校区搬迁至紫金港银泉学园 5000 余人,紫金港东区调整至银泉学园 1500 余人。在各类住宿搬迁过程中共计转运行李 42016 件,无一件行李遗失,无一起学生投诉。

全力保障紫金港校区银泉学园 8 幢宿舍楼共 4150 间学生寝室的承接查验及启用工作。开展多轮次细致承接查验,积极持续进行空气治理和甲醛检测,各项检测指标全部合格后再启动搬迁工作。组织员工对新宿舍楼进行开荒保洁,提前安装好空调、开水器、直饮水机、自助洗衣机等生活服务设施,督促商铺规范装修施工,满足学生生活刚性需求。

进一步优化、改善学生公寓条件,提升服务体验。各校区稳扎稳打做好物业基础设施设备维护工作,落实各项基础设施报修服务,保障学生生活,全年共完成 113289 项零修维修任务,其中水 28159 项,电 26997 项,锁 14965 项,五金、木、土等其他共计 43168 项。进行老旧宿舍整体提升改造试点,探索在住宿资源紧张的情况下老旧宿舍的改造方式和方案,在紫金港东区楼整层空余出共 120 间宿舍进行整体提升改造的试

点。银泉学园新建自助服务室(含洗衣房)8间、垃圾房10间、毕至居3间,此外还新建设有公共自习室、会议室、党员之家等多种类型功能用房,玉泉校区启用5舍、12舍新的垃圾房,扩建1舍和5舍自助服务室,西溪校区16幢自助洗衣房进行升级改造,增加了15幢自助服务室。各校区不断增加学生活动空间,住宿环境得到明显改善。

建设智慧公寓,从需求着手不断创新。自建校园通行码系统和在校学生实时统计系统,大数据让防疫更智能。宿管中心利用信息化手段搭建校园通行码系统,运用大数据对在职员工及业务往来人员进行通行码管理,开发上线"每日防疫打卡"功能,人员通过线上手机定位打卡和线下门禁刷脸打卡。对接浙江省数据管理中心,实时获取人员健康情况,对数据异常人员自动禁用通行码。整合学校有关单位的闸机、门禁、校园消费网络使用等数据,实时分析在校学生人数,为学校相关决策提供依据。

聚焦立德树人,将文化建设落到实处。宿管中心紧密围绕学校"立德树人"的中心思想,开展了以节能减排、爱国卫生、控烟、文明离寝为主题的特色宣传,以及国家安全、竺可桢奖获得者系列、二十四节气系列主题等教育宣传活动,推进"文明寝室评选活动",联合宜家公司设计样板寝室,传授整理收纳和寝室布置的方法。开展寝室新生始业教育、新生寝室长会议等,加强对新生的生活教育和引导,培养学生良好生活习惯。

建设完善监督渠道,加强学生沟通互动。通过云朵朵、CC98论坛、宿管信箱、校长信箱等多个渠道关注、收集学生对宿管工作的意见和建议并吸收落实。各校区开展宿管服务座谈会,及时和学生沟通,回复学生的疑问和咨询。各校区组织召开315关"住"百分百权益服务现场咨询会,收集学生意见建议,了解学生住宿需求,解答学生关于住宿方面的各种疑问。2022年收到来自各渠道的师生意见建议共1100余条,学代会提案15条,学生座谈会提案100余条,均予合理处置。

致力于建设绿色校园,持续推进节能减排。宿管中心开展节能减排宣传,在门厅设置节能减排易拉宝、拍摄"地球一小时""光瓶行动"公益视频、绘制节能减排宣传漫画,通过线上公众号和线下门厅的形式进行宣传。持续新建垃圾房,改造园区垃圾集中点。2022年玉泉校区新建2个分类垃圾房,紫金港校区银泉学园新建10个分类垃圾房,新建4处园区垃圾集中点。积极推动和规范校园垃圾分类工作,引导同学将快递纸箱和瓶瓶罐罐分类投放,2022年学生宿舍垃圾分类工作中纸板回收预计650万千克,各类瓶瓶罐罐预计300万千克。

(贾　傲撰稿　林千富审稿)

后勤管理

【概况】　构建以校内后勤服务力量为基本、社会优质资源为补充的新型后勤服务体系,优化后勤服务监管力量,加强紫金港校区西区启用后的日常监督检查;加快校园后勤服务市场开放步伐,探索引进社会化企业,促进良性竞争。创新校园交通运营服务模式,制定《紫金港校区公共交通及东区交通优化方案》,优化校园观光车线路,提升车辆运行效率。起草《公务用车上交学校管理方案》,加强公务用车日常管理,开展年度巡查。加强基础教育合作办学管理,出台《浙江大学关于进一步规范基础教育合作办学的若干意见》,完成基础教育合作办学存量项目整改,做好新增项目申报与管理。全面落实食品安全主体责任,与 25 家食品经营单位签署《浙江大学校园食品安全责任书》,联动地方政府监督管理部门形成监管合力,开展食品安全专项检查 30 余次,发现并整改食品安全隐患 100 余处。协同完成学校迎新、军训等重大活动后勤保障。

落实中央高校改善基本办学条件房屋修缮类、基础设施维修改造类及设备资料购置类共计 48 项,专项经费 1.90 亿元;落实"2022 年学校修缮工程计划"维修资金,共计 3900 万元;完成 2023 年中央高校改善基本办学条件专项项目申报工作,共申报项目 30 项,评审金额为 2.70 亿元。通过公开招标,采购共 39 项,投资额约为 1.51 亿元;采用竞争性谈判或议标形式项目 4 项,投资额约为 69.5 万元。签订工程类、服务类等合同 283 份,合同金额为 1.97 亿元。完成自筹经费修缮工程合同审核及备案共 32 项,基本完成结算审核 1308 项,送审金额约为 3.17 亿元。完成 1217 项工程款项支付,金额约为 2.27 亿元。

完成绿化景观提升工程 9 项,累计改造面积 4.6 万平方米。联合西湖区人民政府完成浙大紫金港片区河道生态治理项目,整体水质改善提升达Ⅲ类水标准;持续推动华家池校区小水体水质治理。做好紫金港校区西区双语导视系统项目建设,共设置二级指引立牌 7 块、人行立柱指引牌 6 块、楼名贴牌 58 块、公共场所规定告示牌 10 块,协同做好竺可桢像、日晷、组团院系名称表达等文化建设工作。建立垃圾分类体系,制订《浙江大学生活垃圾分类工作实施方案》,建设垃圾房 7 个,添置分类容器 4000 余个;清运处置化学废弃物 350 余吨;引进专业 PCO 公司,有效清除病媒生物孳生地。

统筹做好水电设施设备运维管理和更新改造,完成生命科学学院、农学院分户计量改造,推进物理学院等耗能大户的分户计量工作和后勤员工宿舍区域水电刷卡付费使用。推进绿色学校创建,获评浙江省首批三星级"绿色学校"称号,入选教育部、水利部、国管局等节水型高校典型案例。合理控制全年水电费总支出,实现学校预定控制目标。完成华家池校区中心大楼南楼、玉泉校区教十大楼电梯更新改造;完成华家池校区"医学变""专家变"扩容改造项目和各校区配电系统电气预防性试验;指导学生节能减排协会等学生组织,开展节能减排系列宣传工作。

【打好校园疫情防控攻坚战】 做好疫情防控物理空间保障和人员管控,落实临时医学观察点、核酸检测点、临时安置点等空间场所,加强教师公寓、内部单位借房、营业用房、后勤员工宿舍及在建工程工地人员管控;做好就餐供应保障、物资捐赠与发放、交通运输保障和环境消杀等后勤服务保障,在学生离校、返校、迎新、军训等重要节点落实好疫情防控措施,全方位保障师生员工的生命安全和身体健康。

(蒋 葵撰稿 朱佐想审稿)

医疗保健工作

【概况】 创新医院管理,提升服务水平。医院围绕建设"规范高质量医疗、便捷高效率服务、校区同质化管理"的新型校医院,创新管理模式,在做好全科医学的同时,积极发展针推康复、综合口腔、皮肤美容、无痛内镜、心理治疗等特色专科,开展师生适宜新技术,如口腔科机器人辅助种植牙手术,放射科 AI 辅助肺部结节诊断等。2022 年完成紫金港、玉泉和校外门诊的空间改造,完成玉泉健康管理中心及玉泉门诊楼卫生间的提升工作,提升师生就诊和体检的满意度。健康管理中心与 MMC(慢性代谢性疾病诊疗中心)相协同,对体检异常师生进行跟踪与随访,实现慢病管理规范化、精细化,2022 年体检共确认发现重大疾病 33 例,后续均落实了一对一跟踪回访。采用与总院科室"共建共享共管"模式,完成紫金港皮肤激光美容中心和华家池康复全科病房的开放接诊,使师生不出校园就能坐享总院一体化的医疗服务。2022 年黄建同志获"校管理、服务育人标兵",缪锋同志获"校管理、服务育人先进个人",周小英同志获"浙江大学好护士"称号。

精准疫情防控,做好公卫服务。强化常态化疫情防控体系与应急能力建设,有效遏制重大传染性疾病传播。在"11·27"紫金港新冠疫情处置中,按照学校部署,医院迅速决策组织,与学校多部门和各附属医院开展联动,采取"早采样、早收集、早送出、早报告"四早原则,极大缩短核酸报告时间,为学校后续处置提供了关键性的决策依据。在防控疫情的同时,医院也第一时间开通网络与电话咨询服务,为留置师生提供送药送医服务。开启吸入式疫苗接种方式,为重点人群加强免疫保障。2022 年末,为应对社会面放开,医院提前谋划,在华家池新设发热门诊,并对玉泉和紫金港发热门诊进行扩容,为就诊师生提供了强大的空间支持。班子成员一线值班,组织动员全院力量,安全应对创历史纪录的发热病人。2022 年共完成核酸检测 309 万人次,疫苗接种 18 万人次,高效有序诊治新冠病毒感染患者,维护校园安全稳定。

建设智慧医院,推进数字医疗。持续推进校园数字化医疗服务平台建设,通过数字赋能实现"便捷的医疗服务、精准的公卫疫情防控和全方位校园健康保障体系"。2022 年完成"校园数字化医疗服务平台"1.0 版建设,师生通过浙大钉、医院微信公众号、医院官网进入数字医疗版块,实现预约挂号、查询报告、预约体检等功能,极大地节约了师生的时间,提升了满意度。医院高度重视学校一流人才医疗保障工作,通过专家门诊与干部保健双轨保障、异地校区开通远程会诊等举措,为学校高层次人才提供全方位医疗服务和保障。同时,与总院开通双向转诊绿色通道,2022 年共计服务师生 1859 人次。

(徐　俊撰稿　黄　建审稿)

【附录】

2022 年浙江大学校医院概况

建筑面积/平方米	固定资产/万元	职工总数/人	核定床位/张	门诊量/万人次	急诊量/万人次	健康检查/万人次
22000	8523	339	170	41.06	3.30	13.35

浙江大学年鉴

校友与浙江大学教育基金会

校友工作

【概况】 2022 年，浙江大学校友总会围绕学校发展中心任务，着力构建更高质量的学校—校友发展共同体，遵守新冠肺炎疫情防控常态化要求，召开 1 次理事会会议和 2 次常务理事会会议。

新成立国际教育学院、哲学学院、文学院分会和印度尼西亚、慈溪校友会；地球科学学院、材料科学与工程学院、光电科学与工程学院、控制科学与工程学院、医学院、化学系、化学工程与生物工程学院、外国语学院、信息与电子工程学院、航空航天学院、生物系统工程与食品科学学院、建筑工程学院等分会和校友书画社，加拿大、温哥华、日本、西安、华盛顿、佛山、福建、宁夏、江苏、澳大利亚、瑞士、台州、广西等地的校友会先后进行换届；北美、欧洲等地区校友会举办联谊会年会。

链接校内部门，引导各类校友会组织和校友积极参与招生宣传、过程培养、就业创业育人全过程，助推校企合作、校地合作，助力学校声誉提升等重点工作，推出 125 周年校庆系列众筹项目，发动校友捐资捐物支持学校建设。

加强校友联络和服务工作，聘任 2022 届班级联络员 691 人；开展秩年返校计划，服务登记信息的校友，其中为毕业 50 周年、60 周年的 800 余位校友发放荣誉证书；完成校友名录、校友服务大厅一期等项目建设，推出"浙大校友"线上服务平台，上线商户会员卡、优惠券、打折卡等浙大校友专属优惠权益，开通"88981897"校友服务专线。

继续办好"缘定浙大"校友集体婚礼、校友创业大赛、大学之声·新年音乐会、地方校友会"送新迎新系列活动"（欢送新生和迎接新校友）、校友足球赛、浙大学子走访校友行等品牌活动，做好微信公众号日更、《浙大校友》刊物发行、微信视频号和抖音号运营工作，全新改版校友网，组织或参加各类重要活动 20 余项（详见附录）。

【召开全球浙江大学校友会会长、秘书长会议】 会议于 4 月 15 日以线上线下相结合的方式在杭州举行，商议纪念建校 125 周年华诞相关工作，浙江大学校长吴朝晖出席会议,来自全球 90 余个校友会的 140 余位会长、秘书长参会。

【召开浙江大学校友总会 2022 年常务理事会会议】 会议于 7 月 11 日以线上线下相结合的方式在杭州召开,听取了校友总会年度工作报告,审议通过了理事会组织机构人员调整建议名单。浙江大学党委书记任少波出席会议,副校长黄先海主持会议,来自国外 15 个国家及国内 30 个省级行政区的近 80 位常务理事及代表参会。

【举行第六届浙江大学校友创业大赛】 该赛事于 2020 年 9 月 26 日在紫金港校区正式启动,浙江大学校长吴朝晖出席。2022 年 7 月 3 日,大赛总决赛暨颁奖仪式在海宁举行,8 个初创组项目、10 个成长组项目入围总决赛,最终"AI 编解码"和"钙钛矿新材料光伏技术的研究与应用"分别摘得初创组、成长组桂冠。该赛事通过全球 6 大赛区,共吸引了近 400 个校友创业团队积极报名,涵盖 7 大行业领域,首次开辟名企邀请赛明星项目赛道,100 余家知名创投机构深度参与,100 余位上市公司创始人担任创业导师,广受校友和社会各界关注。

（孙敏译撰稿　黄任群审稿）

【附录】

2022 年浙江大学校友工作重要活动

序号	时间	活动主题	地点
1	1 月 1 日	2022 大学之声·第十五届浙江大学新年音乐会	浙江杭州
2	3 月 5 日	日本校友会换届会议	日本东京
3	4 月 15 日	全球浙江大学校友会会长、秘书长会议	浙江杭州
4	5 月 18 日	国际教育学院分会成立大会暨理事会一届一次会议	浙江杭州
5	5 月 21 日	"祝福母校,接力传情"全球校友会接力云祝福活动	浙江杭州
6	5 月 22 日	哲学学院分会成立大会暨理事会一届一次会议	浙江杭州
7	5 月 23 日	"献礼浙江大学建校 125 周年"浙大校友书画展	浙江杭州
8	6 月 21 日	2022 届班级联络员聘任仪式	浙江杭州
9	7 月 3 日	第六届浙江大学校友创业大赛总决赛暨颁奖仪式	浙江海宁
10	7 月 11 日	校友总会 2022 年常务理事会会议	浙江杭州
11	7 月 23 日	慈溪校友会第一届会员代表大会	浙江慈溪
12	8 月 3 日	吴朝晖校长与贵州校友座谈会	贵州贵阳
13	8 月 28 日	江苏校友会第十次会员代表大会	江苏南京
14	9 月 18 日	校友会书画社换届大会	浙江杭州
15	10 月 22 日	瑞士校友会第二届理事会换届会议暨 2022 年年会	瑞士苏黎世
16	10 月 30 日	台州校友会第四届会员代表大会	浙江台州
17	11 月 19 日	2022 广西浙江大学校友会换届大会	广西南宁

序号	时间	活动主题	地点
18	11月20日	"缘定浙大"2022校友集体婚礼	浙江杭州
19	11月21日	北美校友会第46届年会	美国加利福尼亚州
20	11月26日	印度尼西亚校友会成立仪式	印度尼西亚雅加达
21	12月10日	第八届欧洲浙江大学校友会联谊会年会	英国伦敦
22	12月17日	第十一届"求是杯"校友足球赛	浙江杭州
23	12月18日	文学院分会成立大会暨理事会一届一次会议	浙江杭州

浙江大学教育基金会

【概况】 2022年,浙江大学教育基金会在理事会的领导下,在学校党政领导的关心指导下,紧紧围绕学校"双一流"建设目标,坚持"更高质量、更加卓越、更受尊敬、更有梦想"的战略导向,凝心聚力、攻坚克难,在资源筹措、治理体系、服务师生、社会影响等方面实现新发展,取得新突破,为学校加快迈向中国特色世界一流大学前列提供重要支撑保障。

广拓资源服务学校发展。2022年,基金会捐赠到款15.06亿元,捐赠签约项目达810项,累计签约金额20.06亿元,1000万元以上项目36项,实现投资收益2.90亿元,资产规模达75.06亿元。筹资内涵不断丰富,资源拓展工作从资金筹措进一步扩展到股权等无形资产及古籍、文物、树木等有形实物。根据基金会章程及相关协议规定,基金会支出人民币5.49亿元支撑学校改革发展各项工作。

行业影响力居全国高校前列。2022年12月,基金会中基透明指数FTI连续获得满分100分,也是基金会第7次获得满分。作为中国高等教育学会教育基金工作研究分会理事长单位,组织理论学习专题会、开展业务能力专题培训,为260余家会员单位提供互学互鉴的交流平台。

【召开浙江大学发展联络大会】 1月3日,浙江大学发展联络大会在紫金港校区求是大讲堂召开,校党委书记任少波、校长吴朝晖出席会议并讲话。副校长何莲珍、黄先海为2021年度发展联络工作先进集体和先进个人颁奖。与会嘉宾共同启动"梦想浙大"发展基金倍增计划。黄先海做发展联络工作报告并介绍倍增计划的有关情况。

【隐名杰出企业家捐赠1亿元港币支持学校发展】 5月,隐名杰出企业家捐赠价值1亿元港币的上市公司股票,支持浙江大学教育事业发展与人才培养,这笔捐赠开创了浙江大学教育基金会接受大额股票捐赠的先河。

【隐名杰出企业家捐赠1亿元人民币支持人文基础学科建设】 5月26日,隐名杰出企业家向浙江大学教育基金会捐赠人民币1亿元,支持浙江大学人文基础学科建设,助力构建卓越人才生态,打造顶尖学科平台,探索优势学科交叉融合,推动人文学科出思想、出大师、出影响,为浙大人文学科的繁荣发展新征程提供强有力的支撑。

【段永平校友捐赠 2.7 亿元人民币支持学校发展】 3 月 16 日,浙江大学杰出校友段永平先生及其家族向母校捐赠 1.7 亿元人民币专项支持紫金港校区西区公共教学楼宇的建设,助力母校打造更加人文、智慧、和谐的美丽校园,构筑更高品质的育人环境。12 月 22 日,段永平再次向母校捐赠 1 亿元人民币,专项支持母院——信息与电子工程学院新大楼建设。

(刘　敏撰稿　沈黎勇审稿)

浙江大学校董

姓名	单位职务	聘任时间	校董/名誉校董
查刘璧如	查济民夫人,求是科技基金会理事、桑麻基金会高级顾问、刘国钧教育基金会理事长、香港仁济医院顾问局委员、香港妇协名誉会长	2010 年	名誉校董
郭婉仪	新鸿基地产郭氏基金执行董事	2010 年	名誉校董
曹其镛	永新控股集团有限公司副董事长	2014 年	名誉校董
李达三	声宝——乐声(香港)有限公司董事会主席、香港宁波同乡会创会会长	2015 年	校董
潘方仁	台湾潘氏企业集团董事长	2016 年	校董
唐立新	新尚集团董事长兼总裁	2016 年	校董
叶庆均	敦和控股有限公司董事长、浙江敦和慈善基金会名誉理事长	2017 年	校董
邵根伙	北京大北农科技集团股份有限公司董事长	2017 年	校董
吕建明	浙江通策控股集团有限公司董事局主席、通策医疗股份有限公司董事长	2017 年	校董
朱　敏	赛伯乐投资集团创始人兼董事长、中国科技产业化促进会常务副理事长、浙江大学国际创新研究院创始人兼院长	2018 年	校董
邱建林	浙江恒逸集团有限公司董事长	2018 年	校董

(刘　敏撰稿　沈黎勇审稿)

附属医院

【概况】 浙江大学共有7家直属附属医院，其中4家为综合性医院，3家为专科性医院，均为国内一流的医疗、教学、科研和公共卫生服务机构。附属医院是独立的法人机构，实行党委领导下的院长负责制，院长为法定代表人，医院领导班子为学校中层班子（处级），医院党委是学校院级党委。学校作为浙江省医院党建工作指导委员会副主任成员单位，指导和推动附属医院党的建设各项工作的落实，并协同医疗卫生行业主管部门（浙江省卫生健康委）开展对附属医院的行风建设。学校党委常委会、校务会、医院管理委员会定期研究附属医院建设发展中的重要问题。医院管理委员会统筹指导附属医院开展工作，2位校领导（副书记、副校长）担任医院管理委员会主任，常设机构为医院管理办公室。

截至2022年12月31日，附属医院共有在职职工31760余人，其中中国工程院院士2人、领军人才82人、国家级青年人才15人、教授及正高职人员1564人、博士生导师454人、硕士生导师510人；拥有全国重点学科4个、临床重点专科48个、国家重点实验室1个、国家协同创新中心1个、国家临床医学研究中心2个、国家医学中心"辅导类"创建单位1个、国家传染病医学中心1个、国家区域医疗中心6个、国家紧急医学救援基地1个、微创器械创新及应用国家工程研究中心1个，临床医学学科整体实力稳居全国前列。

附属医院高质量发展成效显著，连续4年在全国三级公立医院"国考"中获得佳绩，共有5家附属医院蝉联最高等级，稳居全国高校第一，整体实力处于"国家队"第一方阵；附属第一医院、附属第二医院、附属邵逸夫医院在全国1355家参评三级公立综合医院中分列第5、8、11名，蝉联A++等级；附属妇产科医院、附属儿童医院获评专科类最高等级A，其中附属妇产科医院居全国第3，附属儿童医院居全国第2；附属第四医院蝉联A+等级，位列全国第63名，较上一年度前进17名；附属口腔医院居相应专科类全国第12名。在2022年11月发布的复旦版《2021年度中国医院综合排行榜》和《2021年度中国医院专科综合排行榜》中，附属第一医院、附属第二医院、附属邵逸夫医院、附属妇产科医院、附属儿童医院分别位列第10名、第11名、第49名、第91名、第 66 名,其中,附属儿童医院较去年进步了 11 名,成为全国进步最快的儿童医院;共有 22 个专科进入全国专科综合排行榜前 10,13 个专科排名全国前 5,2 个专科进入全国前 3。

2022 年,附属医院实现业务总收入 328.41 亿元,比上年增长 8.21%;门急诊人数达 3398.95 万人次,比上年增长 28.5%;入院人数达 111.55 万人次,比上年增长 9.78%;住院手术达 51.05 万台次,比上年增长 3.3%;平均住院日缩短至 4.75 天,比上年缩减 4.04%。

(张 莎撰稿 顾国煜审稿)

附属第一医院

【概况】 浙江大学医学院附属第一医院(又名浙江省第一医院)由浙江大学老校长竺可桢创建于 1947 年,是浙江大学创建的首家附属医院。医院系三级甲等医院,是首批"辅导类"国家医学中心创建单位、全国公立医院高质量发展试点单位、国家传染病医学中心、综合类别国家区域医疗中心牵头单位、建立健全现代医院管理制度试点医院。拥有总部一期(余杭)、庆春院区、之江院区、城站院区、大学路科教基地和钱塘转化基地,总占地面积 519.3 亩,开放床位 5000 余张。2022 年门急诊量 726.5 万人次(不含筛查门诊),出院 37.36 万人次。

2022 年,医院引进高水平人才 39 人,其中浙江大学求是特聘学者 4 人(含国家杰青 1 人,入选浙江省 KP 行动计划 1 人),浙江大学"百人计划"(临床医学)7 人,特聘研究员/副研究员 28 人。培育高水平人才 20 人次,国家"万人计划"科技创新领军人才 1 人,国家"万人计划"青年拔尖人才 1 人,国家优青(含海外)5 人,浙江省"万人计划"科技创新领军人才 1 人,浙江省杰青 1 人,浙江省卫生高层次人才 10 人,浙江大学求是特聘医师 1 人。新进站临床博士后 69 人,学科博士后 22 人。获批浙江省医学高峰建设项目引才奖补 4400 万元。截至 2022 年底,医院有职工 10000 余人,其中正高职称 485 人,副高职称 727 人。拥有中国工程院院士 2 人,国家重大引才计划专家 7 人,教育部长江特聘教授 4 人,国家杰青 4 人,国家"万人计划"科技创新领军人才 6 人,国家级优秀青年人才 12 人,浙江省特级专家 3 人,浙江大学求是特聘学者 26 人。拥有科技部创新人才培养基地 1 个。

2022 年,医院科研工作稳步前进,科研经费超 3.5 亿元,国家自然科学基金立项数达 159 项,再创历史新高,牵头国家重点研发计划 4 项,获批国家重点研发计划经费超 1 亿元。征集院校企多方研究团队联合攻关,经过十余次论证会讨论,形成五大攻关方向,18 个重点攻关项目。医院获 2021 年度浙江省科学技术奖 4 项,其中自然科学奖一等奖 2 项,科技进步奖一等奖 1 项、二等奖 1 项。2022 年医院共发表高影响力论文 148 篇,其中 *Nature* 1 篇,CNS 子刊 13 篇。获授权专利 270 项,其中国际发明专利 4 项,国内发明专利 60 项,实用新型专利 206 项。获批省级重点科研平台 3 个,科研平台面积现已超 5 万平方米。

2022 年,医院承担本科生、研究生、住院医师等各类教学对象 2600 余人的教学工作;拥有临床师资 2193 人,其中博士生导师 175 人,硕士生导师 441 人;新出版主编/副主编国家规划教材 4 部、教学著作 1 部;入

附表 2022 年度附属第一医院基本情况

项目	数量	项目	数量
建筑面积/平方米	733480.37	获国家级科技奖项目/个	12
固定资产/万元	371795.27	获国家级教学成果奖/个	0
床位/张	4699	国家重点实验室/个	1
在编职工/人	5258	国家卫生健康委重点实验室/个	2
主任医师/人	400	省级重点实验室/个	18
副主任医师/人	499	国家药监局临床试验机构备案专业组/个	43
具有博士学位的医师比例/%	52	国家卫生健康委专科、住院医师培训基地/个	31
两院院士/人	2	业务总收入/亿元	115.34
国家"百千万人才工程"入选者/人	3	药品占业务总收入比例/%	28.93
国家杰出青年科学基金获得者/人	4	门急诊人次/万人	1172
"973 计划"首席科学家/人	3	住院人次/万人	37.34
教育部"长江学者奖励计划"特聘教授/人	4	出院人次/万人	37.36
教育部"长江学者奖励计划"青年学者/人	0	手术/万台	29.28
浙江省特级专家/人	3	平均床位周转率/%	68.97
浙江大学求是特聘教授/人	20	实际床位利用率/%	92.71
教学总面积/平方米	9747	SCI 入选论文/篇	1144
教学投入资金/万元	9305.7	MEDLINE 入选论文/篇	1271
一、二级学科国家重点学科数/人	2	出版学术专著/部	14
国家精品资源共享课、视频公开课/门	4	出国交流(含线上)/人次	57
科研总经费/万元	35751	举办国际学术会议/次	22
其中:国家自然科学基金比重/%	21.2	社会捐赠经费总额/万元	2884.4
纵向经费比重/%	96.2		

选首批国家"大思政课"实践教学基地、首批国家外科基础技能提升项目培训基地;入选国家卫生健康委七家"可验证自学模式"课题研究单位之一;7 个新冠肺炎疫情防控案例入库中国专业学位案例中心。医院 2022 年住院医师国家医师资格考试首考通过率达 93.66%,结业考核首考通过率达 97.99%;获全国高校教师教学创新大赛三等奖 1 项、省级特等奖 1 项;首届全科专业住院医师规范化培训指导医师教学门诊技能竞赛二等奖 1 项;第五届 UpToDate 临床顾问临床思维案例大赛"优秀临床案例"与

"优秀教学案例"奖各 1 项。教学信息化管理模块获国家计算机软件著作权 11 项。

医院积极推进全球开放,对接世界顶级医疗建筑设计公司,高质量服务国家医学中心建设;与美国科罗拉多大学医学院等世界顶尖机构建立合作关系,推进"云签约"3 项,开展各类涉外交流活动 45 场,举办全国精神卫生领域首个由教育部批准的国际会议和代表中法血液学领域最高学术水平的中法血液学论坛,获批浙江大学"世界顶尖大学合作计划""国际学科联盟培育项目"等,推动学科国际化发展,医院全球影响力

不断提升。美国科罗拉多大学大外科主任在中央电视台采访中对医院胰腺癌创新手术给予高度评价；梁廷波教授受邀在意大利消化外科年会上做手术演示报告，获国际同行广泛关注；香港特别行政区政府驻上海经济贸易办事处专程来院，向紧急救治香港白血病患者的黄河教授团队表示感谢；谢立平教授就任国际泌尿外科学会主席，成为该学会成立一百多年来首位中国籍负责人。此外，多措并举建设高水平国际化人才梯队；拓展海外宣传平台，完善全球传播矩阵；推进国际商保签约，加强国际医疗服务体系建设；举办浙江省医院协会外事专委会各类活动，高水平服务健康浙江建设。

医院深入推进"山海"工程及医联体建设，截至 2022 年底，共与省内外 111 家市、县级医院建立多种医疗协作关系，托管医院 14 家，跨区域牵头组建专科联盟 20 个。在省卫生健康委 2021 年度医疗卫生"山海"提升工程考核工作中，医院托管的 4 家县级医院考核结果 3 家"优秀"、1 家"良好"，排名全省第一。医院构建"省、县（区）、乡、村四级医疗服务网络"，与省内外 206 家医院、349 家社区卫生服务中心（乡镇卫生院）远程联网，形成具有"浙一"特色的医疗联合体。积极共建国家区域医疗中心，2022 年 6 月，南昌大学第二附属医院综合类国家区域医疗中心项目（浙江大学医学院附属第一医院江西医院）正式获批。

医院秉承公益初心，继续推动实施"小黄人"公益项目。截至 2022 年 12 月 31 日，公益项目已累计实施 570 多例免费肝移植手术，累计发放救助金超 1 亿元，受助患者覆盖全国 24 个省、自治区、直辖市，涉及 200 余个区县。患儿术后 1 年生存率达 98.8%。公益项目已对接省份 16 个、签约省份 10 个，签约医院 27 家，培养儿童器官移植骨干 30 余名。与中央电视台联合打造寻找"小黄人"健康公益品牌，获得新华社、《人民日报》、中新社、《浙江日报》等多方媒体宣传，相关报道点击超过 3600 万人次，社会反响强烈，深受患者家属及社会大众认可。2022 年 5 月 30 日，"小黄人"公益项目荣获第十九届（2022）中国慈善榜"年度慈善项目"称号。

【国家医学中心创建工作取得突破性进展】医院跻身全国首批"辅导类"国家医学中心创建单位以来，省委、省政府给予空前支持，王浩省长亲自担任浙江省支持国家医学中心建设领导小组组长，于 2022 年 3 月 2 日调研医院总部一期并召开领导小组会议。医院抢抓战略机遇，深度聚焦国家所需、浙江所能、未来所向、群众所盼创建国家医学中心，全面聚焦医学前沿重大科技问题与"卡脖子"技术难题，坚持医工信、院校企深入融合，推广应用 9 项国内外"首创"标签技术，开展 24 项国内外多中心临床研究，制定 10 项国家级诊疗规范，在新一代肿瘤小分子化药、溶瘤病毒、肿瘤早期精准诊断、微创器械、新发传染病 RNA 疫苗等多领域开启国产替代格局；联合开展"卡脖子"技术攻关 43 项，获发明专利 124 个，产品批件 7 个，布局研发生产基地 5 个。2022 年 7 月，国家医学中心总体建设方案与可行性研究报告正式报送国家发展改革委、国家卫生健康委。

【高质量发展试点工作树立全国标杆】 医院作为全国公立医院高质量发展试点单位，坚持以人民健康为中心，践行公益初心，强化人才创新首位战略，推动医教研全面协同发展。以器官移植、传染病两大学科为牵引，形成国家临床重点专科集群优势，2022 年新增普通外科、普胸外科、骨科和医学影像学 4 个国家临床重点专科建设项目,四级手术占比 34.68％,平均住院日降至 4.91 天,全球疑难病诊疗目的地效应持续彰显;获批重点重大项目 13 项,年度科研经费连续三年突破 3 亿元,每百人科研经费达 1910 万元,创新活力蓬勃竞发;引进高水平人才 39 人,培养博士后 47 人,全球高端人才蓄水池进一步扩大筑高;"多院区智慧医院应用"荣获浙江省 2022 年数字化改革"最系列"成果最佳应用,检查检验互认项次全省第一,数字化改革成效显著。2022 年 8 月 8 日,浙江省深化医药卫生体制改革联席会议办公室正式印发《浙江大学医学院附属第一医院高质量发展国家试点实施方案》。医院高质量发展成效得到党委政府的充分肯定,2022 年 3 月、4 月,两次在国家卫生健康委工作例会上推广高质量试点经验;2022 年 7 月,作为公立医院唯一代表在全国医改工作电视电话会议中做经验交流;2022 年 10 月,在全省共富例会上介绍发展经验。

【多项排行榜稳居全国前列】 2022 年 9 月,国家卫生健康委发布的 2021 年全国三级公立医院绩效考核国家监测指标结果中,医院综合排名位列全国第 5,位列最高等级 A＋＋序列,排名再创新高,连续四年稳居全国前 1％,满分指标达 20 个。2022 年 8 月,在中国医学科学院发布的《2021 年度中国医院科技量值》中,医院综合排名全国第 5,7 大专科进入全国前 10,传染病学、消化病学双双名列全国第 1 名,其中传染病学连续 9 年位列全国第 1 位,五年总科技量值排名全国第 5。2022 年 11 月,复旦大学医院管理研究所发布的《2021 年度中国医院排行榜》中,医院综合排名稳居全国前 10,连续 13 年列浙江第一。

(赵　敏撰稿　邵浙新审稿)

附属第二医院

【概况】 浙江大学医学院附属第二医院(简称"浙大二院")创建于 1869 年,是浙江省西医发源地、全国首家三级甲等医院、首个国家心脑血管植入器械产教融合创新平台、教育部重点实验室(恶性肿瘤预警与干预)、首批国家紧急医学救援基地、首批国家疑难病症诊治能力提升工程项目单位、首批国家区域医疗中心建设单位,连续四年位居三级公立医院绩效考核全国前十,位列"自然指数"全球五十强,国家自然科学基金项目中标数连续十二年引领浙江、蝉联全国第二,是 G20 杭州峰会医疗保障定点单位及驻点单位,也是海内外医师首选的中国培训基地之一。获中国质量领域官方最高认可,是中国质量奖提名奖、浙江省政府质量奖获得者。

浙大二院率先探索"1＋X"多院区发展模式,目前拥有解放路院区、滨江院区两大综合院区及多个专科院区,另有未来医学中心(萧山板块、柯桥板块)正在建设中。现有国家临床重点专科/重点学科数十个,多个专科长期位列复旦排行榜前十。医院拥有 973 首席科学家及杰青、"长江学者奖励计划""四青"等国家级高层次人才数十人,并始终围绕重大临床难题,探索基础与临床深度融合创新,建有国内最大规模从基础到临床的完整科研链及专病研究所;率先探索形成"医—学—政—企"多方高效合作"创新中心"机制,获国家科学技术进步奖 9 项,2022 年到位科研经费突破 3 亿元。以重大疾病综合救治和医疗质量精细化管理闻名海内外:临床服务能力、手术总量、三/四类手术总量、病例组合系数（case mix index，CMI）均居全国领先地位；树立经导管心脏瓣膜置换"杭州方案"、微小切口复杂白内障手术、大肠肿瘤规范诊治及群体重度创伤救治等全国标杆，儿童肝移植围手术期存活率居国际领先水平；全国率先全面开展日间手术和快速康复，发起并倡导"效率医疗"发展路径，是国内效率最高的大型综合性公立医院之一，也是广受认可的全国"互联网＋医疗"的先行者和医疗精准帮扶的领跑者。先后选派 38 批次 3566 人次出征武汉、上海、西藏等全国 21 座城市抗击疫情。"八个有力"高效应对重症高峰，坚决打赢转段度峰攻坚战，首创"呼吸综合门诊"、渐次过渡病房（SDU），领导班子 24 小时驻院指挥，"全院一盘棋"，急诊患者收治协调，全院人力资源统筹，线上线下服务联动，"山海"重症联盟兜底，相关经验与做法通过《人民日报》、中央电视台等向全国、全球分享。

【《世界急诊医学杂志》跻身国际期刊 Q2 区】　2022 年，医院主办的英文学术期刊《世界急诊医学杂志》（*World Journal of Emergency Medicine*）影响因子再创新高，跻身国际同领域期刊排名 Q2 区。

【与安徽省共建浙江大学医学院附属第二医院安徽医院】　5 月 7 日，浙江大学医学院附属第二医院安徽医院（肿瘤区域医疗中心）建设项目获国家发展改革委批复。项目由安徽省政府与浙大二院合作共建，依托蚌埠医学院第一附属医院共同打造国家肿瘤区域医疗中心。

【获批国家紧急医学救援基地】　5 月 16 日，国家发展改革委办公厅、国家卫生健康委办公厅印发国家紧急医学救援基地第一批项目储备库名单，浙江大学医学院附属第二医院被纳入第一批项目储备库。

【胜利召开医院第五次党代会】　6 月 14 日，召开中国共产党浙江大学医学院附属第二医院第五次党员代表大会，选举产生了医院新一届党委班子，立足党和国家需要布局描绘了医院新一轮发展蓝图，全面客观辩证地分析了医院当前所处的方位和肩负的使命，明确了今后一个时期全院上下共同奋斗的目标，做出了建设世界一流医院的战略安排，指明了目标任务的实现路径，进一步把握了未来发展主动权。

【博奥院区（心脑血管病院区）启航】　6 月 26 日，浙大二院博奥院区（心脑血管病院区）举行启航仪式。浙江省副省长成岳冲，杭州市委副书记、市长刘忻，浙江大学党委书记任少波出席仪式并揭牌，浙江省卫生健康委员会党委书记、主任王仁元，杭州市委常委、副市长陈瑾，杭州市委常委、萧山区委书记王敏等领导出席仪式。杭州市、萧山区、浙江大学等有关单位负责人参加上述活动。浙大二院党委书记王建安致欢迎辞，院长王伟林主持仪式。博奥院区聚焦"心脑血管疾病"，一站式解决复杂、疑难、危重的心脏、脑血管和周围血管等疾病，搭建多学科交叉研究平台，致力于成为复杂疑难危重症心脑血管疾病诊治高地、介入性诊疗技术与器械国家战略科技重地、高水平专业医学人才的培育基地、全球一流心脑血管疾病创新诊疗中心。

【在《新英格兰医学杂志》（NEJM）首次发表原创临床研究成果】　9 月 1 日，《新英格兰医学杂志》（NEJM）发表浙江大学医学院附属第二医院王建安教授、胡新央教授领衔的 FLAVOUR 研究结果。这是 *NEJM* 首次发表中国团队作为主要通讯作者的国际多中心临床试验文章，也是首篇冠心病领域的临床试验文章。

附表 2022年度附属第二医院基本情况

项目	数量	项目	数量
建筑面积/平方米	615585	获国家级科技奖项目/个	9
固定资产/万元	533088.25	获国家级教学成果奖/个	0
床位/张	4154	国家重点实验室/个	0
在编职工/人	4742	国家卫生健康委重点实验室/个	1
主任医师/人	332	省级重点实验室/个	13
副主任医师/人	543	国家药监局临床药理研究基地/个	28
具有博士学位的医师比例/%	58	国家卫生健康委专科、住院医师培训基地/个	30
两院院士/人	0	业务总收入/亿元	94.77
国家"百千万人才工程"入选者/人	1	药品占业务总收入比例/%	25.05
国家杰出青年科学基金获得者/人	6	门急诊人次/万人	1074.20
"973计划"首席科学家/人	1	住院人次/万人	29.13
教育部"长江学者奖励计划"特聘教授/人	5	出院人次/万人	29.13
教育部"长江学者奖励计划"青年学者/人	2	手术/万台	22.31
浙江省特级专家/人	6	平均床位周转率/%	73.61
浙江大学求是特聘教授/人	26	实际床位利用率/%	91.55
教学总面积/平方米	7171.81	SCI入选论文/篇	1070
教学投入资金/万元	11764.73	MEDLINE入选论文/篇	1050
一、二级学科国家重点学科数/人	2	出版学术专著/部	5
国家精品资源共享课、视频公开课/门	0	出国交流/人次	17
科研总经费/万元	30154.54	举办国际学术会议/次	115
其中:国家自然科学基金比重/%	33.14	社会捐赠经费总额/万元	355.84
纵向经费比重/%	75.89		

【省部级科技创新平台稳步推进】 2022年,获批眼部疾病浙江省工程研究中心、浙江省神经退行性疾病中西医协同诊治创新团队、浙江省内分泌代谢研究中医药重点实验室。

（郑芬芳撰稿 王建安审稿）

附属邵逸夫医院

【概况】 浙江大学医学院附属邵逸夫医院建院于1994年,是国内首家通过JCI评审、首家加入Mayo Clinic医疗联盟、亚洲首家通过磁性认证的大型综合性公立医院。医院现有庆春、钱塘、双菱三个院区启用,大运河、绍兴院区在建。截至2022年12月,医院实际开放床位数3326张,建筑面积为418959平方米。设有47个医疗、科研部门,113个护理单元;38个博士点和45个硕士点,29个临床教研室和教研组。现有1个国家工程研究中心、3个国家区域医疗中心,5个国家临床重点专科,1个国家临床教学培训示范中心。

2022年,医院总收入为66.05亿元,门急诊量人次达7435296人次,出院人数达208885人次,住院手术量达108895台次。全院药占比为23.7%,平均住院日为4.74天,始终处于国内三级综合性医院最低水平。医疗领域各项核心指标稳居国内三甲医院前列。医院在2021年度国家三级公立医院绩效考核中位列第11名,连续四年进入全国仅1%的A++序列,总分再创新高,较2020年度新增运营效率、满意度评价2个满分指标。在2021年度复旦版中国医院排行榜上,位居全国第49名,首次入围华东区综合榜。在2021年度中国医院科技量值(STEM)排行榜上位列全国第50,全省第4,近三年位次提升显著。被国家卫生健康委列为"公立医院高质量发展医疗服务能力提升项目"第一批基地单位。

医院七年蝉联医疗行业最佳雇主,同时荣膺"2021年度医疗机构最佳雇主——最受大学生欢迎医院"称号。护理部荣获"省级巾帼文明岗"。"社区联动一体化心脏康复模式构建"获2022年浙江省品管大赛金奖、亚洲医疗质量改进案例一等奖。在第三届中国医院绩效大会优秀案例评选中,荣获金杠杆奖(最高奖项),4个案例获得卓越实践奖,1个案例获得杰出实践奖。梁霄主任医师、祁海鸥副主任护师荣获2022年度"浙江大学好医生""浙江大学好护士"奖。全国首创的"平疫结合"快速切换病房模式于2022年获全国发明专利证书及浙江省改革突破奖。

2022年科研经费1.37亿元,首次突破亿元大关,增长率达42.10%,创历史新高;SCI收录论文共557篇,第一作者、第一单位、通讯作者、通讯单位四者均是浙大邵逸夫医院共438篇,以浙大邵逸夫医院为第一单位在国际顶级期刊 *Nature*、*Science* 上共发表学术论文2篇。六项科技创新成果荣获浙江省科学技术奖,其中蔡秀军教授带领团队完成的《可降解支架的研制与支架法空腔脏器吻合术的创建及应用》荣获2021年度浙江省技术发明奖一等奖。7人新当选浙江省医学会主委或候任主委,李建华主任医师当选为第八届中华康复医学会运动康复专业委员会主委。宋章法主任医师等3人分别入选浙江省"万人计划"科技创新领军人才等人才项目。

2022年新增博导8名,硕导15名,新增博士培养学位点1个。

持续构筑更高质量医疗服务体系,全面构筑医学高峰。大力推进国家呼吸疾病区域医疗中心建设和综合类别国家区域医疗中心共建,如期完成两大中心中期评估工作。全力打造机器人外科,获批筹建国家级微创医学人工智能医疗器械临床试验平台。深挖呼吸内镜介入特色与潜能,创新开展呼吸介入诊治技术13项,搭建呼吸内镜大数据平台。进一步规范器官移植管理,2022年成功进行心脏移植4例、肺移植1例、肝移植19例。

切实保障医疗安全,成为第一批日间医疗质量规范化管理哨点医院(日间化疗)。以医疗安全软件为基础的《构建全周期医疗安全管理体系,推动医疗安全风险防范和医疗决策》获中国医院协会2022年患者安全目标十佳实践典型案例。

2022年,初步建立国家区域医疗中心辐射项目,派出31名医护专家进驻阿拉尔医院各科室常态化开展工作,基本实现医院管理、技术和品牌在新疆生产建设兵团第一师阿拉尔医院的三个平移,促进优质医疗资源纵向和横向流动,缩小区域间医疗技术和

浙江大学年鉴

附表　2022年度附属邵逸夫医院基本情况

项目	数量	项目	数量
建筑面积/平方米	418959	获国家级科技奖项目/个	0
固定资产/万元	390108.74	获国家级教学成果奖/个	0
床位/张	3326	国家重点实验室/个	0
在编职工/人	3561	国家卫生健康委重点实验室/个	0
主任医师/人	205	省级重点实验室/个	10
副主任医师/人	292	国家药监局临床药理研究基地/个	21
具有博士学位的医师比例/%	39.97	国家卫生健康委专科、住院医师培训基地/个	24
两院院士/人	0	业务总收入/亿元	58.06
国家"百千万人才工程"入选者/人	1	药品占业务总收入比例/%	23.7
国家杰出青年科学基金获得者/人	3	门急诊人次/万人	743.53
"973计划"首席科学家/人	0	住院人次/万人	20.94
教育部"长江学者奖励计划"特聘教授/人	1	出院人次/万人	20.89
教育部"长江学者奖励计划"青年学者/人	0	手术/万台	10.89
浙江省特级专家/人	1	平均床位周转率/%	69.51
浙江大学求是特聘教授/人	4	实际床位利用率/%	90.76
教学总面积/平方米	6200	SCI入选论文数/篇	557
教学投入资金/万元	8865	MEDLINE入选论文数/篇	—
一、二级学科国家重点学科数/人	5	出版学术专著/部	3
国家精品资源共享课、视频公开课/门	0	出国交流/人次	2
科研总经费/万元	13651	举办国际学术会议数/次	10
其中：国家自然科学基金比重/%	24.94	社会捐赠经费总额/万元	108.27
纵向经费比重/%	89.63		

注：床位周转率数据单位非百分率。

服务水平差距,国家两次调研都对该项目予以高度肯定。

2022年,医院五期工程投入使用,创新医疗服务模式,科学规划新门诊布局,方便多学科联合会诊及患者检查;实施二次签到系统,提升患者就诊秩序;启用直升机专用楼顶停机坪,开启空中救援新篇章;门诊部和地铁无缝衔接大大提升了就医便捷性;"平疫结合"快速切换病房引起社会媒体广泛关注。

【疫情防控落实落细】　因时因势调整疫情防控策略,交出防疫各阶段高分答卷。医院始终贯彻落实党中央、国务院决策部署,总结"全链式疫情防控创新体系"经验,结合平疫结合理念,适时调整疫情防控策略,科学精准做好各项疫情防控工作。2022年医院累计派出50余支队伍共计5000余人次驰援上海、三亚、西藏、贵阳、内蒙古、新疆及省内各地市区。11月以来,落实国家疫情防控调整措施,医院改造核酸采样点,分设红黄码独立诊疗区,优化发热门诊就诊流程,同时在全省首开互联网医院新冠咨询快速通道,方便轻症新冠患者居家就诊;统筹全院医疗资源,确保医院新冠救治工作"迎峰转段"平稳有序,成功应对发热门诊高峰、急诊高峰和重症救治高峰,高效保障"应收尽收、应治尽治",搭建起高质量新冠病毒感染患者分级分类诊疗体系。

【"山海"提升工程扎实推进】 先后派出135名专家长期驻扎武义、江山、龙游、普陀四家分院,累计开展新技术新项目143项。在2021年度山海合作医院考评中,武义、江山、龙游分院均被评为优秀;2019、2020年度二级公立医院绩效考核,江山、武义、德清3家分院连续两年位居全省前十;江山市人民医院成功创三乙,普陀人民医院顺利通过三乙复评,武义县人民医院、德清县人民医院顺利完成三乙评审。

【科教研一体化建设成效显著】 2022年度国家自然科学基金持续提质增量,其中"非面青类"项目获批7项,取得历史最好成绩。首次承担国家重点研发计划青年科学家项目,2022年度合计获批3项。首次获批科技创新2030—"脑科学与类脑研究"重大项目—青年科学家项目。继续获批国家重点研发计划"政府间国际科技创新合作"重点专项项目。获批浙江省"尖兵""领雁"研发攻关计划项目8项,较2021年增加5项。获批浙江省重症胰腺炎防治中医药多学科交叉创新团队和浙江省肛肠疾病研究中医药重点实验室。

【综合提升国际化建设与邵医品牌海外知名度】 与Mayo Clinic(妙佑医疗国际)召开合作五周年纪念会议,五年来共提供eConsult、eBoards及视频会诊等高品质远程会诊医疗服务450余例,开展合作项目123个,项目会议130余场,线下交流互访150余人次,52位妙佑医疗国际专家参与医院国际学术周。与美国罗马琳达大学(LLUH)、浙大城市学院三方共建的"国际健康科学中心"完成实验室建设并投入教学使用。

【全力迎战亚运】 成立亚运医疗保障工作专项领导小组,打造"线上线下、院前院后、空中地面"一体化、全流程高质量国际医疗保障体系;编制亚组委官方授权的《2022亚运医疗卫生服务英文手册》;举行亚运会医疗保障人员全英文模拟实战选拔;开展"我与邵医e起科普,@亚运"多语言vlog大赛、"跟随亚运看世界"系列亚洲文化沙龙等系列迎亚运活动。

(乐小舟撰稿 韩 钢审稿)

附属妇产科医院

【概况】 附属妇产科医院(浙江省妇女医院、浙江省妇女保健院)成立于1951年,是三级甲等妇产科医院,国家妇产区域医疗中心输出医院,浙江省妇产科医疗、教学、科研及妇女保健工作的指导中心。医院现有湖滨、钱江两大院区,拥有核定床位1520张,在职职工2500余人,其中副高及以上职称的专家280余人。

医院坚持创新引领,整体实力稳居全国前列。在2021年度国家三级公立医院绩效考核中,蝉联妇产医院专科系列第3名。在2021年度中国科技量值(STEM)排行榜和首次发布的五年总科技量值(ASTEM)排行榜中,医院妇产科学均位列全国第3名。在复旦版2021年度中国医院专科综合排行榜中,妇产科位列全国第5名。

医院聚焦学科内涵,妇产科学为国家重

点培育学科,妇科、产科为国家临床重点专科。医院拥有浙江省医学重点支撑学科4个(妇科肿瘤学、计划生育学、产科学、生殖内分泌学)、医学重点创新学科3个(妇科微创学、普通妇科学、围产护理学)。同时,拥有国家住院医师规范化培训基地等国家级培训基地14个;教育部重点实验室1个;科技部临床医学研究中心分中心1个;浙江省科技厅重点实验室2个、临床医学研究中心2个;浙江省卫生健康委中医药重点实验室1个、中医药创新团队1个。

医院办院指标稳中提质。2022年,医院门急诊量164.59万人次,出院量9.14万人次,住院手术量4.96万人次,分娩量达2.01万人次。妇产科重大疾病诊治技术保持全国领先水平,疑难疾病临床诊疗能力进一步提升。成功实施全国首例妊娠中期子宫修补手术,并打破了国际有报道的子宫修补术后最长孕周纪录;成功实施国际首例射频消融术在胎儿后颈部肿瘤手术;成功实施全国首例胎儿骶尾部畸胎瘤产时开放性手术。成为国内第四家引入达芬奇手术机器人设备,进行妇科疾病手术治疗的妇产科专科医院。

医院新增1个省级重点实验室(浙江省生育健康研究中医药重点实验室),新增3个GCP专业,获批为特殊食品验证评价技术机构,成为浙江省首家获得特医食品临床试验资质的专科医院。医院保藏中心"人类宫内发育及出生缺陷资源库建设"被列为教育部"国家科技资源共享服务平台培育对象",与国家健康和疾病人脑组织资源库开展合作。医院获国家级科研项目立项24项,其中国家重点研发计划项目1项、国家重点研发计划课题5项,创历史新高。共发表各类第一作者或通讯作者论文666篇,其中SCI收录论文395篇,中文论文271篇,并实现了第一通讯单位科研论文在*Nature*、*NEJM*等顶尖期刊的突破。医院获国家专利授权39项,其中国家发明专利授权12项、实用新型专利授权27项,完成科技成果转化7项。

国家临床教学培训示范中心、国家医学虚拟仿真实验教学中心获评国家卫生健康委首批产科基础技能提升项目培训基地。新增浙江省课程思政示范课程1项,浙江省课程思政教学研究项目2项,浙江省一流课程2项,1个课程被评为浙江省专业学位研究生教育优秀教学案例。新增全国高等学校八年制及"5+3"一体化临床医学专业第四轮规划教材《妇产科学》(第4版)副主编、编委各1人。2022年医师资格考试住院医师首考通过率达95.9%,创历史新高,处于全国前列水平。

医院以数字化改革为推动力,持续提升医疗服务效能。深化建设"浙大妇院互联网医院"信息平台,逐步上线天鹅优护、专病管理等近10项特色功能。成立浙江省妇儿联合远程会诊平台(产前产后一体化超声会诊平台)。以国家绩效考核满分完成浙江省"云上妇幼"远程医疗平台,纳入全省872家危重孕产妇救治中心、妇幼保健机构、助产机构及社区/乡镇社区服务中心。实现智慧医保结算涵盖医院全部结算业务环节,医保电子凭证结算率达57%,排名全省第一。

医院充分发挥国家区域医疗中心输出单位责任担当,完成"浙大妇院吉林医院"与"浙大妇院湖州医院"两个第五批国家区域医疗中心项目建设方案汇报答辩。医院服务覆盖面和省际影响力进一步扩大,与新昌县政府合作共建浙大妇院新昌分院,以衢州市妇幼保健院医联体合作作为支撑点成立了

附表 2022 年度附属妇产科医院基本情况

项目	数量	项目	数量
建筑面积/平方米	246171.82	获国家级科技奖项目/个	0
固定资产/万元	136222.78	获国家级教学成果奖/个	0
床位/张	1520	国家重点实验室/个	0
在编职工/人	1693	国家卫生健康委重点实验室/个	0
主任医师/人	82	省级重点实验室/个	3
副主任医师/人	114	国家药监局临床药理研究基地/个	1
具有博士学位的医师比例/%	29.85	国家卫生健康委专科、住院医师培训基地/个	2
两院院士/人	2	业务总收入/亿元	16.44
国家"百千万人才工程"入选者/人	0	药品占业务总收入比例/%	18.63
国家杰出青年科学基金获得者/人	1(双聘)	门急诊人次/万人	164.5913
"973 计划"首席科学家/人	0	住院人次/万人	9.1386
教育部"长江学者奖励计划"特聘教授/人	1	出院人次/万人	9.1386
教育部"长江学者奖励计划"青年学者/人	0	手术/万台	4.9576
浙江省特级专家/人	0	平均床位周转率/%	82.54
浙江大学求是特聘教授/人	3	实际床位利用率/%	89.04
教学总面积/平方米	4913	SCI 入选论文数/篇	395
教学投入资金/万元	2251	MEDLINE 入选论文数/篇	415
一、二级学科国家重点学科数/人	1	出版学术专著/部	18
国家精品资源共享课、视频公开课/门	5	出国交流/人次	2
科研总经费/万元	7691.47	举办国际学术会议数/次	18
其中:国家自然科学基金比重/%	13.29	社会捐赠经费总额/万元	3808.4
纵向经费比重/%	67.87		

浙西四省边际妇幼合作帮扶基地。认真落实援非、援疆、援青、对口帮扶等政府指令性任务,对口帮扶地区 2022 年实现经营性收入突破 100 万元,带动 100 余人就业。组建应对大规模核酸采样及核酸检测的应急队伍和紧急医疗救援队,先后派出近 1000 人次医护人员驰援上海、贵州、新疆、西藏等省市自治区,完成核酸采样、核酸检测、方舱医院救治等重大任务 30 余次,受到各级政府的高度肯定。

医院获批国家首批母婴安全优质服务单位、浙江省 3 岁以下婴幼儿照护服务实训示范基地(省内两家单位之一)、浙江省母婴护理员职业技能等级认定机构(省内唯一医院),为全省母婴保健服务输送专业照护人才。牵头做好全省妇幼保健信息平台建设,建立并推广浙江省妇幼信息异地交换系统,持续完善浙江省妇幼健康管理信息平台。持续做好全省女性健康两癌筛查、消除艾梅乙、出生缺陷等多个妇幼卫生项目的业务管理和指导。

【扩容扩能提升医疗服务能力】 根据浙卫发函〔2022〕175 号文件精神,医院新增编制床位 400 张,增加的编制床位纳入省级医院

浙江大学年鉴

"十四五"床位指标,将有效缓解医院现阶段床位紧张的问题,增强医院接诊能力,提升优质服务供给水平。2022年12月20日,浙江大学医学院附属妇产科医院钱江院区正式通过医疗执业许可验收,并投入试运行,医院迎来"一院多区"跨越式发展的重大机遇。

【助力打造"浙有善育"金名片】 医院紧扣省委、省政府决策部署,立足优势、率先发力,推出"生育能力保护"等六大工程,获中共浙江省委社会建设委员会专项发文支持。以钱江院区作为助力打造"浙有善育"金名片的重要空间载体,加快打造"医学高峰",全力加强优生优育服务保障,积极促进优质医疗资源扩容和区域均衡布局,努力推动我省新时代人口工作实现高质量发展。

(刘　哲撰稿　陈军辉审稿)

附属儿童医院

【概况】 附属儿童医院建院于1951年,是浙江省最大的三级甲等综合性儿童医院,是儿科学国家重点学科单位、国家儿童健康与疾病临床医学研究中心、国家儿童区域医疗中心,拥有4个国家临床重点专科。医院综合实力始终位居全国前列,在2021年度国家三级公立医院绩效考核中,位列全国儿童医院第二,为专科医院最优等A级,2018年以来,排名从全国第五跃升至全国第二,每年递增一名,连续四年刷新纪录。在中国医学科学院2021年度中国医院/中国医学院校科技量值(STEM)排行榜中,综合排名全国第69名,较上一年前进13名,连续三年位列全国儿童医院第二,共有14个学科进

入全国百强。在复旦大学医院管理研究所2021年度中国医院排行榜和2021年度中国医院专科排行榜中,儿外科排名跃升为全国前五,儿内科蝉联全国第四,综合排名位居全国第66位,较上一年度进步11名,成为全国进步最快的儿童医院。

医院坚持生命至上,办人民满意的医疗。2022年,医院门急诊量334万人次,住院人数8.30万人次,病床使用率达93.88%,开展手术3.81万人次、三、四类手术占比45.14%,互联网医院服务10.1万人次,在最新国考"成绩单"中,公立医院门诊满意度和住院患者满意度2项指标均获得满分。医院聚焦开展高水平技术,成功获批3项人体器官移植资质,开展连体婴儿分离术1例,开展ECMO 48例,达芬奇机器人手术量保持小儿外科领域领先地位,获批达芬奇机器人中国儿外科临床手术教学示范中心;做强多学科诊疗团队(MDT),全年开展MDT 1093例,疑难罕见病诊治水平进一步提升。医院与杭州市120联动开展危重患儿转运工作,累计转运危重患儿1126例,儿童医疗应急救援体系不断完善。

医院坚持创新驱动,科研实力稳步提升。2022年,医院新立项科研项目168项,科研总经费为11021.53万元,国家自然科学基金项目25项,经费达1201万元。2022年发表SCI论文401篇,最高影响因子达51.598,创历史新高;国际高质量论文149篇,较2021年增长47篇;国际高水平论文35篇;发表中文核心期刊论文65篇,一级期刊论文73篇。成功转化"肾病综合征足细胞自身抗体检测试剂盒开发"项目,转化金额固定费用150万元,科技成果转化实现突破性进展。医院自主创办的国际期刊 *World Journal of Pediatrics* 最新影响因

子达到 9.186,期刊学科排名进入 Q1 区,获"第 31 届浙江树人出版奖",入选 2022 中国高校科技期刊建设示范案例。*World Journal of Pediatric Surgery* 入选 2022 年度中国高校科技期刊建设示范案例库·优秀科技期刊。

医院坚持医教协同,打造儿科人才培养"主阵地"。打造高质量思政教育,全面推进课程思政建设,1 门课程获浙江大学课程思政立项,舒强教授负责的小儿外科导学团队获评浙江大学第十届研究生"五好"导学团队。开展一流本科及研究生教育,2022 学年完成本科生见习 759 人,本科生实习 641 人,共招收博士生 21 人,硕士生 58 人,新增研究生导师 14 人;与重庆医科大学儿科学院开展为期三年的儿科专业交流实习培养计划。2022 年儿科学院有 40 人毕业,就业率为 97.5%,进一步促进毕业生高质量充分就业。开展卓越儿科毕业后教育,2022 年完成住院医师培训 900 人次、护士培训 1000 人次,在全国住院结业理论考核中连续 3 年 100% 通过,获"全国优秀住培基地"、浙江省教学成果奖二等奖 1 项,成功申报美国心脏协会(AHA)心血管急救培训基地。

医院坚持人才为先,加快打造儿科人才发展高地。2022 年引进高层次人才 21 人,全职引进 5 人,柔性引进 16 人。其中杰青/国家万人 2 人、国家青年千人 2 人、求是特聘 1 人、教授/浙大百人 11 人、重点专业学科带头人 3 人、特聘副研究员 2 人,目前累计引进 75 人,其中国家级、省级人才 14 人。加强高层次人才配套支持,实施《浙江大学医学院附属儿童医院高层次人才培育支持计划实施办法(试行)》,进一步完善高端人才启动及配套经费等支撑配套制度,让人才引得来、留得住、用得好。加强拔尖青年人才自主培养。贯彻落实中央人才工作会议精神,实施"医院青年临床科学家"培育计划,8 人入选,其中 6 人获聘医学院特聘(副)研究员。着力加强博士后培养力度,2022 年招收博士后 12 人,10 人顺利出站,获批国家级博士后科研工作站。积极申报各类人才项目,7 人入选浙江省卫生高层次人才培养对象,其中卫生领军人才 1 人、卫生创新人才 3 人、卫生医坛新秀 3 人。

医院对标世界前列,持续推进国际交流合作。2022 年,医院与美国波士顿儿童医院续签为期 3 年的合作协议,与日本静冈县立病院机构静冈县立综合病院签署灾害时医疗互助合作协议。响应国家外交战略,与印度尼西亚国家血管病中心建立合作伙伴关系,拓展"一带一路"国家的国际合作平台。不断完善国际化医疗服务,加强国际远程会诊 MDT,2022 年组织国际远程疑难病例 MDT 会诊 27 场、在线研讨会 30 场,获评杭州市国际化医院。2022 年,医院专家当选亚太儿科内分泌学会的候任主席,在儿童内分泌医学知名期刊 *Pediatric Diabetes* 杂志上领衔发布"Pediatric Diabetes in China"特刊,并担任领衔客座主编。作为主要参与单位制定儿童青少年 2 型糖尿病、儿童高胰岛素血症的国际诊治指南,国际影响力进一步提高。打造国际特色的医工信交叉平台,儿外科及信息团队浙江芬兰儿童健康人工智能联合实验室团队 2 项"儿童肠套叠"辅助诊断专利获得授权,国际学术影响力不断扩大。

【医院选举产生新一届两委委员】 5 月 17 日,中国共产党浙江大学医学院附属儿童医院第四次党员代表大会隆重召开,选举产生新一届党委委员、纪委委员。6 月 12 日,中共浙江大学委员会批复医院新一届党委委员、

附表　2022 年度附属儿童医院基本情况

项目	数量	项目	数量
建筑面积/平方米	250000	获国家级教学成果奖/个	0
固定资产/万元	79521	国家重点实验室/个	0
床位/张	1900	国家卫生健康委重点实验室/个	1
在编职工/人	2659	省级重点实验室/个	2
主任医师/人	106	国家药监局临床药理研究基地/个	1
副主任医师/人	134	国家卫生健康委专科、住院医师培训基地/个	8
具有博士学位的医师比例/%	20.4	业务总收入/亿元	20.63
两院院士/人	0	药品占业务总收入比例/%	23.4
国家"百千万人才工程"入选者/人	0	门急诊人次/万人	334
国家杰出青年科学基金获得者/人	2	住院人次/万人	8.3
国家"万人计划"入选者/人	2	出院人次/万人	8.29
国家"千人计划"青年项目入选者/人	2	手术/万台	3.81
浙江大学"百人计划"研究员/人	11	平均床位周转人次/人	60.49
教学总面积/平方米	2680	实际床位利用率/%	93.9
教学投入资金/万元	2239.08	SCI 入选论文/篇	401
一、二级学科国家重点学科数/人	0	MEDLINE 入选论文/篇	234
国家精品资源共享课、视频公开课/门	0	出版学术专著/部	19
科研总经费/万元	11021.53	出国交流(含线上)/人次	650
其中:国家自然科学基金比重/%	10.89	举办国际学术会议/次	33
纵向经费比重/%	75.77	社会捐赠经费总额/万元	22000

纪委委员选举结果。

【医院滨江院区扩建工程启用】　9 月 21 日,滨江院区扩建工程投入使用,新增一栋门诊住院大楼、一栋科研大楼,突发楼加盖两层病房。工程于 2018 年动工,位于杭州市滨江区,投资 4.9 亿元,建筑规模 8.2 万平方米,新增床位 782 张。工程启用后,医疗规模和突发应急保障能力进一步提升。

【*World Journal of Pediatrics* 获"第 31 届浙江树人出版奖"】　医院自主创办的国际期刊 *World Journal of Pediatrics* 获"第 31 届浙江树人出版奖"。浙江树人出版奖是浙江省新闻出版局指导、浙江省出版工作者协

会主办的省级出版奖,本次全省 5 本期刊获得该奖(4 本正式奖,1 本提名奖),其中,*World Journal of Pediatrics* 是正式奖中唯一的自然科学类期刊。

(方思齐撰稿　蒋烨琛审稿)

附属口腔医院

【概况】　附属口腔医院(又名浙江省口腔医院)是浙江省唯一一家三级甲等(参照)口腔专科医院,是浙江省口腔医疗、科研、教学、

预防指导中心,是中华口腔医学会副会长单位,是浙江省口腔医学会、浙江省口腔质量控制中心、浙江省口腔卫生指导中心、浙江省口腔正畸中心、浙江省口腔种植技术指导中心所在单位,也是国家住院医师规范化临床培训基地和国家医师资格考试实践技能考试基地。

作为浙江大学口腔医学院所在单位,医院共有一级学科博士点 1 个,二级学科博士点 2 个,博士后流动站 1 个,浙江省重点学科 1 个,浙江省医学重点支撑学科 1 个,浙江省医学重点创新学科 1 个,2021 年度口腔医学专业获批国家一流本科专业建设点,口腔全科基地被列入国家卫生健康委重点建设专业基地。拥有国家虚拟仿真实验室分中心、教育部研究生创新人才培养分中心、国家药物/器械临床试验机构 GCP 中心、浙江省口腔疾病临床医学研究中心、浙江省口腔生物医学研究重点实验室、口腔生物材料与器械浙江省工程研究中心、浙江省教学实验示范中心。

医院开放院区有华家池(口腔医学中心)总院、湖滨(延安)院区、紫金港(城西)院区、大运河(上塘)院区、华池东路诊疗中心,共有牙科综合治疗椅 600 余张,开放床位数 47 张。2022 年 1 月 1 日至 2022 年 12 月 31 日,门(急)诊患者人次达 77.32 万人次,较去年同期增长 7%;互联网医院线上服务 3576 人次(2022 年 6 月 28 日起试运营);医疗收入为 62212 万元,比去年同期增长 15.4%;出院人数 2326 人,较去年同期增长 63.23%;医院总资产为 83098.46 万元。

本年度在院职工 1006 人,高级职称人员数量增至 83 人(卫技人员 77 人),博士生导师 19 人,硕士生导师 54 人。新增高层次人才求是特聘医师岗位 1 人,选拔 2 人进入临床校编岗位。依托海外优青项目申报成功获批 1 人,引进浙大新百人、临床百人研究员 2 人,实现了医院高水平临床研究、基础研究人才引进的双突破。引进医学院特聘副研究员 1 人,6 人获批浙江省卫生高层次人才。引进颌面外科、麻醉等专业岗位紧缺人才 2 人。医生博士学位占比达 46%,较去年同期增长 5.9%。本年度博士后入站 13 人,在站 32 人,在站培养人数创新高。全日制博士研究生招生 31 人,较 2021 级增长 29.17%;硕士研究生招生 79 人,较 2021 级持平;同力博士研究生招生 13 人。

本年度国家自然科学基金获批 24 项,中标率达 27.59%,较去年同期增长 60%,首次牵头获批国家重点研发计划 1 项、中国科协青年托举人才计划 1 项、省级重大项目 1 项。浙江省基础公益研究项目获批 12 项,中标率达 40%,较去年同期增长 71.4%。科研经费总额居全国第 5,较同期增长 30.52%。推进"国家药物/器械临床试验机构 GCP 中心、浙江省口腔疾病临床医学研究中心、口腔生物材料与器械浙江省工程研究中心"三大科研平台实体化建设,生物样本库基本建成。

【在疫情防控中发挥公立医院"压舱石"作用】 坚决贯彻疫情防控任务部署,成立核酸采样医疗队临时党小组,把党旗牢牢插在抗疫一线,派出 1/4 职工、839 人次先后出征富阳、金华、宁波、杭州城区、上海等地参与一线抗疫,其中党员、入党积极分子占比 75%,全体采样人员零感染。于急难险重中凸显公立医院的责任与担当,凝练了"大者至上、厚德逆行、自强博学、不息初心"的浙大口腔抗疫精神。在疫情防控的新阶段,第一时间组建医疗机动队,统筹推进医院医疗资源调配,全力保障群众口腔诊疗需求,党员、

附表　2022 年度附属口腔医院基本情况

项目	数量	项目	数量
建筑面积/平方米	64881.53	获国家级科技奖项目/个	0
固定资产/万元	59357.65	获国家级教学成果奖/个	0
床位/张	47	国家重点实验室/个	0
在编职工/人	453	国家卫生健康委重点实验室/个	0
主任医师/人	20	省级重点实验室/个	3
副主任医师/人	53	国家药监局临床药理研究基地/个	1
具有博士学位的医师比例/%	46.55	国家卫生健康委专科、住院医师培训基地/个	1
两院院士/人	0	业务总收入/亿元	6.2215
国家"百千万人才工程"入选者/人	0	药品占业务总收入比例/%	0.91
国家杰出青年科学基金获得者/人	1	门急诊人次/万人	77.32441
"973 计划"首席科学家/人	1	住院人次/万人	0.2322
教育部"长江学者奖励计划"特聘教授/人	1	出院人次/万人	0.2326
教育部"长江学者奖励计划"青年学者/人	0	手术/万台	0.2154
浙江省特级专家/人	0	平均床位周转率/%	—
浙江大学求是特聘教授/人	3	实际床位利用率/%	54.43
教学总面积/平方米	3027.47	SCI 入选论文/篇	136
教学投入资金/万元	654.70	MEDLINE 入选论文/篇	103
一、二级学科国家重点学科数/人	0	出版学术专著/部	6
国家精品资源共享课、视频公开课/门	0	出国交流(含线上)/人次	26
科研总经费/万元	4048.51	举办国际学术会议/次	1
其中:国家自然科学基金比重/%	22	社会捐赠经费总额/万元	0
纵向经费比重/%	98		

入党积极分子占比 91%。

【顺利召开第一次党员代表大会】　在学校的指导下,在党员、党支部充分酝酿推荐的基础上,5 月 22 日规范有序顺利召开了第一次党员代表大会,总结了过去五年医院发展的成绩,规划了未来五年事业发展,完成了医院党委换届工作,选举产生了第一届党委委员 9 名、纪委委员 5 名;7 月 1 日组织第一届两委委员新班子赴嘉兴南湖重走习近平总书记浙江足迹,领悟新时代的建党精神,为医院未来发展坚定政治方向、夯实思想基础、谋划高质量发展蓝图。

【探索建立学科主任—院区临床主任负责制】　在推行行政大部制改革的基础上,以内设机构换届为契机,革新多院区运营的临床管理和岗位设置,探索建立了学科主任—院区临床主任负责制,设立 9 大临床学科,在学科下设立各院区临床科室,为实现学科高质量内涵式发展和医学高峰跃升重塑整体架构。建立健全考核评价机制,推行季度绩效考核,实施分层分类的差异化考核,更好地发挥考核的指挥棒作用。通过机制变革与结构重塑,有效促进多院区协调发展、临床科室友好竞争、临床业务同质化管理和人才同质化成长,学科力量更加凝聚,为促进学科集中发展、实现跻身口腔一流方阵打下制度基础。

【首届浙大口腔研究生教育质量推进会举行】 11 月 20 日,浙大口腔研究生教育质量推进会在华家池总院(浙江大学口腔医学中心)博学报告厅召开,浙江大学研究生院、医学院嘉宾、浙大口腔领导班子成员、学科带头人、研究生导师等参加会议。各教研室围绕完善学科主任与临床主任负责制、亚学科特色的生源质量评价体系、在校生质量评价保障与监督体系、导师队伍建设等方面展开分组讨论。

(苏嘉睿撰稿　李　玥审稿)

附属第四医院

【概况】 附属第四医院筹建于 2009 年,由义乌市和浙江大学市校通力合作打造,是浙中西唯一一家大学附属省级综合性三甲医院。自 2014 年 10 月正式运行以来,医院医教研全方位高速度高质量发展,管理能力实现快速提升。在国家三级公立医院绩效考核工作中,排名连年跃升,稳居 A+,并进入全国前 5% 序列,最新排名位列第 63 位。2020 年,经教育部批准,依托医院建设浙江大学"一带一路"国际医学院、浙江大学国际健康医学研究院,开启"三院一体"建设世界一流国际医学中心新征程。

医院占地面积 189.3 亩,开放床位 1104 张,设 31 个临床科室,7 个医技科室。在疫情影响下,医院业务发展仍保持增长态势。2022 年门急诊量 192.78 万人次,出院量 6.46 万人次,手术量 2.57 万台,医疗收入为 14.40 亿元。医疗关键效率指标不断优化,CMI 提高至 1.01,日间手术占比提升至 28.94%,平均住院日降至 5.36 天,居全省前列。医院影响力持续扩大,2022 年度住院异地患者占比达 39.43%。2022 年医院成为浙中西 VTE 联盟主席单位、全国第一批肝癌规范诊疗质量控制试点单位,并通过人工授精辅助生殖技术试运行国家级评审。

医院现有员工 2500 余人,拥有院士、"长江学者奖励计划"特聘教授、国家杰出青年科学基金获得者、国家优秀青年基金获得者等国家级人才 15 人,省特级专家、省海外引才计划入选者、省卫生高层次领军人才等省级人才 25 人,浙江大学求是特聘学者 10 人,"百人计划"研究员 11 人,特聘研究员 27 人,博士后 67 人。

科研创新不断突破。2022 年医院获批国家级科研项目 21 项,其中国家自然科学基金 17 项,国家级重点重大项目 6 项,首次获得国家自然科学杰出青年基金和重大研究计划集成项目;获批浙江省"尖兵""领雁"研发攻关计划项目等省部级重点重大项目 5 项;SCI 期刊收录论文 104 篇,发表业界公认(影响因子≥5)的国际重要科技期刊论文 60 篇,其中影响因子在 10 分以上的论文 21 篇,首次以第一作者和通讯作者单位在 *Nature* 正刊发表研究论文,授权专利 31 项;积极推动有组织的科研体系建设,首批打造生殖医学中心、RNA 医学中心、肿瘤医学中心、再生与衰老医学中心、代谢医学中心等五大医学中心;开展"中国及亚欧大陆人群遗传多样性研究计划"等"一带一路"国际科技合作。

教学能力日益彰显。在院研究生达 362 人,2022 年新招硕士 108 人,新招博士 30 人,首次录取海外博士生 5 人、海外硕士生1人；招录实习生178人，首次接收MBBS项目实习生18人；招录住培学员80名，在培人数达232名。师资队伍不断增强，现有硕博导师65人。教学体系持续完善，成立MBBS中心、"一带一路"医学教育发展中心，逐步建立全英文教学体系。教学质量持续提升，住培学员首次参加结业考通过率95.83%，首次参加执医考试通过率达98.68%，居全国前列。教学成果不断涌现，立项省教育厅一般科研项目2项。省级线上一流本科课程3门，实现零的突破。

精细化管理持续深入。2022年度设立运营部。多部门联动实施重点项目监控，全院住院次均药费同比下降9.7%，药占比降至25.61%，医疗服务收入占比升至31.68%；医保DRGs支付超支科室占比下降32.6%。门诊预约患者等候时间缩短至17分钟，较2021年有显著改善。制定临床科室和行政职能部门的月度、季度、年度考核奖，有效提升医院管理效能；制定重点手术/术种等专项奖励，有效提升医院资源使用效能。开展医保结算清单审核质控工作，当前医保电子凭证结算使用率稳定在65%以上，居省内前列；省内首家开展运用"非高值耗材"系统，对耗材实施分类管理和全流程监管，并在"全省医共体行业自律现场会"做经验交流。

数字化水平不断提升。2022年度通过国家电子病历系统应用水平分级评价五级评审；全省首批单位接入浙江省HIS贯通工程，首批试点单位接入浙江省智慧医保；全省首家云网安融合建设的IT基础设施高质量发展综合性医院；首家各类报告全集中式统一管理医院；获国家卫生健康委数据健康典型案例通报表扬；践行浙江大学数字化改革"浙江标准"落地实施，主编数字化改革

专著1部，主编数字化改革行业标准1项，获得国家专利知识产权5项；积极推进浙江省检查检验结果互认共享；"互联网＋护理"服务量达到3.36万人次，居全省前列。

基本建设稳步推进。医院国际保健楼完成土建结构主体验收；国际医学院学生宿舍完成主体结构验收并进入装修阶段，体育中心、食堂、教学楼、图书馆、行政及信息中心全部主体封顶，科研组团主体工程完成30%；国际医学院BIM技术的深入应用获浙江省第七届"筑新杯"BIM应用比赛一等奖。

疫情防控彰显担当。以服务人民健康为中心，医院积极承担新冠疫情救治和医疗保障任务。2022年派出上万人次参与地方疫情防控；派出近千人次医疗队、核酸检测队支援上海、贵州、新疆及省内多个县市疫情防控；义乌"8·2"疫情期间，全院在岗员工驻守医院近20天，打赢疫情防控阻击战；负责义乌市方舱医院医疗运行保障，累计收治新冠肺炎病例676例，在10万管核酸检测基地完成61万管标本检测。面对疫情防控新阶段新任务，医院积极响应国家号召，第一时间扩容发热门诊、急诊、重症监护病房和呼吸综合病房，创新增设呼吸综合门诊，保障急危重症患者救治工作，平稳实现疫情转段渡峰。

国际化建设步伐加快。2022年接诊外籍患者1.53万人次。国际医学院与以色列耶路撒冷希伯来大学医学院签署合作备忘录，并定期举行国际学术研讨会。选派医务人员参加加拿大阿尔伯塔大学线上师资培训项目，聘请斯坦福英语教学中心主任Kristopher Geda教授作为国际化顾问，聘请以色列希伯来大学Yisrael Joel教授作为浙江大学客座教授。

项目	数量	项目	数量
建筑面积/平方米	121813	获国家级科技奖项目/个	0
固定资产/万元	123568.22	获国家级教学成果奖/个	0
床位/张	1140	国家重点实验室/个	0
在编职工/人	1256	国家卫生健康委重点实验室/个	0
主任医师/人	66	省级重点实验室/个	0
副主任医师/人	97	国家药监局临床药理研究基地/个	15
具有博士学位的医师比例/%	11.40	国家卫生健康委专科、住院医师培训基地/个	7
两院院士/人	1	业务总收入/亿元	14.40
国家"百千万人才工程"入选者/人	0	药品占业务总收入比例/%	25.61
国家杰出青年科学基金获得者/人	4	门急诊人次/万人	192.78
"973 计划"首席科学家/人	1	住院人次/万人	6.46
教育部"长江学者奖励计划"特聘教授/人	1	出院人次/万人	6.46
教育部"长江学者奖励计划"青年学者/人	0	手术/万台	2.57
浙江省特级专家/人	1	平均床位周转率/%	59.35
浙江大学求是特聘教授/人	6	实际床位利用率/%	87.01
教学总面积/平方米	4100	SCI 入选论文/篇	104
教学投入资金/万元	1934.70	MEDLINE 入选论文/篇	91
一、二级学科国家重点学科数/人	0	出版学术专著/部	0
国家精品资源共享课、视频公开课/门	0	出国交流/人次	0
科研总经费/万元	7157.22	举办国际学术会议/次	4 (线上＋线下)
其中:国家自然科学基金比重/%	25.86		
纵向经费比重/%	75.69	社会捐赠经费总额/万元	448.60

【高层次人才引育成效突出】 2022 年引育"长江学者奖励计划"特聘教授、国家杰青等国家级人才 5 人;省海外引才计划入选者、省卫生创新人才等省部级人才 7 人,浙江大学求是特聘学者 5 人、"百人计划"研究员 6 人、特聘(副)研究员 14 人。新增博士后 38 人,其中临床博士后 5 人、平台博士后 20 人、学科博士后 13 人。创新试点住院医师培养机制、临床＋学术"双主任制"等,成效明显。

【医教研融合发展成果丰硕】 医院品牌专科优势逐步凸显。已形成生殖医学、呼吸医学中心(肺癌中心)、心脏中心、骨科中心、急救危重症中心、外科中心、泌尿外科等多个特色学科,医疗技术区域领先。2022 年度医院 CMI 值达 1.01。获批国家自然科学基金项目 17 项,并首次获国家杰青项目;首次以第一单位在 *Nature* 主刊发表论文;首获国际发明专利授权。研究院大楼全面启用,国际级高水平团队落地研究院。首次录取海外硕博生 6 人,首批接收 18 名 MBBS 实习生;教材、教改、教学项目和成果均取得新突破。

【国考成绩再创新高】 2022 年,医院在 2021 年度国家三级公立医院绩效考核中蝉联 A＋等级,全国排名第 63 位,居全国前 5‰、浙江省第 7 名。医院持续创新改革,整体医疗质量和管理水平不断提升,新一轮排名较 2020 年度提升 17 名,较 2019 年度国考提升 51 名。

(徐 丹撰稿 周 玮审稿)

机构与干部

学校党政领导班子 *(2022 年 12 月 31 日在任)*

党 委 书 记　任少波

校　　　长　杜江峰

副 书 记　杜江峰　朱世强　傅　强　黄翔峰　朱　慧

副 校 长　何莲珍　王立忠　周天华　吴　健　黄先海　李晓明

中共浙江大学委员会委员 *(2022 年 12 月 31 日在任，以姓氏笔画为序)*

万春根　马春波　王立忠　王建安　石毅铭　叶桂方　朱　慧　朱世强　任少波

刘继荣　杜江峰　李晓明　何莲珍　沈黎勇　张光新　张荣祥　陈云敏　周天华

姚玉峰　夏文莉　黄翔峰　傅　强　楼成礼

中共浙江大学常务委员会委员 *(2022 年 12 月 31 日在任)*

任少波　杜江峰　朱世强　何莲珍　王立忠　傅　强　黄翔峰　李晓明　朱　慧

楼成礼　叶桂方

中共浙江大学纪律检查委员会委员

(2022 年 12 月 31 日在任,以姓氏笔画为序)

委　员　马春波　王志强　叶晓萍　朱　慧　张永华
　　　　陈君芳　罗泳江　徐国斌　郭文刚　黄翔峰
书　记　黄翔峰
副书记　王志强　叶晓萍

总会计师 *(2022 年 12 月 31 日在任)*

总会计师　石毅铭

党委办公室、校长办公室负责人

(2022 年 12 月 31 日在任)

部　门	职　务	姓　名
党委办公室 校长办公室 (含政策研究室、国内合作办公室、保密办公室、信访办公室、法律事务办公室)	主　任	郭文刚
	副主任	林伟连(兼)　陈　浩(兼) 江雪梅　章　旻　陈海荣　曹　磊 黄　萃　黄云平
	政策 研究室　副主任	徐贤春　陈　婵
	国内合作 办公室　主　任	林伟连
	副主任	章丽萍　许亚洲　任桑桑
	保密 办公室　主　任	陈　浩
	副主任	翁沈军(兼)
	信访 办公室　主　任	江雪梅(兼)
	法律事务 办公室　主　任	江雪梅(兼)

党委部门负责人 *(2022 年 12 月 31 日在任)*

部　门	职　务		姓　名
纪检监察机构、党委巡视办公室（合署）	纪检监察机构	办公室主任	王志强（兼）
		办公室副主任	叶晓萍（兼）　张建富
		第三纪检监察室主任	张建富（兼）
		综合业务室主任	陈　敏
	党委巡视办公室	主　任	沈　玉
		巡视专员	赵颂平　包永平
组织部	部　长		傅　强
	常务副部长		马春波
	副部长		刘艳辉（兼）　朱　征（兼）　许　翾（兼）　胡昱东　孙　棋
	副处职组织员		王　芳
宣传部（含网络信息办公室）	部　长		叶桂方
	副部长		楼　艳　艾　静
	网络信息办公室	主　任	叶桂方（兼）
		副主任	叶　艇
统战部	部　长		楼成礼
	副部长		钱智敢
教师工作部（与人事处合署）	部　长		王靖岱（兼）
	副部长		徐　洁
学生工作部	部　长		徐国斌
	副部长		阮俊华　柏　浩（兼）　金芳芳　潘贤林　张川霞　吴维东

浙江大学年鉴

部　门	职　务	姓　名
研究生工作部	部　长	张荣祥
	副部长	刘　波　张晓洁
安全保卫部 （与安全保卫处合署）	部　长	蔡　荃（兼）
	副部长	赵增泽（兼）　赵　栋（兼）　韩树春（兼）
人民武装部 （与学生工作部合署）	部　长	徐国斌（兼）
	副部长	吴维东（兼）
机关党委	党委书记	刘艳辉
	党委副书记	吴为进　吴子贵（兼）
	纪委书记	吴为进
工　会	主　席	楼成礼
	副主席	李　民　党　颖　夏标泉（兼）　薄　拯（兼） 阮　啸（兼）
团　委	书　记	柏　浩
	副书记	梁　艳　马君雅（挂职共青团杭州市委副书记） 包大为　陶　甄

行政部门负责人 *(2022 年 12 月 31 日在任)*

部　门	职　务	姓　名
发展规划处	处　长	夏文莉
	副处长	张栋梁　王小燕
学术委员会秘书处	秘书长	黄华新
	专职副秘书长	朱敏洁
人力资源处	处　长	王靖岱
	副处长	许　翾（兼）　钟鸣文　周　礼 徐　洁（兼）　杜　悦

部　门	职　务		姓　名
人才工作办公室 （与人力资源处合署）	主　任		许　翾
	副主任		陈　良　陆飞华　马晨华
国际合作与交流处、 港澳台事务办公室	处　长		李　敏
	副处长		沈　杰(兼)　刘郑一　艾　妮 褚驰恒
	港澳台事务 办公室	主　任	李　敏(兼)
		副主任	刘郑一(兼)
本科生院	院　长		张光新
	副院长		江全元　葛　坚(兼)　徐国斌(兼)
	教务处	处　长	江全元(兼)
		副处长	金娟琴　张　良　韩　魏
	学生工作处 （与党委学生 工作部合署）	处　长	徐国斌(兼)
		副处长	金芳芳(兼)　潘贤林(兼) 张川霞(兼)　吴维东(兼)
	本科生招生处	处　长	朱佐想
		副处长	留岚兰
	教学研究处	处　长	郑春燕
		副处长	
研究生院	院　长		
	常务副院长		夏群科
	副院长		卜佳俊
	研究生招生处	处　长	周文文
		副处长	房　刚(教育部发展规划司借调) 陈　平
	研究生培养处	处　长	王青青
		副处长	倪加旎
	研究生管理处 （与党委研究生 工作部合署）	处　长	张荣祥(兼)
		副处长	刘　波(兼)　张晓洁(兼)

部　门	职　务		姓　名
研究生院	学科建设处	处　长	朱　斌
		副处长	梁君英
	学位评定委员会办公室(与学科建设处合署)	主　任	朱　斌(兼)
		副主任	梁君英(兼)
	专业学位处	处　长	卜佳俊(兼)
		副处长	陈智峰　王　征
科学技术研究院	院　长		杨　波
	常务副院长		史红兵
	副院长		吴勇军　程术希
	高新技术部部长		曹　阳
	农业与社会发展部部长		泮进明
	基础研究与海外项目部部长		陈光弟
	区域创新管理部部长		吴勇军(兼)
	科技开发部部长		翁　宇
	科研平台管理部部长		翁静波
	科技成果管理部部长		赵　彬
社会科学研究院	院　长		周江洪
	常务副院长		张　彦
	副院长		徐宝敏　程　丽　邓水光
继续教育管理处	处　长		张丽娜
	副处长		卜杭斌
医院管理办公室	主　任		夏标泉
	副主任		邹朝春
计划财务处(含国有资产管理办公室、采购管理办公室、采购中心)	处　长		胡素英
	副处长		胡　放　俞欢军　娄　青　方炎生 杨　柳　杨学洁　蒋　科
	国有资产管理办公室	主　任	娄　青(兼)
	采购管理办公室	主　任	胡　放(兼)
	采购中心	主　任	俞欢军(兼)

部　门	职　务		姓　名
审计处	常务副处长		陈　俊
	副处长		匡亚萍　胡敏芳
实验室与设备管理处	处　长		唐睿康
	副处长		孙　健　胡　凯　阮　俊
总务处（含"1250安居工程"办公室）	处　长		吴红瑛
	副处长		胡志富　温晓贵　姜群瑛　傅慧俊　吴小红（兼）
	"1250安居工程"办公室	主　任	吴红瑛（兼）
		副主任	吴小红
基本建设处	紫金港校区西区基本建设指挥部常务副总指挥		林忠元（兼）
	处　长		林忠元
	副处长		梅祥院　李剑峰　傅加林　郑轶轶　吴乾富
安全保卫处	处　长		蔡　荃
	副处长		赵增泽　赵　栋　韩树春
离退休工作处	处　长		朱　征
	副处长		王　珏　韩东晖　陈立明　施　云
	离退休党工委书记		朱　征（兼）
	离退休党工委副书记		王　珏（兼）　韩东晖（兼）　陈立明（兼）　施　云（兼）
新闻办公室（与党委宣传部合署）	主　任		叶桂方（兼）

学术机构负责人 *(2022 年 12 月 31 日在任)*

部　门	职　务	姓　名
校学术委员会	主　任	陈云敏
	副主任	郑树森　励建书　朱利中 李　实　庄越挺
人文学部	主　任	许　钧
	副主任	杨大春　吴　飞
社会科学学部	主　任	吴晓波
	副主任	毛　丹　顾建民　潘士远
理学部	主　任	包　刚
	副主任	许祝安　黄飞鹤
工学部	主　任	杨华勇
	副主任	严　密　邢华斌
信息学部	主　任	陈　纯
	副主任	李尔平　邱建荣
农业生命环境学部	常务副主任	喻景权
	副主任	郑绍建
医药学部	主　任	段树民
	副主任	方向明　何俏军

学院(系)负责人 *(2022 年 12 月 31 日在任)*

学院(系)	职　务	姓　名
文学院	院　长 副院长	冯国栋 李铭霞(兼)　真大成
	党委书记 党委副书记 纪委书记	李铭霞 冯国栋　郑英蓓 郑英蓓

续表

学院（系）	职务	姓名
历史学院	常务副院长 副院长	孙英刚 卢军霞（兼）　张　凯
	党委书记 纪委书记	卢军霞 张　凯
哲学学院	常务副院长 副院长	王　俊 李恒威（兼）
	党委书记 党委副书记 纪委书记	李恒威 鲁　平 鲁　平
外国语学院	院　长 副院长	董燕萍 罗泳江（兼）　赵　佳　闵尚超　张慧玉
	党委书记 党委副书记 纪委书记	罗泳江 董燕萍　费兰兰 费兰兰
传媒与国际文化学院	院　长 副院长	韦　路 王庆文（兼）　洪　宇　赵　瑜
	党委书记 党委副书记 纪委书记	王庆文 韦　路　叶建英 叶建英
艺术与考古学院	院　长 副院长	白谦慎 方志伟（兼）　马景娣（兼）　王小松
	党委书记 党委副书记 纪委书记	方志伟 赵蕾蕾 赵蕾蕾
经济学院	院　长 副院长	张俊森 张子法（兼）　王义中　方红生 余林徽
	党委书记 党委副书记 纪委书记	张子法 卢飞霞 卢飞霞
光华法学院	常务副院长 副院长	胡　铭 张永华（兼）　赵　骏　霍海红
	党委书记 党委副书记 纪委书记	张永华 胡　铭　李冬雪 李冬雪

浙江大学年鉴

学院（系）	职　务	姓　名
教育学院	常务副院长 副院长	阚　阅 吴巨慧（兼）　孙元涛　胡　亮　李　艳
	党委书记 党委副书记 纪委书记	吴巨慧 阚　阅　崔　倩 崔　倩
管理学院	院　长 副院长	魏　江 朱　原（兼）　谢小云　杨　翼　窦军生
	党委书记 党委副书记 纪委书记	朱　原 魏　江　潘　健　李文腾 李文腾
公共管理学院	院　长 副院长	赵志荣 杨国富（兼）　钱文荣　张蔚文　谭　荣
	党委书记 党委副书记 纪委书记	杨国富 陈素珊　钱文荣　姚　晨 姚　晨
	社会 学系　系主任 党总支书记	赵鼎新 陈素珊
马克思主义学院	院　长 副院长	刘同舫 李小东（兼）　代玉启　刘召峰
	党委书记 党委副书记 纪委书记	李小东 刘同舫　徐晓霞 徐晓霞
数学科学学院	院　长 常务副院长 副院长	励建书 盛为民 陈　庆（兼）　江文帅
	党委书记 党委副书记 纪委书记	陈　庆 盛为民　孙　凯 孙　凯
	数学高等研究院行政 副院长（副处职）	黄月圆
物理学院	院　长 常务副院长 副院长	林海青 王孝群 颜　鹂（兼）　王　凯　王浩华 林敬源
	党委书记 党委副书记 纪委书记	颜　鹂 邹安川 邹安川

学院(系)	职　务	姓　名
化学系	常务副系主任 副系主任	史炳锋 胡吉明(兼)　王从敏　林旭锋
	党委书记 党委副书记 纪委书记	胡吉明 史炳锋　丁立仲 丁立仲
地球科学学院	常务副院长 副院长	杜震洪 王　苑(兼)　曹　龙
	党委书记 党委副书记 纪委书记	王　苑 杜震洪　程晓敢 程晓敢
心理与行为科学系	系主任 副系主任	何贵兵 应伟清(兼)　陈　辉
	党委书记 党委副书记 纪委书记	应伟清 何贵兵　陈妙峰 陈妙峰
机械工程学院	常务副院长 副院长	居冰峰 项淑芳(兼)　刘振宇　赵　朋
	党委书记 党委副书记 纪委书记	项淑芳 居冰峰　俞　磊 俞　磊
材料科学与工程学院	院　长 副院长	朱铁军 王晓燕(兼)　王　勇　程　逵
	党委书记 党委副书记 纪委书记	王晓燕 朱铁军　王育萍 王育萍
能源工程学院	院　长 副院长	高　翔 金　滔(兼)　俞自涛　黄群星 刘宝庆
	党委书记 党委副书记 纪委书记	金　滔 高　翔　徐敏娜 徐敏娜
电气工程学院	院　长 副院长	盛　况 汤海旸(兼)　李武华　丁　一
	党委书记 党委副书记 纪委书记	汤海旸 鲁小双　杨　欢 杨　欢

学院(系)	职　务	姓　名
建筑工程学院	院　长 副院长	罗尧治 刘峥嵘(兼)　段元锋　贺　勇 边学成　许月萍
	党委书记 党委副书记 纪委书记	刘峥嵘 罗尧治　成光林　张　威 成光林
化学工程与 生物工程学院	院　长 副院长	申有青 沈文华(兼)　潘鹏举　张治国
	党委书记 党委副书记 纪委书记	沈文华 王巍贺 王巍贺
海洋学院	院　长 常务副院长 副院长	王立忠 梅德庆 王瑞飞(兼)　阮　啸　瞿逢重
	党委书记 党委副书记 纪委书记	王瑞飞 梅德庆　吴　锋 吴　锋
	党政办公室主任	董小军
	组织人事部部长	吴颖骏
	学生思政工作部部长	王万成
	教学管理部部长	马忠俊
	科研管理部部长	马行超
	总务部部长	周亦斌
	财务资产部部长	袁路明
	实验室与设备管理 部部长	贺治国
	对外交流与合作部 部长	宋春毅
航空航天学院	院　长 常务副院长 副院长	阮祥新 陈伟球 刘玉玲(兼)　钱　劲　王高峰
	党委书记 党委副书记 纪委书记	刘玉玲 陈伟球　季湘铭 季湘铭

学院(系)	职务	姓名
高分子科学与材料工程学系	常务副系主任 副系主任	李寒莹 楼仁功(兼)　张兴宏　毛峥伟
	党委书记 党委副书记 纪委书记	楼仁功 李寒莹　廉洁 廉洁
光电科学与工程学院	院　长 副院长	戴道锌 毕建权(兼)　时尧成　刘　东
	党委书记 党委副书记 纪委书记	毕建权 戴道锌　赵传贤 赵传贤
信息与电子工程学院	院　长 副院长	陈红胜 钟戎蓉(兼)　赵民建　史治国
	党委书记 党委副书记 纪委书记	钟戎蓉 陈红胜　戴志潜　夏雷 戴志潜
微电子学院 （微纳电子学院）	名誉院长 院　长 常务副院长 副院长 副处职干部	严晓浪 吴汉明 杨建义(兼) 张　睿 余飞波
控制科学与工程学院	院　长 副院长	邵之江 叶　松(兼)　程　鹏　侯迪波　许　超
	党委书记 党委副书记 纪委书记	叶　松 邵之江　程　鹏　杨　倩 杨　倩
计算机科学与技术学院	院　长 副院长	陈刚 彭列平(兼)　尹建伟(兼)　任　奎(兼) 巫英才　杨易　孙凌云
	网络空间安全学院 院　长	任　奎
软件学院	常务副院长 副院长	尹建伟 陈丽　高云君
计算机科学与技术学院和软件学院党委	党委书记 党委副书记 纪委书记	彭列平 陈　刚　单珏慧　胡高权 陈璞　单珏慧

浙江大学年鉴

学院(系)	职 务	姓 名
生物医学工程与仪器科学学院	院 长 副院长	张 宏 项品辉(兼) 周 泓 林 辉
	党委书记 党委副书记 纪委书记	项品辉 张 宏 杨 扬 杨 扬
生命科学学院	院 长 副院长	周如鸿 诸葛洋(兼) 余路阳 赵云鹏
	党委书记 党委副书记 纪委书记	诸葛洋 谭 芸 谭 芸
生物系统工程与食品科学学院	院 长 副院长	刘 鹰 李金林(兼) 刘东红 岑海燕
	党委书记 党委副书记 纪委书记	李金林 刘 鹰 王一清 王一清
环境与资源学院	院 长 副院长	陈宝梁 陈丁江(兼) 史 舟 杨 坤 赵和平
	党委书记 党委副书记 纪委书记	陈丁江 陈宝梁 吴卫华 吴卫华
农业与生物技术学院	常务副院长 副院长	孙崇德 叶恭银(兼) 周艳虹 陈 云 方 磊
	党委书记 党委副书记 纪委书记	叶恭银 孙崇德 张 帆 张 帆
动物科学学院	院 长 副院长	汪以真 楼建悦(兼) 杨明英 李肖梁 周继勇
	党委书记 党委副书记 纪委书记	楼建悦 汪以真 周伟辉 周伟辉
医学院	名誉院长 院 长 常务副院长 副院长	巴德年 刘志红 李晓明 许正平(兼) 梁廷波(兼) 王建安(兼) 蔡秀军(兼) 柯越海 张 丹 王 迪 楼 敏 吕志民

学院（系）	职　务		姓　名
医学院	党委书记 党委常务副书记 党委副书记 纪委书记		周天华 夏标泉 陈周闻　徐凌霄 徐凌霄
	科研办公室主任		陈　俭
	教学办公室主任		楼　敏（兼）
	基础医学系	系主任 副系主任	徐浩新 楼建晴（兼）　杨　巍　张　岩
		党总支书记	楼建晴
	脑科学与脑医学系	系主任 副系主任	胡海岚 蒋笑莉（兼）　斯　科　周煜东
		党总支书记	蒋笑莉
	公共卫生学院	院　长 副院长	吴息凤 吕黎江（兼）　王红妹　涂华康
		党总支书记	吕黎江
药学院	院　长 副院长		顾　臻 胡富强（兼）　张翔南　王　毅
	党委书记 党委副书记 纪委书记		胡富强 顾　臻　杨慧蓉 杨慧蓉

医学院附属医院负责人 *(2022 年 12 月 31 日在任)*

医　院	职　务	姓　名
医学院附属第一医院	党委书记 党委常务副书记 党委副书记 纪委书记	梁廷波 顾国煜 黄　河　王新宇　吴李鸣 王新宇
	院　长 常务副院长 副院长	黄　河 裘云庆 顾国煜（兼）　邵浙新　陈作兵　郑　敏 虞朝辉　魏国庆

医　院	职　务	姓　名
医学院附属第二医院	党委书记 党委副书记 纪委书记	王建安 王伟林　陈国忠　马岳峰 陈国忠
	院　长 常务副院长 副院长	王伟林 黄　建 项美香　丁克峰　吴息凤(兼)　胡新央 陈静瑜　王良静　张　茂
医学院附属邵逸夫医院	党委常务副书记 党委副书记 纪委书记	黄　昕 陈君芳 陈君芳
	院　长 副院长	蔡秀军 黄　昕(兼)　孙　斐　丁国庆　张松英 虞　洪　宋章法　黄　嚣
医学院附属妇产科医院	党委书记 党委常务副书记 党委副书记 纪委书记	吕卫国 吴弘萍 汪　辉　金　敏 金　敏
	名誉院长 院　长 副院长	黄荷凤 汪　辉 吴弘萍(兼)　吴瑞瑾　程晓东　陈新忠 罗　琼
医学院附属儿童医院	党委书记 党委常务副书记 党委副书记 纪委书记	舒　强 李　强 王晓莹 王晓莹
	常务副院长 副院长	傅君芳 毛建华　林　平　俞　刚　高志刚
医学院附属口腔医院	党委书记 党委常务副书记 党委副书记 纪委书记	陈谦明 章伟芳 杨国利 杨国利
	常务副院长 副院长	谢志坚 章伟芳(兼)　姚碧文　朱赵东
医学院附属第四医院	院　长 副院长	王　凯 胡振华(兼)　应颂敏(兼)　徐志豪 周庆利　唐　喆　姚建根

续表

医 院	职 务	姓 名
"一带一路" 国际医学院(筹)	院　长 副院长	黄荷凤 王　凯(兼)　胡振华　应颂敏 楼笑笑　陈伟英
医学院附属第四医院和 "一带一路"国际医学院 (筹)党委	党委书记 党委副书记 纪委书记	徐　键 王　凯　胡振华　李　伟 李　伟

校区管委会负责人 *(2022年12月31日在任)*

校 区	部 门	职 务	姓 名
紫金港校区	管委会	副主任	吴子贵　宗　晔
玉泉校区	管委会	主　任	马银亮
		副主任	陈　炯
西溪校区	管委会	主　任	闻继威
		副主任	郑丹文
华家池校区	管委会	主　任	陈凯旋
		副主任	顾禹标　陶向阳
之江校区	管委会	主　任	张永华
		副主任	柴　红

直属单位负责人 *(2022年12月31日在任)*

直属单位	职 务	姓 名
发展联络办公室 (含发展委员会办公室、 校友总会秘书处、 教育基金会秘书处)	主　任	沈黎勇
	副主任	黄任群　丁海忠　顾玉林(挂职云南省普洱 市景东彝族自治县副县长) 翁　亮　满　丰

直属单位	职 务		姓 名
发展联络办公室 （含发展委员会办公室、 校友总会秘书处、 教育基金会秘书处）	发展委员会办公室	主 任	沈黎勇（兼）
	校友总会	秘书长	沈黎勇（兼）
		常务副秘书长	黄任群（兼）
	教育基金会	秘书长	沈黎勇（兼）
就业指导与服务中心	主 任		董世洪
	副主任		仇婷婷　邵　顿
图书馆	馆 长		楼含松
	副馆长		吴　晨（兼）　胡义镰　田　稷　余敏杰
	党委书记 纪委书记		吴　晨 胡义镰
信息技术中心	主 任		陈文智
	副主任		袁书宏　方伟杰
	总工程师		张紫徽
档案馆	馆 长		王　东
	副馆长		赵朝霞　蓝　蕾
艺术与考古博物馆	馆 长		刘　斌
	常务副馆长		马景娣
	副馆长		程艳旗　林留根　王利剑
校医院	院 长		黄　建
	副院长		缪　锋（兼）　王志康　王　为　陈立峰
校园卫生健康办公室	主 任		黄　建（兼）
	常务副主任		缪　锋
	副主任		王志康（兼）　王　为（兼）　陈立峰（兼）
公共体育与艺术部	常务副主任		温　煦
	副主任		尹金荣（兼）　傅旭波（兼）　周怡如
	党委书记		尹金荣

直属单位	职　务	姓　名
公共体育与艺术部	党委副书记	傅旭波
	纪委书记	傅旭波
竺可桢学院	院　长	吴朝晖（兼）
	常务副院长	葛　坚
	副院长	路　欣　余　倩
	党委书记	葛　坚
	党委副书记	徐晓峰
	纪委书记	徐晓峰
	副处职干部	沈律明（挂职河南省信阳市潢川县委常委、副县长）
求是学院	院　长	邱利民
	党委书记	徐国斌
	党委副书记	邱利民　包　松　卓亨逵　詹美燕
	纪委书记	詹美燕
	丹阳青溪学园主任	卓亨逵（兼）
	紫云碧峰学园主任	詹美燕（兼）
	蓝田学园主任	包　松（兼）
国际联合学院（海宁国际校区）	院　长	欧阳宏伟
	副院长	屈利娟　吴　健
	党委书记	何莲珍
	党委常务副书记	屈利娟
	党委副书记	王玉芬
	纪委书记	王玉芬
	规划与拓展部部长	周一夫
	人力资源部部长	陈　晖
	教育教学部部长	周金其

直属单位	职 务	姓 名
国际联合学院 （海宁国际校区）	学生事务部部长	马宇光
	支撑与保障部部长	江肖强
浙江大学爱丁堡 大学联合学院	院 长	柯越海
	执行院长	Susan Welburn
	副院长	叶治国　徐素宏
浙江大学伊利诺伊大学 厄巴纳香槟校区联合学院	院 长	李德紘
	执行院长	Jianming Jin
	副院长	马　皓　王宏伟
浙江大学国际 联合商学院	院 长	贲圣林
	副院长	瞿海东
工程师学院	院 长	包　刚
	常务副院长	薄　拯
	副院长	吕朝晖　赵张耀　王　征　张朝阳
	党委书记	薄　拯
	党委副书记	沈　哲
	纪委书记	沈　哲
国际教育学院	院 长	沈　杰
	副院长	唐晓武　程　磊　卢正中　孙方娇
继续教育学院	院 长	刘继荣
	副院长	胡　炜（兼）　钟永萍（兼）　雷群芳　沈　燎 姚　青
	党委书记	胡　炜
	党委副书记	刘继荣　钟永萍
	纪委书记	沈　燎
全国干部教育培训浙江 大学基地（办事机构与 继续教育学院合署）	主 任	傅　强（兼）
	常务副主任	胡　炜
	副主任	刘继荣（兼）　胡昱东（兼）　钟永萍
中国科教战略研究院 （办事机构与政策 研究室合署）	副院长	魏　江（兼）　夏文莉（兼）　徐贤春（兼） 张　炜
	办公室主任	陈　婵（兼）

直属单位	职 务		姓 名
工业技术转化研究院	院 长		任其龙
	常务副院长		柳景青
	副院长		翁 宇（兼） 童哲铭 傅 强
先进技术研究院	院 长		史红兵
	常务副院长		赵民建
	副院长		翁沈军（兼） 王国雄 陈建军
	党委书记		翁沈军
	党委副书记		赵民建
	纪委书记		王国雄
新农村发展研究院（含农业技术推广中心）、农业试验站	新农村发展研究院	院 长	喻景权
		常务副院长	王 珂
		副院长	程术希（兼） 钱文荣（兼）
	农业技术推广中心	主 任	王珂（兼）
		副主任	张士良（兼）
	农业试验站	站长	喻景权（兼）
		常务副站长	王 珂
		副站长	王建军（兼） 宋文坚 徐惠荣
	新农村发展研究院和农业试验站党委	党委书记	王建军
		党委副书记	张士良
		纪委书记	张士良
杭州国际科创中心	主 任		杨建义
	副主任		傅方正（兼） 方 磊 夏 雷 陈 伟 王恩禹
	党工委书记		傅方正
	党工委副书记		杨建义
北京研究院	执行院长		邹大挺
	常务副院长		袁 清

浙江大学年鉴

直属单位	职　务	姓　名
上海高等研究院	院　长	周如鸿
	常务副院长	吴　飞
	副院长	罗　坤　楼华梁
宁波科创中心	主　任	尹建伟（兼）
	副主任	单世涛
长三角智慧绿洲创新中心	主　任	范骁辉
	副主任	林伟连（兼）　刘东红（兼）　陈海祥
	党工委书记	林伟连
杭州超重力场国家重大科技基础设施建设指挥部办公室（挂靠基本建设处）	主　任	朱宇恒
	副主任	林伟岸

有关企业 *(2022 年 12 月 31 日在任)*

单　位	职　务	姓　名
浙江大学出版社有限责任公司	董事长 总经理 副总经理	褚超孚 金更达 陈　洁　张　琛　黄娟琴
	党委书记 党委副书记 纪委书记	褚超孚 金更达 许佳颖
	总编辑 常务副总编辑 副总编辑	褚超孚（兼） 陈　洁 许佳颖
浙江大学建筑设计研究院有限公司	董事长 副董事长 总经理 副总经理	董丹申 吕淼华 杨　毅 吕淼华（兼）　王　健　吴震陵
	党委书记 党委副书记 纪委书记	吕淼华 杨　毅　周家伟 周家伟

续表

单 位	职 务	姓 名
杭州浙大同力 后勤集团有限公司	董事长 总经理 副总经理	万春根 万春根(兼) 姚　信(兼)　吕　斌　程宁佳
	党委书记 党委副书记 纪委书记	姚　信 吕　斌　刘辉文 刘辉文
浙江大学创新创业 研究院有限公司	执行董事 总经理 副总经理	王玲玲 陈肖峰 沈华荣
	院　长 常务副院长 副院长	王玲玲 陈肖峰 沈华荣

浙江大学年鉴

表彰与奖励

2022 年部分获奖(表彰)集体

中华全国总工会授予

全国工人先锋号 　　　　　　　　　浙江大学机械工程学院机电液重大装备教师团队

共青团中央、中国青年报

2021 年"镜头中的三下乡"优秀组织单位 　　　　　　　　　浙江大学

2022 年"镜头中的三下乡"优秀组织单位 　　　　　　　　　浙江大学

浙江省卫生健康委、浙江省妇女联合会联合授予

2021 年全省卫生健康系统浙江省巾帼文明岗 　　　　　　浙大二院综合 ICU

2021 年全省卫生健康系统浙江省巾帼文明岗 　　　　　　浙大妇院分娩室

2021 年全省卫生健康系统浙江省巾帼文明岗 　　　　　　浙大四院人文产科

浙江省妇女联合会授予

浙江省巾帼文明岗 　　　　　　　　　　　　　　　计划财务处

浙江省巾帼科技创新工作室 　　　　杨　波　陈惠芳　章伟芳为工作室领衔人

浙江省教育厅、共青团浙江省委、浙江省科学技术协会、浙江省学生联合会

第八届浙江省国际"互联网＋"大学生创新创业大赛先进集体奖 　　　浙江大学

第八届浙江省国际"互联网＋"大学生创新创业大赛优秀组织奖 　　　浙江大学

第八届浙江省国际"互联网＋"大学生创新创业大赛"青年红色筑梦之旅"高校集体奖

　　　　　　　　　　　　　　　　　　　　　　　　　　　浙江大学

第七届浙江省国际"互联网＋"大学生创新创业大赛"青年红色筑梦之旅"优秀组织奖

　　　　　　　　　　　　　　　　　　　　　　　　　　　浙江大学

浙江省教育厅、共青团浙江省委、浙江省社会科学院、浙江省科学技术协会、浙江省学生联合会

　　浙江省第十三届"挑战杯"大学生创业计划竞赛杰出贡献奖

各级党建工作标杆院系和样板支部培育创建及验收通过单位名单

第二批全国党建工作标杆院系和样板支部验收通过单位

　　机械工程学院党委

　　管理学院创新创业与战略学系教工党支部

　　电气工程学院电力系统及其自动化所博士生党支部

　　医学院附属邵逸夫医院骨科医护党支部

全国首批高校"双带头人"教师党支部书记工作室单位

　　计算机学院和软件学院 CAD&CG 国家重点实验室教师党支部书记工作室

第三批全国党建工作标杆院系和样板支部培育创建单位

　　管理学院党委

　　光电科学与工程学院光学成像与检测技术研究所教工党支部

　　生物系统工程与食品科学学院食品生物科学技术研究所研究生第一党支部

　　医学院附属儿童医院新生儿重症监护室党支部

第二批全省党建工作标杆院系和样板支部培育创建单位

　　管理学院党委

　　能源工程学院党委

　　环境与资源学院党委

　　医学院附属第一医院党委

　　光华法学院国际法研究所教工党支部

　　化学工程与生物工程学院制药工程研究所教工党支部

　　航空航天学院应用力学研究所教工党支部

　　光电科学与工程学院光学成像与检测技术研究所教工党支部

　　生物系统工程与食品科学学院食品生物科学技术研究所研究生第一党支部

　　医学院附属第二医院心血管内科第三党支部

　　医学院附属儿童医院新生儿重症监护室党支部

2022 年部分获奖（表彰）个人

中国民主同盟中央委员会授予

　　民盟中央反映社情民意信息工作先进个人　　　　　　　　　　袁　清　　张旭亮

中国农工民主党中央委员会授予

　　中国农工民主党 2018—2022 年先进个人　　　　　吴良欢　　张治国　　姚　克

农工党中央反映社情民意信息工作先进个人 叶庆富

九三学社中央委员会授予

九三学社中央参政议政先进个人 范柏乃 宋华盛

九三学社中央组织工作先进个人 陈光弟

九三学社中央社会服务先进个人 施洁珺

中华全国归国华侨联合会授予

第九届"侨界贡献奖" 欧阳宏伟

浙江省普通高校党建研究专业委员会、浙江教育报刊总社授予

第七届"全省最受师生喜爱的书记"称号 邱利民 求是学院

浙江省人民政府授予

浙江省杰出教师 苏德矿 数学科学学院

浙江省有突出贡献中青年专家 魏 江 管理学院

浙江省有突出贡献中青年专家 袁辉球 物理学院

浙江省有突出贡献中青年专家 申有青 化学工程与生物工程学院

浙江省有突出贡献中青年专家 童利民 光电科学与工程学院

浙江省有突出贡献中青年专家 陈宝梁 环境与资源学院

浙江省有突出贡献中青年专家 王青青 医学院

浙江省有突出贡献中青年专家 杨 波 药学院

中华妇女联合会授予

全国三八红旗手标兵 胡海岚 医学院

浙江省教育工会授予

浙江省第五届最美教师 叶恭银 农学院

浙江省妇女联合会授予

浙江省巾帼建功标兵 余 倩 材料学院

浙江省巾帼建功标兵 张 丹 医学院

浙江省巾帼建功标兵 郑 超 浙大二院

浙江省巾帼建功标兵 陈丹青 浙大妇院

浙江省巾帼建功标兵 吴秀静 浙大儿院

浙江省巾帼建功标兵 俞雪芬 浙大口腔

共青团中央、全国青联授予

第 26 届"中国青年五四奖章" 李铁风

共青团中央、全国青联、全国学联、全国少工委授予

第十三届中国青少年科技创新奖 陈天润

共青团中央、全国学联、中国青年报授予

2021 年度"中国大学生自强之星" 陈瑞雪 李梓瑞 高近爽

共青团中央、中国电信集团有限公司、全国学联授予

    2021年度"中国电信奖学金·天翼奖"   李梓瑞

    2021年度"中国电信奖学金·飞Young奖"   柳　畅　应周骏　郑宏玮　李孟倩

中国科协宣传文化部授予

    "风启学林"2021年度优秀传播作品   梁　艳

教育部思想政治工作司、中央网信办网络社会工作局授予

    第五届全国高校网络教育优秀作品推选展示活动微课二等奖　孙书剑　梁　艳　叶盛珺

    第五届全国大学生网络文化节动漫征集活动优秀奖   叶盛珺

共青团中央青年发展部授予

    2022年"三下乡"社会实践优秀个人   郑玲玲

中国青年报、中青校媒授予

    2021—2022年度全国卓越影响力高校可视化融媒团队指导老师   叶盛珺

共青团浙江省委、浙江省教育厅、浙江省学生联合会授予

    2022年度浙江省高校思政微课大赛特等奖   程　春

    2022年度浙江省高校思政微课大赛一等奖   史倩玉　叶　子

共青团浙江省委

    2022年浙江省优秀共青团员   缪可嘉

浙江省反邪教协会

    2022年浙江省高校反邪教协会优秀学生干部   郑应淮

    2022年浙江省高校反邪教暑期社会实践先进个人   李雨谦

"天伦杯"全国政法院校辩论赛组委会、共青团西南政法大学委员会授予

    第九届天伦杯全国政法院校辩论赛最佳辩手   王婧伊

浙江大学2022年"竺可桢奖"获得者

    黄祖辉　公共管理学院

浙江大学2022年"永平奖教金"获得者

    永平杰出教学贡献奖   方文军　化学系

                                  吴　飞　计算机科学与技术学院

    永平教学贡献奖   邱利民　能源工程学院

                             李寒莹　高分子科学与工程学系

                             刘建新　动物科学学院

                             王建安　医学院

    永平教学贡献提名奖   盛晓明　哲学学院

                           黄正达　数学科学学院

                           徐建明　环境与资源学院

                         董世洪　就业指导与服务中心

浙江大学 2022 年度校级先进工作者

（按姓氏笔画数排序）

文学院	吴　笛		
历史学院	刘国柱		
哲学学院	胡小倩		
外国语学院	刘海涛	李　佳	
传媒与国际文化学院	潘伊莎		
艺术与考古学院	沈　丹		
经济学院	田　慧	李　培	
光华法学院	韩家勇		
教育学院	张　辉		
管理学院	马　金	陈　超	颜士梅
公共管理学院	林　雯	詹　鹏	
社会学系	王　晓		
马克思主义学院	陈宝胜		
数学科学学院	陈　黎		
物理学院	王丹娜	金洪英	
化学系	陆　展	潘慧霖	
地球科学学院	范今朝		
心理与行为科学系	胡玉正		
机械工程学院	顾大强	谭泽宇	
材料科学与工程学院	王　欢	姚旭霞	
能源工程学院	郑成航	钱锦远	
电气工程学院	王　瑞	张军明	
建筑工程学院	吕　庆　吴　越	凌道盛	龚顺风
化学工程与生物工程学院	李志荣	叶向群	
海洋学院	钱　鹏	章春芳	
航空航天学院	邓　见	高　扬	
高分子科学与工程学系	楼均勤		
光电科学与工程学院	朱　坚	林　斌	
信息与电子工程学院	王作佳	周晓馨	
控制科学与工程学院	朱也也	梁　军	

计算机科学与技术学院	叶德仕	李　晓	吴志航	秦　湛
生物医学工程与仪器科学学院	丁　鼐			
生命科学学院	陈才勇	林爱福		
生物系统工程与食品科学学院	李　莉			
环境与资源学院	马奇英	张　帅	柳小毅	
农业与生物技术学院	沈星星	周　杰	袁熙贤	
动物科学学院	乔恒宇			
医学院	包爱民	许大千	李文渊	李憎憎	杨　帆
	沈　宁	林海燕	洪晓黎	徐　快	
药学院	迟明宇	张明哲			
医学院附属第一医院	马青娜	王卫利	王其玲	王　珍	王　莺
	王海苹	毛　彬	方梁杰	卢　露	白燕峰
	冯　烨	冯海婷	冯智英	朱巧昀	朱伟芳
	刘晓宇	刘　霞	江月红	许骁玮	孙军辉
	李　彤	杨含金	杨益大	肖文波	肖林鸿
	吴建永	吴慧玲	沈秀兰	张小春	张　晟
	张晓清	张烨斐	张新玥	陈乃云	陈　莹
	陈海勇	陈衡超	邵凤霖	尚安东	周　华
	周建萍	郑书发	郑　骏	郑跃英	郑焙文
	孟春婵	赵小梅	赵文权	赵　敏	胡永仙
	胡懿郃	柳　琳	段伯文	饶跃峰	宣含霞
	姚一楠	姚晓霖	袁　帅	夏建华	钱永平
	钱劼靖	徐红霞	徐凯进	徐春英	徐　俊
	徐　敏	殷　培	翁峰霞	高春华	郭晓纲
	唐旭园	唐瑜晴	黄　伟	黄昉芳	黄　啸
	盛吉芳	章玉婷	章夏萍	彭国平	谢　珏
	詹仁雅	蔡林彬	蔡洪流	廖亿兴	潘向滢
	操　凯				
医学院附属第二医院	丁　元	王文娜	王钰炜	王博涵	王新丹
	方　珏	叶永珂	申屠晓艳		冯　琳
	朱　贤	朱春鹏	任　礽	刘小贤	刘　笑
	汤玲琼	许东航	孙晓萌	严慎强	李秀茅
	李　赟	杨佳羽	吴红波	吴　哲	吴培林
	吴　盛	吴燕萍	沈卫娣	沈伟锋	沈　晓
	宋红云	张　超	陆张力	陈　奇	陈爱琴
	陈海乐	陈聪聪	范清秋	罗　骁	季　赟

	周　瑜	庞澜天	郑忠骏	单燕敏	泮燕红
	孟兰藏	赵鹏飞	郝磊俊	胡恒迅	胡晓晔
	南金良	相学平	段秀枝	俞　杨	俞　星
	俞　群	饶立宗	施　鹏	姚　克	夏　燕
	倪　旺	徐珏华	徐彩娟	徐锦芳	诸蓓蓓
	黄天海	黄　健	蒋国平	韩娜菲	童钰铃
	楼国春	雷　文	蔡　菁	樊友启	潘银芝
	潘锵荣				

医学院附属邵逸夫医院	王晓妮	王　静	卢　露	叶大炜	叶肖惠
	叶　晔	吕芳芳	朱　江	任　宏	刘丽莉
	刘　璐	齐　超	汤　雯	许立龙	阮奕祺
	孙晓南	孙海娟	杜小幸	李杭芳	李哲勇
	李彩萍	李　霖	励　侠	吴晓虹	吴娟芬
	吴翠芸	岑　栋	汪　瑶	沈秋怡	沈富女
	张婷婷	陈玉萍	陈丽丹	陈　萍	陈琴芬
	陈　婷	陈鹏飞	陈慧颖	范顺武	林　莉
	周济春	周峰平	庞晓南	赵金晶	胡晓青
	柳　凯	俞晓燕	洪旭林	宫晓艳	袁其擂
	袁　杰	徐列英	徐　笠	黄燕萍	盛　羽
	蒋　萧	蒋啸筱	韩　英	傅之建	傅国祥
	蔡利强	廖士波	缪　达	缪佳敏	薛小慧
	戴　胜				

医学院附属妇产科医院	马　青	王竹洁	叶秀群	乐　芳	朱丽波
	朱佳乐	伍智莉	孙义锡	孙　苓	孙珊珊
	李自豪	李　阳	杨康亚	吴　超	陈丹青
	陈　蕾	邵佩欣	武靖玲	林莉莉	罗晓芬
	周少敏	项珍珍	侯亚楠	俞　娜	娄聪裕
	洪　蝶	徐奇峰	唐郁文	涂佳红	崔　鼎
	梁　云	彭　格	雷支兵	潘姣娥	

医学院儿童医院	王　荣	王晓豪	边　锐	米芋枚	孙晨升
	李海峰	杨巨飞	杨莉丽	吴秀静	吴清楠
	吴鼎文	汪天林	沈文虹	张洪锡	陈朔晖
	陈理华	邵菌清	单素琴	孟　坤	赵　丹
	赵杭燕	俞　劲	俞建根	施丽萍	祝国红
	祝姚玲	贺　文	索耀君	徐玮泽	徐　滢
	高伟恒	高　慧	彭永红	董婷婷	蒋烨琛

	谢珊珊	蔡锋晴			
医学院附属口腔医院	丁佩惠	邹洁滢	姒蜜思	郑娇尔	钱 韵
	傅柏平				
医学院附属第四医院	王慧娟	毛安丽	毛丽娟	方志超	石珊珊
	叶丹娟	吕 望	刘阳祥	孙苗苗	严秋亮
	苏 峻	李晓真	李磊磊	杨照勤	余小飞
	宋励俊	张 莹	陈建科	金王靓	金祖坚
	胡庆丰	饶应波	郭 剑	黄玉莲	章 翔
	董 琳				
党委办公室、校长办公室	高知鸣				
党委组织部	苗晓明				
党委学生工作部	王鸿阳				
机关党委	陈 卫				
人力资源处	孙伟琴				
本科生院	顾颖杰				
研究生院	张雨迪				
计划财务处	李姿曼				
总务处	袁爱群				
安全保卫处	杨 扬				
发展联络办公室	刘 敏				
图书馆	杨建兵	何晓薇			
信息技术中心	陈 默				
校医院	边 莉	沈立峰	郑 丽	黄 宜	
公共体育与艺术部	叶茵茵				
竺可桢学院	章志英				
国际联合学院（海宁国际校区）	雷李楠				
工程师学院	毛 琪				
国际教育学院	伊鸿慧				
继续教育学院	王栩晨	傅一穷	慎小晶		
工业技术转化研究院	童 嘉				
先进技术研究院	迟 萌				
新农村发展研究院（含农业技术推广中心）、农业试验站					
	叶红霞	楼兵干			
出版社	杨晓鸣				
建筑设计研究院	陆 激				
后勤集团	卢挺海	朱涤清	蒋瑞生		

生命科学研究院　　　　　　　　　　　　　赵　斌

注:此名单不含中层领导干部。

浙江大学 2021—2022 学年优秀班主任

文学院	罗天华	张广海	
历史学院	杜正贞		
哲学学院	楼　巍		
外国语学院	邵　勇	邵　斌	潘珣祎
传媒与国际文化学院	章　宏		
艺术与考古学院	汪永江		
经济学院	夏海舟	张月飞	
光华法学院	牟绿叶		
教育学院	黄　聪	刘　超	
管理学院	张惜丽	沈　睿	
公共管理学院	茅　锐	余　露	马高明
数学科学学院	王　伟	刘伟华	
物理学院	路　欣		
化学系	何桂金		
地球科学学院	苏　程		
心理与行为科学系	周　宵		
机械工程学院	马　梁	林志伟	张军辉
材料科学与工程学院	谷长栋		
能源工程学院	林晓青	许忠斌	黄　瑞
电气工程学院	胡长生	吴　浩	王　旃
建筑工程学院	方　磊	樊一帆	庄端阳
化学工程与生物工程学院	张浩淼	顾雪萍	
海洋学院	邸雅楠	陈家旺	
航空航天学院	金　台		
高分子科学与工程学系	刘建钊		
光电科学与工程学院	许贝贝		
信息与电子工程学院	夏明俊	叶　志	李　旻
控制科学与工程学院	张　涛		
计算机科学与技术学院	吴永萍	韩劲松	申文博　况　琨

生物医学工程与仪器科学学院	孙　煜				
生命科学学院	毛传澡	易　文			
生物系统工程与食品科学学院	蒋益虹				
环境与资源学院	赵和平				
农业与生物技术学院	吴佳雨	李大勇			
动物科学学院	张　坤				
医学院	王凯军	徐玮泽	许冠华	薛德挺	金仁安
	韦巧慧	黄　路	王青青		
药学院	徐志飞				
竺可桢学院	诗　音	赵俊杰	陈　为	唐龙华	王文明
	关雪莹				
求是学院丹青学园	刘争光	吴寒天	吴茂英	纪盈如	林道辉
	姬凌辉				
求是学院云峰学园	应杭君	赵　立	杨宗银	王冠云	池长庆
	李珊珊				
求是学院蓝田学园	朱吴乐	裴　迪	申永刚	赵江萍	夏乐章
	俞梦飞	姜治伟			
国际联合学院（海宁国际校区）	黄雯雯	王伟烈	崔佳欢		

2022 年浙江大学优秀辅导员 (按姓氏笔画排序)

航空航天学院	王晓民
经济学院	王赛男
建筑工程学院（兼职辅导员）	史龙鳞
动物科学学院	任思丹
药学院	杜亚男
光电科学与工程学院	张曼华
机械工程学院	陈熠钧
心理与行为科学系	罗　悦
光华法学院	骆　笑
求是学院丹阳青溪学园	楼　姣
农业与生物技术学院	潘鹏路

浙江大学 2021—2022 学年优秀研究生德育导师

（按院系排序）

文学院	仲　瑶				
历史学院	朱晓罕				
哲学学院	何善蒙				
外国语学院	李　佳	苏　忱			
传媒与国际文化学院	罗　婷				
艺术与考古学院	赵　晶				
经济学院	叶　兵	翁国民	牛海霞		
光华法学院	林劲松				
教育学院	屠莉娅				
管理学院	严　进	金庆伟	陈　俊	王　凯	
公共管理学院	李拓宇	陈宗仕	阎述良	张英男	黄　飚
	龚斌磊	胡伟斌			
马克思主义学院	桑建泉				
数学科学学院	毕惟红				
物理学院	陈飞燕				
化学系	姚　加	沈　宏			
地球科学学院	刘　佳				
心理与行为科学系	戴俊毅				
机械工程学院	杨灿军	王柏村	胡伟飞	姚鑫骅	赵　朋
材料科学与工程学院	付晨光	黄玉辉			
能源工程学院	王　飞	杨卫娟	郑　旭	陈　彤	成少安
	林小杰	徐浩然	汤明慧		
电气工程学院	卢琴芬	李知艺	郑荣濠	胡斯登	
建筑工程学院	杨玉龙	夏　晋	张永强	夏　冰	王金昌
	张　帅	万华平	傅舒兰	洪　义	
化学工程与生物工程学院	赵俊杰	孙婧元			
海洋学院	张治针	林　渊	李　欢	刘一锋	葛　晗
	林颖典				
航空航天学院	谢芳芳				
高分子科学与工程学系	傅智盛				

表彰与奖励

光电科学与工程学院	李　奇	李　鹏			
信息与电子工程学院	郑　斌	张培勇			
控制科学与工程学院	杨秦敏	谢　磊	吴　俊		
计算机科学与技术学院	陈　丹	沈　琦	王智华	厉向东	崔兆鹏
	苗晓晔	邓晃煌			
软件学院	史亚芬	杨伟松	周　晟	倪　超	李东昂
生物医学工程与仪器科学学院	张恒义	唐志峰			
生命科学学院	朱成钢	朱旭芬	方　东		
生物系统工程与食品科学学院	冯　雷	叶章颖	王文骏		
环境与资源学院	施加春	何云峰	邓劲松		
农业与生物技术学院	贺　康	李舒盈	范鹏祥		
动物科学学院	钱利纯	王争光	黄凌霞	王华南	
医学院	吴学杰	胡玮琳	万　伟	陈建忠	刘怿君
	刘足云	胡奇达	吴子衡	余　建	李　恒
	马　量	赵文权	冯　蕾	傅秋黎	胡涵光
	田　均	曹生龙	吴　皓	谈伟强	徐文斌
	蒋思懿	吴瑞瑾	张园园	丁佩惠	许大千
药学院	陆晓燕				
国际联合学院(海宁国际校区)	刘　坚				
工程师学院	陈金飞	胡松钰	林晓青	周　晶	朱秋国
	邵新光	王维锐	陈燕虎	吴昂键	郝帅旗
	周永智	柴宇曦	刘平伟		

浙江大学 2022 年竺可桢奖学金获得者

研究生

余杭燕　外国语学院博士生

董文博　经济学院博士生

张　叙　物理学院博士生

胡　月　材料科学与工程学院硕士生

李梓瑞　能源工程学院博士生

高近爽　能源工程学院硕士生

杨丽婷　高分子科学与工程学系硕士生

孙　轲　光电科学与工程学院博士生

周　鑫　控制科学与工程学院博士生
马　全　生物系统工程与食品科学学院硕士生
李　杨　农业与生物技术学院博士生
张会冰　医学院博士生

本科生

陈飞宇　外国语学院本科生
汤梦夏　艺术与考古学院本科生
邵贻玥　管理学院本科生
李奇修　物理学院本科生
张泽川　地球科学学院本科生
朱博医　机械工程学院本科生
陈　诚　电气工程学院本科生
陈欣宇　化学工程与生物工程学院本科生
孔一博　高分子科学与工程学系本科生
高宇斌　光电科学与工程学院本科生
孙淞昱　信息与电子工程学院本科生
王宜平　竺可桢学院(计算机科学与技术学院)本科生

2022 年浙江大学"十佳大学生"获得者 (按姓氏笔画排序)

王振阳　　计算机科学与技术学院
朱科祺　　竺可桢学院
刘雨欣　　外国语学院
汤梦夏　　艺术与考古学院
李丰成　　药学院
邵贻玥　　管理学院
赵梦颖　　地球科学学院
南君培　　电气工程学院
柯亦婷　　化学系
高近爽　　工程师学院

2022 年浙江大学本科学生国家奖学金获得者

文学院(6 人)

王琳棋　项涵祺　谷子轩　李晓静　王晨雪　沈　骞

历史学院(2 人)

李乐萱　罗飞燕

哲学学院(1 人)

高紫伊

外国语学院(9 人)

刘旸琛卉　邵子程　杨谨闻　毛雅琼　王依晴　陈科宇　赵婧雯　陆静文　叶　子

传媒与国际文化学院(6 人)

林陶然　卢亦宁　蒋雨露　顾叶恋　陈炜漫　孙晨怡

艺术与考古学院(3 人)

王子逸　任欢　严语欣

经济学院(8 人)

周秋玲　李彤　徐千越　陆晓东　邬笑然　高天蕙　胡俊挺　方丹吟

光华法学院(5 人)

余安琪　毛思琪　卢婧　胡飞扬　牛泽龙

教育学院(5 人)

李翊嘉　李佳涛　陈依婷　梅龙飞　刘嘉欣

管理学院(5 人)

应国芳　陈诺　邵贻玥　何彦文　林其欣

公管管理学院(9 人)

田乐怡　朱　珂　钟　珺　陈烁存　梅乐怡　谢安妮　夏　雨　李柯佳　郑　萌

数学科学学院(7 人)

王迦楠　黄宣霖　程　希　陆筱睿　刘陈若　汪　珂　王亿铮

物理学院(4 人)

江以恒　杨佳楠　郭奕超　张宇轩

化学系(4 人)

陈洁茹　李　想　王钊越　沈　瑶

地球科学学院(3 人)

钱知之　张泽川　李杰峰

心理与行为科学系(2人)

    查一畅　刘一诺

机械工程学院(7人)

    张成鹍　谷宁宁　孔伟杰　林昭辉　王轩琪　王丹丹　唐溢禹

材料科学与工程学院(2人)

    麻自超　郭静筠

能源工程学院(7人)

    赖洋琰　巫天越　刘英华　伍宸亮　陈一佳　宋晨　郅文彬

电气工程学院(11人)

    王宏强　陈浩　马东辰　张世琦　贾轹文　李君泽　赖宛易　陈诚　李栋梁
    朱奕豪　钟奕楠

建筑工程学院(10人)

    郑思铭　郑淳远　梁爽　陈子宜　杨嘉琦　陈晓睿　史懿清　陆文凯　陈兴鸿
    肖简雅

化学工程与生物工程学院(4人)

    丁雨薇　蔡雨欣　黄辰悦　陈欣宇

海洋学院(6人)

    汪圣杰　项奕心　林心颖　王维桢　赵若轩　吴念念

航空航天学院(3人)

    陈宸宏　冯进　王贤

高分子科学与工程学系(2人)

    王柔烨　王嘉诺

光电科学与工程学院(4人)

    刘钦卫　宋锦涛　高宇斌　熊泓之

信息与电子工程学院(10人)

    马梓恒　李奕萱　陈格　王天航　杨松涛　巢凝安　姜雨彤　孙淞昱　陆忆憧
    张佳颖

控制科学与工程学院(4人)

    檀香山　朱少廷　周靳　蒋昌健

计算机科学与技术学院(13人)

    裴宇航　胡梓敬　王晶晶　刘潋滟　邹鹤鸣　应周骏　陈蔚　涂任歆　龚刘赢
    章茹　宋运周　陈易　周洺旭

生物医学工程与仪器科学学院(4人)

    潘泽城　黄永全　吴佳妮　孙臻烨

生命科学学院(5人)

    肖荟尹　朱乐瑶　王峻峰　曹嘉浩　陈志立

生物系统工程与食品科学学院(4人)

　　俞洁柠　盛泽楠　沈谦君　王　斯

环境与资源学院(4人)

　　邹易阳　刘　琦　谢思凯　吴　越

农业与生物技术学院(7人)

　　黄惠慧　凌幸怡　刘隽怡　严至简　王泳茵　陈欣缘　王　丽

动物科学学院(3人)

　　余佳茗　高迦南　王丹琳

医学院(23人)

　　浦　凡　赵天铭　刘心怡　吴嘉禾　王子杰　谢舒儿　秦翠灵　顾轩豪　朱嘉仪
　　杨　楠　吴　静　张人方　余　凯　李晓璇　傅　敏　史颢瑜　厉盼妮　潘彦铮
　　付雅静　王鑫雨　章婷瑜　蔡炎纳　陈　营

药学院(4人)

　　徐光正　李卓婷　刘　慧　张　扬

竺可桢学院(19人)

　　夏裕诚　潘奕涵　潘昶皓　廖晨文　宋艺凡　王云舒　任庭旭　陈羽田　肖智尹
　　黄芷铭　任卓芸　袁泽清　邱日宏　赵宇骐　田磊原　季思慧　项奕玮　曾亦嘉
　　段皞一

求是学院丹阳青溪学园(30人)

　　张慧紫　陈邱槿　朱熠璠　孙　畅　沈若兰　章钰敏　冯乐言　周寒雅　施　越
　　金佳琪　徐涵子　林嘉淇　许佳阳　顾可心　杨婷婷　夏　菲　鲍耀军　唐若潇
　　李平川　章萱萱　周　边　赵　晶　陶怡宁　邢涵驰　王欣怡　赵书奕　刘心雨
　　占知怡　陈　婕　刘俊妤

求是学院紫云碧峰学园(28人)

　　钱乐怡　孟子桓　王浩然　刘柯蕾　陈景致　单嘉莹　王可欣　金宇航　尚书宁
　　钱　璐　张原赫　黄雨欣　章锦阳　南梓涵　程天乐　陈苇远　裘海怡　孙　瑛
　　王家豪　裘博文　朱　雯　张起鸣　张启雯　程晗蕾　蔡泽涛　肖银斌　许康宁
　　汪康旭

求是学院蓝田学园(29人)

　　尹　晗　江含韵　顾鲍榕　彭诗怡　沈嘉莹　李凯惠　陶姚芸　王怡珊　王嘉政
　　黄锦昊　窦沁怡　宋璐瑶　裘聪男　徐思骋　金怡婷　卓泽浩　周　炜　梁　鑫
　　陈宿雨　卫卓远　林倩如　陈　诺　徐若琰　盛晨璐　江塑琳　王嘉仪　潘芃轶
　　陈孔泉　余婉敏

国际联合学院(海宁国际校区)(16人)

　　徐佳雯　言晓语　张伊扬　华潇枫　高旭凯　林若欣　黄雨彤　王玮健　邱旭斌
　　昌　隆　张高恺　邹飞扬　马梓诚　徐家真　李子豪　褚肖扬

浙江大学年鉴

2022 年浙江大学优秀学生(本科)奖学金获得者

浙江大学一等奖学金

文学院(21 人)

项涵祺	谷子轩	王晨雪	王琳棋	沈 骞	李晓静	熊子豪	高珺扬
郑依晴	程一鸣	张瑞妍	杨雨奇	康钰钏	金正元	王琳迪	窦淇儿
沈一朵	田佳璇	苏锦航	骆真安	高 幸		

历史学院(7 人)

李乐萱	罗飞燕	朱丽平	黄柏睿	李 潇	赵佳琦	李傲雪

哲学学院(6 人)

洪靖雯	高紫伊	李嘉仪	肖 雯	徐若南	许欣悦

外国语学院(23 人)

刘旸琛卉	毛雅琼	邵子程	陈科宇	杨谨闻	陆静文	叶 子	王依晴
赵婧雯	王瑞瑞	邢超然	刘水青云	周思琪	王柳兮	顾 晋	张青楷
顾若靖	杨雅雪	吴梦清	徐雨潇	王翼飞	孙 畅	陈飞宇

传媒与国际文化学院(15 人)

蒋雨露	孙晨怡	林陶然	顾叶恋	陈炜漫	卢亦宁	潘莫昱琦	欧阳雨轩
曲 坤	陆雨轩	叶 子	郑诗埼	严文耀	陈佳妮	谭慧琳

艺术与考古学院(7 人)

任 欢	严语欣	王子逸	解广安	张颖洁	黄润洁	仲玉歆

经济学院(21 人)

徐千越	李 彤	周秋玲	陆晓东	方丹吟	高天蕙	胡俊挺	邬笑然
刘昊宇	赵欣然	李宜家	郑莞尔	张 鸥	李海容	康紫麟	余 勤
王柳钰	缪欧婧	王青怡	李 元	庞皓月		

光华法学院(14 人)

牛泽龙	余安琪	毛思琪	卢 婧	胡飞扬	黄含域	张 璐	王天怡
周漪楠	沈欣怡	赵可凡	褚琴涛	张 涵	吴晓微	

教育学院(14 人)

李翊嘉	梅龙飞	陈依婷	李佳涛	刘嘉欣	陆树艺	牟 洲	戚天翼
张安特	吕佳祺	卢璇璇	王双盈	毛丁萌	陈驰睿	

管理学院(15 人)

林其欣	邵贻玥	陈 诺	何彦文	应国芳	卢与晨	诸嘉怡	郑昕尔
张璐瑶	詹苣彬	刘欣雨	冯纪轩	任宇飞	宋薇杰	王安庭

公共管理学院(26人)

郑萌	梅乐怡	谢安妮	李柯佳	钟珺	夏雨	朱珂	陈烁存
田乐怡	潘兰朵	夏丁于	王湄	徐晨	廉子涵	傅心童	梁书函
孙蒙	樊正洋	周凌宇	胡瀛瀛	马晨	曹颖	祝怡文	陈子欣
李政	胡琼						

数学科学学院(26人)

刘陈若	程希	陆筱睿	王迦楠	汪珂	王亿铮	黄宣霖	龙景潇
诸致远	陈韩	王浚源	赵博晨	黄奕铮	褚朱钇恒	陈一如	邵国江
张雅淋	张秉玺	李姗姗	陈谷涵	丁康杰	张卓涵	郭其龙	史婧文
常笑	邹芮						

物理学院(17人)

张桐越	姜柏旭	潘邹纬	赵云鹏	蔡星耀	王彦哲	朱馨雨	刘公羽
曾毅	冯家琛	陈迎冬	孙宇轩	陈高笛	杨佳楠	郭奕超	江以恒
张宇轩							

化学系(17人)

陈洁茹	王钊越	李想	沈瑶	柳佳霓	田沐恒	吴力为	杜一凡
郑思危	施崇斌	张采薇	陈云	廖育城	柯亦婷	林森鹏	方俐雯
白佳怡							

地球科学学院(9人)

张泽川	李杰峰	钱知之	李文杰	王梓奕	李潞	张迪容	肖佳峰
黄扬帆							

心理与行为科学系(6人)

查一畅	刘一诺	傅意涵	张嫣迪	罗钰萱	王若彤

机械工程学院(17人)

王轩琪	张成鸥	林昭辉	谷宁宁	唐溢禹	王丹丹	孔伟杰	林昭辰
汪涛	赵胜杰	孙茜雅	王俊杰	卓逸天	徐来	林俊晓	代洋飞
吴琦林							

材料科学与工程学院(6人)

麻自超	郭静筠	侯徐泳	王静	李清贵	周丹华

能源工程学院(20人)

刘英华	赖洋琰	巫天越	宋晨	郐文彬	陈一佳	伍宸亮	王驰
方成栋	周杨泽	燕天润	朱添泽	王嘉晨	赵治皓	颜铭	王德易
叶时彤	朱静	张扬	龚觉园				

电气工程学院(30人)

王宏强	赖宛易	张世琦	马东辰	朱奕豪	陈浩	贾轷文	陈诚
李君泽	李栋梁	钟奕楠	许宋琛	王昊宇	江一博	李鑫宇	沈子豪

王亦楠　余博远　王　旭　吕骏邦　孔令旭　罗胜杰　孙　媛　孙正男
袁梦瞳　苗钱浩　何志强　党月懋　俞鸿飞　陈航宇

建筑工程学院(28 人)

史懿清　杨嘉琦　郑淳远　陆文凯　陈兴鸿　郑思铭　陈子宜　肖简雅
陈晓睿　梁　爽　赖舒恬　陈　思　黄睿琦　余　爽　张可昕　吴可悠
仲　夏　陈安妮　潘若妍　余哲帆　李志伟　汪碧妍　毛旦毅　戴翊弘
徐　恺　蓝宇峥　李宸翰　周元彬

化学工程与生物工程学院(11 人)

蔡雨欣　陈欣宇　黄辰悦　丁雨薇　董俊辰　徐　凡　闵金凯　姜芷欣
徐凌婕　吴　双　徐艳焦

海洋学院(16 人)

杨雅茹　徐　晔　祁满志　李幸阳　汤幸宇　郑人予　沈思彤　刘睿捷
马　妍　沈思彤　刘睿捷　马　妍　孙叶萱　吴念念　赵若轩　王维桢
项奕心　林心颖　汪圣杰

航空航天学院(11 人)

冯　进　陈宸宏　王　贤　王宇琨　温　喆　陈李子晨　吴奕含　陈锦辉
吕心瑜　戴子衡　方倩艺

高分子科学与工程学系(6 人)

王嘉诺　王柔烨　孔一博　汪博文　詹林星　王瀚文

光电科学与工程学院(10 人)

宋锦涛　高宇斌　刘钦卫　熊泓之　刘芃骐　付鑫焱　周毅铖　范凯龙
何家建　石润州

信息与电子工程学院(27 人)

陈　格　张佳颖　王天航　孙凇昱　马梓恒　李奕萱　陆忆憧　巢凝安
杨松涛　姜雨彤　杜颜竹君　梁艺馨　王琪葳　周哲涵　张云轩　徐一超
徐飞杭　向咸旭　江雨笑　李帅廷　黄宇晨　张植涵　王英杰　庄先炜
叶江南　邢子青　徐　媛

控制科学与工程学院(13 人)

檀香山　蒋昌健　朱少廷　周　靳　张宇嘉　徐绍俊　沈骏一　郭泽林
徐夏妍　郭嘉哲　荆　菁　胡润琦　方程龙

计算机科学与技术学院(38 人)

王晶晶　裴宇航　龚刘赢　章　茹　胡梓敬　陈　蔚　陈　易　刘潋滟
应周骏　邹鹤鸣　周洺旭　宋运周　涂任歆　江小小　刘佳誉　曾芷涵
王麒哲　朱　正　刘思锐　周楷程　王屹东　滕朱瑜　徐心蕙　王驿彤
胡康平　蒋景伟　佟昀泽　陈咸锴　程沛鹏　谢　涛　吴金勋　杨心妤
闻丹丽　张耘潮　刘亚川　王方懿康　郑子晴　张沛全

生物医学工程与仪器科学学院(10 人)

潘泽城　黄永全　吴佳妮　孙臻烨　朱梓融　张俊杰　施亦哲　沈家乐
董长轩　张雨奇

生命科学学院(22 人)

王峻峰　朱乐瑶　肖荟尹　曹嘉浩　陈志立　赵晨辰　林　言　施兆骐
石欣禾　陈科谕　吴静涵　龚博研　许鑫城　林诗逸　姚志璇　罗红荔
陈虹艺　林宏颖　陈欣宇　林大川　郑一帆　夏子言

生物系统工程与食品科学学院(10 人)

俞洁柠　沈谦君　王　斯　盛泽楠　方蕾森　方文凯　唐蔡添　胡　可
金道源　吴奕函

环境与资源学院(11 人)

吴　越　刘　琦　谢思凯　邹易阳　徐子珺　朱傲宇　赵雨婷　余子琦
张露文　章易博　陈思佳

农业与生物技术学院(19 人)

凌幸怡　陈欣缘　黄惠慧　王　丽　严至简　刘隽怡　王泳茵　汪泽莹
罗　丹　谢　瑶　崔景宜　林睿恬　梅雨洁　沈天尧　许嘉锐　陈佳滢
陈珂好　胡意林　李佳晨

动物科学学院(9 人)

王丹琳　高迦南　余佳茗　郑童帆　余天强　郑家宜　钱赵裔　金潞桑
何　桢

医学院(67 人)

蔡炎纳　付雅静　陈　营　章婷瑜　浦　凡　潘彦铮　朱嘉仪　顾轩豪
吴嘉禾　杨　楠　吴　静　王子杰　王鑫雨　厉盼妮　谢舒儿　余　凯
李晓璇　秦翠灵　张人方　赵天铭　刘心怡　史颢瑜　傅　敏　熊梓琦
周梁茗旻　余涵池　孙佳瑜　黄暄茵　周逸帆　许可星　任卓琳　陈　蕾
孙淑楠　骆思盈　陈奕如　金诗怡　姚士诚　陈思含　杨佳叶　潘刘璐
陆梦溪　金书逸　谢　元　葛雨蒙　韩逸冰　冷　璿　赵一如　周晓翔
杨　铭　周子越　牛亦飞　杨　博　胡小龙　苏建森　顾静怡　陶青青
钟郁媛　王晨韵　王旭泽　苏颖峰　孙誉郝　李慧敏　樊于止　冯　挺
周青艳　钟　忆　潘湄蝶

药学院(10 人)

李卓婷　徐光正　刘　慧　张　扬　江欣芸　李牧唐　余云涛　石美幸
王云竹　王嘉雯

竺可桢学院(126 人)

潘昶皓　夏裕诚　潘奕涵　宋艺凡　廖晨文　王云舒　袁泽清　邱日宏
陈羽田　黄芷铭　任庭旭　肖智尹　任卓芸　曾亦嘉　项奕玮　段皞一

田磊原	赵宇骐	季思慧	程川	郭苗苗	杨懿农	许子绎	邹俊捷
刘启瀚	王亮	王梓涵	申屠慧	索明宇	王子逸	徐锟旸	寿展毅
赖心怡	曾慧璇	范泽昊	张轩浩	杨展	徐博文	陈昱静	任家瑜
陈宇昕	周涵	韩佳诺	周乐怡	周欣怡	练美辰	夏艺芯	李秋宇
张志心	魏子舒	陈欣然	丁凯欣	孙倍特	陈逸晗	李航奇	钟琦
马艺桐	许展风	宋子轩	钱晟尧	刘涛铭	余味	周渝松	黄浩然
丛箫言	吴颖	李姗灿	肖思好	方成睿	张璇	周健均	竺思远
张梓昂	周欣仪	袁瑞鑫	缪可嘉	朱思睿	楼亦涵	潘尧	赵梦雅
胡子昊	蔡依琪	陈嘉习	董欣然	张芷涵	贺祥林	张嘉颢	周逸杰
廖诗妍	杨悦宁	翟家骏	周逸飞	叶之凡	汤硕	许嘉禾	裘小钰
郑书航	刘得志	胡若凡	李世钰	顾小雨	李正捷	丁华铿	华奕葵
施相宇	王妍	柴逸涵	谭雅文	薛迪烜	陈一航	苏哲	钟沛沛
周宇鑫	王宜平	颜欣	赵晨希	徐圣泽	余丛杉	马文萱	左鹤达
陶辰宁	吴丰愉	沈伊可	丁越凡	房宇轩	钭兰朵		

求是学院丹阳青溪学园(81人)

施越	周边	周寒雅	徐涵子	林嘉淇	冯乐言	陈婕	张慧紫
占知怡	刘心雨	邢涵驰	沈若兰	夏菲	许佳阳	刘俊好	鲍耀军
赵晶	陶怡宁	王欣怡	杨婷婷	章钰敏	章萱萱	李平川	顾可心
唐若潇	朱熠璠	金佳琪	赵书奕	陈邱槿	孙畅	陈梓欣	林昕
吕天琦	尹君延	管佳颖	曾琪	崔嘉琪	陈溢然	邬乐弦	邓婕
邵凡珈	柯云舒	李陆莹	唐柯凡	邵锟铱	郑翊廷	胡煊雅	李佳彦
尤格悦	钱栩桢	林宸妤	王若栩	姚祎轩	何子龙	於士杰	范欣怡
章嘉琪	肖胜	江霄骐	李奕菲	王乾宇	俞茂桦	干依捷	南子谦
王熠阳	邵心怡	汪靖姗	郑轶文	张乐萌	汤君怡	方旎	沈佳瑶
胡家静	张纯怡	王紫寒	陈曼琪	孔乐怡	潘煜蕾	徐远	武婧涵
陈雨青							

求是学院紫云碧峰学园(75人)

郑羽琪	陈庭钧	彭璁	屠若兮	张丽婷	任怡雯	辜麒蓁	吴佳丽
高雨昕	王铮	高子昂	刘晶栎	徐卓婧	叶沐阳	邵可乐	蒋析言
耿煜宇	陈佳颖	章天昂	阮虹宁	沈凡琦	侯婧雅	俞乃铖	戴伊婷
马可	贾泽美	马宇啸	林初翰	郑浩博	史庭歌	杨若涵	冷石天一
胡越	陶和	姚婉婷	周妍祯	尤骥瑜	胡子骞	何谐	黄镇隆
徐瑾	林廷安	王顺涛	吴佳凝	王正	王泽驹	鲍宇星	单嘉莹
孟子桓	王浩然	钱璐	钱乐怡	刘柯蕾	南梓涵	张原赫	陈景致
陈苇远	王家豪	王可欣	张起鸣	黄雨欣	金宇航	朱雯	章锦阳
程天乐	尚书宁	裘海怡	许康宁	裘博文	蔡泽涛	张启雯	孙瑛

程晗蕾　汪康旭　肖银斌

求是学院蓝田学园(79人)

陶姚芸	宋璐瑶	沈嘉莹	黄锦昊	王嘉政	王怡珊	窦沁怡	卫卓远
顾鲍榕	彭诗怡	尹晗	李凯惠	陈宿雨	江含韵	徐思骋	陈孔泉
王嘉仪	周炜	余婉敏	林倩如	陈诺	盛晨璐	潘芃轶	梁鑫
江翌琳	卓泽浩	徐若琰	金怡婷	裘聪男	杨静雯	陈青云	楼沁霈
崔文韬	唐诗格	刘澄格	陈雅琪	陈元昊	赵然	韩佳燕	汤珂
方盛豪	闫雨悦	倪靖萱	隋海如	齐琳	余涵舒	张哲雅	周之茗
安旭	吴越	钱乐涵	潘可扬	张伊葭	欧阳昕	陈乐瑶	丁安南
杨士杰	童煜棋	叶震煜	陈海钰	张沁语	杨熠	陈双	徐阳
杨帅	谢宇航	张睿	陈乾可	黄昀葳	刘天成	程义海	黄昕蕊
王俊杰	杨航	叶家茗	钱成铭	陶天骋	姜楠	万林普	

国际联合学院(海宁国际校区)(45人)

言晓语	徐佳雯	华潇枫	黄雨彤	邱旭斌	张伊扬	林若欣	高旭凯
王玮健	张高恺	徐家真	李子豪	昌隆	邬飞扬	马梓诚	褚肖扬
刘文扬	熊诗涵	王雨菲	姚想	蔡铄	李钰菲	徐欣璐	徐清扬
夏梓喻	傅天予	马祎萱	郝宁慧	欧玥旻	朱璇	姜欣忆	陈信
施展	唐菲雨	胡可嘉	葛亦雷	郑子焓	张文芃	陈涵	陈志榕
汤喆伊	柳滢颖	李梓童	金凯隆	胡楚瑄			

浙江大学二等奖学金

文学院(32人)

胡伊扬	李扬	王小鱼	徐璐予	王茜	戴诗琪	马琦楠	杨怡然
国紫阳	李冰	陈思媛	苏涵琪	蔡雪逢	蔡浩昌	苗英琛	钱欢晶
戚萌	师祖艺	林媛媛	王飞杨	金心逸	叶诚骏	姜语欣	韦佳利
王语歌	张慧菱	厉叙含	胡漪澜	唐帮睿	李巍	何诗琳	任其然

历史学院(10人)

刘心源	王越	曹冉	席艺文	刘思晗	杨诗寒	沈坚	邱韧
陈柯妤	姚双						

哲学学院(8人)

刘雨茜	刘安娜	林一成	王鑫桥	王秋楠	王荟博	唐明川	赵一旸

外国语学院(40人)

陈博阳	张雨欣	江嘉文	黄子禾	陈怡静	汤毅文	吉瑞新	冯麟添
叶琳筱	许屹菲	陈仕锟	刘雨奇	王钦	赵恩莹	董润高远	王睦瑶
俞子墨	余悦	林千湄	焦玉	雨田木子	吴希玥	许拓颖	钟艾
宋吉晗	穆殿欣	郭桓维	唐奕滢	周璇	高一笑	刘欣琳	徐缘
张叶烨	张思捷	杨楠	蔡皓月	钱憬畅	傅朝同列	林未未	林一婧

传媒与国际文化学院（25 人）

袁　欣	郑雅文	徐嘉琛	李梦一	楼清扬	黄滢璇	黄锦暄	魏钰蓓
王耀敏	周天悦	涂乐欣	唐　铭	方清影	吴屹涵	王娉倩	田阔野
吴品锜	吕千叶	张雨薇	吕晋扬	姚艺儿	秦子懿	吴纪元	李美泽
俞盈盈							

艺术与考古学院（11 人）

吕妙盈	杜双凤	王子彦	陈嘉鑫	宋泓毅	顾以诺	尤　月	丁真珍
洪思思	韦　奕	郭梦妍				

经济学院（36 人）

曹尔润泽	蒋彬超	周淇凡	周美彤	汪轩弛	韩文睿	曹　硕	曲铭祺
彭潇乐	魏琛然	朱亭睿	陈一睿	张　婧	方炳霖	陈奕帆	张雅婷
朱瑛楠	向　齐	赵泽旭	王　颖	谭秋鸿	胡心璐	陈婧楚	代培璇
杨　琦	黄　弋	王幸丫	任富贵	叶柏基	徐放舟	傅华康	薛景晨
刘子豪	杜晓凡	蔡浩雨	程思浩				

光华法学院（24 人）

朱嘉珺	张　越	胡瑞颖	赵一睿	王昕宇	葛琪琪	洪儒非	肖金钏
郭宇佳	戚馨予	曾丹妮	程佳玲	蔡思琪	瞿子怡	郑逸文	李昀筱
张江习	方　昀	曹　晨	周　健	徐舒婷	沈怡冰	杜婉琦	应雨欣

教育学院（24 人）

魏能越	董嘉仪	秦嘉唯	马嫣然	樊佳琪	陈汤琪	赵起锋	郭卓月
虞骏颜	熊淑妃	何叶欣	尹心怡	李嘉毅	邵释锐	余萧蕊	喻文轩
谢春晓	赵　婕	雷建彬	郭明月	蒋乐易	潘　瑾	赵思琦	鲁嘉颖

管理学院（25 人）

戴莘迤	王芷淇	黄志远	王诚誉	邵姝钧	林颂轩	林琬容	江婉莹
刘　悦	杨思雨	郭佳青	高睿琦	陈子瑜	陈晓艾	马杰成	金书文
陆婧涵	王雯宇	于文萱	孙栋梁	刘　靖	刘浩杰	徐　楠	李依然
姜　彤							

公共管理学院（44 人）

叶俊宏	张浩博	高　雅	周文彬	徐艺滔	张睿超	许莉苹	王晨奕
谢　帆	汤雯萱	刘博奕	张倍尔	陈莎莎	孙欣怡	张歆沂	武宣妤
何家乐	张云衣	陈玥元	田玉芮	林盟皓	赵春萍	夏浚铭	刘雨涵
胡竹言	李韶仪	张子宜	霍鸣悦	张昊驰	高婧宸	余　静	杨　旭
林煜雄	高心蕊	窦潇笑	莫怀成	李佳仪	林建海	林　晨	虞倩静
程谟冉	叶　桐	严淑婷	金禧越				

数学科学学院（41 人）

彭煜天	叶陈昊	杜佳琦	施吉胤	樊　睿	周翼天	张皓祥	黄文翀

叶宏灿	李　想	顾润哲	赵竟廷	郑皓蔚	胡婧怡	邓孜行	周儒泽
黄　亿	唐智佳	黎胜骏	李鹿敏	闻科宇	戴子琦	王梦茹	祝家俊
王敬锴	刘新东	刘毓哲	汤宇婷	李方圆	邵欣雨	曾奕扬	马　成
赵一宙	单一诺	钱一笑	欧阳尚可	顾　皓	周子越	周宇昕	吴伟恩
商　周							

物理学院(27人)

魏　嘉	付孜晗	张靖雯	巫金波	陈昊旸	王相和	苏　毅	陆俊亦
鲍晨涛	吴睿可	诸云来	向德彬	王乐人	沈可勋	林　铄	杨正帅
张作成	邓树华	沈可勋	林　铄	杨正帅	张作成	邓树华	肖迦南
史海秀	徐铁轩	孙一铭					

化学系(24人)

魏宇航	刘硕超	丁宇欣	徐乐妍	金晋慷	陈俊劭	王　禹	张箫扬
黄圣儒	马嘉仪	曹嘉仪	傅　瑄	李世鹏	郑　祉	茅书源	祁　敏
夏俊韬	金裕杰	李沁忆	高雨萱	李昊宇	张峰源	蒋添宇	宋维浩

地球科学学院(14人)

| 楼志宇 | 徐皓婷 | 庞桢辉 | 刘　毅 | 李　烨 | 李　铁 | 章　帆 | 孟宇航 |
| 夏天宇 | 孟令雨 | 王子墨 | 胡玉娇 | 夏　怡 | 金　禧 | | |

心理与行为科学系(11人)

| 舒　婧 | 杨　阳 | 郑则灵 | 郭叶叶 | 陈宣伊 | 龙依静 | 蒲　婕 | 祁雲锦 |
| 高诗淇 | 余依岚 | 陈泊霖 | | | | | |

机械工程学院(27人)

孔昱捷	楼　彬	叶家宸	陈思静	沈昕怡	金荟荟	朱　正	王　柯
何佳芮	吴戈曼	俞正凯	钱佳骏	杨　琛	李文煜	梁澍晗	楼傅亦成
董泓辉	杨灿耿	陈梓贤	潘志文	徐佳淳	周文泓	胡芯蕾	李　辉
徐鸣启	陈思睿	赵浩楠					

材料科学与工程学院(10人)

| 周宇轩 | 刘嘉璐 | 傅馨仪 | 王皓翔 | 应博阳 | 沈漪杰 | 桂　阳 | 葛羽中 |
| 马岚雪 | 杨航汪 | | | | | | |

能源工程学院(35人)

郭晓宇	李晓竟	程　锦	邹翘妃	晏宇昊	黄泽锴	俞亿航	王　杰
娄依崇	孙艺飞	杜芳婧	张乔宇	周　竞	王伊扬	何艺彬	潘　捷
吴思沛	徐凯涵	沈伊杰	姚乐艺	陈境烨	陈　正	谢鑫晔	向方娜
范展旗	李方舟	邬佳科	杨争辉	刘文睿	施雨辰	祝海涛	张子坤
周　凡	叶天萌	袁　盟					

电气工程学院(50人)

| 孔超凡 | 郭　涛 | 裘家和 | 王　涵 | 张家瑞 | 谢谭静 | 刘艺雯 | 胡错宁 |

陈烨柯	张奕凡	谢予澍	邵嘉豪	林宇同	王旭超	汪 伟	杨 帆
谢宇辰	郑思泱	房钲沛	陈 涛	洪佳琪	侯 添	徐越乙	夏希璨
李国傲	关雅杰	王元宇	胡潇帆	郑冰阳	杜文琦	吴凯月	莫凯佳
蒋颜丞	刘可佳	吴杭隆	刘泽垣	张含蕾	傅敏杰	郑开开	张浩哲
周雨欣	叶铭豪	杨湛新	高志海	张 森	彭里卓	欧阳欣愉	陆凯东
张 祁	季尚进						

建筑工程学院(48 人)

王 梓	林雅轩	高 科	赵 辉	邱锡伶	李京蔚	徐艺桓	张议兮
周亚楠	许陈含	苏 挺	尹业兴	周梓怡	翁冯韬	黄子文	潘瑶颖
王 瑞	来傅依	杨佳怡	廖辰磊	张晓武	朱远瞻	胡晨珂	刘睿知
张浩宇	施静雯	叶启扬	乔 凌	孙中玉	赵栋晖	张梦琳	周韵涵
李昕昱	潘翼舒	华 颖	叶海丽	张彦彤	徐珂晨	赵宏逸	侯辰渝
朱琪承	王凌昊	赵哲杰	刘佳康	屠嘉镒	朱旻豪	王旭阳	竺贝宁

化学工程与生物工程学院(19 人)

潘品涵	滕佳尧	邵剑波	林烜皞	胡 杰	虞昀历	蒋承轩	屠一诺
梁乐航	胡乘睿	魏圣柯	胡予缤	高浚淇	钟世纪	项雪琦	王子卿
李伊纯	宋 涛	翁嘉雨					

海洋学院(28 人)

林凡宇	杜正磊	李宇轩	牛琪森	张裕雯雅	肖成玮	张轶媛	洪俊飞
王培吉	郭俊阳	聂佛嫒	曲景邦	王启先	吕秉芸	屈若冰	周昕熠
刘 畅	徐敬泽华	吴方堃	黄浩智	汪樵风	黄靖坤	刘 玥	马众泽
刘雅琪	郑德钦	张博帅	吴雨薇				

航空航天学院(24 人)

周浩天	李奕霏	林钊海	吴舒悦	金子璇	齐 睿	李劲磊	李俊奇
商益铭	刘骐嘉	陈 睿	尹昱人	蔡昊宸	方 晨	吴诗豪	梁妍鸿
朱谨祥	董哲遇	蔡昊宸	方 晨	吴诗豪	梁妍鸿	朱谨祥	董哲遇

高分子科学与工程学系(10 人)

| 郑小舟 | 童川页 | 杨紫怡 | 范志良 | 朱 骛 | 毛 浩 | 程崇桄 | 徐 进 |
| 马 静 | 郭金坤 | | | | | | |

光电科学与工程学院(17 人)

王 申	薛义冬	刘晓璐	周晨旭	高奥运	王俣懿	程炳森	涂文靖
袁恺旸	王子超	马雨沁	高佳欣	姚清睿	高 尧	罗 仪	游 轩
陈银鹏							

信息与电子工程学院(46 人)

| 皮龙城 | 蔡俊涛 | 冀映辰 | 姜茗瀚 | 李俊霖 | 叶奕含 | 倪晨煜 | 施子捷 |
| 周君鹏 | 陈柏翔 | 王煜棋 | 孟可晨 | 杨志豪 | 王 玥 | 林方宇 | 黄伯韬 |

袁　可　　张青铭　　卢榆博　　孙加辉　　郭子昱　　雷雨珠　　沈嘉宇　　徐智成
董佳奇　　张元明　　姚金亭　　陈伟强　　陈豪邦　　冯一鸣　　郭雪松　　石滨溥
郑景泽　　鹿天瑶　　章宇凌　　刘星宇　　陈　希　　周珂全　　周哲远　　梁沨钰
周灿松　　朱佳祺　　程　雨　　朱夏瑜　　陈许慧楠　孔繁东

控制科学与工程学院(23人)

周　逊　　田孟泽　　唐裕凡　　张梓洋　　李　驰　　李　源　　曹梓航　　何雨燊
严轶凡　　陈季宇　　沈奕澎　　范天宇　　赵澍淇　　王子菲　　古亚青　　任嘉毅
姚利豪　　毛岳峰　　胡天扬　　杜宇涵　　李松波　　金铭律　　叶书豪

计算机科学与技术学院(64人)

沈加航　　王　优　　米博宇　　沈轩喆　　龙　麟　　魏鼎坤　　杨乐洋　　汤　尧
徐子昂　　贺　淼　　徐旻昶　　易桂光　　朱晨阳　　龙家辉　　罗玉洁　　宋文松
张柯尧　　李义楠　　刘祥洲　　徐立祺　　吴彦霖　　章　峥　　陈绍文　　钱行健
蒋招衢　　叶歌凡　　滕佳琪　　蔡琳琳　　方洲翔　　颜　健　　陈　丰　　霍奕程
赵乐骐　　曾　帅　　杨淇森　　申　奥　　刘舒菡　　史明昊　　李晓彤　　陈云奇
陈昊翔　　虞　泷　　丁正尧　　刘　鎏　　王舒弘　　解雲暄　　高晨熙　　张道泽
包云泰　　于倚岑　　包德政　　李　藤　　孙　力　　刘嘉腾　　吕皓明　　曹炜杰
叶晟昊　　石宇新　　张宏增　　彭悦诚　　刘　腾　　刘小语　　钱岙轲　　严婉颖

生物医学工程与仪器科学学院(16人)

潘雍华　　蒋越梁　　史龙菲　　郑玉琳　　刘俊非　　张　良　　包洁婷　　王思艺飞
倪昊祺　　周佳惠　　王鸿宇　　朱建辉　　林宸屹　　苗萧梦　　刘钰洋　　李若琳

生命科学学院(32人)

罗心悦　　李　洋　　田嘉琛　　王瀚尧　　陈泉宇　　吴齐心　　黄邦杰　　潘发达
汪玉梓　　苏　剑　　朱政彰　　陆晓曼　　吴佳颖　　牛　帅　　钱　旸　　朱思齐
谢一凡　　陈柘龑　　陆颖杰　　吴文菲　　马湘婷　　吴昊峰　　雷沁昕　　陆天峰
余前江　　徐　一　　黄子健　　王知临　　张淑旖　　刘开昕　　闫民擎　　胡雨晴

生物系统工程与食品科学学院(16人)

章国威　　尹钦弘　　周丹妮　　张一驰　　陈佳铭　　简嘉泓　　施政清　　周欣雨
郑润语　　楼致辰　　张海涛　　张浩正　　樊佩迪　　黄嘉宝　　张子妍　　金可欣

环境与资源学院(18人)

张玉菲　　高佳露　　姚雨晴　　帅　淇　　喻琛越　　张智诚　　密少平　　徐常芬
周亿涵　　金俊豪　　应欢畅　　陈　策　　郭耀檩　　毛周颖　　吴至盈　　马汀蕙
钱银盈　　裘红权

农业与生物技术学院(32人)

吴佳欣　　张金铭　　李小兰　　李君杰　　高　乐　　蔡晗畅　　卢晓琳　　黄　振
陈　诺　　黄彤浩　　苗晨晰　　罗添乐　　毛雨泽　　潘天宇　　吕丹瑜　　陈敬晓
林诗琪　　叶　萱　　朱利雅　　林富强　　王作奇　　陈谦谦　　蒋佳致　　郑凌洁

| 吴天琦 | 田　园 | 陈项境 | 蒋宇彤 | 张　宁 | 邹培养 | 乔凤培 | 俞杭宏 |

动物科学学院（14人）

| 陈启扬 | 林　涛 | 贾智磊 | 丁博楠 | 曹佳琦 | 俞佳慧 | 郑雨轩 | 王子寒 |
| 李　誉 | 馮芷珊 | 陈水晶 | 张桂聪 | 郑小雨 | 邢之宁 | | |

医学院（110人）

钟一慧	卢思琦	陈帘青	徐宇凡	丁徐恺	岑梦婷	王　喆	留　奕
姚凌子	陈　畅	胡雨程	吕文瑾	冯　妍	郭子熙	樊哲好	姜清扬
安文铖	覃露莹	宋安然	宋骋骏	李明鑫	董冰然	陈荣融	韩　荟
尚　佳	林　萍	高了了	郑芳雪	涂欣汝	吕　添	汤　鹏	王　楠
李勇剑	杨启孚	薛纪鹏	于贵镕	屈蓝青	余书云	邵意珂	罗艺婷
杨　云	倪　铠	龚晋诚	丁奕宏	李云舒	陈　洁	蔡诗萌	董思彤
王炳翰	王艺翔	汤黎可	宣扬帆	过卓琪	吴雨佳	马　骁	任绪睿
余高毓	潘炯利	王嘉伟	吴中翰	潘子才	陈亚龙	郑如茜	戴开心
方惠雅	刘岫浦	黄静怡	张根贤	丁　汀	黄晗薇	杨辰越	黄苏岳林
赵潞萍	陈晨辰	周子莹	汪天翔	王梦婷	黄　澍	单诗怡	何　浏
陈梦莎	郑周涛	章梦媛	周丹红	包　蓉	吴一苇	程旸晞	李灵琛
冯浥晖	刘若妍	黄山河	顾昊辰	赵文轩	武庚雨	曹斌吉	康怡欣
阮佳琪	李宇烜	张　烜	郭栋宇	蒋又瑾	雷江楚	钱　豹	柯惠虹
刘启蒙	王永成	赵　毅	黄梦娜	施雨晨	张枫浩		

药学院（18人）

杨余帆	周许恒	章阳阳	戚雨欣	王昕蕾	林柔钏	张秀雯	曹昊学
程圣韬	孔睿莺	沈隆基	王　珂	楼　上	张　辉	姜凌骁	孙晓燕
丁　晶	杜志伟						

竺可桢学院（150人）

窦冠群	沈菁菁	吴一钒	王开炫	郑涵月	徐菲阳	金乐天	杨　哲
王家轩	卢毅昕	谷　峰	盛湘伊	宋博洋	王嘉炜	王浩宇	马钰滢
秦嘉俊	杜嘉璐	杨润东	陈小川	耿　华	陈梓溶	陆　珲	宋开石
闻子安	冯思博	王宇成	王海志	许昊瑞	高晨昊	吕欣怡	汪家勋
陈乐婷	马涵悦	向雯靖	陈书扬	李佳桐	鞠正阳	张天杰	卢冠廷
吴浩翔	林　樾	包牧天	吴骏远	石钊泰	杨景琦	刘明阳	任禹谦
王语祯	杨　舟	朱柏玉	徐志轩	李子木	张灵珂	柴　眺	王欣容
杨习之	付博郅	王哲骋	赵马卓	周陈昊	杨子安	陈楷骐	李天祎
陈逸鹏	储天尧	陈淦豪	刘睨豪	甘书宇	刘小康	何宇辰	张晏铭
吴一航	钱　欣	于丰源	彭永海	李卓毅	蒲雨恒	孟楷崴	曾　逸
程子涵	陈　茗	朱敏玮	周雅婷	张瑞影	施可惟	王　慧	樊　镕
李鋆羽	葛欣诺	秦子铉	张可滢	段祎璨	朱文青	刘梦霖	周云帆

徐楚阳	叶瑶波	吴嘉俊	高浚铭	廖亦宸	欧阳毅曦	刘芯怡	李龙飞
洪浩荣	丁宜勉	郭家豪	方铁根	曹田雨	徐皓天	陈芮希	施亦昕
陈祉彤	王嘉鸣	邱丽	郭凌羽	高泽瑞	崔栋禹	励航宇	朱泽浩
余启航	孟楚天	肖嘉贝	李佳园	蔡建楠	陈赞	张立昱	钱意纯
陈威	洪常凯	张宁	沈乐非	占若豪	徐正韬	马骥	白张昀凡
刘思成	刘益斌	马璐瑶	张宏业	牟俊锦	王嘉豪	帅子滔	魏韧韬
柴雨涵	陈德怡	郑业腾	徐一凡	王开蕊	王卓然		

求是学院丹阳青溪学园(137 人)

丁于庭	刘亦瑶	张鸿时	黄星晨	仇婉茹	胡馨尹	孟洋洋	邵可航
胡茵菲	雷安琪	韩佳钊	郑羽瑶	胡丁羿	吴舒怡	冯然然	钟杜梅
汪君晗	杨晓扬	彭馨茹	何奕霖	杜亮璇	冉婷匀	朱梓俊	蒋可心
沈铭洋	杨晓柳	陈晗琪	王佳婧	谢莹莹	郑羽茜	宣扬	许乐
宋楚华	叶智阳	谢熠	董珂彤	严佳懿	朱宇轩	丁洁盈	陈萧漫
卢薛雯	张奕昕	夏天蓝	肖笛	蒋曦瑶	毛新宇	孙钰涵	毛晨露
潘贝贝	陈韵竹	陈曦	叶梦婷	刘畅	王尊	许天毅	胡沁格
王恩杰	汪洁宜	尹子彧	潘思彤	季嘉珉	姜岚	骆谦熙	李昊宇
陈冰凝	季俊飞	毛铖晨	潘漪滢	苗馨尹	代馨怡	王锐	骆原原
潘子宸	班豫杭	漆琪	罗煜阳	沈跃然	章愉程	卢昊宸	胡子豪
谢飞扬	吴声炜	任星融	郑增鹏	徐启涵	陈忆杭	吴桐	陈萱
李佳茗	周珂奕	朱孟延	张之娴	雷志兵	戴逸	张立言	赵熠
宋泽萱	吴凯怡	陈晨	杨吴双	刘如婧	董子扬	袁丽梓	蒋立雯
俞晨	刘蕴晗	周怡汛	周榆钧	王悦	敖骏雨	景草草	黄浩铭
黄睿哲	赵思璐	代燦樑	严畅	王晗笑	时进	陈岩	吕凌峰
孙昀芊	万莎莎	谢仁婧	吕灿	施语非	张子杰	盛彦滋	周懿佳
余若欣	胡佳妮	李金迪	李欣茹	张锦楠	郦依婷	黄锦铱	顾继祥
甄心苒							

求是学院紫云碧峰学园(127 人)

陈炀	马喆	蓝周琪	吴青霖	董思榕	蒋雨蓉	童苗野	吴姿苇
戴乐	万景明	黄之奂	郭宇迪	张依铭	余弦	陈香凝	范佳卉
吴彤	王思瑾	周思璇	包奇弘	苏真	钟灵	缪哲磊	周韬
谷思好	王舜	高晨露	梁国栋	施予皓	戴诺晗	方诗斐	卢煜祺
姜亦凡	曹晨阳	祝广程	肖睿阳	周思琦	张炟赫	孟澍	陈永铭
林响烨	刘顺华	沈书豪	宋畅赢	万瑞铠	张佳佳	楼熠	张哲宇
俞心宇	李金明	章绍翔	王晨宇	朱惠兴	童芳慧	黄鼎	杨宇航
樊施成	田紫阳	朱显允	郭城权	刘帅	王家宝	王梓涵	黄锦骏
吴迪	万骁扬	于秉宏	谢宇宁	钱飞扬	艾子翔	董宇凡	王程业

表彰与奖励

浙江大学年鉴

李维伦	胡家齐	蒋　奕	杨儒宁	何少轩	王熙来	卓子琪	陈哲栋
张杰夫	嵇嘉宇	黄鸿宇	谢子晨	陈　桐	王鹏程	周文卿	谢　俊
王薪荃	叶博文	周　健	杨沛山	王子城	杨　立	张翎萱	张雨镭
赵夏玮	李宜瞳	胡英琦	翟裕如	张彦洁	叶乐怡	叶良琛	朱轩溱
周健铭	高　昇	周楚铭	刘　伟	王向光	鲍羽涵	张家豪	何佳翔
沈羽佳	陈彦廷	楼仲楠	周哲锐	王正劼	毕艳艳	章哲宇	杜思源
梅昕宇	侯　鹏	彭家伟	翁汝歆	金　萌	胡窈颖	曹　谦	

求是学院蓝田学园（135 人）

梅　乐	王奕航	马驰程	章煜恒	曾永明	余馨琳	杜梦芸	郑忠波
杜星语	郑思塬	叶乃胜	李　欣	洪维亮	韩立成	吴小婧	莫彦寒
谭政洋	李昕默	戈译欢	张　硕	黄榆文	方可锐	赵悦琦	陆子墨
彭亦冰	徐子航	葛其乐	于舒扬	余　斌	胡王鑫杰	黄可心	王冠宇
郝思嘉	杨粤昀	刘乐琪	万佳敏	李斯迈	李双扬	陈乐怡	陈　晨
李舒羽	胡琦晗	段可心	柯培锐	王艺翰	方奕杰	朱伯卿	严钦耀
刘一凡	褚思然	苏毅鹏	吴杭欣芮	汪子蕙	包一林	黄嘉宁	房美梦
郑贤帆	葛晔恺	沈晓艺	冯亿恺	钟一伟	田骏凯	梁子裕	金　凯
连超超	施　涵	李佳宸	梁津维	朱立栋	曹斓誉	沈李越	胡馨婷
郑焕弋	周　翰	章皓然	郑羽萤	宋健飞	汪诗怡	徐骍颜	吴云天
干聪慧	袁　梦	黄　葵	钟　睿	陈　龙	杜　叙	解　然	林容川
陈俐诺	陆轩婷	徐　卓	陈俊元	骆科旭	王家乐	李文杰	李沐涵
宋刘洋	郑素君	张　鹏	王晓悦	刘广博	江礼维	张海乐	李辛甜
夏　彦	谢文斌	赵若辰	蒋逸磊	吴雨轩	秦雨扬	农耘学	叶晨扬
孙培林	蒋泽华	黄晴行	李逸飞	王晓容	杨　涛	唐宇琦	王烨锋
季郑乐	阮佳骏	倪爽爽	俞卓含	任冠宇	郭安宁	刘向上	曾虹茹
叶　哲	李企顿	吕冰铠	朱宸嘉	韩佳昊	袁凌志	林　鹏	

国际联合学院（海宁国际校区）（77 人）

朱昕露	冯凯怡	吴博翔	刘鉴澈	孔海蕴	姜雨浩	贺　新	孙彦伊
叶力源	左静宜	李　睿	王亚楠	李梓晗	孙　也	郭子琪	陈旭祺
谢方令	周钜杰	李政洵	王禹衡	王嘉依	王诗琦	苏雅琪	陈博文
赵予晴	汪嘉川	李　想	王可滢	杨欣怡	尉恒嘉	柯文韬	吴清然
徐一潇	郑　理	赵若琳	杨昕玥	沈姚启	林紫奕	屈子轩	卢艳欣
李继韬	许嘉容	尹鑫辰	余思颖	龙　奇	李展鹏	池昊哲	金　易
辛　羽	姚涵非	陈子越	刘潜起	徐　恬	陈杨弘挥	梁一来	李亦秦
徐亦锴	沈倩颜	李嘉禾	陈梓源	金渲博	王本鲁	郭子跃	葛昱昊
高卓尔	王一一	胡　润	郭易详	袁晨泰	李俊彦	姜大磊	刘瀚文
宋一非	徐凯杰	金亦柔	董　傲	孔子泰			

浙江大学三等奖学金
文学院(75 人)

韩鸣筝	梅愉婷	张一帆	张以嘉	程才怡	许翊君	魏滕博雅	夏严莎
陈依源	魏桢麒	徐之乐	金梦雪	贾芬	董一嘉	张嘉欣	蔡子莹
齐域	张子音	童童	陈昱孜	张芷嫣	谢欣怡	娄锦辉	姚可可
余筱然	曾庆德	赵梓砚	赵睿欣	丁建蓝	朱思睿	赵玥	杨千莹
高晨艳	樊红雨	俞滢	郭昱涵	余姿霖	余苏琦	吴欢蓓	尚麒
何沁怡	屠笑	孔伊甸	陈婷婷	蒋一曼	应雨琛	邓茹心	汪耍邑
张睿纯	陈楠	王璐瑶	沈陈邦杰	贾明卓	陈雨雁	杨舒童	洪佳音
吕晨璐	吴桐	翁紫宜	黄颖	徐一强	李欣睿	刘金翔	关一帆
陈科吉	罗啦	胡碧雅	吴思源	章辰	张羽轩	辛雅妮	柳畅
青雨葶	王飞燕	王心笛					

历史学院(23 人)

车显琪	于潇洋	王晓铮	杨语昕	何佳怡	张立璠	王小倩	谢金圻
郑俊潇	高璨	李骄阳	陈芷若	郑王旭	梁枫	高天泽	管焦玲
黄婷	李定宸	王呈天	侯文茹	徐珂	徐晨杰	潘亮昕	

哲学学院(21 人)

段景辉	何良钰	何映娴	谷润杨	胡雨竹	王熙茹	马小楠	钱嘉仪
孙子涵	董默遥	王继麟	王语童	章庭康	沙宇哲	史云飞	许冬晴
郭涛宁	陈思琦	荣嘉骅	胡毓哲	李杨庆			

外国语学院(98 人)

刘语涵	王庆薇	詹蕾蕾	熊思睿	张晓然	叶芳源	陈森	韩卓君
付玉洁	上官宇雯	楼墨涵	章芷悦	罗海骁	郑当	董欣怡	闫思琪
苏子壹	颜瑞	黄天骐	陶如一	曾馨仪	严致昊	葛锦琛	王玉露
王玥	裘佳豪	徐铭瑶	岳文静	庞纵纵	高心颜	宋嘉睿	谢怿平
林柳均	张满	田雨	秦金洋	陈飞	王一博	金小楠	夏佳龙
杨静希	汪若欣	郑朝磊	张奕颖	陈曾慧	梁力文	孙星含	韩小阳
李云燕	吕霜宁	杜菁菁	门颖楠	杨晟	陈思瀚	胡雨海	张文清
张鲜凯	刘亦心	江明睿	唐若瑜	马宇航	刘海曦	叶霖蓁	高玉婷
柏凡	俞佳	袁祉欣	施宇熹	陶韬	柳婉婷	周钦盈	胡于哲
朴润哲	刘洋	奚佳莹	伊蕾	郭可欣	黄家瑜	刘琪央	罗馨怡
林宏伟	沈晨祎	陈淑虹	蔡雨彤	胡诗婕	张蓝月	张馨月	赵静
任泓博	朱格格	夏茗漪	赵子婧	王孝天	郭咏妍	毛煜华	成紫璇
谢冰鸽	董婧						

传媒与国际文化学院(63 人)

| 郑丽丽 | 袁皓 | 颜好 | 徐磊 | 吕奕霖 | 杨梦甜 | 张之昀 | 蓝宁宁 |

吕可嫣	柯雪琦	留榕泽	张韵紫	骆 祈	余 悦	耿嘉祎	夏一辰
周怿涵	尹凌琳	吴帮统	李子喻	刘佳鑫	陈炫艺	彭静怡	胡 迪
谭玉清	陈 欢	苏靖宜	张秋之	沈若蒙	刘亦冰	张焕敏	孙震洋
魏 涔	刘梦惠	王 博	林文慧	孙婧蕴	汪宇新	黄颖昕	陈志远
王李毅	黄子郁	杨琪丹	姚 珂	章心仪	王紫薇	陈卓欣	鲁昕怡
陈静怡	闵悠然	吴润琪	罗 田	叶昱辰	张怡雯	罗宇琦	陆肖蒙
王 瑶	何思怡	孔祥思	姚 洁	张子越	吴 桐	仲 钰	

艺术与考古学院(28人)

傅彦翔	叶依杭	茹汇雯	刘霖霖	张佳晨	张志鹏	朱钰瑾	刘思齐
陈卓石	王骆骁羿	何其真	周 畅	曾兰淳	束 尧	赵馨沂	潘佳仪
王子悦	周思晴	吴馨怡	徐高虹	陈笑荷	徐荣元	陈明璐	胡乐梅
励妤佳	王柠檬	尹欣宜	于景伊				

经济学院(91人)

王尔欣	郑芷昀	邱行瑞	张哲越	马思钰	蓝舒琪	贺子韩	张 琰
刘元悦	宋 词	龚洋琦	陈喜善	马锌哲	谭 越	乔泽远	章 毅
王思沅	郑俊侃	程 阳	叶 莹	高硕联	刘 维	杜清霖	张雯旭
顾 开	杨欣瑶	王若昀	戴心怡	林嘉伟	任斐盈	吴炜祎	赵迪菲
王灵佳	黎明悦	乔玉琪	王 哲	朱一卉	车文佳	沈海涓	朱明飞
朱之纯	郑乐言	金 辉	陈星悦	郭佳盈	顾予晴	梁承杰	张砚池
赵可琪	徐晨欣	杨雪彬	高原雪	周紫妍	刘清清	黄思诗	朱奕玮
周虹灵	赵湘楠	张楚晨	刘雅欣	戚 望	何宇轩	吴一虹	邝 睿
陈子旸	温圆月	董嘉浩	叶 扬	邬迪迪	梅浩楠	严浩文	叶馨悦
周 维	郑 屹	周榆钧	时婧杨	马楠妮	毛佳凝	施润楷	贾 玥
陈冰瑶	蔡润业	吴袁震	李文瀚	黄嘉胤	郑渝川	竹晓楠	王 简
韩欣桐	陈 铭	周紫璇					

光华法学院(61人)

刘锦添	马婧恒	初欣颖	周涵宁	张晗一	李贺馨	王溪晨	焦怡然
朱晋良	范 畅	谢祎晨	张洋杰	李佳殊	黄楚菁	常冰冰	陈文洁
王钧霆	朱小芳	刘奕彤	潘李霙	陈良宇	蔡 婷	林乐怡	周子蕙
郑诗雨	冯优晨	阳浩宇	靳欣悦	鲍汐影	王禹骁	李子欣	郭佳欣
王欣然	赵浩博	徐瑜堇	吴家锋	蒋知言	陈俊阳	蔡一畅	付思雨
孙天泽	郭竞捷	王可嘉	吕紫婕	蔡燕妃	许若滢	方雨珂	王星雨
蒙 晓	陈安琪	李玉洁	项紫怡	赵天悦	郑辰瑜	邵奕琰	郑珂莹
余晓倩	宋焕韬	赵 易	林子丰	杨展腾			

教育学院(60人)

| 张黄璟 | 吴童妤 | 席 悦 | 陈 量 | 冯永剑 | 盛子馨 | 项 诚 | 罗 杰 |

盛田杭	詹冰清	华懿颖	吴宇涛	黄聪颖	李林冀洁	林昕	沈李舜
薛湘女	吴芷晗	简晓玉	朱熙	张英佳	潘奕然	何家豪	童嘉琪
徐翎祎	方圉潼	陈岑	初东雪	胡依卓	钱雯欣	王曼柳	董博涵
饶泽波	徐乐怡	赵涵乐	杜梦冉	王艺潞	傅雨欣	缪佳辰	李赫男
邹芳雯	陈麒霏	聂占国	王淇奥	左罗	樊子麒	潘明方	徐乐
颜睿珉	沈宇伟	张凯程	朱佳瑶	陈温文	赵正一	叶姝楠	童泓杰
郑樱涵	王沁苑	张雨萌	刘林佳				

管理学院(64人)

李润森	李舒妤	郑欣雅	唐卿蝉	梁一丹	李晶	王黎	朱越
丁兴涛	周凯旋	张丹	张妍	钱思卉	丁家烨	米子卿	林源深
楼康君	易修齐	薛婧元	施佳雨	张洋	唐力	宣晨晨	林晨萱
吉利	黄琳娟	陈天然	何雨晴	丁照溪	马昕	魏博雯	张倬闻
丁佳盼	李竺颖	廖旋	胡永杰	杨恩泽	安思睿	杨月晴	蒋沛文
赵琳	张乐萱	章俊杰	孙旭航	符昕怡	姚一平	郭馨玥	任伟
赵雯瑄	陈桥娴静	叶维嘉	胡雨薇	周伶滢	雒芳	戴妤轩	朱伶俐
段奕荷	杨佳静	成晟楠	吴霖	董轩宇	刘思睿	梁莹莹	汪浩

公共管理学院(108人)

徐佳仪	王苡绮	李浩冉	江如意	吴睿媞	邵鹏宇	方楷文	吴格菲
王森森	练雨晨	张雪榆	徐在源	周弋丁	贺琳椰	王舒怡	李忱运
王亦章	王祉祺	韩鑫垚	姬永琴	贾亦杰	姚宝妍	蔡明月	章歆怡
仇若伊	易家兴	林润曦	安娜	金紫	什娜尔·努尔力别克		陈思思
李嘉伟	林彤	赵静雯	邰钏贝	刘文昊	陈艺灵	韩煦	王亦宁
樊杰	王添欣	罗佳丽	周雨晖	李琪祎	毛紫涵	施若夷	李歌
许嘉琳	蒋乐瑄	宋柯颖	谢子颖	王琪	陈杨	徐建瑶	张宸铭
余黎	刘子钰	张若凌	吴岚	王可超	祝涵瑜	程诺	林心乐
叶一帆	孙心怡	郭威	李尚东	郑彬冰	姚一晨	蒋亦菲	林茹婷
姜文悉	袁天怡	杨意	贾胡慧	李悦	陈鹏洲	杨慧	马玉洁
陈茜	李一鼎	穆耶赛尔·卡地尔		柳雨希	吴晓蝶	翁雨茜	叶蕾
郑磊	王亭予	杨云霞	万禹彤	苏彦羽	朱桐	陆涵一	杨璐琳
胡纯玮	谢雨忻	陈鹏西	杨依宁	韩学	施子航	姜欣言	邓嘉宁
吴律城	李航涛	梁依缘	王晨旭	苏亚婷	姬雨田		

数学科学学院(99人)

彭湃	冯皓	陶定基	赵耘海	陈宇涛	李云灏	吴伦锋	余飞扬
张楷成	阙楚欣	姜懿蓉	汤林立	张乘逐	骆弘毅	邓茂林	张峻豪
吕梓沐	庞竣元	张文	王未	陈毅栋	叶晨	张庭睿	蒋舒涵
徐琦	宋雨婷	何倩怡	褚天乐	林昊润	包翰林	孙言笑	许亦琦

鲁　硕	蒋欣蓓	陈楚文	宋文巍	叶景文	方崴鹏	凌子恒	殷文良
倪晗楚	徐同杉	周　杰	张安琪	杨钧尹	郑宁宁	虞承睿	张　琦
孟靖雯	车睿佳	潘致宇	周雯昕	陈瑞哲	毛振泳	李　雪	杨　东
翁雨哲	易　昆	周涵睿	徐志俊	高凯风	王思懿	宋佳宁	吴佳昱
陈浩森	陈亿元	覃　超	黄天隆	郑思源	秦桢杰	郭振宇	王晓琪
倪维纬	崔安妮	单光裕	贺　普	陈思丽	行一凡	李卫镇	李国涛
吴诗雨	金桉杰	唐煜珊	林　佳	应肖尧	赵沛榛	申百宁	徐程芊
陶海天	罗利波	陆思棋	杨宇凡	邓博宇	沈金戊	陈泉荃	俞阳晨
洪艺中	郑许和	吴　洁					

物理学院(59人)

顾　远	徐宇青	凌顺天骄	张瑞嵩	周赛浪	王宸昊	刘禹鑫	梁玮航
严子轩	傅凌云	林思萍	潘逸宸	胡乐怡	张洋宁	祝浩展	王文藏
毛　昱	王致远	沈　昊	郑梓杰	汪琦皓	陈芃皓	郑泽凯	曹　颖
商坤杰	胡俊爽	应旭初	韩益航	朱以恒	朱　毅	张元嘉	占晨遥
郑昕颖	虞佳豪	沈佳元	李嘉琦	钟佳润	王晨宇	沈凡皓	朱子天
包泽杭	吴赵鑫	刘础一	莫清扬	杨国飞	许海潮	朱名杨	郎丹琪
王双源	厉哲成	刘延婷	岳天豪	张夏岚	宋佳音	方　哲	华　腾
蒋妍槿	张振亮	阮洪奕					

化学系(53人)

王炳强	王太宝	谢明宇	袁宇飞	李宇昂	李　响	章联健	陈子航
叶青杨	高　宇	赵晨凯	郑理轩	孙成浩	王雨微	陈祎祺	邱仁慧
孙欣宜	钟诚成	邓智程	楼金昂	沈聪聪	朱陈晨	陈嘉瑶	马悦恒
王　曹	周慧强	高雨诗	魏一鸣	任智能	李　喆	向国禹	周理得
刘奕博	晁晨航	杨思诚	顾　梁	陈均鹏	杨卓衡	刘文燕	叶欣毅
鲍逸娴	汤巧巧	罗龙涛	孙　逊	徐子豪	邵泓亮	戚铁昕	胡垲琳
叶展晨	郑雪秋	谢日新	梁文恺	易小龙			

地球科学学院(34人)

周仕泽	边琪雯	张舒慧	刘　琪	吕一夫	胡宇森	蓝　青	刘伊甜
黄梓航	蒲观涛	王欣怡	王泽林	梁皓轩	杨向东	侯若言	冯奕嘉
朱真慧	朱嘉禾	刘晨阳	王贤雅	金沈尧	顾浩祺	王　喆	林特思
王潄涵	方之杨	方晗熙	张　淏	叶晓辰	朱　琳	梅晟敏	严一熙
杜林哲	毛方圆						

心理与行为科学系(31人)

周芯怡	倪　靖	吴　蔚	吴景焕	郭俊震	张　弛	张韩绎	徐天宇
方　可	郭　晴	刘浩天	陈欣怡	李可玥	傅嘉怡	张奇凯	江以恒
潘嘉蔚	陈仕慨	夏嘉楠	郭　婧	徐永咏	彭亭彰	宗心雨	胡浩宇

黄国际　孟　维　邱雨旸　陈泽锋　黄薛怡　陈嘉诚　付金鹏

机械工程学院（68人）

张展歌　冯厚斌　宗　越　李清明　曹张蔚　张子曰　祝昊杰　林双根
吴科佚　王子睿　戚杭哲　刘雨腾　宋良宇　邬俊甫　徐　若　王宁杰
陈豪杰　张铁铖　诸葛均瑶　虞志豪　郭佳淼　徐　涛　刘逸洋　周士捷
吴　浩　章亦乐　潘　鑫　吴　创　程尧锋　刘一润　高与栞　苏志安
雷必鑫　卢芳民　李子豪　石　皓　郑子翼　马亦诚　王　涛　王宝莹
石大杭　刘一恒　蒋卓颖　金　潇　吴润茂　郦宇豪　刘大勇　何心洁
周家璇　黄妤婕　贾孟晗　江宇宁　卓正阳　曹宇恒　李佩泽　黄　洋
沙一洲　徐佳航　王　博　崔文博　黄子毅　许　丹　傅　辰　吴正豪
金子冠　何明谕　陈许涵　张韶文

材料科学与工程学院（26人）

张可滢　李锦涛　刘泽元　宋凯宇　沈子越　王　骏　汪　力　楼瀚予
阿布都合力力·努尔买提　杨宸剑　肖奕帆　孙　彬　龚　晨　钱　昇
叶力维　缪之恺　孔欣源　吕心怡　谢清松　厉梦璐　冯海龙　孟景晖
林思宸　林明泽　周　末　曹雅钰

能源工程学院（92人）

王歆宇　李修远　刘　军　楼奕泽　向正武　周霆枫　马晓均　陈　淼
汪栩涵　童　桐　顾轩杰　孙卓成　李剑涵　王昊旸　盛　典　朱军臣
徐敏扬　沈彦宇　钟雅文　吴育恒　宋佩瑶　黄　维　李贤贤　徐正楠
陈军旺　江　宁　黄雯琳　朱乐家　钟伟刚　段帅军　彭　鹏　范志伟
黄振航　程紫莹　王　齐　魏弋茗　杨舜苊　牛雅恒　陈映池　罗福江
沙文宣　蒋阳野　杨以恒　舒　雷　舒闻涵　秦　望　刘轩彰　任星宇
吕轶萌　孙懿萱　杨家泰　陈柯杰　刘　畅　蔡雨佳　边洋震　姜会萌
曹人仁　邓泽华　滕浩文　杨宸晧　林晨衡　金国培　万里翔　邓泽华
滕浩文　杨宸晧　林晨衡　金国培　万里翔　宋文龙　施宇迪　牟　曼
黄　钢　叶　珂　卢　亦　刘永政　廖文碧　侯　荣　白新元　潘诚晋
李承浩　陈声浚　项亦都　陈辰雨　王臻宇　陶怡楠　龚海天　颜园晨
吴锦鹏　陈天豪　黄相博　张桂嘉

电气工程学院（126人）

李恩奇　胡晨昊　刘毅哲　何柯谊　杨静茹　陶晨阳　钟　元　甄红伟
林俊如　王子逸　王惜昀　徐琪杰　曹鑫阳　夏润泽　阎星宇　聂文凯
朱　语　王霁廷　朱益哲　李仁杰　江翼坤　孙伯伟　黄郑献　林子骞
刘恩俊　陈志宣　翁昊哲　李仲正　马天宸　陈煜炜　高元亮　张言博
胡可欣　许晟瑶　林鑫豪　王禹淇　郑新源　张李康　陈珂怡　朱星运
邓声福　周　义　石　越　郑宇昂　潘奕晔　董会武　董佳为　陶泷杰

浙江大学年鉴

张福兴	高 硕	周孟浩	周 昊	郑瑜蓁	高楚暄	汪若瑜	丁祖潭
慕熹彤	夏 天	徐 婕	谢瑞杨	周伟强	沈洋羿	郑雨珂	徐楚奕
丁佳豪	胡宇航	杨鸿滟	李晨凯	傅雪艺	杨麒筹	章哲成	张泽宇
杜一飞	王斌浩	郭 帅	邢毅诚	解靖楠	陈 创	沈晓梦	蔡翼驰
盛佳辉	朱姜宇轩	罗 涛	黄聪	刘沛周	郑 撼	于佳正	赵文淼
宋振宇	林华鹏	曹俊杰	李海涛	曾子涵	宋梓源	陈垣希	陆炫存
耿文涛	桂成清	张雪纯	陈兴国	力尚柯	曾千一	俞佳楠	李宜婷
何宇昊	方昕萌	陈水荣	叶浩哲	邓 婕	毛照渝	綦跃声	庞 彬
励柯炀	叶文瑶	颜湞宇	吴炅昊	谢翌文	闫振楷	张渊博	刘明宇
吴奕姜	丁 艺	吴锦程	吴振扬	余品懿	胡哲珲		

建筑工程学院(120人)

张 帆	王世骁	陆骏彦	傅舒扬	徐毅桓	黄佳悦	董雅祺	蓝 逸
毛璐颖	潘雨嫣	唐敏杰	张 锐	翁裔天	缪天枢	胡俊铭	虞耘开
钟昊洋	徐欣航	吴彬垚	曹闻涛	王晓蕾	何语茜	张琦鋆	王可婳
向益娇	叶登琳	林宇哲	金雨萍	汪方奇	童妩旭	林俊松	徐方旸
王伟盛	郑泽颖	项子轩	程依琦	章昕悦	陈 硕	王陈远	翁奕柔
黄梦怡	王凯雯	徐怡宁	潘宇轩	王力行	陈晓轩	滕逢时	方 森
雷陈源	宋梁涛	沈向诚	南温婷	周鸣悦	苏伊扬	吴叶遥	许书洋
尤黄骏	吴兢业	覃文桧	董一炜	陈 炎	王喆成	彭 煜	鲍新源
许艺凡	高荣峰	陈思洁	徐文珠	王亚龙	梁 桂	张若雪	王 可
白植昆	范星垚	王 旭	童 畅	黄乐鹏	杨熔潞	厉铭明	陈 欣
陈诗如	蔚岱蓉	芦凯婷	刘佳琪	范浙文	方 琰	刘逾千	林依泉
丁 翀	王龙佳	姚双越	金晨晰	孙硕琦	金洛羽	傅优优	吴浩麒
陈志坚	祝 威	傅榆涵	徐思燕	肖佳文	陈金明	袁李源源	翁肇典
杜 娟	王 杰	曹晋嘉	张晓琪	吴 同	陈逸晗	刘彦宏	徐方正
杨佳逸	周 琳	叶于君	徐子安	周宇轩	解嘉楠	戴思睿	章徐杰

化学工程与生物工程学院(47人)

程警羲	李 雲	仲衡宇	李 丽	谢诗心	邱君健	吕孜涵	赵啸婷
文 蕊	蒋沛楷	林巨晨	梁 俊	吴茜蓉	许 锋	陈薇伊	胡 恬
苏义君	郑宏玮	黄天洋	徐铭乐	朱睿婕	姜方耀	郝欲帆	王文昌
王 洁	徐心童	董致远	葛卓颖	童之阳	俞卓卿	赵可暄	方冠东
张雪宁	姚凯丰	周佳楠	潘炳强	郑志光	兰宇翔	汤茱迪	陈志宣
陈 洋	刘玲清	向昕辰	袁国栋	俞沈辉	张仲尧	金子超	

海洋学院(70人)

李明阳	彭 妙	肖晨阳	赵凯来	张文焘	伍予晨	王豪杰	刘恩慧
罗正洋	苗绍懿	郭芝彪	俞书璇	宋 磊	韩颖馨	阴启蔚	刘 蕾

申浩轩	余世杰	杨嘉轩	胡心成	秦浩楠	董江文	徐化坤	方童岩
魏亦然	何陟唯	万浩文	谢冠文	童金宇	赵文锐	蔡心怡	赵明雷
周凯茜	韦 俊	郑天承	王 浩	陈会众	张继尹	冯美慧子	刘淑瑾
陈季威	余沛璟	谢 天	陈思婕	郭若海	黄朴文	李登科	陈梓豪
余 辉	吕纪帆	陈 阳	麦子轩	常子诺	郑 翔	韩懿洁	刘一苇
王日寅	苏 展	郑柯祺	黄乙芙	刘 宁	杨智颖	陈泓宇	张世夏
周远航	韩成诚	梁英杰	郑 恺	范迦勒	郑 龙		

航空航天学院(43人)

黄于翀	何智勇	唐瑞良	孙嘉源	张艺丰	陈荣楚	杨 光	邵玉瀚
李 骁	宋 佳	金昕豪	方骏琪	池心砚	高 蓓	倪硕辰	杨润雪
易 威	胡洪杰	胡高佳乐	张庭嘉	张天翊	张琪儿	孙宏宇	步琛毅
黄飞翔	钱怡良	黄崇源	王天力	王洲翃	王 亮	楼佳悦	朱力恺
戴百惠	张亦婷	方天睿	沈思远	辛志乾	朱俊豪	杨 淼	唐 栎
郭景琪	李浩浩	袁露杰					

高分子科学与工程学系(21人)

包洁雨	陈博洋	方成骏	顾超源	曹宇翔	李智怡	何梦轩	戴斌垚
陈永瑶	王志恒	韩承晔	田雨芊	曹俊俊	李睿一	冯 涛	金淑杰
吴威尔	温永坚	胡真扬	林敬涵	胡 朗			

光电科学与工程学院(41人)

吕冠达	祝欣怡	伍志远	章喆铭	杨辰凯	刘粤申	刘嘉程	王力宁
潘正怿	刘章涵	张瀚文	彭 承	何子隽	蔡添乐	陈丁晔	翁陈朴
姜钧怀	许竹沁	谢伟民	孙伯文	邵羽祺	曾 维	陈泓佐	祝汶江
邬佳浩	姜海怡	张雨晨	葛子昕	单得峰	胡恩杰	胡凯丰	宁高宁
张 天	王路明	何恩兴	王子凡	杨雨欣	姚昕旻	方小羽	廖嘉琦
姚闻哲							

信息与电子工程学院(121人)

党一凡	刘 行	朱国柱	周骁雷	周路童	章佳斌	王田宇	杨叶津
黄识翰	明 骛	杨文劼	汪晓亮	高 权	管晨乐	崔明哲	诸葛航
高 凯	方逸可	谢尚琢	王一恒	王展宏	张永迪	任天骐	李 筝
陈一瑄	李心怡	周子力	谢 磊	廖子辰	李 广	肖 洋	杨浦晶
周炳鸿	刘书源	禹宏业	陈斯洁	马天驰	叶梦倩	符川东	应旷野
李美霖	石家祺	周伟杰	易汪浩	谢 信	李泊铮	孙一凡	闻人豪昱
刘 翼	李锦丹	郭泽翰	陈乐斌	李 果	张 豪	刘 翼	李锦丹
郭泽翰	陈乐斌	李 果	张 豪	张晋毓	陈慧奇	吕蓝翔	高元杭
陈礼建	陈恺奇	卢正阳	陈捷楷	徐 达	窦瀚宇	侯一格	巴浩文
兰 珲	王书言	周大毅	严宇轩	刘哲恺	徐楚佳	余俊伟	潘林杉

杜皓楠	尹业平	陈弘泽	陈亦奇	颜扬威	马浩原	陈吉敏	黄旭初
蔡望禧	朱羽	丁喆	沐微	何玮杰	任俊宇	王瑜昕	郭含蕾
李正一	赵周祥	樊萧南	吴一凡	林立诚	陈永杰	鲍瑞琛	薛一正
叶慷鹏	姚晓雨	王淑鑫	钟函志	蒲添宇	周杰欣	陈铭心	黄嘉欣
楼超腾	陈梓杨	陈宣挺	戎航凯	朱封浩	石奇	谭烨	杨羽霄
余俊辰							

控制科学与工程学院(55人)

陈裕庆	李睿晨	宋为	张文才	邢俊杰	朱一明	俞靖骐	陈佳禾
王嘉瑜	牟林湛	倪跃城	王子腾	金昕澳	许懂	施嘉杰	于瑞骐
沈萌	吴艳明	范国锋	马子敏	陶冠雄	蔡璐璐	蔡坤镇	唐翀宇
肖航	沈宇豪	叶晨昕	樊星宇	俞一诺	史梓枫	萧力城	王轶恺
平衡	陈渝兮	谢阳阳	罗心平	谢宇晗	张元澎	钱绮虹	徐浩程
周天	徐浩然	孟世元	高瑞岚	刘梓涵	陈琢	杨敏琦	姚一培
林煜凯	陈泳岐	刘奕利	汪舒迅	钟声	李思懿	张逸诚	

计算机科学与技术学院(157人)

孙宇桐	梁可愉	程政淋	胡竞文	陈奕宇	贾鸿硕	庄毅非	任坤
董昕鹏	沈韵沨	王柯棣	姜一诺	魏浩铭	邹晗喆	王一智	张洮纯
吴星雨	贾筱雯	顾瑾钰	詹绳易	叶泽凯	赵小迪	贾子钊	倪旻
胡嘉成	董佳昕	韩郑衡	孙川	管嘉瑞	张柏岩	张亚超	祝舟航
孙钰圻	田昊	李秉泽	戴俊铖	韩凯乔	刘为畅	蒋思超	徐晖曜
王建瑞	兰雅榕	余悦	皮佳明	诸葛均豪	吴志榕	董家伟	张嘉季
余俊	何泽华	王海纳	万士欣	梅钦	詹天宇	贺嘉豪	李垚儒
陈志龙	韩恺荣	贾世安	周轶潇	陈晓婷	吴烨心睿	王启能	郑蕲
沈宣彤	陈映嫔	杨效	颜潇涵	沈思扬	徐云楷	方宇阳	周家怡
王伊瑶	付凯睿	林政楷	侯乐凡	张喜瑜	胡骁萌	黄宇成	陈瀚洋
邓承克	杨苏洋	朱航	王昪鸣	杨婉倩	余奥洋	刘诣元	王行楷
朱亦陈	陈梓瑞	肖沐含	吴欣倍	郑博文	张宏伟	欧翌昕	朱雨珂
韩程旸	徐凯琳	余景融	赵耀乃明	范钊瑀	赵灿宇	何明谦	张泷予
向柯蓉	刘蔚然	叶怡霖	周璐	张靖宜	季高强	陈信宇	吴心怡
吴逸飞	杨申毅	林虹妤	焦点	唐嘉辰	郭若容	张静圳	杨治权
李郝添	瞿皓阳	刘玉英	董乙灿	崔铭元	章沈柯	阎赟之	俞郭遥
庞懿非	王海敏	陈新宇	杨子晗	龙静毅	王轶楷	秦子昂	李昌栋
朱余哲	潘恩皓	颜天明	张耀辉	黎伟诺	姜东甫	李兆渊	吴恩泽
张振宇	张逸凡	陈彦博	李博睿	芦宽	李淇琪	陈晓晖	刘慧婷
关启凡	陈雅雯	李木子	方童瑶	雷子悦			

生物医学工程与仪器科学学院(40 人)

邓 晴	黄 渊	叶为红	罗鹏铖	陈 赍	何明明	李文锋	盖云搏
于耀杰	赵 敏	王攀峰	钱 进	余秋澧	张 楠	吴珉阳	汪雨甜
鲁光乐	徐理昂	胡家豪	俞贝博	朱钰瑶	郑佳琦	徐心慈	杨 俊
李小寒	金佳裔	卢 添	樊济瑄	彭昱龙	熊楚涵	汪雅雯	向康蕊
吉建煊	周轩溢	帅奕帆	陆雨涵	陈 楠	胡毓宸	严承云	谌亦为

生命科学学院(75 人)

杨镇宁	朱思仪	梁戈锐	孙潘轶	陈 潋	邹 捷	全 程	蒋若愚
范淇博	张 淼	邹翼航	于海飞	么佳楷	吕 哲	刘艺婷	崔光裕
张旭冬	杜翊瑄	韩一萍	陈义然	郭浚哲	徐安旭	丁文卿	冯骁骏
叶雨琪	姚 羽	蒋皓洁	朱燊鋈	王煜嘉	黄子骏	鲍 冉	周展安
刘沁潇	顾婷愉	姜 尧	程子涵	胡伯午	徐嘉雨	傅恺怡	金水木
诸志鹏	钟宇轩	蒋铭轩	饶心语	黄德轩	张新莲	刘欣悦	罗 亮
梁又之	黄雯漪	姜博瀚	谢宇龙	薛梦琪	蔡晨曦	张佳翔	严 磊
金胜昔	郑跃妍	鲍苗蕾	吴亚萌	陈诗意	彭雅纯	卢奇东	沈 以
欧心怡	何哲君	许靖欣	郑瑞祺	傅莲婷	陈俊楠	管秉涛	夏楠楠
吕 珂	斯卓然	张 源					

生物系统工程与食品科学学院(42 人)

杨 晨	韩哲远	杨天怡	徐 至	王 匡	黄柯铭	陆慧姿	徐楷政
吴子豪	蔡可颖	徐奕帆	温邦荣	曹 杰	叶郁芊	廖恒一	朱冰儿
沈天乐	汪心旷	徐丛艺	王灵曦	朱钦逸	姚学然	林子健	李熔涛
平 安	徐 姗	黄 潮	吴 凡	陆憬锴	梁之恒	林翊源	张意林
孙心悦	毛梦菲	黄钦乐	王梓帆	万贝佳	石王珏	孙逸枫	张润瑀
周佳玥	黄逸伦						

环境与资源学院(45 人)

王 优	李炜祺	王溯原	王楷凯	余建文	娄景渲	滕烜恺	钱 磊
陈傅涛	鲁一锦	吴震川	陈嘉慧	冯 誉	惠小轩	仇雯雯	应育成
韩孟珈	金胜佳	朱晓琦	张雪怡	郑予易	李耀嘉	张笑笑	范紫岩
顾 顾	方文泽	张 越	蔡晶婕	杜 豫	冯轶楠	张振文	方 越
戴之舟	吴明雯	陈柳洁	陈成怡	朱思名	戴江峰	韦潇雯	沈小铁
张藏凯	钱洪涛	何星仪	包非凡	方辰轩			

农业与生物技术学院(80 人)

王 梓	沈以立	杨佳莹	杜宇科	雷心意	陈 慧	陈思齐	陈兴市
俞谦益	肖钰鑫	包心悦	宋笑瑜	童正语	邵柃铃	胡雅馨	王嘉睦
杜传玉	刘天骄	赵雅婷	沈维扬	陶雨欣	吴予杰	叶子航	周俊何
刘馨璐	吴梁炜	陈柔含	夏嘉民	唐诗琪	朱 灿	李森豪	陈梓荧

叶欣蔚	蔡振宇	金秀楠	刘城宾	陈泓雨	潘　悦	黄宇澄	蒋镇毅
张艾宁	倪芝棋	华睿雯	陈佳意	盛晨雁	郑荆蕾	严雨佳	干心卉
韩依格	程苗嘉	黄　磊	文泽新	卢修萍	祁洲辉	邬胜男	叶汝怡
吕思晨	闫悦瑜	王金旻	靳为多	戴依然	左颉冰	刘笑甜	陈信策
赵丽雯	严雨林	钱佳慧	王孟卓美	黄佩雯	张卓伊	陈润宁	麻永隽
姚　洁	龚语欣	陈嘉梦	陈佳荣	许可文	朱万欣	胡增杰	梅自律

动物科学学院(39人)

曹嘉佳	易　轩	胡奕扬	魏安琦	洪强余	袁程宇	赵晨旭	何雨桦
余泽旭	刘博凯	陆亦澄	洪　妍	方怡璿	陈乐晗	吴心宇	张学林
文艺源	陈　亮	卢嘉佳	李青昊	沈冯婷	孟　想	金佳敏	高佳璇
周　婷	华裕平	王天客	曹昳晗	高　燕	王义菲	舒　扬	沈栩岚
李潇腾	李诗棋	徐竞宏	童泽慧	何骥远	周航旭	周鸿菲	

医学院(273人)

张承隽	鲍聿杨	郑妤颉	杨滢硕	郑楠翔	刘　洋	张睿哲	李雅琳
唐锦翌	王誉嘉	江　奕	闫鹏宇	郭　威	芦思健	王　涵	盛舒怡
葛　添	戚　畅	诸一敏	张　瑞	吴铱冕	张杭睿	麻佳颖	马先哲
祝培朔	吴林林	陈熙佳	胡如碧	叶荣耀	张钧丞	毛华杰	吴　涵
刘紫千	刘　畅	李长博	席梦佩	夏语弦	叶天宁	赖俊宏	邓　睿
郑　毅	林思彤	陈　妍	蓝　柯	余小妍	宣国涛	熊逸航	项峻翔
洪子伊	朱瑜轮	陈泽社	麻棉棉	黄伊琳	郭凌云	黄子函	梅宇翔
季　洁	吕静谊	洪子诺	王文易	郭俊言	李彦蓉	朱睿滢	吴　昊
王宇航	王介璞	岑欣庭	宗逸骐	刘厚余	谭博仁	张仔薇	陈雨潇
童锦程	孙雨晨	郭培铮	马亦苗	谢　颖	齐芷萱	何若宁	林星希
周若琪	黄佳蕙	叶　楠	田欣雨	林琦皓	施　睿	丁少研	汪骏烨
殷思懃	何永顺	李卓宸	汪雨禾	韩卓琳	陈　铭	刘丹妮	孟竹青
张　晰	陶　娜	张乐妍	邓佳音	石嘉和	郁梦琦	黄滢霏	杜思瑜
刘晨昕	缪佳妮	赵云锋	张梓楠	费晓洪	戴亦超	热孜完古丽·亚生	
焦　赝	戴淑惠	胡晓停	傅　钰	何瑾涵	刘心恬	杜创佳	郑雨潼
章　慧	郑　颖	龚景瑶	陈　然	励容安	吕佳潞	丁楠浩	沙卓敏
傅涵琪	邵艺轩	王佳怡	戴巧丽	潘丽婵	刘　硕	何雨晨	李紫霞
任雨轩	陆泽琳	郭天晨	魏毓姝	唐　洋	余　静	林蕴格	李承原
金琛淇	张馨允	袁舒彦	向思敏	章增乐	杨璐瑜	张添蕙	刘斯堃
张婧涵	陈　潇	徐伊阳	马文远	姚成俊	郑植桉	金振禾	赵　庆
陈宣强	林锦涛	张　宇	初妍君	金　添	李　豫	王雨芳	梅群昂
钟　鸣	王晨妍	吴雯欣	王炳鸿	杨思维	汤沈洁	欧阳子怡	吴飞宇
张浩晨	郭杨杰	何家浩	赵亿安	钱思危	胡瀚文	姜　玥	刘依兰

但林涛　金汉伟　王泽伟　王俊妍　刘芝羽　包书悦　万冠萍　张诗轩
刘加蕾　宋霆雷　邵嘉琦　吴灿烂　吕杭芳　张加韵　贺加贝　俞快
周娅京　马誉引　金奕辰　黄承春　楼上　沈熠　何佳玲　赵佳莹
蔡芳媛　张钰莲　郑家祺　徐滢婷　王颖　胡泷双　刘书欣　何文涛
马凌寒　廖迟　严若晨　谢智涛　孙晓斌　卢皓文　张桐雨　庞羽珂
陈姝蓉　厉凡　马凌风　邹睿　俞超荣　李睿昊　林慧如　舒亦畅
绳文静　赵慧玲　应甜甜　原梦　宋昊　林扬恺　洪元雨　季睿
杨烨　何泓朴　蔡子婉　张筠怡　范中文　李禹霄　姜萌萌　于欣雨
张梦辉　王润哲　冯愉沁　叶可心　叶启臻　朱辰昊　吴燕萍　徐晨浩
刘静怡　张思睿　朱楚楚　王瑶函　王丹婷　王欣妮　陈明卓　施梦佳
胡妙瑾　赵奕翔　陈佳庆　钱溢佳　董叶恬　徐烨炜　章非木　刘博洋
王树春　刘淼淼

药学院(43人)

余晨易　张一涛　李尚鸿　陈铭禾　聂书扬　张于芳　王艺霖　罗昊
王雨婧　郑岱卫　姚钰　贾烁颖　林臻　边之雯　俞梦瑶　陈华楚
章赢予　石磊　李鸣畅　周苇杭　罗杨千　叶琦　陈仁杰　郑阳阳
戴肖悦　苏语嫣　屠楠楠　俞昕旻　张瑶　饶潞萱　沈子建　蒋麟龙
陈继弘　陈思宇　吴诗慧　康星晨　李徐诺　陈天乐　董哲帆　吕一丹
袁任翔　莫欣蕾　杨益栋

竺可桢学院(288人)

毛誉杰　池正昊　侯钰炜　陶开浩烨　张帅辰　王率　马誉宁　盛英伟
范一骏　雷喻斐　段兴宇　黄苗梵　朱亦锴　万晨阳　王子熠　许昊梵
赵智胜　来思锐　闻梓棋　李博文　许向　李锦艺　闫廷洋　王玮凯
陈昱廷　雷田　马灿宇　谷志磊　李佳芮　吴弃三　陈俊桦　鲁诗瑶
王鹏程　常赫峰　王奕健　陈志初　周晟程　朱锦添　李诗宇　黄博玮
虞洋　汪乐其　王若天　钟梓航　张延辉　莫智涛　张瑞　郑维康
胡帅伟　陆晶宇　韩艺轩　夏宇晨　管力召　程浩　陈禹翰　靳奕扬
周锦昌　桂语希　梁好　陈雪阳　陈思烨　陈元勋　秦嘉忆　沈俞彤
游伊宁　卢李通　姚锦诚　赵至艺　刘国璇　林奕铼　徐子晟　傅旭亮
薛东升　徐鸿芸　蓝鸿斌　祁逸灵　尹思蓉　王子凡　周以灵　周书聆
余跃洋　陆雨欣　徐子然　刘博远　黄荟璇　劳思琦　张学鹏　贾越
胡锦然　姜凌麒　吴乐南　甘宇轩　方致远　宋宇晨　李佳阳　雷俊驰
吴律成　林不凡　麦穗良　杨岩涛　范泽宇　李小龙　李春洋　张乐民
吴昊泽　蒋宜臻　董佳鑫　蒋添　郑玄烨　顾溢文　屈煊　刘志炜
张亦弛　顾岩　徐臻　谢洋　曹晨炫　马洪　陈耀文　王钰博
王信博　雷远航　贾博宇　何光昭　尹思成　李晟榕　吴齐澍　王泽

彭 博	赵安可	蒙靖凡	林心娜	丁宇柔	汪张翼	王子骞	蔡昕颖
黄子瀚	刘兰希	胡文镝	周杨叶	孙鑫杰	李 赫	黄旭林	周洒帅
李欣悦	郝桉凯	雷 可	蔡逸晨	刘滨男	阮可嘉	邓宇真	王修远
潘嘉骏	宋文铮	张榆雷	贺俊哲	陈虹宇	王润冬	郑祎豪	晏子昂
施 熠	司赫宇	王 翰	邱思源	张祎颖	刘奕麟	朱珈慧	张青丰
陈凯进	胡凯文	许益豪	朱羽飞	李健翔	魏金祺	张俊凯	周林儒
席思琪	夏凌豪	杨吉男	薛燕楚	苏子瞻	施文骋	史一纯	王非凡
华梦芦	刘家玮	高 珂	蒋冠男	尚嘉伊	乐佳益	陈奕羽	鲁 莹
曾语涵	蔡志豪	刘宇骄	荆婉玥	张艺蓉	王延鹏	张睿姝	张景森
邹乐怡	黄伊泠	朱 畅	郑昊伦	徐昕怡	朱靖彦	吴俊贤	褚写庭
应乔松	熊子宇	殷信楠	杨天卓	余鹏飞	卢政希	余 能	王涵之
王廷曜	王一凡	王和钧	宋子钰	冯 骁	孙 潇	宋 磊	钱于飞
刘志坚	王 璇	马逸伦	皮松岩	李钰杰	何家骏	李玥颖	杨天硕
金心怡	杜荣星	陈剑龙	程博裕	范耘溥	薄上一	杨文静	郑泽宇
肖昊瑾	许珂钒	薛唯琛	吴紫琪	詹涵宇	张之昀	刘祺琛	林思怡
胡宸畅	温雅岚	廖栩烽	苏婷琳	张凤飞	叶弘颖	崔立添	刘逸飞
杨林涛	李 铮	陈德瀚	陈 聪	柳明睿	詹 奇	赖泽宇	蔡 力
林宇辰	李 渊	李志阳	周琪东	孙立尧	李 政	邹尚彤	朱耕玄
尤锦江	吴禧洋	金海岸	王佳明	黄志伟	黄嘉熙	杨浩峰	潘致远
朱科祺	陈嘉骏	王艺蒙	李明伟	吴景辉	黄治杰	李 享	蔡润青

求是学院丹阳青溪学园(344 人)

张士哲	包骏杰	王含伊	俞维妙	李笠箫	徐雅莹	叶骞屿	陈诗胭
吴昊轩	郭韫菡	金乐怡	刘正如	洪 扬	许玢璘	苏炜彬	陆 琪
陆雨甜	金燃冉	郭璞璇	郭晨馨	李 鑫	陈灯坤	邓嘉祺	田婧婕
薛家和	胡亦心	陈怡冰	钟苗怡	林乐暄	童浩洋	卜少刚	蔡一凡
关茗月	吴欣妍	王榆燊	朱子裕	陆雨欣	陈希典	潘秋宜	闫育璇
金雨晨	傅一笑	朱 奕	袁雪莹	樊书易	陆飞宇	林小军	王 璐
何 厅	裘 知	黄子叶	钟舒奕	陈静格	杨子旋	高凌溪	干亦欣
朱芊芊	徐境培	林泽权	杨思琦	王瑞晗	周佳楠	劳嘉瑜	袁子坤
王 吉	池 恬	程棉绵	徐金芽	张贝宁	杨丝喻	黄蕴玉	朱涵乐
季从容	徐腾钰	应鹏霄	沈子琪	高奕柯	徐宁骏	王柯人	蒋馥蔚
陈 玥	蒋馥蔚	陈 玥	鲁樱荻	向 檬	温恩洁	陈蕴韵	叶巳好
钟诗语	金瑾萱	王雯琪	陈嘉雯	屠舒童	沈俊骋	叶可璇	陈 磊
余天婴	陈雅琪	陈 妍	叶彦含	周 冉	张诗语	李若瑜	江永婷
赵之妤	徐敏瑜	金宇涛	林旭涵	梁棋皓	陈思怡	朱乐怡	刘雨晗
曾的妮	郑 月	钱泽宇	张贵莉	陈 娜	刘辰宇	陈孔泉	屠鹏程

陈硕硕	李思潋	杨 可	李一蔚	高萍佳	陈 扬	陈一诺	施乐乐
黄梦鎏	孔微烨	高 舒	郭依萍	林可悦	吴欣悦	余 晟	叶佳奕
徐晨泱	谈厉天怡	郑 硕	宋 璞	张警予	钟政楠	张金洋阳	徐礼宸
虞王烨	寿佳怡	骆建勋	王一舸	樊香锋	廖家铭	蔡沛枫	陈骏阳
梁宇婷	李佳睿	蔡黄建格	邱邦彦	杨 可	陈甜静	傅颖聪	赵智铭
宋一诺	马驰骋	王文锴	汪炫耀	张董宇	傅海涛	杨 檀	吴 琦
毛协博	林 笑	杨宇彬	沈 彤	毛钇杰	王超越	陈曼莎	徐泽鹏
徐佩雯	唐未央	陈亚弘	杨佳禾	韩佳玉	卢立辉	鲍祥祥	金培杰
吴漾漾	李泓达	刘林昊	刘沈萌	方有鑫	陈 忱	余琬怡	胡嘉桐
刘 栋	陈志渊	秦思扬	孙恒煜	蒋珂珂	郑 锐	茅佳瑶	韦祖迈
蒋 逸	梁 婧	孙晨磊	刘一鸣	陆宇嘉	姚治威	刘瑞洋	王铭恩
黄家睿	郑雯雯	方必涵	何烁阳	金朔冬	肖笑扬	江 韬	刘歆旸
王子涵	徐之程	王之毅	应永义	王 麟	吴思涵	刘小川	高梓赫
陈震翔	张 祺	陈初阳	陈厚君	邵意炫	朱致远	叶明睿	杨天一
龚昕航	张士博	黄槐靖	赵天健	胡亦婷	罗云翔	颜铂林	陈乐瑶
张振扬	金致远	季 颖	葛靖然	周 煦	丁凌骏	万乐怡	林舒阳
张国瑞	徐 鹭	凌 川	陈彤铭	马欣予	段芊芊	孙 潇	林昱彤
高 兴	陈露阳	黄馨宇	史柯颖	杨 楠	龚可楠	杜钰璇	童可人
吉文萱	吴逸飞	吴骏怡	俞 凡	陈贝妍	任 璐	周 娴	王雪雁
杨婷婷	郑依依	郑 馨	王 越	王慧丽	韦冰洁	林钲惠	吴靖雯
张若倩	单靖翔	林 巧	刘诗妍	孙文心	郑一航	姜伊荟	董 蕾
金 楠	罗天怡	李 芸	柴昊阳	郭芮茜	陈 鑫	周 意	李 宜
戴思群	陶心滢	王 婧	韩 檬	汪启迪	王雨萌	陈晶晶	覃小优
杨之旋	高昕彤	胡雨欣	刘诗豫	陈馨儿	卞雨轩	柳松婷	季纯彪
李昀泽	刘若彤	丁思琼	郑嘉瑀	杨洲琪	王亚萍	俞邓越	姜珞霖
吴乐瑶	周慧玲	陈逸群	高千雯	林千想	张天琪	王思睿	戴知言
陈珺茗	魏 扬	吕博洋	汤俞菲	李 琪	潘思杰	杨亦婷	赵苑彤
李佳彤	金昕峣	吴卓妍	郑咏琪	吴 琰	周 蕊	蔡 璇	纪科宏

求是学院紫云碧峰学园(316 人)

吴鼎威	郑毓雯	余芊逸	宋义韬	陈董煜	刘佳畦	刘晓睿	林钊坦
胡逸涵	唐 宁	孙文逸	张一墨	孔嘉麒	廖妍涵	张紫莹	王兴逸
李子超	李广扬	徐竞涵	李雨翾	林 筝	李衍博	卢禹成	刘思好
董冰清	许 素	金林丰	方俊哲	杨芳舟	杨欣怡	郑 璇	熊 嘉
吴亭孝	张璧丞	吴莹莹	周佳磊	金楠卓	严文秀	梁柏均	彭驰皓
郎元柯	叶子沛	徐誉升	苏逸然	郑小莹	李郑豪	许菁颖	梁宇鑫
潘玮涛	缪晨露	郑芷瑶	王露雯	朱李芷艾	鲍哲璐	孙家怡	应子乐

金业翔	江 琳	钟瞿隆	周晨辉	陈泽楷	王易安	陈 蕾	许灿灿
蔡盛骏	龚泽斌	姚泽达	涂欣玥	蔡志宇	沈慧玲	卢依菲	陈新锐
刘思琪	方飞越	陈炳宏	李维益	黄懿聪	李宇诗	孔若羽	祝宇杰
李 想	林才鸿	潘俊宇	沈思琦	孔佳怡	张 宁	来凯杰	曾雨孜
郑哲妍	吴保锟	庹小坤	张书维	夏 昕	杨 旭	胡宸恺	李子菓
程勇康	方文昱	梁思蕴	潘元健	潘力豪	淳明玉	戴宏亮	陈 璞
胡蓓佳	励精图	欧阳宇航	储宁奕	周小童	邓睿康	张立冬	孙滢宓
丁愉涵	卢峰杰	侯沛然	郜子锐	冯 楷	曾楚芮	彭 程	陈 炫
吴毅亭	靳艺骁	陈旭冉	沈帅良	王一成	杨博涵	陈 铮	许错航
徐天骐	简英钊	林智扬	居圣桐	刘井然	田语欣	孙 鑫	李心羽
俞祺皓	罗 界	陈思睿	何其洋	陈伟楷	王俊怡	王思雨	张润今
冯子乐	康雨航	罗 京	孙嘉定	王伟杰	邱至松	詹含蓓	姚志豪
彭成洲	冯辰含	沈小康	徐文皓	钟道逸	杨辉翔	叶 馨	张 韬
陈若禹	朱镐哲	王梓康	顾卓玥	杨思诚	李修齐	杨 坤	陈 诺
卜翙天	娄开杨	曾 赢	苏 展	胡雨轩	黄文杰	张 韬	李嘉诚
郑昊宇	田进源	张云龙	章欣璐	梁 潇	徐书航	韩仲凯	孙孝颖
马 恺	张书晗	胡康鑫	王梓萱	钱 睿	张乐群	石洋叶	杨天锦云
毕研成	张宇萌	孟致远	何元宇	蔡馨毅	林佳骏	曾 晨	耿鸿翔
杨朗骐	吴 颖	许宇鑫	农玉俊	王 熠	高雨轩	吴雪婷	叶耀阳
屠思源	翁 欣	钱闻博	王嘉梁	钱方济	郑沈昕铠	李 想	许 放
李欣睿	徐可亿	贾晨阳	刘祥盛	王安卓扬	徐毛铮	王浩然	朱俊宇
陈则安	谢绎含	沈家南	王奎远	胡雨志	史嘉宇	陈哲恺	王潇锐
项 洋	李乐天	李浩江	沈 言	俞 博	郑艾扬	廖程家傲	陈治帆
李语涵	王宇轩	张羽欣	蔡 烁	王雪婷	徐瑄培	吴宛格	戴俊明
王清和	吕梓萌	钱劲帆	魏欣楠	潘子喻	叶尔扎提·阿布都努尔		
方叶超	方徐嫣	周俊杰	顾尚云	张 凯	黄楚寒	郑天一	徐靖腾
杨宗明	方霄喆	胡丁文	陈一涵	丁翙航	鲍恒帅	单俊豪	郑哲文
顾王谐	毛知文	吕明秀	梁 超	吴乐周	鲍 懿	雍雅淇	钱致远
谢宇昊	罗康为	龙泳樑	李韩磊	林孝书	邢聪冉	盛义茗	裘 索
谢 坤	金子坚	柳灿阳	戴承君	施泽凯	王芙婕	林竑列	林思琪
孙欣茹	陈健儿	刘佳敏	董 銮	何世黎	胡晋恺	范仕杰	高宇桐
王宇慧	叶子龙	王嫣然	谢舒颖	麻思思	吴锦浩	饶宸昊	何嘉辉
王章玑	金 阳	吴海涛	张哲晟	张 承	楼嘉豪		

求是学院蓝田学园（337 人）

严 涛	王鸿儒	董宗山	高则通	方 琳	邹克非	郑舒阳	黄 毅
陈一轩	周宇乐	伍思宇	徐天宇	林唯祯	陈 长	胡蒙奇	董文杰

宁家玉	孟令儒	彭传硕	亓雨格	徐若钰	吴诗雨	叶伟杰	张玉梁
金之杭	胡崇博	黄栀籽	乔彬	范嘉晨	朱冯冯	俞子路	张茂硕
黄梦圆	姚钧喆	黄启彬	王杰	张奕阳	张驰	张馨冉	许艳梅
刘灿	李乔	李易蔚	江郁珩	周璇	朱鑫豪	郝孟轩	杨帅
吴奕琨	任群策	任心语	薛柯韩	郑灵珊	薛凯聪	徐凯瑞	黄昊天
陈植阳	王柯涵	陈龙庭	金子长	朱栩若	刘星怡	董柳意	董柔含
楼阳天	刘青青	史雨晴	周宇涛	李嘉	蔡雨晨	陈雨晴	冯佳旭
杜君安	何田田	干马吉	赵辞云	张炜麟	王谢鑫	胡湘君	姚昕杨
陈奕多	王梦怡	颜俊荣	温和	李骏闻	连丛笑	张俊哲	徐婧亭
洪方圆	陈梓沛	陈宇超	裘王	王宇明	何裕靖	潘奕儒	卢奕成
胡皓瑞	李允政	石卓群	夏雨沐	陈亦煊	李骁	邱涵瑞	郭佳欣
周子睿	梁捷翰	房姿吟	郑哲林	丁璐彤	张藏磊	李锦骐	沈林希
陈俊同	刘睿希	张绍文	祝好	王武一笑	韩宏锐	郑晨曦	陶琦安
杜雨轩	全若瑜	吴绍锦	吴睿	于新颖	朱子冉	戚鑫楠	沈昕奕
胡悦	艾靖梓	钟郑露	胡南	宋熙培	贺诗迪	黄籽硕	陈鼎其
应宏杰	刘部	敖悦	茅佳怡	邢艺馨	黄周菁	郑鼎煜	齐绍飞
沈铭聪	张沁	朱顾	贾钰杭	潘家宝	陈杉骅	应竞可	楼欣翔
夏荣骏	陈安琪	周逸麟	赖佳佳	潘城铼	彭涛	潘宇扬	刘天韵
蔡文涛	郑仕一	卢钇宇	李帅杰	王益钻	程恒希	陈甫玄	张震
苏环	金子蕙	胡捷	戴文麒	黄迪恺	任宇骋	王骏成	杨思逸
贺炳皓	黄博翔	黄益辉	申超越	许柳明	刘双	黄建伟	朱倩
周轩宇	何允枫	张李楠	童汤越	张亦弛	厉乘宇	楼腾凡	孙嘉伟
程万里	林立奇	郑修琦	包翊宸	陈雨晴	宣增	姚健	解焓策
韦奖沂	朱一诺	张志成	庄子学	郭懿锋	房天乐	麻书政	王先栋
王梓璐	张致远	谢可欣	季榆杰	傅艺锋	徐洪图	孟子越	罗愉淞
潘奕衡	郑力凡	华天研	顾典	祝昌熠	张理锦	杨奕宁	竺熠远
钟焕龙	唐嘉俊	沈舒扬	张曦	李松运	蔡博程	姜俊骁	赵飞扬
张拯瑜	朱逸星	陈江寒	王宸毅	章越	应苗	倪传洋	夏梁铭
田明和	肖健	赵乐欣	许宸	徐鑫鹏	杨紫珊	谢子扬	陈子烁
杨根源	尤彰麟	马瑶	吴硕	张梦光	李宇涵	徐凯	金家桐
盛晨航	陈开来	杨钡	邱向阳	朱哲葳	阎力宁	汪旻扬	鲍一睿
胡晓松	黄诗闵	张芮	周轩如	杨玉昕	叶余乐	张正楠	王磊
孙贾航	王雅茹	阳世浩	厉炳乐	高奇	程钰媛	潘祎琦	陈志硕
刘健	叶炳涛	刘翼洋	郑天乐	许帅	潘章胜	曹铨	牛鑫海
罗爽	刘范正	周凌轩	陈子瑜	陈路凯	刘政成	戴子宸	姚冬旭
韩慧依	钟瑞峥	张泽阳	葛嘉芊	何家欢	毕晗	丁之桓	陈奕学

浙江大学年鉴

杨奕欣　　徐艺　　戴薪郦　　高文静　　何季宁　　王一杰　　李天智　　陈钰蕾
刘嘉骥　　李申元　　童浩峰　　高潇　　潘文豪　　周王杰　　陈骞洲　　王剑男
祝乐　　毛兴源　　贾佳驹　　曾淑娴　　曾炳锟　　童译英　　黄宇辉　　孙鑫禹
朱自强　　程正光　　李依宸　　董家序　　林楠　　郑义骅　　章秦皓　　陈许多
吴杰枫

国际联合学院（海宁国际校区）（191人）

尹扬　　李明石　　程致远　　涂桓畅　　林展翌　　邓一帆　　徐子凌　　林致远
丁睿杰　　吴梓钰　　杜伟纶　　李宗霖　　丁智贤　　朱珩瑜　　林海坤　　刘思茹
贾镇源　　马蕴航　　程石　　周敬筌　　李宜格　　肖筱莹　　白雨　　周宸宇
嵇辛雅　　罗佳　　邱婧艺　　姚菲然　　徐艺苕　　吴悠　　陈如珊　　尚逸飞
李英祺　　方安轩　　吴越峰　　卢建璋　　徐靖翔　　杨一欣　　朱钱哲　　刘子悦
徐雨嫣然　　李宪秀　　孙宇宸　　王镌乐　　黄琬真　　吴雨谦　　王紫涵　　赵心悦
麻浩然　　贺昕彤　　张婉莹　　陈艺嘉　　王雨燃　　刘宗毓　　傅启晨　　叶凌源
陈金诚　　邵晓天　　岑逸辉　　马天睿　　王堃瑜　　缪禹扬　　李会　　王枢
黄雨轩　　李诗瑶　　俞盈盈　　孙要涵　　孙雅婷　　吴佳玥　　杨雯婧　　王馨曼
王宣淇　　高莹莹　　方芳　　徐航　　张家萱　　李言杰　　郭韦豪　　陈雨晰
杨一泓　　方元　　吴启洋　　吕依颖　　杨晨翰　　韩煜凯　　张骏玮　　姜浩芃
温佳恒　　陆星如　　贺旭鸿　　敖煜毅　　王伯垚　　魏钰洋　　王文迪　　逯蕴智
孙丹语　　田浩翔　　井立恒　　杨玉琛　　梁志翔　　董书畅　　王彬昊　　王雨航
赵一玮　　徐宇昊　　张津豪　　梁俊　　邵曦禾　　戴瑞祺　　黄一涵　　李品
戴辰羽　　张迅　　沈世隆　　王龙奕　　余明怿　　黄康桥　　黄哲楷　　李百鸣
蒋淏天　　孟宸娴　　陈澍　　沈阳光　　张郅璁　　王罗桢　　曾世骅　　陈湘湄
叶千禾　　胡嘉骏　　叶东燊　　张震宇　　钱思源　　黄靖元　　姜君岳　　梁伟杰
莫承昊　　陈阳　　王苏昊　　任俊杰　　王惜墨　　雷蕗淳　　阳沛栋　　王宇灏
朱杭刚　　裘菁菁　　陆心悦　　夏琪容　　吴铖瑞　　章铂霖　　任浩　　高昊泽
许可沁　　胡嘉宝　　樊豪成　　沈杨　　李承汉　　刘礼杰　　程灏佳　　郑李壮
杭哲义　　郭舒涵　　刘彭钊　　翁天乐　　陈钱中　　孙扬清　　于天骐　　魏嘉豪
林子渊　　陈昊　　刘煜　　漆振霆　　黎堃乐　　陈炫宇　　朱欣文　　张凯
陈世昕　　傅关抒杰　　张天宇　　杨帆　　徐远　　夏杰邦　　韩子飞　　童霖杰
傅哲宇　　楼海纳　　朱晓涵　　沈珂伊　　李康宁　　赵傲　　张博昊

2022 浙江大学年本科生外设奖学金及获奖情况

序号	奖学金名称	奖励人数	序号	奖学金名称	奖励人数
1	CASC 一等奖学金	1	21	潘家铮水电奖学金	2
	CASC 二等奖学金	2	22	启真奖学金	3
	CASC 三等奖学金	4	23	阙端麟奖学金	5
2	NITORI 国际奖学金	20	24	润禾奖学金	12
3	宝钢奖学金	5	25	三星奖学金	10
4	不动产基金奖学金	20	26	沈善洪优秀本科生奖	10
5	岑可法一等奖学金	9	27	士兰微电子奖学金	8
	岑可法二等奖学金	6	28	宋都一等奖学金	1
6	大和热磁奖学金	10		宋都二等奖学金	3
7	葛克全奖学金	15	29	苏州育才奖学金	20
8	国强奖学金	15	30	万华奖学金	7
9	恒瑞医药奖学金	20	31	小米奖学金	30
10	恒逸奖学金	20	32	杨咏曼奖学金	12
11	宏信奖学金	10	33	姚禹肃、贺建芸奖学金	20
12	华为奖学金	2	34	亿利达刘永龄奖学金	10
13	华谊集团奖学金	10	35	永平奖学金	50
14	华自科技奖学金	5	36	郑志刚奖学金	2
15	黄宏、邬晓蓓奖学金	8	37	中草集奖学金	15
16	建德一等奖学金	12	38	中国港湾一等奖学金	2
	建德二等奖学金	24		中国港湾二等奖学金	4
17	金龙鱼奖学金	30	39	中国光谷奖学金	25
18	康而达一等奖学金	3	40	中国核动力一等奖学金	3
	康而达二等奖学金	19		中国核动力二等奖学金	6
19	南都创新奖学金	10	41	中国石油奖学金	12
20	南都一等奖学金	7	42	周大福奖学金	40
	南都二等奖学金	18		总计	650
	南都三等奖学金	33			

浙江大学 2022 届获浙江省优秀本科毕业生名单

文学院(7 人)

　　俞晨烨　鲁亚虹　黄渝乔　薛颖涵　李微微　郑哲凡　曾维权

历史学院(2 人)

　　胡宇宗　鲍炜纲

哲学学院(1 人)

　　姚泽来

外国语学院(11 人)

　　樊　溶　吴　晓　杨子江　林嘉洋　李海琪　李雨飞　郑舒怡　林　皓　王　妍

　　张晨旭　张鹏程

传媒与国际文化学院(8 人)

　　王慧琼　钱天祺　石涵琳　欧冬妮　王可心　郑俊磊　陈　沛　戴凡恺

艺术与考古学院(4 人)

　　朱雯睿　胡蝶　尹若寒　林涵

经济学院(13 人)

　　吴思航　徐安琪　徐　阳　顾思茗　伍　洲　陈华鑫　刘晋晗　张家璇　李豪杰

　　唐莎莎　陈禹池　吴文宇　王子辰

光华法学院(8 人)

　　方泽铭　黄诗涵　王弋璇　魏奕荧　杨展硕　王淑琳　袁伟耀　蒋　磊

教育学院(7 人)

　　徐亚萱　张力尹　庞淑杰　李南燕　郭笑荷　姜睿哲　何佳怡

管理学院(8 人)

　　李王镕　孙　丽　张涵茹　邵佳涵　杨雪倩　张漫桦　李旭东　丁　镛

公共管理学院(11 人)

　　卢　媛　刘昕怡　吴欣雅　邱昕泽　陈宇洋　郑尔特　郑蓉忆　赵　一　楼　诚

　　蔡心怡　戴炜月

数学科学学院(11 人)

　　孔颖莹　王文思　朱珂瑶　朱舒兰　许乐乐　汪奕晨　张　悦　林徐扬　金　予

　　胡蔚涛　谢宝玲

物理学院(5 人)

　　戴剑豪　陈大同　黄泽蔚　邓雯曦　陈雨过

化学系(5 人)

　　钱璞凡　璜　磊　吕士洋　罗　琛　周哲泓

地球科学学院(4 人)

　　孔森一　唐呈凌　王佳琪　傅靖乔

心理与行为科学系(4 人)

　　蒋丹　何婉娜　林雨欣　潘之禾

机械工程学院(12 人)

　　俞晓泠　胡益隆　沈晨涛　倪小昊　卢成宇　石金泽　曾浩洲　向平宇　胡哲哉
　　怀谦益　傅淑婧　方胡彪

材料科学与工程学院(4 人)

　　娄芊溏　丁　立　阮文章　聂群霖

能源工程学院(12 人)

　　张家杰　胡兆涵　严昱昊　雷佳慧　张坚伟　杜嘉航　杨君炜　潘　煜　田佳璐
　　蒋依蔚　张　航　史琳洁

电气工程学院(18 人)

　　林雨洁　吴振冲　郑欣怡　叶文恺　周　升　姜　唯　李戟珅　林敏仪　冯煜焜
　　朱志豪　陈凌云　计满意　秦　龙　李艳旭　任彦泽　李恭胜　杨灵方　章一凡

建筑工程学院(14 人)

　　杜　遥　冯奕天　顾思佳　金　莎　林圳杭　沈靖力　沈文斌　沈雨嫣　沈芷菁
　　徐浩格　苏文超　虞　凡　张露尹　朱怡江

化学工程与生物工程学院(7 人)

　　苗煜杰　程　杨　王伊凡　张辰潇　姜小晶　黄雨晨　陈露瑶

海洋学院(11 人)

　　徐雨杉　项龙祯　洪欢玉　梁智超　罗润鑫　武玉玲　赵文燕　夏杨修　李文文
　　刘文思　郭　闯

航空航天学院(4 人)

　　李家和　陈子轩　苏正平　干乐天

高分子科学与工程学系(4 人)

　　钟志翔　谷安祺　朱逸杰　陈　阳

光电科学与工程学院(7 人)

　　方琳玥　谢　昊　吴恩宗　屠锡涛　蔡明轩　项千漪　周奕炜

信息与电子工程学院(18 人)

　　谢卓伦　宋如意　蒋　理　黄少麒　钱　煜　周开宁　温晨怡　何智鹏　蒋宇龙
　　庞博文　范雨欣　陈律丞　应　铭　何扬槊　项羽铭　王　雕　周子力　丁　宁

控制科学与工程学院(8 人)

　　蒋辰星　莫子言　张知宇　王明祎　樊雄飞　王小龙　李雲霜　王路遥

计算机科学与技术学院(24 人)

毕予然　朱祉盈　施含容　董嘉华　焦笑然　常博宇　林思仪　潘凯航　吕雪妍
傅一超　李　向　范安东　李　想　张清棋　宋炜铁　曹雨萱　于嘉伟　曾　充
何豪杰　沈吕可晟　罗昱哲　蔡乐昀　汪铭彦　张宇晴

生物医学工程与仪器科学学院(7 人)

卢晨韵　朱云奇　江彤玲　戴哲川　沈辰业　徐艺菲　裘依情

生命科学学院(4 人)

肖佳恬　施　涵　王文晓　王宇婷

生物系统工程与食品科学学院(6 人)

王泽寒　郑扬帆　吴焕宇　潘　雅　高溯楠　周　溯

环境与资源学院(6 人)

周旭霁　仰玉洁　汪培良　陈　琦　楼恬汝　干鑫君

农业与生物技术学院(13 人)

陈　蔚　吕瑛莉　顾剑辉　魏明晓　朱　瑞　庄　可　林宇瑶　洪佳晨　沈奕祺
许诗蕊　张莹莹　黄江南　吴慧洁

动物科学学院(5 人)

陶　礼　麻佳乐　喻迎颖　胡雨桑　李青洋

医学院(21 人)

傅梦蝶　李千慧　陈　露　李雨迪　孔雨欣　李惠娜　宋东杰　张名焕　陶宇航
李雅雯　蔡鸿潞　胡世瑶　王　冰　李伟奇　孔令卓　张哲源　陈鹏宇　严梦莎
谢　颖　严诗钰　周恬静

药学院(6 人)

楼泽亮　王清晴　杨嘉敏　俞采妮　郑柏秀　郑涵奇

竺可桢学院(12 人)

吴　冕　沈夕琳　邱　洵　袁瑜阳　徐晓丹　张　翌　丁雨馨　邱　轲　寿逸凡
徐　震　林于笑童　顾佳钰

国际联合学院(海宁国际校区)(12 人)

朱紫蓝　吴　沁　归逸凡　程宇琛　李子凌瀚　张振宁　连昕宇　莫瞰涯　刘博闻
江凤清　汪思涵　徐沛瑶

浙江大学 2021—2022 学年研究生国家奖学金获得者

文学院

博士生　孙晓雪　乐　优　吴昌政

硕士生　杨　淼　陈思捷

历史学院

博士生　田　琳　丁书颖

硕士生　崔　萌

哲学学院

博士生　蔡诗灵　楼庭坚

硕士生　张　淇

外国语学院

博士生　王美姝　余杭燕

硕士生　喻如诗　刘雨欣　柯　瑶

传媒与国际文化学院

博士生　马　烨　雷思涵

硕士生　颜科兴　彭语心　于海情

艺术与考古学院

博士生　陈文波　王新鑫

硕士生　江翼成　朱成帅　毋昊泽

经济学院

博士生　郭继文　赵乐新　赵惊宇

硕士生　陈　卓　徐佳妮　连　旭　冯婧雯　符　茜　刘青青

光华法学院

博士生　刘　宁　孟令浩

硕士生　黄益豪　冯欣恬　卜小翠　张婕妤　谢林灵　陈睿恒

教育学院

博士生　苑津山　刘晓霞

硕士生　楚肖燕　徐炜奇

管理学院

博士生　李思涵　朱梦嫣　刘一蕙　苏钟海　林心怡

硕士生　秦稚淇　黄　烁　周　莹

公共管理学院

博士生　王　岩　袁菱苒　陈　航　杨　帅　张启正　盛中华　王中汉　蒋潮鑫

硕士生　沈心怡　耿　昊　赵文鹏　朱慧琼　杨润佳

马克思主义学院

博士生　覃鑫渊

硕士生　姚乃文

数学科学学院

博士生　于晓慧　叶博阳　李康强

硕士生　陈永生　陈金浩　张江纬　张晓丹

物理学院

博士生　李依蓓　闫家舜　邓金凤　沈瑞昌　齐士凡　范伟如

硕士生　田　珂

化学系

博士生　任宇桐　董金润　杨蓉婕　陈杰坪　乔　丹　陈　琛

硕士生　段家茹　王兰兰　王泽钜

地球科学学院

博士生　张秉峰　赵梦颖　庞云尔　张芳雪

硕士生　俞金禾　陶柳蓉

心理与行为科学系

博士生　温　馨　辛潇洋

硕士生　孙　睿　吴静岚

机械工程学院

博士生　李东升　苗嘉智　马嘉禾　纪凯鹏　宋一国　刘斯悦　李　琦　牛成成
　　　　周慧颖

硕士生　余世政　王楚璇　孙　畅　王　涛　关昊天　柯　岩　胡　昊　张予睿

材料科学与工程学院

博士生　蒋　朝　蔡　丹　王　楠　方　舟　黄鹏飞　姚　霞　王胜华　李晓彤

硕士生　姚　悦　董梦洋　胡　月　骆周鑫　朱椿楠

能源工程学院

博士生　常晋伟　马云峰　吕绮梦　武宇佳　吴成硕　张　祺　郭　浩　魏爱博
　　　　于　桢　李文庆

硕士生　谢鹏飞　刘少雄　张　彪　杨艳平　康秋兵　张淑婷

电气工程学院

博士生　李光灿　桑茂盛　胡　彬　俞烨隆　何诗鸣　徐　阳　孟繁博　李博栋

硕士生　石逸雯　张东博　陈梅林　刘一鸣　李思颖　唐家俊　霍嘉熹

建筑工程学院

博士生　王晓冉　曾　俊　李淑嬿　阮圣倩　王　玥　宋沙沙　黄谢平　葛尚奇
　　　　郭吉超　吕超凡　胡训健

硕士生　吕运鸿　郑艺豪　陈俊逸　毛如寅　李子嘉　沈　诚　王　杉　赵　亮
　　　　黄少雄　徐铖基　朱丽妃　林高航

化学工程与生物工程学院

博士生　王鑫阳　余柳莹　刘　莹　陈冠聪　佟哲名　鲁　丹　周　娴

硕士生　任书宁　刘宇航　朱鑫鑫　郭俊泽　左修慧　县维鹏　左一萌

海洋学院

博士生　曹　晨　周时钊　冯　博　魏际华　邓招超　葛勇强　沈蕴文

硕士生　娄　虎　许世杰　洪鹭琴　叶漪琦　郑凯文　房　欣　刘牧原　林官正

航空航天学院

博士生　许著龙　刘　路　张鑫帅　刘　霜　曾舒华　王　烁　张岩辉

硕士生　张润辉　姚美成　杨毅龙

高分子科学与工程学系

博士生　李泽莘　周　同　何程亮　明　鑫　黄　悦

硕士生　王　程　范靖源

光电科学与工程学院

博士生　罗　晶　孙　轲　赵　帅　钱书豪　陈耿鑫　王　佳　沈凡琪

硕士生　王姣姣　费文辉　洪仕瀚　陈瑞林　耿伟航

信息与电子工程学院

博士生　邝昊泽　胡棋昱　李梦圆　蒲削锟　张以纯　高佳宝　陈巧璐　冯宇茹
　　　　刘　畅

硕士生　吴学普　甘　旭　车竞择　施淑涵　洪鑫宇　卢　锟　周清炀　李　啸
　　　　王佳仪

微纳电子学院

博士生　杨　旭

硕士生　钱福悦　洪　宇

控制科学与工程学院

博士生　史　坤　刘　佳　楼嗣威　孔祥印　陈　旭　周　鑫

硕士生　王　三　张祥瑞　林学忠　刘一凡　宋　泽

计算机科学与技术学院

博士生　房子苹　邓达臻　邓紫坤　殷光浩　陈名杨　朱轶凡　秦泽群　黄慧敏
　　　　沈越凡　潘高宁　彭思达　陈　想　金　涛　杨燕鸣　刘伟明　刘建伟

硕士生　杜云涓　张远青　十　鹏　张杨康　黄文璨　刘静林　徐金焱　林浩通
　　　　杜扬恺　邬树辉　何金铮　陈谋祥　王智勇

软件学院

博士生　潘　啸

硕士生　谢　辛　张　杰　冯天祥　李孟明　张　超　黄融杰　汪鹏飞　张逸飞
　　　　朱鑫军　张立超　刘路平　荀嘉皓　李　磊　朱佳莹

生物医学工程与仪器科学学院

博士生　陈　龙　吴　丹　施政涵　王心怡

硕士生　陈畅明　马明伟　何叶飞

生命科学学院

博士生　陈　露　李　果　祝慧慧　房　圆　付欢怡　方　雯　付锐锐　刘禹彤
　　　　金琼莉　彭　晗　孙中兴　何佳辉

硕士生　姜凯伦　孙　悦

生物系统工程与食品科学学院

博士生　史永强　芦红云　田世杰　黄佳茵　沈超怡

硕士生　戴犇辉　方　玫

环境与资源学院

博士生　李梦莹　叶佳园　王　琛　刘泽源　赵宇翔　王　晨

硕士生　郑静娴　张家晨　丁　尚　胡韵璇　孔繁艺　李雯娟　张祥林

农业与生物技术学院

博士生　孙砚青　傅蓓凌　徐　进　杨丽佳　安建宇　孙丽晓　宋嘉劲　康　晨
　　　　李　杨　刘志国

硕士生　赵佳佳　饶景珊　刘　玥　刘　超　李同鑫　牟青山　徐小栩　章　港
　　　　庄韵琪　王缤慧

动物科学学院

博士生　唐　彧　顾　晗　姜子鹏

硕士生　卢诗意　崔明仙　徐树杰　张微瑕　周　舟

医学院

博士生　温瑗嘉　陈伊伊　沈璋瑾　赵桂云　张璐雯　丁　宇　李佳琦　杨　婧
　　　　张东晓　史筱薇　张乐宜　郑　路　张　露　王江勤　竺爱琴　熊　佳
　　　　王园园　朱秋文　陈　璐　杨凌舸　骆佳莉　王　蒙　周焰焰　斯淑婷
　　　　洪慧慧　贺耀德　顾炯辉　张译尹　张安可　唐天宇　陈盼盼　陈艳琪
　　　　林一峰　陈礼楠　章　健　程　琦　何锦涛　张　承　张昕涵　孟涵燕
　　　　钟晚思　吴聪冲　章　港　顾辰辉　叶　鑫　胡惠群　陈　亨　袁瑜阳

硕士生　郭凡嘉　竺晓霞　费轶秋　林雨施　冼诗韵　郑永和　顾宇舟　卢周煜
　　　　王思恒　刘苑菲　刘超亿　李煅斌　孙佳柱　蔡玲欣　李刚磊　冯艺杰
　　　　陈静雯　陆科杰　叶冠琛　蔡搏搏　余丽丽　王衍帅　朱煜涛　王俊杰
　　　　王星辰　蒋杭盼　苏元帅　黄航凯　张　悦　崔易沁　金佳宁　洪秀娟

孔令卓

药学院

博士生　施莹莹　钱美佳　李文竹　李丰成　洪文翔

硕士生　任丹丹　陈旋坤　刘　旭　张银燊　楼胜颖

国际联合学院海宁国际校区

博士生　相欣雨

硕士生　张丽玮　孙　伟　王翊民　盛　勤　彭昱翔

工程师学院

硕士生　崔露航　沈启迪　王秉政　陈易男　张文虎　陈雨鸽　封恩程　严泽伊
　　　　徐　刚　夏艺译　丁岸汀　孙　卓　刘艺娴　万　旭　居铃泠　王嘉铖
　　　　王佳金

浙江大学—西湖大学联培项目

博士生　王　琰　曹骏辉　杨青云　刘玉成　杨　帅　梁　珂　鲁晓莉　吕　未
　　　　杨　爽　孔　都　朱子夜　任慧慧　李定威　夏　俊

浙江大学 2021—2022 学年研究生奖学金获得者

社会实践单项奖获得者名单

　文学院

　周诗寒

　历史学院

　李生平　成以晋

　哲学学院

　杨有栋　沃钦威

　外国语学院

　成　翌　叶子妍

　传媒与国际文化学院

　高　琼　苏　珊　雷思涵　刘佳翌　冯之力

　艺术与考古学院

　吴　晶　雷　帅

　经济学院

　王荷儿

　光华法学院

　欧阳浩　葛明月　潘　伟　蔡恺祺

教育学院

水鑫怡　唐路靖　孙嘉灿

管理学院

于文环　刘禹彤　严　涵　沙　金

公共管理学院

郁佳俐　沈欣言　王　旭　黄彩川　许智刚

马克思主义学院

张丹丹　王　昕

数学科学学院

吴　岩　王春丽

物理学院

所兴袍　段玮茵　周慧丽

化学系

王燊耀　唐美琪

地球科学学院

俞金禾

心理与行为科学系

端　澜　梁雅婷　李昊天

机械工程学院

徐振宇　杨　祝　赵川涛　高宣华　张志豪

材料科学与工程学院

彭　洁　方　舟　赵振云　李华正　韩骐震　李佳雯

能源工程学院

王　燕　宛传聪　段　茵　孙静琦　杨　生　张紫玥

电气工程学院

徐晨期　刘　准　籍雯媗　刘　硕　刘睿捷　宗星辰

建筑工程学院

刘晓磊　赵　鑫　许浩铭　焦泽宇　陈嘉璐　张露瑶　余海盈　陆楚雨　耿少寒
余　旦　郑浩杰

化学工程与生物工程学院

鲁　丹　刘锦义　张钊荧　李梓凡　秦鹏凯　和　晶　王安煜

海洋学院

王　旭　吴心彤　储兆微　化天然

航空航天学院

孙大山　雷前进

高分子科学与工程学系

陶洋丹　于冠雄

光电科学与工程学院

王彬宇　王真鑫　刘可盈　杜振鸿　林腾翔

信息与电子工程学院

李佳乐　陈泉坤　朱信宇　刘　峰　段华丽　张　学　鲁　焕　邱纪琛　应佳成
何映晖　方泽宇　傅婧芸　金浩荦

控制科学与工程学院

朱华瑜　陈雪超　钱佳琳　任洪男

计算机科学与技术学院

袁艺珂　冯芮苇　王弘毅　阴凯琳　张思远　陈玉林　赵威凯　丁汉都

软件学院

唐　璟　李兆硕　陈　力　张雨昕

生物医学工程与仪器科学学院

胡丹玲

生命科学学院

施陈翔　刘禹彤　裴顺琪　朱宇翔

生物系统工程与食品科学学院

邵雨舟　朱忻怡　邬文涛

环境与资源学院

王富信　范诗琳　赵心瑜

农业与生物技术学院

梁　潇　王智圆　师　越　吴昌琦　许承慧　江胡彪　余　超　史卓琳　余月儿
张劭文　商颖婕

动物科学学院

赵书荻　姜子鹏　赵文妍　王琪雯　徐晓晗

医学院

杨　静　杨国民　蔡菁菁　杨凌舸　华春婷　陈姝颖　卞子龙　张　薇　谷雨昕
黄继钮　刘智聪　郭必赜　阮烨玲　王梦莹　顾宇舟　方佳宁　梅伶俐　王思婕
平泽军

药学院

王高昂　张　萍　王偲琪　史水洋

工程师学院

袁竞涛　李　可　龚晨星　王海军　罗保洋　墨祥磊

国际联合学院(海宁国际校区)

李昊昱

浙江大学—西湖大学联培项目

颜俨 韩聪聪 储晨

社会工作单项奖获得者名单

文学院

公言海

历史学院

康佳欢

哲学学院

陈辰

外国语学院

蒋冉晨

传媒与国际文化学院

梅子仪

艺术与考古学院

程维薇

经济学院

郭斯华 叶静

光华法学院

蒋煜 周嵩

教育学院

李彦

管理学院

池文强 许彦成

公共管理学院

张春宝 徐锦浩 滕治良

马克思主义学院

金艳

数学科学学院

梅亦康

物理学院

居乐乐

化学系

李赵勇 汪洁

地球科学学院

叶诗涵

心理与行为科学系

郑宇洁

机械工程学院

吕　昊　戴宇佳　苏　炼　臧文涛

材料科学与工程学院

张瑞安　陈星宇　胡磊杰

能源工程学院

张惠惠　谢　尹　张自强　韩欣怡

电气工程学院

葛明阳　邹　焱　董萌苇

建筑工程学院

陈天浩　赵润泽　王　素　黄　慎　张冬阳

化学工程与生物工程学院

邓　维　吴　洁　张汤磊

海洋学院

奕　妍　刘昕寅　李梦瑶

航空航天学院

曹　畅　张栩清

光电科学与工程学院

沈小琬　李瀚文　刘　宁

信息与电子工程学院

吕泽嘉　张　颖　缪雨辰　徐圣阳

微纳电子学院

黄平洋

控制科学与工程学院

陈子安　马志强　宋　泽

计算机科学与技术学院

尹　钰　丁港归　安自立　李宇璇　苏嘉婕　贺婷婷

软件学院

陈锶皓　方昳雯　曹运仓　余艾琳

生物医学工程与仪器科学学院

王肃杰　王嘉浩

生命科学学院

王爱莲　何俊攀　王煜东

生物系统工程与食品科学学院

何叶帆　茹　琪

环境与资源学院

徐秋瑾　祁　通　蒋彬彬

农业与生物技术学院

漆梦雯　柳　锐　陈竹韵　蔡艺蓓

动物科学学院

黄知楚　牟天铭

医学院

张俊磊　李梦瑶　郑　路　竺爱琴　徐晓杭　徐增豪　陈盼盼　吴　唯　金　耀
张　承　叶　洋　张黎悦　杨佳康　阮烨玲　刘苑菲　何　烨　陈静雯

药学院

陆益超　周有容

工程师学院

姚　宇　徐　刚　严嘉鑫　曹雯琳

国际联合学院（海宁国际校区）

颜伊阳

浙江大学—西湖大学联培项目

张　磊　洪　乐　池天歌

创新创业单项奖获得者名单

传媒与国际文化学院

彭语心

艺术与考古学院

吕晓霞

教育学院

洪郁莹

机械工程学院

胡　昊

电气工程学院

刘　博

建筑工程学院

章　璇

海洋学院

林型双

计算机科学与技术学院

王子豪

生物医学工程与仪器科学学院

王肃杰

生物系统工程与食品科学学院

汪清平

医学院

顾辰辉

药学院

洪文翔

文体活动单项奖获得者名单

艺术与考古学院

朱鑫海

化学系

周茹茹

心理与行为科学系

梁雅婷

化学工程与生物工程学院

陈一抒

海洋学院

王英强

计算机科学与技术学院

吴亦全

农业与生物技术学院

朱华婕

医学院

杨墨丹

浙江大学 2021—2022 学年研究生专项奖学金及获奖情况

单位:人

序号	奖学金名称	奖励人数	序号	奖学金名称	奖励人数
1	宝钢奖学金	2	5	金都奖学金	18
2	CASC 奖学金	11	6	黄子源奖学金	10
3	庄氏奖学金	40	7	南都奖学金	58
4	温持祥奖学金	20	8	岑可法奖学金	15

序号	奖学金名称	奖励人数	序号	奖学金名称	奖励人数
9	葛克全奖学金	9	25	华为奖学金	16
10	杨咏曼奖学金	12	26	旭化成株式会社（中国）人才培养奖学金	3
11	潘家铮水电奖学金	1	27	郑志刚奖学金	2
12	王愓悟奖学金	13	28	三星奖学金	8
13	阙端麟奖学金	5	29	宏信奖学金	6
14	宋都奖学金	3	30	中国核动力奖学金	6
15	康而达奖学金	22	31	国强奖学金	15
16	万华奖学金	9	32	小米奖学金	20
17	润禾奖学金	8	33	恒瑞医药奖学金	40
18	新和成奖学金	45	34	中国石油奖学金	18
19	华自科技奖学金	15	35	苏州育才奖学金	20
20	中国电科十四所国睿奖学金	20	36	启真奖学金	2
21	华谊集团奖学金	30	37	中国光谷奖学金	45
22	士兰微电子奖学金	8	38	传化奖学金	62
23	中国港湾奖学金	6	39	中银基础学科奖学金	10
24	大和热磁奖学金	10			

浙江大学 2022 届浙江省优秀毕业研究生

文学院

博士生　徐　焕　岳寒飞

硕士生　何苏丹　吴扬广

历史学院

博士生　马继伟

硕士生　祁复璁　徐少强

哲学学院

博士生　陈宁馨

外国语学院

博士生　阎建玮　孔　媛

硕士生　枣彬吉　张丹琦　陈柯铮

传媒与国际文化学院

博士生　孙梦如　李佳瑞

硕士生　刘妍希　郭登攀　蒋蝉羽

艺术与考古学院

硕士生　陈最锋　凌君华　李江浩

经济学院

博士生　何　琛　彭魏倬加

硕士生　徐　凯　吕诗雨　叶丽宸　林钰婷　楼昕宇　黄　政　王　樱　田万里

陈中慧　项荣淏　周浩青

光华法学院

博士生　周晓帆　章诗迪　潘　政　赖利娜　张怡静

硕士生　王　翔　崔　涵　章银佳　陈高鸣　朱佳蔚

教育学院

博士生　孙　丹

硕士生　吕秋艳　孙　漪　罗文晓

管理学院

博士生　柳　炎　赵欣宇　黄伟泽

硕士生　林丛荫　王莹江子　袁晨峰　珠一旸　李心约

公共管理学院

博士生　郑淋议　杨之颖　皇甫鑫

硕士生　朱挺豪　朱思丞　崔　柳　成威松　林丽婷　杨华昕　叶一凯　徐铭婕

马克思主义学院

博士生　尹　健

硕士生　王　菲　陈宇轩

数学科学学院

博士生　汪曦露　范会莹　宣海玲　杨　清　张晓雨

硕士生　蒲俊宇

物理学院

博士生　李锐波　吴　毅

硕士生　胥　佳　王雅昕

化学系

博士生 李 琪 程朝阳 陶卫健 刘 盼

硕士生 吴盼茜 徐晨露 杨 明 张文昭

地球科学学院

博士生 黄 凯 李亚东 王园园

硕士生 张 铨

心理与行为科学系

博士生 忻可云 郭 杨

硕士生 张柳依

机械工程学院

博士生 王振威 郅 慧 郑范瑛

硕士生 金钟博宇 武鹏程 周泽钰 朱 可 陈甫文 董瀚泳 程国赞 周 雷
黄信菩 冯武希 邱寒雨

材料科学与工程学院

博士生 马 旭 郑冰珠 杭鹏杰 吴星樵 王 舜 汪建立 裴继琰 李玉倩
夏万顺 张顺龙

能源工程学院

博士生 章超波 宋嘉文 杨 晓 刘子华 杨晨静 王珍懿 刘 牛

硕士生 丁 岩 刘伟男

电气工程学院

博士生 刘晟源 唐坤杰 巩 磊 董 伟

硕士生 唐滢淇 胡金迪 刘晶莹 郑 易 白若飞 李欣宜 冒俊杰 王铭泽
吴思玥

建筑工程学院

博士生 芮圣洁 周文杰 何绍衡 黄赐荣 钱 昊 吴 平

硕士生 张旭伟 吴小刚 林若洲 葛 路 陈家祺 任梦玉 林俊挺 徐 鑫
万佳怡 季陈懿

化学工程与生物工程学院

博士生 肖 霞 荆淑莹 缪吴莎 彭文俊 郝少云 蔡梦露 张魏栋 王 超
张 鹏 孔 燕 沈 涛

硕士生 方梦琦

航空航天学院

博士生 扈晓程 刘炳瑞 吴海斌 许笑一

硕士生 蒋励剑 孟祥桥

高分子科学与工程学系

博士生 畅 丹 黄威嫔 舒 潇 连小梅

海洋学院
博士生 黄方昊 张雲策 李娜雨 夏克泉 周航海
硕士生 费佳欢 吴志诚 陈雪霞 尹义红 付丁 任一晗 田祯玮

光电科学与工程学院
博士生 谢宇 冯哲 潘婧 张金雷 张龙
硕士生 田顺

信息与电子工程学院
博士生 张莉 王肖飞 韦东旭 任金科 韦逸 卢航翼
硕士生 陆梓杰 卓若凡 邵燕 邵嘉源

控制科学与工程学院
博士生 陈启明 焦艳梅 柴铮 王丽庆 范赛特
硕士生 谢晨 李心语 刘李 刘颖 方静宜

计算机科学与技术学院
博士生 邓淑敏 檀彦超 王闻箫 周志斌
硕士生 方俊伟 张慧铭 任意 方浩 方共凡 季意昕 方琦 潘璐
罗浩 张曜 余博文 张雪 叶橄强 陈梓彤 冯首博

软件学院
硕士生 黄牧灵

生物医学工程与仪器科学学院
博士生 郑吕漂 秦春莲 邹家杰
硕士生 张琼文 刘智超 高思敏 刘晓瑛

生命科学学院
博士生 冯雪 桑凌杰 姜玉 余见帅 吴芑柔 朱业张 谭加兴 黄弘

生物系统工程与食品科学学院
博士生 万亮 姜成美 黄皓
硕士生 林洋洋 张琪 张一鞠 刘佳琳

环境与资源学院
博士生 张煜耀 刘迎雪 陈雷 操珍 石凌栋 杨湜烟 黄山 郭心雨
硕士生 安琦 胡昕怡 徐娜

农业与生物技术学院
博士生 裘程炜 吴东亚 魏春艳 胡超轶 李樟萍 肖小娥 李浦东 张厚洪
范小艳
硕士生 钟佳殷 吴珏 闾怡清 傅文婕 蒋迎

动物科学学院
博士生 丁浩轩 吴家劲 韩毓
硕士生 杜雪莹 陆弯 孙淑歌

浙江大学年鉴

医学院

博士生	童玲筱	徐丽臻	张会冰	陈鹏祥	曹 菲	季 芳	蓝燕华	邱礼耀
	张超逸	吴奕征	汤步富	汤红林	何 晓	陈云浩	吴 健	王菲凡
	丁碧莎	万建钦	周丽倩	钟丹妮	周兰韵	涂米雪	姜钧杰	范广晗
	崔文羽	葛起伟	王淑玥	曾庆泽	周 诚	张 弛	林淑娟	赵 浩
硕士生	詹舒敏	李 想	金 莎	杨青霞	陈航飞	陈 铭	潘浩奇	李 婷
	张文会	金康裕	沈华飞	应淑妮	倪安琦	吴越鹏	吕厚奕	李小芳
	胡惠群	白金武	高世奇	陈 超	方志豪	王晓洁	朱锦玉	

药学院

博士生	金 莹	陈颖倩	沈 超	王绮玥	蒋梦诗	陈 阳
硕士生	李 俊					

工程师学院

硕士生	黄勋伟	郭豪文	张思远	邓 昕	潘嘉栋	徐自翔	王宇平	袁地福
	郑婷婷	曹溶菲	刘天笑	母 娟	黄琳睿	马意彭	汤琼妮	王楚楚
	郑浩男							

国际联合学院(海宁国际校区)

博士生	何秋琳	
硕士生	余杭洁	徐铖嵘

人　物

在校两院院士（*为外聘院士）

中国科学院院士（按院士当选年份、姓氏笔画排列）

唐孝威　沈家骢*　陈子元　路甬祥　沈之荃　韩祯祥　张　泽　朱位秋
杨　卫　贾承造*　杨文采　麻生明*　段树民　翟明国*　励建书　朱诗尧
杜江峰　杨树锋　陈云敏　陈仙辉*　罗民兴　杨经绥*　杨德仁　吴朝晖
叶志镇　孙斌勇　林海青　阮勇斌　徐世烺

中国工程院院士（按院士当选年份、姓氏笔画排列）

巴德年*　汪槱生　路甬祥　孙优贤　岑可法　董石麟　潘云鹤　郑树森
宫先仪*　邬江兴*　刘志红　王　浩*　李兰娟　许庆瑞　谭建荣　丁　健*
侯立安*　龚晓南　杨华勇　陈　纯　王金南*　朱利中　夏长亮*
Donald Grierson（唐纳德·格里尔逊，外籍）　　　　任其龙　吴汉明　张佳宝*
郑津洋　高　翔　喻景权

浙江大学文科资深教授

序号	姓名	所在院(系)	所在学科
1	王重鸣	管理学院	企业管理
2	田正平	教育学院	教育史
3	张涌泉	文学院	中国古典文献学
4	徐 岱	传媒与国际文化学院	文艺学与美学
5	史晋川	经济学院	西方经济学
6	姚先国	公共管理学院	劳动经济学
7	王贵国	光华法学院	国际法学
8	许 钧	外国语学院	外国语言文学
9	桑 兵	历史学院	中国近现代史
10	倪梁康	哲学学院	哲学
11	李 实	公共管理学院	应用经济学
12	刘海峰	教育学院	教育学
13	黄 旦	传媒学院	新闻与传播学
14	张俊森	经济学院	应用经济学

在校全国和省、市三级政协委员（以姓氏笔画为序）

中国人民政治协商会议第十三届全国委员会

　常　委　杨 卫

　委　员　王贵国　杨华勇　罗建红　罗卫东　段树民　蔡秀军

中国人民政治协商会议第十二届浙江省委员会

　副主席　蔡秀军

　常　委　王 珂　方向明　杨华勇　罗建红　贾圣林　段会龙　段树民　徐志康
　　　　　谢志坚　裘云庆　鲍虎军

人物

委　员　马景娣　王良静　田　梅　华中生　严　敏　　李有泉　时连根　吴　兰
　　　　　吴良欢　张　英　陈艳虹　林　平　欧阳宏伟　罗　坤　金洪传　周坚红
　　　　　黄　英　盛　况　蒋焕煜　雷群芳　魏　江　　李浩然　沈黎勇　包迪鸿
　　　　　韦　路　杨　波

中国人民政治协商会议浙江省杭州市第十二届委员会

委　员　桑万琛　陈　鸣　龚　娜　葛芳民　邵浙新　舒　强

在校各民主党派委员（以姓氏笔画为序）

中国国民党革命委员会

中央委员会（第十四届）（2022.12—　　）

委　员　金传洪

浙江省委会（第十四届）（2017.5—2022.5）

副主委　段会龙　朱新力（2017年调任浙江省高级人民法院）

常　委　金洪传　周坚红

委　员　吕秀阳　陈芝清　徐三中　高海春　戴连奎

浙江省委会（第十五届）（2022.5—　　）

副主委　章献民

常　委　周坚红　高海春

委　员　陈芝清　丁　一　霍海红　洪　宇　林道辉　章益民

浙江大学委员会

主　　委　章献民

常务副主委　高海春

副 主 委　唐吉平　周坚红　金洪传　丁　一　林道辉　霍海红

秘 书 长　朱燕建

副秘书长　洪　宇

委　　员　吕建平　朱益民　朱燕建　刘　璟　陈芝清　周　勇　赵永志　洪　宇
　　　　　龚渭华　章益民　温小红

中国民主同盟

中央委员会（第十二届）（2017.12—2022.12）

委　员　罗卫东　雷群芳

中央委员会（第十三届）（2022.12—　　）

委　员　唐睿康　夏群科

人　物

浙江大学年鉴

494

浙江省委员会(第十二届)(2017.5—2022.5)

副主委　罗卫东　唐睿康　谢志坚

常　委　时连根　罗　坤　郎友兴

委　员　肖龙海　严森祥　金传洪　袁　清　夏群科　滕元文

浙江省委员会(2022.5—　　)

副主委　罗卫东　唐睿康　谢志坚

常　委　夏群科　罗　坤

委　员　王　俊　严森祥　张旭亮　陆远强　陈　新　袁　清　鲍艳原

浙江大学委员会

主　　委　唐睿康

常务副主委　罗　坤

副　主　委　袁　清　夏群科　郎友兴　叶　辉　王　俊　陈　新　严森祥

秘　书　长　赵　彬

委　　员　夏大静　侯　阳　陆远强　鲍艳原　金传洪　张　坤　方　恺
　　　　　张旭亮　张朝阳　孙红祥　戴平丰　赵　彬

中国民主建国会

中央委员会(第十一届)(2017.12—2022.12)

委　员　钱弘道

浙江省委员会(第九届)(2017.5—2022.5)

常　委　张　英

委　员　邬义杰　盛　况

浙江省委员会(第十届)(2022.5—　　)

副主委　盛　况

委　员　杨　翼

浙江大学委员会

主　委　华中生

副主委　陈昆福　吴建华　胡税根　盛　况　张启龙

秘书长　张月飞

副秘书长　章　魏

委　员　王进华　吴小锋　张月飞　陈　君　张雪芳　武建伟　钱锦文

中国民主促进会

中央委员会(第十二届)(2017.12—2022.12)

常　委　蔡秀军

委　员　鲍虎军　陈　忠(2019年调任浙江中医药大学)陈亚岗

中央委员会(第十三届)(2022.12—　　)

常　委　蔡秀军

委　员　鲍虎军

浙江省委员会(第十届)(2017.5—2022.5)

主　委　蔡秀军

副主委　鲍虎军　陈　忠(2019年调任浙江中医药大学)

常　委　许国强　喻景权

委　员　于吉人　王青青　邹　煜　陈　洁　黄　英　傅柏平　童裳伦　魏启春

浙江省委员会(第十一届)(2022.5—　　)

主　委　蔡秀军

副主委　鲍虎军

常　委　曲绍兴　王青青

委　员　黄　英　方兴东　朱　虹　周水洪　戴海斌　王一帆　沈源明　吴秀静

浙江大学委员会(第五届)(2022.4—　　)

主　　委　喻景权

常务副主委　汤谷平

副　主　委　于吉人　王青青　李建华　金小刚　周建光

秘　书　长　周建光

副秘书长　陈　红　朱　虹

委　　员　刘东红　孙建伶　许国强　陈淑莹　傅伟明　傅国胜　童美琴
　　　　　鲁东红　廖亦宏　魏启春　曲绍兴

浙江大学委员会(第六届)(2022.4—　　)

主　　委　曲绍兴

常务副主委　周建光

副　主　委　王青青　方兴东　刘东红　吴秀静　金小刚　周水洪

秘　书　长　朱　虹

副秘书长　肖锐　平渊

委　　员　丁寒锋　王一帆　王晓晨　邢如新　朱　虹　邹　煜　沈源明　陈　红
　　　　　陈淑莹　尚云鹏　黄　英　童裳伦　廖亦宏　戴宇文　戴海斌

中国农工民主党

中央委员会(第十六届)(2017.12—2022.12)

常　委　罗建红

中央委员会(第十七届)(2022.12—　　)

常　委　欧阳宏伟　张　茂

浙江省委员会(第十二届)(2017.5—2022.5)

主　委　罗建红

副主委　徐志康

常　委　严　敏　吴良欢　欧阳宏伟

人　物

委　员　叶庆富　许祝安　苏宏斌　吴　芳　张　茂　张　林　张信美　陈定伟
　　　　钱文斌
浙江省委员会(第十三届)(2022.5—　　)
副主委　徐志康　欧阳宏伟
常　委　王晓伟　许祝安　张　茂　严　敏
委　员　边学成　苏宏斌　张　林　张治国　王军梅　吴　芳　陈定伟
浙江大学委员会
主　　委　欧阳宏伟
常务副主委　吴良欢
副　主　委　许祝安　张　林　张　茂　苏宏斌　陈定伟　周以侹
　　　　　韩　伟
秘　书　长　朱加进
副秘书长　钱琼秋　赵菊扬　茵　梓
委　　员　王军梅　王晓伟　边学成　朱加进　吴　芳　吴　彦　刘　剑
　　　　　张松英　张　辉　邱　爽　施敏敏
中国致公党
浙江省委员会(第六届)(2017.5—2022.5)
副主委　裘云庆
常　委　李劲松
委　员　马景娣　白　剑　佟红艳　范　杰　茅林春
浙江省委员会(第七届)(2022.5—　　)
副主委　裘云庆
常　委　王浩华
委　员　佟红艳　范　杰　任菁菁　金一政　陈启和
浙江大学委员会
主　委　裘云庆
副主委　王浩华　庄树林　孙红月　佟红艳　陈启和
秘书长　任菁菁
委　员　冯　冰　朱永坚　孙晓红　李晓东　何怀文　范　杰　金一政　韩　飞
九三学社
中央委员会(第十一届)(2017.12—2022.12)
常　委　姒健敏
委　员　方向明　李有泉　范柏乃
中央委员会(第十二届)(2022.12—　　)
方向明　范柏乃　郑绍建

浙江省委员会（第八届）（2017.5—2022.5）

主　委　姒健敏

副主委　方向明　范柏乃

常　委　王庆丰　王良静　蒋焕煜

委　员　王　健　冯建跃　郑绍建　高建青　黄建荣

浙江省委员会（第九届）（2022.5—　）

副主委　方向明　范柏乃

常　委　王良静　胡海岚　黄飞鹤

委　员　高建青　杨　强　陈光弟　陈新忠　林　进　童哲铭　程　乐

浙江大学委员会

主　委　方向明

副主委　王良静　郑绍建　程乐鸣　程　乐　胡宝兰　张立新　黄飞鹤

秘书长　陈光弟

委　员　王良静　王霁云　毛义华　方向明　许建平　孙永革　杨　强　吴大转
　　　　余运贤　张　梁　张立新　陆志权　陈　希　陈　咸　陈光弟　陈新忠
　　　　林　进　郑绍建　赵　毅　胡宝兰　施洁珺　黄飞鹤　章筱虹　程　乐
　　　　程乐鸣　谢俊然

台湾民主自治同盟

浙江省委员会（第五届）（2017.5—2022.5）

委　员　陈艳虹

浙江省委员会（第六届）（2022.5—　）

副主委　林　平

浙江大学支部

主　委　陈艳虹

副主委　林　平

委　员　上官中立　吴佳迪

浙江大学归国华侨联合会

主　席　唐睿康

副主席　王岳飞　叶斯奇　寿涌毅　沈华浩　沈锦林　张小玲（女）　郑士明
　　　　唐晓武

秘书长　寿涌毅（兼）　唐晓武（兼）

副秘书长　艾　妮（女）　朱　润（女）

浙江大学留学归国人员联合会

会　长　唐睿康（兼）

副会长　王岳飞（兼）　寿涌毅（兼）　李宝芳（女）　沈华浩（兼）　宋凡圣（女）
　　　　张小玲（女，兼）　徐二女　唐晓武（兼）

秘书长　寿涌毅（兼）　唐晓武（兼）

副秘书长　艾　妮（女）　朱　润（女）

浙江大学党外知识分子联谊会

名誉会长　段树民

会　　长　杨华勇

执行会长　贲圣林

副 会 长　王建刚　王悦虹（女）　杨小虎　吴良欢　曹　龙

秘 书 长　马　列

副秘书长　王　娟（女）　齐　治　李　爽（女）　肖　武

　　　　　何欢欢（女）　卓　成　黄　海

2022 年新增浙江大学求是特聘教授

序　号	所在院（系）	姓　名	批准年度
求是特聘教授			
1	文学院	冯国栋	2022
2	外国语学院	郝田虎	2022
3	传媒与国际文化学院	韦　路	2022
4	传媒与国际文化学院	范志忠	2022
5	光华法学院	周江洪	2022
6	管理学院	周伟华	2022
7	公共管理学院	周洁红	2022
8	数学科学学院	冯　涛	2022
9	地球科学学院	杜震洪	2022
10	机械工程学院	杨灿军	2022
11	机械工程学院	项　荣	2022
12	电气工程学院	齐冬莲	2022
13	电气工程学院	黄　莹	2022
14	电气工程学院	吴立建	2022
15	建筑工程学院	李庆华	2022
16	建筑工程学院	赵羽习	2022

序　号	所在院(系)	姓　名	批准年度
17	化学工程与生物工程学院	王宝俊	2022
18	化学工程与生物工程学院	鲍宗必	2022
19	海洋学院	梅国雄	2022
20	海洋学院	瞿逢重	2022
21	航空航天学院	陈建军	2022
22	航空航天学院	宋吉舟	2022
23	高分子科学与工程学系	伍广朋	2022
24	光电科学与工程学院	魏　凯	2022
25	控制科学与工程学院	刘兴高	2022
26	控制科学与工程学院	舒元超	2022
27	控制科学与工程学院	柴　利	2022
28	计算机科学与技术学院	唐华锦	2022
29	计算机科学与技术学院	陈　为	2022
30	计算机科学与技术学院	李　玺	2022
31	计算机科学与技术学院	巫英才	2022
32	计算机科学与技术学院	许威威	2022
33	微纳电子学院	李云龙	2022
34	生命科学学院	黄建国	2022
35	环境与资源学院	杨　坤	2022
36	环境与资源学院	胡宝兰	2022
37	环境与资源学院	王东升	2022
38	环境与资源学院	何　艳	2022
39	农业与生物技术学院	汪俏梅	2022
40	农业与生物技术学院	孙崇德	2022
41	农业与生物技术学院	李春阳	2022
42	生物系统工程与食品科学学院	岑海燕	2022
43	生命科学学院	林爱福	2022
44	医学院	应颂敏	2022
45	医学院	郭国骥	2022

浙江大学年鉴

序　号	所在院（系）	姓　名	批准年度
46	医学院	杨仕贵	2022
47	药学院	高建青	2022
48	医学院	张　岩	2022
49	医学院	马　欢	2022
50	医学院	李　涛	2022
51	医学院	谷　岩	2022
52	医学院	胡新央	2022
53	医学院	刘　冲	2022
54	药学院	范骁辉	2022
55	医学院附属第一医院	唐　宏	2022
56	医学院附属第一医院	郑　敏	2022
57	医学院附属第一医院	林　侠	2022
58	医学院附属第一医院	黄行许	2022
59	生命科学研究院	周　青	2022
求是特聘教学岗			
1	马克思主义学院	段治文	2022
2	数学科学学院	盛为民	2022
3	农业与生物技术学院	祝增荣	2022
求是特聘医师岗			
1	医学院附属第一医院	虞朝辉	2022
2	医学院附属第二医院	王良静	2022
3	医学院附属第二医院	叶　娟	2022
4	医学院附属儿童医院	毛建华	2022
5	医学院附属口腔医院	谢志坚	2022
求是特聘先进技术岗			
1	先进技术研究院	唐　军	2022
文科领军人才			
1	公共管理学院	贡　森	2022

浙江大学 2022 年在职正高职人员名单（按姓氏笔画数排序）

文学院

王 勇	王云路	王德华	方一新	史文磊	冯国栋	庄初升	关长龙	池昌海
许志强	许建平	苏宏斌	李旭平	李咏吟	吴 笛	余 欣	邹广胜	汪维辉
汪超红	张涌泉	陈 洁	周启超	周明初	胡可先	姚晓雷	真大成	贾海生
徐永明	陶 然	黄 征	黄 擎	盘 剑	彭利贞	傅 杰	楼含松	虞万里
翟业军								

历史学院

王海燕	田渕義樹		乐启良	冯培红	吕一民	刘进宝	刘国柱	孙竞昊
杜正贞	杨雨蕾	肖如平	吴铮强	沈 坚	张 弛	张 杨	张 凯	陆敏珍
陈红民	祖 慧	桑 兵	梁敬明	韩 琦				

哲学学院

王 俊	王志成	孔令宏	丛杭青	包利民	刘慧梅	孙周兴	李恒威	杨大春
何善蒙	张国清	陈亚军	陈越骅	林志猛	金 立	倪梁康	徐向东	黄华新
盛小明	彭国翔	董 萍	楼 巍	廖备水				

外国语学院

Timothy John Osborne		马博森	王 永	王 敏	方 凡	乐 明	冯全功
刘海涛	许 钧	李 媛	杨 静	杨革新	吴义诚	何辉斌	闵尚超	沈国琴
张慧玉	陈新宇	邵 斌	罗泳江	周 露	赵 佳	郝田虎	高 奋	郭国良
梁君英	董燕萍	蒋景阳	程 工					

传媒与国际文化学院

| 王 杰 | 王建刚 | 韦 路 | 方兴东 | 卢小雁 | 苏振华 | 李东晓 | 李红涛 | 吴 飞 |
| 吴红雨 | 张子柯 | 陆建平 | 陈 强 | 范 昀 | 范志忠 | 赵 瑜 | 徐 岱 | 黄 旦 |

艺术与考古学院

Qianshen Bai(白谦慎)		王小松	刘 斌	池长庆	李志荣	张 晖	张 震
张颖岚	陈 虹	陈振濂	林留根	项隆元	胡小军	郭 怡	谢继胜	缪 哲
薛龙春								

经济学院

马述忠	王义中	王志凯	王维安	方红生	叶建亮	史晋川	朱希伟	朱柏铭
朱燕建	邬介然	严建苗	杜立民	李建琴	杨柳勇	余林徽	汪 炜	汪淼军
宋华盛	张小茜	张俊森	张海峰	陆 菁	陈叶烽	陈松年	陈菲琼	罗卫东

人 物

罗德明　金雪军　郑备军　柯荣住　骆兴国　顾国达　钱雪亚　翁国民　郭继强
葛　赢　蒋岳祥　熊秉元　潘士远

光华法学院

王冠玺　王敏远　叶良芳　李永明　何怀文　余　军　张　谷　张文显　张伟君
陆　青　陈信勇　范良聪　罗国强　金伟峰　金彭年　周　翠　周江洪　郑　磊
郑春燕　赵　骏　胡　铭　胡敏洁　夏立安　钱弘道　翁晓斌　曹士兵　章剑生
葛洪义　程　乐　焦宝乾　熊明辉　霍海红

教育学院

于可红　王　健　叶映华　司　琦　刘　徽　刘正伟　刘海峰　刘淑华　孙元涛
李　艳　肖龙海　吴雪萍　邱亚君　汪利兵　张　辉　张应强　周丽君　郑　芳
单亚萍　胡　亮　祝怀新　顾建民　徐小洲　徐琴美　诸葛伟民　　　　梅伟惠
眭依凡　商丽浩　温　煦　蓝劲松　阚　阅

管理学院

Graham Mitchelmore　　　　王小毅　王求真　王丽丽　王明征　王婉飞　王端旭
孔祥维　邢以群　朱　原　华中生　邬爱其　刘　渊　寿涌毅　严　进　杜　健
杨　俊　吴晓波　汪　蕾　张　钢　张大亮　陈　俊　陈　凌　陈　熹　陈明亮
周　帆　周伟华　周宏庚　周欣悦　周玲强　郑　刚　贲圣林　胡祥培　施俊琦
莫申江　贾生华　徐晓燕　郭　斌　黄　灿　黄　英　黄鹂强　韩洪灵　谢小云
窦军生　熊　伟　霍宝锋　魏　江

公共管理学院

Peter HoXin Gu(顾昕)　　　Zhigang Chen(陈志钢)　　　卫龙宝　王诗宗　石敏俊
叶艳妹　田传浩　师小芹　刘　涛　刘卫东　刘晓婷　米　红　阮建青　贡　森
李　实　李　艳　李金珊　吴宇哲　吴金群　吴结兵　何文炯　余逊达　汪　晖
张　翔　张跃华　张蔚文　陆文聪　陈丽君　陈国权　苗　青　范柏乃　茅　锐
林　卡　郁建兴　岳文泽　金少胜　金松青　周　萍　周洁红　郎友兴　赵志荣
胡税根　姚先国　钱文荣　徐　林　高　翔　郭红东　黄　萃　曹　宇　曹正汉
梁　巧　韩洪云　傅荣校　靳相木　蔡　宁　谭　荣　谭永忠

社会学系

王志坚　毛　丹　任　强　刘志军　刘朝晖　陈宗仕　赵鼎新　菅志翔　梁永佳

马克思主义学院

丁堡骏　马建青　卢　江　付文军　代玉启　成　龙　刘召峰　刘同舫　张　彦
张应杭　陈宝胜　庞　虎　段治文　黄　铭　程早霞　潘恩荣

数学科学学院

PENG ZHANG(张朋)　　　　王　伟　王　枫　王　梦　王成波　尹永成　孔德兴
卢兴江　包　刚　刘一峰　刘康生　江文帅　阮火军　阮勇斌　孙方裕　孙利民
孙斌勇　苏中根　苏德矿　李　方　李　冲　李　松　杨海涛　励建书　吴庆标

吴志祥	张　挺	张　奕	张立新	张庆海	张泽银	张荣茂	陈志国	武俊德
林　智	庞天晓	邰传厚	郭正初	谈之奕	黄正达	盛为民	董　浙	程晓良
蔡天新	蔺宏伟							

物理学院

Guoyong Fu(傅国勇)　　　Renyue Cen(岑人岳)　　　Zhiwei Ma(马志为)

万　歆	王　凯	王　森	王业伍	王立刚	王孝群	王晓光	王浩华	仇志勇
方明虎	尹　艺	叶高翔	冯　波	宁凡龙	朱宏博	许祝安	许晶波	阮智超
李有泉	李宏年	李敬源	杨李林	肖　湧	吴建澜	吴惠桢	何丕模	张　宏
张少泓	张俊香	陆赟豪	陈一新	陈飞燕	陈庆虎	武慧春	林海青	罗孟波
金洪英	郑　波	郑大昉	赵道木	袁辉球	曹　超	曹光旱	曹新伍	盛正卯
康　熙	章林溪	景　俊	鲁定辉	游建强	路　欣	谭明秋	潘佰良	

化学系

丁寒锋	马　成	王　勇	王　敏	王　琦	王　鹏	王从敏	王建明	王彦广
方　群	方文军	史炳锋	吕　萍	朱　岩	朱龙观	邬建敏	刘迎春	汤谷平
许宜铭	苏　彬	李浩然	吴　起	吴　韬	吴天星	吴传德	吴庆银	何巧红
沈　宏	张　昭	张玉红	陆　展	陈万芝	陈卫祥	陈林深	范　杰	林旭锋
林贤福	周仁贤	孟祥举	赵华绒	胡吉明	胡秀荣	侯昭胤	费金华	姚　加
唐睿康	黄飞鹤	黄志真	黄建国	彭笑刚	傅春玲	曾秀琼	雷　鸣	滕启文
潘远江								

地球科学学院

Jianghai Xia(夏江海)　　　Renguang Wu(吴仁广)　　　Xiaofan Li(李小凡)

Xiaojing Jia(贾晓静)		王　琛	王勤燕	田　钢	刘仁义	孙永革	杜震洪
杨　燕	杨小平	吴　磊	邹乐君	沈晓华	陈生昌	陈汉林	陈宁华	林　舟
林秀斌	金平斌	饶　灿	夏群科	徐义贤	黄智才	曹　龙	章凤奇	章孝灿
程晓敢	舒守娟							

心理与行为科学系

马剑虹	何　洁	何贵兵	沈模卫	张智君	陈树林	周吉帆	钟建安	钱秀莹
高在峰								

理学部办公室

葛列众

机械工程学院

王　青	王庆丰	王林翔	王宣银	甘春标	付　新	冯毅雄	毕运波	朱伟东
伊国栋	邬义杰	刘　涛	刘宏伟	刘振宇	阮晓东	纪杨建	李江雄	李德骏
杨世锡	杨华勇	杨克己	杨灿军	杨将新	吴世军	何　闻	余忠华	邹　俊
汪久根	汪延成	沈洪垚	宋小文	张　斌	张树有	陆国栋	陈　剑	陈章位
林勇刚	欧阳小平	金　波	周　华	居冰峰	项　荣	赵　朋	胡　亮	柯映林

人　物

祝　毅　费少梅　贺　永　顾大强　徐　兵　唐任仲　陶国良　梅德庆　曹衍龙
龚国芳　程　锦　傅建中　童水光　谢　金　谢海波　裘乐淼　雷　勇　谭建荣
黎　鑫　魏建华　魏燕定

材料科学与工程学院

Weiqiang Han(韩伟强)　　　Hongbin Bei(贝红斌)　　　Tani Tsukimine(谷月峰)

马向阳　王　勇　王小祥　王秀丽　王智宇　王新华　毛传斌　叶志镇　皮孝东
朱丽萍　朱铁军　刘　芙　刘小强　刘永锋　刘宾虹　严　密　李　翔　李东升
李吉学　杨　辉　杨杭生　杨德仁　吴　琛　吴进明　吴勇军　何海平　余学功
张　泽　张　辉　张启龙　张跃飞　张溪文　陈立新　陈胡星　陈湘明　罗　伟
金传洪　赵高凌　姜银珠　洪樟连　钱国栋　徐　刚　凌国平　高明霞　郭兴忠
涂江平　黄靖云　崔元靖　彭华新　彭新生　蒋建中　韩高荣　程　逵　曾跃武
樊先平

能源工程学院

Tomoaki Kunugi　Yi Qiu(邱毅)　　　马增益　王　飞　王　涛　王　勤　王树荣
王智化　王勤辉　方梦祥　甘智华　叶笃毅　成少安　刘宝庆　刘建忠　池　涌
许忠斌　孙志坚　李　蔚　李晓东　杨卫娟　肖　刚　吴　锋　吴大转　吴学成
邱利民　邱坤赞　何　勇　何文华　余春江　谷月玲　张小斌　张学军　张绍志
张彦威　陆胜勇　陈　彤　陈志平　陈玲红　罗　坤　金　涛　金　滔　金志江
金余其　周　昊　周志军　周劲松　周俊虎　郑成航　郑传祥　郑津洋　赵永志
钟　崴　俞小莉　俞自涛　施建峰　洪伟荣　骆仲泱　顾超华　徐象国　高　翔
黄钰期　黄群星　蒋旭光　韩晓红　程乐鸣　曾　胜　熊树生　樊建人　薄　拯

电气工程学院

丁　一　于　淼　马　皓　马吉恩　韦　巍　文福拴　方攸同　邓　焰　甘德强
石健将　卢琴芬　史婷娜　年　珩　齐冬莲　江全元　许　力　孙　丹　孙　盾
李武华　李祖毅　杨　欢　杨　强　杨仕友　杨家强　吴建华　吴新科　何湘宁
辛焕海　汪　震　沈建新　宋永华　张　健　张军明　张森林　陈　敏　陈　敏
陈国柱　陈辉明　林　平　林振智　周　浩　周　晶　项　基　祝长生　姚缨英
徐　政　徐文渊　徐德鸿　郭创新　黄　莹　黄晓艳　盛　况　阎　彦　彭勇刚
颜文俊　颜钢锋　潘丽萍

建筑工程学院

Chung Bang Yun(尹桢邦)　　Genovese Paolo Vincenzo　　Giorgio Monti
Jung-June Roger Cheng　　　Yong Bai(白勇)　　　万五一　王　竹　王　洁　王　晖
王亦兵　王纪武　王柏生　王奎华　王振宇　王海龙　王殿海　韦　华　毛义华
邓　华　叶肖伟　边学成　吕　庆　朱　斌　华　晨　刘国华　刘海江　闫东明
许　贤　许月萍　李庆华　李咏华　李育超　杨仲轩　杨建军　吴　越　何国青
余世策　狄　谨　汪劲丰　沈国强　张　宏　张　鹤　张　燕　张土乔　张大伟

张仪萍　张永强　陈　驹　陈　勇　陈云敏　陈水福　邵　煜　林伟岸　国　振
罗尧治　金　盛　金伟良　金贤玉　周　建　周永潮　周燕国　孟　涛　赵　宇
赵羽习　赵唯坚　胡安峰　柯　瀚　柳景青　段元锋　俞亭超　洪　义　贺　勇
袁行飞　夏　晋　夏唐代　钱晓倩　徐日庆　徐世烺　徐荣桥　凌道盛　高博青
高裕江　黄　博　黄铭枫　曹志刚　龚顺风　章红梅　葛　坚　蒋建群　韩吴英
童根树　谢　旭　谢海建　谢新宇　楼文娟　詹良通　詹树林　谭　刚

化学工程与生物工程学院

Wenjun Wang（王文俊）　　Yi Cao（曹毅）　　于洪巍　王　立　王正宝　王宝俊
王靖岱　尹　红　叶向群　申有青　申屠宝卿　　包永忠　冯连芳　邢华斌
吕秀阳　任其龙　闫克平　关怡新　阳永荣　李　伟　李中坚　李伯耿　李洲鹏
杨　健　杨双华　杨立荣　杨亦文　肖丰收　吴天品　吴坚平　吴林波　吴素芳
吴绵斌　何　奕　何潮洪　张　林　张庆华　张兴旺　张安运　张治国　陆　俊
陈丰秋　陈圣福　陈志荣　陈英奇　陈新志　范　宏　林东强　林建平　罗英武
单国荣　孟　琴　赵　骞　施　耀　姚　臻　钱　超　徐志南　唐建斌　梅乐和
曹　堃　梁成都　程党国　傅　杰　谢　涛　雷乐成　詹晓力　鲍宗必　廖祖维
潘鹏举　戴立言

海洋学院

Kap-Hwan Kim　　Taewoo Lee　　Zhizhen Zhang（张治针）　　马东方　马忠俊
王　岩　王赤忠　王晓萍　厉子龙　龙江平　冯雪皓　朱嵘华　孙红月　孙志林
李　明　李　欣　李春峰　李培良　李新刚　杨续超　肖　溪　吴　斌　吴嘉平
何　方　冷建兴　宋金宝　宋春毅　张大海　张海生　张朝晖　陈　正　陈　鹰
陈家旺　郑　豪　郑道琼　赵西增　胡　鹏　贺　奎　贺治国　秦为稼　夏枚生
徐　文　徐　敬　徐志伟　唐群署　黄　滨　黄豪彩　梅国雄　梁　旭　程年生
楼章华　樊　炜　瞿逢重

航空航天学院

Jianping Yan（严建平）　　Xingyuan Scott Mao（毛星原）　　马慧莲　幺周石
王　杰　王宏涛　王高峰　王惠明　邓　见　曲绍兴　朱林利　李铁风　杨　卫
吴　禹　余钊圣　应祖光　沈新荣　宋广华　宋开臣　宋吉舟　张春利　陆哲明
陈　彬　陈伟芳　陈伟球　陈建军　邵雪明　郁发新　季葆华　金小军　金仲和
郑　耀　孟　华　赵　沛　胡国庆　宦荣华　钱　劲　高　琪　陶伟明　黄志龙
崔　涛　黎　军

高分子科学与工程学系

万灵书　上官勇刚　　马　列　王　齐　毛峥伟　计　剑　朱利平　朱宝库
朱蔚璞　任科峰　孙景志　杜　森　杜滨阳　李寒莹　吴　刚　邱利焱　宋义虎
张兴宏　陈红征　金　桥　郑　强　施敏敏　徐志康　徐君庭　凌　君　高　超
高长有

光电科学与工程学院

Jianjun He(何建军)　　　　Ming Ronnier Luo(罗明)　　Sailing He(何赛灵)

丁志华　马云贵　车双良　叶　辉　白　剑　冯华君　匡翠方　刘　东　刘　旭
刘　承　刘　崇　刘华锋　刘向东　牟同升　李　奇　李　强　李海峰　杨　青
时尧成　吴　兰　邱建荣　余飞鸿　汪凯巍　沈永行　沈伟东　沈亦兵　张　磊
张登伟　林　斌　郑臻荣　钱　骏　徐之海　徐海松　高士明　黄腾超　章海军
斯　科　舒晓武　童利民　戴道锌　魏　凯

信息与电子工程学院

Chen Ji(吉晨)　　　　Erping Li(李尔平)　　　　　于慧敏　王　匡　王　玮　车录锋
尹文言　叶德信　史治国　冉立新　刘　鹏　孙一军　杜　阳　李　凯　李军伟
李建龙　李春光　杨冬晓　杨建义　余官定　沈会良　沈海斌　沈继忠　张　明
张朝阳　陈红胜　陈惠芳　林时胜　金　韬　金晓峰　周柯江　郑史烈　项志宇
赵民建　赵航芳　钟财军　骆季奎　章献民　董树荣　储　涛　虞　露　蔡云龙
潘　翔　魏兴昌

微纳电子学院

Nianxiong Nick Tan(谭年熊)　　　　丁　勇　李云龙　吴汉明　何乐年　汪　涛
张　睿　张培勇　俞　滨　徐　杨　徐明生　黄　凯　程志渊　虞小鹏

控制科学与工程学院

Yucai Zhu(朱豫才)　　　　王文海　王保良　毛维杰　卢建刚　冯冬芹　冯毅萍
任沁源　刘　勇　刘之涛　刘兴高　许　超　牟　颖　苏宏业　李　光　杨春节
杨秦敏　吴　俊　吴维敏　宋执环　宋春跃　张光新　张宏建　陈　曦　陈积明
邵之江　金建祥　金晓明　周建光　赵春晖　侯迪波　柴　利　徐正国　徐祖华
黄文君　黄平捷　黄志尧　梁　军　葛志强　程　鹏　舒元超　谢　磊　熊　蓉
戴连奎

计算机科学与技术学院

Uehara Kazuhiro(潘之杰)　　　卜佳俊　于金辉　王　灿　王　锐　王小航　王志波
王新宇　尹建伟　邓水光　史　烈　冯结青　朱建科　伍　赛　任　奎　庄越挺
刘玉生　刘新国　汤永川　汤斯亮　许端清　孙守迁　孙建伶　孙凌云　寿黎但
李　玺　李石坚　李善平　杨　易　杨小虎　肖　俊　吴　飞　吴春明　吴鸿智
何钦铭　何晓飞　应　晶　应放天　沈春华　宋宏伟　宋明黎　张　帆　张三元
张东亮　张克俊　张国川　陈　为　陈　刚　陈　纯　陈　岭　陈　越　陈文智
陈华钧　林　海　林兰芬　罗仕鉴　金小刚　周　昆　周　波　郑小林　郑扣根
赵　洲　赵永望　耿卫东　柴春雷　钱　徽　钱沄涛　高云君　高曙明　唐　敏
唐华锦　黄　劲　黄正行　章国锋　董　玮　韩劲松　鲁东明　童若锋　鲍虎军
蔡　亮　蔡　登　潘　纲

生物医学工程与仪器科学学院

王 平	叶学松	田 翔	宁钢民	吕旭东	刘济全	刘清君	许迎科	余 锋
张 宏	陈 杭	陈祥献	陈耀武	周 凡	周 泓	封洲燕	段会龙	夏 灵

生命科学学院

James Michael Whelan   Liquan Huang(黄力全)   Ruhong Zhou(周如鸿)

丁 平	于明坚	毛传澡	方卫国	方盛国	卢建平	田 兵	冯明光	吕镇梅
朱旭芬	华跃进	刘建祥	江 辉	寿惠霞	严庆丰	杨万喜	杨卫军	杨建立
吴 敏	吴忠长	余路阳	应盛华	陈 军	陈 欣	陈 铭	陈才勇	邵建忠
易 文	金勇丰	郑绍建	赵 烨	赵云鹏	莫肖蓉	徐 娟	高海春	唐建军
黄建国	常 杰	章晓波	葛 滢	程 磊				

生物系统工程与食品科学学院

Binxin Wu(吴斌鑫)   Songming Zhu(朱松明)   丁 甜   王 俊   王永维

韦真博	叶兴乾	叶章颖	冯凤琴	成 芳	朱加进	刘 飞	刘 鹰	刘东红
刘湘江	李正龙	李晓丽	肖 航	吴 坚	何 勇	应义斌	汪开英	张 辉
陆柏益	陈 卫	陈士国	陈启和	陈健初	罗自生	泮进明	饶秀勤	徐惠荣
盛奎川	章 宇	蒋焕煜	傅迎春	谢丽娟	裴正军			

环境与资源学院

Shaocai Yu(俞绍才)   马奇英   王 珂   王东升   王海强   卢升高   卢玲丽

田光明	史 舟	史惠祥	冯 英	朱 亮	朱利中	庄树林	刘 越	刘 璟
刘杏梅	刘维屏	李廷强	杨 坤	杨肖娥	杨京平	吴东雷	吴伟祥	吴良欢
吴忠标	何 艳	汪海珍	沈超峰	张建英	张清宇	陈 红	陈丁江	陈宝梁
陈雪明	林咸永	林道辉	金崇伟	周文军	官宝红	赵和平	胡宝兰	施积炎
倪吾钟	徐向阳	徐建明	徐新华	翁小乐	唐先进	黄敬峰	章明奎	梁永超
梁新强	童裳伦	曾令藻	谢晓梅					

农业与生物技术学院

Donald Grierson   Imran Haider Shamsi(英兰)   Yunhai Lu(卢运海)

马忠华	王岳飞	王政逸	王校常	王晓伟	王蒙岑	方 华	方 磊	尹燕妮
甘银波	卢 钢	叶庆富	叶恭银	叶楚玉	包劲松	师 恺	邬飞波	刘小红
刘树生	关亚静	孙崇德	李 飞	李 方	李 斌	李 鲜	李正和	李红叶
李春阳	杨景华	肖建富	吴 迪	吴建祥	吴殿星	何普明	余小林	汪俏梅
汪海燕	沈志成	宋凤鸣	张 波	张天真	张国平	张明方	张亮生	陆建良
陈 云	陈进红	陈利萍	陈昆松	陈学新	周 杰	周伟军	周艳虹	郑经武
赵金浩	胡 艳	娄永根	祝水金	祝增荣	莫建初	桂文君	夏宜平	夏晓剑
柴明良	徐昌杰	徐建红	徐海君	徐海明	殷学仁	高中山	郭得平	黄 佳
黄 鹂	章初龙	屠幼英	蒋立希	蒋明星	喻景权	程方民	舒小丽	舒庆尧
虞云龙	鲍艳原	蔡新忠	樊龙江	滕元文	戴 飞			

动物科学学院

王华兵　王自力　王争光　王佳堃　王起山　王敏奇　王新霞　占秀安　冯　杰
师福山　刘广绪　刘红云　刘建新　孙红祥　杜华华　杜爱芳　李卫芬　杨明英
吴小锋　吴跃明　邹晓庭　汪以真　张才乔　周继勇　郑火青　胡彩虹　胡福良
黄耀伟　彭金荣　韩新燕

农业生命环境学部办公室

毛伟华　徐幼平　高其康

医学院

Anna Wang Roe（王菁）　　Charie Chunsheng Xiang（项春生）　　Daniel Henry Scharf

Fengquan Zhou（周峰泉）　　Gongxiang Chen（陈功祥）　　Hong Yu（余红）

Xia Lin（林侠）　　Mingyao Liu（刘明耀）　　Qin Lu（鲁勤）　　Mingding Li（李明定）

Rutao Cui（崔儒涛）　　Stijn van der Veen　　Therese Hesketh

Toru Takahata　　Xiujun Wang（王秀君）　　Xiuwen Tang（唐修文）

Yan Luo（骆严）　　Xiaohang Yang（杨小杭）　　Yang Xu（徐洋）

Yi Sun（孙毅）　　Deling Yin（尹德领）　　Ying Zhang（张颖）

Pumin Zhang（张普民）　　丁克峰　刁宏燕　于晓方　马　骏　马坤岭　王　本
王　迪　王　凯　王　爽　王伟林　王兴祥　王红妹　王良静　王青青　王英杰
王凯军　王炜琴　王建安　王建莉　王选锭　王晓东　王晓健　王雪芬　王福俤
王慧明　毛旭明　毛建华　毛峥嵘　方　红　方马荣　方向明　邓甬川　叶　娟
叶招明　田　炯　田　梅　代志军　白雪莉　白瑞良　包爱民　主鸿鹄　冯友军
吕卫国　吕中法　吕志民　吕黎江　朱依敏　朱益民　朱海红　朱善宽　任跃忠
刘志红　刘祥瑞　刘鹏渊　江米足　许正平　那仁满都拉　　阮　健　孙　洁
孙　斐　孙文均　孙秉贵　纪俊峰　严　盛　严　敏　苏新辉　杜立中　李　君
李　晓　李　涛　李　雯　李永泉　李江涛　李学坤　李晓东　杨　芊　杨　巍
杨仕贵　杨蓓蓓　肖永红　肖浩文　吴　明　吴　健　吴　健　吴志英　吴希美
吴国生　吴育连　吴息凤　吴继敏　吴瑞瑾　邱　爽　佟红艳　余运贤　余雄杰
邹　键　应颂敏　闵军霞　汪　洌　汪　浩　沈　朋　沈　逸　沈　颖　沈华浩
沈岳良　张　丹　张　兴　张　茂　张　诚　张世红　张红河　张松英　张国捷
张宝荣　张建民　张咸宁　张晓明　张鸿坤　陆　燕　陆林宇　陈　力　陈　伟
陈　岗　陈　坤　陈　晓　陈　高　陈　烨　陈　鹏　陈　新　陈丹青　陈光弟
陈江华　陈志敏　陈丽荣　陈学群　陈晓冬　陈益定　陈谦明　陈静海　邵吉民
范顺武　欧阳宏伟卓　巍　罗　巍　罗本燕　罗建红　金　帆　金永堂　金明娟
金洪传　周以俭　周旭东　周志慧　周煜东　周嘉强　郑　伟　郑　敏　项美香
赵小英　赵凤朝　赵永超　赵伟平　赵经纬　茵　梓　胡　汛　胡　迅　胡　坚
胡　虎　胡小君　胡少华　胡文献　胡兴越　胡红杰　胡济安　胡振华　胡海岚
胡新央　胡薇薇　胡懿郃　柯越海　段树民　俞云松　施育平　姜保春　祝向东

姚玉峰　　袁　瑛　　晋秀明　　夏大静　　钱文斌　　徐　骁　　徐　耕　　徐　峰　　徐　晗
徐　雯　　徐志豪　　徐荣臻　　徐清波　　高向伟　　高志华　　高利霞　　郭国骥　　席咏梅
唐　宏　　涂华康　　黄　河　　黄　建　　黄行许　　黄丽丽　　黄品同　　曹　江　　曹　倩
曹利平　　曹越兰　　龚　薇　　龚方戚　　龚哲峰　　龚渭华　　盛吉芳　　康利军　　章　京
章爱斌　　梁　平　　梁　霄　　梁廷波　　董　研　　董辰方　　董恒进　　蒋笑莉　　蒋萍萍
韩春茂　　韩晓平　　程　浩　　傅君芬　　傅国胜　　焦晶晶　　舒　强　　鲁林荣　　温小红
谢万灼　　谢立平　　谢安勇　　谢志坚　　谢鑫友　　楼　敏　　裘云庆　　赖蒽茵　　虞朝辉
虞燕琴　　詹仁雅　　詹金彪　　蔡　真　　蔡志坚　　蔡秀军　　蔡建庭　　管文军　　管敏鑫
滕理送　　潘冬立　　潘宏铭　　戴　宁　　戴一扬

药学院

王　毅　　方伟杰　　朱　虹　　刘龙孝　　刘雪松　　孙翠荣　　杜永忠　　李　丹　　杨　波
连晓媛　　何俏军　　余露山　　应美丹　　应晓英　　张翔南　　陈　勇　　陈枢青　　陈建忠
范骁辉　　罗沛华　　胡富强　　侯廷军　　俞永平　　袁　弘　　顾　臻　　翁勤洁　　高建青
曹　戟　　戚建华　　崔孙良　　董晓武　　蒋惠娣　　程翼宇　　曾　苏　　游　剑　　谢昌谕
瞿海斌

国际联合学院(海宁国际校区)

Philip T. Krein　　Susan Welburn　　Yan Xiao(肖岩)　　丁冠中　　李德纮

机关党委

马春波　　王立忠　　石毅铭　　叶　民　　叶桂方　　史红兵　　朱　慧　　朱世强　　任少波
严建华　　杜江峰　　李　敏　　李晓明　　吴　健　　何莲珍　　张荣祥　　林伟连　　周天华
周文文　　胡素英　　夏文莉　　黄先海　　黄翔峰　　傅　强　　楼成礼

直属单位

马景娣　　王友明　　王勇超　　王慧泉　　毛一国　　毛碧增　　方　舟　　方　强　　尹兆正
厉小润　　厉晓华　　叶凌云　　田　稷　　曲巍崴　　朱　凌　　刘震涛　　齐振宇　　杜永均
李卫旗　　李肖梁　　杨　捷　　杨建华　　吴叶海　　余东游　　汪志平　　汪炳良　　汪海峰
沈　杰　　沈建福　　沈桂萍　　宋文坚　　张　炜　　张金枝　　陈再鸣　　陈志强　　陈振英
陈益君　　罗安程　　胡东维　　胡慧珠　　宣海军　　袁　清　　聂鹏程　　贾惠娟　　徐礼根
徐海圣　　唐　军　　唐建中　　唐晓武　　黄　晨　　黄凌霞　　龚淑英　　崔海瑞　　董晓虹
董辉跃　　蒋君侠　　程路明　　舒妙安　　谢红梅　　蒙　涛　　楼兵干　　楼汐涛　　廖　敏
潘雯雯　　戴慧芬

其他单位

Dante Neculai　　Xinhua Hardy Feng(冯新华)　　Yijun Ruan(阮一骏)
干　钢　　马为锐　　马银亮　　王　健　　王跃明　　方　东　　方征平　　叶存奇　　包迪鸿
吕淼华　　朱天飚　　刘　东　　刘　伟　　刘迎胜　　刘继荣　　刘培东　　刘培林　　许科帝
许洪伟　　孙文光　　孙启明　　苏文静　　李　宁　　李浩洪　　杨　兵　　杨　毅　　杨晓鸣
肖志斌　　吴　杰　　余祖国　　邹大挺　　沈　立　　沈　金　　张　琛　　张伟杰　　张旭亮

浙江大学年鉴

张韶岷 陆 激 陆华松 陈 波 陈 瑜 陈卫东 陈志新 陈报恩 林世贤
林盛达 金更达 周 杰 周谷平 周家伟 郑能干 房汉廷 胡征宇 胡慧峰
茹 衡 祝赛勇 秦从律 莫洲瑾 夏 鹏 夏顺仁 徐 瀛 徐旭荣 徐金强
徐铨彪 殷 农 郭 行 黄争舸 黄德力 梁治平 董丹申 董雪兵 蒋 超
焦会朋 番文春 曾建林 谢贵平 雷群芳 褚超孚 黎 冰

附属第一医院

于吉人 卫建华 马 量 马文江 马跃辉 马葵芬 王 平 王 莺 王 峰
王 跃 王 敏 王 康 王 薇 王仁定 王伟斌 王华芬 王杭祥 王国彬
王春林 王奎荣 王临润 王剑勇 王海勇 王悦虹 王逸民 王照明 王新宇
王群敏 王慧萍 王懿娜 毛祺琦 卞丽芳 方丹波 方雪玲 方维佳 孔海莹
孔海深 厉彩霞 石海飞 卢 荟 卢芳燕 卢晓阳 卢震亚 叶 丹 叶 苊
叶 锋 叶琇锦 申屠建中 田其芳 史红斐 包芳萍 冯 强 冯立民 冯洁惠
冯智英 冯靖祎 吕国才 朱 彪 朱海斌 朱慧勇 乔建军 伍峻松 任国平
任菁菁 邬一军 邬志勇 刘 忠 刘 剑 刘 彧 刘 健 刘 犇 刘小孙
刘小丽 刘凡隆 刘原兴 刘晓艳 安肖霞 许利军 许国强 许晓东 阮 冰
阮凌翔 阮黎明 孙 柯 孙 雯 孙军辉 牟 芸 麦文渊 严 卉 严 冬
严森祥 苏 群 杜 娟 杜持新 李 央 李 岚 李 谷 李 彤 李 君
李 霞 李中琦 李成江 李伟栋 李任远 李甫强 李和权 李炎冬 李栋林
李夏玉 李爱清 李雪芬 杨 芊 杨 青 杨 虹 杨大干 杨小锋 杨光叠
杨春梅 杨益大 杨富春 来江涛 肖文波 吴 炜 吴 炜 吴 健 吴子衡
吴仲文 吴李鸣 吴国琳 吴建平 吴建永 吴晓梁 吴福生 吴慧玲 何剑琴
何静松 余 建 余列道 余松峰 余国伟 邹晓晖 汪 朔 汪国华 汪晓宇
汪超军 沈 岩 沈 茜 沈 哲 沈 晔 沈 萍 沈月洪 沈向前 沈丽萍
沈建国 沈柏华 沈毅弘 宋朋红 张 匀 张 珉 张 哲 张 翀 张 萍
张 勤 张 微 张 磊 张文瑾 张伟民 张冰凌 张志利 张芙荣 张晓琛
张娟文 张雪群 张德林 陆中杰 陆远强 陈 栋 陈 俭 陈 晓 陈 峰
陈 斌 陈 瑜 陈大进 陈卫星 陈水芳 陈文斌 陈作兵 陈国萍 陈佳佳
陈春晓 陈春雷 陈保德 陈洪潭 陈海红 陈韶华 邵乐文 邵荣雅 范 骏
林 军 林 进 林才照 林文琴 林向进 尚云鹏 罗 依 罗金旦 季 峰
金 希 金永明 金百冶 周 华 周云晓 周水洪 周东辉 周建娅 周新惠
周燕丰 郑 临 郑 霞 郑伟燕 郑旭宁 郑秀珏 郑良荣 郑杰胜 郑哲岚
郑祥义 郑跃英 单建贞 孟宏舟 孟海涛 孟雪芹 项 尊 赵 莹 赵 葵
赵 鹏 赵 毅 赵妍敏 赵青威 赵晓红 赵海格 赵雪红 赵惠英 胡云珍
胡永仙 胡兴江 胡晓晟 胡智勇 胡蓉蓉 柯 青 柯庆宏 郦惠燕 俞 军
俞文桥 俞文娟 俞建军 俞海英 饶跃峰 施继敏 闰夏轶 姜 虹 姜 海
姜力骏 姜玲玲 姜赛平 娄引军 姚 华 姚 磊 姚永兴 姚晓霖 姚航平

姚雪艳　秦　杰　袁　静　耿　磊　莫军军　贾红宇　夏　丹　夏　琦　夏伟良
顾　青　顾新华　柴　亮　钱建华　徐　农　徐　莹　徐　萍　徐三中　徐小微
徐亚萍　徐凯进　徐承富　徐盈盈　徐哲荣　徐靖宏　徐鹤云　凌　琪　凌志恒
高　原　高丹忱　高丽娟　高春华　高顺良　郭仁勇　郭晓纲　黄　健　黄　啸
黄红光　黄丽华　黄明珠　黄建荣　黄洪锋　黄朝阳　黄满丽　曹红翠　龚芝萍
盛　艳　盛勤松　崔大伟　崔红光　康仙慧　章　宏　章云涛　章益民　章梅云
章渭方　梁　辉　梁文杰　屠政良　彭文翰　彭志毅　彭国平　董　枫　董凤芹
蒋建文　蒋海萍　韩　飞　韩　阳　韩威力　喻成波　程　军　程可佳　傅水桥
傅佩芬　鲁海峰　童　鹰　童剑萍　温　良　谢　珏　谢小军　谢旭东　谢海洋
楼　滨　楼　燕　楼定华　楼险峰　阙日升　蔡洪流　谭付清　滕晓东　潘　青
潘　昊　潘志杰　潘剑威　戴利波　魏国庆　瞿婷婷

附属第二医院

丁礼仁　丁　瑶　万　婷　马岳峰　马　健　马　骥　王　平　王永健　王华林
王志康　王连聪　王　坚　王利权　王　良　王苹莉　王　林　王国凤　王建卫
王建伟　王　勇　王晓晨　王祥华　王跃东　王彩花　王新刚　毛建山　毛善英
文甲明　方肖云　方　兵　石　键　占宏伟　卢蕴容　叶小云　叶　松　叶盼盼
申屠形超　白福鼎　冯　刚　冯建华　冯　蕾　兰美娟　吕伯东　朱永坚　朱永良
朱君明　朱　莹　朱锦辉　邬伟东　刘凤强　刘达人　刘先宝　刘志蓉　刘恺鸣
刘雁鸣　刘　辉　刘微波　刘震杰　江　波　汤业磊　汤霞靖　许东航　许晓华
许　璟　孙立峰　孙伟莲　孙建忠　孙　勇　孙崇然　孙朝晖　孙　婷　严君烈
劳力民　苏立达　苏兆安　杜传军　杜　勤　杜新华　李万里　李天琊　李长岭
李方财　李立斌　李伟栩　李　军　李志宇　李　杭　李金范　李　珉　李　星
杨正明　杨旭燕　肖家全　吴　丹　吴立东　吴华香　吴贤杰　吴　炜　吴祖群
吴晓华　吴浩波　吴琼华　吴勤动　吴　群　吴燕岷　别晓东　邱培瑾　邱福铭
何　伟　何荣新　余日胜　应淑琴　汪四花　汪慧英　沈伟锋　沈肖曹　沈　宏
沈炜亮　沈　虹　沈　钢　沈　俐　沈　婷　宋水江　宋永茂　宋剑平　宋震亚
张士更　张片红　张冯江　张　宁　张召才　张仲苗　张志勇　张　丽　张秀来
张　宏　张启逸　张　勇　张哲伟　张　莺　张　桦　张根生　张晓红　张　嵘
张　斌　张　赛　陆　艳　陆新良　陈巧珍　陈正英　陈芝清　陈　军　陈志华
陈　兵　陈其昕　陈国贤　陈　鸣　陈佳兮　陈佩卿　陈金亮　陈学军　陈临炜
陈　健　陈继民　陈彬彬　陈敏2　陈清宇　陈维善　陈雯艾　陈景森　陈　焰
陈　嘉　陈聪聪　邵哲人　邵菊芳　苗旭东　范军强　范国康　茅晓红　林志宏
林　铮　林　秾　郁丽娜　罗汝斌　岳　岚　金红颖　金晓滢　金　敏　金静芬
周　权　周光居　周宏伟　周建维　周　炯　周峰1　周海波　郑一春　郑幼洋
郑　强　郑磊磊　郑毅雄　单鹏飞　封秀琴　封　纯　赵小纲　赵百亲　赵　华
赵国华　赵学群　赵锐祎　胡未伟　胡学庆　胡海涛　胡　跃　胡　颖　胡颖红

柳夫义	段群军	俞一波	俞申妹	施小宇	施小燕	施钰岚	洪玉蓉	洪　远
姚梅琪	秦光明	袁　晖	夏靖燕	晁　明	钱维明	徐小红	徐文鸿	徐　刚
徐向明	徐　旸	徐　昕	徐　侃	徐　栋	徐根波	徐晓俊	徐彩娟	徐善祥
徐雷鸣	徐锦芳	徐慧敏	殷鑫浈	翁　燕	高　峰	郭庆渠	郭　谊	唐　喆
唐碧云	唐翠兰	陶志华	陶思丰	陶惠民	黄华琼	黄晓军	黄　曼	黄　鑫
龚永光	常惠玉	崔　巍	麻亚茜	章燕珍	梁　俊	梁　赟	董佩芳	董爱强
董　颖	董　鑫	蒋正言	蒋国平	蒋　骅	蒋　峻	蒋　飚	韩　伟	韩跃华
程海峰	傅伟明	童璐莎	曾　妃	谢小洁	谢传高	蒲朝霞	楼洪刚	楼健颖
裘益青	虞　军	满孝勇	蔡加昌	蔡迅梓	蔡思宇	蔡绥勃	熊　炎	颜小锋
颜伏归	潘小宏	潘志军	薛　静	薛德挺	霍亚楠	戴平丰	戴海斌	戴雪松
魏启春	魏建功							

附属邵逸夫医院

丁国平	丁国庆	丁献军	于　路	万双林	马　力	马立彬	马　亮	马晓旭
王义荣	王　平	王　达	王先法	王观宇	王青青	王林波	王建国	王　娴
王敏珍	王筝扬	王　谨	方力争	方向前	方　勇	邓丽萍	卢佩琳	叶志弘
叶　俊	田素明	冯丽君	冯利锋	冯金娥	皮博睿	成　晟	同俏静	吕　文
吕芳芳	朱一平	朱文华	朱可建	朱先理	朱军慧	朱玲华	朱洪波	朱涛b
朱越锋	任　宏	庄一渝	刘志伟	刘利民	刘玮丽	刘　柳	许力为	许　斌
阮文静	孙晓南	孙继红	孙雅逊	孙蕾民	寿金朵	芮雪芳	严春燕	劳伟峰
杜小幸	杜华平	李世岩	李立波	李　达	李华a	李华b	李　红	李建华
李恭会	李新伟	杨　进	杨丽黎	杨　明	杨建华	杨树旭	杨　莹	杨斐敏
肖　芒	吴加国	吴　芳	吴峥嵘	吴胜军	吴晓虹	吴海洋	吴　皓	吴　瑕
何正富	何　红	何启才	何非方	余燕岚	汪　勇	沈立锋	沈　波	宋向阳
宋铁军	宋章法	张力三	张文斌	张建锋	张　钧	张　剑	张　舸	张　蓓
张　楠	张　雷	张　瑾	陆秀娥	陆明晰	陈艺成	陈文军	陈　冉	陈丽英
陈　炜	陈定伟	陈　钢	陈　剑	陈　剑	陈恩国	陈继达	陈淑洁	陈　瑛
陈毅力	邵宇权	林小娜	林　伟	林　辉	季淑娟	竺海燕	金　梅	周大春
周　伟	周建仓	周　勇	周　畔	周斌全	周道扬	周　强	周慧江	於亮亮
郑伟良	郑　宇	郑芬萍	郑和鸣	郑雪咏	项伟岚	赵凤东	赵文和	赵　兴
赵林芳	赵　晖	赵博文	赵　锋	赵　蕊	胡吉波	胡伟玲	胡孙宏	胡建斌
郏志军	俞世成	俞　欣	施培华	闻胜兰	姜支农	姜冬梅	洪玉才	洪德飞
祝海香	祝继洪	袁红娣	夏肖萍	晁冠群	钱希明	钱浩然	徐秋萍	徐　勇
徐海珊	翁少翔	翁　瑜	高　敏	郭　丰	唐海林	谈伟强	黄中柯	黄　东
黄　昕	黄迪宇	黄学锋	黄美丽	黄　悦	黄　嚣	曹　筝	盛列平	盛　夏
章德广	梁峰冰	葛慧青	董雪红	蒋汉梁	蒋汝红	蒋红b	蒋晨阳	蒋智军
韩咏梅	鲁东红	谢俊然	谢　磊	楼伟建	楼　岑	楼颂梅	楼海舟	裘文亚

裘利君　虞和君　虞　洪　虞海燕　蔡小燕　蔡华英　蔡柳新　臧国尧　管　燕
潘孔寒　潘红英　潘　美　戴红蕾

附属儿童医院

马　鸣　马晓路　王财富　王金湖　王　翔　王颖硕　毛　文　毛姗姗　石淑文
卢美萍　叶文松　叶　芳　叶莉芬　叶菁菁　叶　盛　付　勇　吕　华　华春珍
江克文　江佩芳　汤宏峰　许燕萍　阮文华　花　旺　苏吉梅　李云玲　李甫棒
李建华　李　荣　李海峰　杨子浩　杨世隆　杨荣旺　杨茹莱　杨翠微　吴西玲
吴　芳　吴秀静　吴妙莲　吴　苕　吴　蔚　吴　磊　余钟声　邹朝春　汪天林
汪　伟　沈红强　沈　征　沈辉君　宋　华　张园园　张洪波　张　峰　张晨美
陆　斌　陈飞波　陈　正　陈光杰　陈　安　陈秀萍　陈英虎　陈学军　陈　洁
陈朔晖　陈理华　邵　洁　范祥明　林　茹　尚世强　罗优优　竺智伟　周云连
郑季彦　郑　焜　赵水爱　赵国强　胡瑶琴　钭金法　俞　刚　俞建根　施丽萍
施珊珊　洪　芳　祝国红　袁天明　袁哲锋　夏永辉　钱云忠　倪韶青　徐卫群
徐亚萍　徐红贞　徐迎春　徐晓军　徐雪峰　高志刚　高　峰　郭　莉　唐兰芳
唐达星　诸纪华　谈林华　陶　然　黄寿奖　黄　轲　黄晓磊　黄新文　章毅英
董关萍　蒋优君　傅松龄　傅海东　童　凡　楼金吐　楼金玕　楼晓芳　赖　灿
鲍　毓　解春红　蔡志波　缪　静　潘佳容　戴宇文　魏　健

附属妇产科医院

丁志明　万小云　上官雪军　　　王正平　王军梅　王建华　王　悦　戈万忠
毛愉燕　方　勤　龙景培　叶光勇　叶英辉　白晓霞　冯国芳　冯素文　邢兰凤
曲　凡　吕炳建　朱　江　朱宇宁　朱佳骏　庄亚玲　刘爱霞　江秀秀　阮　菲
孙　革　李秋芳　李娟清　杨小福　吴明远　邱丽倩　何赛男　余晓燕　邹　煜
应伟雯　沈源明　张　珂　张信美　张晓飞　张　慧　陈凤英　陈亚侠　陈丽莉
陈新忠　林仿芳　罗玉琴　罗　琼　季银芬　周庆利　周坚红　郑彩虹　郑　斐
赵小环　赵小峰　赵柏惠　赵梦丹　胡东晓　胡燕军　俞　颖　贺　晶　秦佳乐
栗宝华　钱小伟　钱洪浪　徐开红　徐向荣　徐丽丽　徐建云　徐凌燕　徐　键
徐鑫芬　翁炳焕　高惠娟　唐　秋　黄秀峰　黄夏娣　黄　琼　梁朝霞　董旻岳
韩秀君　程晓东　程　蓓　傅云峰　鲁　红　温　弘　谢臻蔚　楼航英　缪敏芳
潘子旻

附属口腔医院

邓淑丽　朱赴东　朱海华　刘　蔚　孙　平　李志勇　李晓军　杨国利　吴梦婕
何　虹　何福明　张　凯　陈　卓　陈学鹏　周艺群　胡　军　俞梦飞　俞雪芬
施洁珺　章伟芳　程志鹏　傅柏平　蔡　霞　樊立洁

人物

浙江大学 2022 年在职长聘教职名单 <small>（按姓氏笔画数排序）</small>

长聘教授

历史学院	孙英刚
哲学学院	何欢欢
传媒与国际文化学院	洪　宇
教育学院	Shadiev Rustam Narzikulovich
管理学院	杨　翼
公共管理学院	方　恺　龚斌磊
数学科学学院	叶和溪　周　婷
化学系	金一政
心理与行为科学系	陈　辉
材料科学与工程学院	田　鹤　余　倩
电气工程学院	吴立建　吴　赞
建筑工程学院	陈喜群
化学工程与生物工程学院	陆盈盈　柏　浩
高分子科学与工程学系	刘建钊　李昌治
光电科学与工程学院	Dawei Di(狄大卫)　杨　旸
信息与电子工程学院	Xianbin Yu(余显斌)
控制科学与工程学院	吴争光　贺诗波
计算机科学与技术学院	许威威　巫英才
生物医学工程与仪器科学学院	吴　丹
生命科学学院	林爱福
生物系统工程与食品科学学院	平建峰　岑海燕
环境与资源学院	谷保静
农业与生物技术学院	武　亮　黄健华　梁　岩
动物科学学院	单体中　潘玉春
医学院	马　欢　张　岩
药学院	朱　峰
国际联合学院	Wu Wen(文武)　王宏伟
其他单位	Lei Li(李磊)　Xiangwei He(何向伟)
	叶　升　朱永群　佟　超　汪方炜　宋　海
	张　龙　范衡宇　金建平　周　青　周　琦

赵　斌　徐平龙　黄　俊　靳　津

长聘副教授

文学院	金　进
历史学院	刘　寅　汤晓燕
经济学院	许　奇　曾　涛
光华法学院	黄　韬
教育学院	黄亚婷　彭玉鑫　韩双淼
管理学院	孙怡夏　应天煜　袁　泉　童　昱
公共管理学院	吴　超　邹永华　沈永东　陈　帅　俞晗之
社会学系	Kurtulus Gemici　孙艳菲
数学科学学院	王　伟　王晓光　冯　涛　仲杏慧　刘东文 徐　翔
物理学院	Gentaro Watanabe　刘　洋 郑　毅　谢燕武　颜　波
化学系	王林军　朱海明　李　昊　洪　鑫
地球科学学院	毕　磊　鲍学伟
心理与行为科学系	李　峙
机械工程学院	尹　俊　杨　赓　陈远流　曹彦鹏
材料科学与工程学院	王江伟　孙　威　秦发祥
能源工程学院	王海鸥　陈　东　范利武
电气工程学院	万　灿　李超勇
建筑工程学院	巴　特　郑飞飞
化学工程与生物工程学院	刘平伟　和庆钢　凌　敏
海洋学院	Thomas Pahtz　乐成峰
航空航天学院	肖　锐　库晓珂　周昊飞　贾　铮　夏振华
高分子科学与工程学系	吴子良
信息与电子工程学院	陈晓明　黄科杰
控制科学与工程学院	倪　东　潘　宇
生物医学工程与仪器科学学院	丁　萧
生物系统工程与食品科学学院	刘德钊　林　涛
环境与资源学院	田生科　杨　武　逯慧杰
农业与生物技术学院	白松龄
动物科学学院	Fang He(何放)　张　坤　邵勇奇
医学院	王　良　刘　冲　刘　婷　沈承勇　沈　啸 夏宏光　徐贞仲　徐素宏　郭江涛
药学院	平　渊

人　物

国际联合学院		刁瑞盛　朱廷举　郭　伟
其他单位		任艾明　姬峻芳

浙江大学 2022 年新增兼职教授名录

姓名	聘请单位	聘用职务	工作单位
Xiaoping Jiang（蒋小平）	材料科学与工程学院	兼职教授	浙大宁波理工学院
罗文华	材料科学与工程学院	兼职研究员	中国工程物理研究院材料研究所
马晓春	公共体育与艺术部	兼职研究员	中国棋院
吴金贵	公共体育与艺术部	兼职研究员	上海绿地申花足球俱乐部
蒋国基	公共体育与艺术部	兼职研究员	浙江歌舞剧院
宋志平	管理学院	兼职教授	中国建材集团有限公司
陈晓红	管理学院	兼职教授	湖南工商大学
陈迎春	航空航天学院	兼职教授	中国商用飞机有限责任公司
郑会龙	航空航天学院	兼职研究员	中国科学院工程热物理研究所
吴利荣	航空航天学院	兼职研究员	中国人民解放军 93236 部队
吴文清	化学工程与生物工程学院	兼职教授	中国石油化工股份有限公司天津分公司
李传峰	化学工程与生物工程学院	兼职研究员	中国石化扬子石油化工有限公司
叶　钟	机械工程学院	兼职教授	杭州汽轮机股份有限公司
Steffen Haack	机械工程学院	兼职研究员	德国博世力士乐集团
司　罗	计算机科学与技术学院	兼职教授	阿里巴巴集团
李飞飞	计算机科学与技术学院	兼职教授	阿里巴巴集团
华先胜	计算机科学与技术学院	兼职教授	阿里巴巴集团
Jingren Zhou（周靖人）	计算机科学与技术学院	兼职教授	阿里巴巴集团
任小枫	计算机科学与技术学院	兼职教授	阿里巴巴集团
陆　全	计算机科学与技术学院	兼职教授	阿里巴巴集团

人　物

姓名	聘请单位	聘用职务	工作单位
Dongbai Guo（郭东白）	计算机科学与技术学院	兼职教授	车好多集团
Xianfeng Ding（丁险峰）	计算机科学与技术学院	兼职教授	万物云集团
叶杰平	计算机科学与技术学院	兼职教授	阿里巴巴集团
任 庚	计算机科学与技术学院	兼职教授	阿里巴巴集团
Alan C. Short	建筑工程学院	兼职教授	英国剑桥大学
王 驹	建筑工程学院	兼职研究员	核工业北京地质研究院
何霄嘉	能源工程学院	兼职教授	中国 21 世纪议程管理中心
熊敬超	能源工程学院	兼职教授	中冶南方都市环保工程技术股份有限公司
郎墨博	农业与生物技术学院	兼职研究员	中国科学院分子植物科学卓越创新中心
卫 勃	先进技术研究院	兼职教授	解放军医学院
沈同圣	先进技术研究院	兼职研究员	国防科技信息研究中心
Susanto Rahardja	信息与电子工程学院	兼职教授	新加坡国家资讯通信研究院
范 峻	信息与电子工程学院	兼职教授	宁波德图科技有限公司
李国通	信息与电子工程学院	兼职研究员	上海垣信卫星科技有限公司
余金培	信息与电子工程学院	兼职研究员	中国科学院微小卫星创新研究院
王绍迪	信息与电子工程学院	兼职研究员	北京知存科技有限公司
刘芝华	医学院	兼职教授	中国医学科学院肿瘤医院
朱宁文	医学院	兼职教授	复旦大学
葛均波	医学院	兼职教授	复旦大学附属中山医院、中国科学技术大学附属第一医院
赵炳祥	医学院	兼职教授	华润三九医药股份有限公司
罗远明	医学院	兼职教授	广州医科大学附属第一医院
王 刚	医学院	兼职教授	首都医科大学附属北京安定医院
陈 劲	中国科教战略研究院	兼职教授	清华大学
吴善超	中国科教战略研究院	兼职教授	中国科学技术协会